더 THE 개념
블랙라벨

BLACKLABEL

수학(하)

If you only do what you can do,

you'll never be more than you are now.

You don't even know who you are.

집 필
방 향

사고력을 키워주는
확장된 개념 수록

스스로 학습 가능한
자세한 설명

교육과정에서 다루는
모든 내용 수록

학습내용의
체계적 정리

시험에 대비 가능한
최신 기출문제 수록

**이 책을
펴내면서**

'어떻게 하면 수학을 잘 할 수 있을까?'

이 말은 초등학교 시절부터 지금까지 뇌리에 각인된 말 중에 하나로 지난 20여 년간 제자들에게 끊임없이 듣고 대답해야 했던 질문입니다.

문제를 많이 풀면 수학을 잘 하게 될까요? 수학을 단순히 문제 풀이로만 접근했다가는 사고력을 요하는 문제 앞에서 많은 좌절을 경험하게 됩니다. 개념을 탄탄하게 쌓지 않은 채 문제 풀이에만 집중한다면 작은 파도에도 쉽게 휩쓸리는 모래성을 쌓는 것과 같습니다.

수학은 '개념'에 기반을 둔 학문입니다. 따라서 수학을 잘 하기 위해서는 '개념'이 탄탄해야 합니다. 또한, 더 높은 수준의 수학적 사고력을 키우기 위해서는 통합개념과 심화개념을 알아야 합니다.

더 개념 블랙라벨은 수학의 개념, 원리, 법칙을 이해하고 기능을 습득할 수 있는 기본개념과 더불어 통합개념, 심화개념을 담아 개념 학습을 할 수 있도록 하였습니다. 또한, 개념을 문제에 활용할 수 있는 능력을 기르도록 구성하였습니다. 따라서 개념이 약한 학생도, 개념을 숙지하고 있는 학생도 개념을 다시 한 번 확인하고 다음 단계로 넘어가길 권합니다.

2015개정교육과정의 연구원으로서 교육과정을 설계하고, 세 번째 교과서를 집필하면서 고등수학에 무엇을 담아야 할까 진지하게 고민하였습니다. 이 고민을 함께한 교수님과 선생님들의 의지를 이 책에 담고자 하였습니다. 이 책을 통해 여러분의 얼굴에 수학에 대한 열정과 배움에서 얻어지는 기쁨이 가득하기를 간절히 바랍니다.

끝으로 이 책이 세상의 빛을 볼 수 있도록 도와주신 진학사 대표님, 좋은 책을 만들기 위한 일념으로 애쓴 편집부 직원들, 부족한 책의 완성도를 높이기 위해 꼼꼼히 검토한 동료 선생님들, 그리고 바쁜 학사일정 중에도 기꺼이 자신의 일처럼 검토에 참여한 제자들에게 깊은 감사의 마음을 전합니다.

이문호

이 책의 구성과 특장

개념 학습

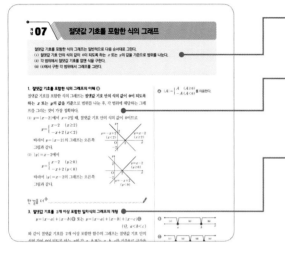

① 개념 정리 | 각 단원을 소주제로 분류하여 꼭 알아야 할 주요 내용 및 공식을 정리하였습니다.

② 개념 설명 | 개념 정리 내용을 예시와 설명, 증명 등을 통해 개념을 명확하게 이해할 수 있도록 하였습니다. 추가적으로 알아두면 좋은 Tip을 링크하여 알찬 학습을 할 수 있도록 하였습니다.

③ 한 걸음 더 | 교육 과정에서 다루지는 않지만 실전 문제 해결에 필요한 확장된 개념 및 고난도 개념, 개념에 대한 증명 등을 제시하여 수학적 사고력을 높일 수 있도록 하였습니다.

유형 학습

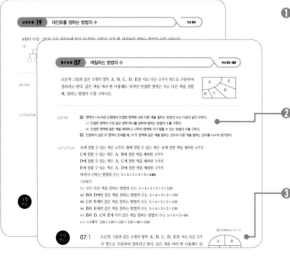

① 필수유형 및 심화유형 | 필수유형에는 앞에서 배운 개념을 문제에 적용시킬 수 있도록 꼭 알아야 하는 문제 및 최신 기출 경향을 반영한 문제를 엄선하였습니다. 심화유형에는 필수유형보다 수준 높은 응용문제 또는 여러 개념들의 통합문제를 수록하여 실력 향상을 기대할 수 있습니다.

② guide | 유형 해결을 위한 핵심원리 및 기본법칙 등을 정리하였습니다.
solution | guide에서 제시한 방법을 기반으로 한 유형의 구체적인 해결 방법을 제시하였습니다.

③ 유형연습 | 필수유형 및 심화유형에서 학습한 내용을 연습할 수 있는 유사한 문제 및 유형 확장 문제를 실어 반복 학습할 수 있도록 하였습니다.

개념 마무리

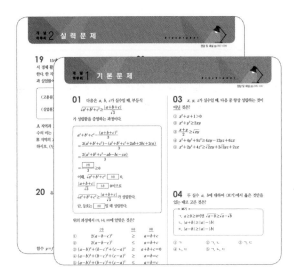

각 단원에서 학습한 내용을 기본 문제부터 실생활, 통합 활용문제까지 수록하여 마무리 학습을 할 수 있도록 하였습니다.

❶ 기본 문제 ｜ 각 단원의 내용을 제대로 학습하였는지 점검하여 그 단원의 개념을 완벽하게 이해할 수 있도록 하였습니다.

❷ 실력 문제 ｜ 기본 문제보다 높은 수준의 문제 또는 통합형 문제를 제공하여 사고력을 키우고, 실력을 향상시킬 수 있도록 하였습니다.

정답 풀이

❶ 자세한 풀이 ｜ 풀이 과정을 자세하게 제공하여 풀이를 보는 것만으로도 문제 해결 방안이 바로 이해될 수 있도록 하였습니다.

❷ 다른풀이 ｜ 교과 과정을 뛰어넘어 더 쉽고, 빠르게 풀 수 있는 다른 풀이를 제공하여 다양한 사고를 할 수 있도록 돕고, 실전에서 더 높은 점수를 받을 수 있도록 하였습니다.

❸ 문제 풀이 특강 ｜ 보충설명, 풀이첨삭, 오답피하기 등을 제공하여 문제 풀이에 도움이 되도록 하였습니다.

I 집합과 명제

What we do is less than a drop in the ocean.

But if it were missing,

the ocean would lack something.

우리가 하는 일은 바다에 붓는 한 방울의 물보다 하찮은 것이다.

하지만 그 한 방울이 없다면 바다는 그만큼 줄어들 것이다.

... 마더 테레사(Mother Teresa)

I

집합과 명제

개념 01 집합과 원소

1. 집합과 원소
(1) 집합 : 주어진 조건에 따라 그 대상을 분명하게 정할 수 있는 것들의 모임
(2) 원소 : 집합을 이루는 대상 하나하나

참고 일반적으로 집합은 대문자 A, B, C, …로 나타내고, 원소는 소문자 a, b, c, …로 나타낸다.

2. 집합과 원소 사이의 관계 🅐 🅑
(1) a가 집합 A의 원소이다.   ⟺ a가 집합 A에 속한다.   ⟺ $a \in A$
(2) a가 집합 A의 원소가 아니다. ⟺ a가 집합 A에 속하지 않는다. ⟺ $a \notin A$

$a \in A$
원소   집합

---

1. 집합에 대한 이해

수학적 의미의 집합은 **대상을 명확하게 결정할 수 있는 것들의 모임**이다.
예를 들어, '수학을 잘하는 학생', '멋있는 학생'은 그 대상이 명확하지 않으므로 이 모임은 집합이 아니다. 반면, '안경을 쓴 학생', '6의 양의 약수'는 그 대상이 명확하므로 이 모임은 집합이다.

확인1 다음 중에서 집합인 것을 모두 찾으시오.
　(1) 10의 양의 약수의 모임　　(2) $\sqrt{3}$에 가까운 유리수의 모임
　(3) 우리 학교 1학년 중 학급회장의 모임
　(4) 일의 자리 숫자가 7인 자연수의 모임

풀이 (1), (3), (4)

2. 원소에 대한 이해

집합 A에 대하여 a가 A의 원소일 때 $a \in A$ 로 나타내고, a가 A의 원소가 아닐 때 $a \notin A$ 로 나타낸다.
예를 들어, 6의 양의 약수의 모임을 집합 A라 하면 A의 원소는 1, 2, 3, 6이므로
　$1 \in A$, $2 \in A$, $3 \in A$, $4 \notin A$, $5 \notin A$, $6 \in A$
로 나타낼 수 있다.

확인2 자연수의 집합을 N, 정수의 집합을 Z, 유리수의 집합을 Q, 실수의 집합을 R라 할 때, 다음 □ 안에 기호 $\in$, $\notin$ 중에서 알맞은 것을 써넣으시오. (단, $i = \sqrt{-1}$)
　(1) $2 \,\square\, N$　(2) $-\dfrac{1}{2} \,\square\, Z$　(3) $\sqrt{2} \,\square\, Q$　(4) $2 - 3i \,\square\, R$

풀이 (1) $\in$ (2) $\notin$ (3) $\notin$ (4) $\notin$

🅐 기호 $\in$는 원소를 뜻하는 'element'의 첫 글자 e를 기호화한 것이다.

🅑 '⟺'는 두 문장이 '논리적으로 같다.'는 것을 의미한다.

1. 원소나열법

집합에 속하는 모든 원소를 괄호 { } 안에 일일이 나열하여 집합을 나타내는 방법

예 원소가 a, b, c인 집합 $A \iff A = \{a, b, c\}$

2. 조건제시법

집합의 각 원소가 갖는 공통된 성질을 { } 안에 조건으로 제시하여 집합을 나타내는 방법, 즉 $\{x | x$의 조건$\}$ 꼴로 나타내는 방법

예 조건 $f(x)$를 만족시키는 x의 집합 $A \iff A = \{x | f(x)\}$

3. 벤다이어그램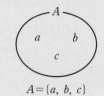

집합과 그 집합에 속하는 원소를 원이나 직사각형 같은 도형을 이용하여 그림으로 나타내는 방법

참고 여러 집합 사이의 포함 관계를 확인하거나 여러 집합을 한번에 표현할 때, 또는 시각적으로 나타낼 때 사용한다.

$$A = \{a, b, c\}$$

집합을 표현하는 방법에 대한 이해 B C

10의 양의 약수의 집합을 A라 하면 집합 A는 다음과 같이 세 가지 방법으로 표현할 수 있다.

(1) 원소나열법 : $A = \{1, 2, 5, 10\}$

(2) 조건제시법 : $A = \{x | x$는 10의 양의 약수$\}$

(3) 벤다이어그램 :

집합의 성질에 따라 위의 방법 중 하나를 선택하는 것이 좋다.

(1) 원소나열법 : 원소의 개수가 적거나 공통된 성질로 나타내기 어려운 경우

　예 $A = \{1, \sqrt{2}, \sqrt{3}, 5\}$

(2) 조건제시법 : 원소의 개수가 무수히 많거나 공통된 성질로 나타내는 것이 더 명확한 경우

　예 $A = \{x | x$는 소수$\}$
　　　　　　└─ 원소들이 갖는 공통된 성질
　　　└─ 원소를 대표하는 문자

확인 다음 집합에서 조건제시법으로 나타낸 것은 원소나열법으로, 원소나열법으로 나타낸 것은 조건제시법으로 나타내시오. **D**

(1) $A = \{x | x$는 20 이하의 자연수 중에서 3의 배수$\}$

(2) $B = \{1, 3, 5, 7, 9\}$

풀이 (1) $A = \{3, 6, 9, 12, 15, 18\}$　　(2) $B = \{x | x$는 10보다 작은 홀수$\}$

A 벤다이어그램에서 벤(Venn)은 이 그림을 처음으로 생각해 낸 영국의 논리학자의 이름이며, 다이어그램(diagram)은 그림표를 뜻하는 영어이다.

B 원소나열법으로 집합을 표현할 때, 원소가 많고 원소 사이에 일정한 규칙이 있으면 '…'을 사용하여 원소의 일부를 생략하여 나타낼 수 있다.
　예 $A = \{1, 2, 3, \cdots, 10\}$

C 집합을 원소나열법으로 나타낼 때, 나열하는 순서는 생각하지 않으며 같은 원소는 중복하여 쓰지 않는다.
　(1) $\{1, 2, 3\} = \{1, 3, 2\}$ (○)
　(2) $\{1, 2, 3, 3\}$　　　　(×)

D 두 집합 A, B를 벤다이어그램으로 나타내면 다음과 같다.

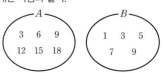

1. 유한집합과 무한집합

(1) 유한집합 : 원소가 유한개인 집합

(2) 무한집합 : 원소가 무수히 많은 집합

2. 공집합

원소가 하나도 없는 집합을 **공집합**이라 하고, 기호로 $\varnothing$과 같이 나타낸다.

참고 (1) 공집합도 유한집합이다.

(2) 공집합은 유일하다. 즉, 서로 다른 두 공집합은 존재하지 않는다.

3. 유한집합의 원소의 개수 🅐 🅑

(1) $n(A)$: 유한집합 A의 원소의 개수

(2) $n(\varnothing)=0$

원소의 개수에 따른 집합의 분류

집합은 원소의 개수가 유한한 집합과 무수히 많은 집합으로 분류할 수 있다.

이때, 공집합은 원소의 개수가 0이므로 유한집합으로 생각한다.

예를 들어, 세 집합 A, B, C가

$A=\{x \,|\, x\leq 10, \; x$는 자연수$\}$, $B=\{x \,|\, x\geq 10, \; x$는 홀수$\}$,

$C=\{x \,|\, x< 1, \; x$는 자연수$\}$

이면

$A=\{1,\ 2,\ 3,\ \cdots,\ 10\}$, $B=\{11,\ 13,\ 15,\ \cdots\}$, $C=\varnothing$

이므로

(1) 집합 A는 유한집합이고, $n(A)=10$이다.

(2) 집합 B는 무한집합이다.

(3) 집합 C는 공집합이므로 $n(C)=0$이다.

확인 네 집합

$A=\{2,\ 4,\ 6,\ 8\}$,

$B=\{1,\ 3,\ 5,\ \cdots,\ 49\}$,

$C=\{x \,|\, x$는 $|x|\leq 1$인 정수$\}$,

$D=\{x \,|\, x$는 100보다 작은 세 자리 자연수$\}$

에 대하여 $n(A)$, $n(B)$, $n(C)$, $n(D)$를 각각 구하시오.

풀이 $n(A)=4$, $n(B)=25$, $n(C)=3$, $n(D)=0$

🅐 $n(A)$의 n은 개수를 뜻하는 'number'의 첫 글자이다.

🅑 $\varnothing$과 $\{\varnothing\}$의 차이

(1) $\varnothing$은 공집합이므로 $n(\varnothing)=0$

(2) $\{\varnothing\}$은 $\varnothing$을 원소로 갖는 집합이므로 $n(\{\varnothing\})=1$

두 집합 $A=\{1,\ 2,\ 4\}$, $B=\{1,\ 3,\ 5\}$에 대하여 집합
$$S=\{x+y\,|\,x\in A,\ y\in B\}$$
의 원소의 개수를 구하시오.

---

guide   두 집합 A, B의 원소를 이용하여 새로운 집합의 원소를 구할 때는 두 집합 A, B의 원소를 모두 사용해야 한다.

(1) $\{x\,|\,p(x)\}$ $\Rightarrow$ 조건 $p(x)$를 만족시키는 x의 모임

(2) $\{(x,\ y)\,|\,P\}$ $\Rightarrow$ 조건 P를 만족시키는 모든 x, y에 대하여 그 순서쌍 $(x,\ y)$의 모임

(3) $\{x+y\,|\,Q\}$ $\Rightarrow$ 조건 Q를 만족시키는 모든 x, y에 대하여 그 합 $x+y$의 값의 모임

solution $x\in A$, $y\in B$일 때, $x+y$의 값은 오른쪽 표와 같다.

$\therefore\ S=\{2,\ 3,\ 4,\ 5,\ 6,\ 7,\ 9\}$

따라서 집합 S의 원소의 개수는 **7**이다.

x ＼ y	1	3	5
1	2	4	6
2	3	5	7
4	5	7	9

정답 및 해설 p.002

유형연습

01-1 두 집합 $A=\{1,\ 2\}$, $B=\{2,\ 3\}$에 대하여 집합
$$S=\{z\,|\,z=xy(x+y),\ x\in A,\ y\in B\}$$
의 모든 원소의 합을 구하시오.

01-2 집합 $A=\{-3,\ -1,\ 0,\ 2,\ 4\}$에 대하여 집합
$$B=\{(x,\ y)\,|\,x<y,\ x\in A,\ y\in A\}$$
일 때, 집합 B의 원소의 개수를 구하시오.

01-3 서로 다른 세 정수를 원소로 갖는 집합 $A=\{a,\ -2,\ 3\}$에 대하여 집합 B를
$$B=\{x+y\,|\,x\in A,\ y\in A,\ x\neq y\}$$
라 하자. 집합 B의 모든 원소의 합이 12일 때, a의 값을 구하시오.

〈보기〉에서 옳은 것만을 있는 대로 고르시오.

◆ 보기 ◆

ㄱ. $n(\{-1, \{0, 1\}, 2, 3\})-n(\{0, 1\})=3$　　　　ㄴ. $n(\varnothing)+n(\{0, \varnothing\})=2$

ㄷ. $n(\{x\,|\,x$는 짝수인 소수$\})+n(\{1, 2, 3, 4, 5\})-n(\{2\})=5$

guide

① 공집합은 유한집합이다.

② $n(A)$: 집합 A의 원소의 개수

③ $n(\varnothing)=0, n(\{\varnothing\})=1$

solution

ㄱ. $n(\{-1, \{0, 1\}, 2, 3\})=4, n(\{0, 1\})=2$이므로

　　$n(\{-1, \{0, 1\}, 2, 3\})-n(\{0, 1\})=2$ (거짓)

ㄴ. $n(\varnothing)=0, n(\{0, \varnothing\})=2$이므로 $n(\varnothing)+n(\{0, \varnothing\})=2$ (참)

ㄷ. $\{x\,|\,x$는 짝수인 소수$\}=\{2\}$이므로

　　$n(\{x\,|\,x$는 짝수인 소수$\})=1, n(\{1, 2, 3, 4, 5\})=5, n(\{2\})=1$

　　∴ $n(\{x\,|\,x$는 짝수인 소수$\})+n(\{1, 2, 3, 4, 5\})-n(\{2\})=1+5-1=5$ (참)

따라서 옳은 것은 ㄴ, ㄷ이다.

정답 및 해설 pp.002~003

 유형 연습

02-1　〈보기〉에서 옳은 것만을 있는 대로 고르시오.

◆ 보기 ◆

ㄱ. $n(\{0, 1, \{0, 1, 3\}, 5\})-n(\{0, 1, 3, 5, 7\})=1$

ㄴ. $n(\{a, b\})=n(\{a, \varnothing\})$

ㄷ. $n(\{x\,|\,x$는 두 자리 자연수 중 3의 배수$\})=29$

02-2　두 집합 $A=\{(x, y)\,|\,x+2y=8, x, y$는 자연수$\}$, $B=\{x\,|\,x$는 $2a$ 이하의 자연수$\}$에 대하여 $n(B)-n(A)=7$일 때, 자연수 a의 값을 구하시오.

02-3　모든 원소가 실수인 집합 A가 다음 조건을 만족시킬 때, $n(A)$의 최솟값을 구하시오.

㈎ $2\in A$　　　　　　　　　　　㈏ $x\in A$이면 $\dfrac{1}{1-x}\in A$

개념 04 부분집합

1. 부분집합 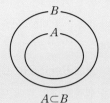 Ⓐ Ⓑ

(1) 집합 A에 속하는 모든 원소가 집합 B에 속할 때, 집합 A를 집합 B의 **부분집합**이라 하고,
기호로 $A \subset B$ 또는 $B \supset A$와 같이 나타낸다.
(2) 집합 A가 집합 B의 부분집합이 아닐 때, 기호로 $A \not\subset B$와 같이 나타낸다.

2. 부분집합의 성질

임의의 세 집합 A, B, C에 대하여
(1) $\varnothing \subset A$, $A \subset A$
(2) $A \subset B$이고 $B \subset C$이면 $A \subset C$이다.

$A \subset B$

---

1. 부분집합의 기호에 대한 이해 Ⓒ

집합 A의 모든 원소가 집합 B에 속할 때, 즉

> 모든 $x \in A$에 대하여 $x \in B$

일 때, 집합 A를 집합 B의 **부분집합**이라 하고 기호로 $A \subset B$ 또는 $B \supset A$
와 같이 나타낸다. 한편, 집합 A가 집합 B의 부분집합이 아닐 때, 기호로
$A \not\subset B$와 같이 나타낸다. 이것은 집합 A의 원소 중에 **집합 B의 원소가 아
닌 것이 적어도 하나 있다**는 뜻이다.
└ $x \in A$이지만 $x \notin B$인 x가 존재한다.

예를 들어, 두 집합 $A = \{1, 2\}$, $B = \{1, 2, 3, 4\}$에 대하여

(1) 집합 A의 모든 원소 1, 2가 집합 B에 속하므로
$A \subset B$이다.

(2) $3 \in B$, $4 \in B$이지만 $3 \notin A$, $4 \notin A$이므로
$B \not\subset A$이다.

확인1 다음 집합의 부분집합을 모두 구하시오. Ⓓ

(1) $\varnothing$ (2) $\{1\}$ (3) $\{1, 2\}$

풀이 (1) $\varnothing$ (2) $\varnothing$, $\{1\}$ (3) $\varnothing$, $\{1\}$, $\{2\}$, $\{1, 2\}$

확인2 집합 $A = \{1, 2, \{1, 2\}\}$에 대하여 〈보기〉에서 옳은 것만을 있는 대
로 고르시오.

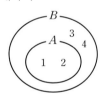
● 보기 ●

ㄱ. $1 \in A$ ㄴ. $\{1, 2\} \in A$ ㄷ. $\{1, 2\} \subset A$

풀이 집합 A의 원소는 1, 2, $\{1, 2\}$이므로
ㄱ, ㄴ. $1 \in A$, $\{1, 2\} \in A$ (참)
ㄷ. $1 \in A$, $2 \in A$이므로 $\{1, 2\} \subset A$ (참)
따라서 옳은 것은 ㄱ, ㄴ, ㄷ이다.

Ⓐ 기호 $\subset$는 포함을 뜻하는 'contain'의 첫
글자 c를 기호화한 것이다.

Ⓑ $A \subset B$
$\Longleftrightarrow$ A는 B의 부분집합이다.
$\Longleftrightarrow$ $x \in A$이면 $x \in B$이다.
$\Longleftrightarrow$ A의 모든 원소가 B에 속한다.
$\Longleftrightarrow$ A는 B에 포함된다.
$\Longleftrightarrow$ B는 A를 포함한다.

Ⓒ 기호 $\in$와 $\subset$의 구분
(1) $\in$는 원소와 집합 사이의 관계를 나타
낸다. 즉, (원소)$\in$(집합)
(2) $\subset$는 집합과 집합 사이의 포함 관계를
나타낸다. 즉, (집합)$\subset$(집합)

Ⓓ 부분집합을 모두 구할 때, 다음과 같이 원소
의 개수에 따라 분류하여 구하면 빠뜨리지
않을 수 있다.
예를 들어, 집합 $\{1, 2, 3\}$의 부분집합은
(1) 원소의 개수가 0 : $\varnothing$
(2) 원소의 개수가 1 : $\{1\}$, $\{2\}$, $\{3\}$
(3) 원소의 개수가 2 : $\{1, 2\}$, $\{1, 3\}$,
$\{2, 3\}$
(4) 원소의 개수가 3 : $\{1, 2, 3\}$
따라서 $\{1, 2, 3\}$의 모든 부분집합은 $\varnothing$,
$\{1\}$, $\{2\}$, $\{3\}$, $\{1, 2\}$, $\{1, 3\}$,
$\{2, 3\}$, $\{1, 2, 3\}$이다.

2. 부분집합의 성질에 대한 이해 **E**

모든 집합은 자기 자신의 부분집합이며, 공집합 $\varnothing$은 모든 집합의 부분집합으로 정한다. 즉, 집합 A에 대하여

$$\varnothing \subset A, \quad A \subset A$$

이다. 또한, 세 집합 A, B, C에 대하여 다음과 같이 벤다이어그램을 이용하면

$$A \subset B \text{이고 } B \subset C \;\Rightarrow\; A \subset C$$

임을 쉽게 이해할 수 있다.

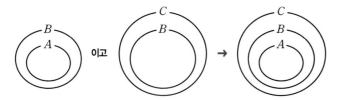

예를 들어, 세 집합 $A=\{1\}$, $B=\{1,\ 2\}$, $C=\{1,\ 2,\ 3\}$에 대하여 $A \subset B$, $B \subset C$이고, $A \subset C$이다.

E 공집합의 성질
(1) 공집합은 모든 집합의 부분집합이다.
(2) 공집합은 유일하다. 즉, 서로 다른 두 공집합은 존재하지 않는다.

개념 **05** 서로 같은 집합과 진부분집합

1. 서로 같은 집합

(1) 두 집합 A, B에 대하여 $A \subset B$이고 $B \subset A$일 때, **A와 B는 서로 같다**고 하며, 이것을 기호로 **$A=B$**와 같이 나타낸다.

(2) 두 집합 A, B가 서로 같지 않을 때, 이것을 기호로 **$A \neq B$**와 같이 나타낸다.

> 참고 두 집합이 서로 같으면 두 집합의 모든 원소가 같다.

2. 진부분집합

두 집합 A, B에 대하여 A가 B의 부분집합이지만 두 집합이 서로 같지 않을 때, 즉

$$A \subset B \text{이고 } A \neq B$$

일 때, A를 B의 **진부분집합**이라 한다.

> 참고 공집합이 아닌 집합 A의 모든 부분집합 중에서 자기 자신을 제외한 부분집합들은 모두 집합 A의 진부분집합이다.

1. 서로 같은 집합에 대한 이해

두 집합 A, B에 대하여 $A \subset B$이고 $B \subset A$일 때, 즉

$$x \in A이면 \ x \in B이고, \ y \in B이면 \ y \in A$$

일 때, 두 집합 A와 B는 서로 같다고 하며 기호로 $A = B$와 같이 나타낸다.
예를 들어, 두 집합 $A = \{1, \ 2, \ 7, \ 14\}$, $B = \{x \mid x$는 14의 양의 약수$\}$에서
$B = \{1, \ 2, \ 7, \ 14\}$이므로 $A = B$이다.

> **확인1** 세 집합 A, B, C가
>
> $$A = \{1, \ 3, \ 9\},$$
> $$B = \{x \mid x는 \ 10 \ 이하의 \ 자연수\},$$
> $$C = \{x \mid x는 \ 9의 \ 양의 \ 약수\}$$
>
> 일 때, 다음 □ 안에 기호 $\subset$, $\supset$, $=$ 중에서 가장 알맞은 것을 써넣으시오.
>
> (1) $A \ \square \ B$ (2) $A \ \square \ C$ (3) $B \ \square \ C$
>
> **풀이** $A = \{1, \ 3, \ 9\}$, $B = \{1, \ 2, \ 3, \ \cdots, \ 10\}$, $C = \{1, \ 3, \ 9\}$이므로
> (1) $A \subset B$ (2) $A = C$ (3) $B \supset C$

2. 진부분집합에 대한 이해

두 집합 A, B에 대하여 A가 B의 부분집합이지만 서로 같지 않을 때, 즉

$$A \subset B이고 \ A \neq B$$

일 때, A를 B의 **진부분집합**이라 한다.
예를 들어, 집합 $A = \{1, \ 3\}$에 대하여 집합 A의 부분집합은

$$\varnothing, \ \{1\}, \ \{3\}, \ \{1, \ 3\}$$

이고 집합 A의 진부분집합은 부분집합 중 자기 자신인 $\{1, \ 3\}$을 제외한 모든 부분집합이므로

$$\varnothing, \ \{1\}, \ \{3\}$$

이다. $\varnothing$은 공집합이 아닌 모든 집합의 진부분집합이다.
한편, 두 집합 A, B에 대하여 $A \subset B$이면 A가 B의 진부분집합이거나 $A = B$이다.
따라서 $A \subset B$는 $A = B$인 경우를 포함한다.

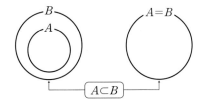

> **확인2** 집합 $\{1, \ 2, \ 3\}$의 진부분집합을 모두 구하시오.
>
> **풀이** $\varnothing, \ \{1\}, \ \{2\}, \ \{3\}, \ \{1, \ 2\}, \ \{1, \ 3\}, \ \{2, \ 3\}$

A 원소나열법에서 원소를 나열하는 순서는 상관없으므로 $\{a, \ b, \ c\} = \{1, \ 2, \ 3\}$이라고 해서 반드시 $a = 1$, $b = 2$, $c = 3$인 것은 아니다.

B 이것을 벤다이어그램으로 나타내면 다음과 같다.

C (1) $A \subset B$, $B \subset A$ $\Longleftrightarrow$ $A = B$
(2) $A \subset B$, $A \neq B$ $\Longleftrightarrow$ A는 B의 진부분집합이다.

집합 $A=\{\varnothing, a, \{a, b\}, c\}$에 대하여 다음 중 옳지 <u>않은</u> 것은?

① $\varnothing \in A$ ② $\{a, b\} \in A$ ③ $\varnothing \subset A$ ④ $\{b\} \subset A$ ⑤ $\{c\} \subset A$

guide

1 공집합 $\varnothing$은 모든 집합의 부분집합이다.

2 $x \in A \Rightarrow \{x\} \subset A$

3 집합 A의 모든 원소가 집합 B에 속하면 $\Rightarrow A \subset B$

solution

①, ② 집합 $A=\{\varnothing, a, \{a, b\}, c\}$의 원소는 $\varnothing, a, \{a, b\}, c$이므로

    $\varnothing \in A, a \in A, \{a, b\} \in A, c \in A$

    $\therefore \varnothing \in A, \{a, b\} \in A$ (참)

③ $\varnothing$은 모든 집합의 부분집합이므로 $\varnothing \subset A$ (참)

④ b는 집합 A의 원소가 아니므로 $\{b\} \not\subset A$ (거짓)

⑤ $c \in A$이므로 $\{c\} \subset A$ (참)

따라서 옳지 않은 것은 ④이다.

정답 및 해설 p.003

유형 연습

03-1 집합 $A=\{x \mid 1 \leq x \leq 20, \ x$는 3의 배수$\}$에 대하여 다음 중 옳은 것은?

① $\{3\} \in A$ ② $\varnothing \in A$ ③ $10 \in A$

④ $\varnothing \subset A$ ⑤ $\{3, 7, 11, 15\} \subset A$

03-2 집합 $A=\{\varnothing, -2, 0, 2, \{0\}, \{0, 2\}\}$에 대하여 다음 중 옳은 것은?

① $n(A)=7$ ② $\{\varnothing\} \not\subset A$ ③ $\{\{0, 2\}\} \subset A$

④ $\{-2, 0, 2\} \in A$ ⑤ $\{\varnothing, \{-2, 0\}\} \subset A$

발전

03-3 집합 $A=\{\varnothing, 0, 1\}$에 대하여 집합 $P(A)$는 집합 A의 부분집합을 원소로 갖는 집합이라 할 때, ⟨보기⟩에서 옳은 것만을 있는 대로 고르시오.

> **보기**
>
> ㄱ. $\varnothing \in P(A)$ ㄴ. $\varnothing \subset P(A)$
>
> ㄷ. $\{\varnothing, 0\} \subset P(A)$ ㄹ. $\{\{\varnothing\}\} \subset P(A)$

두 집합 $A=\{3,\ a-1,\ a^2+1\}$, $B=\{a^2-1,\ 3-a,\ 5\}$에 대하여 $A=B$일 때, 상수 a의 값을 구하시오.

guide **1** $A \subset B \Rightarrow x \in A$이면 $x \in B$
2 $A=B \Rightarrow x \in A$이면 $x \in B$이고, $y \in B$이면 $y \in A$

solution $A=B$이면 집합 A의 모든 원소는 집합 B의 원소이다.

즉, $3 \in A$에서 $3 \in B$이므로

$a^2-1=3$ 또는 $3-a=3$

$a^2-1=3$에서 $a^2=4$ ∴ $a=2$ 또는 $a=-2$

$3-a=3$에서 $a=0$

(ⅰ) $a=-2$일 때,

   $A=\{-3,\ 3,\ 5\}$, $B=\{3,\ 5\}$이므로 $A \neq B$

(ⅱ) $a=2$일 때,

   $A=\{1,\ 3,\ 5\}$, $B=\{1,\ 3,\ 5\}$이므로 $A=B$

(ⅲ) $a=0$일 때,

   $A=\{-1,\ 1,\ 3\}$, $B=\{-1,\ 3,\ 5\}$이므로 $A \neq B$

(ⅰ), (ⅱ), (ⅲ)에서 $a=\mathbf{2}$

정답 및 해설 pp.003~004

04-1 두 집합 $A=\left\{a,\ \dfrac{b}{a},\ 4\right\}$, $B=\{a^2,\ 4a+b,\ 0\}$에 대하여 $A \subset B$, $B \subset A$일 때, 두 정수 a, b에 대하여 $a-b$의 값을 구하시오. (단, $a \neq 0$)

04-2 실수 전체의 집합의 두 부분집합

   $A=\{x \,|\, x^2+x-6 \leq 0\}$, $B=\{x \,|\, |x-2| \leq k\}$

에 대하여 $A \subset B$가 성립하도록 하는 양수 k의 최솟값을 구하시오.

04-3 세 집합 $A=\{x \,|\, x^2-x-12 \leq 0\}$, $B=\{x \,|\, |x-1| < k\}$, $C=\{x \,|\, x^2 \leq 1\}$에 대하여 $C \subset B \subset A$가 성립하도록 하는 양수 k의 값의 범위를 구하시오.

1. 부분집합의 개수

원소의 개수가 n인 집합 A에 대하여

(1) 집합 A의 부분집합의 개수 : 2^n

(2) 집합 A의 진부분집합의 개수 : $2^n - 1$ ← 부분집합 중에서 자기 자신을 제외한 집합의 개수

2. 특정한 원소를 갖는(갖지 않는) 부분집합의 개수

원소의 개수가 n인 집합 A에 대하여

(1) 집합 A의 원소 중에서 특정한 k개를 원소로 갖는(갖지 않는) 부분집합의 개수 : 2^{n-k} (단, $k < n$)

(2) 집합 A의 원소 중에서 특정한 k개를 원소로 갖고, 특정한 l개는 원소로 갖지 않는 부분집합의 개수 : 2^{n-k-l}

$$\text{(단, } k+l < n\text{)}$$

(3) 집합 A의 원소 중에서 특정한 k개의 원소 중 적어도 한 개를 원소로 갖는 부분집합의 개수 : $2^n - 2^{n-k}$ (단, $k < n$)

---

1. 부분집합의 개수 Ⓐ

집합 $A = \{a_1, a_2, a_3\}$에 대하여 집합 A의 부분집합은 세 원소 a_1, a_2, a_3을 각각 갖거나 갖지 않는다.

집합 A의 부분집합이 원소 a_1, a_2, a_3을 각각 갖는 경우를 ○, 갖지 않는 경우를 ×라 하여 수형도를 그려보면 오른쪽 그림과 같이 원소가 하나 늘어날 때마다 부분집합의 개수는 2배가 됨을 알 수 있다.

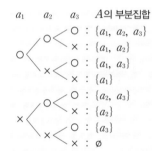

일반적으로 원소의 개수가 n인 집합의 부분집합의 개수는

$$\underbrace{2 \times 2 \times 2 \times \cdots \times 2}_{n\text{개}} = 2^n$$

이다. 또한, 집합 A의 진부분집합의 개수는 집합 A의 부분집합 중에서 자기 자신을 제외한 집합의 개수이므로 $2^n - 1$이다.

2. 특정한 원소를 갖는(갖지 않는) 부분집합의 개수 Ⓑ

(1) 집합 $A = \{a_1, a_2, a_3\}$의 원소 a_1을 갖는 집합 A의 부분집합의 개수

집합 A에서 원소 a_1을 제외한 집합 $\{a_2, a_3\}$의 부분집합에 원소 a_1을 추가하면 되므로 다음과 같이 4개이다. ^{∅, {a₂}, {a₃}, {a₂, a₃}}

$$\{a_1\}, \ \{a_1, a_2\}, \ \{a_1, a_3\}, \ \{a_1, a_2, a_3\}$$

이것을 집합 A의 부분집합이 a_1을 갖는 경우 1가지, a_2, a_3을 갖거나 갖지 않는 경우 2가지씩으로 생각하면 다음과 같다.

$$1 \times 2 \times 2 = 2^{3-1} = 4$$

Ⓐ 부분집합의 개수를 구하는 원리

집합 $A = \{a_1, a_2, a_3\}$의 부분집합을 B라 할 때, 원소 a_1은 집합 B에 속하거나 속하지 않는 두 가지 경우가 있다.

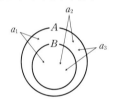

원소 a_2, a_3에 대해서도 같은 방법으로 생각하면 집합 B로 가능한 경우의 수는

$$2 \times 2 \times 2 = 8$$

과 같이 구할 수 있다.

이때, 곱해지는 2의 개수는 집합 A의 원소의 개수와 같으므로 집합 B의 개수는

$$2^3 = 8$$

Ⓑ '특정한 k개를 원소로 갖는' 부분집합의 개수와 '특정한 k개를 원소로 갖지 않는' 부분집합의 개수는 같다.

(2) 집합 $A=\{a_1,\ a_2,\ a_3\}$의 원소 $\boxed{a_1}$을 갖지 않는 집합 A의 부분집합의 개수

집합 A에서 원소 $\boxed{a_1}$을 제외한 집합 $\{a_2,\ a_3\}$의 부분집합과 같으므로 다음과 같이 4개이다.

$$\varnothing,\ \{a_2\},\ \{a_3\},\ \{a_2,\ a_3\}$$

이것을 집합 A의 부분집합이 a_1을 갖지 않는 경우 1가지, $a_2,\ a_3$을 갖거나 갖지 않는 경우 2가지씩으로 생각하면 다음과 같다.

$$1\times2\times2=2^{3-1}=4$$

일반적으로 원소가 n개인 집합에서 특정한 원소 k개를 갖는(갖지 않는) 부분집합의 개수는 $2^{n-k}\ (k<n)$이다.

3. 특정한 k개를 원소로 갖고, 특정한 l개는 원소로 갖지 않는 부분집합의 개수

2와 마찬가지로 특정한 원소를 제외한 나머지 원소를 이용하여 부분집합의 개수를 구한다. **C**

즉, 집합 $A=\{a_1,\ a_2,\ a_3,\ a_4\}$의 원소 $\boxed{a_1}$은 갖고, $\boxed{a_2}$는 갖지 않는 집합 A의 부분집합의 개수는 다음과 같다.

$$\underset{\underset{\text{(반드시 포함하는 원소의 개수)}}{\uparrow}}{1}\times1\times2\times2=2^{\overset{\overset{n(A)}{\downarrow}}{4}-1-\underset{\underset{\text{(포함하지 않는 원소의 개수)}}{}}{1}}=4$$

일반적으로 원소가 n개인 집합에서 특정한 원소 k개를 원소로 갖고, 특정한 원소 l개는 원소로 갖지 않는 부분집합의 개수는 $2^{n-k-l}\ (k+l<n)$이다.

4. 특정한 k개의 원소 중 적어도 한 개를 원소로 갖는 부분집합의 개수

집합 $A=\{a_1,\ a_2,\ a_3,\ a_4\}$의 원소 $a_1,\ a_2,\ a_3$ 중 적어도 한 개를 원소로 갖는 집합 A의 부분집합의 개수는 집합 A의 부분집합의 개수에서 $a_1,\ a_2,\ a_3$을 모두 원소로 갖지 않는 부분집합의 개수를 뺀 것과 같으므로 **D**

$$\underset{\underset{\text{(집합 }A\text{의 전체 부분집합의 개수)}}{}}{2^4}-\underset{\underset{\text{(특정한 3개의 원소를 모두 포함하지 않는 부분집합의 개수)}}{}}{2^{4-3}}=16-2=14$$

일반적으로 원소가 n개인 집합에서 특정한 k개의 원소 중 적어도 한 개를 원소로 갖는 부분집합의 개수는 $2^n-2^{n-k}\ (k<n)$이다.

확인 집합 $A=\{1,\ 2,\ 3,\ 6,\ 9,\ 18\}$에 대하여 다음을 구하시오.

(1) 집합 A의 부분집합의 개수

(2) 1, 2를 원소로 갖는 집합 A의 부분집합의 개수

(3) 1은 원소로 갖고, 6, 9는 원소로 갖지 않는 집합 A의 부분집합의 개수

풀이   (1) $2^6=64$ (2) $2^{6-2}=2^4=16$ (3) $2^{6-1-2}=2^3=8$

C 집합 $A=\{a_1,\ a_2,\ a_3,\ a_4\}$의 원소 a_1은 갖고, a_2는 갖지 않는 집합 A의 부분집합을 B라 하자.

  (ⅰ) a_1 : 집합 B에 속하는 경우 1가지

  (ⅱ) a_2 : 집합 B에 속하지 않는 경우 1가지

  (ⅲ) $a_3,\ a_4$: 집합 B에 속하거나 속하지 않는 경우 2가지씩

  (ⅰ), (ⅱ), (ⅲ)에서 집합 B의 개수는

$$1\times1\times2\times2=2^{4-1-1}=2^2=4$$

D (적어도 ~인 경우)
= (전체 경우) − (하나도 ~가 아닌 경우)

집합 $A=\{1,\ 2,\ 3,\ 4,\ 5\}$의 부분집합 중에서 2를 원소로 갖는 집합의 개수를 x, 1은 원소로 갖고 3, 5는 원소로 갖지 않는 집합의 개수를 y라 할 때, $x-y$의 값을 구하시오.

guide   원소의 개수가 n인 집합 A에 대하여

(1) 집합 A의 원소 중에서 특정한 k개를 원소로 갖는(갖지 않는) 부분집합의 개수

      $\Rightarrow 2^{n-k}$ (단, $k<n$)

(2) 집합 A의 원소 중에서 특정한 k개를 원소로 갖고, 특정한 l개는 원소로 갖지 않는 부분집합의 개수

      $\Rightarrow 2^{n-k-l}$ (단, $k+l<n$)

(3) 집합 A의 원소 중에서 특정한 k개의 원소 중 적어도 한 개를 원소로 갖는 부분집합의 개수

      $\Rightarrow 2^{n}-2^{n-k}$ (단, $k<n$)

solution   (i) 집합 A의 부분집합 중에서 2를 원소로 갖는 집합은 집합 $\{1,\ 3,\ 4,\ 5\}$의 부분집합에 원소 2를 추가한 것과 같다.

즉, 집합 A에서 원소 2를 제외한 집합 $\{1,\ 3,\ 4,\ 5\}$의 부분집합의 개수와 같으므로 그 개수는

$x=2^{5-1}=2^{4}=16$

(ii) 집합 A의 부분집합 중에서 1은 원소로 갖고, 3, 5는 원소로 갖지 않는 집합은 집합 $\{2,\ 4\}$의 부분집합에 원소 1을 추가한 것과 같다.

즉, 집합 A에서 원소 1, 3, 5를 제외한 집합 $\{2,\ 4\}$의 부분집합의 개수와 같으므로 그 개수는

$y=2^{5-1-2}=2^{2}=4$

(i), (ii)에서

$x-y=16-4=\mathbf{12}$

정답 및 해설 p.004

05-1   집합 $A=\{1,\ 2,\ 3,\ \cdots,\ 10\}$의 부분집합 중에서 3의 배수는 원소로 갖고, 10의 양의 약수는 원소로 갖지 않는 부분집합의 개수를 구하시오.

05-2   집합 $A=\{x\,|\,x$는 $1\leq x\leq9$인 자연수$\}$의 부분집합 중에서 적어도 1개의 소수를 원소로 갖는 부분집합의 개수를 구하시오.

두 집합 $A=\{1,\ 3\}$, $B=\{1,\ 3,\ 5,\ 7,\ 9\}$에 대하여 $A \subset X \subset B$를 만족시키는 집합 X의 개수를 구하시오.

guide $A \subset X \subset B$를 만족시키는 집합 X의 개수

            ⇨ 집합 B의 부분집합 중에서 집합 A의 모든 원소를 반드시 원소로 갖는 집합의 개수

solution $A \subset X \subset B$이므로 집합 X는 집합 $B=\{1,\ 3,\ 5,\ 7,\ 9\}$의 부분집합 중에서 집합 A의 두 원소 1, 3을 반드시 원소로 갖는 집합이다.

          따라서 집합 X의 개수는

          $2^{5-2}=2^3=8$

정답 및 해설 p.005

06-1   두 집합

        $A=\{x\,|\,x$는 20 이하의 6의 배수$\}$, $B=\{x\,|\,x$는 20 이하의 짝수$\}$

     에 대하여 $A \subset X \subset B$를 만족시키는 집합 X의 개수를 구하시오.

06-2   두 집합

        $A=\{x\,|\,x^2-5x+4 \leq 0,\ x$는 정수$\}$, $B=\{x\,|\,|x-2|<4,\ x$는 정수$\}$

     에 대하여 $A \subset X \subset B$를 만족시키는 집합 X의 개수를 구하시오.

발전

06-3   두 집합

        $A=\{4,\ 8,\ 12,\ \cdots,\ k\}$, $B=\{2,\ 4,\ 6,\ \cdots,\ 30\}$

     에 대하여 $A \subset X \subset B$를 만족시키는 집합 X의 개수가 256일 때, 4의 배수 k의 값을 구하시오.

01 〈보기〉에서 집합인 것의 개수를 구하시오.

• 보기 •

ㄱ. 10보다 크고, 12보다 작은 짝수의 모임

ㄴ. 수학을 잘하는 학생의 모임

ㄷ. 2000보다 큰 수의 모임

ㄹ. 7에 가까운 수의 모임

ㅁ. 책을 많이 읽는 학생의 모임

02 〈보기〉에서 오른쪽 벤다이어 그램이 나타내는 집합 A와 서로 같은 집합만을 있는 대로 고른 것은?

• 보기 •

ㄱ. $B=\{7,\ 9,\ 11,\ 13\}$

ㄴ. $C=\{x\,|\,x$는 5보다 크고 14보다 작은 소수$\}$

ㄷ. $D=\{2x+1\,|\,3\leq x\leq 6\}$

① ㄱ   ② ㄴ   ③ ㄷ

④ ㄱ, ㄴ   ⑤ ㄱ, ㄷ

03 두 집합 $A=\{-2,\ 1,\ a\}$, $B=\{1,\ 2,\ 3\}$에 대하여 집합 $C=\{xy\,|\,x\in A,\ y\in B\}$라 하자. $C=\{-6,\ -4,\ -2,\ 1,\ 2,\ 3,\ 6,\ 9\}$일 때, 상수 a의 값을 구하시오.

04 서로 다른 세 자연수 $l,\ m,\ n$에 대하여 두 집합 $A,\ B$를
$$A=\{l,\ m,\ n\},$$
$$B=\{x\,|\,x=a+b,\ a\in A,\ b\in A,\ a\neq b\}$$
라 하면 $B=\{6,\ 12,\ 14\}$일 때, lmn의 값을 구하시오.

05 집합 $A=\{-i,\ i,\ 1\}$에 대하여 두 집합 $B,\ C$를
$$B=\{x+y\,|\,x\in A,\ y\in A\},$$
$$C=\{xy\,|\,x\in A,\ y\in A\}$$
라 할 때, $n(B)+n(C)$의 값을 구하시오. (단, $i=\sqrt{-1}$)

06 집합 $A=\{z\,|\,z=i^n,\ n$은 자연수$\}$에 대하여 집합 $B=\{z_1^2+z_2^2\,|\,z_1\in A,\ z_2\in A\}$일 때, 집합 B의 원소의 개수를 구하시오. (단, $i=\sqrt{-1}$) [교육청]

07 집합 $A=\{-1,\ 0,\ 1,\ 2\}$에 대하여 두 집합 B, C를
$$B=\{a+b\,|\,a\in A,\ b\in A\},$$
$$C=\{ab\,|\,a\in A,\ b\in A\}$$
라 할 때, 다음 중 옳은 것은?

① $A\subset B\subset C$ ② $A\subset C\subset B$
③ $B\subset A\subset C$ ④ $B\subset C\subset A$
⑤ $C\subset A\subset B$

08 집합 $A=\{\varnothing,\ a,\ b,\ \{a,\ b\}\}$에 대하여 집합 $f(A)$를
$$f(A)=\{X\,|\,X\subset A\}$$
라 할 때, 다음 중 옳지 <u>않은</u> 것은?

① $\varnothing\in f(A)$ ② $\{\varnothing\}\in f(A)$
③ $\{a\}\in f(A)$ ④ $\{a,\ b\}\subset f(A)$
⑤ $\{A\}\subset f(A)$

09 두 집합 $A=\{5,\ a+1\}$, $B=\{1,\ 3-a,\ b+5\}$에 대하여 $A\subset B$일 때, 두 실수 a, b의 합 $a+b$의 최댓값을 M, 최솟값을 m이라 하자. 이때, $M-m$의 값은?
(단, $a\neq 4$)

① 5 ② 6 ③ 7
④ 8 ⑤ 9

10 두 집합
$$A=\{3,\ a\},\ B=\{x\,|\,x^2=b,\ x는\ 실수\}$$
가 서로 같을 때, 두 실수 a, b의 합 $a+b$의 값은?

① 3 ② 4 ③ 5
④ 6 ⑤ 7

11 세 집합
$$A=\{x\,|\,|x-4|\leq 1\}$$
$$B=\{x\,|\,x^2-4ax+3a^2<0\}$$
$$C=\{x\,|\,x^2-10x+9\leq 0\}$$
에 대하여 $A\subset B\subset C$가 성립하도록 하는 자연수 a의 값을 구하시오.

12 집합 $A=\{1,\ 2,\ 3,\ \cdots,\ n\}$의 부분집합 중에서 2 또는 4를 원소로 갖고 5는 원소로 갖지 않는 집합의 개수가 96일 때, 자연수 n의 값을 구하시오.

13 자연수 전체의 집합의 부분집합 S에 대하여 다음 두 조건을 만족시키는 집합 S의 개수를 구하시오.

> (가) $x\in S$이면 $\dfrac{64}{x}\in S$이다.
>
> (나) 집합 S의 원소의 개수는 홀수이다.

14 집합 $A=\{1,\ 2,\ 3,\ 4,\ 5\}$의 부분집합 중에서 적어도 하나의 짝수를 원소로 갖고, 연속된 두 자연수는 원소로 갖지 않는 부분집합의 개수를 구하시오.

15 집합 $A=\{1,\ 2,\ 3,\ \cdots,\ 7\}$의 부분집합 중에서 다음 조건을 만족시키는 집합 X의 개수를 구하시오.

> 집합 X의 원소의 최댓값과 최솟값의 차는 4이다.

16 두 집합
$$A=\{x\,|\,x는\ 60의\ 양의\ 약수\},$$
$$B=\left\{x\,\middle|\,x=\dfrac{240}{n},\ n과\ x는\ 자연수\right\}$$
에 대하여 $A\subset X\subset B$를 만족시키는 집합 X의 개수를 구하시오.

17 집합 $A=\{-3,\ -1,\ 0,\ 2,\ 4\}$의 모든 부분집합을 $A_1,\ A_2,\ A_3,\ \cdots,\ A_n$이라 하자. 집합 A_k의 모든 원소의 합을 $S(A_k)\ (k=1,\ 2,\ 3,\ \cdots,\ n)$라 할 때, $S(A_1)+S(A_2)+S(A_3)+\cdots+S(A_n)$의 값을 구하시오.

18 집합 $A=\left\{a+bi\,\middle|\,a^2+b^2=\dfrac{1}{2},\ a,\ b\text{는 실수}\right\}$에 대하여 $\dfrac{1}{1+xi}\in A$일 때, 0이 아닌 모든 실수 x의 값을 구하시오. (단, $i=\sqrt{-1}$)

19 집합 $A=\{1,\ 2,\ 3,\ 4,\ 5\}$의 부분집합 중에서 원소의 합이 10 이상인 집합의 개수를 구하시오.

20 집합 $A(k)$를 자연수 k를 거듭제곱한 수의 일의 자리의 수 전체의 집합이라 하자. 예를 들어, $k=2$일 때, $2^1=2,\ 2^2=4,\ 2^3=8,\ 2^4=16,\ 2^5=32,\ \cdots$이므로 $A(2)=\{2,\ 4,\ 6,\ 8\}$이다. 〈보기〉에서 옳은 것만을 있는 대로 고르시오.

┌─ 보기 ─────────────────────────┐

ㄱ. $1\in A(3)$

ㄴ. $A(6)\subset A(3)$

ㄷ. $A(3^n)=A(3)$을 만족시키는 1보다 큰 자연수 n 이 존재한다.

└──────────────────────────────┘

21 집합 S의 원소 중에서 가장 큰 원소를 $M(S)$라 하자. 예를 들어, $S=\{4\}$일 때 $M(S)=4$이고, $S=\{1,\ 2\}$일 때 $M(S)=2$이다. 집합 $A=\{1,\ 2,\ 3,\ 4,\ 5\}$의 부분집합 X에 대하여 $M(X)\geq 3$을 만족시키는 집합 X의 개수를 구하시오. [교육청]

22 집합 $A=\{0,\ 1,\ 2,\ 3,\ 4,\ 5,\ 6,\ 7\}$에 대하여 $X\subset A,\ n(X)\geq 2$를 만족시키는 집합 X의 원소의 최솟값과 최댓값의 합을 $S(X)$라 하자. 예를 들어, $X=\{1,\ 2,\ 3\}$일 때, $S(X)=1+3=4$이다. 이때, $S(X)=7$을 만족시키는 집합 X의 개수를 구하시오.

서술형

23 집합 $A=\{1,\ 2,\ 3,\ 4,\ 5,\ 6\}$의 모든 부분집합을 $A_1,\ A_2,\ A_3,\ \cdots,\ A_n$이라 하고, 집합 A_k의 모든 원소의 합을 $S(A_k)\ (k=1,\ 2,\ 3,\ \cdots,\ n)$라 하자. 집합 $A_1,\ A_2,\ A_3,\ \cdots,\ A_n$ 중에서 소수를 적어도 한 개 이상 갖는 부분집합을 $P_1,\ P_2,\ P_3,\ \cdots,\ P_m\ (m\leq n)$이라 할 때, $S(P_1)+S(P_2)+S(P_3)+\cdots+S(P_m)$의 값을 구하시오.

틀을
깨는
생각

If I have lost confidence in myself,
I have the universe against me.

내 자신에 대한 자신감을 잃으면,
온 세상이 나의 적이 된다.

... 랄프 왈도 에머슨(Ralph Waldo Emerson)

I

집합과 명제

개념 01 합집합과 교집합

1. 합집합

두 집합 A, B에 대하여 A에 속하거나 B에 속하는 모든 원소로 이루어진 집합을 A와 B의 **합집합**이라 하고, 기호로 $A \cup B$와 같이 나타낸다.

$$A \cup B = \{x \mid x \in A \text{ 또는 } x \in B\}$$

$A \cup B$

2. 교집합

두 집합 A, B에 대하여 A에도 속하고, B에도 속하는 모든 원소로 이루어진 집합을 A와 B의 **교집합**이라 하고, 기호로 $A \cap B$와 같이 나타낸다.

$$A \cap B = \{x \mid x \in A \text{ 그리고 } x \in B\}$$

$A \cap B$

3. 서로소

두 집합 A, B에서 공통된 원소가 하나도 없을 때, 즉

$$A \cap B = \varnothing \longleftrightarrow n(A \cap B) = 0$$

일 때, A와 B는 **서로소**라 한다.

참고 공집합은 모든 집합과 서로소이다.

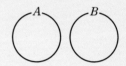

---

1. 합집합과 교집합, 서로소에 대한 이해

(1) 두 집합 $A = \{1, 2, 3\}$, $B = \{2, 3, 4, 5\}$에 대하여 $A \cup B = \{1, \underline{2}, \underline{3}, 4, 5\}$,

$A \cap B = \{2, 3\}$

A, B의 모든 원소를 쓴다.
이때, 중복된 원소는 한 번만 쓴다.

(2) 두 집합 $C = \{1, 3, 5, 7\}$, $D = \{2, 4, 6\}$에 대하여 $C \cap D = \varnothing$이므로 두 집합 C, D는 서로소이다.

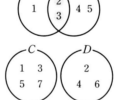

확인 두 집합 $A = \{x \mid x^2 - 5x + 4 = 0\}$, $B = \{x \mid x \text{는 8의 양의 약수}\}$에 대하여 $A \cup B$, $A \cap B$를 각각 구하시오.

풀이 $x^2 - 5x + 4 = 0$에서 $(x-1)(x-4) = 0$ ∴ $x = 1$ 또는 $x = 4$
즉, $A = \{1, 4\}$, $B = \{1, 2, 4, 8\}$이므로
$A \cup B = \{1, 2, 4, 8\}$, $A \cap B = \{1, 4\}$

2. 합집합과 교집합의 성질

두 집합 A, B에 대하여 다음이 성립한다.

(1) $A \cup \varnothing = A$, $A \cap \varnothing = \varnothing$, $A \cup A = A$, $A \cap A = A$

(2) $A \subset B \iff A \cup B = B$, $A \cap B = A$ **B**

(3) $(A \cap B) \subset A \subset (A \cup B)$, $(A \cap B) \subset B \subset (A \cup B)$ **C**

(4) $A \cup (A \cap B) = A$, $A \cap (A \cup B) = A$

A 합집합과 교집합은 집합의 연산이다.
(1) '~이거나, ~ 또는' ⇨ 합집합
(2) '~이고, ~와' ⇨ 교집합

B

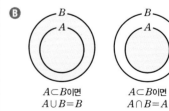

$A \subset B$이면
$A \cup B = B$

$A \subset B$이면
$A \cap B = A$

C $A \cap B$는 A의 부분집합인 동시에 B의 부분집합이다. 또한, A와 B는 각각 $A \cup B$의 부분집합이다.

(4)를 확인해 보자.

① $(A \cap B) \subset A$이므로 $A \cup (A \cap B) = A$

② $A \subset (A \cup B)$이므로 $A \cap (A \cup B) = A$

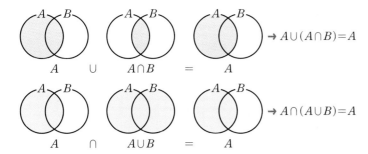

개념 02 집합의 연산 법칙

세 집합 A, B, C에 대하여 다음이 성립한다. Ⓐ

(1) 교환법칙 : $A \cup B = B \cup A$, $A \cap B = B \cap A$

(2) 결합법칙 : $(A \cup B) \cup C = A \cup (B \cup C)$, $(A \cap B) \cap C = A \cap (B \cap C)$ ← 결합법칙이 성립하므로 보통 괄호를 생략하여 $A \cup B \cup C$, $A \cap B \cap C$로 나타낸다.

(3) 분배법칙 : $A \cap (B \cup C) = (A \cap B) \cup (A \cap C)$
$A \cup (B \cap C) = (A \cup B) \cap (A \cup C)$

집합의 분배법칙에 대한 이해

세 집합 A, B, C에 대하여

$A \cap (B \cup C) = (A \cap B) \cup (A \cap C)$, $A \cup (B \cap C) = (A \cup B) \cap (A \cup C)$

가 성립한다. 이것을 벤다이어그램으로 확인하면 다음과 같다.

$A \cap (B \cup C) = (A \cap B) \cup (A \cap C)$

$A \cup (B \cap C) = (A \cup B) \cap (A \cup C)$

Ⓐ 집합의 연산 법칙은 실수의 연산 법칙과 비교하면 이해하기 쉽다.
세 실수 a, b, c에 대하여
(1) 덧셈과 곱셈에 대한 교환법칙
$a + b = b + a$, $ab = ba$
(2) 덧셈과 곱셈에 대한 결합법칙
① $(a + b) + c = a + (b + c)$
② $(ab)c = a(bc)$
(3) 분배법칙
① $a(b + c) = ab + ac$
② $(a + b)c = ac + bc$

[확인] 세 집합 A, B, C에 대하여 $A = \{1, 2, 3\}$, $B \cup C = \{1, 4, 5\}$, $B \cap C = \{4\}$일 때, 다음을 구하시오.

(1) $(A \cap B) \cup (A \cap C)$　　　　(2) $(A \cup B) \cap (A \cup C)$

풀이　(1) $(A \cap B) \cup (A \cap C) = A \cap (B \cup C) = \{1, 2, 3\} \cap \{1, 4, 5\} = \{1\}$
　　　(2) $(A \cup B) \cap (A \cup C) = A \cup (B \cap C) = \{1, 2, 3\} \cup \{4\} = \{1, 2, 3, 4\}$

다음 물음에 답하시오.

(1) 두 집합 $A=\{1, 3, a^2+a\}$, $B=\{2, a, b-1\}$에 대하여 $A\cap B=\{3, 12\}$일 때, 두 상수 a, b에 대하여 $a+b$의 값을 구하시오.

(2) 두 집합 $A=\{2, a^2, 5\}$, $B=\{2, 2a+3, 1-2a\}$에 대하여 $A\cup B=\{-1, 2, 4, 5\}$일 때, 집합 $A\cap B$의 모든 원소의 합을 구하시오. (단, a는 정수이다.)

guide $A\cup B=\{x\,|\,x\in A$ 또는 $x\in B\}$, $A\cap B=\{x\,|\,x\in A$ 그리고 $x\in B\}$

solution (1) $A\cap B=\{3, 12\}$이므로 $12\in A$

따라서 $a^2+a=12$이므로 $a^2+a-12=0$, $(a+4)(a-3)=0$ ∴ $a=-4$ 또는 $a=3$

(ⅰ) $a=-4$일 때, $A=\{1, 3, 12\}$, $B=\{2, -4, b-1\}$

즉, $A\cap B=\{3, 12\}$라는 조건을 만족시키지 않는다.

(ⅱ) $a=3$일 때, $A=\{1, 3, 12\}$, $B=\{2, 3, b-1\}$

$b-1=12$, 즉 $b=13$일 때, $A\cap B=\{3, 12\}$가 성립한다.

(ⅰ), (ⅱ)에서 $a=3$, $b=13$이므로 $a+b=\mathbf{16}$

(2) $A\subset(A\cup B)$에서 $a^2\in A\cup B$이므로 $a^2=-1$ 또는 $a^2=2$ 또는 $a^2=4$ 또는 $a^2=5$

이때, a는 정수이므로 $a^2=4$ ∴ $a=2$ 또는 $a=-2$

(ⅰ) $a=2$일 때, $A=\{2, 4, 5\}$, $B=\{-3, 2, 7\}$

즉, $A\cup B=\{-3, 2, 4, 5, 7\}$이므로 조건을 만족시키지 않는다.

(ⅱ) $a=-2$일 때, $A=\{2, 4, 5\}$, $B=\{-1, 2, 5\}$이므로 $A\cup B=\{-1, 2, 4, 5\}$가 성립한다.

(ⅰ), (ⅱ)에서 $A=\{2, 4, 5\}$, $B=\{-1, 2, 5\}$이므로 $A\cap B=\{2, 5\}$

따라서 집합 $A\cap B$의 모든 원소의 합은 $2+5=\mathbf{7}$

정답 및 해설 p.012

01-1 두 집합 $A=\{1, a^2+a\}$, $B=\{a, a+3, 2a^2+3a\}$에 대하여 $A\cap B=\{1, 2\}$일 때, 집합 $A\cup B$의 모든 원소의 합을 구하시오. (단, a는 상수이다.)

01-2 두 집합 $A=\{x\,|\,(x-2)(x-49)>0\}$, $B=\{x\,|\,(x-a)(x-a^2)\leq0\}$이 서로소가 되도록 하는 자연수 a의 개수를 구하시오.

발전
01-3 모든 원소가 자연수인 두 집합 $A=\{a, b, c, d\}$, $B=\{a^2, b^2, c^2, d^2\}$에 대하여 $A\cap B=\{c, d\}$, $c+d=25$일 때, 집합 $A\cup B$의 모든 원소의 합을 구하시오.

자연수 전체의 집합의 부분집합 $A_k=\{x\,|\,x$는 k의 배수$\}$에 대하여 $(A_3\cup A_4)\cap A_6=A_n$을 만족시키는 자연수 n의 값을 구하시오.

guide

세 자연수 k, m, n의 양의 배수의 집합을 각각 A_k, A_m, A_n이라 하면 다음이 성립한다.

(1) $A_m\cap A_n=A_k \iff k$는 m, n의 최소공배수　**예** $A_2\cap A_3=A_6$

(2) $(A_m\cup A_n)\subset A_k \iff k$는 m, n의 공약수　**예** $(A_4\cup A_6)\subset A_2$

(3) $A_m\cup A_n=A_m \iff A_n\subset A_m \iff m$은 n의 약수　**예** $A_2\cup A_4=A_2$

solution

$(A_3\cup A_4)\cap A_6=(A_3\cap A_6)\cup(A_4\cap A_6)$

$A_3\cap A_6$은 3과 6의 최소공배수인 6의 배수의 집합이고,

$A_4\cap A_6$은 4와 6의 최소공배수인 12의 배수의 집합이므로

$(A_3\cup A_4)\cap A_6=(A_3\cap A_6)\cup(A_4\cap A_6)=A_6\cup A_{12}$

이때, 6은 12의 약수이므로 $A_6\cup A_{12}$는 6의 배수의 집합이다.

따라서 $(A_3\cup A_4)\cap A_6=A_6$이므로 $n=\mathbf{6}$

정답 및 해설 pp.012~013

02-1　자연수 전체의 집합에서 자연수 k의 배수를 원소로 갖는 집합을 A_k라 할 때, $A_m\subset(A_{12}\cap A_8)$, $(A_{16}\cup A_{12})\subset A_n$을 만족시키는 m의 최솟값과 n의 최댓값의 합을 구하시오.

02-2　전체집합 $U=\{1,\ 2,\ 3,\ \cdots,\ 50\}$의 부분집합 A_k를
$$A_k=\{x\,|\,x$는 k의 배수, k는 자연수$\}$$
라 할 때, 집합 $A_4\cap(A_3\cup A_2)$의 원소의 개수를 구하시오.

02-3　자연수 m, n에 대하여 두 집합
$$A_m=\{x\,|\,x$는 m의 배수인 자연수$\},\quad B_n=\{x\,|\,x$는 n과 서로소인 자연수$\}$$
일 때, 〈보기〉에서 옳은 것만을 있는 대로 고르시오.

┌─ 보기 ●────────────────────────────────
ㄱ. $A_3\cap A_4=A_6$　　　　　　　　　　ㄴ. $A_2\cup B_2=\{x\,|\,x$는 자연수$\}$
ㄷ. $B_2\cap B_3=B_6$
└───────────────────────────────────────

여집합과 차집합

1. 전체집합 Ⓐ

어떤 집합에 대하여 그 부분집합을 생각할 때, 처음의 집합을 **전체집합**이라 하고, 기호로 U와 같이 나타낸다.

2. 여집합 Ⓑ

전체집합 U의 부분집합 A에 대하여 U의 원소 중에서 A에 속하지 않는 모든 원소로 이루어 진 집합을 U에 대한 A의 **여집합**이라 하고, 기호로 A^C와 같이 나타낸다.

$$A^C = \{x \mid x \in U \text{ 그리고 } x \notin A\}$$

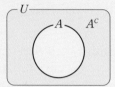

3. 차집합 Ⓒ

두 집합 A, B에 대하여 A에 속하지만 B에 속하지 않는 모든 원소로 이루어진 집합을 A에 대한 B의 **차집합**이라 하고, 기호로 $A-B$와 같이 나타낸다.

$$A-B = \{x \mid x \in A \text{ 그리고 } x \notin B\}$$

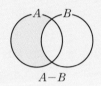

---

1. 전체집합과 여집합, 차집합에 대한 이해

전체집합 $U = \{1, 2, 3, \cdots, 10\}$의 두 부분집합
$A = \{1, 2, 4, 8\}$, $B = \{2, 4, 6, 8, 10\}$에 대하여
$A^C = \{3, 5, 6, 7, 9, 10\}$, $B^C = \{1, 3, 5, 7, 9\}$,
$A-B = \{1\}$, $B-A = \{6, 10\}$이다.

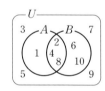

[확인] 전체집합 $U = \{x \mid x$는 10 이하의 자연수$\}$의 두 부분집합

$$A = \{x \mid x \text{는 6의 약수}\}, \quad B = \{x \mid x \text{는 10 이하의 짝수}\}$$

에 대하여 다음을 구하시오.

(1) $A-B$ (2) $A^C - B$

풀이 $U = \{1, 2, 3, \cdots, 10\}$, $A = \{1, 2, 3, 6\}$, $B = \{2, 4, 6, 8, 10\}$이므로
$A^C = \{4, 5, 7, 8, 9, 10\}$
(1) $A-B = \{1, 3\}$ (2) $A^C - B = \{5, 7, 9\}$

2. 여집합과 차집합의 성질

전체집합 U의 두 부분집합 A, B에 대하여 다음이 성립한다.

(1) $U^C = \varnothing$, $\varnothing^C = U$, $(A^C)^C = A$

(2) $A \cup A^C = U$, $A \cap A^C = \varnothing$

(3) $A-B = A \cap B^C = A - (A \cap B) = (A \cup B) - B$ Ⓓ

Ⓐ U는 전체집합을 뜻하는 'universal set' 의 첫 글자이다.

Ⓑ A^C의 C는 여집합을 뜻하는 'complement'의 첫 글자이다.

Ⓒ A^C는 전체집합 U에 대한 A의 차집합과 같다. 즉, $A^C = U - A$이다.

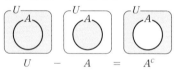

$$U \quad - \quad A \quad = \quad A^C$$

Ⓓ

$$A \quad \cap \quad B^C \quad = \quad A \cap B^C$$

$$A \quad - \quad A \cap B \quad = \quad A - B$$

$$A \cup B \quad - \quad B \quad = \quad A - B$$

한걸음 더 ✛ ✎

3. 집합의 연산과 포함 관계

전체집합 U의 두 부분집합 A, B에 대하여 다음이 성립한다.

(1) $A \cap B = \varnothing$ **ⓔ** $\iff A - B = A \iff B - A = B$
$\iff A \subset B^C \iff B \subset A^C \iff n(A \cap B) = 0$

(2) $A \subset B$ **ⓕ** $\iff A \cup B = B \iff A \cap B = A$
$\iff A - B = \varnothing \iff A \cap B^C = \varnothing \iff A^C \cup B = U$
$\iff B^C \subset A^C \iff B^C - A^C = \varnothing$
$\iff A - (A \cap B) = \varnothing$
$\iff (A \cup B) - B = \varnothing$

ⓔ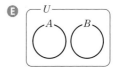

ⓕ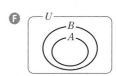

개념 **04** ╱╱ **드모르간의 법칙**

전체집합 U의 두 부분집합 A, B에 대하여 다음이 성립하는데, 이것을 **드모르간의 법칙**이라 한다. **ⓐ**

(1) $(A \cup B)^C = A^C \cap B^C$ ← 합집합의 여집합은 여집합의 교집합과 같다.
(2) $(A \cap B)^C = A^C \cup B^C$ ← 교집합의 여집합은 여집합의 합집합과 같다.

1. 드모르간의 법칙에 대한 이해

전체집합 U의 두 부분집합 A, B에 대하여 드모르간의 법칙이 성립함을 벤 다이어그램으로 확인하면 다음과 같다.

(1) $(A \cup B)^C = A^C \cap B^C$

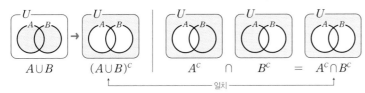

$A \cup B$ → $(A \cup B)^C$ | $A^C \quad \cap \quad B^C \quad = \quad A^C \cap B^C$
└─────── 일치 ───────┘

(2) $(A \cap B)^C = A^C \cup B^C$

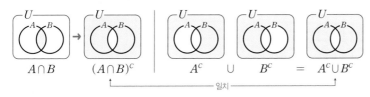

$A \cap B$ → $(A \cap B)^C$ | $A^C \quad \cup \quad B^C \quad = \quad A^C \cup B^C$
└─────── 일치 ───────┘

ⓐ 드모르간의 법칙은 세 집합에 대해서도 성립한다.
전체집합 U의 세 부분집합 A, B, C에 대하여
(1) $(A \cup B \cup C)^C = A^C \cap B^C \cap C^C$
(2) $(A \cap B \cap C)^C = A^C \cup B^C \cup C^C$

확인 전체집합 $U=\{x\,|\,x$는 10 이하의 자연수$\}$의 두 부분집합

$$A=\{1,\ 2,\ 3,\ 4\},\ B=\{2,\ 4,\ 6\}$$

에 대하여 집합 $(A\cup B^C)^C$의 원소의 개수를 구하시오.

풀이 $\quad (A\cup B^C)^C=A^C\cap B=B-A=\{6\}$
따라서 구하는 원소의 개수는 1이다.

한걸음 더⁺ ～～～～～～～～～～～～～～～～～～～～～～～🖉

2. 대칭차집합

전체집합 U의 두 부분집합 A, B에 대하여 $A-B$와 $B-A$의 합집합을 **대칭차집합**이라 한다. 이것을 연산 기호 $\triangle$를 이용하면 다음과 같이 나타낼 수 있다.

$$A\triangle B=(A-B)\cup(B-A)$$
$$=(A\cap B^C)\cup(B\cap A^C)$$
$$=(A\cup B)-(A\cap B)=(A\cup B)\cap(A\cap B)^C$$

(1) 대칭차집합을 연산 기호 $\triangle$로 표현하는 경우, 전체집합 U의 세 부분집합 A, B, C에 대하여 다음이 성립한다. **B** **C**

> ① $A\triangle B=B\triangle A\ \leftarrow$ 교환법칙
>
> ② $(A\triangle B)\triangle C=A\triangle(B\triangle C)\ \leftarrow$ 결합법칙
>
> ③ $A\triangle\varnothing=A,\ A\triangle A=\varnothing$
>
> ④ $A\triangle A^C=U,\ A\triangle U=A^C$
>
> ⑤ $\underbrace{A\triangle A\triangle A\triangle\cdots\triangle A}_{A\text{가 } n\text{개}}=\begin{cases}\varnothing\ (n\text{이 짝수})\\ A\ (n\text{이 홀수})\end{cases}$

B 대칭차집합의 성질의 활용
(1) $A\triangle B=\varnothing\ \Rightarrow\ A=B$
(2) $A\triangle B=A-B\ \Rightarrow\ B\subset A$
(3) $A\triangle B=A\ \Rightarrow\ B=\varnothing$

C 대칭차집합과 여집합
(1) $(A\triangle B)^C\neq A^C\triangle B^C$
(2) $A\triangle B=A^C\triangle B^C$

(2) 결합법칙은 벤다이어그램으로 확인하면 다음과 같다.

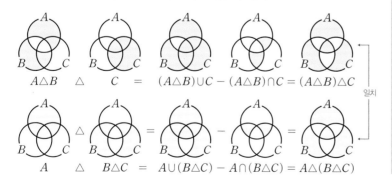

$A\triangle B \quad \triangle \quad C \quad = \quad (A\triangle B)\cup C - (A\triangle B)\cap C = (A\triangle B)\triangle C$

일치

$A \quad \triangle \quad B\triangle C \quad = \quad A\cup(B\triangle C) - A\cap(B\triangle C) = A\triangle(B\triangle C)$

전체집합 $U=\{x\,|\,x$는 12 이하의 자연수$\}$의 두 부분집합

$\quad A=\{x\,|\,x$는 10 이하의 짝수$\}$, $B=\{x\,|\,x$는 12의 약수$\}$

에 대하여 집합 $(B^C-A)^C-B$의 모든 원소의 합을 구하시오.

guide

1 집합의 연산 법칙을 활용하여 주어진 연산을 간단히 한다.

2 자주 이용되는 집합의 연산 법칙 및 성질은 다음과 같다.

(1) 분배법칙 : $A\cap(B\cup C)=(A\cap B)\cup(A\cap C)$, $A\cup(B\cap C)=(A\cup B)\cap(A\cup C)$

(2) 차집합의 성질 : $A-B=A\cap B^C$

(3) 드모르간의 법칙 : $(A\cup B)^C=A^C\cap B^C$, $(A\cap B)^C=A^C\cup B^C$

solution

$U=\{1,\ 2,\ 3,\ \cdots,\ 12\}$, $A=\{2,\ 4,\ 6,\ 8,\ 10\}$, $B=\{1,\ 2,\ 3,\ 4,\ 6,\ 12\}$이므로

$$
\begin{aligned}
(B^C-A)^C-B &=(B^C\cap A^C)^C-B &&\leftarrow\text{차집합의 성질}\\
&=(B\cup A)\cap B^C &&\leftarrow\text{드모르간의 법칙, 차집합의 성질}\\
&=(B\cap B^C)\cup(A\cap B^C) &&\leftarrow\text{분배법칙}\\
&=\varnothing\cup(A-B) &&\leftarrow\text{차집합의 성질}\\
&=A-B=\{8,\ 10\}
\end{aligned}
$$

따라서 집합 $(B^C-A)^C-B$의 모든 원소의 합은 $8+10=$ **18**

정답 및 해설 pp.013~014

 유형 연습

03-1 전체집합 $U=\{x\,|\,x$는 8 이하의 자연수$\}$의 세 부분집합

$\quad A=\{1,\ 2,\ 3,\ 4,\ 5\}$, $B=\{4,\ 5,\ 6,\ 7\}$, $C=\{3,\ 5,\ 7\}$

에 대하여 집합 $(B-A^C)\cup(A-C)$의 모든 원소의 합을 구하시오.

03-2 전체집합 $U=\{1,\ 2,\ 3,\ \cdots,\ 9\}$의 두 부분집합

$\quad A=\{x\,|\,x^3-8x^2+19x-12=0\}$,

$\quad B=\{x\,|\,x^2-9x+14=0\}$

에 대하여 집합 $A^C\cap B^C$의 모든 원소의 합을 구하시오.

03-3 전체집합 $U=\{x\,|\,1\le x\le 7,\ x$는 자연수$\}$의 두 부분집합

$\quad A^C\cap B^C=\{1,\ 2\}$, $A\cap B=\{3,\ 6\}$

에 대하여 집합 $(A-B)\cup(B-A)$의 모든 원소의 합을 구하시오.

전체집합 U의 두 부분집합 A, B에 대하여 $A-B=A$일 때, 〈보기〉에서 옳은 것만을 있는 대로 고르시오.

> • 보기 •
>
> ㄱ. $A \subset B^C$ ㄴ. $A \cup B = U$ ㄷ. $B-A=B$ ㄹ. $A^C \cup B = U$

guide   주어진 연산을 만족시키는 집합의 포함 관계를 파악한다. 이때, 벤다이어그램으로 나타내면 파악하기 쉽다.

(1) $A \cap B = \varnothing$ (서로소) $\iff A-B=A \iff B-A=B \iff A \subset B^C \iff B \subset A^C$

(2) $A \subset B \iff A \cup B = B$, $A \cap B = A \iff A-B=\varnothing$

solution $A-B=A$이면 A, B가 서로소이므로 벤다이어그램으로 나타내면 오른쪽 그림과 같다.

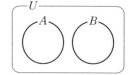

ㄱ. $A \subset B^C$ (참)   ㄴ. $A \cup B \neq U$ (거짓)

ㄷ. $B-A=B$ (참)   ㄹ. $A^C \cup B = A^C \neq U$ (거짓)

따라서 옳은 것은 **ㄱ, ㄷ**이다.

정답 및 해설 p.014

**유형
연습**

04-1 전체집합 U의 두 부분집합 A, B에 대하여 A^C, B가 서로소일 때, 〈보기〉에서 옳은 것만을 있는 대로 고르시오.

> • 보기 •
>
> ㄱ. $B-A=\varnothing$ ㄴ. $A \cap B = A$ ㄷ. $B \subset A$
>
> ㄹ. $(A \cup B)^C = A^C$ ㅁ. $A^C \cup B = U$

04-2 세 집합 $A=\{x \mid 7-x<1\}$, $B=\{x \mid 3x+1>4\}$, $C=\{x \mid x \geq k\}$에 대하여

$$A \cup C = B \cap C = C$$

를 만족시키는 실수 k의 값의 범위를 구하시오.

발전

04-3 집합 $A_n=\{x \mid 4n-1 \leq x \leq 22n-4,\ n$은 자연수$\}$에 대하여

$$A_1 \cap A_2 \cap A_3 \cap \cdots \cap A_n \neq \varnothing$$

이 성립하기 위한 자연수 n의 최댓값을 구하시오.

전체집합 $U=\{-2,\ -1,\ 0,\ 1,\ 2,\ 3\}$의 세 부분집합 $A,\ B,\ X$에 대하여

$\qquad A=\{-2,\ -1,\ 0\},\ B=\{-1,\ 0,\ 1\}$

일 때, $(A-B)\cup X=X,\ B^c\cap X=X$를 만족시키는 집합 X의 개수를 구하시오.

....

guide   주어진 조건을 만족시키는 부분집합 X의 개수는 다음과 같은 방법으로 구한다.

             (i) 집합 X의 원소가 될 수 있는 것과 될 수 없는 것을 찾는다.

             (ii) (i)을 만족시키는 집합 X의 개수를 구한다.

                이때, 원소가 n개인 집합 A의 부분집합 중 특정한 k개의 원소를 반드시 원소로 갖는(갖지 않는) 집합의 개수는 2^{n-k}이다.

solution $(A-B)\cup X=X$에서 $(A-B)\subset X$

           $\therefore\ \{-2\}\subset X \qquad\qquad \cdots\cdots\ \bigcirc$

           $B^c\cap X=X$에서 $X\subset B^c$

           $\therefore\ X\subset\{-2,\ 2,\ 3\} \qquad \cdots\cdots\ \bigcirc\!\!\bigcirc$

           $\bigcirc,\ \bigcirc\!\!\bigcirc$에서 $\{-2\}\subset X\subset\{-2,\ 2,\ 3\}$

           즉, 집합 X는 집합 $\{-2,\ 2,\ 3\}$의 부분집합 중에서 -2를 반드시 원소로 갖는 집합이다.

           따라서 집합 X의 개수는

           $2^{3-1}=2^2=\mathbf{4}$

정답 및 해설 p.014

05-1   두 집합 $A=\{x\,|\,x^2\leq 4,\ x$는 정수$\},\ B=\{x\,|\,x^2-4x+3\leq 0,\ x$는 정수$\}$에 대하여

         $(A-B)\subset X\subset(A\cup B)$

    를 만족시키는 집합 X의 개수를 구하시오.

05-2   전체집합 $U=\{1,\ 2,\ 3,\ 4,\ 5,\ 6\}$의 세 부분집합 $A,\ B,\ X$에 대하여

         $A=\{1,\ 3\},\ B=\{1,\ 3,\ 4\}$

    일 때, $A\cap X=B\cap X$를 만족시키는 집합 X의 개수를 구하시오.

전체집합 $U=\{x\,|\,x$는 자연수$\}$의 두 부분집합 $A=\{x\,|\,x$는 6의 배수$\}$, $B=\{x\,|\,x$는 18의 약수$\}$에 대하여 연산 ◎를

$$A◎B=A^C\cap B^C$$

라 할 때, 집합 $(A◎B)◎B$의 원소 중에서 가장 작은 값을 구하시오.

guide   새롭게 정의된 집합의 연산은 집합의 연산 법칙을 이용하여 간단히 정리한다.

solution

$$
\begin{aligned}
(A◎B)◎B &= (A^C\cap B^C)^C\cap B^C\\
&= (A\cup B)\cap B^C\\
&= (A\cap B^C)\cup(B\cap B^C)\\
&= (A\cap B^C)\cup\varnothing\\
&= A\cap B^C = A-B
\end{aligned}
$$

이때, $A=\{6,\ 12,\ 18,\ 24,\ 30,\ \cdots\}$, $B=\{1,\ 2,\ 3,\ 6,\ 9,\ 18\}$이므로

$(A◎B)◎B=A-B=\{12,\ 24,\ 30,\ \cdots\}$

따라서 집합 $(A◎B)◎B$의 원소 중에서 가장 작은 값은 **12**이다.

정답 및 해설 p.015

유형
연습

06-1 전체집합 U의 두 부분집합 $A=\{1,\ 2,\ 3,\ 4,\ 5\}$, $B=\{1,\ 3,\ 5,\ 7\}$에 대하여 연산 ★를

$$A★B=(A\cup B)\cap(A\cup B^C)$$

라 할 때, 집합 $(A★B)★A$의 원소의 개수를 구하시오.

06-2 전체집합 U의 공집합이 아닌 세 부분집합 A, B, C에 대하여 연산 ∗를

$$A∗B=(A\cup B)-(A\cap B)$$

라 할 때, 〈보기〉에서 항상 옳은 것만을 있는 대로 고르시오.

- 보기 -
ㄱ. $A∗A^C=\varnothing$
ㄴ. $A∗B=A^C∗B^C$
ㄷ. $(A∗B)∗C=A∗(B∗C)$

개념 **05** 합집합과 교집합의 원소의 개수

세 집합 A, B, C가 유한집합일 때,

(1) $n(A \cup B) = n(A) + n(B) - n(A \cap B)$

특히, $A \cap B = \varnothing$ (서로소)이면 $n(A \cup B) = n(A) + n(B)$

(2) $n(A \cup B \cup C) = n(A) + n(B) + n(C) - n(A \cap B) - n(B \cap C) - n(C \cap A) + n(A \cap B \cap C)$

1. 합집합과 교집합의 원소의 개수에 대한 이해 Ⓐ

(1) 두 집합 A, B에 대하여 오른쪽 벤다이어그램의
각 영역의 원소의 개수를 각각 x, y, z라 하면

$$n(A \cup B) = x + z + y$$
$$= (x + z) + (z + y) - z$$
$$= n(A) + n(B) - n(A \cap B)$$

이다. 특히 A, B가 서로소, 즉 $A \cap B = \varnothing$이면 $n(A \cap B) = 0$이므로

$$n(A \cup B) = n(A) + n(B)$$

(2) 세 집합 A, B, C에 대하여 오른쪽 벤다이어
그램의 각 영역의 원소의 개수를 각각 a, b, c,
x, y, z, w라 하면

$$n(A \cup B \cup C)$$
$$= a + b + c + x + y + z + w$$
$$= (a + x + z + w) + (b + x + y + w) + (c + y + z + w)$$
$$\qquad - (x + w) - (y + w) - (z + w) + w$$
$$= n(A) + n(B) + n(C) - n(A \cap B) - n(B \cap C)$$
$$\qquad - n(C \cap A) + n(A \cap B \cap C)$$

Ⓐ 합집합과 교집합의 원소의 합

두 집합 A, B의 원소의 합을 각각 $S(A)$,
$S(B)$라 하면

(1) $S(A \cup B)$
$= S(A) + S(B) - S(A \cap B)$

(2) $A \cap B = \varnothing$이면
$S(A \cup B) = S(A) + S(B)$
$(\because S(A \cap B) = 0)$

(3) $S(A \cup B \cup C)$
$= S(A) + S(B) + S(C)$
$\quad - S(A \cap B) - S(B \cap C)$
$\quad - S(C \cap A) + S(A \cap B \cap C)$

[확인] 세 집합 A, B, C에 대하여 다음을 구하시오.

(1) $n(A) = 10$, $n(B) = 8$, $n(A \cap B) = 6$일 때, $n(A \cup B)$

(2) $n(A) = 8$, $n(B) = 7$, $n(C) = 4$, $n(A \cap B) = 2$, $n(B \cap C) = 3$,
$n(C \cap A) = 1$, $n(A \cap B \cap C) = 1$일 때, $n(A \cup B \cup C)$

풀이 (1) $n(A \cup B) = n(A) + n(B) - n(A \cap B) = 10 + 8 - 6 = 12$

(2) $n(A \cup B \cup C) = n(A) + n(B) + n(C) - n(A \cap B) - n(B \cap C)$
$\qquad\qquad\qquad - n(C \cap A) + n(A \cap B \cap C)$
$\qquad\qquad = 8 + 7 + 4 - 2 - 3 - 1 + 1 = 14$

한걸음 더 ✎

2. 합집합과 교집합의 원소의 개수의 최대, 최소

전체집합 U의 두 부분집합 A, B가 유한집합일 때,

$$n(A \cup B) = n(A) + n(B) - n(A \cap B)$$

따라서 $n(A)$, $n(B)$가 일정하면 다음이 성립한다.

---

(1) $n(A \cap B)$가 최댓값을 가질 때, $n(A \cup B)$는 최솟값을 갖는다.

(2) $n(A \cap B)$가 최솟값을 가질 때, $n(A \cup B)$는 최댓값을 갖는다.

(3) $n(A) \le n(B)$일 때, $A \subset B$이면 $n(A \cap B)$는 최댓값 $n(A)$를 갖는다. Ⓑ

(4) $n(A) + n(B) \ge n(U)$일 때, $A \cup B = U$이면
$n(A \cap B)$는 최솟값 $n(A) + n(B) - n(U)$를 갖는다. Ⓒ

Ⓑ $n(A) \le n(B)$일 때, $A \subset B$이면
$n(A \cap B)$는 최대, $n(A \cup B)$는 최소임
을 확인하자.

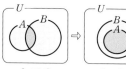

[그림 1]   [그림 2]

$n(A)$, $n(B)$가 일정할 때, [그림 1]에서
[그림 2]가 되도록 집합 A를 움직이면
$A \cap B$는 점점 커지고 $A \cup B$는 점점 작
아짐을 확인할 수 있다.

Ⓒ $n(A) + n(B) \ge n(U)$일 때,
$A \cup B = U$이면 $n(A \cap B)$는 최소,
$n(A \cup B)$는 최대임을 위와 같은 방법으
로 확인할 수 있다.

개념 06 여집합과 차집합의 원소의 개수

전체집합 U와 그 부분집합 A, B가 유한집합일 때,

(1) $n(A^C) = n(U) - n(A)$

(2) $n(A - B) = n(A) - n(A \cap B) = n(A \cup B) - n(B)$
특히, $B \subset A$이면 $n(A - B) = n(A) - n(B)$ Ⓐ

여집합과 차집합의 원소의 개수에 대한 이해

(1) 전체집합 U의 부분집합 A에 대하여 $A \cap A^C = \varnothing$이므로

$$n(U) = n(A \cup A^C) = n(A) + n(A^C)$$
$$\therefore n(A^C) = n(U) - n(A)$$

(2) 두 집합 A, B에 대하여 오른쪽 벤다이어그램의
각 영역의 원소의 개수를 x, y, z라 하면

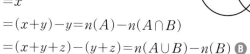

$$n(A - B) = x$$
$$= (x + y) - y = n(A) - n(A \cap B)$$
$$= (x + y + z) - (y + z) = n(A \cup B) - n(B)$$ Ⓑ

확인 전체집합 U의 두 부분집합 A, B에 대하여 $n(U) = 15$, $n(A) = 10$,
$n(A \cap B) = 4$일 때, 다음을 구하시오.

(1) $n(A^C)$ (2) $n(A - B)$

풀이 (1) $n(A^C) = n(U) - n(A)$ (2) $n(A - B) = n(A) - n(A \cap B)$
$ = 15 - 10 = 5$ $ = 10 - 4 = 6$

Ⓐ 주의
일반적으로
$n(A - B) \ne n(A) - n(B)$

Ⓑ $B \subset A$일 때,
$A \cap B = B$, $A \cup B = A$이므로
$n(A - B) = n(A) - n(B)$

다음 물음에 답하시오.

(1) 전체집합 U의 두 부분집합 A, B에 대하여 $n(U)=34$, $n(A)=21$, $n(B)=15$, $n(A^C \cap B^C)=5$일 때, $n(A \cap B)$를 구하시오.

(2) 세 집합 A, B, C에 대하여 $n(A)=7$, $n(B)=6$, $n(C)=8$, $n(A \cup B)=11$, $n(B \cup C)=10$, $C \cap A=\varnothing$ 일 때, $n(A \cup B \cup C)$를 구하시오.

---

guide

유한집합의 원소의 개수 공식을 이용한다.

(1) $n(A \cup B)=n(A)+n(B)-n(A \cap B)$

특히, $A \cap B=\varnothing$이면 $n(A \cup B)=n(A)+n(B)$

(2) $n(A \cup B \cup C)=n(A)+n(B)+n(C)-n(A \cap B)-n(B \cap C)-n(C \cap A)+n(A \cap B \cap C)$

(3) $n(A^C)=n(U)-n(A)$

solution

(1) $n(A^C \cap B^C)=n((A \cup B)^C)=5$이므로

$n(A \cup B)=n(U)-n((A \cup B)^C)=34-5=29$

$\therefore n(A \cap B)=n(A)+n(B)-n(A \cup B)=21+15-29=\mathbf{7}$

(2) $n(A \cap B)=n(A)+n(B)-n(A \cup B)=7+6-11=2$

$n(B \cap C)=n(B)+n(C)-n(B \cup C)=6+8-10=4$

$C \cap A=\varnothing$이므로 $A \cap B \cap C=\varnothing$ $\therefore n(C \cap A)=0$, $n(A \cap B \cap C)=0$

$\therefore n(A \cup B \cup C)$

$=n(A)+n(B)+n(C)-n(A \cap B)-n(B \cap C)-n(C \cap A)+n(A \cap B \cap C)$

$=7+6+8-2-4-0+0=\mathbf{15}$

정답 및 해설 pp.015~016

유형 연습

07-1 다음 물음에 답하시오.

(1) 전체집합 U의 두 부분집합 A, B에 대하여 $n(U)=45$, $n(A)=32$, $n(B)=21$, $n(A-B^C)=13$일 때, $n((A \cup B)^C)$를 구하시오.

(2) 전체집합 U의 세 부분집합 A, B, C에 대하여 $n(U)=40$, $n(A)=15$, $n(C)=18$, $n(A \cap B)=9$, $n(A \cup C)=28$, $n(A-(B \cup C))=3$일 때, $n((C-A) \cup (C-B))$를 구하시오.

07-2 전체집합 U의 세 부분집합 A, B, C에 대하여 $U=A \cup B \cup C$이고, $n(U)=40$, $n(A)=21$, $n(B)=17$, $n(C)=20$, $n(A \cap B \cap C)=4$일 때, $n((A \cap B) \cup (B \cap C) \cup (C \cap A))$를 구하시오.

어느 학급 학생 30명을 대상으로 두 편의 영화 A, B를 관람한 학생 수를 조사하였더니 영화 A를 관람한 학생이 11명, 영화 B를 관람한 학생이 9명, 영화 A와 영화 B 중 어느 것도 관람하지 않은 학생이 14명이었다. 영화 A와 영화 B를 모두 관람한 학생 수를 구하시오.

guide 주어진 조건을 전체집합 U와 그 부분집합 A, B로 나타낸 후, 다음을 이용한다.
(1) 둘 다 ~하는 $\Rightarrow A \cap B$ (2) 둘 다 ~하지 않는 $\Rightarrow (A \cup B)^C$
(3) …만 ~하는 $\Rightarrow A-B$ 또는 $B-A$ (4) 둘 중 하나만 ~하는 $\Rightarrow (A-B) \cup (B-A)$

solution 학급 학생 전체의 집합을 U, 영화 A를 관람한 학생의 집합을 A, 영화 B를 관람한 학생의 집합을 B라 하면
$n(U)=30$, $n(A)=11$, $n(B)=9$
영화 A와 영화 B 중 어느 것도 관람하지 않은 학생의 집합은 $A^C \cap B^C$이므로 $n(A^C \cap B^C)=14$
즉, $n(A \cup B)=n(U)-n((A \cup B)^C)=n(U)-n(A^C \cap B^C)=30-14=16$이므로
$n(A \cap B)=n(A)+n(B)-n(A \cup B)=11+9-16=4$
따라서 영화 A와 영화 B를 모두 관람한 학생 수는 **4**이다.

정답 및 해설 pp.016~017

08-1 어느 고등학교 학생 200명을 대상으로 SF 영화, 판타지 영화, 공포 영화 중 좋아하는 영화를 조사하였더니 SF 영화를 좋아하는 학생은 90명, 판타지 영화를 좋아하는 학생은 75명, SF 영화와 판타지 영화를 모두 좋아하는 학생은 38명, 공포 영화만을 좋아하는 학생은 60명이었다. SF 영화, 판타지 영화, 공포 영화 중 어느 것도 좋아하지 않는 학생 수를 구하시오.

08-2 어느 안경점에서 방문객 30명을 대상으로 안경, 렌즈를 착용한 경험을 조사하였더니 안경을 착용한 경험이 있는 사람이 17명, 렌즈를 착용한 경험이 있는 사람이 15명, 안경과 렌즈 중 어느 것도 착용한 경험이 없는 사람이 7명이었다. 안경을 착용한 경험이 없거나 렌즈를 착용한 경험이 없는 사람 수를 구하시오.

08-3 22명의 학생을 대상으로 세 문제 A, B, C를 맞힌 학생 수를 조사하였더니 각각 11명, 9명, 15명, 세 문제를 모두 맞힌 학생은 4명이었다. 한 문제도 맞히지 못한 학생은 없다고 할 때, 세 문제 중 두 문제만 맞힌 학생 수를 구하시오.

학생 수가 30명인 어느 학급에서 방과후 학교 신청 과목을 조사하였더니 수학을 신청한 학생이 15명, 영어를 신청한 학생이 19명이었다. 수학과 영어를 모두 신청한 학생 수의 최댓값을 M, 최솟값을 m이라 할 때, $M+m$의 값을 구하시오.

guide

전체집합 U의 두 부분집합 A, B에 대하여 $n(A)$, $n(B)$가 일정하면
$n(A) \leq n(B)$, $n(A)+n(B) \geq n(U)$일 때,
(1) $n(A \cap B)$의 최댓값 : $n(A \cup B)$가 최소가 될 때, 즉 $A \subset B$일 때 최댓값 $n(A)$를 갖는다.
(2) $n(A \cap B)$의 최솟값 : $n(A \cup B)$가 최대가 될 때, 즉 $A \cup B = U$일 때 최솟값 $n(A)+n(B)-n(U)$를 갖는다.

solution

학생 전체의 집합을 U, 수학을 신청한 학생의 집합을 A, 영어를 신청한 학생의 집합을 B라 하면
$n(U)=30$, $n(A)=15$, $n(B)=19$
수학과 영어를 모두 신청한 학생의 집합은 $A \cap B$이다.
$A \subset B$일 때, $n(A \cap B)$는 최대이므로 $M=n(A)=15$
또한, $n(A)+n(B) \geq n(U)$이므로 $A \cup B = U$일 때 $n(A \cap B)$는 최소이다.
$n(A \cup B)=n(U)=n(A)+n(B)-n(A \cap B)$에서 $30=15+19-m$ $\quad \therefore m=4$
$\therefore M+m=15+4=\mathbf{19}$

정답 및 해설 pp.017~018

09-1 전체집합 U의 두 부분집합 A, B에 대하여 $n(U)=60$, $n(A)=38$, $n(B)=41$이다. $n(A \cap B)$의 최댓값을 M, 최솟값을 m이라 할 때, $M+m$의 값을 구하시오.

09-2 세 집합 A, B, C에 대하여
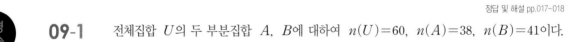
$n(A)=14$, $n(B)=16$, $n(C)=19$, $n(A \cap B)=10$, $n(A \cap B \cap C)=5$
일 때, $n(C-(A \cup B))$의 최솟값을 구하시오.

09-3 어느 고등학교 학생 300명을 대상으로 수학 경시대회, 영어 경시대회 참가 신청자를 조사하였더니 수학 경시대회에 참가 신청을 한 학생은 124명, 영어 경시대회에 참가 신청을 한 학생은 173명이었다. 수학 경시대회, 영어 경시대회 중 어느 것에도 참가 신청을 하지 않은 학생 수의 최댓값을 M, 최솟값을 m이라 할 때, $M+m$의 값을 구하시오.

01 두 집합 $A=\{1,\ 3\}$, $B=\{x\,|\,mx=x+3\}$에 대하여 $A\cap B=B$를 만족시키는 모든 실수 m의 값의 합을 구하시오.

서술형

02 두 집합
$$A=\{1,\ 5,\ x^2-1\},\ B=\{2,\ x+1\}$$
이 서로소가 아닐 때, 모든 정수 x의 값의 합을 구하시오.

03 실수 전체의 집합의 두 부분집합
$$A=\{x\,|\,x^2-(a^2+a+1)x+a^3+a\le0\},$$
$$B=\{x\,|\,x^2-(2a+3)x+(a+1)(a+2)>0\}$$
에 대하여 $A\cap B=\{x\,|\,2\le x<3$ 또는 $4<x\le5\}$를 만족시키는 자연수 a의 값을 구하시오.

04 전체집합 $U=\{1,\ 2,\ 3,\ \cdots,\ 10\}$의 두 부분집합
$$A=\{x\,|\,x는\ 10\ 미만의\ 소수\},$$
$$B=\{x\,|\,x^2\le25,\ x는\ 자연수\}$$
에 대하여 $A\cup C=B\cup C$를 만족시키는 U의 부분집합 C의 개수를 구하시오.

05 전체집합 U의 세 부분 집합 A, B, C에 대하여 오른쪽 벤다이어그램의 색칠한 부분을 나타내는 집합은?

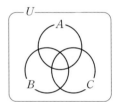

① $\{A\cup(B-C)\}-(B\cap C)$
② $\{A\cup(B\cap C)\}-(B\cap C)$
③ $\{A\cap(B\cup C)\}-(B\cap C)$
④ $\{A\cap(B\cup C)\}\cup(B\cap C)$
⑤ $\{B\cap(A\cup C)\}-(A\cap C)$

06 전체집합
$$U=\{x\,|\,x는\ 자연수\ N을\ 6으로\ 나눈\ 나머지\}$$
의 두 부분집합 A, B에 대하여 $A=\{1,\ 5\}$,
$(A^C\cup B)\cap A=\{5\}$를 만족시키는 집합 B의 개수를 구하시오.

07 전체집합 U의 서로 다른 두 부분집합 A, B가 $(A-B) \subset (B-A)$를 만족시킬 때, 다음 중 항상 성립하는 것은?

① $A \subset B$ ② $B \subset A$

③ $A \cap B = \varnothing$ ④ $A \cup B = U$

⑤ $A \cup B \neq U$

08 전체집합 U의 세 부분집합

$A = \{x \,|\, x$는 10 이하의 자연수$\}$,

$B = \{x \,|\, x$는 12의 양의 약수$\}$,

$C = \{x \,|\, x$는 20 이하의 5의 배수$\}$

에 대하여 다음 조건을 만족시키는 집합 X의 개수를 구하시오.

> (가) $X - A = \varnothing$
> (나) X는 B와 서로소이다.
> (다) $n(X \cap C) = 2$

09 두 집합

$A = \{x \,|\, x$는 18의 양의 약수$\}$,

$B = \{x \,|\, x$는 24의 양의 약수$\}$

에 대하여 $(A \cap B) \cap X^C = \varnothing$, $(A \cup B) \cap X = X$를 만족시키는 집합 X의 모든 원소의 합이 29일 때, 집합 X의 원소의 개수를 구하시오.

10 전체집합 $U = \{1, 2, 3, \cdots, 45\}$의 세 부분집합 A, B, C가

$A = \{x \,|\, x$는 3의 배수$\}$,

$B = \{x \,|\, x$는 5의 배수$\}$,

$C = \{x \,|\, x$는 45와 서로소인 수$\}$

일 때, 다음 중 집합 C를 집합 A와 B로 바르게 나타낸 것은?

① $A \cap B$ ② $A \cap B^C$ ③ $A^C \cap B$

④ $A^C \cap B^C$ ⑤ $A^C \cup B^C$

11 전체집합 U의 세 부분집합 A, B, C에 대하여 〈보기〉에서 항상 옳은 것만을 있는 대로 고른 것은?

> ── 보기 ──
> ㄱ. $(A-B)^C \cap A = A \cap B$
> ㄴ. $(A \cap B) - (A \cap C) = A \cap (B-C)$
> ㄷ. $\{A \cup (A^C \cap B)\} \cap \{A \cap (A \cup B)\} = B$

① ㄱ ② ㄱ, ㄴ ③ ㄱ, ㄷ

④ ㄴ, ㄷ ⑤ ㄱ, ㄴ, ㄷ

12 전체집합 U의 두 부분집합 A, B에 대하여 연산 $\triangle$를 $A \triangle B = (A-B) \cup (B-A)$라 할 때, 〈보기〉에서 항상 옳은 것만을 있는 대로 고른 것은?

> ── 보기 ──
> ㄱ. $A \triangle U = A^C$
> ㄴ. $B \triangle (B-A) = \varnothing$이면 $A = B$
> ㄷ. $\underbrace{A \triangle A \triangle A \triangle \cdots \triangle A}_{A \text{가 } 99\text{개}} = A$

① ㄱ ② ㄱ, ㄴ ③ ㄱ, ㄷ

④ ㄴ, ㄷ ⑤ ㄱ, ㄴ, ㄷ

13 전체집합 U의 두 부분집합 X, Y에 대하여 연산 ◎를 $X ◎ Y = X^C - Y$라 할 때, 〈보기〉에서 항상 옳은 것만을 있는 대로 고른 것은?

> • 보기 •
>
> ㄱ. $A ◎ B = B ◎ A$
> ㄴ. $(A ◎ B)^C = A^C ◎ B^C$
> ㄷ. $(A ◎ B) ◎ C = A ◎ (B ◎ C)$

① ㄱ   ② ㄴ   ③ ㄱ, ㄴ
④ ㄱ, ㄷ   ⑤ ㄱ, ㄴ, ㄷ

14 【신유형】 전체집합 $U = \{1, 2, 3, \cdots, 9\}$의 서로 다른 두 부분집합 A, B에 대하여
$$A \cup B = U, \quad A \cap B = \{1, 3, 5\}$$
이다. 집합 X의 원소의 합을 $S(X)$라 할 때, $S(A)S(B)$의 최댓값을 구하시오.

15 【1등급】 두 집합 X, Y에 대하여 연산 △를
$$X \triangle Y = (X \cup Y) - (X \cap Y)$$
라 하자. 세 집합 A, B, C에 대하여
$$n(A \cap B \cap C) = 21, \quad n(A \cup B \cup C) = 77$$
일 때, $n(A \triangle B) + n(B \triangle C) + n(C \triangle A)$의 값을 구하시오.

16 어느 학급에서 진로 체험 활동으로 직업 체험과 대학 탐방을 실시하기로 하였다. 이 학급 학생 31명을 대상으로 신청을 받은 결과 직업 체험과 대학 탐방을 모두 신청한 학생은 5명, 직업 체험과 대학 탐방 중 어느 것도 신청하지 않은 학생은 3명이다. 또, 직업 체험을 신청한 학생 수는 대학 탐방을 신청한 학생 수의 2배이다. 직업 체험을 신청한 학생 수를 구하시오. [교육청]

17 어느 학급 학생 40명 중에서 검도, 플로어볼, 연식야구에 대한 스포츠클럽 활동 신청자를 조사하였더니 검도가 25명, 플로어볼이 22명, 연식야구가 28명이었다. 이 학급 학생들은 세 개의 스포츠클럽 활동 중 적어도 한 가지를 신청하였고, 세 가지 모두 신청한 학생이 8명이라 할 때, 세 가지 중 오직 한 가지만 신청한 학생 수를 구하시오.

서술형

18 어느 지역 주민 100명을 대상으로 세 마트 A, B, C의 이용 경험을 조사하였더니 각 마트를 이용한 경험이 있다고 대답한 사람은 각각 42명, 35명, 50명이었고, A, B를 모두 이용한 경험이 있는 사람은 15명, A, C를 모두 이용한 경험이 있는 사람은 10명, 어느 곳도 이용한 경험이 없는 사람은 5명이었다. 세 군데 중 두 군데 이상 이용한 경험이 있는 지역 주민 수의 최댓값과 최솟값의 합을 구하시오.

19 전체집합 $U=\{1, 2, 3, \cdots, 10\}$의 두 부분집합 A, B에 대하여

$(A-B)\cup(B-A)=B-A$,

$n(A)=n(A^C-B)$,

$\{1, 2\}\subset A$

이다. 집합 A의 모든 원소의 합을 $S(A)$라 할 때, $S(A)$의 최댓값을 구하시오.

20 자연수 전체의 집합의 부분집합 A_n을

$A_n=\{x \mid x$는 자연수 n의 배수$\}$

라 할 때, $A_n \cap A_3=A_{3n}$, $120 \in A_n{}^C$를 만족시키는 120 이하의 자연수 n의 개수를 구하시오.

21 전체집합 U의 두 부분집합 A, B에 대하여 연산 $*$를

$A*B=(A\cup B)^C\cup(A\cap B)$

라 할 때, 〈보기〉에서 항상 옳은 것만을 있는 대로 고르시오.

⎯● 보기 ●⎯

ㄱ. $A*A^C=U$

ㄴ. $A^C*B^C=A*B$

ㄷ. $A*B*A*B*A*B*A*B*A=A$

22 전체집합 U의 세 부분집합 A, B, C에 대하여 $n(U)=30$, $n(A)=12$, $n(B)=9$, $n(C)=18$, $n(A\cap B)=5$일 때, 집합 $(C-A)\cap(C-B)$의 원소의 개수의 최댓값을 M, 최솟값을 m이라 하자. $M+m$의 값을 구하시오.

틀을
깨는
생각

It's always helpful to learn
from your mistakes because then
your mistakes seem worthwhile.

다른 사람의 실수로부터 배우는 것은 늘 유익한데,
그래야만 다른 사람의 실수가 가치 있기 때문이다.

... 게리 마샬(Garry Marshall)

I

집합과
명제

개념 01 / 명제

1. 명제

참 또는 **거짓**을 명확하게 판별할 수 있는 문장이나 식 **A B**

(1) 참인 명제 : 항상 참이라고 판단할 수 있는 명제

(2) 거짓인 명제 : 한 가지라도 참이 아닌 경우가 있는 명제

2. 명제의 부정

명제 p에 대하여 'p가 아니다.'를 명제 p의 **부정**이라 하고, 기호로 $\sim p$와 같이 나타낸다.

'p가 아니다' 또는 'not p'라 읽는다.

3. 명제와 그 부정의 관계

(1) 명제 p가 참 ⇨ 명제 $\sim p$는 거짓

(2) 명제 p가 거짓 ⇨ 명제 $\sim p$는 참

(3) $\sim p$의 부정은 p이다. 즉, $\sim(\sim p)=p$이다.

---

1. 명제에 대한 이해 **C**

명제란 우리가 사용하는 문장이나 식 중에서 그 내용이 참(True)인지 거짓
(False)인지 분명하게 판별할 수 있는 것을 의미한다.

(1) $\sqrt{2}$는 무리수이다. → 참인 명제

(2) 모든 소수는 홀수이다. → 거짓인 명제

(3) 운동은 재미있다. → 명제가 아니다.

(4) $x+2>5$ → 명제가 아니다.

(1), (2)는 모두 참 또는 거짓을 분명하게 판별할 수 있으므로 명제이지만
(3), (4)는 참 또는 거짓을 분명하게 판별할 수 없으므로 명제가 아니다.
이때, 거짓인 문장이나 식도 명제임에 주의한다. 또한,
명제 (1)의 부정은 '$\sqrt{2}$는 무리수가 아니다.'이고
명제 (2)의 부정은 '모든 소수가 홀수인 것은 아니다.'이다.

2. 명제 p와 그 부정 $\sim p$의 관계

명제 '13은 홀수이다.'는 참이고, 그 부정 '13은 홀수가 아니다.'는 거짓이다.
또한, 명제 '$1>2$'는 거짓이고, 그 부정 '$1\leq2$'는 참이다. 이와 같이
어떤 명제가 참이면 그 부정은 거짓이고,
어떤 명제가 거짓이면 그 부정은 참이다.
따라서 $\sim(\sim p)=p$이다.

p	$\sim p$	$\sim(\sim p)$
참	거짓	참
거짓	참	거짓

└─── 동일 ───┘

(확인) 다음 명제의 부정을 말하고, 그것의 참, 거짓을 판별하시오.

(1) 2는 자연수이다. (2) $4>2^2$

풀이 (1) 2는 자연수가 아니다. (거짓) (2) $4\leq2^2$ (참)

A 수학에서는 참인지 거짓인지 분명하게 판별할 수 있는 문장이나 식을 다룬다.

B 명제는 보통 알파벳 소문자 p, q, r, $\cdots$ 로 나타낸다.

C
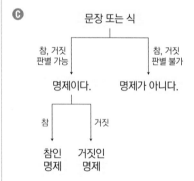

1. 조건
변수를 포함하는 문장이나 식 중에서 변수의 값에 따라 참, 거짓을 판별할 수 있는 것 Ⓐ

2. 진리집합
전체집합 U의 원소 중에서 조건 $p(x)$가 참이 되게 하는 모든 원소의 집합을 조건 $p(x)$의 **진리집합**이라 하고,
일반적으로 P와 같이 나타낸다.
$$P=\{x\,|\,x\in U,\ p(x)\text{가 참}\}$$

3. 조건의 부정
조건 p에 대하여 'p가 아니다.'를 조건 p의 **부정**이라고 하고, 기호로 $\sim p$와 같이 나타낸다.
참고 조건 p의 진리집합을 P라 할 때, $\sim p$의 진리집합은 P^C이다.

---

1. 조건과 명제에 대한 이해
문자 x를 포함하는 문장 'x는 10의 약수이다.'는 x의 값이 정해지지 않으면
참, 거짓을 판별할 수 없지만 $x=2$이면 참이고, $x=6$이면 거짓이다.

이와 같이 변수를 포함하는 문장이나 식 중에서 변수의 값에 따라 참, 거짓을
판별할 수 있는 것을 **조건**이라 한다.

2. 조건과 진리집합의 관계 ⒷⒸ
전체집합 $U=\{1,\ 2,\ 3,\ \cdots,\ 10\}$에서 조건

$p:x$는 10의 약수이다.

가 참이 되도록 하는 x의 값은 1, 2, 5, 10이므로 조건 p의 진리집합을 P
라 하면

$P=\{1,\ 2,\ 5,\ 10\}$ Ⓓ

이다. 또한, 조건 p의 부정은

$\sim p:x$는 10의 약수가 아니다.

이므로 $\sim p$의 진리집합은 $\{3,\ 4,\ 6,\ 7,\ 8,\ 9\}=U-P=P^C$이다. Ⓔ

확인1 전체집합 $U=\{1,\ 2,\ 3,\ \cdots,\ 15\}$에 대하여 조건 p가

'$p:x$는 소수이다.'일 때, 다음을 구하시오.

(1) 조건 p의 부정   (2) 조건 $\sim p$의 진리집합

풀이 (1) x는 소수가 아니다.   (2) $\{1,\ 4,\ 6,\ 8,\ 9,\ 10,\ 12,\ 14,\ 15\}$

Ⓐ 문자 x를 포함하는 조건을 $p(x),\ q(x),$
$r(x),\ \cdots$로 나타내는데, 이를 간단히 $p,$
$q,\ r,\ \cdots$로 나타내기도 한다.

Ⓑ 참고
(1) 조건의 진리집합이 공집합인 경우에는
항상 거짓인 명제가 된다.
(2) 조건의 진리집합이 전체집합이면 항상
참인 명제가 된다.

Ⓒ 일반적으로 조건 $p,\ q,\ r,\ \cdots$의 진리집합
은 각각 알파벳 대문자 $P,\ Q,\ R,\ \cdots$로
나타낸다.

Ⓓ
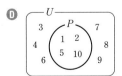

Ⓔ
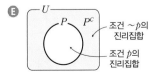
조건 $\sim p$의 진리집합
조건 p의 진리집합

3. 조건 'p 또는 q'와 'p 그리고 q'

두 조건 p, q의 진리집합을 각각 P, Q라 하면 다음이 성립한다.

> (1) 조건 'p 또는 q'의 진리집합 → $P \cup Q$
>
> (2) 조건 'p 그리고 q'의 진리집합 → $P \cap Q$
>
> (3) 조건 'p 또는 q'의 부정, 즉 '$\sim p$ 그리고 $\sim q$'의 진리집합 **F**
> → $(P \cup Q)^C = P^C \cap Q^C$ ← 드모르간의 법칙
>
> (4) 조건 'p 그리고 q'의 부정, 즉 '$\sim p$ 또는 $\sim q$'의 진리집합
> → $(P \cap Q)^C = P^C \cup Q^C$ ← 드모르간의 법칙

전체집합 $U = \{1, 2, 3, \cdots, 10\}$에 대하여 두 조건 p, q를

$\quad p : x$는 소수이다., $\qquad q : x$는 홀수이다.

라 하고, 조건 p, q의 진리집합을 각각 P, Q라 하면

$\quad P = \{2, 3, 5, 7\}, \; Q = \{1, 3, 5, 7, 9\}$

(1) 조건 'p 또는 q'는 'x는 소수 또는 홀수이다.'이므로 그 진리집합은

$\quad P \cup Q = \{1, 2, 3, 5, 7, 9\}$

(2) 조건 'p 그리고 q'는 'x는 소수이고 홀수이다.'이므로 그 진리집합은

$\quad P \cap Q = \{3, 5, 7\}$ **G**

(3) 조건 'x는 소수 또는 홀수이다.'의 부정은 'x는 소수도 아니고 홀수도 아니다.'이므로 '$\sim p$ 그리고 $\sim q$'와 같고 그 진리집합은

$\underset{=\;\text{짝수이다.}}{\quad}$

$\quad (P \cup Q)^C = P^C \cap Q^C = \{4, 6, 8, 10\}$

(4) 조건 'x는 소수이고 홀수이다.'의 부정은 'x는 소수가 아니거나 홀수가 아니다.'이므로 '$\sim p$ 또는 $\sim q$'와 같고 그 진리집합은

$\quad (P \cap Q)^C = P^C \cup Q^C = \{1, 2, 4, 6, 8, 9, 10\}$

확인2 전체집합 $U = \{x \,|\, x$는 실수$\}$에 대하여 두 조건 p, q가

$\qquad p : x+2 < 5, \qquad q : x^2 - 4x - 5 \leq 0$

일 때, 다음 조건의 진리집합을 구하시오. **I**

(1) p 또는 q (2) p 그리고 $\sim q$

(3) 'p 또는 q'의 부정   (4) '$\sim p$ 그리고 q'의 부정

풀이 $P = \{x \,|\, x < 3, \; x$는 실수$\}$,

$\quad Q = \{x \,|\, -1 \leq x \leq 5, \; x$는 실수$\}$이므로

(1) $P \cup Q = \{x \,|\, x \leq 5, \; x$는 실수$\}$

(2) $P \cap Q^C = \{x \,|\, x < -1, \; x$는 실수$\}$

(3) $(P \cup Q)^C = P^C \cap Q^C = \{x \,|\, x > 5, \; x$는 실수$\}$

(4) $(P^C \cap Q)^C = P \cup Q^C = \{x \,|\, x < 3 \text{ 또는 } x > 5, \; x$는 실수$\}$

F 두 조건 p, q에 대하여

(1) $\sim(p$ 또는 $q) \Rightarrow \sim p$ 그리고 $\sim q$

(2) $\sim(p$ 그리고 $q) \Rightarrow \sim p$ 또는 $\sim q$

G 명제에서 '또는'과 '그리고'는 진리집합에서 각각 '$\cup$'과 '$\cap$'으로 나타낼 수 있다.

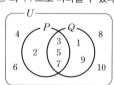

H 자주 쓰는 기호와 용어의 부정

어떤 $\overset{\text{부정}}{\longleftrightarrow}$ 모든, 그리고 $\overset{\text{부정}}{\longleftrightarrow}$ 또는,

$= \overset{\text{부정}}{\longleftrightarrow} \neq$,

적어도 하나는 $\sim$이다.

$\overset{\text{부정}}{\longleftrightarrow}$ 모두 $\sim$가 아니다.

$x = y = z$

$\overset{\text{부정}}{\longleftrightarrow} x \neq y$ 또는 $y \neq z$ 또는 $z \neq x$

I 부등식의 부정 (단, $a < b$)

(1) '$x < a$ 또는 $x \geq b$'의 부정

$\Longleftrightarrow x \geq a$ 그리고 $x < b$

$\Longleftrightarrow a \leq x < b$

(2) '$a \leq x < b$'의 부정

$\Longleftrightarrow$ '$x \geq a$ 그리고 $x < b$'의 부정

$\Longleftrightarrow x < a$ 또는 $x \geq b$

실수 x에 대하여 두 조건 p, q가

     $p : |x| \leq 5$, $q : x^2 - 5x - 14 \leq 0$

일 때, 조건 'p 그리고 $\sim q$'의 진리집합에 속하는 정수의 개수를 구하시오.

---

guide 두 조건 p, q의 진리집합을 각각 P, Q라 하면 각 조건의 진리집합은 다음과 같다.

조건	$\sim p$	p 그리고 q	p 또는 q	p 그리고 $\sim q$	$\sim p$ 그리고 $\sim q$	$\sim p$ 또는 $\sim q$
진리집합	P^C	$P \cap Q$	$P \cup Q$	$P \cap Q^C = P - Q$	$P^C \cap Q^C = (P \cup Q)^C$	$P^C \cup Q^C = (P \cap Q)^C$

solution $p : |x| \leq 5$에서 $-5 \leq x \leq 5$

$q : x^2 - 5x - 14 \leq 0$에서 $(x+2)(x-7) \leq 0$이므로 $-2 \leq x \leq 7$

두 조건 p, q의 진리집합을 각각 P, Q라 하면

$P = \{x | -5 \leq x \leq 5\}$, $Q = \{x | -2 \leq x \leq 7\}$

이때, 조건 'p 그리고 $\sim q$'의 진리집합은

$P \cap Q^C = P - Q = \{x | -5 \leq x < -2\}$

따라서 조건 'p 그리고 $\sim q$'의 진리집합에 속하는 정수는 -5, -4, -3의 **3개**이다.

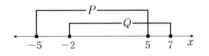

정답 및 해설 p.026

01-1 실수 x에 대하여 두 조건 p, q가

     $p : x^2 - 3x - 28 > 0$, $q : 2x - 7 > 0$

일 때, 조건 '$\sim p$ 그리고 q'의 진리집합에 속하는 정수의 개수를 구하시오.

01-2 전체집합이 $U = \{x | x$는 10 이하의 자연수$\}$이고 두 조건 p, q에 대하여

     조건 'p 그리고 q'의 진리집합이 $\{1, 3\}$,

     조건 '$\sim p$ 그리고 q'의 진리집합이 $\{8, 9, 10\}$,

     조건 '$\sim p$ 그리고 $\sim q$'의 진리집합이 $\{2, 5, 6\}$

일 때, 조건 'p 그리고 $\sim q$'의 진리집합의 모든 원소의 합을 구하시오.

발전
01-3 실수 x에 대하여 두 조건 $p : x \neq 2$, $q : x^2 - 4x + a > 0$의 진리집합을 각각 P, Q라 할 때, $Q^C \subset P^C$, $Q^C \neq \varnothing$이다. 실수 a의 값을 구하시오.

명제 $p \longrightarrow q$

1. 명제 $p \longrightarrow q$

두 조건 p, q로 이루어진 명제 'p이면 q이다.'를 기호로

$$p \longrightarrow q$$

와 같이 나타내고, 조건 p를 **가정**, 조건 q를 **결론**이라 한다.

$$p \underset{\boxed{\text{가정}}}{\longrightarrow} q \atop \boxed{\text{결론}}$$

2. 명제 $p \longrightarrow q$의 참, 거짓과 진리집합

명제 $p \longrightarrow q$에 대하여 두 조건 p, q의 진리집합을 각각 P, Q라 할 때,

(1) 명제 $p \longrightarrow q$는 참 $\Longleftrightarrow P \subset Q$
(2) 명제 $p \longrightarrow q$, $q \longrightarrow p$가 모두 참 $\Longleftrightarrow P = Q$
(3) 명제 $p \longrightarrow q$는 거짓 $\Longleftrightarrow P \not\subset Q$

> 참고   명제 $p \longrightarrow q$가 거짓임을 보이는 원소를 **반례**라 한다.
> 반례는 가정 p를 만족하지만 결론 q를 만족하지 않으므로 $x \in (P-Q)$인 원소 x가 반례이다.

1. 명제 $p \longrightarrow q$에 대한 이해

두 조건 '$p : x=3$', '$q : x^2=9$'를

$$\underset{\text{가정}}{`x=3}\text{이면 } \underset{\text{결론}}{x^2=9}\text{이다.'}$$

와 같이 연결하면 참, 거짓을 판별할 수 있으므로 명제가 된다. 이때, 조건 p는 **가정**, 조건 q는 **결론**이라 하고, 기호로 $p \longrightarrow q$와 같이 나타낸다.

2. 명제 $p \longrightarrow q$의 참, 거짓과 진리집합의 관계

전체집합 $U = \{x \,|\, x$는 실수$\}$에 대하여 두 조건 p, q의 진리집합을 각각 P, Q라 할 때, 명제 $p \longrightarrow q$의 참, 거짓과 진리집합의 관계를 알아보자.

(1) $p : x^2=1$, $q : x^3=x$이면

$$P=\{-1, 1\}, \ Q=\{-1, 0, 1\} \ \textcircled{A}$$

즉, 조건 p를 만족시키는 모든 원소는 조건 q를 만족시키므로

명제 $p \longrightarrow q$가 참이고 $\boldsymbol{P \subset Q}$

(2) $p : x^2=1$, $q : |x|=1$이면

$$P=\{-1, 1\}, \ Q=\{-1, 1\}$$

즉, 조건 p를 만족시키는 모든 원소는 조건 q를 만족시키고 조건 q를 만족시키는 모든 원소는 조건 p를 만족시키므로

명제 $p \longrightarrow q$, $q \longrightarrow p$가 모두 참이고 $\boldsymbol{P = Q}$

(3) $p : x^2=1$, $q : x=1$이면

$$P=\{-1, 1\}, \ Q=\{1\} \ \textcircled{B}$$

이때, -1은 조건 p를 만족시키지만 조건 q를 만족시키지 않으므로

명제 $p \longrightarrow q$는 거짓이고 $\boldsymbol{P \not\subset Q}$ $\textcircled{C}$

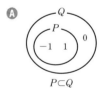

$P \subset Q$

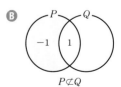

$P \not\subset Q$

$\textcircled{C}$ -1은 명제 $p \longrightarrow q$를 거짓으로 만드는 원소이므로 반례이다.

3. 명제 $p \longrightarrow q$의 반례

명제 $p \longrightarrow q$가 거짓이면 가정 p는 만족시키지만 결론 q는 만족시키지 않는 경우가 존재한다.

따라서 두 조건 p, q의 진리집합을 P, Q라 할 때, 명제 $p \longrightarrow q$가 거짓임을 보이려면 $x \in P$이면서 $x \notin Q$인 원소, 즉 $x \in (P-Q)$인 x가 존재함을 보이면 된다.

이와 같이 명제가 거짓임을 보이는 원소 x를 **반례**라 한다. Ⓓ

【확인1】 다음 명제의 참, 거짓을 진리집합을 이용하여 판별하고, 거짓이면 반례를 구하시오.

(1) $x=4$이면 $x^2-4x=0$이다.   (2) 18의 약수는 9의 약수이다.

> 풀이   주어진 명제의 가정과 결론의 진리집합을 각각 P, Q라 하면
> (1) $P=\{4\}$, $Q=\{0, 4\}$에서 $P \subset Q$이므로 주어진 명제는 참이다.
> (2) $P=\{1, 2, 3, 6, 9, 18\}$, $Q=\{1, 3, 9\}$에서 $P \not\subset Q$이므로 주어진 명제는 거짓이다. 이때, 반례는 2, 6, 18이다.

【확인2】 세 조건 p, q, r의 진리집합을 각각 P, Q, R라 하고, 세 집합의 포함 관계가 오른쪽 그림과 같을 때, 다음 중 참인 명제는? (정답 2개)

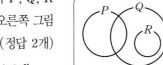

① $p \longrightarrow q$ ② $p \longrightarrow \sim r$

③ $q \longrightarrow r$ ④ $r \longrightarrow p$

⑤ $r \longrightarrow q$

> 풀이   ② $P \subset R^C$이므로 $p \longrightarrow \sim r$는 참이다.
> ⑤ $R \subset Q$이므로 $r \longrightarrow q$는 참이다.

Ⓓ 명제 $p \longrightarrow q$의 반례가 존재하는 경우는 $P-Q \neq \varnothing$인 경우로, 다음의 세 가지가 있다.

(i)

(ii)

(iii)
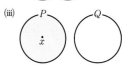

따라서 명제 $p \longrightarrow q$가 참인 경우, 즉 반례가 존재하지 않는 경우는 $P \subset Q$일 때뿐이다.

'모든'이나 '어떤'이 있는 명제

1. '모든'이나 '어떤'이 있는 명제의 참, 거짓

전체집합 U에 대하여 조건 p의 진리집합을 P라 할 때,

(1) '모든 x에 대하여 p이다.'는 $\begin{cases} P=U\text{이면 참} \\ P \neq U\text{이면 거짓} \end{cases}$
= '모든 x가 p를 만족시킨다.'

(2) '어떤 x에 대하여 p이다.'는 $\begin{cases} P \neq \varnothing\text{이면 참} \\ P=\varnothing\text{이면 거짓} \end{cases}$
= 'p를 만족시키는 x가 존재한다.'

2. '모든'이나 '어떤'이 있는 명제의 부정

(1) '모든 x에 대하여 p이다.'의 부정 ➜ '어떤 x에 대하여 $\sim p$이다.'

(2) '어떤 x에 대하여 p이다.'의 부정 ➜ '모든 x에 대하여 $\sim p$이다.'

1. '모든'이나 '어떤'이 있는 명제에 대한 이해

전체집합 U에서 조건 p의 진리집합을 P라 하자.

(1) '모든 x에 대하여 p이다.' ······㉠

명제 ㉠이 **참**이려면 전체집합 U의 모든 원소 x가 조건 p를 만족시켜야 하므로 $P=U$

명제 ㉠이 **거짓**이려면 조건 p를 만족시키지 않는 원소가 하나라도 존재해야 하므로 $P \neq U$ **Ⓑ**

(2) '어떤 x에 대하여 p이다.' ······㉡

명제 ㉡이 **참**이려면 전체집합 U의 원소 중에서 조건 p를 만족시키는 원소가 적어도 하나는 존재해야 하므로 $P \neq \varnothing$ **Ⓒ**

명제 ㉡이 **거짓**이려면 조건 p를 만족시키는 원소가 하나도 없어야 하므로 $P = \varnothing$

[확인1] 다음 명제의 참, 거짓을 판별하시오.

(1) 모든 실수 x에 대하여 $x^2+3x+4>0$이다.

(2) 어떤 자연수 x, y에 대하여 $x^2+y^2=1$이다.

> 풀이 (1) $x^2+3x+4=\left(x+\dfrac{3}{2}\right)^2+\dfrac{7}{4}>0$
>
> 따라서 진리집합을 P라 하면 $P=U$이므로 주어진 명제는 참이다.
>
> (2) x, y가 자연수이므로 $x \geq 1$, $y \geq 1$ ∴ $x^2+y^2 \geq 2$
>
> 따라서 진리집합을 P라 하면 $P=\varnothing$이므로 주어진 명제는 거짓이다.

2. '모든'이나 '어떤'이 있는 명제의 부정 **Ⓓ**

(1) 명제 '모든 x에 대하여 p이다.'의 부정

→ 'p를 만족시키지 않는 x가 있다.'

→ '어떤 x에 대하여 $\sim p$이다.'

(2) 명제 '어떤 x에 대하여 p이다.'의 부정

→ 'p를 만족시키는 x가 하나도 없다.'

→ '모든 x에 대하여 $\sim p$이다.'

예 ① '모든 실수 x에 대하여 $x^2+3x+4>0$이다.' (참)의 부정

→ '어떤 실수 x에 대하여 $x^2+3x+4 \leq 0$이다.' (거짓)

② '어떤 자연수 x, y에 대하여 $x^2+y^2=1$이다.' (거짓)의 부정

→ '모든 자연수 x, y에 대하여 $x^2+y^2 \neq 1$이다.' (참)

[확인2] 다음 명제의 부정을 말하고 참, 거짓을 판별하시오.

(1) 모든 실수 x에 대하여 $x^2<0$이다.

(2) 어떤 정수 x, y에 대하여 $|x-y|<1$이다.

> 풀이 (1) 부정 : '어떤 실수 x에 대하여 $x^2 \geq 0$이다.' (참)
>
> (2) 부정 : '모든 정수 x, y에 대하여 $|x-y| \geq 1$이다.' (거짓) **Ⓔ**

Ⓐ 일반적으로 조건 p는 명제가 아니지만 전체집합 U에 대하여 조건 p 앞에 '모든'이나 '어떤'이 있으면 참, 거짓을 판별할 수 있으므로 명제가 된다.

Ⓑ 명제 ㉠이 거짓이다. ⟺
조건 p를 만족시키지 않는 원소 x가 적어도 하나 존재한다.
이때, 이 x가 반례이다.

Ⓒ 명제 ㉡이 참이다. ⟺
조건 p를 만족시키는 전체집합의 원소 x가 적어도 하나 존재한다.

Ⓓ (1) 명제 '모든 x에 대하여 p이다.'가 참이면 $P=U$이고, $P^C=\varnothing$이므로 이 명제의 부정은 항상 거짓이 된다.

(2) 명제 '모든 x에 대하여 p이다.'가 거짓이면 $P \neq U$이고, $P^C \neq \varnothing$이므로 이 명제의 부정은 항상 참이 된다.

Ⓔ (반례) $x=1$, $y=1$이면
$|x-y|=|1-1|=0$
이므로 거짓이다.

전체집합 U에 대하여 두 조건 p, q의 진리집합을 각각 P, Q라 하면

$$(P \cap Q) \cup Q^C = U$$

일 때, 다음 중 항상 참인 명제는?

① $p \longrightarrow q$　　② $p \longrightarrow \sim q$　　③ $q \longrightarrow p$　　④ $q \longrightarrow \sim p$　　⑤ $\sim q \longrightarrow p$

---

guide　전체집합 U에 대하여 두 조건 p, q의 진리집합을 각각 P, Q라 할 때,

(1) 명제 $p \longrightarrow q$는 참이다. $\iff P \subset Q$

(2) 명제 $p \longrightarrow q$는 거짓이다. $\iff P \not\subset Q$

　　이때, 명제 $p \longrightarrow q$가 거짓임을 보이는 원소를 반례라 한다.

solution　$(P \cap Q) \cup Q^C = (P \cup Q^C) \cap (Q \cup Q^C) = (P \cup Q^C) \cap U$

$\qquad\qquad = P \cup Q^C = (P^C \cap Q)^C$

$\qquad\qquad = (Q - P)^C = U$

즉, $Q - P = \varnothing$　　$\therefore Q \subset P$, $P^C \subset Q^C$

따라서 명제 $q \longrightarrow p$와 명제 $\sim p \longrightarrow \sim q$는 항상 참이다.

그러므로 항상 참인 명제는 ③이다.

정답 및 해설 pp.026~027

02-1　전체집합 U에 대하여 두 조건 p, q의 진리집합을 각각 P, Q라 하면

$$(P \cup Q) \cap (P^C \cup Q^C) = P \cap Q^C$$

일 때, 다음 중 항상 참인 명제는?

① $p \longrightarrow q$　　② $\sim p \longrightarrow \sim q$　　③ $\sim p \longrightarrow q$

④ $q \longrightarrow \sim p$　　⑤ $\sim q \longrightarrow p$

02-2　전체집합이 $U = \{1, 2, 3, \cdots, 10\}$이고 두 조건 p, q의 진리집합이 각각 P, Q일 때, 명제 $p \longrightarrow \sim q$는 참이고 $P = \{x \mid x$는 소수$\}$이다. 집합 Q의 개수를 구하시오.

02-3　세 조건 p, q, r의 진리집합을 각각 P, Q, R라 하면 $(P \cup Q) \cap R = \varnothing$일 때, 다음 중 항상 참인 명제는?

① $p \longrightarrow r$　　② $p \longrightarrow \sim r$　　③ $q \longrightarrow r$

④ $\sim r \longrightarrow p$　　⑤ $\sim r \longrightarrow q$

실수 전체의 집합에서 두 조건 p, q가 각각 $p : -1 \le x \le 4$ 또는 $x \ge 7$, $q : x \ge a$일 때, 다음 물음에 답하시오.

(1) 명제 $p \longrightarrow q$가 참이 되도록 하는 실수 a의 값의 범위를 구하시오.

(2) 명제 $q \longrightarrow p$가 참이 되도록 하는 실수 a의 최솟값을 구하시오.

guide　　두 조건 p, q의 진리집합을 각각 P, Q라 할 때, 명제 $p \longrightarrow q$가 참이 되도록 하는 상수를 구하려면
　　　　　⇨ $P \subset Q$가 되도록 수직선 위에 나타낸다.

solution　　두 조건 p, q의 진리집합을 각각 P, Q라 하면
　　　　　$P = \{x \mid -1 \le x \le 4$ 또는 $x \ge 7\}$, $Q = \{x \mid x \ge a\}$

(1) 명제 $p \longrightarrow q$가 참이려면 $P \subset Q$이어야 하므로 두 집합 P, Q를 수직선 위에 나타내면 오른쪽 그림과 같아야 한다.

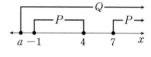

따라서 조건을 만족시키는 실수 a의 값의 범위는 $\boldsymbol{a \le -1}$이다.

(2) 명제 $q \longrightarrow p$가 참이려면 $Q \subset P$이어야 하므로 두 집합 P, Q를 수직선 위에 나타내면 오른쪽 그림과 같아야 한다.

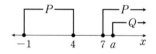

따라서 $a \ge 7$이어야 하므로 조건을 만족시키는 실수 a의 최솟값은 **7**이다.

정답 및 해설 pp.027~028

유형연습

03-1 실수 전체의 집합에서 두 조건 p, q가 각각 $p : x \le a$, $q : x < -1$ 또는 $3 < x < 6$일 때, 다음 물음에 답하시오.

(1) 명제 $p \longrightarrow q$가 참이 되도록 하는 정수 a의 최댓값을 구하시오.

(2) 명제 $q \longrightarrow p$가 참이 되도록 하는 정수 a의 최솟값을 구하시오.

03-2 실수 전체의 집합에서 두 조건 p, q가 각각

$$p : 3k-1 \le 2-x \le k+2, \qquad q : x < 2 \text{ 또는 } x > 18$$

일 때, 명제 'p이면 $\sim q$이다.'가 참이 되도록 하는 양이 아닌 정수 k의 개수를 구하시오.

03-3 전체집합 $U = \{x \mid x$는 10 이하의 자연수$\}$에 대하여 두 조건 p, q가 각각

$$p : x\text{는 짝수이다.}, \qquad q : x\text{는 3의 배수이다.}$$

일 때, 명제 $\sim p \longrightarrow q$가 거짓임을 보이는 반례가 될 수 있는 모든 자연수의 합을 구하시오.

다음 물음에 답하시오.

(1) $0<x<1$인 모든 실수 x에 대하여 $|x+a|<3$이 성립하도록 하는 실수 a의 값의 범위를 구하시오.

(2) $0<x<1$인 어떤 실수 x에 대하여 $|x+a|<3$이 성립하도록 하는 실수 a의 값의 범위를 구하시오.

guide
(1) '**모든** x에 대하여 p이다.'가 참이다. ⇨ 전체집합의 원소가 **하나도 빠짐없이** p를 만족시킨다.

(2) '**어떤** x에 대하여 p이다.'가 참이다. ⇨ 전체집합의 원소 중 **하나 이상**이 p를 만족시킨다.

solution
$|x+a|<3$에서 $-3<x+a<3$ ∴ $-a-3<x<-a+3$

$P=\{x|0<x<1\}$, $Q=\{x|-a-3<x<-a+3\}$이라 하자.

(1) $0<x<1$인 모든 실수 x에 대하여 $|x+a|<3$이 성립하려면

$P \subset Q$이어야 하므로 $-a-3 \leq 0$이고 $1 \leq -a+3$

∴ $\boldsymbol{-3 \leq a \leq 2}$

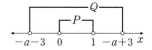

(2) $0<x<1$인 어떤 실수 x에 대하여 $|x+a|<3$이 성립하려면 $P \cap Q \neq \varnothing$이어야 한다.

(ⅰ) $-a-3 \geq 0$, 즉 $a \leq -3$일 때,

$-a-3<1$이어야 하므로 $a>-4$

∴ $-4<a \leq -3$

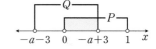

(ⅱ) $-a-3<0$, 즉 $a>-3$일 때,

$-a+3>0$이어야 하므로 $a<3$

∴ $-3<a<3$

(ⅰ), (ⅱ)에서 $\boldsymbol{-4<a<3}$

정답 및 해설 pp.028~029

04-1 다음을 만족시키는 실수 a의 값의 범위를 구하시오.

(1) $x^2+x-2 \leq 0$을 만족시키는 모든 실수 x에 대하여 $x^2+2ax+a^2-4<0$이 성립한다.

(2) $x^2+x-2 \leq 0$을 만족시키는 어떤 실수 x에 대하여 $x^2+2ax+a^2-4<0$이 성립한다.

04-2 명제 '어떤 실수 x에 대하여 $x^2-8x+k<0$이다.'의 부정이 참이 되도록 하는 상수 k의 최솟값을 구하시오.

04-3 명제 '모든 실수 x에 대하여 $2x^2-4kx+5k>0$이다.'가 거짓이 되도록 하는 자연수 k의 최솟값을 구하시오.

개념 05 명제의 역과 대우

1. 명제의 역

명제 $p \longrightarrow q$에서 가정과 결론을 서로 바꾸어 놓은 명제 $q \longrightarrow p$를 명제 $p \longrightarrow q$의 **역**이라 한다.

2. 명제의 대우

명제 $p \longrightarrow q$에서 가정과 결론을 부정하여 서로 바꾸어 놓은 명제 $\sim q \longrightarrow \sim p$를 명제 $p \longrightarrow q$의 **대우**라 한다.

3. 명제와 그 대우의 참, 거짓

(1) 어떤 명제가 참이면 그 대우도 참이고, 대우가 참이면 원래 명제도 참이다.

(2) 어떤 명제와 그 대우의 참, 거짓은 항상 일치한다.

> 참고 ① 명제 $p \longrightarrow q$가 참이더라도 그 역 $q \longrightarrow p$는 참이 아닐 수도 있다.
> ② 어떤 명제가 참임을 보일 때, 그 대우가 참임을 보여도 된다.

1. 명제의 역, 대우에 대한 이해

명제와 그 역, 대우 사이의 관계를 그림으로 나타내면 다음과 같다.

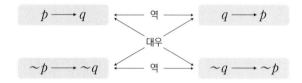

확인1 다음 명제의 역과 대우를 각각 구하시오.

(1) $|x|=1$이면 $x^2=1$이다.

(2) $x>1$이면 $x \geq 2$이다.

(3) 자연수 n에 대하여 n^2이 짝수이면 n도 짝수이다. Ⓐ

풀이 (1) 역 : $x^2=1$이면 $|x|=1$이다.
　　 대우 : $x^2 \neq 1$이면 $|x| \neq 1$이다.
　 (2) 역 : $x \geq 2$이면 $x>1$이다.
　　 대우 : $x<2$이면 $x \leq 1$이다.
　 (3) 역 : 자연수 n에 대하여 n이 짝수이면 n^2도 짝수이다.
　　 대우: 자연수 n에 대하여 n이 홀수이면 n^2도 홀수이다.

Ⓐ 주의

명제의 역 또는 대우를 구할 때, 전제 조건은 달라지지 않는다. 확인1 의 (3)에서
'자연수 n에 대하여'
는 가정도 아니고 결론도 아닌 전제 조건에 해당되므로 순서를 바꾸거나 부정하지 않는다.

2. 명제와 그 대우의 참, 거짓

전체집합 U에 대하여 두 조건 p, q의 진리집합을 각각 P, Q라 하면 $\sim p$, $\sim q$의 진리집합은 각각 P^C, Q^C이다.

명제 $p \longrightarrow q$가 참이면 $P \subset Q$이므로

$$Q^C \subset P^C$$

따라서 **명제 $p \longrightarrow q$가 참이면 그 대우인 $\sim q \longrightarrow \sim p$도 참이다.**

ⓔ 명제 'x가 8의 배수이면 x는 16의 배수이다.'에 대하여

[명제] x가 8의 배수이면 x는 16의 배수이다. → 거짓 Ⓑ

[역] x가 16의 배수이면 x는 8의 배수이다. → 참

[대우] x가 16의 배수가 아니면 x는 8의 배수가 아니다. → 거짓 Ⓒ

Ⓑ (반례)
$x=8$일 때, x는 8의 배수이지만 16의 배수는 아니다.

Ⓒ (1) 어떤 명제가 거짓이라 하여도 그 역은 항상 참이라 할 수 없다.
(2) 어떤 명제와 그 대우의 참, 거짓은 항상 일치한다.

[확인 2] 명제 $q \longrightarrow {\sim}p$가 참일 때, 다음 중 반드시 참이 되는 명제를 고르시오.

(1) $p \longrightarrow q$
(2) ${\sim}q \longrightarrow {\sim}p$
(3) ${\sim}q \longrightarrow p$
(4) $p \longrightarrow {\sim}q$

풀이 (4)는 명제 $q \longrightarrow {\sim}p$의 대우이므로 항상 참이다.

개념 06 정의, 증명, 정리

1. 정의
수학에서 사용되는 용어 및 기호의 의미를 규정하는 것으로 용어의 뜻을 명확하게 정한 것

2. 증명
정의나 명제의 가정 또는 이미 옳다고 밝혀진 성질을 이용하여 어떤 명제가 참임을 논리적으로 밝히는 과정

3. 정리
참임이 증명된 명제 중에서 기본이 되는 것으로 다른 명제를 증명할 때 이용할 수 있다.
ⓔ 피타고라스 정리, 나머지정리

정의, 증명, 정리에 대한 이해

어떤 명제가 참인지 거짓인지 판별하려면 명제에 포함된 용어나 기호의 의미를 명확하게 알고 있어야 한다. 이때, 수학에서 용어 또는 기호의 의미를 명확하게 정한 것, 즉 용어의 뜻에 대한 약속을 **정의**라 한다.

또한, 정의와 정의를 통해 이미 참이라고 밝혀진 성질 등을 이용하여 어떤 명제가 참임을 논리적으로 밝히는 과정을 **증명 Ⓐ**이라 하고, 이미 참임이 증명된 명제 중에서 기본이 되어 다른 명제를 증명할 때 이용할 수 있는 성질 등을 **정리**라 한다.

여러 가지가 있을 수 있다.

Ⓐ 어떤 명제가 참임을 증명할 때에는 주로 주어진 가정과 여러 가지 성질에 의한 추론으로 참임을 보이지만, 거짓임을 증명할 때에는 반례만 찾아도 거짓임을 보일 수 있다.

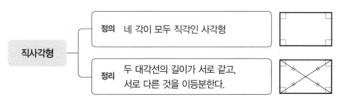

직사각형
정의 네 각이 모두 직각인 사각형
정리 두 대각선의 길이가 서로 같고, 서로 다른 것을 이등분한다.

1. 대우를 이용한 증명법
명제의 **대우가 참**임을 보임으로써 그 명제가 참임을 보이는 방법

2. 귀류법
명제의 **결론을 부정**하여 명제의 가정, 이미 알려진 사실 등에 **모순**됨을 보임으로써 그 명제가 참임을 보이는 방법

1. 대우를 이용한 증명법

명제와 그 대우의 참, 거짓은 항상 일치하므로 명제 $p \longrightarrow q$를 직접 증명하기 어려울 때, 주어진 **명제의 대우를 이용하여 증명**하는 것이 쉽다.

㉠ '자연수 n에 대하여 n^2이 짝수이면 n도 짝수이다.'를 대우를 이용하여 증명하면 다음과 같다.

[1단계] **명제의 대우를 찾는다.**

주어진 명제의 대우는

'자연수 n에 대하여 n이 홀수이면 n^2도 홀수이다.'
_{전제 조건이므로 그대로 쓴다.}

[2단계] **명제의 대우가 참임을 증명한다.**

n이 홀수이면

$$n = 2k+1 \ (k=0, \ 1, \ 2, \ \cdots)$$

로 놓을 수 있으므로

$$n^2 = (2k+1)^2 = 4k^2+4k+1 = 2(2k^2+2k)+1$$

이때, $2k^2+2k$는 0 또는 자연수이므로 n^2은 홀수이다.

[3단계] **결론을 도출한다.**

따라서 주어진 명제의 대우가 참이므로 주어진 명제도 참이다.

[확인1] 다음은 '두 자연수 m, n에 대하여 $m+n$이 홀수이면 m 또는 n이 홀수이다.'를 대우를 이용하여 증명하는 과정이다.

주어진 명제의 대우
'두 자연수 m, n에 대하여 m, n이 짝수이면 $m+n$은 $\boxed{}$이다.'
가 참임을 보이면 된다.
$m=2a$, $n=2b$ (a, b는 자연수)라 하면
$m+n=2a+2b=\boxed{}$
즉, m, n이 짝수이면 $m+n$은 짝수이다.
따라서 주어진 명제의 대우가 참이므로 주어진 명제도 참이다.

$\boxed{}$ 안에 알맞은 것을 순서대로 구하시오.

풀이 짝수, $2(a+b)$

A 직접증명법과 간접증명법

어떤 명제가 참임을 증명하는 방법은 크게 직접증명법과 간접증명법으로 나눌 수 있다.

(1) 직접증명법 : 명제가 참임을 증명할 때 가정이 참이라는 사실로부터 출발하여 결론이 나옴을 보이는 방법
㉠ 삼단논법(연역법) ← p.70 **개념08**

(2) 간접증명법 : 직접 증명하지 않고 다른 방법에 의하여 결론이 옳다고 증명하는 방법
㉠ 대우를 이용한 증명법, 귀류법, 수학적 귀납법

B 주의

명제 $p \longrightarrow q$의 부정은 $p \longrightarrow \sim q$이다.
$\sim p \longrightarrow \sim q$로 잘못 생각하지 말자.

2. 귀류법

귀류법은 명제 $p \longrightarrow q$에 대하여 $p \longrightarrow \sim q$라 가정하면 모순됨을 보임으로써 명제 $p \longrightarrow q$가 참임을 보이는 방법이다. **ⓒ**

⑩ '$\sqrt{2}$는 무리수이다.'를 귀류법을 이용하여 증명하면 다음과 같다.

[1단계] **결론을 부정한다.**

$\sqrt{2}$가 무리수가 아니라고 하자.

즉, $\sqrt{2}$가 유리수라고 하면 서로소인 두 자연수 m, n에 대하여

$$\sqrt{2} = \frac{n}{m}$$

으로 놓을 수 있다.

[2단계] **모순이 발생함을 보인다.**

$n = \sqrt{2}m$이고 양변을 제곱하면

$$n^2 = 2m^2$$

이때, $2m^2$, 즉 n^2이 짝수이므로 n도 짝수이다. **ⓓ**

즉, $n = 2k$ (k는 자연수)로 놓을 수 있으므로 양변을 제곱하면

$$n^2 = 4k^2 = 2m^2$$
$$\therefore \ 2k^2 = m^2$$

이때, $2k^2$, 즉 m^2이 짝수이므로 m도 짝수이다.

즉, m, n이 모두 짝수이므로 m, n이 서로소인 두 자연수라는 가정에 모순이다.

[3단계] **결론을 도출한다.**

따라서 $\sqrt{2}$는 무리수이다.

ⓒ 무리수의 증명 또는 부등식의 증명과 같이 부정적 결론에 대한 증명이 더 용이한 경우, 귀류법을 이용하면 좋다.

ⓓ 자연수 n에 대하여
(1) n^2 : 홀수 $\Rightarrow$ n : 홀수
(2) n^2 : 짝수 $\Rightarrow$ n : 짝수

확인2 다음은 두 자연수 a, b에 대하여 명제

'a, b가 서로소이면 a와 b가 모두 짝수인 것은 아니다.'

가 참임을 귀류법을 이용하여 증명하는 과정이다.

> 주어진 명제의 결론을 부정하자.
> a와 b가 모두 ☐라고 가정하면
> $a = $☐, $b = 2l$ (k, l은 자연수)
> 로 놓을 수 있다.
> 이때, ☐는 a와 b의 공약수이다.
> 즉, a와 b가 서로소라는 가정에 모순이다.
> 따라서 주어진 명제는 참이다.

☐ 안에 알맞은 것을 순서대로 구하시오.

풀이 짝수, $2k$, 2

명제 '$x^2-ax-b \neq 0$이면 $x \neq 2$이고 $x \neq 3$이다.'가 참일 때, 두 상수 a, b에 대하여 $a-b$의 값을 구하시오.

guide

(1) 명제 $p \longrightarrow q$가 참이면 그 대우 $\sim q \longrightarrow \sim p$도 참이다.

(2) 명제 $p \longrightarrow q$가 거짓이면 그 대우 $\sim q \longrightarrow \sim p$도 거짓이다.

solution

명제와 그 대우의 참, 거짓은 서로 같다. 이때, 주어진 명제가 참이므로 그 대우

'$x=2$ 또는 $x=3$이면 $x^2-ax-b=0$이다.'

도 역시 참이다.

$x=2$이면 $4-2a-b=0$에서

$2a+b=4$ ······㉠

$x=3$이면 $9-3a-b=0$에서

$3a+b=9$ ······㉡

㉠, ㉡을 연립하여 풀면 $a=5$, $b=-6$

$\therefore a-b=5-(-6)=\mathbf{11}$

정답 및 해설 p.029

05-1   두 실수 a, b에 대하여 명제 '$a+b>7$이면 $a>k$ 또는 $b>2$이다.'가 참일 때, 상수 k의 최댓값을 구하시오.

05-2   두 조건 $p : -5<x \leq 3$, $q : |x-a| \leq 2$에 대하여 명제 $p \longrightarrow q$의 역이 참이 되게 하는 모든 정수 a의 값의 합을 구하시오.

05-3   자연수 전체의 집합에서 두 명제 p, q의 진리집합을 각각 P, Q라 할 때,

$P=\{1, 2, 3, 4, 5\}$, $Q=\{4, 5, 6, 7, 8\}$

이다. 명제 $p \longrightarrow q$의 대우가 거짓임을 보이는 모든 반례의 집합을 X라 할 때, 집합 X의 진부분집합의 개수를 구하시오.

다음은 명제 '자연수 n에 대하여 n^2이 3의 배수이면 n도 3의 배수이다.'가 참임을 대우를 이용하여 증명하는 과정이다.

주어진 명제의 대우

'자연수 n에 대하여 n이 3의 배수가 아니면 n^2도 3의 배수가 아니다.'

가 참임을 보이면 된다.

n이 3의 배수가 아니므로 자연수 k에 대하여 $n=3k-1$ 또는 $n=3k-2$로 놓을 수 있다.

(ⅰ) $n=3k-1$일 때,
$$n^2=3(\boxed{})+1$$
이므로 n^2은 3의 배수가 아니다.

(ⅱ) $n=3k-2$일 때,
$$n^2=3(\boxed{})+1$$
이므로 n^2은 3의 배수가 아니다.

(ⅰ), (ⅱ)에서 n이 3의 배수가 아니면 n^2은 3의 배수가 아니다.

따라서 주어진 명제의 대우가 참이므로 주어진 명제도 참이다.

(가), (나)에 알맞은 식을 각각 $f(k)$, $g(k)$라 할 때, $f(1)+g(1)$의 값을 구하시오.

....

guide   명제 $p \longrightarrow q$가 참임을 증명하기 위해 대우 $\sim q \longrightarrow \sim p$가 참임을 증명한다.

solution n이 3의 배수가 아니므로 자연수 k에 대하여 $n=3k-1$ 또는 $n=3k-2$로 놓을 수 있다.

     (ⅰ) $n=3k-1$일 때,

         $n^2=(3k-1)^2=9k^2-6k+1=3(\boxed{3k^2-2k})+1$이므로 n^2은 3의 배수가 아니다.

     (ⅱ) $n=3k-2$일 때,

         $n^2=(3k-2)^2=9k^2-12k+4=3(\boxed{3k^2-4k+1})+1$이므로 n^2은 3의 배수가 아니다.

     (ⅰ), (ⅱ)에서 n이 3의 배수가 아니면 n^2은 3의 배수가 아니다.

     따라서 주어진 명제의 대우가 참이므로 주어진 명제도 참이다.

     즉, $f(k)=3k^2-2k$, $g(k)=3k^2-4k+1$이므로 $f(1)+g(1)=1+0=$ **1**

정답 및 해설 p.030

06-1   다음 명제가 참임을 대우를 이용하여 증명하시오.

     (1) 두 실수 x, y에 대하여 $x+y>4$이면 x, y 중 적어도 하나는 2보다 크다.

     (2) a, b, c가 양의 정수일 때, $a^2+b^2+c^2$이 짝수이면 a, b, c 중 적어도 하나는 짝수이다.

다음 명제가 참임을 귀류법을 이용하여 증명하시오.

> 두 자연수 a, b에 대하여 이차방정식 $x^2+ax-b=0$이 자연수인 해를 가지면 a, b 중 적어도 하나는 짝수이다.

guide   다음과 같은 경우에는 명제를 직접 증명하는 것보다 귀류법을 이용하여 증명하는 것이 더 쉽다.

(1) 결론 q보다 그 부정 $\sim q$가 더 이해하기 쉬울 때

(2) 결론 q의 진리집합 Q보다 Q^C가 더 간결하게 표현될 때

solution a, b가 모두 홀수라 가정하자.

이차방정식 $x^2+ax-b=0$의 자연수인 해를 $x=m$이라 하면

$m^2+am-b=0$ $\therefore b=m^2+am$ ······㉠

(ⅰ) m이 홀수일 때,

m^2은 홀수이고, am은 두 홀수의 곱이므로 홀수이다.

즉, m^2+am은 두 홀수의 합이므로 짝수이다.

따라서 ㉠에서 b가 짝수이므로 b가 홀수라는 가정에 모순이다.

(ⅱ) m이 짝수일 때,

m^2은 짝수이고, am은 홀수와 짝수의 곱이므로 짝수이다.

즉, m^2+am은 두 짝수의 합이므로 짝수이다.

따라서 ㉠에서 b가 짝수이므로 b가 홀수라는 가정에 모순이다.

(ⅰ), (ⅱ)에서 두 자연수 a, b에 대하여 이차방정식 $x^2+ax-b=0$이 자연수인 해를 가지면 a, b 중 적어도 하나는 짝수이다.

정답 및 해설 p.030

 07-1 다음 명제가 참임을 귀류법을 이용하여 증명하시오.

> 두 자연수 m, n에 대하여 m^2+n^2이 4의 배수이면 m, n은 모두 짝수이다.

개념 08 충분조건과 필요조건

1. 충분조건과 필요조건

명제 $p \longrightarrow q$가 참일 때, 기호로 $p \Longrightarrow q$와 같이 나타내고
p는 q이기 위한 **충분조건**, q는 p이기 위한 **필요조건**이라 한다.

$$p \Longrightarrow q$$

| q이기 위한 충분조건 | p이기 위한 필요조건 |

2. 필요충분조건

명제 $p \longrightarrow q$와 그 역 $q \longrightarrow p$가 모두 참일 때, 즉
$p \Longrightarrow q$이고 $q \Longrightarrow p$일 때, 기호로 $p \Longleftrightarrow q$와 같이 나타내고 p는 q이기 위한 **필요충분조건**, 또는 q는 p이기 위한 **필요충분조건**이라 한다.

3. 충분조건, 필요조건과 진리집합의 관계

두 조건 p, q의 진리집합을 각각 P, Q라 할 때,

(1) $P \subset Q$이면 $p \Longrightarrow q$이므로 p는 q이기 위한 충분조건, q는 p이기 위한 필요조건이다.

(2) $Q \subset P$이면 $q \Longrightarrow p$이므로 p는 q이기 위한 필요조건, q는 p이기 위한 충분조건이다.

(3) $P \subset Q$이고 $Q \subset P$, 즉 $P = Q$이면 $p \Longleftrightarrow q$이므로 p는 q이기 위한 필요충분조건이다.

---

1. 충분조건과 필요조건에 대한 이해 Ⓐ

개념 03에서 두 조건 p, q의 진리집합을 각각 P, Q라 할 때, 명제 $p \longrightarrow q$가 참이면 항상 $P \subset Q$라는 것을 배웠다.

즉, p가 q이기 위한 <mark>충분조건</mark>이라는 것은 조건 p만으로도 조건 q를 만족시키기에 충분하다는 의미로 해석하면 쉽다.

또한, q가 p이기 위한 <mark>필요조건</mark>이라는 것은 조건 q는 조건 p를 만족시키기 위해서 반드시 필요하다는 의미로 해석할 수 있다.

예를 들어, 두 조건 p, q가 각각

   $p : x$는 4의 약수이다., $q : x$는 8의 약수이다.

일 때, 두 조건 p, q의 진리집합을 각각 P, Q라 하면

   $P = \{1, 2, 4\}$, $Q = \{1, 2, 4, 8\}$

이때, $p \Longrightarrow q$, $q \overset{\times}{\Longrightarrow} p$이므로 p는 q이기 위한 충분조건, q는 p이기 위한 필요조건이고 $P \subset Q$이다.

2. 필요충분조건에 대한 이해 Ⓑ

두 조건 p, q에 대하여 $p \Longrightarrow q$이고, $q \Longrightarrow p$일 때,

   $p \Longrightarrow q$에서 p는 q이기 위한 충분조건

   $q \Longrightarrow p$에서 p는 q이기 위한 필요조건

이므로 이를 합쳐서 p는 q이기 위한 **필요충분조건**이라 하고, 기호로
$p \Longleftrightarrow q$와 같이 나타낸다.

Ⓐ '명제 $p \longrightarrow q$가 참이다.'
   $\Longleftrightarrow P \subset Q$
   $\Longleftrightarrow p \Longrightarrow q$
   $\Longleftrightarrow p$는 q이기 위한 충분조건
   $\Longleftrightarrow q$는 p이기 위한 필요조건

Ⓑ '명제 $p \longrightarrow q$, $q \longrightarrow p$가 참이다.'
   $\Longleftrightarrow P = Q$
   $\Longleftrightarrow p \Longleftrightarrow q$
   $\Longleftrightarrow p$는 q이기 위한 필요충분조건
   $\Longleftrightarrow q$는 p이기 위한 필요충분조건

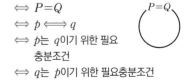

예를 들어, 두 조건 p, q가 각각

$$p : |x| = 2, \qquad q : x^2 = 4$$

일 때, 두 조건 p, q의 진리집합을 각각 P, Q라 하면

$$P = \{-2, \ 2\}, \ Q = \{-2, \ 2\}$$

이때, $p \Longrightarrow q$, $q \Longrightarrow p$, 즉 $p \Longleftrightarrow q$이므로 p는 q이기 위한(q는 p이기 위한) 필요충분조건이고 $P = Q$이다.

(확인1) 실수 x에 대하여 조건 p는 조건 q이기 위한 어떤 조건인지 말하시오.

(1) $p : |x| \leq 2 \qquad q : -2 \leq x \leq 0$

(2) $p : 2x + 3 < 5 \qquad q : -\dfrac{1}{2}x + 1 > 0$

(3) $p : x^2 = 2x \qquad q : x = 0$ 또는 $x = 2$

풀이 두 조건 p, q의 진리집합을 각각 P, Q라 하면
(1) $P = \{x \mid -2 \leq x \leq 2\}$, $Q = \{x \mid -2 \leq x \leq 0\}$, 즉 $Q \subset P$이므로 필요조건
(2) $P = \{x \mid x < 1\}$, $Q = \{x \mid x < 2\}$, 즉 $P \subset Q$이므로 충분조건
(3) $P = \{0, \ 2\}$, $Q = \{0, \ 2\}$, 즉 $P = Q$이므로 필요충분조건

3. 삼단논법 ⓒ

삼단논법이란 전제가 되는 두 명제로부터 참인 결론을 이끌어내는 방법이다.

> 세 조건 p, q, r에 대하여 $p \Longrightarrow q$이고 $q \Longrightarrow r$이면 $p \Longrightarrow r$이다.

세 조건 p, q, r의 진리집합 P, Q, R에 대하여

$\boldsymbol{p \Longrightarrow q}$에서 $P \subset Q$, $\boldsymbol{q \Longrightarrow r}$에서 $Q \subset R$

이다. 즉, $P \subset Q \subset R$이므로 $P \subset R$이다.

따라서 $\boldsymbol{p \Longrightarrow r}$, 즉 $p \longrightarrow r$는 참이다.

(예) 세 조건 p, q, r가 각각

$$p : 무당벌레이다., \qquad q : 곤충이다., \qquad r : 동물이다.$$

일 때, 삼단논법에 의하여 다음과 같은 결론을 얻을 수 있다.

[전제 1]	무당벌레는 곤충이다.	$p \Longrightarrow q$
[전제 2]	곤충은 동물이다.	$q \Longrightarrow r$
[결론]	무당벌레는 동물이다.	$p \Longrightarrow r$

(확인2) 전제 1, 전제 2와 결론이 각각 다음과 같은 삼단논법에서 [전제 1]이 무엇이어야 하는지 말하시오.

[전제 1]	
[전제 2]	평행사변형은 두 쌍의 대변이 평행한 사각형이다.
[결론]	직사각형은 두 쌍의 대변이 평행한 사각형이다.

풀이 직사각형은 평행사변형이다.

ⓒ 삼단논법은 고대 그리스의 철학자인 아리스토텔레스(Aristoteles, B.C. 384~B.C. 322)에 의해 제시되었다.

전체집합 U에 대하여 세 조건 p, q, r의 진리집합을 각각 P, Q, R라 하자. $\sim p$는 r이기 위한 충분조건이고 $\sim q$는 r이기 위한 필요조건일 때, 〈보기〉에서 옳은 것만을 있는 대로 고르시오.

> **보기**
>
> ㄱ. $Q \cap R = \varnothing$ ㄴ. $P \cap R = \varnothing$ ㄷ. $P \cup R = U$ ㄹ. $P \cup Q = U$

guide

두 조건 p, q의 진리집합을 각각 P, Q라 할 때

(1) $P \cap Q = P$ ⇨ $P \subset Q$ ⇨ $p \Longrightarrow q$ ⇨ p는 q이기 위한 충분조건

(2) $P \cup Q = P$ ⇨ $Q \subset P$ ⇨ $q \Longrightarrow p$ ⇨ p는 q이기 위한 필요조건

(3) $P \subset Q$, $Q \subset P$ ⇨ $P = Q$ ⇨ $p \Longleftrightarrow q$ ⇨ p는 q이기 위한 필요충분조건

solution

$\sim p$는 r이기 위한 충분조건이므로 $\sim p \Longrightarrow r$

$\therefore P^C \subset R$ ……㉠

$\sim q$는 r이기 위한 필요조건이므로 $r \Longrightarrow \sim q$

$\therefore R \subset Q^C$ ……㉡

㉠, ㉡에서 $P^C \subset R \subset Q^C$이므로 세 집합 P^C, R, Q를 벤다이어그램으로 나타내면 오른쪽 그림과 같다.

따라서 옳은 것은 **ㄱ, ㄷ**이다.

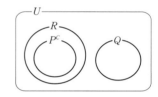

정답 및 해설 pp.030~031

08-1   전체집합 U에 대하여 세 조건 p, q, r의 진리집합을 각각 P, Q, R라 하자. p는 q이기 위한 충분조건이고 r이기 위한 필요조건일 때, 〈보기〉에서 옳은 것만을 있는 대로 고르시오.

> **보기**
>
> ㄱ. $Q \subset R$ ㄴ. $(P \cap Q)^C \subset R^C$
>
> ㄷ. $(P \cup Q)^C \subset R^C$ ㄹ. $(P^C \cap R^C) \subset Q^C$

08-2   전체집합 U에 대하여 세 조건 p, q, r의 진리집합을 각각 P, Q, R라 하자. p는 $\sim q$이기 위한 필요충분조건이고 $\sim r$는 q이기 위한 필요조건일 때, 〈보기〉에서 옳은 것만을 있는 대로 고르시오.

> **보기**
>
> ㄱ. $Q \subset R$ ㄴ. $P^C \subset R^C$
>
> ㄷ. $P \cap R = R$ ㄹ. $P \cup Q = U$

세 조건 p, q, r가 각각

$$p : 1 \leq x \leq 4 \text{ 또는 } x \geq 6, \qquad q : x \geq a, \qquad r : x \geq b$$

이고 q는 p이기 위한 충분조건이고 r는 p이기 위한 필요조건일 때, 실수 a의 최솟값과 실수 b의 최댓값의 합을 구하시오.

guide   부등식으로 주어진 조건 사이의 충분조건, 필요조건을 판단할 때에는 다음 순서대로 한다.
(i) 각 조건의 진리집합의 포함 관계를 수직선 위에 나타낸다.
(ii) 각 조건에 맞는 미지수의 값 또는 범위를 구하고 등호가 포함되는지 확인한다.

solution   세 조건 p, q, r의 진리집합을 각각 P, Q, R라 하면
$P = \{x \mid 1 \leq x \leq 4 \text{ 또는 } x \geq 6\}$, $Q = \{x \mid x \geq a\}$, $R = \{x \mid x \geq b\}$
q는 p이기 위한 충분조건이므로 $Q \subset P$, r는 p이기 위한 필요조건이므로 $P \subset R$
$\therefore Q \subset P \subset R$
즉, 세 집합 P, Q, R를 수직선 위에 나타내면 오른쪽 그림과 같아야
한다.

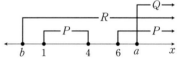

즉, $b \leq 1$, $a \geq 6$이어야 하므로 a의 최솟값은 6, b의 최댓값은 1이다.
따라서 구하는 합은 $6 + 1 = \mathbf{7}$

정답 및 해설 pp.031~032

유형
연습

09-1   두 조건 p, q의 진리집합을 각각 P, Q라 하면
$$P = \{x \mid a \leq x \leq a+2\}, \ Q = \{x \mid -3 < x < 1 \text{ 또는 } 2 \leq x \leq 5\}$$
일 때, p가 q이기 위한 충분조건이 되도록 하는 모든 정수 a의 값의 합을 구하시오.

09-2   두 조건 p, q가 각각
$$p : 3|x-2| < 9 - 2x, \qquad q : a < x < b$$
이고 p가 q이기 위한 필요충분조건일 때, $b-a$의 값을 구하시오. (단, $a < b$)

09-3   세 조건 p, q, r의 진리집합을 각각 P, Q, R라 하면
$$P = \{3\}, \ Q = \{a^2 - 1, \ b\}, \ R = \{a, \ ab\}$$
이다. p는 q이기 위한 충분조건이고 r는 p이기 위한 필요조건일 때, $a+b$의 최솟값을 구하시오. (단, a, b는 실수이다.)

전체집합 U에 대하여 세 조건 p, q, r의 진리집합을 각각 P, Q, R라 하면

$$P \cap R = P, \quad Q \subset R^C$$

일 때, 〈보기〉에서 옳은 것만을 있는 대로 고르시오.

---- 보기 ----

ㄱ. $p \Longrightarrow \sim q$ ㄴ. $\sim r \Longrightarrow p$ ㄷ. $q \Longrightarrow p$

guide
1 삼단논법 : 세 조건 p, q, r에 대하여 $p \Longrightarrow q$이고 $q \Longrightarrow r$이면 $p \Longrightarrow r$이다.
2 참인 두 명제에 공통으로 들어 있는 조건을 찾으면 삼단논법을 이용하여 참인 새로운 명제를 찾을 수 있다.
이때, 주어진 명제가 참이면 그 대우도 참임을 이용한다.

solution
$P \cap R = P$에서 $P \subset R$이므로 $p \Longrightarrow r$이다.
$Q \subset R^C$에서 $q \Longrightarrow \sim r$이므로 $r \Longrightarrow \sim q$이다. ($\because$ 대우)
$\therefore q \Longrightarrow \sim r \Longrightarrow \sim p$
ㄱ. $q \Longrightarrow \sim p$이므로 $p \Longrightarrow \sim q$ (참)
ㄴ. $\sim r \Longrightarrow \sim p$이므로 $\sim r \not\Longrightarrow p$ (거짓)
ㄷ. $q \Longrightarrow \sim p$이므로 $q \not\Longrightarrow p$ (거짓)
따라서 옳은 것은 ㄱ이다.

정답 및 해설 p.032

10-1 전체집합 U에 대하여 세 조건 p, q, r의 진리집합을 각각 P, Q, R라 하면 명제 $p \longrightarrow \sim r$의 역과 $r \longrightarrow \sim q$의 대우가 모두 참일 때, 〈보기〉에서 옳은 것만을 있는 대로 고르시오.

---- 보기 ----

ㄱ. $P \subset Q$ ㄴ. $P \subset R$ ㄷ. $Q \subset P$ ㄹ. $R^C \subset P$

10-2 다음이 모두 참일 때, 네 명의 용의자 A, B, C, D 중 범인 두 명을 고르시오.

㈎ A, B, C, D 중 범인은 두 명뿐이다. ㈏ D가 범인이면 A도 범인이다.
㈐ C가 범인이 아니면 A도 범인이 아니다. ㈑ D가 범인이 아니면 B도 범인이 아니다.

01 정수 x에 대하여 조건 p가

$$p : x^2 - 5x - 14 \geq 0$$

일 때, $\sim p$의 진리집합의 원소의 개수를 구하시오.

02 자연수 x에 대하여 세 조건 p, q, r가 각각

$p : x^2 - 15x + 36 = 0$,

$q : x$는 4의 배수이다.,

$r : x$는 50 이하의 3의 배수이다.

일 때, 조건 '$\sim p$ 그리고 q 그리고 r'를 만족시키는 자연수 x의 개수를 구하시오.

03 $0 \leq x < 4$, $0 \leq y < 4$인 정수 x, y에 대하여 두 조건 p, q가 각각

$p : x^2 - 4x + y^2 - 4y + 7 = 0$,

$q : x - y = 1$

일 때, 조건 '$\sim p$이고 $\sim q$'를 만족시키는 정수 x, y의 순서쌍 (x, y)의 개수를 구하시오.

04 전체집합 U에 대하여 세 조건 p, q, r의 진리집합을 각각 P, Q, R라 하면

$$P \cap Q = P, \quad P \cap R^C = P$$

일 때, 〈보기〉에서 항상 참인 명제만을 있는 대로 고른 것은? (단, P, Q, R는 공집합이 아니다.)

┌─── 보기 ───────────────────────────
│ ㄱ. $p \longrightarrow \sim r$ ㄴ. $r \longrightarrow \sim q$
│ ㄷ. $\sim q \longrightarrow \sim p$
└──────────────────────────────────

① ㄱ   ② ㄱ, ㄴ   ③ ㄱ, ㄷ

④ ㄴ, ㄷ   ⑤ ㄱ, ㄴ, ㄷ

05 집합 $A = \{x \mid x$는 24의 양의 약수$\}$의 두 원소 a, b에 대하여 명제 'ab가 짝수이면 $a + b$는 짝수이다.'가 거짓임을 보여주는 반례가 되는 순서쌍 (a, b)의 개수를 구하시오.

06 전체집합 U의 공집합이 아닌 세 부분집합 P, Q, R가 각각 세 조건 p, q, r의 진리집합이고, 세 명제 $p \longrightarrow q$, $\sim p \longrightarrow q$, $\sim r \longrightarrow p$가 모두 참일 때, 〈보기〉에서 옳은 것만을 있는 대로 고른 것은? [교육청]

┌─── 보기 ───────────────────────────
│ ㄱ. $P^C \subset Q$ ㄴ. $R - P^C = \varnothing$
│ ㄷ. $(R^C \cup P^C) \subset Q$
└──────────────────────────────────

① ㄱ   ② ㄴ   ③ ㄱ, ㄷ

④ ㄴ, ㄷ   ⑤ ㄱ, ㄴ, ㄷ

07 실수 x에 대하여 두 조건 p, q가 각각

$$p : x^2 - 7x - 18 > 0,$$

$$q : 2a - 7 \leq 2x - 1 < 3a$$

일 때, 명제 $q \longrightarrow \sim p$가 참이 되도록 하는 자연수 a의 개수를 구하시오.

서술형

08 실수 x에 대하여 두 조건 p, q가 각각

$$p : x^2 + 1 < k, \qquad q : |x - 4| \leq 2$$

일 때, 명제 '어떤 실수 x에 대하여 $\sim p$ 그리고 q이다.'가 참이 되도록 하는 자연수 k의 최댓값을 구하시오.

(단, $k \geq 2$)

1등급

09 전체집합 $U = \{1,\ 2,\ 3,\ 4\}$의 공집합이 아닌 두 부분집합 A, B에 대하여 두 명제

'집합 A의 모든 원소 x에 대하여 $x^2 - 3x < 0$이다.',

'집합 B의 어떤 원소 x에 대하여 $x \in A$이다.'

가 있다. 두 명제가 모두 참이 되도록 하는 두 집합 A, B의 순서쌍 $(A,\ B)$의 개수를 구하시오. [교육청]

10 실수 x에 대하여 세 조건 p, q, r가 각각

$$p : x^2 + 7x + 10 = 0,$$

$$q : x^2 + 5x + 4 < 0,$$

$$r : x > a - 5$$

일 때, 명제 $p \longrightarrow r$는 거짓이고, 명제 $q \longrightarrow r$의 대우는 참이다. 정수 a의 개수를 구하시오.

11 다음 중 명제는 참이고 그 역은 거짓인 것을 모두 고르면? (정답 2개)

① $\triangle$ABC가 정삼각형이면 $\overline{AB} = \overline{AC}$이다.

② $\triangle$ABC $\equiv$ $\triangle$DEF이면 $\triangle$ABC ∞ $\triangle$DEF이다.

③ 두 직사각형의 넓이가 같으면 두 직사각형은 합동이다.

④ 두 집합 A, B에 대하여 $A \subset B$이면 $A \cup B = B$이다.

⑤ 두 실수 x, y에 대하여 $xy > 0$이면 $x > 0$, $y > 0$이다.

12 두 실수 x, y에 대하여 다음 중 그 대우와 역이 모두 참인 명제는?

① $|x| = |y|$이면 $x = y$이다.

② $x \neq y$이면 $x^2 \neq xy$이다.

③ $0 < x < y$이면 $x^3 y < xy^3$이다.

④ $x^2 + y^2 = 0$이면 $x^2 + 2xy + 2y^2 = 0$이다.

⑤ 두 자연수 x, y에 대하여 $x^2 + y^2$이 홀수이면 xy는 짝수이다.

13 명제 '세 자연수 a, b, c에 대하여 이차방정식 $ax^2-bx+c=0$에서 a, b, c가 모두 홀수이면 두 근 중 적어도 하나는 정수가 아니다.'가 참임을 대우를 이용하여 증명하시오.
서술형

14 어느 학교에서 전교생을 대상으로 선호하는 방과후 학교 프로그램을 조사하였더니 그 결과가 다음과 같았다.

> (개) 선호도가 높은 프로그램은 수강자가 많다.
> (내) 외부 교사가 운영하는 프로그램은 수강자가 많다.
> (대) 체육 영역의 프로그램은 선호도가 높다.

다음 중 위의 결과로부터 추론한 내용으로 항상 옳은 것은?

① 체육 영역의 프로그램은 외부 교사가 운영하지 않는다.
② 외부 교사가 운영하지 않는 프로그램은 수강자가 많지 않다.
③ 수강자가 많지 않은 프로그램은 체육 영역의 프로그램이 아니다.
④ 선호도가 높은 프로그램은 체육 영역의 프로그램이다.
⑤ 선호도가 높은 프로그램은 외부 교사가 운영하지 않는다.

15 실수 x에 대하여 두 조건 p, q가 각각
$$p : a < x \le 3a+2,$$
$$q : x < 2a-1 \text{ 또는 } x \ge \frac{2a^2+1}{3}$$
일 때, $\sim p$는 q이기 위한 충분조건이 되도록 하는 모든 자연수 a의 값의 합을 구하시오.
(단, 조건 q의 진리집합은 전체집합이 아니다.)

16 전체집합 U의 두 부분집합 A, B가 유한집합일 때, 〈보기〉에서 두 조건 p, q에 대하여 p가 q이기 위한 필요충분조건인 것만을 있는 대로 고른 것은?
(단, $n(A)$는 집합 A의 원소의 개수이다.)

> • 보기 •
> ㄱ. $p : n(A)=n(B)$
> $q : A=B$
> ㄴ. $p : n(A \cup B)=n(A)+n(B)$
> $q : A-B=A$
> ㄷ. $p : n(A-B)=n(A)-n(B)$
> $q : A \cup B=A$

① ㄱ ② ㄴ ③ ㄱ, ㄷ
④ ㄴ, ㄷ ⑤ ㄱ, ㄴ, ㄷ

17 두 실수 a, b에 대하여 두 조건 p, q가 다음과 같을 때, p가 q이기 위한 필요조건이지만 충분조건이 아닌 것은?

① $p : \dfrac{1}{ab} < 3$, $q : ab \ge \dfrac{1}{3}$ (단, $ab \ne 0$)

② $p : a+b=ab$, $q : \dfrac{1}{a}+\dfrac{1}{b}=1$ (단, $ab \ne 0$)

③ $p : ab > 0$, $q : |a+b|=|a|+|b|$

④ $p : a+bi=0$, $q : ab=0$ (단, $\sqrt{-1}=i$)

⑤ $p : a$ 또는 b가 무리수, $q : a+b$는 무리수

18 명제 '자연수 n에 대하여 $\sqrt{n^2+n}$은 자연수가 아니다.'가 참임을 귀류법을 이용하여 증명하시오.

21 실수 x에 대한 두 조건 p, q가 각각

$$p : \frac{\sqrt{x+5}}{\sqrt{x-10}} = -\sqrt{\frac{x+5}{x-10}},$$

$$q : x^2 - 5x - nx + 5n < 0$$

이고 p는 q이기 위한 필요조건일 때, 정수 n의 개수를 구하시오.

19 함수 $f(x) = (a+3)x^2 + 2ax + 6x + 9$에 대하여 명제

'어떤 실수 x에 대하여 $f(x) < -1$이다.'

가 거짓이 되도록 하는 정수 a의 개수를 구하시오.

22 실수 x에 대하여

$$n - \frac{1}{2} \le x < n + \frac{1}{2} \ (n은 \ 정수)$$

일 때, $\langle\!\langle x \rangle\!\rangle = n$으로 정의하자. 예를 들어, $\langle\!\langle 2.1 \rangle\!\rangle = 2$, $\langle\!\langle 2.7 \rangle\!\rangle = 3$이다. 두 조건 p, q가 각각

$$p : \langle\!\langle x \rangle\!\rangle^2 - 13\langle\!\langle x \rangle\!\rangle + 22 < 0,$$

$$q : k < 2x < 2k+1$$

이고 명제 $q \longrightarrow p$가 참이 되도록 하는 실수 k의 최댓값과 최솟값을 각각 a, b라 할 때, $a+b$의 값을 구하시오.

(단, $k > 0$)

20 전체집합 $U = \{x \mid x는 \ 8 \ 이하의 \ 자연수\}$에 대하여 조건 '$p : x^2 \le 2x + 8$'의 진리집합을 P, 두 조건 q, r의 진리집합을 각각 Q, R라 하자. 두 명제 $p \longrightarrow q$와 $\sim p \longrightarrow r$가 모두 참일 때, 두 집합 Q, R의 순서쌍 (Q, R)의 개수를 구하시오. [교육청]

서술형

23 좌표평면 위에 두 점 A$(-3, 3)$, B$(7, -7)$과 직선 $l : y = -2x + k$가 있다. 명제

'직선 l 위의 어떤 점 P에 대하여 $\angle APB > 90°$이다.'

가 거짓이 되도록 하는 자연수 k의 최솟값을 구하시오.

틀을
깨는
생각

What's gone and what's past
help should be past grief.

지난 일은 어쩔 수 없는바
슬퍼한들 이미 엎질러진 물이다.

... 윌리엄 셰익스피어(William Shakespeare)

I

집합과
명제

개념 01 절대부등식과 그 증명

1. 절대부등식
문자를 포함하는 부등식에서 그 문자에 어떤 실수를 대입해도 항상 성립하는 부등식

2. 두 수 또는 두 식의 대소 관계

(1) **차를 이용하는 방법** ← A, B의 부호에 관계없이 성립한다.
  ① $A-B>0 \Longleftrightarrow A>B$ ② $A-B=0 \Longleftrightarrow A=B$ ③ $A-B<0 \Longleftrightarrow A<B$

(2) **제곱의 차를 이용하는 방법** (단, $A>0$, $B>0$) ← 근호나 절댓값 기호를 포함한 경우에 이용한다.
  ① $A^2-B^2>0 \Longleftrightarrow A>B$ ② $A^2-B^2=0 \Longleftrightarrow A=B$ ③ $A^2-B^2<0 \Longleftrightarrow A<B$

(3) **비($比$)를 이용하는 방법** (단, $A>0$, $B>0$) ← 두 수 또는 두 식의 비가 간단히 정리되는 경우에 이용한다.
  ① $\dfrac{A}{B}>1 \Longleftrightarrow A>B$ ② $\dfrac{A}{B}=1 \Longleftrightarrow A=B$ ③ $\dfrac{A}{B}<1 \Longleftrightarrow A<B$

1. 절대부등식과 조건부등식에 대한 이해 Ⓐ

(1) 부등식 $x^2>-1$을 만족시키는 x의 값의 범위는 실수 전체이다.
  이와 같이 부등식을 만족시키는 문자의 값의 범위가 실수 전체인 부등식을 **절대부등식**이라 한다.

(2) 부등식 $x-2>0$을 만족시키는 x의 값의 범위는 $x>2$이다.
  이와 같이 특정한 실수의 범위 또는 값에 대해서만 성립하는 부등식을 **조건부등식**이라 한다.

Ⓐ 수의 대소 관계는 실수에 대해서만 생각하므로 부등식에서 주어진 문자는 실수이다.

2. 대소 비교 방법

두 수 또는 두 식의 대소를 비교할 때, 가장 많이 이용하는 방법은 (1)이다. Ⓑ 그러나 두 식의 차를 간단히 하기 어려운 경우에는 (2) 또는 (3)을 이용한다.

(2) **제곱의 차를 이용하는 방법** Ⓒ
  부등식에서 양변이 음수가 아닐 때는 양변을 제곱해도 부등호의 방향은 바뀌지 않는다. 이때, 제곱하는 과정에서 **근호나 절댓값 기호**를 없앨 수 있다. (2)의 ①을 확인해 보자.

  $A^2-B^2>0$이면 $(A+B)(A-B)>0$
  $A>0$, $B>0$이면 $A+B>0$이므로 $A-B>0$
  $\therefore A>B$

  예) 양의 실수 a, b에 대하여 $\sqrt{a}+\sqrt{b}$, $\sqrt{a+b}$의 대소를 비교해 보자.
  $\sqrt{a}+\sqrt{b}>0$, $\sqrt{a+b}>0$이므로 양변을 제곱하여 빼면
  $(\sqrt{a}+\sqrt{b})^2-(\sqrt{a+b})^2=a+2\sqrt{ab}+b-(a+b)=2\sqrt{ab}>0$
  따라서 $(\sqrt{a}+\sqrt{b})^2>(\sqrt{a+b})^2$이므로 $\sqrt{a}+\sqrt{b}>\sqrt{a+b}$이다.

Ⓑ A, B의 부호에 관계없이 다음이 성립한다.
  $A-B>0 \Longleftrightarrow A>B \Longleftrightarrow A^3>B^3$

Ⓒ $(\sqrt{A})^2=A$, $|B|^2=B^2$

(3) 비(比)를 이용하는 방법

거듭제곱으로 표현된 큰 수, 두 수나 두 식의 비가 간단히 정리될 때 이용한다. (3)의 ①을 확인해 보자.

$\dfrac{A}{B}>1$에서 $B>0$이므로 양변에 B를 곱하면 $A>B$

예 두 수 2^{60}, 3^{40}의 대소를 비교해 보자.

$$\dfrac{2^{60}}{3^{40}}=\left(\dfrac{2^3}{3^2}\right)^{20}=\left(\dfrac{8}{9}\right)^{20}<1 \qquad \therefore \ 2^{60}<3^{40}$$

(확인1) 두 수 $\sqrt{7}+2\sqrt{2}$, $\sqrt{5}+\sqrt{10}$의 대소를 비교하시오.

풀이 $(\sqrt{7}+2\sqrt{2})^2-(\sqrt{5}+\sqrt{10})^2=15+4\sqrt{14}-(15+10\sqrt{2})$
$\qquad\qquad\qquad\qquad\qquad\quad =4\sqrt{14}-10\sqrt{2}=\sqrt{224}-\sqrt{200}>0$
$\qquad$ 따라서 $(\sqrt{7}+2\sqrt{2})^2>(\sqrt{5}+\sqrt{10})^2$이므로 $\sqrt{7}+2\sqrt{2}>\sqrt{5}+\sqrt{10}$

3. 부등식의 증명에 자주 이용되는 실수의 성질

부등식을 증명할 때에는 실수의 대소 관계에 대한 기본 성질을 이용한다.

임의의 두 실수 a, b에 대하여

(1) $a>b \iff a-b>0$　　　　　(2) $a^2\geq 0$, $a^2+b^2\geq 0$

(3) $a^2+b^2=0 \iff a=b=0$　　　(4) $-|a|\leq a\leq |a|$

(5) $|a|^2=a^2$, $|ab|=|a||b|$, $\left|\dfrac{a}{b}\right|=\dfrac{|a|}{|b|}$ $(b\neq 0)$

(6) $a>0$, $b>0$일 때, $a>b \iff a^2>b^2 \iff \sqrt{a}>\sqrt{b}$

예를 들어, 두 실수 a, b에 대하여 $a^2+b^2\geq ab$가 항상 성립함을 위의 성질을 이용하여 다음과 같이 증명할 수 있다.

$$(a^2+b^2)-ab=\left(a^2-ab+\dfrac{b^2}{4}\right)+\dfrac{3}{4}b^2$$
$$\qquad\qquad\quad =\left(a-\dfrac{b}{2}\right)^2+\dfrac{3}{4}b^2 \qquad \cdots\cdots\text{㉠}$$

그런데 a, b가 실수이므로 $\left(a-\dfrac{b}{2}\right)^2\geq 0$, $\dfrac{3}{4}b^2\geq 0$ ← ⑵ 이용

따라서 ㉠에서 $(a^2+b^2)-ab\geq 0$이므로 $a^2+b^2\geq ab$ ← ⑴ 이용

이때, 등호는 $a-\dfrac{b}{2}=0$, $b=0$, 즉 $a=b=0$일 때 성립한다. **D** ← ⑶ 이용

(확인2) 양의 실수 a, b에 대하여 부등식 $|a|+|b|\geq |a+b|$를 증명하시오.

풀이 $(|a|+|b|)^2-|a+b|^2=|a|^2+2|a||b|+|b|^2-(a+b)^2$ ← ⑸ 이용
$\qquad\qquad\qquad\qquad\quad =a^2+2|ab|+b^2-a^2-2ab-b^2$ ← ⑸ 이용
$\qquad\qquad\qquad\qquad\quad =2(|ab|-ab)\geq 0$ $(\because |ab|\geq ab)$ ← ⑷ 이용
$\qquad$ 이때, $|a|+|b|\geq 0$, $|a+b|\geq 0$이므로
$\qquad (|a|+|b|)^2\geq |a+b|^2$에서 $|a|+|b|\geq |a+b|$
$\qquad\qquad\qquad\qquad\qquad$ (단, 등호는 $|ab|=ab$, 즉 $ab\geq 0$일 때 성립)

D 등호가 포함된 절대부등식을 증명할 때, 특별한 말이 없더라도 등호가 성립할 조건을 함께 나타낸다.

여러 가지 절대부등식

세 실수 a, b, c에 대하여 다음 부등식이 항상 성립한다.

(1) $a^2 \pm 2ab + b^2 \geq 0$ (단, 등호는 $a = \mp b$일 때 성립, 복부호 동순)

(2) $a^2 \pm ab + b^2 \geq 0$ (단, 등호는 $a = b = 0$일 때 성립)

(3) $a^2 + b^2 + c^2 - ab - bc - ca \geq 0$ (단, 등호는 $a = b = c$일 때 성립)

(4) $|a| + |b| \geq |a + b|$, $|a - b| \geq |a| - |b|$ (단, 등호는 $|a| \geq |b|$이고 $ab \geq 0$일 때 성립) Ⓐ

(5) $|a + b| \geq ||a| - |b||$ (단, 등호는 $ab \leq 0$일 때 성립)

1. 여러 가지 절대부등식의 증명

위의 절대부등식 중 (1), (2), (3)은 실수의 성질 $(실수)^2 \geq 0$을 이용하여 증명할 수 있고, (4), (5)는 제곱의 차를 이용하여 증명할 수 있다.

절대부등식 (3), (4), (5)의 증명은 다음과 같다.

(3) $a^2 + b^2 + c^2 - ab - bc - ca$

$= \dfrac{1}{2}(2a^2 + 2b^2 + 2c^2 - 2ab - 2bc - 2ca)$

$= \dfrac{1}{2}\{(a^2 - 2ab + b^2) + (b^2 - 2bc + c^2) + (c^2 - 2ca + a^2)\}$

$= \dfrac{1}{2}\{(a - b)^2 + (b - c)^2 + (c - a)^2\}$

≥ 0

등호는 $a - b = 0$, $b - c = 0$, $c - a = 0$, 즉 $\boldsymbol{a = b = c}$일 때 성립한다.

(4) $|a - b| \geq |a| - |b|$를 확인해 보자.

(i) $|a| < |b|$일 때,

$|a - b| > 0$, $|a| - |b| < 0$이므로

$|a - b| > |a| - |b|$

(ii) $|a| \geq |b|$일 때,

$|a| - |b| \geq 0$, $|a - b| \geq 0$이므로

$|a - b|^2 - (|a| - |b|)^2 = (a - b)^2 - (|a|^2 - 2|a||b| + |b|^2)$

$= a^2 - 2ab + b^2 - a^2 + 2|ab| - b^2$

$= 2(|ab| - ab)$

$\geq 0 \ (\because |ab| \geq ab)$

즉, $|a - b|^2 \geq (|a| - |b|)^2$이므로 $|a - b| \geq |a| - |b|$

(i), (ii)에서 $|a - b| \geq |a| - |b|$이고 등호는 $|a| \geq |b|$이고 $\boldsymbol{ab \geq 0}$일 때 성립한다.

Ⓐ 두 실수 a, b에 대하여 부등식
$$|a| + |b| \geq |a + b|$$
를 삼각부등식이라 한다.

(5) $|a+b| \geq ||a|-|b||$를 확인해 보자.

$|a+b| \geq 0$, $||a|-|b|| \geq 0$이므로

$$\begin{aligned} |a+b|^2-||a|-|b||^2 &= (a+b)^2-(|a|^2-2|a||b|+|b|^2) \\ &= a^2+2ab+b^2-a^2+2|ab|-b^2 \\ &= 2(ab+|ab|) \\ &\geq 0 \ (\because \ ab \geq -|ab|) \end{aligned}$$

따라서 $|a+b|^2 \geq ||a|-|b||^2$이므로 $|a+b| \geq ||a|-|b||$이고 등호는 $|ab|=-ab$, 즉 $ab \leq 0$일 때 성립한다.

(확인) $a>0$, $b>0$, $c>0$일 때, $a^3+b^3+c^3 \geq 3abc$임을 증명하시오.

풀이 $$\begin{aligned} a^3+b^3+c^3-3abc &= (a+b+c)(a^2+b^2+c^2-ab-bc-ca) \\ &= \frac{1}{2}(a+b+c)\{(a-b)^2+(b-c)^2+(c-a)^2\} \\ &\geq 0 \ (단, \ 등호는 \ a=b=c일 \ 때 \ 성립) \end{aligned}$$

한걸음 더 ✚

2. 이차부등식이 항상 성립할 조건을 이용한 증명

이차방정식 $ax^2+bx+c=0$의 판별식을 D라 할 때, 다음이 성립한다. **Ⓑ**

---

(1) 모든 실수 x에 대하여 $ax^2+bx+c>0 \iff a>0$, $D<0$

(2) 모든 실수 x에 대하여 $ax^2+bx+c \geq 0 \iff a>0$, $D \leq 0$

(3) 모든 실수 x에 대하여 $ax^2+bx+c<0 \iff a<0$, $D<0$

(4) 모든 실수 x에 대하여 $ax^2+bx+c \leq 0 \iff a<0$, $D \leq 0$

어떤 한 문자에 대한 이차부등식이 절대부등식일 때, 위의 내용을 이용하여 증명할 수 있다.

예 두 실수 x, y에 대하여 이차부등식

$$x^2+2y^2-2xy-2x+2 \geq 0 \qquad \cdots\cdots\text{㉠}$$

이 절대부등식임을 증명해 보자.

x에 대한 이차방정식 $x^2+2y^2-2xy-2x+2=0$, 즉

$x^2-2(y+1)x+2y^2+2=0$의 판별식을 D라 하면

$$\begin{aligned} \frac{D}{4} &= \{-(y+1)\}^2-(2y^2+2) = -y^2+2y-1 \\ &= -(y-1)^2 \qquad \cdots\cdots\text{㉡} \end{aligned}$$

이때, y가 실수이므로 $(y-1)^2 \geq 0$ $\therefore D \leq 0$

즉, 모든 실수 x, y에 대하여 이차부등식 ㉠이 성립한다.

또한, ㉡의 등호가 성립하는 y의 값, 즉 $y=1$을 ㉠에 대입하면

$x^2-4x+4=(x-2)^2 \geq 0$이므로 등호는 $x=2$, $y=1$일 때 성립한다.

Ⓑ 각 경우에 대하여 이차함수 $y=ax^2+bx+c$의 그래프의 개형은 다음과 같다.

모든 실수 x에 대하여 $ax^2+bx+c>0$	모든 실수 x에 대하여 $ax^2+bx+c \geq 0$
(1)	(2)
모든 실수 x에 대하여 $ax^2+bx+c<0$	모든 실수 x에 대하여 $ax^2+bx+c \leq 0$
(3)	(4)

a, b가 실수일 때, 다음 부등식을 증명하시오.

(1) $3a^2+4b^2\geq 4ab$

(2) $|2a-3b|\geq 2|a|-3|b|$

guide 부등식 $A\geq B$를 증명할 때에는

(1) 다항식 $\Rightarrow$ $A-B$를 완전제곱식으로 변형하여 (실수)$^2\geq 0$임을 이용한다.

(2) 근호 또는 절댓값 기호를 포함한 식 $\Rightarrow$ A^2-B^2에서 $|a|\geq a$ 또는 $a\geq -|a|$임을 이용한다.

특히, 등호가 있을 때에는 등호가 성립하는 경우를 분명히 밝혀야 한다.

solution (1) $(3a^2+4b^2)-4ab=2a^2+(a^2-4ab+4b^2)=2a^2+(a-2b)^2$

a, b가 실수이므로 $2a^2\geq 0$, $(a-2b)^2\geq 0$

따라서 $3a^2+4b^2-4ab\geq 0$이므로 $3a^2+4b^2\geq 4ab$

단, 등호는 $a=0$이고 $a-2b=0$, 즉 $a=b=0$일 때 성립한다.

(2) (i) $2|a|<3|b|$일 때, $|2a-3b|>0$, $2|a|-3|b|<0$이므로

$\qquad |2a-3b|>2|a|-3|b|$

(ii) $2|a|\geq 3|b|$일 때, $|2a-3b|\geq 0$, $2|a|-3|b|\geq 0$이므로

$\qquad |2a-3b|^2-(2|a|-3|b|)^2=(2a-3b)^2-(4|a|^2-12|a||b|+9|b|^2)$ ⎞ $|a|^2=a^2$, $|a||b|=|ab|$

$\qquad\qquad\qquad\qquad\qquad\qquad =4a^2-12ab+9b^2-4a^2+12|ab|-9b^2$ ⎠

$\qquad\qquad\qquad\qquad\qquad\qquad =12(|ab|-ab)\geq 0$ $(\because |ab|\geq ab)$ ← $|a|\geq a$

따라서 $|2a-3b|^2\geq (2|a|-3|b|)^2$이므로

$\qquad |2a-3b|\geq 2|a|-3|b|$

(i), (ii)에서 $|2a-3b|\geq 2|a|-3|b|$ (단, 등호는 $2|a|\geq 3|b|$이고 $ab\geq 0$일 때 성립)

정답 및 해설 pp.041~042

 유형 연습

01-1 a, b, c가 실수일 때, 다음 부등식을 증명하시오.

(1) $a^2+b^2+c^2\geq -ab-bc-ca$

(2) $|a|+|b|+|c|\geq |a+b+c|$

01-2 a, b가 실수일 때, 부등식 $a^2+b^2+1\geq ab+a+b$가 성립함을 증명하고 등호가 성립할 조건을 구하시오.

개념 03 산술평균, 기하평균, 조화평균

두 양의 실수 a, b에 대하여

$\dfrac{a+b}{2}$를 **산술평균**, $\sqrt{ab}$를 **기하평균**, $\dfrac{2ab}{a+b}$를 **조화평균**

이라 한다. 이 세 가지 평균값에 대하여 다음이 항상 성립한다.

$a>0$, $b>0$일 때,
$$\dfrac{a+b}{2}\geq\sqrt{ab}\geq\dfrac{2ab}{a+b}\ \text{(단, 등호는 }a=b\text{일 때 성립)}$$

1. 산술평균, 기하평균, 조화평균의 관계의 확인

(1) **(실수)$^2\geq0$을 이용한 확인**

두 양수 a, b에 대하여

(i) $\dfrac{a+b}{2}-\sqrt{ab}=\dfrac{a+b-2\sqrt{ab}}{2}=\dfrac{(\sqrt{a}-\sqrt{b})^2}{2}\geq0$

　즉, $\dfrac{a+b}{2}\geq\sqrt{ab}$이고 등호는 $\sqrt{a}=\sqrt{b}$, 즉 $a=b$일 때 성립한다.

(ii) $\sqrt{ab}-\dfrac{2ab}{a+b}=\dfrac{(a+b)\sqrt{ab}-2ab}{a+b}=\dfrac{\sqrt{ab}}{a+b}(a+b-2\sqrt{ab})$

　　　$=\dfrac{\sqrt{ab}}{a+b}(\sqrt{a}-\sqrt{b})^2\geq0$

　즉, $\sqrt{ab}\geq\dfrac{2ab}{a+b}$이고 등호는 $\sqrt{a}=\sqrt{b}$, 즉 $a=b$일 때 성립한다.

(i), (ii)에서 $\dfrac{a+b}{2}\geq\sqrt{ab}\geq\dfrac{2ab}{a+b}$ (단, 등호는 $a=b$일 때 성립)

(2) **도형을 이용한 확인**

오른쪽 그림과 같이 중심이 O이고 $\overline{AB}$를
지름으로 하는 반원 위의 점 D에서 선분
AB 위에 내린 수선의 발을 C라 하면

$\overline{DO}=\dfrac{1}{2}\overline{AB}=\dfrac{a+b}{2}$

$\overline{DC}^2=\overline{DO}^2-\overline{CO}^2=\left(\dfrac{a+b}{2}\right)^2-\left(a-\dfrac{a+b}{2}\right)^2=ab$

$\therefore\ \overline{DC}=\sqrt{ab}$

$\overline{DC}:\overline{DO}=\overline{DE}:\overline{DC}$에서 $\overline{DE}\times\overline{DO}=\overline{DC}^2$
　　　　　　　$\underset{\because\ \triangle DCO\backsim\triangle DEC}{}$

$\therefore\ \overline{DE}=\dfrac{\overline{DC}^2}{\overline{DO}}=\dfrac{ab}{\dfrac{a+b}{2}}=\dfrac{2ab}{a+b}$

이때, $\overline{DO}\geq\overline{DC}\geq\overline{DE}$이므로 $\dfrac{a+b}{2}\geq\sqrt{ab}\geq\dfrac{2ab}{a+b}$ **B**

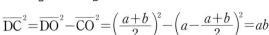

A 산술평균, 기하평균, 조화평균의 의미

(1) 산술평균 : 모든 값을 더한 총합을 그 개수로 나누는 것이다.

a, b $\xrightarrow{\ \text{총합}\ }$ $a+b$

$\xrightarrow{\ \text{개수로 나누기}\ }$ $\dfrac{a+b}{2}$

(2) 기하평균 : 넓이, 부피, 비율 등 곱으로 이루어지는 값들의 평균을 구하는 데 이용한다.

직사각형과 같은 넓이를 갖는 정사각형의 한 변의 길이가 바로 직사각형의 가로, 세로의 길이의 기하평균이다.

a, b $\xrightarrow{\ \text{곱}\ }$ ab

$\xrightarrow{\ \text{양의 제곱근}\ }$ $\sqrt{ab}$

예 물가상승률

(3) 조화평균 : 어떤 일이나 능률의 측면에서의 평균을 구하는 데 이용한다.

a, b $\xrightarrow{\ \text{역수}\ }$ $\dfrac{1}{a}$, $\dfrac{1}{b}$

$\xrightarrow{\ \text{산술평균}\ }$ $\dfrac{\dfrac{1}{a}+\dfrac{1}{b}}{2}=\dfrac{a+b}{2ab}$

$\xrightarrow{\ \text{역수}\ }$ $\dfrac{2ab}{a+b}$

예 속력의 평균

B $a=b$일 때,
$$\dfrac{a+a}{2}=a,\ \sqrt{a^2}=a,\ \dfrac{2a^2}{a+a}=a$$
이므로 등호가 성립한다.

[확인1] $a>0$, $b>0$일 때, 다음 물음에 답하시오. **ⓒ**

(1) $ab=4$일 때, $a+b$의 최솟값을 구하시오.

(2) $a+b=2$일 때, ab의 최댓값을 구하시오.

풀이 $a>0$, $b>0$이므로 산술평균과 기하평균의 관계에 의하여 $a+b \geq 2\sqrt{ab}$

(1) $ab=4$이므로 $a+b \geq 2\sqrt{4}=4$

따라서 $a=b$일 때, $a+b$의 최솟값은 4이다.

(2) $a+b=2$이므로 $2 \geq 2\sqrt{ab}$ $\therefore ab \leq 1$

따라서 $a=b$일 때, ab의 최댓값은 1이다. **ⓓ**

한걸음 더⁺

2. 산술평균과 기하평균의 관계를 이용한 최대·최소 구하기 오류

산술평균과 기하평균의 관계를 이용하여 최대·최소를 구할 때, 등호가 성립할 조건에서 최댓값 또는 최솟값을 갖는 것을 확인할 수 있다.

예를 들어, 양수 a, b에 대하여 $ab=5$일 때, $a+b \geq 2\sqrt{ab}=2\sqrt{5}$이므로 $a+b$의 최솟값은 $a=b=\sqrt{5}$일 때 $2\sqrt{5}$이다.

그런데 등호가 성립할 조건에 주의하지 않으면 잘못된 답을 구할 수 있다.

예를 들어, $a>0$, $b>0$일 때, $\left(a+\dfrac{1}{b}\right)\left(b+\dfrac{4}{a}\right)$의 최솟값을 구하는 바른 풀이와 잘못된 풀이를 비교해 보자.

바른 풀이	잘못된 풀이
$\left(a+\dfrac{1}{b}\right)\left(b+\dfrac{4}{a}\right)=ab+4+1+\dfrac{4}{ab}$ $\geq 5+2\sqrt{ab \times \dfrac{4}{ab}}$ $=5+4=9$ 따라서 $ab=\dfrac{4}{ab}$, 즉 $ab=2$일 때, 최솟값 9를 갖는다.	$a+\dfrac{1}{b} \geq 2\sqrt{a \times \dfrac{1}{b}}=2\sqrt{\dfrac{a}{b}}$ ······㉠ $b+\dfrac{4}{a} \geq 2\sqrt{b \times \dfrac{4}{a}}=2\sqrt{\dfrac{4b}{a}}$ ······㉡ $\therefore \left(a+\dfrac{1}{b}\right)\left(b+\dfrac{4}{a}\right) \geq 2\sqrt{\dfrac{a}{b}} \times 2\sqrt{\dfrac{4b}{a}}$ $=4\sqrt{4}=8$ (오답)

㉠의 등호는 $ab=1$일 때, ㉡의 등호는 $ab=4$일 때 성립하므로 이를 모두 만족시키는 경우는 존재하지 않는다.

따라서 주어진 식을 전개하여 산술평균과 기하평균의 관계를 이용해야 한다.

[확인2] 양의 실수 a, b에 대하여 $(a+b)\left(\dfrac{1}{a}+\dfrac{1}{b}\right)$의 최솟값을 구하시오.

풀이 $(a+b)\left(\dfrac{1}{a}+\dfrac{1}{b}\right)=1+\dfrac{a}{b}+\dfrac{b}{a}+1=2+\dfrac{a}{b}+\dfrac{b}{a}$ ······㉠

$\dfrac{a}{b}>0$, $\dfrac{b}{a}>0$이므로 산술평균과 기하평균의 관계에 의하여

$\dfrac{a}{b}+\dfrac{b}{a} \geq 2\sqrt{\dfrac{a}{b} \times \dfrac{b}{a}}=2 \times 1=2$ (단, 등호는 $a=b$일 때 성립)

따라서 ㉠에서 $(a+b)\left(\dfrac{1}{a}+\dfrac{1}{b}\right) \geq 2+2=4$이므로 구하는 최솟값은 4이다.

ⓒ 산술평균과 기하평균의 관계를 이용한 최대·최소 구하기

양수 a, b에 대하여

$$\dfrac{a+b}{2} \geq \sqrt{ab}$$

(단, 등호는 $a=b$일 때 성립)

이므로

(1) ab의 값이 일정하면 $a+b$의 최솟값

(2) $a+b$의 값이 일정하면 ab의 최댓값

을 구할 수 있다.

ⓓ 다른풀이

이차함수의 최대·최소를 이용하여 ab의 최댓값을 구할 수 있다.

$a+b=2$에서 $b=2-a$이므로

$0<a<2$

$ab=a(2-a)=-a^2+2a$

$=-(a-1)^2+1$

따라서 ab의 최댓값은 1이고 이것은 산술평균과 기하평균의 관계를 이용하여 푼 것과 결과가 같다.

개념 04 코시-슈바르츠의 부등식

네 실수 a, b, x, y에 대하여 다음이 항상 성립한다.

$$(a^2+b^2)(x^2+y^2) \geq (ax+by)^2 \quad \left(\text{단, 등호는 } \frac{x}{a}=\frac{y}{b}\text{일 때 성립}\right)$$

이 부등식을 **코시-슈바르츠의 부등식**이라 한다.

코시-슈바르츠의 부등식의 확인 Ⓐ Ⓑ

(1) $(실수)^2 \geq 0$을 이용한 확인

$$(a^2+b^2)(x^2+y^2) - (ax+by)^2$$
$$= a^2x^2 + a^2y^2 + b^2x^2 + b^2y^2 - a^2x^2 - 2abxy - b^2y^2$$
$$= a^2y^2 - 2aybx + b^2x^2 = (ay-bx)^2 \geq 0$$
$$\therefore (a^2+b^2)(x^2+y^2) \geq (ax+by)^2 \ Ⓒ$$

이때, 등호는 $ay-bx=0$, 즉 $\dfrac{x}{a}=\dfrac{y}{b}$일 때 성립한다.

(2) **도형을 이용한 확인** ← $a>0$, $b>0$, $x>0$, $y>0$일 때

오른쪽 그림과 같은 삼각형 ABC에 대하여

$$\overline{\mathrm{AB}}=\sqrt{a^2+b^2}, \ \overline{\mathrm{BC}}=\sqrt{x^2+y^2},$$
$$\overline{\mathrm{AC}}=\sqrt{(a+x)^2+(b+y)^2}$$

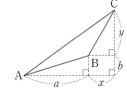

이고, $\overline{\mathrm{AB}}+\overline{\mathrm{BC}} \geq \overline{\mathrm{AC}}$ Ⓓ이다. 즉,

$\sqrt{a^2+b^2}+\sqrt{x^2+y^2} \geq \sqrt{(a+x)^2+(b+y)^2}$에서 양변을 제곱하여 정리하면

$\sqrt{(a^2+b^2)(x^2+y^2)} \geq (ax+by)$이고 다시 양변을 제곱하면

$$(a^2+b^2)(x^2+y^2) \geq (ax+by)^2$$

[확인] a, b, x, y가 실수일 때, 다음을 구하시오. Ⓔ

(1) $a^2+b^2=1$, $x^2+y^2=9$일 때, $ax+by$의 최댓값과 최솟값

(2) $3x+4y=10$일 때, x^2+y^2의 최솟값

풀이 a, b, x, y가 실수이고 코시-슈바르츠의 부등식에 의하여

     $(a^2+b^2)(x^2+y^2) \geq (ax+by)^2$

   (1) $a^2+b^2=1$, $x^2+y^2=9$이므로

     $1 \times 9 \geq (ax+by)^2$

     $\therefore -3 \leq ax+by \leq 3$

     따라서 $ax+by$의 최댓값은 3, 최솟값은 -3이다.

   (2) $3x+4y=10$에서 $a=3$, $b=4$라 하면

     $(3^2+4^2)(x^2+y^2) \geq (3x+4y)^2$

     즉, $25(x^2+y^2) \geq 10^2$이므로

     $x^2+y^2 \geq \dfrac{100}{25}=4$

     따라서 x^2+y^2의 최솟값은 4이다.

Ⓐ 프랑스의 수학자 코시(Cauchy, A. L.; 1789~1857)가 처음 증명하고, 후에 독일의 수학자 슈바르츠(Schwarz, H. A.; 1843~1921)가 일반화하여 그 이름이 코시-슈바르츠의 부등식이 되었다.

Ⓑ 코시-슈바르츠의 부등식은 양수, 음수에 관계없이 임의의 실수에 대하여 성립한다.

Ⓒ 같은 방법으로 실수 a, b, c, x, y, z에 대하여

$$(a^2+b^2+c^2)(x^2+y^2+z^2)$$
$$\geq (ax+by+cz)^2$$
$$\left(\text{단, 등호는 } \frac{x}{a}=\frac{y}{b}=\frac{z}{c}\text{일 때 성립}\right)$$

가 성립한다.

Ⓓ 등호는 점 B가 $\overline{\mathrm{AC}}$ 위의 점일 때 성립한다. 기하학적으로 코시-슈바르츠의 부등식은 '삼각형에서 두 변의 길이의 합은 나머지 한 변의 길이보다 크다.' 를 의미한다.

Ⓔ 코시-슈바르츠의 부등식을 이용한 최대·최소 구하기

(1) 제곱의 합이 일정할 때, 일차식의 최대·최소를 구하는 경우

(2) 일차식의 합이 일정할 때, 제곱의 합의 최솟값을 구하는 경우

다음 물음에 답하시오.

(1) $a>0$, $b>0$일 때, $(3a+b)\left(\dfrac{3}{a}+\dfrac{4}{b}\right)$의 최솟값을 구하시오.

(2) $x>1$일 때, $x+6+\dfrac{1}{x-1}$의 최솟값을 구하시오.

guide　**1** 양수 조건이 있을 때 : 산술평균과 기하평균의 관계를 이용한다.

　　　2 식이 복잡할 때 : 식을 전개하여 간단히 한 후, 산술평균과 기하평균의 관계를 이용한다. 이때, 등호가 성립할 조건에 주의한다.

solution　(1) $(3a+b)\left(\dfrac{3}{a}+\dfrac{4}{b}\right)=9+\dfrac{12a}{b}+\dfrac{3b}{a}+4=13+\dfrac{12a}{b}+\dfrac{3b}{a}$　　……㉠

$\dfrac{a}{b}>0$, $\dfrac{b}{a}>0$이므로 산술평균과 기하평균의 관계에 의하여

$\dfrac{12a}{b}+\dfrac{3b}{a}\geq2\sqrt{\dfrac{12a}{b}\times\dfrac{3b}{a}}$ $\left(\text{단, 등호는 }\dfrac{12a}{b}=\dfrac{3b}{a}\text{, 즉 }2a=b\text{일 때 성립}\right)$

$\qquad\qquad\quad=2\sqrt{36}=12$

㉠에서 $(3a+b)\left(\dfrac{3}{a}+\dfrac{4}{b}\right)\geq13+12=25$이므로 구하는 최솟값은 **25**이다.

(2) $x+6+\dfrac{1}{x-1}=x-1+\dfrac{1}{x-1}+7$

$x>1$에서 $x-1>0$이므로 산술평균과 기하평균의 관계에 의하여

(주어진 식)$\geq2\sqrt{(x-1)\times\dfrac{1}{x-1}}+7$ $\left(\text{단, 등호는 }x-1=\dfrac{1}{x-1}\text{, 즉 }x=2\text{일 때 성립}\right)$

$\qquad\qquad\quad=2+7=9$

따라서 구하는 최솟값은 **9**이다.

정답 및 해설 p.042

 유형
연습

02-1 다음 물음에 답하시오.

(1) 0이 아닌 실수 a에 대하여 $\left(4a+\dfrac{1}{a}\right)\left(9a+\dfrac{16}{a}\right)$의 최솟값을 구하시오.

(2) $x>3$일 때, $x^2+\dfrac{49}{x^2-9}$의 최솟값을 구하시오.

02-2 $a>1$, $b>1$일 때, $(a+b-2)\left(\dfrac{1}{a-1}+\dfrac{1}{b-1}\right)$의 최솟값을 구하시오.

발전

02-3 $x>3$일 때, $\dfrac{x-3}{x^2-3x+1}$의 최댓값과 그때의 x의 값을 구하시오.

두 양수 x, y에 대하여 $x+2y=6$일 때, $\dfrac{2}{x}+\dfrac{1}{y}$의 최솟값을 구하시오.

guide   산술평균과 기하평균의 관계를 이용하여 두 양수의 '곱이 일정할 때 합의 최솟값' 또는 '합이 일정할 때 곱의 최댓값'을 구할 수 있다. 따라서 합이나 곱의 값이 주어지지 않은 경우, 합 또는 곱의 값이 일정하도록 식을 알맞게 변형하여 산술평균과 기하평균의 관계를 이용한다. 이때, 등호가 성립할 조건에 주의한다.

solution $x>0$, $y>0$이므로 산술평균과 기하평균의 관계에 의하여

$x+2y \geq 2\sqrt{2xy}$ (단, 등호는 $x=2y$일 때 성립)

이때, $x+2y=6$이므로 $6 \geq 2\sqrt{2xy}$, $\sqrt{2xy} \leq 3$

$2xy \leq 9$, $xy \leq \dfrac{9}{2}$ $\therefore \dfrac{1}{xy} \geq \dfrac{2}{9}$

$\therefore \dfrac{2}{x}+\dfrac{1}{y} = \dfrac{x+2y}{xy} = \dfrac{6}{xy}$

$\qquad\qquad \geq 6 \times \dfrac{2}{9} = \dfrac{4}{3}$ $\left(\text{단, 등호는 } x=3,\ y=\dfrac{3}{2}\text{일 때 성립}\right)$

따라서 구하는 최솟값은 $\dfrac{4}{3}$이다.

다른풀이

$(x+2y)\left(\dfrac{2}{x}+\dfrac{1}{y}\right) = 4 + \dfrac{4y}{x} + \dfrac{x}{y}$ ······㉠

$x>0$, $y>0$이므로 산술평균과 기하평균의 관계에 의하여

$\dfrac{4y}{x} + \dfrac{x}{y} \geq 2\sqrt{\dfrac{4y}{x} + \dfrac{x}{y}} = 4$ (단, 등호는 $x=2y$일 때 성립)

이때, $x+2y=6$이므로 ㉠에서

$6\left(\dfrac{2}{x}+\dfrac{1}{y}\right) \geq 4+4=8$ $\therefore \dfrac{2}{x}+\dfrac{1}{y} \geq \dfrac{4}{3}$ $\left(\text{단, 등호는 } x=3,\ y=\dfrac{3}{2}\text{일 때 성립}\right)$

정답 및 해설 pp.042~043

유형
연습

03-1   두 양수 a, b에 대하여 $\dfrac{3}{a}+\dfrac{2}{b}=12$일 때, $2a+3b$의 최솟값을 구하시오.

03-2   두 양수 a, b에 대하여 $a+3b=4$일 때, $\sqrt{a}+\sqrt{3b}$의 최댓값을 구하시오.

오른쪽 그림과 같이 수직으로 만나는 두 벽면에 길이가 $6\,m$인 울타리를 이용하여 직각 삼각형 모양의 밭을 만들려고 한다. 이 밭의 넓이의 최댓값이 $k\,m^2$일 때, k의 값을 구하 시오. (단, 울타리의 두께는 무시한다.)

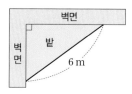

guide   산술평균과 기하평균의 관계를 도형에서 활용할 때에는 다음 순서대로 한다.

(i) 변하는 값을 각각 x, $y\,(x>0,\ y>0)$라 하고, 조건을 이용하여 x, y 사이의 관계식을 만든다.

(ii) 합 또는 곱이 일정하면 산술평균과 기하평균의 관계를 이용하여 최댓값 또는 최솟값을 구한다. 이때, 등호가 성립할 조건에 주의한다.

solution   밭에서 직각을 낀 두 변의 길이를 각각 $x\,m$, $y\,m$라 하면 $x^2+y^2=36$

$x^2>0$, $y^2>0$이므로 산술평균과 기하평균의 관계에 의하여

$x^2+y^2\geq 2\sqrt{x^2\times y^2}$ (단, 등호는 $x=y$일 때 성립)

$\qquad\qquad =2xy\ (\because\ x>0,\ y>0)$

그런데 $x^2+y^2=36$이므로 $36\geq 2xy$ $\qquad \therefore\ xy\leq 18$

(밭의 넓이)$=\dfrac{1}{2}xy\leq\dfrac{1}{2}\times 18=9$

따라서 밭의 넓이의 최댓값은 $9\,m^2$이므로 $k=\mathbf{9}$

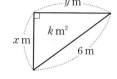

유형 연습

정답 및 해설 pp.043~044

04-1   오른쪽 그림과 같이 반지름의 길이가 $3\sqrt{2}$인 반원 O에 내접하는 직사각형 ABCD가 있다. 직사각형 ABCD의 넓이의 최댓값을 구하시오.

04-2   오른쪽 그림과 같이 점 $P(3,\ 1)$을 지나는 직선이 x축, y축의 양 의 부분과 만나는 점을 각각 A, B라 할 때, 삼각형 OAB의 넓이 의 최솟값을 구하시오. (단, O는 원점이다.)

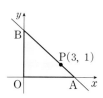

a, b, c가 실수일 때, 다음 물음에 답하시오.

(1) $a+2b=5$일 때, a^2+b^2의 최솟값을 구하시오.

(2) $a^2+b^2+c^2=2$일 때, $3a+4b+5c$의 최댓값과 최솟값을 각각 구하시오.

guide

(1) 실수 a, b, x, y에 대하여

$$(a^2+b^2)(x^2+y^2) \geq (ax+by)^2 \left(\text{단, 등호는 } \frac{x}{a}=\frac{y}{b}\text{일 때 성립}\right)$$

(2) 실수 a, b, c, x, y, z에 대하여

$$(a^2+b^2+c^2)(x^2+y^2+z^2) \geq (ax+by+cz)^2 \left(\text{단, 등호는 } \frac{x}{a}=\frac{y}{b}=\frac{z}{c}\text{일 때 성립}\right)$$

solution

(1) a, b가 실수이므로 코시-슈바르츠의 부등식에 의하여

$$(1^2+2^2)(a^2+b^2) \geq (a+2b)^2 \left(\text{단, 등호는 } a=\frac{b}{2}, \text{ 즉 } b=2a\text{일 때 성립}\right)$$

그런데 $a+2b=5$이므로 $5(a^2+b^2) \geq 25$

$\therefore a^2+b^2 \geq 5$

따라서 a^2+b^2의 최솟값은 **5**이다.

(2) a, b, c가 실수이므로 코시-슈바르츠의 부등식에 의하여

$$(3^2+4^2+5^2)(a^2+b^2+c^2) \geq (3a+4b+5c)^2 \left(\text{단, 등호는 } \frac{a}{3}=\frac{b}{4}=\frac{c}{5}\text{일 때 성립}\right)$$

$\therefore 50(a^2+b^2+c^2) \geq (3a+4b+5c)^2$

그런데 $a^2+b^2+c^2=2$이므로 $(3a+4b+5c)^2 \leq 50 \times 2 = 100$

$\therefore -10 \leq 3a+4b+5c \leq 10$

따라서 $3a+4b+5c$의 **최댓값**은 **10**, **최솟값**은 **-10**이다.

정답 및 해설 p.044

05-1 다음 물음에 답하시오.

(1) 두 실수 a, b에 대하여 $\frac{a}{2}+b=9$일 때, $2a^2+b^2$의 최솟값을 구하시오.

(2) 세 양수 a, b, c에 대하여 $a+b+c=6$일 때, $\sqrt{a}+\sqrt{b}+2\sqrt{c}$의 최댓값을 구하시오.

발전
05-2 세 실수 a, b, c에 대하여 $a+b+c=6$, $a^2+b^2+c^2=18$일 때, c의 최댓값과 최솟값의 합을 구하시오.

오른쪽 그림과 같은 직육면체에서 대각선의 길이가 $2\sqrt{3}$일 때, 모든 모서리의 길이의 합의 최댓값을 구하시오.

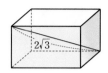

---

guide   코시-슈바르츠의 부등식을 도형에서 활용할 때에는 다음 순서대로 한다.

         (i) 변하는 값을 각각 x, y라 하고, 조건을 이용하여 x, y 사이의 관계식을 만든다.

         (ii) 관계식이 제곱의 합 꼴로 표현될 경우, 코시-슈바르츠의 부등식을 이용하여 최댓값 또는 최솟값을 구한다.

             이때, 등호가 성립할 조건에 주의한다.

solution   직육면체의 가로의 길이, 세로의 길이, 높이를 각각 a, b, c라 하면 직육면체의 대각선의 길이는

         $\sqrt{a^2+b^2+c^2}=2\sqrt{3}$ $\therefore$ $a^2+b^2+c^2=12$

         한편, a, b, c는 실수이므로 코시-슈바르츠의 부등식에 의하여

         $(1^2+1^2+1^2)(a^2+b^2+c^2)\geq(a+b+c)^2$ (단, 등호는 $a=b=c$일 때 성립)

         $3\times12\geq(a+b+c)^2$, $(a+b+c)^2\leq36$

         이때, $a>0$, $b>0$, $c>0$이므로

         $0<a+b+c\leq6$

         직육면체의 모든 모서리의 길이의 합은 $4(a+b+c)$이므로

         $0<4(a+b+c)\leq24$ (단, 등호는 $a=b=c=2$일 때 성립)

         따라서 구하는 최댓값은 **24**이다.

정답 및 해설 pp.044~045

 유형 연습

06-1   오른쪽 그림과 같이 둘레의 길이가 9인 삼각형 ABC의 각 변을 한 변으로 하는 정사각형의 넓이를 각각 S_1, S_2, S_3이라 할 때, $S_1+S_2+S_3$의 최솟값을 구하시오.

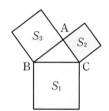

06-2   오른쪽 그림과 같이 한 변의 길이가 $4\sqrt{3}$인 정삼각형 ABC의 내부에 점 P가 있다. 세 삼각형 PAB, PBC, PCA의 넓이를 각각 S_1, S_2, S_3이라 할 때, $S_1^2+S_2^2+S_3^2$의 최솟값을 구하시오.

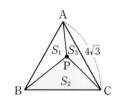

01 다음은 a, b, c가 실수일 때, 부등식

$$\sqrt{a^2+b^2+c^2} \geq \frac{|a+b+c|}{\sqrt{3}}$$

가 성립함을 증명하는 과정이다.

$a^2+b^2+c^2 - \dfrac{(a+b+c)^2}{3}$

$= \dfrac{3(a^2+b^2+c^2)-(a^2+b^2+c^2+2ab+2bc+2ca)}{3}$

$= \dfrac{2(a^2+b^2+c^2-ab-bc-ca)}{3}$

$= \dfrac{\boxed{\text{(가)}}}{3} \geq 0$

이때, $\sqrt{a^2+b^2+c^2} \ \boxed{\text{(나)}} \ 0$,

$\dfrac{|a+b+c|}{\sqrt{3}} \ \boxed{\text{(나)}} \ 0$이므로

$\sqrt{a^2+b^2+c^2} \geq \dfrac{|a+b+c|}{\sqrt{3}}$가 성립한다.

단, 등호는 $\boxed{\text{(다)}}$ 일 때 성립한다.

위의 과정에서 (가), (나), (다)에 알맞은 것은?

	(가)	(나)	(다)
①	$2(a-b-c)^2$	$\geq$	$a=b+c$
②	$2(a-b-c)^2$	$\leq$	$a=b+c$
③	$(a-b)^2+(b-c)^2+(c-a)^2$	$\geq$	$a+b+c=0$
④	$(a-b)^2+(b-c)^2+(c-a)^2$	$\geq$	$a=b=c$
⑤	$(a-b)^2+(b-c)^2+(c-a)^2$	$\leq$	$a=b=c$

서술형

02 $a+b > \dfrac{1}{2}$을 만족시키는 두 실수 a, b에 대하여

$$A=a+b, \quad B=\sqrt{2a+2b-1}$$

일 때, A, B의 대소 관계를 구하고, 그 과정을 서술하시오.

03 x, y, z가 실수일 때, 다음 중 항상 성립하는 것이 <u>아닌</u> 것은?

① $x^2+x+1>0$

② $x^2+y^2 \geq 2xy$

③ $\dfrac{x+y}{2} \geq \sqrt{xy}$

④ $x^2+4y^2+9z^2 \geq 4xy-12yz+6zx$

⑤ $x^2+2y^2+4z^2 \geq \sqrt{2}xy+2\sqrt{2}yz+2zx$

04 두 실수 a, b에 대하여 〈보기〉에서 옳은 것만을 있는 대로 고른 것은?

• 보기 •
ㄱ. $a \geq b \geq 0$이면 $\sqrt{a-b} \geq \sqrt{a} - \sqrt{b}$
ㄴ. $|a+b| \geq |a| - |b|$
ㄷ. $|a-b| \geq |a| - |b|$

---

① ㄱ   ② ㄱ, ㄴ   ③ ㄱ, ㄷ

④ ㄴ, ㄷ   ⑤ ㄱ, ㄴ, ㄷ

05 임의의 실수 x, y에 대하여 $a>0$, $b>0$, $a+b=1$ 일 때, 부등식

$$ax^2+by^2 \geq (ax+by)^2$$

이 성립함을 증명하고, 등호가 성립할 조건을 구하시오.

06 세 양의 실수 a, b, c에 대하여

$$\frac{a+b+c}{a} + \frac{a+b+c}{b} + \frac{a+b+c}{c}$$

의 최솟값을 구하시오.

서술형

07 $x > -2$, $y > -4$일 때,

$$(x+y+6)\left(\frac{2}{x+2} + \frac{4}{y+4}\right)$$

의 최솟값은?

① $8+4\sqrt{2}$ ② $6+4\sqrt{2}$ ③ 10

④ $8-4\sqrt{2}$ ⑤ $6-4\sqrt{2}$

08 $a+b=1$을 만족시키는 두 양수 a, b에 대하여 $\dfrac{4}{a} + \dfrac{1}{4b}$의 최솟값을 구하시오.

09 $x > 1$, $y > 1$, $x+y=3$을 만족시키는 두 실수 x, y에 대하여 $\dfrac{1}{x-1} + \dfrac{x}{y-1}$의 최솟값을 구하시오.

10 $a > 0$, $b > 0$이고 $x = a + \dfrac{1}{b}$, $y = b + \dfrac{1}{a}$이라 할 때, $x^2 + y^2$의 최솟값을 구하시오.

11 오른쪽 그림과 같이 $\overline{AB} = 6$, $\overline{BC} = 8$인 직각삼각형 ABC에 점 B를 한 꼭짓점으로 하는 직사각형이 내접하고 있다. 이 직사각형의 가로, 세로의 길이를 각각 a, b라 할 때, $\dfrac{8}{a} + \dfrac{6}{b}$의 최솟값을 구하시오.

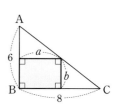

12 오른쪽 그림과 같이 직각삼각형 ABC에 내접하는 직사각형 DEFG가 있다. 직사각형 DEFG의 넓이가 최대일 때, 직사각형의 둘레의 길이를 l이라 하자. 이때, $5l$의 값을 구하시오.

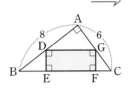

1등급

13 0이 아닌 두 실수 a, b에 대하여 $\dfrac{(3a-4b)^2}{a^2+b^2}$의 최댓값을 구하시오.

14 세 실수 x, y, z에 대하여 $x^2+2y^2+3z^2=24$일 때, $x+2y+3z$의 최댓값을 구하시오.

15 두 실수 a, b에 대하여 $a^2+b^2=4$일 때, $\sqrt{\dfrac{25}{4a^2}+\dfrac{36}{b^2}}$의 최솟값을 구하시오.

16 세 양의 실수 x, y, z에 대하여 $x+y+z=9$일 때, $\dfrac{1}{x}+\dfrac{9}{y}+\dfrac{25}{z}$의 최솟값을 구하시오.

17 오른쪽 그림과 같은 사각형 ABCD에서 $\overline{AB}=4$, $\overline{AD}=2$, $\angle A=\angle C=90°$이다. 사각형 ABCD의 둘레의 길이의 최댓값은?

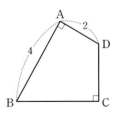

① $5+\sqrt{10}$ ② $6+\sqrt{10}$
③ $4+2\sqrt{10}$ ④ $5+2\sqrt{10}$
⑤ $6+2\sqrt{10}$

18 임의의 두 실수 x, y에 대하여 이차부등식

$$x^2+y^2-xy+ay+2>0$$

이 항상 성립할 때, 실수 a의 값의 범위를 구하시오.

19 $x>2$일 때, $\dfrac{x^3-7x^2+9x+3}{x-2}$의 최솟값을 구하시오.

신유형

20 서로 다른 두 실수 x, y에 대하여 $xy=1$일 때, $\dfrac{(x+y)^4}{(x-y)^2}$의 최솟값을 구하시오.

21 어느 강의 두 지점 A, B를 운행하는 배의 한 시간당 연료비는 정지한 물에서 배의 속력의 제곱에 정비례한다고 한다. 강물은 지점 B에서 지점 A로 13 km/시의 속력으로 흐르고, 배의 속력은 일정하다고 할 때, 이 배가 지점 A를 출발하여 지점 B까지 운행하는 데 필요한 총 연료비를 최소화하려면 정지한 물에서 배의 속력을 몇 km/시로 해야 하는지 구하시오.

22 다음 그림과 같이 $\overline{AB}=3$, $\overline{BC}=4$, $\overline{CA}=5$인 직각삼각형 ABC의 내부의 한 점 P에서 세 변에 내린 수선의 발을 각각 D, E, F라 하자.

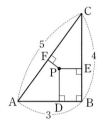

$\dfrac{3}{\overline{PD}}+\dfrac{4}{\overline{PE}}+\dfrac{5}{\overline{PF}}$의 최솟값을 구하시오.

23 다음 그림과 같이 $\overline{AB}=2$, $\overline{AC}=3$, $\angle A=30°$인 삼각형 ABC의 변 BC 위의 점 P에서 두 직선 AB, AC 위에 내린 수선의 발을 각각 M, N이라 하자.

$\dfrac{\overline{AB}}{\overline{PM}}+\dfrac{\overline{AC}}{\overline{PN}}$의 최솟값이 $\dfrac{q}{p}$일 때, $p+q$의 값을 구하시오.

(단, p와 q는 서로소인 자연수이다.) [교육청]

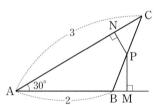

II

함수와
그래프

개념 01 대응과 함수

1. 대응

공집합이 아닌 두 집합 X, Y에 대하여 X의 원소에 Y의 원소를 짝짓는 것을 집합 X에서 집합 Y로의 **대응**이라 한다. 이때, 집합 X의 원소 x에 집합 Y의 원소 y가 대응하는 것을 기호로 $x \longrightarrow y$와 같이 나타낸다.

2. 함수

두 집합 X, Y에 대하여 집합 X의 각 원소에 집합 Y의 원소가 오직 하나씩 대응할 때, 이 대응을 X에서 Y로의 **함수**라 한다. 이 함수를 f라 할 때, 기호로 $f : X \longrightarrow Y$와 같이 나타낸다.

함수에 대한 이해 Ⓐ

중학교에서는 두 변수 x, y에 대하여 x의 값이 변함에 따라 y의 값이 오직 하나씩 정해지는 대응 관계가 성립할 때, y를 x의 함수라 한다.

고등학교에서는 개념을 확장하여 집합 X의 각 원소에 집합 Y의 각 원소가 오직 하나씩 대응하는 것을 집합 X에서 집합 Y로의 함수라 한다. Ⓑ
_{= 집합 X의 모든 원소가 빠짐없이}

대응 중에는 함수가 아닌 것도 있다.

다음의 집합 X에서 집합 Y로의 대응 중 함수인 것을 찾아보자.

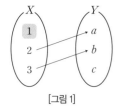
[그림 1]

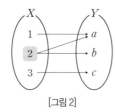
[그림 2]

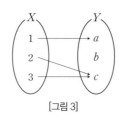
[그림 3]

[그림 1]은 X의 원소 1에 대응하는 Y의 원소가 없으므로 함수가 아니다.

[그림 2]는 X의 원소 2에 대응하는 Y의 원소가 2개이므로 함수가 아니다.

[그림 3]은 X의 각 원소에 Y의 원소가 오직 하나씩 대응하므로 함수이다.

> Ⓐ 함수(function)는 일반적으로 알파벳 소문자 f, g, h, …로 나타낸다.
>
> Ⓑ 함수가 아닌 경우
> (1) 집합 X의 원소 중에서 대응하지 않는 원소가 존재하는 경우
> (2) X의 한 원소에 집합 Y의 원소가 두 개 이상 대응하는 경우

[확인] 두 집합 $X = \{-1, 0, 1\}$, $Y = \{0, 1, 2, 3\}$에 대하여 X에서 Y로의 두 대응 $f : x \longrightarrow x^2$, $g : x \longrightarrow x^3$ 중 함수인 것을 고르시오.

풀이 두 대응 f, g를 그림으로 나타내면 다음과 같다.

이때, g는 X의 원소 -1에 대응하는 Y의 원소가 없으므로 함수가 아니다. 따라서 함수인 것은 f이다.

1. 정의역과 공역

함수 $f : X \longrightarrow Y$에서 집합 X를 함수 f의 **정의역**, 집합 Y를 함수 f의 **공역**이라 한다.

참고 함수 $y=f(x)$의 정의역이나 공역이 주어져 있지 않을 때, 정의역은 함수가 정의될 수 있는 실수 x의 값 전체의 집합, 공역은 실수 전체의 집합으로 생각한다.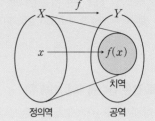

2. 함숫값과 치역

(1) 함수 $f : X \longrightarrow Y$에서 정의역 X의 원소 x에 공역 Y의 원소 y가 대응할 때, 이것을 기호로

$$y=f(x) \text{ 또는 } f : x \longrightarrow y$$

와 같이 나타내고, $f(x)$를 함수 f에 의한 x의 **함숫값**이라 한다.

(2) 함수 f의 함숫값 전체의 집합 $\{f(x) | x \in X\}$를 함수 f의 **치역**이라 하고, 이것을 $f(X)$와 같이 나타낸다. 즉,

$$f(X)=\{f(x) | x \in X\}$$

참고 함숫값 $f(x)$는 공역의 원소이므로 치역은 공역의 부분집합이다. 즉, $f(X) \subset Y$

정의역과 공역, 치역에 대한 이해

두 집합 $X=\{1,\ 2,\ 3\}$, $Y=\{y | y$는 10 이하의 홀수$\}$에 대하여 함수 $f : X \longrightarrow Y$를 $f(x)=2x+1$ 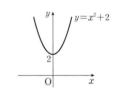이라 할 때, 함수 f의

정의역 : $X=\{1,\ 2,\ 3\}$, 공역 : $Y=\{1,\ 3,\ 5,\ 7,\ 9\}$

이다. 또한, 정의역 $X=\{1,\ 2,\ 3\}$의 각 원소에 대한 함숫값은

$$f(1)=3,\ f(2)=5,\ f(3)=7$$

이므로 이 대응 관계를 그림으로 나타내면 오른쪽 그림과 같다.

따라서 함수 f의 치역은

$$f(X)=\{3,\ 5,\ 7\} \text{ 🄒}$$

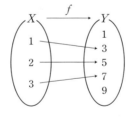

A

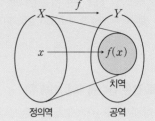

함수 $y=x^2+2$의 정의역과 공역이 주어지지 않더라도 이 함수의 그래프는 위의 그림과 같으므로

(1) 정의역 : $\{x | x$는 모든 실수$\}$
(2) 공역 : $\{y | y$는 모든 실수$\}$
(3) 치역 : $\{y | y \geq 2$인 실수$\}$

B 다음은 모두 같은 의미이다.
$f(x)=2x+1$
$\Longleftrightarrow y=2x+1$
$\Longleftrightarrow f : x \longrightarrow 2x+1$
$\Longleftrightarrow x \xrightarrow{f} 2x+1$

C $Y=\{1,\ 3,\ 5,\ 7,\ 9\}$이고, 치역은 $\{3,\ 5,\ 7\}$이므로
(치역) $\subset$ (공역)
임을 확인할 수 있다.

D 유한집합 X에 대하여 함수 f의 치역을 Z라 하면
$$n(Z) \leq n(X)$$

확인 두 집합 $X=\{0,\ 1,\ 2\}$, $Y=\{-3,\ -1,\ 0,\ 1,\ 3\}$에 대하여 함수 $f : X \longrightarrow Y$가 다음과 같을 때, 함수 f의 치역을 구하시오.

(1) $f(x)=-x+1$

(2) $f(x)=x^2-x+1$

(3) $f(x)=|x-1|-1$

풀이 (1) $f(0)=1$, $f(1)=0$, $f(2)=-1$이므로 치역은 $\{-1,\ 0,\ 1\}$이다.
(2) $f(0)=1$, $f(1)=1$, $f(2)=3$이므로 치역은 $\{1,\ 3\}$이다.
(3) $f(0)=0$, $f(1)=-1$, $f(2)=0$이므로 치역은 $\{-1,\ 0\}$이다.

개념 03 · 서로 같은 함수

두 함수 $f : X \longrightarrow Y$, $g : X \longrightarrow Y$에서 정의역의 모든 원소 x에 대하여 $f(x) = g(x)$일 때, **두 함수 f와 g는 서로 같다**고 하며, 이것을 기호로 $f = g$와 같이 나타낸다.

참고 두 함수가 서로 같지 않을 때 기호로 $f \neq g$와 같이 나타낸다.

서로 같은 함수에 대한 이해 Ⓐ

두 함수 f와 g가 서로 같다는 것은 함수식이 같은 것이 아니라 정의역의 각 원소에 대한 함숫값이 같다는 의미이다.

예를 들어, 두 함수 $f(x) = x$, $g(x) = x^3$에 대하여

(1) 정의역이 $X = \{-1, 0\}$일 때, $f(-1) = g(-1) = -1$, $f(0) = g(0) = 0$

따라서 두 함수 f와 g는 서로 같다. 즉, $f = g$이다. ← 함수식이 달라도 정의역의 각 원소에 대하여 함숫값이 동일하므로 $f = g$

(2) 정의역이 $X = \{1, 2\}$일 때, $f(1) = g(1) = 1$, $f(2) \neq g(2)$

따라서 두 함수 f와 g는 서로 같지 않다. 즉, $f \neq g$이다.

확인 다음 두 함수 f, g가 서로 같은 함수인지 말하시오.

(1) 정의역이 $\{-2, 0, 2\}$인 두 함수 $f(x) = x$, $g(x) = \sqrt{x^2}$

(2) $f(x) = x$, $g(x) = \dfrac{x^2}{x}$

풀이 (1) f와 g의 정의역이 같지만 $f(-2) \neq g(-2)$이므로 $f \neq g$

(2) f의 정의역은 실수 전체의 집합이고, g의 정의역은 $x \neq 0$인 실수 전체의 집합이므로 두 함수의 정의역이 서로 다르다. ∴ $f \neq g$

Ⓐ 두 함수 f와 g가 서로 같을 조건
 (ⅰ) 정의역과 공역이 각각 같다.
 (ⅱ) 정의역의 모든 원소 x에 대하여 $f(x) = g(x)$

개념 04 · 함수의 그래프

1. 함수의 그래프

함수 $f : X \longrightarrow Y$에서 정의역 X의 원소 x와 이에 대응하는 함숫값 $f(x)$의 순서쌍 $(x, f(x))$ 전체의 집합 $\{(x, f(x)) | x \in X\}$를 **함수 f의 그래프**라 한다.

2. 함수의 그래프의 특징

함수의 그래프는 정의역의 각 원소 a에 대하여 y축에 평행한 **직선 $x = a$와 오직 한 점**에서 만난다.

참고 그래프가 직선 $x = a$와 만나지 않거나 두 개 이상의 점에서 만나면 함수의 그래프가 아니다.

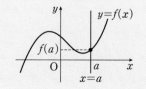

1. 함수의 그래프에 대한 이해 Ⓐ

함수 $y=f(x)$의 정의역과 공역이 모두 실수 전체의 부분집합이라 하자.

함수 $y=f(x)$의 그래프는 좌표평면 위에 순서쌍 $(x, f(x))$를 좌표로 하는 점 또는 직선 또는 곡선으로 그릴 수 있다.

정의역이 $X=\{-1, 0, 1\}$인 함수 $f(x)=x^2$의 그래프는 [그림 1]과 같고, 정의역이 실수 전체의 집합인 함수 $f(x)=x^2$의 그래프는 [그림 2]와 같다.

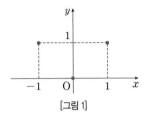
[그림 1]

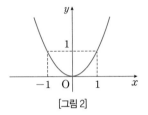
[그림 2]

Ⓐ [그림 2]와 같이 함수 $y=f(x)$의 정의역과 공역이 모두 실수 전체의 집합이면 함수 f의 그래프는 좌표평면 위에 직선 또는 곡선으로 나타낼 수 있다.

확인 함수 $f(x)=2-2x$에 대하여 다음 물음에 답하시오.

(1) 정의역이 $\{-2, 0, 2\}$일 때, 함수 f의 그래프를 그리시오.

(2) 정의역이 실수 전체의 집합일 때, 함수 f의 그래프를 그리시오.

풀이 (1) 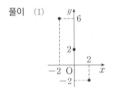 (2)

2. 함수의 그래프의 특징

어떤 대응이 함수이려면 **정의역 X의 각 원소에 공역 Y의 원소가 오직 하나씩 대응**해야 한다. 따라서 함수의 그래프는 집합 X의 원소 a에 대하여 직선 $x=a$ (a는 상수)와 오직 한 점에서만 만나야 한다.

다음 그림 중에서 함수의 그래프를 찾아보자. Ⓑ

(1) 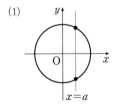 (2) 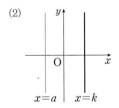 (3)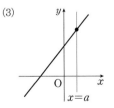

Ⓑ 함수의 그래프의 판별

정의역의 범위에서 y축에 평행한 직선을 그었을 때, 주어진 그래프와의 교점의 개수를 확인한다.

(1) 교점이 1개
  ⇨ 함수의 그래프

(2) 교점이 없거나 2개 이상
  ⇨ 함수의 그래프가 아니다

(1) 그래프와 직선 $x=a$의 교점이 2개 또는 1개 또는 없을 수도 있으므로 함수의 그래프가 아니다.

(2) $a=k$일 때, 그래프와 직선 $x=a$의 교점이 무수히 많고, $a \neq k$일 때 그래프와 직선 $x=a$의 교점이 없으므로 함수의 그래프가 아니다.

(3) 그래프와 직선 $x=a$의 교점이 오직 1개이므로 함수의 그래프이다.

〈보기〉에서 두 집합 $X=\{-2,\ -1,\ 0\}$, $Y=\{0,\ 1,\ 2,\ 3\}$에 대하여 X에서 Y로의 함수인 것만을 있는 대로 고르시오.

━━● 보기 ●━━━━━━━━━━━━━━━━━━━━━━━━━━━━━━━━━━

ㄱ. $f(x)=|x+1|$ ㄴ. $g(x)=(x+2)^2$ ㄷ. $h(x)=\begin{cases} 1\ (x\leq -1) \\ 3\ (x>-1) \end{cases}$

guide 집합 X에서 Y로의 대응이 함수이려면 X의 각 원소에 Y의 원소가 오직 하나씩만 대응해야 한다.
이때, 집합 X에서 Y로의 대응을 그림으로 나타내면 각 대응이 함수인지 쉽게 파악할 수 있다.

solution 각 대응을 그림으로 나타내면 다음과 같다.

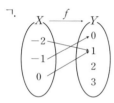 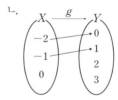 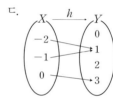

이때, ㄴ은 X의 원소 0에 대응하는 Y의 원소가 없으므로 함수가 아니다.
따라서 함수인 것은 ㄱ, ㄷ이다.

정답 및 해설 pp.054~055

**유형
연습**

01-1 〈보기〉에서 집합 $X=\{-1,\ 0,\ 1,\ 2\}$에 대하여 X에서 X로의 함수인 것만을 있는 대로 고르시오. (단, $[x]$는 x보다 크지 않은 최대의 정수이다.)

━━● 보기 ●━━━━━━━━━━━━━━━━━━━━━━━━━━━━━━━━━━

ㄱ. $f(x)=|1-x|$ ㄴ. $g(x)=\left[-\dfrac{x}{3}\right]$ ㄷ. $h(x)=\begin{cases} 2x+1\ \ (x<1) \\ -x+4\ (x\geq 1) \end{cases}$

01-2 두 집합 $X=\{0,\ 2,\ 4\}$, $Y=\{1,\ 5\}$에 대하여 $f(x)=x^2-ax+5$가 X에서 Y로의 함수가 되도록 하는 상수 a의 값을 구하시오.

01-3 〈보기〉에서 실수 전체의 집합에서 정의된 함수의 그래프인 것만을 있는 대로 고르시오.

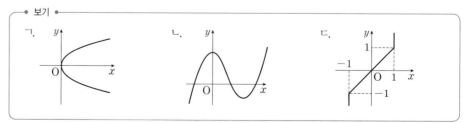

정의역이 $\{x\,|\,{-2}\leq x\leq3\}$인 함수 $f(x)=ax^2+b$의 치역이 $\{y\,|\,{-1}\leq y\leq5\}$일 때, 두 상수 a, b에 대하여 가능한 $a+b$의 값을 모두 구하시오. (단, $a\neq0$)

guide   **1** 함수 $f:X\longrightarrow Y$에 대하여 $\{f(x)\,|\,x\in X\}\subset Y$이다.
        2 정의역의 모든 원소를 함수 $y=f(x)$에 각각 대입하여 치역을 구한 후 이것이 공역에 포함되는지 확인한다.

solution   치역이 $\{y\,|\,{-1}\leq y\leq5\}$이므로 $-2\leq x\leq3$에서 함수 $y=f(x)$의 최솟값은 -1, 최댓값은 5이다.

     (i) $a>0$일 때,

        함수 $f(x)=ax^2+b$의 그래프는 아래로 볼록한 그래프이므로 $-2\leq x\leq3$에서
        함수 f의 그래프는 오른쪽 그림과 같다. 즉,

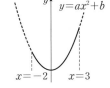

        $f(0)=-1$, $f(3)=5$이므로

        $b=-1$, $9a+b=5$ $\therefore\ a=\dfrac{2}{3}$, $b=-1$

        $\therefore\ a+b=\dfrac{2}{3}-1=-\dfrac{1}{3}$

     (ii) $a<0$일 때,

        함수 $f(x)=ax^2+b$의 그래프는 위로 볼록한 그래프이므로 $-2\leq x\leq3$에서 함
        수 f의 그래프는 오른쪽 그림과 같다. 즉,

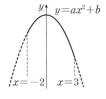

        $f(0)=5$, $f(3)=-1$이므로

        $b=5$, $9a+b=-1$ $\therefore\ a=-\dfrac{2}{3}$, $b=5$

        $\therefore\ a+b=-\dfrac{2}{3}+5=\dfrac{13}{3}$

     (i), (ii)에서 가능한 $a+b$의 값은 $-\dfrac{\mathbf{1}}{\mathbf{3}}$, $\dfrac{\mathbf{13}}{\mathbf{3}}$이다.

정답 및 해설 pp.055~056

02-1   정의역이 $\{x\,|\,{-2}\leq x\leq2\}$인 이차함수 $f(x)=ax^2-2ax+b$의 치역이 $\{y\,|\,{-3}\leq y\leq6\}$이
          되도록 하는 두 상수 a, b에 대하여 가능한 모든 $a+b$의 값의 합을 구하시오.

02-2   집합 $X=\{1,\,3\}$에서 정의된 두 함수 $f(x)=x^2+2ax+b$, $g(x)=bx+3a$의 치역이 서로
          같을 때, 두 자연수 a, b에 대하여 ab의 값을 구하시오.

발전
02-3   정의역이 $\{x\,|\,0\leq x\leq4\}$인 함수 $f(x)=ax^2+bx+2$의 치역이 $\{y\,|\,{-4}\leq y\leq4\}$가 되도록
          하는 두 상수 a, b에 대하여 $a+b$의 값을 구하시오. (단, $a<0$)

임의의 두 실수 x, y에 대하여 함수 f가

$$f(x+y)=f(x)+f(y)$$

를 만족시킬 때, 〈보기〉에서 옳은 것만을 있는 대로 고르시오.

• 보기 •

ㄱ. $f(0)=0$

ㄴ. $f(-x)+f(x)=0$

ㄷ. $f(ax+by)=af(x)+bf(y)$ (단, a, b는 자연수)

---

guide   함수로 이루어진 방정식은 함수에 적당한 수 또는 식을 대입하여 함수의 성질을 파악해야 한다.

solution   ㄱ. $x=0$, $y=0$을 대입하면

       $f(0)=f(0)+f(0)$이므로 $f(0)=0$ (참)

    ㄴ. $y=-x$를 대입하면 $f(0)=f(x)+f(-x)$

       ㄱ에서 $f(0)=0$이므로 $f(-x)+f(x)=0$ (참)

    ㄷ. $f(2x)=f(x+x)=f(x)+f(x)=2f(x)$

       $f(3x)=f(2x+x)=f(2x)+f(x)=3f(x)$

       $f(4x)=f(3x+x)=f(3x)+f(x)=4f(x)$

           $\vdots$

      $\therefore f(nx)=nf(x)$ (단, n은 자연수)

      $\therefore f(ax+by)=f(ax)+f(by)$

               $=af(x)+bf(y)$ (단, a, b는 자연수) (참)

따라서 옳은 것은 ㄱ, ㄴ, ㄷ이다.

정답 및 해설 p.056

03-1   임의의 두 실수 x, y에 대하여 함수 f가

       $$f(xy)=f(x)f(y)$$

를 만족시킬 때, 〈보기〉에서 옳은 것만을 있는 대로 고르시오. (단, $f(1)\neq0$)

• 보기 •

ㄱ. $f(1)=1$

ㄴ. $f\left(\dfrac{1}{x}\right)=\dfrac{1}{f(x)}$

ㄷ. $f(x^n)=nf(x)$ (단, n은 자연수)

집합 $X=\{-1,\ 0\}$을 정의역으로 하는 두 함수
$$f(x)=ax+b,\ g(x)=(x+2)^2$$
에 대하여 $f=g$일 때, 두 상수 a, b에 대하여 $a+b$의 값을 구하시오.

guide   두 함수 f와 g가 서로 같은 함수이려면 정의역의 모든 원소 x에 대하여 $f(x)=g(x)$를 만족시켜야 한다.

solution   두 함수 f, g에 대하여 $f=g$이므로 $f(-1)=g(-1)$, $f(0)=g(0)$이 성립한다.
(i) $f(-1)=g(-1)$에서 $-a+b=1$
(ii) $f(0)=g(0)$에서 $b=4$
(i), (ii)에서 $a=3$, $b=4$
$\therefore\ a+b=\mathbf{7}$

정답 및 해설 pp.056~057

04-1   집합 $X=\{x\,|\,x^2-2x-3=0\}$을 정의역으로 하는 두 함수
$$f(x)=x^2+ax+b,\ g(x)=2x+1$$
이 서로 같은 함수일 때, 두 상수 a, b에 대하여 $a+b$의 값을 구하시오.

04-2   집합 $X=\{-2,\ a\}$를 정의역으로 하는 두 함수
$$f(x)=x^3-5x,\ g(x)=-x^2+3x+b$$
에 대하여 $f=g$일 때, 두 상수 a, b에 대하여 ab의 값을 구하시오. (단, $a\neq-2$)

04-3   공집합이 아닌 집합 X를 정의역으로 하는 두 함수
$$f(x)=2x^2+3x+1,\ g(x)=x+5$$
에 대하여 $f=g$가 되도록 하는 집합 X의 개수를 구하시오.

개념 05 일대일함수와 일대일대응

1. 일대일함수

함수 $f : X \longrightarrow Y$에서 정의역 X의 임의의 원소 x_1, x_2에 대하여

$x_1 \neq x_2$이면 $f(x_1) \neq f(x_2)$

가 성립할 때, 이 함수 f를 **일대일함수**라 한다. **Ⓐ**

> 참고 함수 f가 일대일함수임을 보이기 위해서는 '$x_1 \neq x_2$이면 $f(x_1) \neq f(x_2)$'가 참임을 보이거나
> 그 대우 '$f(x_1) = f(x_2)$이면 $x_1 = x_2$'가 참임을 보인다.

2. 일대일대응

함수 $f : X \longrightarrow Y$가 **일대일함수이고 치역과 공역이 같을 때**, 즉
(i) 정의역 X의 원소 x_1, x_2에 대하여

$x_1 \neq x_2$이면 $f(x_1) \neq f(x_2)$

(ii) $f(X) = Y$

가 성립할 때, 함수 f를 **일대일대응**이라 한다.

> 참고 일대일대응이면 일대일함수이지만 일대일함수가 모두 일대일대응인 것은 아니다.

---

1. 일대일함수와 일대일대응의 차이

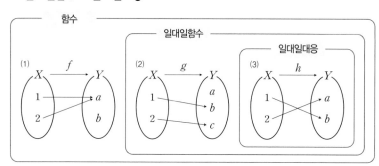

(1) 함수 f는 일대일함수도 일대일대응도 아니다. ← $n(X) \neq n(f(X))$

(2) 함수 g는 일대일함수이다. ← $n(X) = n(g(X))$, $n(g(X)) \neq n(Y)$

　　그러나 치역과 공역이 서로 다르므로 함수 g는 일대일대응은 아니다.

(3) 함수 h는 일대일함수이다. ← $n(X) = n(h(X)) = n(Y)$

　　또한, 치역과 공역이 같으므로 함수 h는 일대일대응이다.

2. 일대일함수 그래프의 특징 **Ⓑ Ⓒ**

일대일함수의 그래프는 치역의 임의의 원소 k에
대하여 x축에 평행한 직선 $y = k$와 오직 한 점에
서 만난다.

특히, (공역) = (치역)일 때 일대일대응이다.

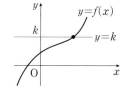

Ⓐ 유한집합 X, Y에 대하여 함수
　$f : X \longrightarrow Y$가
　(1) 일대일함수 $\Rightarrow n(X) = n(f(X))$
　(2) 일대일대응 $\Rightarrow n(X) = n(f(X))$
　　　　　　　　　　　$= n(Y)$

Ⓑ 교점이 2개 이상이면 $x_1 \neq x_2$이지만
　$f(x_1) = f(x_2)$인 경우가 있다. 예를 들어,
　함수 $f(x) = x^2$은 일대일함수가 아니다.

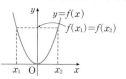

Ⓒ 일대일대응의 그래프의 판별
　일대일대응의 그래프인지 판별하려면
　(i) 일대일함수
　(ii) (공역) = (치역)
　두 가지를 확인해야 한다.

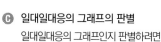

[확인] 다음 함수 중에서 일대일함수이지만 일대일대응이 아닌 것을 고르시오. (단, 정의역과 공역은 모두 실수 전체의 집합이다.)

(1) 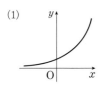   (2) 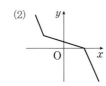   (3)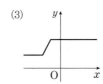

풀이   (1) : 일대일함수이지만 일대일대응은 아니다.
        (2) : 일대일대응, (3) : 일대일함수가 아니다.

ⓓ 일대일함수는 일대일대응이기 위한 필요조건이지만 충분조건은 아니다.

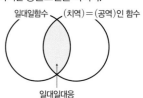

개념 06   항등함수와 상수함수

1. 항등함수

함수 $f : X \longrightarrow X$에서 정의역 X의 각 원소 x에 그 자신인 x가 대응할 때, 즉
$$f(x) = x$$
일 때, 이 함수 f를 집합 X에서의 **항등함수**라 한다.

2. 상수함수

함수 $f : X \longrightarrow Y$에서 정의역 X의 모든 원소 x에 공역 Y의 단 하나의 원소가 대응할 때, 즉
$$f(x) = c \ (c는 상수)$$
일 때, 이 함수 f를 **상수함수**라 한다.

항등함수와 상수함수의 그래프에 대한 이해

정의역과 공역이 실수 전체의 집합일 때,

(1) 항등함수의 그래프는 [그림 1]과 같이 직선 $y = x$이다. 이때, 정의역, 공역, 치역이 모두 같다.

(2) 상수함수의 그래프는 [그림 2]와 같이 x축에 평행한 직선이다. ⓑ

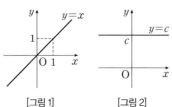

[그림 1]   [그림 2]

ⓐ 항등함수(identity)를 기호 I로 나타낸다. 항등함수는 일대일대응이다.

ⓑ 상수함수의 치역의 원소는 한 개뿐이다.

[확인] 다음 함수 중에서 집합 $X = \{-1, \ 1\}$에 대하여 X에서 X로의 항등함수와 상수함수를 각각 구분하시오.

(1) $f(x) = |x|$ (2) $g(x) = 1 - x^2$ (3) $h(x) = \begin{cases} \dfrac{2}{3}x - \dfrac{1}{3} & \left(x < \dfrac{1}{2}\right) \\ 2x - 1 & \left(x \geq \dfrac{1}{2}\right) \end{cases}$

풀이   (1) $f(-1) = f(1) = 1$이므로 상수함수이다.
       (2) $g(-1) = g(1) = 0$이므로 상수함수이다.
       (3) $h(-1) = -1$, $h(1) = 1$이므로 항등함수이다.

개념 07 절댓값 기호를 포함한 식의 그래프

절댓값 기호를 포함한 식의 그래프는 일반적으로 다음 순서대로 그린다.
(ⅰ) 절댓값 기호 안의 식의 값이 0이 되도록 하는 x 또는 y의 값을 기준으로 범위를 나눈다.
(ⅱ) 각 범위에서 절댓값 기호를 없앤 식을 구한다.
(ⅲ) (ⅱ)에서 구한 각 범위에서 그래프를 그린다.

1. 절댓값 기호를 포함한 식의 그래프의 이해 Ⓐ

절댓값 기호를 포함한 식의 그래프는 **절댓값 기호 안의 식의 값이 0이 되도록 하는 x 또는 y의 값을 기준으로 범위를 나눈** 후, 각 범위에 해당하는 그래프를 그리는 것이 가장 정확하다.

Ⓐ $|A| = \begin{cases} A & (A \geq 0) \\ -A & (A < 0) \end{cases}$ 를 이용한다.

(1) $y = |x-2|$에서 $x=2$일 때, 절댓값 기호 안의 식의 값이 0이므로

$$y = \begin{cases} x-2 & (x \geq 2) \\ -x+2 & (x < 2) \end{cases}$$

따라서 $y=|x-2|$의 그래프는 오른쪽 그림과 같다.

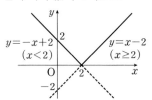

(2) $|y| = x-2$에서

$$y = \begin{cases} x-2 & (y \geq 0) \\ -x+2 & (y < 0) \end{cases}$$

따라서 $|y| = x-2$의 그래프는 오른쪽 그림과 같다.

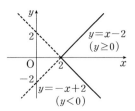

2. 절댓값 기호를 포함한 식의 그래프는 대칭이동을 이용하여 그릴 수 있다.

(1) $y = |f(x)|$의 그래프 Ⓑ

$$y = \begin{cases} f(x) & (f(x) \geq 0) \\ -f(x) & (f(x) < 0) \end{cases}$$

(ⅰ) $y=f(x)$의 그래프를 그린다.
(ⅱ) $y \geq 0$인 부분은 그대로 둔다.
(ⅲ) $y < 0$인 부분은 x축에 대하여 대칭이동한다.

Ⓑ $|f(x)| \geq 0$이므로 $y=|f(x)|$의 그래프는 $y \geq 0$인 부분에 그려진다.

(2) $y = f(|x|)$의 그래프 Ⓒ

$$y = \begin{cases} f(x) & (x \geq 0) \\ f(-x) & (x < 0) \end{cases}$$

(ⅰ) $y=f(x)$의 그래프를 그린다.
(ⅱ) $x \geq 0$인 부분만 남긴다.
(ⅲ) (ⅱ)를 y축에 대하여 대칭이동한다.

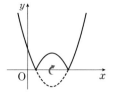

Ⓒ $f(|x|) = f(|-x|)$이므로 $y=f(|x|)$의 그래프는 y축에 대하여 대칭이다.

(3) $|y| = f(x)$의 그래프 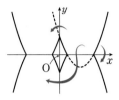 ⑩

$$y = \begin{cases} f(x) & (y \geq 0) \\ -f(x) & (y < 0) \end{cases}$$

(ⅰ) $y = f(x)$의 그래프를 그린다.

(ⅱ) $y \geq 0$인 부분만 남긴다.

(ⅲ) (ⅱ)를 x축에 대하여 대칭이동한다.

(4) $|y| = f(|x|)$의 그래프 ⓔ

$$y = \begin{cases} f(x) & (x \geq 0,\ y \geq 0) \\ -f(x) & (x \geq 0,\ y < 0) \\ f(-x) & (x < 0,\ y \geq 0) \\ -f(-x) & (x < 0,\ y < 0) \end{cases}$$

(ⅰ) $y = f(x)$의 그래프를 그린다.

(ⅱ) $x \geq 0$, $y \geq 0$인 부분만 남긴다.

(ⅲ) (ⅱ)를 x축, y축, 원점에 대하여 각각 대칭이동한다.

ⓓ $|y| = |-y|$이므로 $|y| = f(x)$의 그래프는 x축에 대하여 대칭이다.

ⓔ $|y| = f(|x|) \Longleftrightarrow |\pm y| = f(|\pm x|)$
이므로 $|y| = f(|x|)$의 그래프는 x축, y축, 원점에 대하여 각각 대칭이다.

한걸음 더 ✚

3. 절댓값 기호를 2개 이상 포함한 일차식의 그래프의 개형

$$y = |x-a| + |x-b| \text{ ⓕ} \quad \text{또는} \quad y = |x-a| + |x-b| + |x-c| \text{ ⓖ}$$
$$(\text{단},\ a < b < c)$$

와 같이 절댓값 기호를 2개 이상 포함한 함수의 그래프는 절댓값 기호 안의 식의 값이 0이 되도록 하는 x의 값 a, b 또는 a, b, c를 기준으로 구간을 나누어 각 구간에 해당하는 함수의 그래프를 그린다.

이때, 절댓값 기호의 개수에 따른 그래프의 개형은 다음과 같다.

(1) 1개일 때,

$y = |x-a|$

(2) 2개일 때,

$y = |x-a| + |x-b|$

(3) 3개일 때,

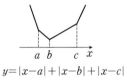
$y = |x-a| + |x-b| + |x-c|$

ⓕ
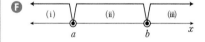

ⓖ
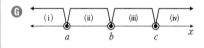

ⓗ 절댓값 기호의 개수에 따른 최솟값

$y = |x-a_1| + |x-a_2| + \cdots + |x-a_n|$
의 그래프의 개형은 다음의 규칙을 따른다.
(단, $a_1 < a_2 < \cdots < a_n$, $n \geq 3$)

(1) n이 홀수일 때,
y는 $x = a_{\frac{n+1}{2}}$에서 최솟값을 갖는다.

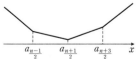

(2) n이 짝수일 때,
y는 $a_{\frac{n}{2}} \leq x < a_{\frac{n}{2}+1}$에서 최솟값을 갖는다.

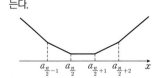

확인 함수 $y = |x-1| + |2x+1|$의 그래프를 그리고 최솟값을 구하시오.

풀이 $y = |x-1| + |2x+1|$

$$= \begin{cases} -3x & \left(x < -\dfrac{1}{2}\right) \\ x+2 & \left(-\dfrac{1}{2} \leq x < 1\right) \\ 3x & (x \geq 1) \end{cases}$$

따라서 그래프는 오른쪽 그림과 같고
$x = -\dfrac{1}{2}$에서 최솟값 $\dfrac{3}{2}$을 갖는다.

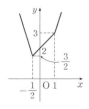

가우스 기호를 포함한 함수의 그래프

1. 가우스 기호

실수 x에 대하여 x보다 크지 않은 최대의 정수를 기호로 $[x]$와 같이 나타낸다.

예 $[2]=2$, $[0.3]=0$, $[-0.7]=-1$

2. 가우스 기호를 포함한 함수의 그래프 그리기

가우스 기호를 포함한 함수의 그래프는 일반적으로 다음 순서대로 그린다.

(ⅰ) 가우스 기호 안의 식의 값이 정수가 되도록 하는 x의 값을 구한다.

(ⅱ) (ⅰ)에서 구한 x의 값을 경계로 구간을 나누어 함수식을 각각 구한다.

(ⅲ) (ⅱ)에서 구한 각 범위에서 함수의 그래프를 그린다.

가우스 기호를 포함한 함수의 이해 Ⓐ

두 집합 X, Y가 실수 전체의 집합일 때,

$$f(x)=[x]$$

라 하면 집합 X의 각 원소에 집합 Y의 원소가 오직 하나씩 대응하므로 f는 X에서 Y로의 **함수**이다.

이때, 함숫값은 모두 정수이므로 치역은 정수 전체의 집합이다.

함수 $y=[x]$의 그래프를 그려 보자. $[x]$의 정의에 의하여

$$n\leq x<n+1 \iff [x]=n \ (n은\ 정수)$$

이므로

$\vdots$

$-1\leq x<0$일 때, $y=[x]=-1$

$\ \ 0\leq x<1$일 때, $y=[x]=0$

$\ \ 1\leq x<2$일 때, $y=[x]=1$

$\vdots$

따라서 함수 $y=[x]$의 그래프는 오른쪽 그림과 같다.

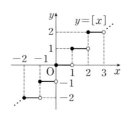

Ⓐ $y=[x]$일 때, 가우스 기호 안의 식의 값이 정수가 되는 x의 값을 기준으로 범위를 나누므로

$\cdots$, $-2\leq x<-1$, $-1\leq x<0$,

$0\leq x<1$, $1\leq x<2$, $\cdots$

와 같이 나눈다.

$y=[2x]$일 때, 정수가 되는 $2x$의 값을 기준으로 범위를 나누므로

$\cdots$, $-1\leq x<-\dfrac{1}{2}$, $-\dfrac{1}{2}\leq x<0$,

$0\leq x<\dfrac{1}{2}$, $\dfrac{1}{2}\leq x<1$, $\cdots$

과 같이 나눈다.

(확인) 함수 $y=x-[x]$의 그래프를 그리시오.

> 풀이 가우스 기호 안의 식의 값이 정수가 되는 x의 값을 경계로 구간을 나누면
>
> $\vdots$
>
> $-1\leq x<0$일 때, $[x]=-1$이므로 $y=x-[x]=x+1$
>
> $\ \ 0\leq x<1$일 때, $[x]=0$이므로 $y=x-[x]=x$
>
> $\ \ 1\leq x<2$일 때, $[x]=1$이므로 $y=x-[x]=x-1$
>
> $\vdots$
>
> 따라서 함수 $y=x-[x]$의 그래프는 오른쪽 그림과 같다.

두 집합 $X=\{x|-3\leq x\leq 1\}$, $Y=\{y|1\leq y\leq 5\}$에 대하여 X에서 Y로의 함수 $f(x)=ax+b$가 일대일대응일 때, 상수 a, b에 대하여 가능한 모든 ab의 값의 곱을 구하시오. (단, $a\neq 0$)

guide   함수 f가 일대일대응일 때, 다음이 성립한다.
(1) x의 값이 증가할 때, $f(x)$의 값은 증가하거나 감소한다.
(2) 치역과 공역이 일치한다.

solution   함수 $f(x)=ax+b$ $(a\neq 0)$가 일대일대응이므로 f의 치역은 $Y=\{y|1\leq y\leq 5\}$와 일치한다.
  (i) $a>0$일 때,
    일차함수 $f(x)=ax+b$ $(a\neq 0)$는 x의 값이 증가할 때 y의 값도 증가하므로
    $f(-3)=1$, $f(1)=5$
    즉, $-3a+b=1$, $a+b=5$이므로 $a=1$, $b=4$ ∴ $ab=4$

  (ii) $a<0$일 때,
    일차함수 $f(x)=ax+b$ $(a\neq 0)$는 x의 값이 증가할 때 y의 값은 감소하므로
    $f(-3)=5$, $f(1)=1$
    즉, $-3a+b=5$, $a+b=1$이므로 $a=-1$, $b=2$ ∴ $ab=-2$

  (i), (ii)에서 모든 ab의 값의 곱은 $4\times(-2)=\mathbf{-8}$

정답 및 해설 pp.057~058

유형
연습

05-1   두 집합 $X=\{x|x\geq 3\}$, $Y=\{y|y\geq 2\}$에 대하여 X에서 Y로의 함수 $f(x)=x^2-4x+k$ 가 일대일대응일 때, 상수 k의 값을 구하시오.

05-2   함수 $f(x)=\begin{cases} x^2 & (x<0) \\ (k^2-6k)x & (x\geq 0) \end{cases}$ 이 일대일대응이 되도록 하는 정수 k의 개수를 구하시오.

05-3   실수 전체의 집합에서 정의된 함수 $f(x)=m|x-2|+x-2$가 일대일대응이 되도록 하는 상수 m의 값의 범위를 구하시오.

〈보기〉에서 집합 $X=\{-1,\ 0,\ 1\}$에 대하여 X에서 X로의 항등함수만을 있는 대로 고르시오.

● 보기 ●

ㄱ. $f(x)=x$ ㄴ. $g(x)=x^3$ ㄷ. $h(x)=x^3-x$ ㄹ. $k(x)=-\dfrac{x+1+|x-1|}{2}$

guide

(1) 항등함수는 정의역과 공역이 같고 정의역의 각 원소가 자기 자신으로 대응하는 함수로 $f(x)=x$이다.

(2) 상수함수는 정의역의 모든 원소가 공역의 단 하나의 원소로만 대응하는 함수로 $f(x)=c$ (c는 상수)이다.

solution

ㄱ. $f(-1)=-1$, $f(0)=0$, $f(1)=1$이므로 항등함수이다.

ㄴ. $g(-1)=-1$, $g(0)=0$, $g(1)=1$이므로 항등함수이다.

ㄷ. $h(-1)=h(0)=h(1)=0$이므로 항등함수가 아니다. ← h는 상수함수이다.

ㄹ. $k(-1)=k(0)=k(1)=-1$이므로 항등함수가 아니다. ← k는 상수함수이다.

따라서 항등함수인 것은 ㄱ, ㄴ이다.

정답 및 해설 p.058

유형 연습

06-1 공집합이 아닌 집합 X를 정의역으로 하는 함수
$$f(x)=x^3-5x^2+7x$$
가 항등함수가 되도록 하는 집합 X의 개수를 구하시오.

06-2 집합 $X=\{a,\ b,\ c\}$를 정의역으로 하는 함수 $f(x)=\begin{cases} -x^2+2 & (x<2) \\ (x+1)^2-7 & (x\geq2) \end{cases}$ 가 항등함수

일 때, 서로 다른 세 상수 a, b, c에 대하여 $a+b+c$의 값을 구하시오.

06-3 집합 $X=\{0,\ 1,\ 2\}$에 대하여 X에서 X로의 함수 f, g, h가
$$f(x)=\left[\dfrac{x^2+1}{2}\right],\ g(x)=\dfrac{|x|+|x-2|}{2},$$
$h(x)=(x$를 3으로 나누었을 때의 나머지$)$
이다. 세 함수 중 일대일대응의 개수를 a, 항등함수의 개수를 b, 상수함수의 개수를 c라 할 때, $a+b+c$의 값을 구하시오. (단, $[x]$는 x보다 크지 않은 최대의 정수이다.)

집합 $X=\{-1,\ 0,\ 1\}$, $Y=\{2,\ 3,\ 4,\ 5\}$에 대하여 다음을 구하시오.

⑴ X에서 Y로의 함수의 개수

⑵ X에서 Y로의 일대일함수의 개수

⑶ X에서 Y로의 상수함수의 개수

guide $f : X \longrightarrow Y$이고 $n(X)=m$, $n(Y)=n$일 때

⑴ 함수의 개수 : n^m

⑵ 일대일함수의 개수 : $n(n-1)(n-2)\times\cdots\times(n-m+1)$ (단, $m\leq n$)

⑶ 일대일대응의 개수 : $n(n-1)(n-2)\times\cdots\times2\times1$ (단, $m=n$)

⑷ 상수함수의 개수 : n

solution   ⑴ 집합 X의 원소 -1, 0, 1에 각각 대응될 수 있는 집합 Y의 원소가 2, 3, 4, 5의 4가지씩이므로

       X에서 Y로의 함수의 개수는 $4\times4\times4=$ **64**

⑵ $f(-1)$의 값이 될 수 있는 것은 2, 3, 4, 5 중 하나이므로 4가지

       $f(0)$의 값이 될 수 있는 것은 $f(-1)$의 값을 제외한 3가지

       $f(1)$의 값이 될 수 있는 것은 $f(-1)$, $f(0)$의 값을 제외한 2가지

       따라서 X에서 Y로의 일대일함수의 개수는 $4\times3\times2=$ **24**

⑶ 집합 X의 원소가 집합 Y의 원소 2, 3, 4, 5 중에서 하나에 대응할 수 있으므로

       상수함수의 개수는 **4**

정답 및 해설 pp.058~059

07-1   세 집합 $X=\{0,\ 1,\ 2,\ 3\}$, $Y=\{4,\ 5\}$, $Z=\{6,\ 7,\ 8,\ 9\}$에 대하여 X에서 Y로의 함수의 개수를 a, X에서 Z로의 일대일대응의 개수를 b라 할 때, $a+b$의 값을 구하시오.

07-2   집합 $X=\{-2,\ 0,\ 2\}$에 대하여 X에서 X로의 함수 f가 $f(x)=f(-x)$를 만족시킬 때, 함수 f의 개수를 구하시오.

발전

07-3   두 집합 $X=\{1,\ 2,\ 3,\ 4,\ 5\}$, $Y=\{-3,\ -1,\ 0,\ 1,\ 3\}$에 대하여 X에서 Y로의 함수 f가 $f(1)f(5)<0$을 만족시킬 때, 일대일대응 f의 개수를 구하시오.

다음 물음에 답하시오.

(1) 함수 $y=x^2-4|x|+2$의 그래프와 직선 $y=a$가 서로 다른 세 점에서 만날 때, 상수 a의 값을 구하시오.

(2) $|y|=-2|x|+1$의 그래프로 둘러싸인 도형의 넓이를 구하시오.

guide

1 절댓값 기호를 포함한 함수의 그래프는 절댓값 기호 안의 식의 값이 0이 될 때를 기준으로 구간을 나누어 그린다.

2 (1) $y=|f(x)|$의 그래프 : $y \geq 0$인 부분은 그대로 두고 $y<0$인 부분은 x축에 대하여 대칭이동

    (2) $y=f(|x|)$의 그래프 : $x \geq 0$인 부분만 그린 후 이 그래프를 y축에 대하여 대칭이동

    (3) $|y|=f(x)$의 그래프 : $y \geq 0$인 부분만 그린 후 이 그래프를 x축에 대하여 대칭이동

    (4) $|y|=f(|x|)$의 그래프 : $x \geq 0$, $y \geq 0$인 부분만 그린 후 이 그래프를 x축, y축, 원점에 대하여 각각 대칭이동

solution

(1) $y=x^2-4|x|+2=\begin{cases} x^2-4x+2=(x-2)^2-2 \ (x \geq 0) \\ x^2+4x+2=(x+2)^2-2 \ (x<0) \end{cases}$

즉, 함수 $y=x^2-4|x|+2$의 그래프는 오른쪽 그림과 같다.

따라서 함수 $y=x^2-4|x|+2$의 그래프가 직선 $y=a$와 서로 다른 세 점에서 만나려면 $a=\textbf{2}$

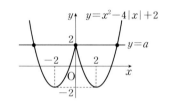

(2) $x \geq 0$, $y \geq 0$일 때, $y=-2x+1$

$x \geq 0$, $y<0$일 때, $-y=-2x+1$에서 $y=2x-1$

$x<0$, $y \geq 0$일 때, $y=2x+1$

$x<0$, $y<0$일 때, $-y=2x+1$에서 $y=-2x-1$

즉, $|y|=-2|x|+1$의 그래프는 오른쪽 그림과 같다.

따라서 구하는 넓이는 $\dfrac{1}{2} \times 1 \times 2=\textbf{1}$

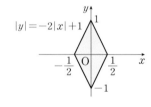

다른풀이

(1) $y=x^2-4|x|+2=|x|^2-4|x|+2=(|x|-2)^2-2$

즉, $y=x^2-4|x|+2$의 그래프는 함수 $y=(x-2)^2-2$의 그래프에서 $x \geq 0$인 부분만 그린 후 이 그래프를 y축에 대하여 대칭이동한 것과 같다.

(2) $|y|=-2|x|+1$의 그래프는 함수 $y=-2x+1$의 그래프에서 $x \geq 0$, $y \geq 0$인 부분만 그린 후 이 그래프를 x축, y축, 원점에 대하여 각각 대칭이동한 것과 같다.

정답 및 해설 pp.059~060

유형
연습

08-1 $|y|=4x^2-8|x|+3$의 그래프와 직선 $y=k$가 서로 다른 네 점에서 만날 때, 상수 k의 값의 범위를 구하시오.

08-2 함수 $y=||x-3|-|x+2||$의 최댓값을 M, 최솟값을 m이라 할 때, $M+m$의 값을 구하시오.

한걸음 더✛

일대일대응

집합 $X=\{1,\ 2,\ 3,\ 4\}$에 대하여 함수 $f:X \longrightarrow X$, $g:X \longrightarrow X$가 있다. 함수 $y=f(x)$는 $f(4)=2$를 만족시키고, 함수 $y=g(x)$의 그래프는 오른쪽 그림과 같다. 두 함수 $y=f(x)$, $y=g(x)$에 대하여 함수 $h:X \longrightarrow X$를

$$h(x)= \begin{cases} f(x)\ (f(x) \geq g(x)) \\ g(x)\ (g(x)>f(x)) \end{cases}$$

라 정의하자. 함수 $y=h(x)$가 일대일대응일 때, $f(2)+h(3)$의 값을 구하시오. [교육청]

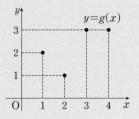

○ **STEP 1   문항분석**

새롭게 정의된 함수 h의 성질을 파악하고, 일대일대응의 정의를 이용하여 함숫값을 추론하는 문항이다.
함수 h의 정의만 보고 특징을 파악하기 어렵다면 함숫값의 나열과 관찰을 통해 그 특징을 추론하자.

○ **STEP 2   핵심개념**

일대일대응이면 서로 다른 x에 대하여 동일한 함숫값이 절대 존재하지 않는다.

○ **STEP 3   모범풀이**

1 $h(x)= \begin{cases} f(x)\ (f(x) \geq g(x)) \\ g(x)\ (g(x)>f(x)) \end{cases}$

이므로 h의 함숫값은 f, g의 함숫값 중에서 크거나 같은 값을 갖는다. 즉, $a \in X$이면
$h(a) \geq f(a)$, $h(a) \geq g(a)$

2 $f(4)=2$, $g(4)=3$이므로 $g(4)>f(4)$

∴ $h(4)=g(4)=3$

3   함수 h는 X에서 X로의 일대일대응이므로

$h(3)$의 값은 $h(4)=3$을 **제외**한 1, 2, 4 중 하나이고, $g(3)=3$에서

$h(3) \geq g(3)=3$ ∴ $h(3)=4$

$h(1)$의 값은 $h(4)=3$, $h(3)=4$를 **제외**한 1, 2 중 하나이고, $g(1)=2$에서

$h(1) \geq g(1)=2$ ∴ $h(1)=2$

$h(2)$의 값은 $h(4)=3$, $h(3)=4$, $h(1)=2$를 **제외**한 1이므로

$h(2)=1$

이때, $h(2) \geq f(2)$이므로 $f(2)=1$

∴ $f(2)+h(3)=1+4=5$

01 〈보기〉에서 두 집합 $X=\{-1,\ 0,\ 1\}$, $Y=\{0,\ 1,\ 2\}$에 대하여 X에서 Y로의 함수인 것만을 있는 대로 고르시오.

(단, $[x]$는 x보다 크지 않은 최대의 정수이다.)

─● 보기 ●─────────────

ㄱ. $x \longrightarrow 2x$

ㄴ. $x \longrightarrow x^2+1$

ㄷ. $x \longrightarrow \left[\dfrac{x^2+1}{2}\right]$

02 집합 $X=\{x\,|\,1\leq x\leq 4\}$의 원소 x에서 집합 $Y=\{y\,|\,1\leq y\leq 8\}$의 원소 y로의 대응이 $y=x^2-4x+a$ 일 때, 이 대응이 함수가 되도록 하는 모든 정수 a의 개수는?

① 1   ② 2   ③ 3
④ 4   ⑤ 5

03 모든 실수 x에 대하여 $f(x+2)=f(x)$를 만족시키는 함수 f에 대하여 $-1\leq x<1$일 때,

$$f(x)=\begin{cases} -x & (-1\leq x<0) \\ x^2 & (0\leq x<1) \end{cases}$$

이다. $f\left(\dfrac{1}{2}\right)+f\left(\dfrac{7}{4}\right)+f(3000)$의 값은?

① 0   ② $\dfrac{1}{2}$ ③ 1
④ $\dfrac{3}{2}$ ⑤ 2

04 집합 $X=\{1,\ 2,\ 3,\ 4,\ 5\}$에서 집합 $Y=\{0,\ 2,\ 4,\ 6,\ 8\}$로의 함수 f를

$$f(x)=(2x^2\text{의 일의 자리의 숫자})$$

로 정의하자. $f(a)=2$, $f(b)=8$을 만족시키는 X의 원소 a, b에 대하여 $a+b$의 최댓값은? [교육청]

① 5   ② 6   ③ 7
④ 8   ⑤ 9

05 집합 $A=\{x\,|\,-1\leq x\leq 2\}$를 정의역으로 하는 함수 $y=x^2+2ax+b$의 치역이 $B=\{y\,|\,-1\leq y\leq 14\}$ 일 때, 두 상수 a, b의 곱 ab의 값을 구하시오.

(단, $a\leq -2$)

06 함수 f가 임의의 두 실수 x, y에 대하여

$$f(x-y)=f(x)-f(y)$$

를 만족시키고, $f(1)=3$일 때, $f(42)$의 값을 구하시오.

07 함수 f가 0이 아닌 모든 실수 x에 대하여

$$\frac{2}{x}f(x)+xf\left(\frac{1}{x}\right)=3x$$

를 만족시킬 때, $f\left(\frac{1}{2}\right)$의 값을 구하시오.

08 두 집합 $X=\{1,\ 3\}$, $Y=\{y|y\geq0\}$에 대하여 X에서 Y로의 두 함수 $f(x)=-x^2+ax+b$, $g(x)=|x-2|$가 서로 같을 때, 두 상수 a, b에 대하여 $a-b$의 값을 구하시오.

09 집합 $X=\{x|ax^2+bx+12=0\}$을 정의역으로 하는 두 함수 $f(x)=x^2-3x-4$, $g(x)=-2x+2$가 서로 같은 함수일 때, 두 상수 a, b에 대하여 $b-a$의 값을 구하시오. (단, $n(X)=2$)

10 〈보기〉에서 두 집합 $X=\{x|0\leq x\leq1\}$, $Y=\{y|0\leq y\leq1\}$에 대하여 X에서 Y로의 함수의 그래프인 것만을 있는 대로 고르시오.

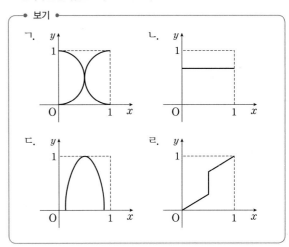

11 실수 전체의 집합에서 정의된 다음 함수 중 일대일함수인 것은?

(단, $[x]$는 x보다 크지 않은 최대의 정수이다.)

① $f(x)=-2$
② $f(x)=3-2x$
③ $f(x)=x^2-2x-3$
④ $f(x)=|x-3|$
⑤ $f(x)=x-[x]$

12 집합 $X=\{x|x\geq a\}$에서 X로의 함수 $f(x)=x^2-4x$가 일대일대응일 때, 상수 a의 값을 구하시오.

13 두 집합 $X=\{1, 2, 3, 4\}$, $Y=\{a, b, c, d, e\}$ 에 대하여 다음 조건을 만족시키는 함수 $f : X \longrightarrow Y$의 개수를 구하시오.

> (가) f는 일대일함수이다.
> (나) $f(1)=b$
> (다) $f(2) \neq c$

14 집합 $A=\{1, 2, 3, 4, 5\}$에서 A로의 함수 중에서 다음 조건을 만족시키는 함수 f의 개수를 구하시오.

> (가) 함수 f는 일대일대응이다.
> (나) 정의역 A의 어떤 원소 n에 대하여
> $f(n+2)-f(n)=4$이다.

15 집합 $X=\{1, 2, 3\}$에 대하여 세 함수 f, g, h는 각각 X에서 X로의 일대일대응, 항등함수, 상수함수이다.
$$f(2)=g(2)=h(2), \quad g(1)+h(1)=f(1)$$
일 때, $f(3)+g(3)+h(3)$의 값을 구하시오.

서술형

16 집합 $X=\{1, 4\}$에서 X로의 두 함수 f, g가 있다. $f(x)=x^2+ax+b$가 항등함수이고 $g(x)=-x^3+4x^2+cx$가 상수함수일 때, 좌표평면 위의 세 점 $P(a, 0)$, $Q(0, b)$, $R(c, 0)$을 꼭짓점으로 하는 삼각형 PQR의 넓이를 구하시오.

17 $2|y|=-|x|+a$의 그래프로 둘러싸인 도형의 넓이가 16일 때, 양수 a의 값을 구하시오.

1등급

18 실수 전체의 집합에서 정의된 함수 $f(x)=\left[2x-\left[\dfrac{x}{2}\right]\right]$에 대한 설명으로 〈보기〉에서 옳은 것만을 있는 대로 고른 것은?
(단, $[x]$는 x보다 크지 않은 최대의 정수이다.)

> ● 보기 ●
> ㄱ. $[x]=2$일 때, 가능한 모든 $f(x)$의 값의 합은 7이다.
> ㄴ. $x \geq 0$에서 함수 $y=f(x)$의 그래프와 직선 $y=2x$의 교점의 개수는 6이다.
> ㄷ. 자연수 n에 대하여 집합 $\{f(x) | n \leq x < n+1\}$의 원소의 개수는 n이다.

① ㄱ   ② ㄴ   ③ ㄱ, ㄴ
④ ㄴ, ㄷ   ⑤ ㄱ, ㄴ, ㄷ

19 집합 $X=\{a, b, 0\}$에서 X로의 함수
$$f(x)=\begin{cases} -x^2-4x & (x<0) \\ x^2-4x & (x\geq0) \end{cases}$$
는 항등함수이다. 두 점 $A(a, f(a))$, $B(b, f(b))$에 대하여 선분 AB의 길이를 l이라 할 때, l^2의 값을 구하시오. (단, $b<0<a$)

20 실수 전체의 집합에서 정의된 두 함수
$f(x)=x^2-4$, $g(x)=2x-1$에 대하여 함수 h를
$$h(x)=\begin{cases} f(x) & (f(x)\geq g(x)) \\ g(x) & (f(x)<g(x)) \end{cases}$$
라 할 때, $h(-4)+h(2)+h(4)$의 값을 구하시오.

21 정의역이 $\{a, b\}$인 두 함수
$$f(x)=2x^2+x+p, \quad g(x)=x^2-px+1$$
에 대하여 $f=g$가 성립한다. $a\neq b$이고 $a^2+b^2=7$일 때, a^3+b^3의 최댓값을 구하시오. (단, p는 실수이다.)

22 집합 $A=\{x|x$는 30 이하의 소수$\}$의 부분집합 X를 정의역으로 하는 함수 f가
$$f(x)=(x를 5로 나누었을 때의 나머지)$$
일 때, 함수 f의 치역이 $\{2, 4\}$가 되도록 하는 정의역 X의 개수를 구하시오.

23 집합 $X=\{1, 2, 3, 4, 5\}$에 대하여 일대일대응인 함수 $f: X \longrightarrow X$가 다음 조건을 만족시킨다.

> (가) $f(2)-f(3)=f(4)-f(1)=f(5)$
> (나) $f(1)<f(2)<f(4)$

$f(2)+f(5)$의 값은? [교육청]

① 4 　　　② 5 　　　③ 6
④ 7 　　　⑤ 8

24 m이 실수일 때, x에 대한 방정식
$$x-[x]=mx+2$$
의 서로 다른 실근의 개수를 $f(m)$이라 하자. $f(m)=2$가 되도록 하는 m의 값의 범위를 구하시오.
(단, $[x]$는 x보다 크지 않은 최대의 정수이다.)

틀을
깨는
생각

Your current situation is no indication of your ultimate potential.

당신의 현재의 상황은 진짜 가능성에 대해서
아무것도 말해주지 못한다.

... 앤서니 로빈스(Anthony Robbins)

II

함수와 그래프

개념 01 합성함수

세 집합 X, Y, Z에 대하여 두 함수
$$f : X \longrightarrow Y, \ g : Y \longrightarrow Z$$
가 주어질 때, X의 각 원소 x에 대하여 $f(x)$는 Y의 원소이고, Y의 원소 $f(x)$에 대하여 $g(f(x))$는 Z의 원소이다.
따라서 집합 X의 각 원소 x에 집합 Z의 원소 $g(f(x))$를 대응시키면 **집합 X를 정의역, 집합 Z를 공역**으로 하는 새로운 함수를 정의할 수 있다.
이 새로운 함수를 f와 g의 **합성함수**라 하며, 기호로
$$\boldsymbol{g \circ f : X \longrightarrow Z} \ \text{또는} \ \boldsymbol{(g \circ f)(x) = g(f(x))}$$
와 같이 나타낸다.

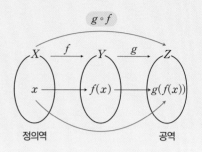

합성함수에 대한 이해

예를 들어, 세 집합 $X = \{1, 2, 3\}$, $Y = \{a, b, c\}$, $Z = \{p, q, r\}$에 대하여 두 함수
$$f : X \longrightarrow Y, \ g : Y \longrightarrow Z$$
가 오른쪽 그림과 같이 주어져 있을 때,

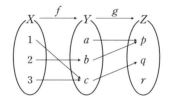

$$(g \circ f)(1) = g(f(1)) = g(c) = q,$$
$$(g \circ f)(2) = g(f(2)) = g(b) = p,$$
$$(g \circ f)(3) = g(f(3)) = g(c) = q$$
이므로 합성함수 $g \circ f : X \longrightarrow Z$는 오른쪽 그림과 같다.

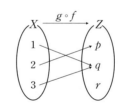

A 합성함수가 정의될 조건

두 함수 $f : X \longrightarrow Y$, $g : Y \longrightarrow Z$에서 집합 X의 임의의 원소 x에 대하여 $f(x) \in Y$이므로 함수 f의 치역이 함수 g의 정의역에 포함된다.
합성함수 $g \circ f$가 정의되려면
$$(f\text{의 치역}) \subset (g\text{의 정의역})$$
이어야 한다.
예를 들어, 두 함수 $f : X \longrightarrow Y$, $g : Z \longrightarrow W$가 다음과 같이 정의될 때,

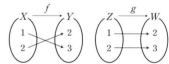

$(g \circ f)(1) = g(f(1)) = g(3)$에서 $3 \notin Z$이므로 $(g \circ f)(1)$은 구할 수 없다.
즉, $f(X) \not\subset Z$이므로 $(g \circ f)(x)$는 정의되지 않는다.

[확인] 두 함수 $f(x) = 2x + 1$, $g(x) = x^2 - 1$에 대하여 다음을 구하시오.

(1) $(g \circ f)(2)$
(2) $(f \circ g)(-1)$
(3) $(g \circ f)(x)$
(4) $(f \circ g)(x)$
(5) $(f \circ f)(x)$
(6) $(g \circ g)(x)$

풀이
(1) $(g \circ f)(2) = g(f(2)) = g(5) = 5^2 - 1 = 24$
(2) $(f \circ g)(-1) = f(g(-1)) = f(0) = 2 \times 0 + 1 = 1$
(3) $(g \circ f)(x) = g(f(x)) = g(2x+1) = (2x+1)^2 - 1 = 4x^2 + 4x$
(4) $(f \circ g)(x) = f(g(x)) = f(x^2-1) = 2(x^2-1) + 1 = 2x^2 - 1$
(5) $(f \circ f)(x) = f(f(x)) = f(2x+1) = 2(2x+1) + 1 = 4x + 3$
(6) $(g \circ g)(x) = g(g(x)) = g(x^2-1) = (x^2-1)^2 - 1 = x^4 - 2x^2$

세 함수 f, g, h에 대하여
(1) $g \circ f \neq f \circ g$ ← 일반적으로 교환법칙이 성립하지 않는다.
(2) $h \circ (g \circ f) = (h \circ g) \circ f$ ← 결합법칙이 성립하므로 괄호를 생략하고 $h \circ g \circ f$와 같이 표현할 수 있다.
(3) $f : X \longrightarrow X$일 때, $f \circ I = I \circ f = f$ (단, I는 항등함수)

1. 일반적으로 합성함수는 교환법칙이 성립하지 않는다. Ⓐ

개념01 확인 의 (3), (4)에서 두 함수 $f(x) = 2x+1$, $g(x) = x^2 - 1$에 대하여
$$(g \circ f)(x) = 4x^2 + 4x, \ (f \circ g)(x) = 2x^2 - 1$$
$$\therefore \ g \circ f \neq f \circ g$$
이와 같이 함수의 합성에서 교환법칙은 성립하지 않는다.
따라서 함수를 합성할 때는 **합성하는 순서에 유의해야** 한다.

2. 합성함수의 결합법칙은 항상 성립한다. Ⓒ

세 함수 $f : X \longrightarrow Y$, $g : Y \longrightarrow Z$, $h : Z \longrightarrow W$에 대하여
$$g \circ f : X \longrightarrow Z \text{이므로 } h \circ (g \circ f) : X \longrightarrow W$$
$$h \circ g : Y \longrightarrow W \text{이므로 } (h \circ g) \circ f : X \longrightarrow W$$
이므로 두 합성함수 $h \circ (g \circ f)$와 $(h \circ g) \circ f$는 모두 X에서 W로의 함수
이다. 이때, 정의역 X의 임의의 원소 x에 대하여
$$(h \circ (g \circ f))(x) = h((g \circ f)(x)) = h(g(f(x)))$$
$$((h \circ g) \circ f)(x) = (h \circ g)(f(x)) = h(g(f(x)))$$
$$\therefore \ h \circ (g \circ f) = (h \circ g) \circ f$$
따라서 합성함수의 결합법칙은 항상 성립한다.

3. 항등함수는 합성의 순서와 결과에 영향을 주지 않는다.

항등함수 I에 대하여 $I(x) = x$이므로
$$(f \circ I)(x) = f(I(x)) = f(x)$$
$$(I \circ f)(x) = I(f(x)) = f(x)$$
$$\therefore \ f \circ I = I \circ f = f$$
따라서 항등함수는 합성의 순서와 결과에 영향을 주지 않는다.

확인 세 함수 f, g, h에 대하여 $(f \circ g)(x) = 2x^2 - 3$, $h(x) = 3x+4$일
때, $(f \circ (g \circ h))(-2)$의 값을 구하시오.

풀이 $(f \circ (g \circ h))(-2) = ((f \circ g) \circ h)(-2) = (f \circ g)(h(-2))$
$\qquad = (f \circ g)(-2) = 2 \times (-2)^2 - 3 = 5$

Ⓐ 일반적으로 $g \circ f \neq f \circ g$이지만 어떤 두 함
수 f, g에 대해서는 $g \circ f = f \circ g$가 성립
하는 경우도 있다.
예 $f(x) = x+1$, $g(x) = x-1$일 때,
$g(f(x)) = g(x+1) = x$,
$f(g(x)) = f(x-1) = x$
$\therefore \ g \circ f = f \circ g$

Ⓑ 두 함수 f, g가 서로 같을 조건
두 함수 f, g에 대하여 $f = g$를 증명하는
방법은 다음과 같다.
(i) 정의역이 서로 같다.
(ii) 정의역의 임의의 원소 x에 대하여
$f(x) = g(x)$

Ⓒ
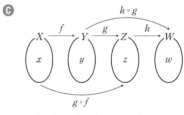
$\therefore \ h \circ (g \circ f) = (h \circ g) \circ f$

한걸음 더

4. 합성함수의 그래프 그리기

합성함수의 그래프를 그리는 방법은 다음 두 가지가 있다.

      (1) **함수식을 직접 구하는 방법**   (2) **그래프의 개형을 이용하는 방법**

$0 \le x \le 2$에서 정의된 두 함수 $y=f(x)$, $y=g(x)$의 그래프가 오른쪽 그림과 같을 때, 합성함수 $y=(g \circ f)(x)$의 그래프를 그려 보자.

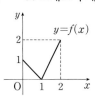

[방법1] **함수식을 직접 구하는 방법**

> (ⅰ) 주어진 두 함수의 그래프 $y=f(x)$, $y=g(x)$의 함수식을 각각 구한 후, $y=g(x)$의 함수식에 x 대신 $f(x)$를 대입하여 $y=(g \circ f)(x)$의 함수식을 $f(x)$에 대한 식으로 나타낸다.
>
> (ⅱ) 함수 $y=g(x)$의 그래프에서 그래프가 꺾이는 점(함수식이 달라지는 경계가 되는 점)의 x좌표 a를 찾아 함수 $y=g(x)$의 그래프에서 $f(x)=a$가 되는 x의 값 b, c, d, $\cdots$를 구한다. **ⓓ**
>
> (ⅲ) 함수 $y=f(x)$의 정의역을 $x<b$, $b \le x < c$, $c \le x < d$, $\cdots$로 나누고 각 구간에서의 $f(x)$의 함수식을 구하여 (ⅰ)에 대입한다.
>
> (ⅳ) (ⅲ)의 그래프를 그린다.

ⓓ 함수 $y=(g \circ f)(x)$에서 함수 $y=f(x)$의 치역은 함수 $y=g(x)$의 정의역에 포함되어야 한다.
따라서 함수 $y=(g \circ f)(x)$의 그래프는 함수 $y=g(x)$의 정의역이 나누어지는 값을 기준으로 함수 $y=f(x)$의 치역을 나누어 각 구간별로 함수식을 구해야 한다.

(ⅰ) $f(x) = \begin{cases} -x+1 & (0 \le x < 1) \\ 2x-2 & (1 \le x \le 2) \end{cases}$, $g(x) = \begin{cases} 2x & (0 \le x < 1) \\ -x+3 & (1 \le x \le 2) \end{cases}$

    $\rightarrow (g \circ f)(x) = \begin{cases} 2f(x) & (0 \le f(x) < 1) \\ -f(x)+3 & (1 \le f(x) \le 2) \end{cases}$

(ⅱ) 함수 $y=g(x)$의 그래프가 꺾이는 점의 x좌표는 1이므로 함수 $y=f(x)$의 그래프에서 $f(x)=1$이 되는 x의 값을 구하면 0, $\dfrac{3}{2}$이다.

                              ┌─ 함수 $y=f(x)$의 그래프가 꺾이는 점의 x좌표

(ⅲ) 정의역을 $0 \le x < 1$, $1 \le x < \dfrac{3}{2}$, $\dfrac{3}{2} \le x \le 2$로 나누어 각 구간에서의 $f(x)$의 함수식을 구하면 순서대로 $-x+1$, $2x-2$, $2x-2$이다. 즉,

    $(g \circ f)(x) = \begin{cases} 2f(x) & (0 \le f(x) < 1) \\ -f(x)+3 & (1 \le f(x) \le 2) \end{cases}$

               $= \begin{cases} 2(-x+1)=-2x+2 & (0 \le x < 1) \\ 2(2x-2)=4x-4 & \left(1 \le x < \dfrac{3}{2}\right) \\ -(2x-2)+3=-2x+5 & \left(\dfrac{3}{2} \le x \le 2\right) \end{cases}$

(iv) 함수 $y=(g \circ f)(x)$의 그래프는 오른쪽 그림과 같다.

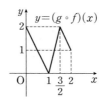

[방법2] **그래프의 개형을 이용하는 방법**

(i) $f(x)=t$로 놓으면 $y=g(f(x))=g(t)$라 할 수 있다.

이때, 두 함수 $t=f(x)$, $y=g(t)$의 그래프는 각각 다음과 같다.

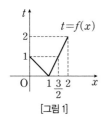

[그림 1]

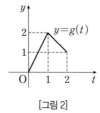

[그림 2]

[그림 2]에서 꺾이는 점의 t의 좌표는 1이므로 [그림 1]에서 $t=1$을 경계로 나누어 x의 값의 범위를 구한다. 즉,

[그림 1]에서 $t=1$이면 $x=0$ 또는 $x=\dfrac{3}{2}$

┌ 함수 $y=f(x)$의 그래프가 꺾이는 점의 x좌표

$\therefore\ 0 \le x < 1,\ 1 \le x < \dfrac{3}{2},\ \dfrac{3}{2} \le x \le 2$

(ii) 위의 각 구간에 따른 t의 값의 변화를 [그림 1]에서 찾고, t의 값의 변화에 따른 y의 값의 변화를 [그림 2]에서 찾으면 다음과 같다. **Ⓔ**

(1) $0 \le x < 1$일 때,

[그림 1]에서 t의 값은 1에서 0으로 감소하므로
[그림 2]에서 y의 값은 2에서 0으로 감소한다.

(2) $1 \le x < \dfrac{3}{2}$일 때,

[그림 1]에서 t의 값은 0에서 1로 증가하므로
[그림 2]에서 y의 값은 0에서 2로 증가한다.

(3) $\dfrac{3}{2} \le x \le 2$일 때,

[그림 1]에서 t의 값은 1에서 2로 증가하므로
[그림 2]에서 y의 값은 2에서 1로 감소한다.

(iii) (ii)에서 구한 x의 각 구간에 따른 y의 값의 변화를 그래프로 나타내면 함수 $y=(g \circ f)(x)$의 그래프는 오른쪽 그림과 같다.

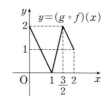

Ⓔ 증가함수와 감소함수의 합성

(1) f : 증가함수, g : 감소함수
   $\Rightarrow g \circ f$는 감소함수
   ㉎ $f(x)=x$, $g(x)=-x$이면
   $g(f(x))=-x$: 감소함수

(2) f : 증가함수, g : 증가함수
   $\Rightarrow g \circ f$는 증가함수
   ㉎ $f(x)=x$, $g(x)=x$이면
   $g(f(x))=x$: 증가함수

(3) f : 감소함수, g : 감소함수
   $\Rightarrow g \circ f$는 증가함수
   ㉎ $f(x)=-x$, $g(x)=-x$이면
   $g(f(x))=x$: 증가함수

[증명]

(1) f가 증가함수이므로
   $x_1 < x_2$이면 $f(x_1) < f(x_2)$
   이때, g는 감소함수이므로
   $g(f(x_1)) > g(f(x_2))$
   즉, $x_1 < x_2$이면
   $g(f(x_1)) > g(f(x_2))$이므로
   $g \circ f$는 감소함수이다.

우함수와 기함수

1. 우함수

함수 $y=f(x)$의 그래프가 **y축에 대하여 대칭**일 때, 함수 f를 **우함수**라 한다.
우함수 f는 정의역의 임의의 원소 x에 대하여 $f(-x)=f(x)$를 만족시킨다.

예 $y=2,\ y=x^2,\ y=|x|$

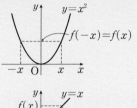

2. 기함수

함수 $y=f(x)$의 그래프가 **원점에 대하여 대칭**일 때, 함수 f를 **기함수**라 한다.
기함수 f는 정의역의 임의의 원소 x에 대하여 $f(-x)=-f(x)$를 만족시킨다.

예 $y=x,\ y=x^3$

우함수와 기함수의 판별 Ⓐ

함수 f가 우함수인지 기함수인지 판별하기 위해서는 x 대신에 $-x$를 대입
하여 함수식의 변화를 살펴야 한다.

이때, $f(-x)=f(x)$이면 우함수, $f(-x)=-f(x)$이면 기함수이다.

예 함수 $f(x)=2x^5-x$에 대하여

$$f(-x)=2\times(-x)^5-(-x)=-2x^5+x$$
$$=-(2x^5-x)=-f(x)$$

이므로 f는 기함수이다.

한편, 두 함수 $f,\ g$에 대하여 f가 우함수, g가 기함수이면

$$f(-x)=f(x),\ g(-x)=-g(x)$$

이므로

$$f(-x)g(-x)=-f(x)g(x)$$

따라서 $f(x)g(x)$는 기함수이다. Ⓑ

확인 두 함수 $f,\ g$에 대하여 $f(x)=f(-x),\ g(x)=-g(-x)$일 때, 다
음 함수 $h(x)$가 우함수인지 기함수인지 판별하시오.

(1) $h(x)=(f\circ g)(x)$ (2) $h(x)=\{f(x)\}^3$

풀이 (1) $h(-x)=(f\circ g)(-x)=f(g(-x))=f(-g(x))$
$\qquad\qquad =f(g(x))=(f\circ g)(x)=h(x)$
$\quad$ 따라서 $h(x)=(f\circ g)(x)$는 우함수이다.
(2) $h(-x)=\{f(-x)\}^3=\{f(x)\}^3=h(x)$
$\quad$ 따라서 $h(x)=\{f(x)\}^3$은 우함수이다.

Ⓐ 다항함수에서 우함수, 기함수
(1) 우함수
짝수 차수의 항 또는 상수항으로만 이루
어져 있다.
예 $f(x)=x^4-5x^2+3$
(2) 기함수
홀수 차수의 항으로만 이루어져 있다.
예 $f(x)=2x^3+x$

Ⓑ (우함수)$\times$(우함수)$=$(우함수)
(우함수)$\times$(기함수)$=$(기함수)
(기함수)$\times$(기함수)$=$(우함수)

Ⓒ 함수의 그래프의 대칭성
(1) $f(a+x)=f(a-x)$ 또는
$\quad f(2a-x)=f(x)$
$\quad\Rightarrow$ 함수 $y=f(x)$의 그래프는 직선
$\quad\quad x=a$에 대하여 대칭이다.
(2) $f(a+x)+f(a-x)=2b$ 또는
$\quad f(x)+f(2a-x)=2b$
$\quad\Rightarrow$ 함수 $y=f(x)$의 그래프는 점
$\quad\quad (a,\ b)$에 대하여 대칭이다.

실수 전체의 집합에서 정의된 함수

$$f(x)=\begin{cases} \dfrac{1}{2}x+2 \ (x<0) \\ x^2+2 \ \ \ (x\geq0) \end{cases}, \ g(x)=3x-1$$

에 대하여 $(f\circ f)(-2)+(f\circ g)(1)$의 값을 구하시오.

guide　　두 함수 f, g에 대하여 $(f\circ g)(a)=f(g(a))$

$\Rightarrow (f\circ g)(a)$의 값을 구할 때에는 $g(a)$의 값을 구한 후, $f(x)$의 x에 $g(a)$의 값을 대입한다.

solution　　$x<0$일 때, $f(x)=\dfrac{1}{2}x+2$이므로

$$f(-2)=\dfrac{1}{2}\times(-2)+2=1$$

$x\geq0$일 때, $f(x)=x^2+2$이므로

$(f\circ f)(-2)=f(f(-2))=f(1)=1^2+2=3$

$g(x)=3x-1$에서 $g(1)=3\times1-1=2$이므로

$(f\circ g)(1)=f(g(1))=f(2)=2^2+2=6$

$\therefore (f\circ f)(-2)+(f\circ g)(1)=3+6=\mathbf{9}$

정답 및 해설 pp.068~069

01-1　$0\leq x\leq4$에서 정의된 함수

$$f(x)=\begin{cases} -2x+4 \ (0\leq x<2) \\ x-2 \ \ \ \ \ (2\leq x\leq4) \end{cases}$$

에 대하여 $(f\circ f)\left(\dfrac{3}{2}\right)+(f\circ f\circ f)\left(\dfrac{5}{2}\right)$의 값을 구하시오.

01-2　두 함수 $f(x)=a-2x$, $g(x)=x^2-b$에 대하여 $(g\circ f)(2)=0$, $(f\circ g)(\sqrt{2})=1$일 때, 정수 a, b에 대하여 $a+b$의 값을 구하시오.

발전

01-3　집합 $X=\{1,\ 2,\ 3,\ 4\}$에 대하여 함수 $f:X\longrightarrow X$가 있다. 함수 $f\circ f\circ f$의 치역이 $\{1,\ 3,\ 4\}$이고 $f(1)=1$, $f(2)=4$일 때, $f(3)\times f(4)$의 값을 구하시오.

다음 물음에 답하시오.

(1) 두 함수 $f(x)=3x+a$, $g(x)=-x+2a^2$에 대하여 $(f\circ g)(x)=(g\circ f)(x)$가 성립하도록 하는 모든 상수 a의 값의 합을 구하시오.

(2) 세 함수 f, g, h에 대하여 $f(x)=2x-1$, $(g\circ h)(x)=x^2-2x+5$일 때, $(g\circ(h\circ f))(k)=13$을 만족시키는 모든 실수 k의 값의 합을 구하시오.

guide

1 일반적으로 두 함수 f, g에 대하여 $f\circ g\neq g\circ f$이지만 $f\circ g=g\circ f$가 성립하는 경우가 있다.
이때, $f(g(x))$와 $g(f(x))$를 각각 구한 다음 $g\circ f=f\circ g$가 x에 대한 항등식임을 이용하여 미정계수를 구한다.

2 세 함수 f, g, h에 대하여 $h\circ(g\circ f)=(h\circ g)\circ f$가 성립한다.

solution

(1) $(f\circ g)(x)=f(g(x))=f(-x+2a^2)=3(-x+2a^2)+a=-3x+6a^2+a$
$(g\circ f)(x)=g(f(x))=g(3x+a)=-(3x+a)+2a^2=-3x-a+2a^2$
$(f\circ g)(x)=(g\circ f)(x)$이므로 $-3x+6a^2+a=-3x-a+2a^2$

$6a^2+a=-a+2a^2$에서 $4a^2+2a=0$, $2a(2a+1)=0$ $\therefore a=0$ 또는 $a=-\dfrac{1}{2}$

따라서 구하는 모든 상수 a의 값의 합은 $0+\left(-\dfrac{1}{2}\right)=-\dfrac{1}{2}$

(2) $g\circ(h\circ f)=(g\circ h)\circ f$이므로
$(g\circ(h\circ f))(k)=((g\circ h)\circ f)(k)=(g\circ h)(f(k))=(g\circ h)(2k-1)$
$\qquad\qquad =(2k-1)^2-2(2k-1)+5=4k^2-8k+8$

즉, $4k^2-8k+8=13$에서 $4k^2-8k-5=0$

$(2k+1)(2k-5)=0$ $\therefore k=-\dfrac{1}{2}$ 또는 $k=\dfrac{5}{2}$

따라서 구하는 모든 실수 k의 값의 합은 $\left(-\dfrac{1}{2}\right)+\dfrac{5}{2}=\mathbf{2}$

정답 및 해설 p.069

**유형
연습**

02-1 두 함수 $f(x)=4x+a$, $g(x)=ax+4$가 있다. 모든 실수 x에 대하여
$(f\circ g)(x)=(g\circ f)(x)$가 성립하도록 하는 a의 값을 구하시오. (단, $a<0$)

02-2 세 함수 f, g, h에 대하여 $f(x)=2x-1$, $(h\circ g)(x)=x^2-3x-10$일 때,
$(h\circ(g\circ f))(a)<18$을 만족시키는 정수 a의 최솟값을 구하시오.

두 함수 $f(x)=x-2$, $g(x)=2x^2+1$에 대하여 다음을 구하시오.

(1) $(f \circ h)(x)=g(x)$를 만족시키는 함수 h에 대하여 $h(3)$의 값

(2) $(h \circ f)(x)=g(x)$를 만족시키는 함수 h에 대하여 $(g \circ h)(-2)$의 값

---

guide

(1) $f \circ h = g$를 만족시키는 함수 h 구하기 $\Rightarrow$ $f(h(x))=g(x)$에서 $h(x)$를 $f(x)$의 x에 대입한다.

(2) $h \circ f = g$를 만족시키는 함수 h 구하기

  (i) $f(x)=t$로 놓고 $x=(t$에 대한 식)으로 나타낸다.

  (ii) $h(f(x))=g(x)$에 $x=(t$에 대한 식)을 대입하여 $h(t)$를 구한다.

  (iii) t를 x로 바꾸어 $h(x)$를 구한다.

solution

(1) $f(x)=x-2$이므로 $(f \circ h)(x)=f(h(x))=h(x)-2$

또한, $g(x)=2x^2+1$이므로 $(f \circ h)(x)=g(x)$에서

$h(x)-2=2x^2+1$ $\therefore$ $h(x)=2x^2+3$

$\therefore$ $h(3)=2 \times 3^2+3=\mathbf{21}$

(2) $(h \circ f)(x)=h(f(x))=h(x-2)$

$(h \circ f)(x)=g(x)$에서 $h(x-2)=2x^2+1$ ······㉠

$x-2=t$로 놓으면 $x=t+2$

이것을 ㉠에 대입하면 $h(t)=2(t+2)^2+1=2t^2+8t+9$

즉, $h(x)=2x^2+8x+9$이므로 $h(-2)=2 \times (-2)^2+8 \times (-2)+9=1$

$\therefore$ $(g \circ h)(-2)=g(h(-2))=g(1)=2 \times 1^2+1=\mathbf{3}$

다른풀이

(2) ㉠의 양변에 $x=0$을 대입하면 $h(-2)=2 \times 0^2+1=1$

$\therefore$ $(g \circ h)(-2)=g(h(-2))=g(1)=3$

정답 및 해설 pp.069~070

유형연습

03-1 두 함수 $f(x)=\dfrac{1}{2}x+1$, $g(x)=-x^2+5$가 있다. 모든 실수 x에 대하여

$(h \circ f)(x)=g(x)$를 만족시키는 함수 h를 구하시오.

[발전]

03-2 실수 전체의 집합에서 정의된 함수 f와 일차함수 g가 있다. 모든 실수 x에 대하여 다음 조건을 만족시킬 때, $f(3)+g(3)$의 값을 구하시오.

> (가) $(f \circ g)(x)=2\{g(x)\}^2-1$ (나) $(g \circ f)(x)=2-\{g(x)\}^2$

함수 $f(x)=-x+2$에 대하여 $f^1(x)=f(x)$, $f^{n+1}(x)=f(f^n(x))$ $(n=1,\ 2,\ 3,\ \cdots)$일 때, 다음 물음에 답하시오.

(1) 함수 f^n을 구하시오.

(2) $f^{1000}(5)+f^{1001}(-5)$의 값을 구하시오.

guide   함수 f에 대하여 $f^{n+1}=f\circ f^n$ $(n=1,\ 2,\ 3,\ \cdots)$일 때, $f^n(a)$의 값은 다음 두 가지 방법 중 하나를 이용하여 구한다.

(1) 함수 $f^2,\ f^3,\ f^4,\ \cdots$에서 f^n을 구한 다음, $f^n(a)$의 값을 구한다.

(2) $f(a),\ f^2(a),\ f^3(a),\ \cdots$에서 규칙을 찾아 $f^n(a)$의 값을 구한다.

solution   (1) $f^1(x)=f(x)=-x+2$

$f^2(x)=f(f(x))=f(-x+2)=-(-x+2)+2=x$

$f^3(x)=f(f^2(x))=f(x)=-x+2$

$\vdots$

따라서 자연수 n에 대하여 $\boldsymbol{f^n(x)=\begin{cases}-x+2 & (n\text{은 홀수}) \\ x & (n\text{은 짝수})\end{cases}}$

(2) 1000은 짝수이므로 $f^{1000}(5)=5$

1001은 홀수이므로 $f^{1001}(-5)=-(-5)+2=7$

$\therefore f^{1000}(5)+f^{1001}(-5)=5+7=\mathbf{12}$

정답 및 해설 p.070

 유형연습

04-1 $0\le x\le 1$에서 정의된 함수 f에 대하여

$$f(x)=\begin{cases}-2x+1 & \left(0\le x\le \dfrac{1}{2}\right) \\ 2x-1 & \left(\dfrac{1}{2}<x\le 1\right)\end{cases},\ f^1=f,\ f^{n+1}=f\circ f^n\ (n=1,\ 2,\ 3,\ \cdots)$$

일 때, 다음 식의 값을 구하시오.

(1) $f^3\left(\dfrac{1}{9}\right)+f^4\left(\dfrac{1}{9}\right)$ (2) $f^{56}\left(\dfrac{1}{9}\right)$

04-2   실수 전체의 집합에서 정의된 함수 f에 대하여

$$f(x)=\begin{cases}4-x & (x<0) \\ x-3 & (x\ge 0)\end{cases},\ f^1=f,\ f^{n+1}=f\circ f^n\ (n=1,\ 2,\ 3,\ \cdots)$$

일 때, $f^n(7)=7$을 만족시키는 자연수 n의 최솟값을 구하시오.

함수 $y=f(x)$의 그래프 및 직선 $y=x$가 오른쪽 그림과 같을 때, 다음을 구하시오.

(단, 모든 점선은 x축 또는 y축에 평행하다.)

(1) $(f \circ f \circ f)(e)$

(2) $(f \circ f)(x)=c$를 만족시키는 x의 값

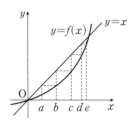

guide　함수 $y=f(x)$의 그래프가 두 점 $(a, b), (b, c)$를 지나면
$$f(a)=b, f(b)=c \Rightarrow (f \circ f)(a)=f(f(a))=f(b)=c$$

solution　직선 $y=x$를 이용하여 점선과 y축이 만나는 점의 좌표를 구하면 오른쪽 그림과 같다.

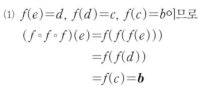

(1) $f(e)=d, f(d)=c, f(c)=b$이므로
$$\begin{aligned}(f \circ f \circ f)(e) &= f(f(f(e))) \\ &= f(f(d)) \\ &= f(c) = \boldsymbol{b}\end{aligned}$$

(2) $f(x)=t$로 놓으면 $(f \circ f)(x)=f(f(x))=f(t)=c$
이때, $f(d)=c$이므로 $t=d$
따라서 $f(x)=d$를 만족시키는 x의 값은 $\boldsymbol{e}$이다.

정답 및 해설 pp.070~071

05-1　함수 $y=f(x)$의 그래프 및 직선 $y=x$가 오른쪽 그림과 같을 때, 다음을 구하시오.

(단, 모든 점선은 x축 또는 y축에 평행하다.)

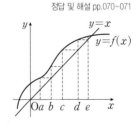

(1) $(f \circ f)(c)$

(2) $(f \circ f \circ f)(x)=d$를 만족시키는 x의 값

05-2　$0 \le x \le 4$에서 정의된 함수 $y=f(x)$의 그래프는 오른쪽 그림과 같다. 이때, 함수 f에 대하여
$$f^1(x)=f(x),$$
$$f^{n+1}(x)=f(f^n(x)) \ (n=1, 2, 3, \cdots)$$
일 때, $f^{567}(1)$의 값을 구하시오.

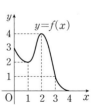

0≤x≤2에서 정의된 두 함수 $y=f(x)$, $y=g(x)$의 그래프가 오른쪽 그림과 같을 때, 다음 물음에 답하시오.

(1) 함수 $y=(g \circ f)(x)$의 그래프를 그리시오.

(2) 방정식 $(g \circ f)(x)=1$의 실근의 개수를 구하시오.

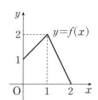
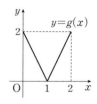

guide 함수 $y=(g \circ f)(x)$의 그래프는 함수 $y=g(x)$의 정의역을 기준으로 함수 $y=f(x)$의 치역을 나누어 각 구간별로 함수식을 구한 후 그린다.

solution (1) $f(x)=\begin{cases} x+1 & (0 \le x < 1) \\ -2x+4 & (1 \le x \le 2) \end{cases}$, $g(x)=\begin{cases} -2x+2 & (0 \le x < 1) \\ 2x-2 & (1 \le x \le 2) \end{cases}$ 이므로

$$(g \circ f)(x)=g(f(x))=\begin{cases} -2f(x)+2 & (0 \le f(x) < 1) \\ 2f(x)-2 & (1 \le f(x) \le 2) \end{cases}$$

$$=\begin{cases} 2 \times (x+1)-2 & (0 \le x < 1) \\ 2 \times (-2x+4)-2 & \left(1 \le x < \frac{3}{2}\right) \\ -2(-2x+4)+2 & \left(\frac{3}{2} \le x \le 2\right) \end{cases} = \begin{cases} 2x & (0 \le x < 1) \\ -4x+6 & \left(1 \le x < \frac{3}{2}\right) \\ 4x-6 & \left(\frac{3}{2} \le x \le 2\right) \end{cases}$$

└─ $f(x)=1$을 만족시키는 x의 값

따라서 함수 $y=(g \circ f)(x)$의 그래프는 오른쪽 그림과 같다.

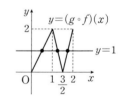

(2) 방정식 $(g \circ f)(x)=1$의 실근의 개수는 함수 $y=(g \circ f)(x)$의 그래프와 직선 $y=1$의 교점의 개수와 같다.

따라서 오른쪽 그림에서 구하는 실근의 개수는 **3**이다.

정답 및 해설 p.071

유형연습 06-1 0≤x≤3에서 정의된 두 함수 $y=f(x)$, $y=g(x)$의 그래프가 다음 그림과 같다.

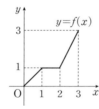
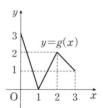

다음 물음에 답하시오.

(1) 함수 $y=(g \circ f)(x)$의 그래프를 그리시오.

(2) 방정식 $(g \circ f)(x)=2$의 모든 실근의 합을 구하시오.

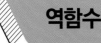 **역함수**

1. 역함수 Ⓐ

함수 $f: X \longrightarrow Y$가 일대일대응이면 Y의 각 원소 y에 대하여 $f(x)=y$인 X의 원소 x가 오직 하나씩 존재한다. 이때, Y의 각 원소 y에 $f(x)=y$인 X의 원소를 대응시키면 Y를 정의역, X를 공역으로 하는 새로운 함수를 정의할 수 있다.

이 새로운 함수를 f의 **역함수**라 하며, 기호로 $f^{-1}: Y \longrightarrow X$와 같이 나타낸다.

함수 $f: X \longrightarrow Y$와 그 역함수 $f^{-1}: Y \longrightarrow X$에 대하여 다음이 성립한다.

$$y=f(x) \iff x=f^{-1}(y)$$

참고 함수 f의 역함수 f^{-1}가 존재한다. $\iff$ 함수 f가 일대일대응이다.

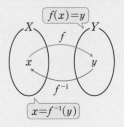

2. 함수 $y=f(x)$의 역함수 $y=f^{-1}(x)$를 구하는 방법

(i) 함수 $y=f(x)$가 일대일대응인지 확인한다.

(ii) $y=f(x)$를 x에 대하여 정리하여 $x=f^{-1}(y)$ 꼴로 나타낸다.

(iii) $x=f^{-1}(y)$에서 x와 y를 서로 바꾸어 $y=f^{-1}(x)$로 나타낸다.

이때, 함수 f의 치역이 역함수 f^{-1}의 정의역이 되고, 함수 f의 정의역이 역함수 f^{-1}의 치역이 된다.

---

1. 역함수는 일대일대응일 때 존재한다.

다음 그림과 같이 함수 $f: X \longrightarrow Y$, $g: X \longrightarrow Y$에 대하여 공역 Y를 정의역으로, 정의역 X를 공역으로 하는 역의 대응 f^{-1}, g^{-1}를 생각해보자.

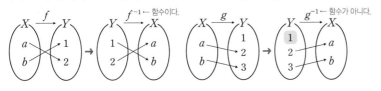

이때, 이 역의 대응 f^{-1}, g^{-1}가 함수가 되려면 함수의 정의에 따라 정의역 Y의 각 원소에 공역 X의 원소가 오직 하나씩 대응되어야 한다.

(1) f^{-1}와 같이 역의 대응이 함수가 되려면 함수 f는 **일대일대응**이어야 한다. Ⓑ

(2) 함수 g와 같이 일대일대응이 아니면 역의 대응 g^{-1}는 함수가 아니다.

이와 같이 원래의 함수가 일대일대응이 아니면 그 역함수가 존재하지 않는다.

2. 역함수를 구하는 방법

함수 $f: X \longrightarrow Y$의 역함수가 존재하면 X의 임의의 원소 x에 대하여

$$y=f(x) \iff x=f^{-1}(y)$$

이고, $x=f^{-1}(y)$에서 $x \in X$와 $y \in Y$를 서로 바꾸면 $y=f^{-1}(x)$이다.

이때, f의 치역이 f^{-1}의 정의역으로 바뀌어야 함에 유의한다. Ⓒ

$$y=f(x) \xrightarrow[\text{푼다.}]{x\text{에 대하여}} x=f^{-1}(y) \xrightarrow[\text{서로 바꾼다.}]{x\text{와 }y\text{를}} y=f^{-1}(x)$$

Ⓐ 역함수는 영어로 inverse function이고 f^{-1}는 'f의 역함수' 또는 'f inverse'라 읽는다.

Ⓑ 일대일대응
함수 f가 일대일대응일 조건
(i) 정의역의 임의의 두 원소 x_1, x_2에 대하여 $x_1 \neq x_2$이면 $f(x_1) \neq f(x_2)$이다.
(ii) 치역과 공역이 같다.

Ⓒ 주의
역함수의 정의역이 실수 전체의 집합이 아닌 경우에는 반드시 정의역을 표시해야 한다.

예를 들어, 정의역이 $X=\{x|0\leq x\leq 2\}$, 공역이 $Y=\{y|-1\leq y\leq 3\}$인 함수 $y=2x-1$의 역함수를 구해 보자.

(i) 함수 $y=2x-1$은 집합 X에서 집합 Y로의 **일대일대응**이므로 역함수가 존재한다.

(ii) $y=2x-1$을 **x에 대하여 풀면** $2x=y+1$ $\therefore x=\dfrac{1}{2}(y+1)$

(iii) **x와 y를 서로 바꾸면**

역함수는 $y=\dfrac{1}{2}(x+1)$, 정의역은 $\{x|-1\leq x\leq 3\}$

[확인] 함수 $f(x)=-3x+6$에 대하여 다음을 구하시오. **D**

(1) 역함수 f^{-1} (2) $f^{-1}(2)$ **E**

풀이 (1) 주어진 함수는 일대일대응이므로 역함수가 존재한다.

$y=-3x+6$에서 $x=-\dfrac{1}{3}y+2$

x와 y를 서로 바꾸면 구하는 역함수는 $y=-\dfrac{1}{3}x+2$

$\therefore f^{-1}(x)=-\dfrac{1}{3}x+2$

(2) $f^{-1}(2)=-\dfrac{1}{3}\times 2+2=\dfrac{4}{3}$

D 역함수의 함숫값은 역함수를 직접 구하지 않고 대응 관계

$$f^{-1}(b)=a \iff f(a)=b$$

를 이용하여 구할 수 있다.

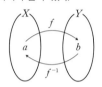

E 다른풀이

(2) $f^{-1}(2)=a$라 하면 $f(a)=2$이므로

$-3a+6=2$ $\therefore a=\dfrac{4}{3}$

개념 **05** **역함수의 성질**

(1) 함수 $f:X\longrightarrow Y$가 일대일대응일 때, 그 역함수 $f^{-1}:Y\longrightarrow X$에 대하여

① $(f^{-1})^{-1}=f$ ← 함수 f^{-1}의 역함수는 f이다.

② $(f^{-1}\circ f)(x)=x\ (x\in X)$, 즉 $f^{-1}\circ f=I_X$ (I_X는 X에서의 항등함수)
$(f\circ f^{-1})(y)=y\ (y\in Y)$, 즉 $f\circ f^{-1}=I_Y$ (I_Y는 Y에서의 항등함수)

참고 일반적으로 $I_X\neq I_Y$이므로 $f^{-1}\circ f\neq f\circ f^{-1}$

(2) 두 함수 $f:X\longrightarrow Y$, $g:Y\longrightarrow X$에 대하여 ← 두 함수의 합성함수가 항등함수이면 두 함수는 서로 역함수 관계이다.

$g\circ f=I_X,\ f\circ g=I_Y \iff g=f^{-1},\ f=g^{-1}$

참고 어떤 함수의 역함수는 유일하게 존재한다. **C**

(3) 두 함수 $f,\ g$의 역함수가 각각 존재할 때,

$$(g\circ f)^{-1}=f^{-1}\circ g^{-1}$$

참고 세 함수 $f,\ g,\ h$의 역함수가 각각 존재할 때, $(f\circ g\circ h)^{-1}=h^{-1}\circ g^{-1}\circ f^{-1}$

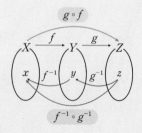

1. 어떤 함수와 그 역함수를 합성하면 항등함수가 된다.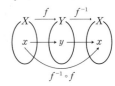

함수 $f : X \longrightarrow Y$와 그 역함수 $f^{-1} : Y \longrightarrow X$에 대하여

$$y=f(x) \Longleftrightarrow x=f^{-1}(y)$$

이므로

$$(f^{-1} \circ f)(x)=f^{-1}(f(x))=f^{-1}(y)=x \ (x \in X)$$

$$(f \circ f^{-1})(y)=f(f^{-1}(y))=f(x)=y \ (y \in Y)$$

즉, 합성함수 $f^{-1} \circ f$는 X에서의 항등함수이고,

합성함수 $f \circ f^{-1}$는 Y에서의 항등함수이다.

2. $(g \circ f)^{-1}=f^{-1} \circ g^{-1}$의 증명 Ⓑ

두 함수 $f : X \longrightarrow Y$, $g : Y \longrightarrow Z$의 역함수가 각각 존재하면

$f^{-1} : Y \longrightarrow X$, $g^{-1} : Z \longrightarrow Y$에서

$$g \circ f : X \longrightarrow Z, \ f^{-1} \circ g^{-1} : Z \longrightarrow X \qquad \cdots\cdots ㉠$$

또한, 함수의 합성에서 결합법칙이 성립하므로

$$(g \circ f) \circ (f^{-1} \circ g^{-1})=g \circ (f \circ f^{-1}) \circ g^{-1}$$

$$=g \circ I \circ g^{-1}=g \circ g^{-1}=I \qquad \cdots\cdots ㉡$$

$$(f^{-1} \circ g^{-1}) \circ (g \circ f)=f^{-1} \circ (g^{-1} \circ g) \circ f$$

$$=f^{-1} \circ I \circ f=f^{-1} \circ f=I \qquad \cdots\cdots ㉢$$

㉠, ㉡, ㉢에서 $g \circ f$의 역함수는 $f^{-1} \circ g^{-1}$이다.

[확인1] 두 함수 f, g를 오른쪽 그림과 같이 정의할 때, 다음을 구하시오.

(1) $f^{-1}(1)$ (2) $(g \circ f)^{-1}(4)$

(3) $(f \circ g^{-1})(3)$ (4) $(g \circ f^{-1})(2)$

풀이 (1) $f(3)=1$이므로 $f^{-1}(1)=3$

(2) $(g \circ f)^{-1}(4)=(f^{-1} \circ g^{-1})(4)=f^{-1}(g^{-1}(4))$
$=f^{-1}(1)=3$

(3) $(f \circ g^{-1})(3)=f(g^{-1}(3))=f(2)=0$

(4) $(g \circ f^{-1})(2)=g(f^{-1}(2))=g(1)=4$

[확인2] 두 함수 $f(x)=\dfrac{1}{2}x+1$, $g(x)=2x-4$에 대하여

$(g \circ (f \circ g)^{-1} \circ g)(2)$의 값을 구하시오.

풀이 $g \circ (f \circ g)^{-1} \circ g=g \circ (g^{-1} \circ f^{-1}) \circ g=(g \circ g^{-1}) \circ f^{-1} \circ g$
$=I \circ f^{-1} \circ g=f^{-1} \circ g$
$\therefore (g \circ (f \circ g)^{-1} \circ g)(2)=(f^{-1} \circ g)(2)=f^{-1}(g(2))=f^{-1}(0)$
$f^{-1}(0)=k$ (k는 상수)라 하면
$f(k)=0$에서 $\dfrac{1}{2}k+1=0$ $\therefore k=-2$
$\therefore (g \circ (f \circ g)^{-1} \circ g)(2)=f^{-1}(0)=-2$

Ⓐ $f^{-1} \circ f : X \longrightarrow X$

$f \circ f^{-1} : Y \longrightarrow Y$

따라서 일반적으로 $f^{-1} \circ f \neq f \circ f^{-1}$

Ⓑ 두 함수의 합성함수의 역함수가 존재하려면 각 함수의 역함수가 모두 존재해야 한다. 즉, 합성함수 $g \circ f$의 역함수가 존재하려면 f^{-1}와 g^{-1}가 각각 존재해야 한다.

Ⓒ 어떤 함수의 역함수는 유일하게 존재한다.

$$g \circ f=I, \ f \circ g=I$$

를 만족시키는 $g \neq f^{-1}$인 함수 f의 역함수 g가 존재한다면

$$g=g \circ I=g \circ (f \circ f^{-1})$$

$$=(g \circ f) \circ f^{-1}$$

$$=I \circ f^{-1}=f^{-1} \text{ (모순)}$$

따라서 f의 역함수는 오직 f^{-1}뿐이다.

Ⓓ 함수 $y=f(ax+b)$의 역함수

$\Rightarrow y=\dfrac{1}{a}\{f^{-1}(x)-b\}$

[증명] $y=f(ax+b)$에서 $g(x)=ax+b$라 하면

$$g^{-1}(x)=\dfrac{1}{a}(x-b)$$

$$(f \circ g)^{-1}(x)=(g^{-1} \circ f^{-1})(x)$$

$$=g^{-1}(f^{-1}(x))$$

$$=\dfrac{1}{a}(f^{-1}(x)-b)$$

$$\therefore y=\dfrac{1}{a}\{f^{-1}(x)-b\}$$

역함수의 그래프

(1) 함수 $y=f(x)$의 그래프와 그 역함수 $y=f^{-1}(x)$의 그래프는 직선 $y=x$에 대하여 대칭이다.
(2) 함수 $y=f(x)$의 그래프와 직선 $y=x$의 교점이 존재하면 그 교점은 함수 $y=f(x)$의 그래프와 그 역함수 $y=f^{-1}(x)$의 그래프의 교점과 같다.

1. 역함수의 그래프의 성질 (1) Ⓐ

함수 $y=f(x)$의 역함수 $y=f^{-1}(x)$가 존재할 때, 함수 $y=f(x)$의 그래프 위의 임의의 점을 $\mathrm{P}(a,\ b)$라 하면
$$b=f(a) \Longleftrightarrow a=f^{-1}(b)$$
이므로 점 $\mathrm{Q}(b,\ a)$는 역함수 $y=f^{-1}(x)$의 그래프 위의 점이다.

이때, 두 점 P, Q는 직선 $y=x$에 대하여 대칭Ⓑ이므로 함수 $\boldsymbol{y=f(x)}$의 **그래프와 그 역함수 $\boldsymbol{y=f^{-1}(x)}$의 그래프는 직선 $\boldsymbol{y=x}$에 대하여 대칭이다.**

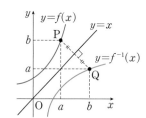

2. 역함수의 그래프의 성질 (2)

함수 $y=f(x)$와 그 역함수 $y=f^{-1}(x)$의 그래프는 직선 $y=x$에 대하여 대칭이므로 함수 $y=f(x)$의 그래프와 직선 $y=x$의 교점이 존재하면 그 교점은 역함수 $y=f^{-1}(x)$의 그래프 위에도 존재한다.

즉, 함수 $y=f(x)$의 그래프와 직선 $y=x$의 교점이 존재하면 그 교점은 두 함수 $y=f(x)$, $y=f^{-1}(x)$의 그래프의 교점과 같다.

그러나 함수 $y=f(x)$와 그 역함수 $y=f^{-1}(x)$의 그래프의 교점이 항상 직선 $y=x$ 위에 존재하는 것은 아니다. Ⓒ

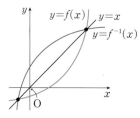

확인 함수 $f(x)=3x-2$의 그래프와 그 역함수 $y=f^{-1}(x)$의 그래프의 교점의 좌표를 구하시오.

풀이 함수 $y=f(x)$의 그래프와 그 역함수 $y=f^{-1}(x)$의 그래프는 직선 $y=x$에 대하여 대칭이므로 그래프는 오른쪽 그림과 같다.
즉, 교점은 1개 존재하고 그 교점이 직선 $y=x$ 위에 있으므로 교점의 x좌표는
$$3x-2=x \quad \therefore \quad x=1$$
따라서 구하는 교점의 좌표는 $(1,\ 1)$이다.

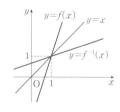

Ⓐ **직선 $\boldsymbol{y=x}$에 대한 대칭이동**
(1) 점의 대칭이동
$$(x,\ y) \longrightarrow (y,\ x)$$
(2) 도형의 대칭이동
$$f(x,\ y)=0 \longrightarrow f(y,\ x)=0$$

Ⓑ 서로 다른 두 점 $\mathrm{P}(a,\ b)$, $\mathrm{Q}(b,\ a)$의 중점 $\mathrm{M}\left(\dfrac{a+b}{2},\ \dfrac{a+b}{2}\right)$가 직선 $y=x$ 위에 있고 선분 PQ의 기울기가 $\dfrac{a-b}{b-a}=-1$ 이므로 직선 PQ는 직선 $y=x$와 수직이다. 즉, 직선 $y=x$는 선분 PQ의 수직이등분선이다.
따라서 두 점 P, Q는 직선 $y=x$에 대하여 대칭이다.

Ⓒ 두 함수 $y=f(x)$, $y=x$의 그래프의 교점 $\longrightarrow$ 두 함수 $y=f(x)$, $y=f^{-1}(x)$의 그래프의 교점

예 (1) $f(x)=-x$와 같이 역함수와 자기 자신이 일치하는 경우
(2) 정의역이 $\{x|x\leq1\}$인 함수 $f(x)=(x-1)^2$과 같이 함수 $y=f(x)$의 그래프와 그 역함수 $y=f^{-1}(x)$의 그래프의 교점 중 직선 $y=x$ 위에 있지 않은 점, 즉 점 $(0,\ 1)$, $(1,\ 0)$이 존재하는 경우

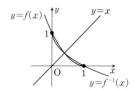

일차함수 $f(x)=ax+b$에 대하여 $f^{-1}(2)=5$, $(f \circ f)(5)=-4$일 때, 다음을 구하시오. (단, a, b는 상수이다.)

(1) 함수 f의 식

(2) $f^{-1}(3)+f^{-1}(-1)$의 값

---

guide   역함수의 함숫값은 역함수를 직접 구하지 않고 대응 관계 $f^{-1}(b)=a \Longleftrightarrow f(a)=b$를 이용하여 구할 수 있다.

solution   (1) $f^{-1}(2)=5$에서 $f(5)=2$이므로

$\quad\quad 5a+b=2 \quad\quad \cdots\cdots\bigcirc$

$\quad\quad (f \circ f)(5)=f(f(5))=f(2)=2a+b$이고 $(f \circ f)(5)=-4$이므로

$\quad\quad 2a+b=-4 \quad\quad \cdots\cdots\bigcirc\!\!\!\!\bigcirc$

$\quad\quad \bigcirc$, $\bigcirc\!\!\!\!\bigcirc$을 연립하여 풀면 $a=2$, $b=-8$ $\therefore \boldsymbol{f(x)=2x-8}$

(2) $f^{-1}(3)=k$라 하면 $f(k)=3$이므로 $2k-8=3$ $\therefore k=\dfrac{11}{2}$

$\quad\quad f^{-1}(-1)=t$라 하면 $f(t)=-1$이므로 $2t-8=-1$ $\therefore t=\dfrac{7}{2}$

$\quad\quad \therefore f^{-1}(3)+f^{-1}(-1)=\dfrac{11}{2}+\dfrac{7}{2}=\boldsymbol{9}$

다른풀이

(2) (1)에서 $f(x)=2x-8$이므로 $y=2x-8$이라 하고 x에 대하여 풀면 $2x=y+8$ $\therefore x=\dfrac{1}{2}y+4$

$\quad\quad x$와 y를 서로 바꾸면 $y=\dfrac{1}{2}x+4$ $\therefore f^{-1}(x)=\dfrac{1}{2}x+4$

$\quad\quad \therefore f^{-1}(3)+f^{-1}(-1)=\left(\dfrac{3}{2}+4\right)+\left(-\dfrac{1}{2}+4\right)=9$

정답 및 해설 pp.071~072

07-1   실수 전체의 집합에서 정의된 함수 f가 $f(2x+1)=4x+7$을 만족시킬 때, 다음을 구하시오.

         (1) $f^{-1}(3)$의 값   (2) 함수 f^{-1}의 식

07-2   두 함수 f, g가 $f(x)=\begin{cases} 2x-4 & (x<3) \\ x-1 & (x\geq3) \end{cases}$, $(f \circ g)(x)=x$를 만족시킬 때, $g(0)+g(3)$의 값을 구하시오.

함수 $f(x)=3|x-1|+kx-1$의 역함수가 존재하도록 하는 실수 k의 값의 범위를 구하시오.

guide   함수 $y=f(x)$의 역함수가 존재한다.

⟺ 함수 $y=f(x)$가 일대일대응이다.

⟺ 정의역의 임의의 두 원소 x_1, x_2에 대하여 $x_1 \neq x_2$이면 $f(x_1) \neq f(x_2)$이고 (치역)＝(공역)이다.

solution $f(x)=3|x-1|+kx-1$에서

(ⅰ) $x<1$일 때,

$$f(x)=-3(x-1)+kx-1$$
$$=(k-3)x+2$$

(ⅱ) $x \geq 1$일 때,

$$f(x)=3(x-1)+kx-1$$
$$=(k+3)x-4$$

(ⅰ), (ⅱ)에서 함수 f의 역함수가 존재하려면 일대일대응이어야 한다.

따라서 $x<1$일 때와 $x \geq 1$일 때의 그래프의 기울기의 부호가 서로 같아야 한다.

즉, $(k+3)(k-3)>0$이므로

$k<-3$ 또는 $k>3$

정답 및 해설 p.072

유형
연습

08-1   실수 전체의 집합에서 정의된 함수

$$f(x)=a|x+4|+2x+1$$

에 대하여 f의 역함수가 존재하도록 하는 실수 a의 값의 범위를 구하시오.

08-2   두 집합 $X=\{x|0 \leq x \leq 5\}$, $Y=\{y|2 \leq y \leq 13\}$에 대하여 X에서 Y로의 함수

$$f(x)=\begin{cases} ax+2 & (0 \leq x < 2) \\ bx-2 & (2 \leq x \leq 5) \end{cases}$$

의 역함수가 존재할 때, ab의 값을 구하시오. (단 a, b는 상수이다.)

두 함수 $f(x)=-2x+5$, $g(x)=\begin{cases} 3x-2 \ (x<1) \\ 2x-1 \ (x\geq1) \end{cases}$ 에 대하여 $(f^{-1}\circ g)(2)+(f\circ g^{-1})(2)$의 값을 구하시오.

guide　❶ 합성함수의 함숫값의 계산 $\Rightarrow (f\circ g)(a)=f(g(a))$이므로 $g(a)$의 값을 구하여 $f(x)$의 x에 대입한다.
　　　❷ 역함수의 함숫값의 계산 $\Rightarrow f^{-1}(k)$의 값은 $f(a)=b \iff f^{-1}(b)=a$임을 이용하여 다음 순서로 구한다.
　　　(i) $f^{-1}(k)=m$이라 정한다.
　　　(ii) $f(m)=k$를 만족시키는 m의 값을 구한다.

solution　$g(2)=2\times2-1=3$이므로 $(f^{-1}\circ g)(2)=f^{-1}(g(2))=f^{-1}(3)$
　　　　$f^{-1}(3)=m$이라 하면 $f(m)=3$이므로 $-2m+5=3$　　∴ $m=1$
　　　　∴ $(f^{-1}\circ g)(2)=f^{-1}(3)=1$
　　　　한편, $(f\circ g^{-1})(2)=f(g^{-1}(2))$에서 $g^{-1}(2)=n$이라 하면 $g(n)=2$
　　　　이때, $x<1$에서 $g(x)=3x-2<1$이고, $x\geq1$에서 $g(x)=2x-1\geq1$이므로 $n\geq1$
　　　　$g(n)=2$에서 $2n-1=2$　　∴ $n=\dfrac{3}{2}$
　　　　∴ $(f\circ g^{-1})(2)=f(g^{-1}(2))=f\left(\dfrac{3}{2}\right)=-2\times\dfrac{3}{2}+5=2$
　　　　∴ $(f^{-1}\circ g)(2)+(f\circ g^{-1})(2)=1+2=\mathbf{3}$

정답 및 해설 pp.072~073

09-1　두 함수 $f(x)=\begin{cases} x+1 \ (x<0) \\ x^2+1 \ (x\geq0) \end{cases}$, $g(x)=-x+3$에 대하여
　　　　$(f\circ(f^{-1}\circ g)^{-1}\circ f^{-1})(0)$의 값을 구하시오.

09-2　두 함수 $f(x)=2x^2-1 \ (x\geq0)$, $g(x)=2x+3$에 대하여
　　　　$(g^{-1}\circ f)^{-1}(-1)+(g\circ f^{-1})^{-1}(3)$의 값을 구하시오.

09-3　두 함수 $f(x)=-2x+1$, $g(x)=3x-4$에 대하여 $(f^{-1}\circ g)^{-1}\circ h=f$를 만족시키도록 함수 h를 정할 때, $h(-2)$의 값을 구하시오.

함수 $f(x)=2x-5$의 그래프와 그 역함수 $y=f^{-1}(x)$의 그래프의 교점을 P라 할 때, 선분 OP의 길이를 구하시오. (단, O는 원점이다.)

guide   함수 $y=f(x)$의 그래프와 그 역함수 $y=f^{-1}(x)$의 그래프의 교점은 함수 $y=f(x)$의 그래프와 직선 $y=x$의 교점과 같다.

solution   함수 $y=f(x)$는 일차함수이고 $y=f(x)$의 그래프는 $y=f^{-1}(x)$의 그래프와 직선 $y=x$에 대하여 대칭이다.

따라서 오른쪽 그림과 같이 함수 $y=f(x)$의 그래프와 그 역함수 $y=f^{-1}(x)$의
그래프의 교점은 함수 $y=f(x)$의 그래프와 직선 $y=x$의 교점과 같다.

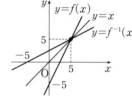

즉, 그 교점의 x좌표는 방정식 $2x-5=x$의 근이므로

$x=5$ $\therefore$ P$(5,\ 5)$

따라서 선분 OP의 길이는

$\overline{\mathrm{OP}}=\sqrt{5^2+5^2}=\mathbf{5\sqrt{2}}$

정답 및 해설 pp.073~074

유형
연습

10-1   함수 $f(x)=x^2-6x+12\ (x\geq3)$의 그래프와 그 역함수 $y=f^{-1}(x)$의 그래프가 서로 다른 두 점 P, Q에서 만날 때, 선분 PQ의 길이를 구하시오.

10-2   함수 $f(x)=x^2+2x+k\ (x\geq-1)$의 그래프와 역함수 $y=f^{-1}(x)$의 그래프가 만나도록 하는 정수 k의 최댓값을 구하시오.

발전
10-3   함수 $f(x)=\begin{cases} 4x+3 & (x<0) \\ \dfrac{1}{2}x+3 & (x\geq0) \end{cases}$ 과 그 역함수 f^{-1}에 대하여 두 함수 $y=f(x),\ y=f^{-1}(x)$

의 그래프로 둘러싸인 도형의 넓이를 구하시오.

합성함수식이 포함된 방정식의 풀이

오른쪽 그림은 $0 \le x \le 3$에서 정의된 함수 $y = f(x)$의 그래프를 나타낸 것이다. 방정식 $f(f(x)) = 2 - f(x)$의 서로 다른 실근의 개수는? [교육청]

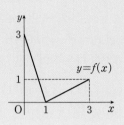

STEP 1   문항분석

함수 $y = f(x)$의 그래프와 합성함수의 성질을 이용하여 방정식의 실근의 개수를 구할 수 있는지 묻는 문항이다.
정의역을 구간으로 나눈 후, 각 구간별로 합성함수의 함수식을 직접 구하여 방정식을 풀 수 있지만
$f(x)$를 하나의 변수로 생각하여 방정식을 풀 수도 있다.

STEP 2   핵심개념

방정식 $(h \circ f)(x) = (g \circ f)(x)$는 다음 순서대로 풀 수 있다.

(i) $(h \circ f)(x) = (g \circ f)(x)$, 즉 $h(f(x)) = g(f(x))$에서 $f(x) = t$로 놓는다.

(ii) 방정식 $h(t) = g(t)$를 만족시키는 t의 값을 구한다.

(iii) (ii)에서 구한 t를 이용하여 방정식 $f(x) = t$를 만족시키는 x의 값을 구한다.
     이때, x의 값의 범위에 주의한다.

STEP 3   모범풀이

1   함수 $y = f(x)$의 그래프에서 $f(x) = \begin{cases} -3x + 3 & (0 \le x < 1) \\ \dfrac{1}{2}x - \dfrac{1}{2} & (1 \le x \le 3) \end{cases}$

이때, $f(x) = t \ (0 \le t \le 3)$로 놓으면 $f(f(x)) = 2 - f(x)$에서 $f(t) = 2 - t$

2   (i) $0 \le t < 1$일 때, $-3t + 3 = 2 - t$에서 $2t = 1$ $\therefore t = \dfrac{1}{2}$

   (ii) $1 \le t \le 3$일 때, $\dfrac{1}{2}t - \dfrac{1}{2} = 2 - t$에서 $\dfrac{3}{2}t = \dfrac{5}{2}$ $\therefore t = \dfrac{5}{3}$

   (i), (ii)에서 $f(x) = \dfrac{1}{2}$ 또는 $f(x) = \dfrac{5}{3}$

3   오른쪽 그림과 같이 함수 $y = f(x)$의 그래프와 직선 $y = \dfrac{1}{2}$은 서로

   다른 두 점에서 만나고, 함수 $y = f(x)$의 그래프와 직선 $y = \dfrac{5}{3}$는 한

   점에서 만나므로 방정식 $f(f(x)) = 2 - f(x)$의 서로 다른 실근의

   개수는 3이다.

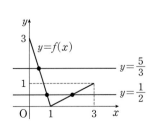

01 세 함수
$$f(x)=\begin{cases} -x^2+1 & (x<0) \\ 2x+1 & (x\geq0) \end{cases},$$
$$g(x)=x^2-4, \ h(x)=|x-3|$$
에 대하여 다음 식의 값을 구하시오.

(1) $(g\circ f)(1)+(f\circ g)(1)$

(2) $(h\circ g)(2)+(g\circ h)(-1)$

(3) $((f\circ g)\circ h)(2)+(f\circ(g\circ h))(5)$

02 집합 $X=\{1,\ 2,\ 3,\ 4\}$에 대하여 X에서 X로의 함수 f가 일대일대응이고 $f(2)=3$, $(f\circ f)(1)=2$를 만족시킬 때, $(f\circ f)(3)$의 값을 구하시오.

03 두 함수 $f(x)=2x-3$, $g(x)=x^2+2x$에 대하여 방정식 $(g\circ f)(x)=(f\circ g)(x)$의 모든 실근의 합을 구하시오.

04 실수 전체의 집합에서 정의된 함수 f와 일차함수 $g(x)=ax+b$가 다음 조건을 만족시킬 때, ab의 값은? (단, a, b는 상수이다.)

> (가) $(f\circ g)(x)=\{g(x)-1\}^2+4$
>
> (나) $(g\circ f)(x)=2\{g(x)\}^2+\dfrac{3}{2}$

① $\dfrac{1}{2}$ ② $\dfrac{1}{4}$ ③ 0

④ $-\dfrac{1}{4}$ ⑤ $-\dfrac{1}{2}$

05 두 함수
$$f(x)=-x+4, \ g(x)=\begin{cases} 3-x & (x\leq2) \\ x-1 & (x>2) \end{cases}$$
에 대하여 $h\circ f=g$를 만족시키도록 함수 h를 정할 때, $h(3)$의 값을 구하시오.

06 실수 전체의 집합 R에서 R로의 함수 f가
$$f(x)=\begin{cases} -x+5 & (x<0) \\ x-3 & (x\geq0) \end{cases}$$
이고 $f^1=f$, $f^{n+1}=f\circ f^n$일 때, $f^{100}(8)$의 값은? (단, n은 자연수이다.)

① 10 ② 8 ③ 6

④ 4 ⑤ 2

07 두 함수
$$f(x)=\begin{cases} x^2-2ax+8 & (x<0) \\ x+8 & (x\geq0) \end{cases}, \ g(x)=x+6$$
에 대하여 합성함수 $g\circ f$의 치역이 $\{y|y\geq5\}$일 때, 상수 a의 값을 구하시오.

08 $0\leq x\leq3$에서 정의된 함수 $y=f(x)$의 그래프가 오른쪽 그림과 같다.
$(f\circ f)(a)=3$을 만족시키는 실수 a의 최댓값을 M, 최솟값을 m이라 할 때, Mm의 값을 구하시오. (단, $0\leq a\leq3$)

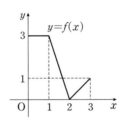

09 세 함수 f, g, h에 대하여
$$(f\circ g)(x)=|x^2-4|, \ h(x)=-x+3$$
일 때, 방정식 $(f\circ(g\circ h))(x)=k$가 서로 다른 두 실근을 갖도록 하는 실수 k의 값 또는 범위를 구하시오.

10 $0\leq x\leq2$에서 정의된 함수 $y=f(x)$의 그래프가 오른쪽 그림과 같을 때, 방정식 $(f\circ f)(x)=f(x)$의 모든 실근의 합을 구하시오.

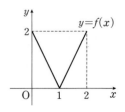

11 두 집합 $X=\{1, 2, 3\}$에 대하여 두 함수 $f: X \longrightarrow X$, $g: X \longrightarrow X$가 다음 그림과 같을 때, $(f\circ f)^{-1}(2)+((f\circ g)^{-1}\circ g)(3)$의 값은?

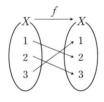 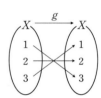

① 3   ② 4   ③ 5
④ 6   ⑤ 7

12 함수 $f(x)=\begin{cases} -x^2+2x & (x<1) \\ 2x^2-1 & (x\geq1) \end{cases}$에 대하여 $f^{-1}(7)+f(t)=-1$을 만족시키는 실수 t의 값은?

① -5 ② -4 ③ -3
④ -2 ⑤ -1

13 함수 $f(x)=\begin{cases} x^2 & (x<0) \\ (a-1)x+a^2-1 & (x\geq0) \end{cases}$ 의 역함수가 존재하도록 하는 상수 a의 값을 구하시오.

16 함수 f와 그 역함수 g에 대하여 함수 $y=f(x-3)+2$의 역함수의 그래프는 함수 $y=g(x)$의 그래프를 x축의 방향으로 m만큼, y축의 방향으로 n만큼 평행이동한 것과 같을 때, $2m+n$의 값을 구하시오.

14 역함수가 존재하는 두 함수 f, g에 대하여
$$f^{-1}(3)=5,\ g(x)=f(4x-1)$$
이라 할 때, $g^{-1}(3)$의 값은?

① 1   ② $\dfrac{3}{2}$ ③ 3

④ $\dfrac{9}{2}$ ⑤ 5

17 일차함수 $y=f(x)$의 그래프가 점 $(3,\ -5)$를 지나고 두 함수 $y=f(x)$, $y=f^{-1}(x)$의 그래프가 일치할 때, $f(-4)+f(1)$의 값을 구하시오.

15 $0\leq x\leq1$에서 정의된 두 함수 $y=f(x)$, $y=g(x)$의 그래프가 다음 그림과 같을 때, $(g\circ f^{-1})^{-1}(a)+(f^{-1}\circ g\circ g)^{-1}(a)$의 값과 같은 것은?
(단, 모든 점선은 x축 또는 y축과 평행하다.)

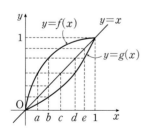

① $2a$ ② $a+c$ ③ $b+d$

④ $c+e$ ⑤ $d+e$

서술형

18 함수 $f(x)=x+1-\left|1-\dfrac{x}{2}\right|$에 대하여 함수 $y=f(x)$의 그래프 및 그 역함수 $y=f^{-1}(x)$의 그래프로 둘러싸인 부분의 넓이를 구하시오.

19 두 함수 $f(x)=ax-3$, $g(x)=x^2-x+1$이 있다. 모든 실수 x에 대하여 부등식 $(f \circ g)(x)>0$이 성립하도록 하는 정수 a의 최솟값을 구하시오.

20 집합 $X=\{1,\ 2,\ 3\}$에 대하여 함수 $f:X \longrightarrow X$는 일대일대응일 때, $(f \circ f)(1)=1$을 만족시키는 함수 f의 개수를 구하시오.

21 함수 $f(x)=|x-3|$에 대하여 방정식
$$(f \circ f \circ f)(x)=3$$
을 만족시키는 모든 실수 x의 값의 합을 구하시오.

22 함수 $f(x)=\dfrac{1}{2}x^2-2x+2$ $(x \leq 2)$의 그래프와 그 역함수 $y=f^{-1}(x)$의 그래프의 교점의 좌표를 모두 구하시오.

23 집합 $X=\{1,\ 2,\ 3,\ 4\}$에 대하여 X에서 X로의 일대일대응인 함수 f가 다음 조건을 만족시킨다.

> (개) 집합 X의 모든 원소 x에 대하여 $(f \circ f)(x)=x$이다.
> (내) 집합 X의 어떤 원소 x에 대하여 $f(x)=2x$이다.

〈보기〉에서 옳은 것만을 있는 대로 고른 것은? [교육청]

> • 보기 •
> ㄱ. $f(3)=f^{-1}(3)$
> ㄴ. $f(1)=3$이면 $f(2)=4$이다.
> ㄷ. 가능한 함수 f의 개수는 4이다.

① ㄱ   ② ㄴ   ③ ㄱ, ㄴ
④ ㄱ, ㄷ   ⑤ ㄱ, ㄴ, ㄷ

Success seems to be largely
a matter of hanging on
after others have let go.

성공은 대체로 다른 사람들이 손을 놓은 후에도
매달려 있을 것인지의 문제인 것 같다.

... 윌리엄 페더(William Feather)

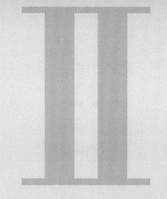

함수와 그래프

개념 01 유리식의 뜻과 성질

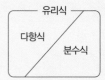

1. 유리식의 뜻

두 다항식 A, B $(B \neq 0)$에 대하여 $\dfrac{A}{B}$ 꼴로 나타낸 식을 **유리식**이라 한다.

B가 0이 아닌 상수이면 $\dfrac{A}{B}$는 다항식이 되므로 다항식도 유리식이다.

> 참고 특히, 다항식이 아닌 유리식을 분수식이라 한다.

2. 유리식의 성질

세 다항식 A, B, C $(B \neq 0,\ C \neq 0)$에 대하여

(1) $\dfrac{A}{B} = \dfrac{A \times C}{B \times C}$

(2) $\dfrac{A}{B} = \dfrac{A \div C}{B \div C}$

---

1. 유리식에 대한 이해

유리수를 정수, 정수가 아닌 유리수(분수)로 분류하는 것과 마찬가지로 유리식도 다항식과 분수식(다항식이 아닌 유리식)으로 분류할 수 있다.

$$\text{유리식} \begin{cases} \text{다항식} : x^2-3,\ \dfrac{x+2}{3},\ \cdots \\[2mm] \text{분수식} : \dfrac{1}{x-1},\ \dfrac{x+2}{x^2-1},\ \cdots \end{cases}$$
← 분모가 일차 이상의 다항식

2. 유리식의 성질에 대한 이해

유리수의 분모, 분자에 0이 아닌 같은 수를 곱하거나 나누어도 그 값은 변하지 않는다.

이와 같은 성질은 유리식에서도 성립한다.

(1) $\dfrac{A}{B} = \dfrac{A \times C}{B \times C}$: 두 개 이상의 유리식을 <u>통분</u>할 때 이용
   분모가 같은 유리식으로 고치는 것

(2) $\dfrac{A}{B} = \dfrac{A \div C}{B \div C}$: 분자와 분모에 공약수가 있어서 <u>약분</u>할 때 이용
   분자와 분모를 공약수로 나누는 것

Ⓐ 유리수

유리수는 두 정수 a, b $(b \neq 0)$에 대하여 $\dfrac{a}{b}$ 꼴로 나타낸 수이다.

유리수는 정수, 정수가 아닌 유리수(분수)로 분류할 수 있는데 유리식은
(1) 정수 ⇨ 다항식
(2) 정수가 아닌 유리수 ⇨ 분수식
으로 생각할 수 있다.

Ⓑ 유리식 $\dfrac{A}{B}$ $(B \neq 0)$는 B에 따라 다음과 같이 분류한다.

(1) B가 상수이면 $\dfrac{A}{B}$는 다항식

(2) B가 상수가 아니면 $\dfrac{A}{B}$는 분수식

> 확인1 두 유리식 $\dfrac{1}{x-1}$, $\dfrac{3}{(x+1)(x+2)}$ 을 통분하시오.
>
> 풀이 $\dfrac{(x+1)(x+2)}{(x-1)(x+1)(x+2)}$, $\dfrac{3(x-1)}{(x-1)(x+1)(x+2)}$

> 확인2 유리식 $\dfrac{x^2-x}{x^2-2x+1}$ $(x \neq 1)$를 약분하여 간단히 하시오.
>
> 풀이 $\dfrac{x^2-x}{x^2-2x+1} = \dfrac{x(x-1)}{(x-1)^2} = \dfrac{x}{x-1}$

1. 유리식의 덧셈과 뺄셈

네 다항식 A, B, C, D ($C \neq 0$, $D \neq 0$)에 대하여

(1) $\dfrac{A}{C} + \dfrac{B}{C} = \dfrac{A+B}{C}$, $\dfrac{A}{C} - \dfrac{B}{C} = \dfrac{A-B}{C}$

(2) $\dfrac{A}{C} + \dfrac{B}{D} = \dfrac{AD+BC}{CD}$, $\dfrac{A}{C} - \dfrac{B}{D} = \dfrac{AD-BC}{CD}$

2. 유리식의 곱셈과 나눗셈

네 다항식 A, B, C, D ($B \neq 0$, $D \neq 0$)에 대하여

(1) $\dfrac{A}{B} \times \dfrac{C}{D} = \dfrac{AC}{BD}$

(2) $\dfrac{A}{B} \div \dfrac{C}{D} = \dfrac{A}{B} \times \dfrac{D}{C} = \dfrac{AD}{BC}$ (단, $C \neq 0$)

참고 유리식의 덧셈, 곱셈에서 교환법칙과 결합법칙이 성립한다.

유리식의 사칙연산은 유리수의 사칙연산과 그 방법이 동일하다. **A**

1. 유리식의 덧셈과 뺄셈에 대한 이해

분모가 다르면 분모를 통분한 후, 분자끼리 계산한다.

예 $\dfrac{x+1}{x-1} - \dfrac{2}{x+1} = \dfrac{(x+1)^2 - 2(x-1)}{(x-1)(x+1)} = \dfrac{x^2+3}{x^2-1}$

2. 유리식의 곱셈에 대한 이해

분모는 분모끼리, 분자는 분자끼리 곱한다.

예 $\dfrac{x+3}{x^2-6x+9} \times \dfrac{2x-6}{x+3} = \dfrac{x+3}{(x-3)^2} \times \dfrac{2(x-3)}{x+3} = \dfrac{2}{x-3}$

3. 유리식의 나눗셈에 대한 이해

나누는 식의 역수를 취해서 곱한다.

예 $\dfrac{x-2}{x-3} \div \dfrac{x^2-4}{x-3} = \dfrac{x-2}{x-3} \times \dfrac{x-3}{x^2-4} = \dfrac{x-2}{x-3} \times \dfrac{x-3}{(x-2)(x+2)} = \dfrac{1}{x+2}$

확인 다음 식을 간단히 하시오.

(1) $\dfrac{2}{x+2} + \dfrac{3}{x+3} - \dfrac{1}{x-1}$

(2) $\dfrac{x-2}{x+2} \times \dfrac{x^2-3x-10}{x^2-2x-15} \div \dfrac{x-2}{x-1}$

풀이 (1) (주어진 식) $= \dfrac{2(x+3)(x-1) + 3(x+2)(x-1) - (x+2)(x+3)}{(x+2)(x+3)(x-1)}$

$= \dfrac{2(2x^2+x-9)}{(x+2)(x+3)(x-1)}$

(2) (주어진 식) $= \dfrac{x-2}{x+2} \times \dfrac{(x+2)(x-5)}{(x+3)(x-5)} \times \dfrac{x-1}{x-2} = \dfrac{x-1}{x+3}$

A 유리식의 덧셈과 뺄셈의 결과는 모두 유리식이다. 유리식의 계산 결과는 되도록 약분하여 간단한 꼴(또는 차수가 낮은 꼴)로 나타낸다.

한걸음 더 +

4. 복잡한 유리식의 계산

(1) **(분자의 차수)≥(분모의 차수) 꼴일 때**

(분자의 차수)<(분모의 차수)가 되도록 분자를 분모로 나누어 식을 (다항식)+(분수식) 꼴로 변형한다.

(예) $\dfrac{x^2+x+2}{x-1}=\dfrac{(x-1)(x+2)+4}{x-1}=x+2+\dfrac{4}{x-1}$ **Ⓑ**

(2) **네 개 이상의 유리식의 합, 차를 구할 때**

계산 과정이 간단해지도록 적당히 두 개씩 묶어서 계산한다.

(예) $\dfrac{1}{x-2}+\dfrac{1}{x-1}-\dfrac{1}{x}-\dfrac{1}{x+1}=\left(\dfrac{1}{x-2}-\dfrac{1}{x}\right)+\left(\dfrac{1}{x-1}-\dfrac{1}{x+1}\right)$

$=\dfrac{2}{x(x-2)}+\dfrac{2}{(x-1)(x+1)}$

분자에 문자가 없어서 통분이 간단해진다.

(3) **분모가 두 인수 A, B의 곱일 때 Ⓒ**

다음과 같이 하나의 유리식을 두 개 이상의 유리식으로 나누어 계산한다.

$\dfrac{1}{AB}=\dfrac{1}{B-A}\left(\dfrac{1}{A}-\dfrac{1}{B}\right)$ (단, $A\neq B$)

이와 같은 방법을 **부분분수로의 변형**이라 한다.

부분분수로의 변형은 통분의 역과정을 이용하여 다음과 같이 보일 수 있다.

$\dfrac{1}{A}-\dfrac{1}{B}=\dfrac{B-A}{AB}\rightarrow\dfrac{1}{AB}=\dfrac{1}{B-A}\left(\dfrac{1}{A}-\dfrac{1}{B}\right)$

(예) $\dfrac{1}{x(x+2)}=\dfrac{1}{(x+2)-x}\left(\dfrac{1}{x}-\dfrac{1}{x+2}\right)=\dfrac{1}{2}\left(\dfrac{1}{x}-\dfrac{1}{x+2}\right)$

(4) **분자 또는 분모가 분수식일 때**

다음과 같이 분자에 분모의 역수를 곱하여 계산한다. **Ⓓ**

$\dfrac{\frac{A}{B}}{\frac{C}{D}}=\dfrac{A}{B}\div\dfrac{C}{D}=\dfrac{A}{B}\times\dfrac{D}{C}=\dfrac{AD}{BC}$

분자 또는 분모에 또 다른 분수를 포함한 유리식을 번분수식이라 한다.

복잡할 번(繁)

번분수식은 나눗셈으로 나타낸 후, 나눗셈을 곱셈으로 바꾸어 정리할 수 있지만 위와 같은 방법을 이용하여 바로 계산하는 것이 효율적이다.

(예) $\dfrac{\frac{x-1}{x}}{\frac{x}{x+1}}=\dfrac{(x-1)\times(x+1)}{x\times x}=\dfrac{(x-1)(x+1)}{x^2}=\dfrac{x^2-1}{x^2}$

Ⓑ $f(x)$, $g(x)$가 일차식, $f(\alpha)=0$이면

$\dfrac{g(x)}{f(x)}=\dfrac{g(\alpha)}{f(x)}+\dfrac{\{g(x)\text{의 }x\text{의 계수}\}}{\{f(x)\text{의 }x\text{의 계수}\}}$

예를 들어, 유리식 $\dfrac{5x-9}{2x-4}$에 대하여

$f(x)=2x-4$, $g(x)=5x-9$라 하면

$f(x)$, $g(x)$가 일차식, $f(2)=0$이므로

$\dfrac{5x-9}{2x-4}=\dfrac{g(2)}{2x-4}+\dfrac{5}{2}$

$=\dfrac{1}{2x-4}+\dfrac{5}{2}$

Ⓒ 분모가 세 인수 A, B, C의 곱일 때

$\dfrac{1}{ABC}=\dfrac{1}{C-A}\left(\dfrac{1}{AB}-\dfrac{1}{BC}\right)$

(단, $A\neq C$)

$\left(\because\dfrac{1}{AB}-\dfrac{1}{BC}=\dfrac{C-A}{ABC}\right)$

Ⓓ 분자, 분모 중 어느 한 쪽만 분수일 때, 다음과 같이 계산한다.

(1) $\dfrac{\frac{A}{B}}{C}=\dfrac{\frac{A}{B}}{\frac{C}{1}}=\dfrac{A}{BC}$

(2) $\dfrac{A}{\frac{B}{C}}=\dfrac{\frac{A}{1}}{\frac{B}{C}}=\dfrac{AC}{B}$

분모가 0이 되지 않도록 하는 모든 실수 x에 대하여 등식

$$\frac{3}{x^2-x-2}=\frac{a}{x-2}+\frac{b}{x+1}$$

가 항상 성립할 때, $a-b$의 값을 구하시오. (단, a, b는 상수이다.)

guide

  1 주어진 유리식이 항등식 ⇨ 통분하여 양변의 분모를 같게 한 후, 분자의 동류항의 계수를 비교한다.

  2 항등식의 성질

    (1) $ax^2+bx+c=a'x^2+b'x+c'$이 x에 대한 항등식 $\Longleftrightarrow a=a',\ b=b',\ c=c'$

    (2) $ax+by+c=a'x+b'y+c'$이 x, y에 대한 항등식 $\Longleftrightarrow a=a',\ b=b',\ c=c'$

solution

주어진 식의 우변을 통분하여 정리하면

$$\frac{a}{x-2}+\frac{b}{x+1}=\frac{a(x+1)+b(x-2)}{(x-2)(x+1)}=\frac{(a+b)x+a-2b}{x^2-x-2}$$

즉, $\dfrac{3}{x^2-x-2}=\dfrac{(a+b)x+a-2b}{x^2-x-2}$가 x에 대한 항등식이므로 양변의 분자의 동류항의 계수를 비교하면

$a+b=0,\ a-2b=3$

두 식을 연립하여 풀면

$a=1,\ b=-1 \qquad \therefore a-b=\mathbf{2}$

정답 및 해설 pp.084~085

01-1   분모가 0이 되지 않도록 하는 모든 실수 x에 대하여 등식

$$\frac{7x-1}{x^3-1}=\frac{a}{x-1}-\frac{bx-3}{x^2+x+1}$$

이 항상 성립할 때, ab의 값을 구하시오. (단, a, b는 상수이다.)

01-2   분모가 0이 되지 않도록 하는 모든 실수 x에 대하여 등식

$$\frac{1}{x^3-x}=\frac{a}{x-1}+\frac{b}{x}+\frac{c}{x+1}$$

가 항상 성립할 때, $a-b+c$의 값을 구하시오. (단, a, b, c는 상수이다.)

01-3   모든 실수 x에 대하여 등식

$$\frac{a}{(x^2+x+1)^2}+\frac{b}{(x^2-x+1)^2}=\frac{4x^4+cx^2+4}{(x^4+x^2+1)^2}$$

가 항상 성립할 때, abc의 값을 구하시오. (단, a, b, c는 상수이다.)

다음 식을 간단히 하시오.

(1) $\dfrac{1}{x}+\dfrac{x}{x+1}-\dfrac{1}{x+2}-\dfrac{x+2}{x+3}$　　(2) $\dfrac{1}{x(x+1)}+\dfrac{2}{(x+1)(x+3)}$　　(3) $1+\dfrac{1}{1-\dfrac{1}{1+\dfrac{1}{x}}}$

guide

① (분자의 차수)≥(분모의 차수)일 때, (분자의 차수)<(분모의 차수)가 되도록 분자를 분모로 나누어 식을 변형한다.

② 부분분수로의 변형 : $\dfrac{1}{AB}=\dfrac{1}{B-A}\left(\dfrac{1}{A}-\dfrac{1}{B}\right)(A\neq B)$를 이용한다.

③ 번분수식의 계산 : 분자에 분모의 역수를 곱하여 계산한다.

solution

(1) $\dfrac{x}{x+1}=\dfrac{(x+1)-1}{x+1}=1-\dfrac{1}{x+1}$, $\dfrac{x+2}{x+3}=\dfrac{(x+3)-1}{x+3}=1-\dfrac{1}{x+3}$

$\therefore$ (주어진 식)$=\dfrac{1}{x}+\left(1-\dfrac{1}{x+1}\right)-\dfrac{1}{x+2}-\left(1-\dfrac{1}{x+3}\right)$

$\qquad=\dfrac{1}{x}-\dfrac{1}{x+1}-\dfrac{1}{x+2}+\dfrac{1}{x+3}=\dfrac{1}{x(x+1)}-\dfrac{1}{(x+2)(x+3)}$

$\qquad=\dfrac{(x+2)(x+3)-x(x+1)}{x(x+1)(x+2)(x+3)}=\boldsymbol{\dfrac{4x+6}{x(x+1)(x+2)(x+3)}}$

(2) $\dfrac{1}{x(x+1)}+\dfrac{2}{(x+1)(x+3)}=\left(\dfrac{1}{x}-\dfrac{1}{x+1}\right)+\left(\dfrac{1}{x+1}-\dfrac{1}{x+3}\right)$

$\qquad=\dfrac{1}{x}-\dfrac{1}{x+3}=\boldsymbol{\dfrac{3}{x(x+3)}}$

(3) $1+\dfrac{1}{1-\dfrac{1}{1+\dfrac{1}{x}}}=1+\dfrac{1}{1-\dfrac{1}{\dfrac{x+1}{x}}}=1+\dfrac{1}{1-\dfrac{x}{x+1}}=1+\dfrac{1}{\dfrac{1}{x+1}}$

$\qquad=1+(x+1)=\boldsymbol{x+2}$

정답 및 해설 p.085

02-1　다음 식을 간단히 하시오.

(1) $\dfrac{2x-1}{x-1}-\dfrac{x+1}{x}-\dfrac{2x+5}{x+2}+\dfrac{x+4}{x+3}$

(2) $\dfrac{x}{2x^2-3x+1}-\dfrac{x}{2x^2+3x+1}+\dfrac{2}{4x^2-1}$

(3) $\dfrac{\dfrac{x}{x+y}-\dfrac{x-y}{x}}{\dfrac{x}{x+y}+\dfrac{x-y}{x}}$

$x^2+2x-1=0$일 때, 다음 식의 값을 구하시오.

(1) $x^2+\dfrac{1}{x^2}$ (2) $x^3-\dfrac{1}{x^3}$ (3) $x^5-\dfrac{1}{x^5}$

guide

■ $x+\dfrac{1}{x}$ 또는 $x-\dfrac{1}{x}$의 값을 구한 후, 곱셈 공식의 변형을 이용한다.

(1) $x^2+\dfrac{1}{x^2}=\left(x+\dfrac{1}{x}\right)^2-2=\left(x-\dfrac{1}{x}\right)^2+2$

(2) $x^3+\dfrac{1}{x^3}=\left(x+\dfrac{1}{x}\right)^3-3\left(x+\dfrac{1}{x}\right),\ x^3-\dfrac{1}{x^3}=\left(x-\dfrac{1}{x}\right)^3+3\left(x-\dfrac{1}{x}\right)$

■ $x^2+ax\pm1=0$ (a는 상수)을 만족시키는 x의 값을 직접 구하여 대입하려면 매우 복잡하다.

따라서 $x\neq0$이므로 양변을 x로 나누어 $x\pm\dfrac{1}{x}=-a$ 꼴로 바꾸어 푼다.

solution

$x^2+2x-1=0$에서 $x\neq0$이므로 양변을 x로 나누면

$x+2-\dfrac{1}{x}=0$ $\therefore\ x-\dfrac{1}{x}=-2$

(1) $x^2+\dfrac{1}{x^2}=\left(x-\dfrac{1}{x}\right)^2+2=(-2)^2+2=\mathbf{6}$

(2) $x^3-\dfrac{1}{x^3}=\left(x-\dfrac{1}{x}\right)^3+3\left(x-\dfrac{1}{x}\right)=(-2)^3+3\times(-2)=\mathbf{-14}$

(3) $x^5-\dfrac{1}{x^5}=\left(x^2+\dfrac{1}{x^2}\right)\left(x^3-\dfrac{1}{x^3}\right)-\left(x-\dfrac{1}{x}\right)$

$\qquad\qquad=6\times(-14)-(-2)=\mathbf{-82}$

정답 및 해설 p.085

03-1 $x^2+\dfrac{1}{x^2}=5$일 때, 다음 식의 값을 구하시오. (단, $x>0$)

(1) $x+\dfrac{1}{x}$ (2) $x^3+\dfrac{1}{x^3}$ (3) $x^6+\dfrac{1}{x^6}$

03-2 $x^2+4x+1=0$일 때, $x^4-\dfrac{1}{x^4}$의 값을 구하시오. (단, $-1<x<0$)

비례식을 이용한 유리식의 계산

1. 비례식

두 비 $a : b$, $c : d$의 비의 값이 같을 때, $a : b = c : d$ 또는 $\dfrac{a}{b} = \dfrac{c}{d}$와 같이 나타내고, 이 식을 **비례식**이라 한다.

2. 비례식의 표현

비례식은 0이 아닌 실수 k를 이용하여 다음과 같이 표현할 수 있다.

(1) $a : b = c : d \iff \dfrac{a}{b} = \dfrac{c}{d} = k \iff a = bk,\ c = dk$

  $a : b = c : d \iff \dfrac{a}{c} = \dfrac{b}{d} = k \iff a = ck,\ b = dk$

(2) $a : b : c = d : e : f \iff \dfrac{a}{d} = \dfrac{b}{e} = \dfrac{c}{f} = k \iff a = dk,\ b = ek,\ c = fk$

---

1. 비례식에 대한 이해 Ⓐ

두 개 이상의 수 또는 양 사이의 배수 관계를 **비**라 하고, b에 대한 a의 비를 $a : b$로 나타낸다. 이때, 비 $a : b$에서 $\dfrac{a}{b}$를 **비의 값**이라 한다.

두 비 $a : b$, $c : d$의 비의 값이 같을 때 $a : b = c : d$ 또는 $\dfrac{a}{b} = \dfrac{c}{d}$와 같이 나타내고, 이 식을 **비례식**이라 한다.

2. 비례식의 성질에 대한 이해 Ⓑ

0이 아닌 실수 a, b, c, d에 대하여 $a : b = c : d$는

$$\frac{a}{b} = \frac{2a}{2b} = \cdots = \frac{ka}{kb} = \frac{c}{d} \ (\text{단, } k \neq 0)$$

와 같이 나타낼 수 있으므로 0이 아닌 실수 k에 대하여

$$c = ka,\ d = kb \iff \frac{c}{a} = \frac{d}{b} = k$$

이다. 같은 방법으로 $a : b : c = d : e : f$는 0이 아닌 실수 k에 대하여

$$a = dk,\ b = ek,\ c = fk \iff \frac{a}{d} = \frac{b}{e} = \frac{c}{f} = k$$

와 같이 나타낼 수 있다. 이때, 실수 k의 값을 **비례상수**라 한다.

확인 $\dfrac{x}{3} = \dfrac{y}{2}$일 때, $\dfrac{2xy}{x^2 - y^2}$의 값을 구하시오. (단, $xy \neq 0$)

풀이 $\dfrac{x}{3} = \dfrac{y}{2} = k \ (k \neq 0)$로 놓으면 $x = 3k$, $y = 2k$이므로

$$\frac{2xy}{x^2 - y^2} = \frac{2 \times 3k \times 2k}{(3k)^2 - (2k)^2} = \frac{12k^2}{5k^2} = \frac{12}{5}$$

Ⓐ $a : b = c : d$에서 바깥쪽의 두 항 a, d를 외항, 안쪽의 두 항 b, c를 내항이라 한다. 비례식에서 외항의 곱과 내항의 곱은 같다.

$$\overset{\text{내항}}{a : \underbrace{b = c} : d} \iff ad = bc$$
$$\underbrace{}_{\text{외항}}$$

Ⓑ 다음은 모두 비례식 $x : y = 2 : 3$을 나타낸 것이다.

(1) $\dfrac{x}{y} = \dfrac{2}{3}$ 또는 $\dfrac{x}{2} = \dfrac{y}{3}$

(2) $x = 2k$, $y = 3k$ (단, $k \neq 0$)

(3) $3x = 2y$

0이 아닌 세 실수 x, y, z에 대하여 $(x+y):y=5:3$, $(3z-y):2z=7:6$일 때, 다음 식의 값을 구하시오.

(1) $\dfrac{2x+y-z}{x-2y+z}$ 　　　　　　　　　　(2) $\dfrac{x^2-2y^2+z^2}{xy-yz+zx}$

---

guide 　$a:b:c=d:e:f \iff \dfrac{a}{d}=\dfrac{b}{e}=\dfrac{c}{f}=k \iff a=dk,\ b=ek,\ c=fk$ (단, $k\neq0$)

solution 　$(x+y):y=5:3$에서 $3(x+y)=5y$

$3x=2y \qquad \therefore\ x=\dfrac{2}{3}y \qquad\qquad \cdots\cdots \text{㉠}$

$(3z-y):2z=7:6$에서 $6(3z-y)=14z$

$18z-6y=14z,\ 2z=3y \qquad \therefore\ z=\dfrac{3}{2}y \qquad \cdots\cdots \text{㉡}$

㉠, ㉡에서 $x:y:z=\dfrac{2}{3}y:y:\dfrac{3}{2}y=4:6:9$

따라서 $x=4k,\ y=6k,\ z=9k\ (k\neq0)$로 놓으면

(1) $\dfrac{2x+y-z}{x-2y+z}=\dfrac{8k+6k-9k}{4k-12k+9k}=\dfrac{5k}{k}=\mathbf{5}$

(2) $\dfrac{x^2-2y^2+z^2}{xy-yz+zx}=\dfrac{16k^2-72k^2+81k^2}{24k^2-54k^2+36k^2}=\dfrac{25k^2}{6k^2}=\dfrac{\mathbf{25}}{\mathbf{6}}$

정답 및 해설 pp.085~087

04-1 　0이 아닌 세 실수 x, y, z에 대하여 $(x+y):(y+z):(z+x)=4:7:5$일 때, 다음 식의 값을 구하시오.

(1) $\dfrac{yz+zx}{xy+yz}$ 　　　　　　　　　　(2) $\dfrac{x^3+y^3+z^3}{xyz}$

04-2 　세 실수 a, b, c에 대하여 $\dfrac{b+c}{a}=\dfrac{c+a}{b}=\dfrac{a+b}{c}=k$를 만족시키는 모든 실수 k의 값의 합을 구하시오. (단, $abc\neq0$)

발전
04-3 　어느 학교의 1학년 학생의 남녀 구성비는 5:4이고 2학년 학생의 남녀 구성비는 4:3, 3학년 학생의 남녀 구성비는 8:7이다. 이 학교 전체 학생의 남녀 구성비가 11:9이고, 1학년 전체 학생과 3학년 전체 학생의 비는 7:10일 때, 이 학교의 전체 여학생 수에 대한 3학년 여학생 수의 비를 구하시오.

개념 04 유리함수

1. 유리함수

함수 $y=f(x)$에서 $f(x)$가 x에 대한 유리식일 때, 이 함수를 **유리함수**라 한다.

(1) **다항함수** : $f(x)$가 x에 대한 **다항식**인 유리함수

(2) **분수함수** : $f(x)$가 x에 대한 **분수식**인 유리함수

2. 유리함수의 정의역

유리함수에서 정의역이 주어져 있지 않을 때, 다항함수와 분수함수의 정의역은 각각 다음과 같다.

(1) **다항함수** : 실수 전체의 집합

(2) **분수함수** : **분모가 0이 되지 않도록 하는 모든 실수의 집합**

---

1. 유리함수에 대한 이해 Ⓐ

유리식을 다항식과 분수식으로 분류하는 것과 마찬가지로 유리함수도 다항함수와 분수함수로 분류하여 정의한다.

$$\text{유리함수} \begin{cases} \text{다항함수} : y=x^2-3,\ y=\dfrac{x+2}{3},\ \cdots \\[2mm] \text{분수함수} : y=\dfrac{1}{x-1},\ y=\dfrac{x+2}{x^2-1},\ \cdots \end{cases}$$

2. 유리함수의 정의역 Ⓑ

분수에서 (분모)$\neq 0$인 것처럼 분수함수에서 정의역이 특별히 명시되어 있지 않으면 정의역은 (분모)$\neq 0$인 실수 전체의 집합으로 생각한다.

⑩ 유리함수 $y=\dfrac{1}{x}$의 정의역 : $\{x\,|\,x\neq 0$인 실수$\}$

유리함수 $y=\dfrac{2x-3}{x+1}$의 정의역 : $\{x\,|\,x\neq -1$인 실수$\}$

확인1 다음 함수의 정의역을 구하시오.

(1) $y=\dfrac{x^2-1}{x^2-1}$ (2) $y=\dfrac{2}{x^2+1}$

풀이 (1) $x^2-1\neq 0$인 모든 실수의 집합, 즉 $\{x\,|\,x\neq \pm 1$인 실수$\}$이다. Ⓒ
   (2) 모든 실수 x에 대하여 $x^2+1>0$이므로 주어진 함수의 정의역은 $\{x\,|\,x$는 모든 실수$\}$이다.

확인2 두 함수 $f(x)=x+1$, $g(x)=\dfrac{x^2-1}{x-1}$은 서로 같은 함수인지 판별하시오. Ⓓ

풀이 $g(x)=\dfrac{x^2-1}{x-1}=x+1$이지만
   $f(x)$의 정의역 : $\{x\,|\,x$는 실수$\}$, $g(x)$의 정의역 : $\{x\,|\,x\neq 1$인 실수$\}$
   에서 정의역이 다르므로 두 함수 f, g는 서로 같은 함수가 아니다. Ⓔ

Ⓐ 유리함수 $y=f(x)$는 $f(x)$에 따라 다음과 같이 분류한다.

(1) $f(x)=$ (다항식) ⇨ 다항함수

(2) $f(x)=$ (분수식) ⇨ 분수함수

Ⓑ 다항함수와 분수함수의 정의역

(1) 다항함수의 정의역 : 실수 전체의 집합

(2) 분수함수의 정의역 : (분모)$\neq 0$인 실수 전체의 집합

Ⓒ 주의

$x^2\neq 1$일 때, $\dfrac{x^2-1}{x^2-1}=1$이다.

즉, **확인1** 의 (1)의 함수는 상수함수 $y=1$과는 다른 함수임에 주의한다.

Ⓓ 두 함수 f, g가 서로 같을 조건

(i) 정의역이 서로 같다.

(ii) 정의역의 모든 원소 x에 대하여 $f(x)=g(x)$

Ⓔ 두 함수 $y=f(x)$, $y=g(x)$의 그래프는 각각 다음과 같다.

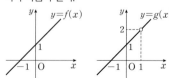

개념 05 | 유리함수 $y = \dfrac{k}{x}$ $(k \neq 0)$의 그래프

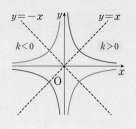

(1) 정의역 : $\{x \,|\, x \neq 0$인 실수$\}$, 치역 : $\{y \,|\, y \neq 0$인 실수$\}$
(2) 점근선 : x축$(y=0)$, y축$(x=0)$
(3) 원점 및 두 직선 $y=x$, $y=-x$에 대하여 대칭이다.
(4) $k>0$ $\Rightarrow$ 그래프는 제1사분면, 제3사분면에 있다.
    $k<0$ $\Rightarrow$ 그래프는 제2사분면, 제4사분면에 있다.
(5) $|k|$의 값이 커질수록 그래프는 원점에서 멀어진다.

유리함수 $y = \dfrac{k}{x}$ $(k \neq 0)$의 그래프에 대한 이해

유리함수 $y = \dfrac{k}{x}$ $(k \neq 0)$의 그래프는 상수 k의 값에 따라 다음과 같은 쌍곡선이 된다.

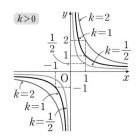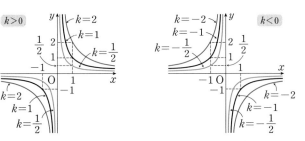

이때, 이 곡선은 x의 절댓값이 커질수록 x축에 한없이 가까워지고, x의 값이 0에 가까워질수록 y축에 한없이 가까워진다.
이와 같이 곡선이 어떤 직선에 한없이 가까워질 때, 이 직선을 그 곡선의 **점근선**이라 하며 유리함수 $y = \dfrac{k}{x}$ $(k \neq 0)$의 그래프의 점근선은 x축, y축이다. Ⓑ

Ⓐ **반비례 관계**
x, y가 반비례 관계일 때, $xy = a$, 즉 $y = \dfrac{a}{x}$ $(a \neq 0)$와 같이 나타낸다.

Ⓑ 유리함수 $y = \dfrac{k}{x}$ $(k \neq 0)$의 그래프처럼 점근선이 수직으로 만나는 쌍곡선을 직각쌍곡선이라 한다.

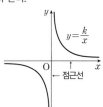

Ⓒ **유리함수 $y = \dfrac{k}{x}$ $(k \neq 0)$의 역함수**
유리함수 $y = \dfrac{k}{x}$ $(k \neq 0)$는 정의역 $\{x \,|\, x \neq 0$인 실수$\}$에서 일대일대응이므로 역함수가 존재한다.
이때, 이 그래프는 직선 $y=x$에 대하여 대칭이므로 함수 $y = \dfrac{k}{x}$의 역함수는 자기 자신이다.

확인 다음 함수의 그래프를 그리시오.

(1) $y = \dfrac{2}{x}$ (2) $y = -\dfrac{1}{2x}$

풀이 (1) 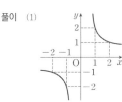   (2)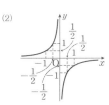

유리함수 $y = \dfrac{k}{x-p} + q \ (k \neq 0)$의 그래프

유리함수 $y = \dfrac{k}{x}$의 그래프를 x축의 방향으로 p만큼, y축의 방향으로 q만큼 평행이동한 것이다.

> 참고 유리함수의 그래프에서 $|k|$의 값이 서로 같으면 p, q의 값에 관계없이 평행이동이나 대칭이동에 의하여 서로 겹쳐질 수 있다.

(1) 정의역 : $\{x \,|\, x \neq p$인 실수$\}$, 치역 : $\{y \,|\, y \neq q$인 실수$\}$
(2) 점근선 : 두 직선 $x = p$, $y = q$
(3) 점 (p, q) 및 두 직선 $y = \pm(x-p)+q$에 대하여 대칭이다.

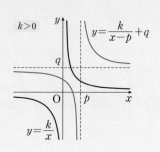

유리함수 $y = \dfrac{k}{x-p} + q \ (k \neq 0)$의 그래프에 대한 이해

유리함수 $y = \dfrac{k}{x-p} + q \ (k \neq 0)$의 그래프는 유리함수 $y = \dfrac{k}{x}$의 그래프를 x축의 방향으로 p만큼, y축의 방향으로 q만큼 평행이동한 것이므로 k의 부호에 따라 다음 그림과 같다.

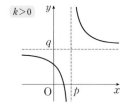 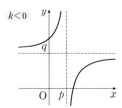

(1) 정의역은 $\{x \,|\, x \neq p$인 실수$\}$, 치역은 $\{y \,|\, y \neq q$인 실수$\}$이고, 점근선은 두 직선 $x = p$, $y = q$이다.

(2) 유리함수 $y = \dfrac{k}{x-p} + q$의 그래프는

    점 (p, q) 및 두 직선 $y = \pm(x-p)+q$ ←점 (p, q)를 지나고 기울기가 ± 1인 직선

에 대하여 대칭이다. **Ⓐ**

두 유리함수 $y = \dfrac{k}{x}$, $y = \dfrac{k}{x-p} + q$의 그래프를 비교하면 다음과 같다.

	$y = \dfrac{k}{x}$	$y = \dfrac{k}{x-p} + q$
정의역	$\{x \,|\, x \neq 0$인 실수$\}$	$\{x \,|\, x \neq p$인 실수$\}$
치역	$\{y \,|\, y \neq 0$인 실수$\}$	$\{y \,|\, y \neq q$인 실수$\}$
점근선	$x = 0$, $y = 0$	$x = p$, $y = q$
대칭점	$(0, 0)$	(p, q)
대칭축	$y = \pm x$	$y = \pm(x-p)+q$

    x축의 방향으로 p만큼, y축의 방향으로 q만큼 평행이동

Ⓐ 유리함수 $f(x) = \dfrac{k}{x-p} + q \ (k \neq 0)$의 그래프는 점 (p, q)에 대하여 대칭이므로
$$f(p+x) + f(p-x) = 2q,$$
$$f(x) + f(2p-x) = 2q$$
가 성립한다.

확인 함수 $y=-\dfrac{3}{x-2}+1$의 그래프를 그리고, 점근선의 방정식을 구하

시오.

풀이 유리함수 $y=-\dfrac{3}{x}$의 그래프를 x축의 방향으로

2만큼, y축의 방향으로 1만큼 평행이동한 것이

므로 오른쪽 그림과 같고 점근선의 방정식은

$x=2$, $y=1$이다.

개념 **07** 유리함수 $y=\dfrac{ax+b}{cx+d}\ (c\neq0,\ ad-bc\neq0)$의 그래프

유리함수 $y=\dfrac{ax+b}{cx+d}\ (c\neq0,\ ad-bc\neq0)$의 그래프는 $y=\dfrac{k}{x-p}+q\ (k\neq0)$ 꼴로 변형하여 그린다.

(1) 정의역 : $\left\{x \,\middle|\, x\neq-\dfrac{d}{c}$인 실수$\right\}$, 치역 : $\left\{y \,\middle|\, y\neq\dfrac{a}{c}$인 실수$\right\}$

(2) 점근선 : 두 직선 $x=-\dfrac{d}{c}$, $y=\dfrac{a}{c}$

(3) 점 $\left(-\dfrac{d}{c},\ \dfrac{a}{c}\right)$ 및 두 직선 $y=\pm\left(x+\dfrac{d}{c}\right)+\dfrac{a}{c}$에 대하여 대칭이다.

---

1. 다항함수가 아닌 유리함수 $y=\dfrac{ax+b}{cx+d}$에 대한 이해

유리함수 $y=\dfrac{ax+b}{cx+d}$에 대하여

(ⅰ) $c=0$, $ad-bc\neq0$이면 $y=\dfrac{ax+b}{cx+d}=\dfrac{a}{d}x+\dfrac{b}{d}$ ← 일차함수

(ⅱ) $c\neq0$, $ad-bc=0$이면 $y=\dfrac{ax+b}{cx+d}=\dfrac{a}{c}$ Ⓐ ← 상수함수

(ⅰ), (ⅱ)에서 함수 $y=\dfrac{ax+b}{cx+d}$가 다항함수가 아닌 유리함수이려면

   $c\neq0$, $ad-bc\neq0$

2. 유리함수 $y=\dfrac{ax+b}{cx+d}\ (c\neq0,\ ad-bc\neq0)$의 그래프에 대한 이해

유리함수 $y=\dfrac{ax+b}{cx+d}$의 그래프는 $y=\dfrac{k}{x-p}+q$ 꼴로 변형하여 그린다. 이때,

$$y=\dfrac{ax+b}{cx+d}=\dfrac{k}{x-p}+q$$

에서 p는 분모를 0으로 하는 x의 값, 즉 $p=-\dfrac{d}{c}$이고 q는 일차항의 계수

의 비, 즉 $q=\dfrac{a}{c}$이다.

Ⓐ $\dfrac{ax+b}{cx+d}\ (c\neq0)$의 변형

$$\dfrac{ax+b}{cx+d}$$

$$=\dfrac{\dfrac{a}{c}(cx+d)-\dfrac{ad}{c}+b}{cx+d}$$

$$=\dfrac{\dfrac{a}{c}(cx+d)-\dfrac{ad-bc}{c}}{cx+d}$$

$$=\dfrac{a}{c}-\dfrac{ad-bc}{c(cx+d)}$$

확인1 함수 $y=\dfrac{2x+1}{x-1}$의 그래프를 그리고, 점근선의 방정식을 구하시오. **Ⓑ**

풀이 $y=\dfrac{2x+1}{x-1}=\dfrac{2(x-1)+3}{x-1}$

$\qquad =\dfrac{3}{x-1}+2$

이므로 그래프는 오른쪽 그림과 같다.
따라서 점근선의 방정식은 $x=1$, $y=2$
이다.

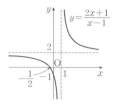

Ⓑ 유리함수 $y=\dfrac{ax+b}{cx+d}$의 그래프 그리기

$\qquad\qquad$ (단, $c\neq0$, $ad-bc\neq0$)

(ⅰ) $y=\dfrac{k}{x-p}+q$ $(k\neq0)$ 꼴로 변형한다.

(ⅱ) 두 점근선 $x=p$, $y=q$를 좌표평면에
그린다.

(ⅲ) 함수식에 $x=0$, $y=0$을 각각 대입하
여 y축, x축과의 교점을 구하고, 좌표
평면에 표시한다.

(ⅳ) k의 부호에 따라 대칭이 되도록 그래프
를 그린다.

한걸음 더⁺

3. 유리함수 $y=\dfrac{ax+b}{cx+d}$ ($c\neq0$, $ad-bc\neq0$)의 역함수에 대한 이해

유리함수 $y=\dfrac{ax+b}{cx+d}$ $(c\neq0$, $ad-bc\neq0)$는 일대일대응이므로 역함수가
존재한다.

이때, 유리함수 $y=\dfrac{ax+b}{cx+d}$ $(c\neq0$, $ad-bc\neq0)$의 역함수는 다음과 같다.

$$y=\dfrac{-dx+b}{cx-a} \quad \leftarrow\ a,\ d\text{의 위치와 부호만 바뀐다.}$$

이것을 확인해 보자. **Ⓒ**

(ⅰ) $y=\dfrac{ax+b}{cx+d}$를 x에 대하여 풀면

$\quad (cx+d)y=ax+b$, $\ cxy+dy=ax+b$

$\quad cxy-ax=-dy+b$, $\ (cy-a)x=-dy+b$

$\quad \therefore\ x=\dfrac{-dy+b}{cy-a}$

(ⅱ) x와 y를 서로 바꾸어 역함수를 구한다.

$\quad x=\dfrac{-dy+b}{cy-a}$에서 x와 y를 서로 바꾸면 구하는 역함수는

$$y=\dfrac{-dx+b}{cx-a}$$

이와 같이 유리함수 $y=\dfrac{ax+b}{cx+d}$의 역함수 $y=\dfrac{-dx+b}{cx-a}$는 처음 함수
식에서 a와 d의 자리를 바꾸고 각각의 부호를 바꾼 것과 같다.

확인2 유리함수 $f(x)=\dfrac{x}{x+1}$의 역함수를 구하시오.

풀이 $y=\dfrac{x}{x+1}$를 x에 대하여 풀면

$\qquad y(x+1)=x$, $(y-1)x=-y$ $\quad \therefore\ x=-\dfrac{y}{y-1}$

$\qquad x$와 y를 서로 바꾸면 구하는 역함수는 $y=-\dfrac{x}{x-1}$

Ⓒ 역함수 구하기

일대일대응인 함수 $y=f(x)$에 대하여 함
수식을

$\qquad x=(y$에 대한 식$)$

으로 정리한 후, x와 y를 서로 바꾸어 역
함수를 구한다.

$\qquad y=f(x) \longrightarrow x=f^{-1}(y)$

$\qquad\qquad\qquad \longrightarrow y=f^{-1}(x)$

Ⓓ 역함수의 그래프의 점근선

$\quad f(x)=\dfrac{ax+b}{cx+d}$ 라 하면

$\quad f^{-1}(x)=\dfrac{-dx+b}{cx-a}$ 이므로

두 함수 $y=f(x)$, $y=f^{-1}(x)$의 그래프
의 점근선의 방정식은 각각

$\quad y=f(x): x=-\dfrac{d}{c}$, $y=\dfrac{a}{c}$ $\Big\}$ 직선 $y=x$에 대하여 대칭

$\quad y=f^{-1}(x): x=\dfrac{a}{c}$, $y=-\dfrac{d}{c}$

Ⓔ $f(x)=\dfrac{ax+b}{cx+d}$ $(c\neq0$, $ad-bc\neq0)$

에 대하여 $f=f^{-1}$이면

$\quad \dfrac{ax+b}{cx+d}=\dfrac{-dx+b}{cx-a}$에서 $a=-d$

즉, 점근선의 방정식의 교점은 직선 $y=x$
위에 있다.

상수 a, b, c에 대하여 유리함수 $y=\dfrac{ax+b}{x+c}$의 그래프가 오른쪽 그림과 같을 때, 다음 물음에 답하시오.

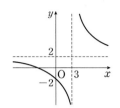

(1) $a+b+c$의 값을 구하시오.

(2) 정의역이 $\{x|4<x\leq6\}$일 때, 치역을 구하시오.

guide   점근선의 방정식이 $x=p$, $y=q$이고, 점 $(a,\ b)$를 지나는 유리함수의 식

⇒ $y=\dfrac{k}{x-p}+q\ (k\neq0)$로 놓고 $x=a$, $y=b$를 대입하여 상수 k의 값을 구한다.

solution   (1) 주어진 함수의 그래프에서 점근선의 방정식이 $x=3$, $y=2$이므로 함수식을

$$y=\frac{k}{x-3}+2\ (k\neq0)$$

로 놓을 수 있다. 이때, 이 함수의 그래프가 점 $(0,\ -2)$를 지나므로

$$-2=\frac{k}{-3}+2 \qquad \therefore\ k=12$$

따라서 $y=\dfrac{12}{x-3}+2=\dfrac{12+2(x-3)}{x-3}=\dfrac{2x+6}{x-3}$이므로

$a=2$, $b=6$, $c=-3$ $\therefore\ a+b+c=\mathbf{5}$

(2) $4<x\leq6$에서 함수 $y=\dfrac{2x+6}{x-3}$은 x의 값이 증가할 때 y의 값은 감소하는 함수이다.

이때, $x=4$이면 $y=14$, $x=6$이면 $y=6$이므로 정의역이 $\{x|4<x\leq6\}$일 때 함수 $y=\dfrac{2x+6}{x-3}$의 치역은

$\mathbf{\{y|6\leq y<14\}}$이다.

정답 및 해설 p.087

05-1   유리함수 $y=-\dfrac{3x-3}{2x-4}$에 대하여 〈보기〉에서 옳은 것만을 있는 대로 고르시오.

> ● 보기 ●
>
> ㄱ. 그래프는 유리함수 $y=-\dfrac{3}{2x}$의 그래프를 평행이동한 것이다.
>
> ㄴ. 그래프는 제2사분면을 지나지 않는다.
>
> ㄷ. 정의역이 $\{x|x\geq-1,\ x\neq2\}$이면 치역은 $\{y|y\geq-1\}$이다.

05-2   유리함수 $y=\dfrac{k}{x}$의 그래프를 x축의 방향으로 2만큼, y축의 방향으로 1만큼 평행이동한 그래프가 제3사분면을 지나지 않도록 하는 상수 k의 값의 범위를 구하시오. (단, $k\neq0$)

다음 물음에 답하시오.

(1) 함수 $y=\dfrac{-3x+5}{x-1}$의 그래프가 점 $(a,\ b)$에 대하여 대칭일 때, 상수 $a,\ b$의 값을 구하시오.

(2) 함수 $y=\dfrac{bx-1}{x+a}$의 그래프가 두 직선 $y=x+2,\ y=-x+4$에 대하여 각각 대칭일 때, 상수 $a,\ b$의 값을 구하시오.

guide   유리함수 $y=\dfrac{k}{x-p}+q\ (k\neq0)$의 그래프의 대칭성

(1) 점근선의 교점 $(p,\ q)$에 대하여 대칭이다.

(2) 점근선의 교점 $(p,\ q)$를 지나고 기울기가 ±1인 두 직선 $y=\pm(x-p)+q$에 대하여 대칭이다.

solution   (1) $y=\dfrac{-3x+5}{x-1}=\dfrac{-3(x-1)+2}{x-1}=\dfrac{2}{x-1}-3$이므로 점근선의 방정식은

$x=1,\ y=-3$

따라서 주어진 함수의 그래프는 두 점근선의 교점 $(1,\ -3)$에 대하여 대칭이므로

$\boldsymbol{a=1,\ b=-3}$

(2) $y=\dfrac{bx-1}{x+a}=\dfrac{b(x+a)-ab-1}{x+a}=\dfrac{-ab-1}{x+a}+b$이므로 점근선의 방정식은

$x=-a,\ y=b$

이때, 두 점근선의 교점 $(-a,\ b)$가 두 직선 $y=x+2,\ y=-x+4$의 교점이므로

$b=-a+2,\ b=a+4$

두 식을 연립하여 풀면

$\boldsymbol{a=-1,\ b=3}$

정답 및 해설 pp.087~088

유형
연습

06-1   다음 물음에 답하시오.

(1) 함수 $y=\dfrac{bx-1}{3-ax}$의 그래프가 점 $(3,\ -2)$에 대하여 대칭일 때, 상수 $a,\ b$에 대하여 $a+b$의 값을 구하시오.

(2) 함수 $y=\dfrac{-6x+5}{3x-3}$의 그래프가 두 직선 $y=x+a,\ y=-x+b$에 대하여 각각 대칭일 때, 상수 $a,\ b$에 대하여 ab의 값을 구하시오.

유리함수 $y = \dfrac{-2x+1}{x+1}$ 의 그래프와 직선 $y = mx - 2$ 가 만나지 않도록 하는 실수 m 의 값의 범위를 구하시오.

guide

유리함수 $y = f(x)$ 의 그래프와 기울기가 미지수인 직선 $y = g(x)$ 의 위치 관계는 다음과 같은 방법으로 푼다.

(i) 직선 $y = g(x)$ 가 반드시 지나는 한 점을 찾는다. ← 직선 $y = m(x-a)+b$ 는 m 의 값에 관계없이 항상 점 (a, b) 를 지난다.

(ii) ① 직선 $y = g(x)$ 의 기울기가 0일 때, 위치 관계를 만족시키는 경우를 찾는다.

     ② 직선 $y = g(x)$ 의 기울기가 0이 아닐 때, 이차방정식 $f(x) = g(x)$ 의 판별식 D 를 이용한다.

     ⇨ $D > 0$ 이면 두 점, $D = 0$ 이면 한 점에서 만나고 $D < 0$ 이면 만나지 않는다.

solution

$y = \dfrac{-2x+1}{x+1} = \dfrac{-2(x+1)+3}{x+1} = \dfrac{3}{x+1} - 2$

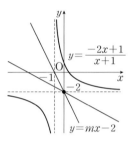

또한, 직선 $y = mx - 2$ 는 m 의 값에 관계없이 항상 점 $(0, -2)$ 를 지난다.

즉, 유리함수 $y = \dfrac{-2x+1}{x+1}$ 의 그래프와 직선 $y = mx - 2$ 는 오른쪽 그림과 같다.

(i) $m = 0$ 일 때,

직선 $y = mx - 2$, 즉 $y = -2$ 는 점근선이므로 유리함수의 그래프와 만나지 않는다.

(ii) $m \neq 0$ 일 때,

유리함수 $y = \dfrac{-2x+1}{x+1}$ 의 그래프와 직선 $y = mx - 2$ 가 만나지 않으려면 이차방정식 $\dfrac{-2x+1}{x+1} = mx - 2$,

즉 $mx^2 + mx - 3 = 0$ 의 실근이 존재하지 않아야 하므로 판별식을 D 라 하면

$D = m^2 - 4 \times m \times (-3) < 0$, $m(m+12) < 0$ $\therefore -12 < m < 0$

(i), (ii)에서 구하는 실수 m 의 값의 범위는 $\boldsymbol{-12 < m \leq 0}$

정답 및 해설 pp.088~089

유형 연습

07-1 다음 정의역에 대하여 유리함수 $y = \dfrac{2x-3}{-x+3}$ 의 그래프와 직선 $y = mx - 3m + 1$ 이 만나지 않도록 하는 실수 m 의 값의 범위를 각각 구하시오.

    (1) $\{x \mid x \neq 3,\ x$ 는 실수$\}$ (2) $\{x \mid 4 \leq x \leq 6\}$

07-2 두 집합 $A = \left\{(x, y) \,\middle|\, y = \dfrac{3x+2}{x+1}\right\}$, $B = \{(x, y) \mid y = kx + 4k + 2\}$ 에 대하여

$n(A \cap B) = 2$ 일 때, 자연수 k 의 최솟값을 구하시오.

함수 f에 대하여 $f^1=f$, $f^{n+1}=f \circ f^n$ ($n=1$, 2, 3, $\cdots$)이라 할 때, 다음을 구하시오.

(1) $f(x)=\dfrac{x}{x+1}$일 때, 함수 $f^{100}(x)$ (2) $f(x)=\dfrac{x-7}{x-3}$일 때, $f^{1000}(4)$의 값

---

guide   (1) $f^2(x)$, $f^3(x)$, $f^4(x)$, $\cdots$를 차례대로 구한 후, 규칙성을 찾아 $f^n(x)$를 추론한다.

        (2) $f^m(x)=x$인 m이 존재하면 $f^{m+1}(x)=f^1(x)$, $f^{m+2}(x)=f^2(x)$, $\cdots$이다.

solution   (1) $f^2(x)=f(f(x))=f\left(\dfrac{x}{x+1}\right)=\dfrac{\dfrac{x}{x+1}}{\dfrac{x}{x+1}+1}=\dfrac{\dfrac{x}{x+1}}{\dfrac{2x+1}{x+1}}=\dfrac{x}{2x+1}$

            $f^3(x)=f(f^2(x))=f\left(\dfrac{x}{2x+1}\right)=\dfrac{\dfrac{x}{2x+1}}{\dfrac{x}{2x+1}+1}=\dfrac{\dfrac{x}{2x+1}}{\dfrac{3x+1}{2x+1}}=\dfrac{x}{3x+1}$

            $f^4(x)=f(f^3(x))=f\left(\dfrac{x}{3x+1}\right)=\dfrac{\dfrac{x}{3x+1}}{\dfrac{x}{3x+1}+1}=\dfrac{\dfrac{x}{3x+1}}{\dfrac{4x+1}{3x+1}}=\dfrac{x}{4x+1}$

            $\vdots$

            $f^n(x)=\dfrac{x}{nx+1}$ $\therefore$ $\boldsymbol{f^{100}(x)=\dfrac{x}{100x+1}}$

     (2) $f(4)=\dfrac{4-7}{4-3}=-3$, $f^2(4)=f(f(4))=f(-3)=\dfrac{-3-7}{-3-3}=\dfrac{5}{3}$

            $f^3(4)=f(f^2(4))=f\left(\dfrac{5}{3}\right)=\dfrac{\dfrac{5}{3}-7}{\dfrac{5}{3}-3}=\dfrac{-\dfrac{16}{3}}{-\dfrac{4}{3}}=4$

        따라서 $f^{3k-2}(4)=f(4)$, $f^{3k-1}(4)=f^2(4)$, $f^{3k}(4)=4$ ($k=1$, 2, 3, $\cdots$)이므로

        $f^{1000}(4)=f^{3 \times 334-2}(4)=f(4)=\boldsymbol{-3}$

        참고 $f(x)=\dfrac{x-7}{x-3}$에 대하여 $f^2(x)=\dfrac{3x-7}{x-1}$, $f^3(x)=x$

정답 및 해설 p.089

08-1   유리함수 $f(x)=\dfrac{x-1}{x+1}$에 대하여 $f^1=f$, $f^{n+1}=f \circ f^n$ ($n=1$, 2, 3, $\cdots$)이라 할 때,

          $f^{50}\left(-\dfrac{1}{5}\right)$의 값을 구하시오.

08-2   유리함수 $f(x)=\dfrac{x}{1-2x}$에 대하여 $f^1=f$, $f^{n+1}=f \circ f^n$ ($n=1$, 2, 3, $\cdots$)이라 할 때,

          $f^{10}(a)=1$을 만족시키는 상수 a의 값을 구하시오.

유리함수 $f(x)=\dfrac{ax+1}{4x-3}$에 대하여 $f=f^{-1}$가 성립할 때, 상수 a의 값을 구하시오. (단, f^{-1}는 f의 역함수이다.)

guide

① 함수의 역함수는 주어진 함수식 $y=f(x)$를 x에 대하여 풀고, x, y를 서로 바꾸어 구한다.

② 유리함수 $y=\dfrac{ax+b}{cx+d}$ $(c\neq0,\ ad-bc\neq0)$의 역함수는 $y=\dfrac{-dx+b}{cx-a}$임을 이용한다.

    즉, 역함수는 주어진 함수식에서 a, d의 위치를 서로 바꾸고 각각의 부호를 반대로 바꾸어 구한다.

solution

$y=\dfrac{ax+1}{4x-3}$로 놓으면 $y(4x-3)=ax+1$

$4xy-3y=ax+1$, $(4y-a)x=3y+1$

$\therefore\ x=\dfrac{3y+1}{4y-a}$

x와 y를 서로 바꾸면 $y=\dfrac{3x+1}{4x-a}$ $\therefore\ f^{-1}(x)=\dfrac{3x+1}{4x-a}$

그런데 $f=f^{-1}$이므로 $\dfrac{ax+1}{4x-3}=\dfrac{3x+1}{4x-a}$ $\therefore\ a=\mathbf{3}$

다른풀이

$f=f^{-1}$에서 유리함수 $y=f(x)$의 그래프는 직선 $y=x$에 대하여 대칭인 그래프이므로 점근선의 교점이 직선 $y=x$ 위에 존재한다.

$y=\dfrac{ax+1}{4x-3}=\dfrac{\frac{3}{4}a+1}{4x-3}+\dfrac{a}{4}$에서 점근선의 방정식은 $x=\dfrac{3}{4}$, $y=\dfrac{a}{4}$이므로 $\dfrac{a}{4}=\dfrac{3}{4}$ $\therefore\ a=3$

정답 및 해설 p.090

09-1 유리함수 $y=-\dfrac{ax-1}{2x+b}$의 역함수가 $y=-\dfrac{3x-1}{2x+1}$일 때, 상수 a, b에 대하여 $a+b$의 값을 구하시오.

09-2 유리함수 $f(x)=\dfrac{5-2x}{x-2}$의 역함수를 $y=f^{-1}(x)$라 할 때, 두 함수 $y=f(x)$, $y=f^{-1}(x)$의 그래프가 서로 다른 두 점 P, Q에서 만난다. 이때, 선분 PQ의 길이를 구하시오.

09-3 두 실수 a, b에 대하여 유리함수 $f(x)=\dfrac{4}{x-a}+b$가 다음 조건을 만족시킬 때, 모든 실수 a의 값의 합을 구하시오.

> (가) $f(0)=1$
> (나) $x\neq a$인 모든 실수 x에 대하여 $(f\circ f)(x)=x$

01 유리식 $\dfrac{4m+16}{m^2-16}$ 의 값이 정수가 되도록 하는 모든 정수 m의 값의 합을 구하시오. (단, $m \neq -4$, $m \neq 4$)

02 $AB \neq 0$인 두 다항식 A, B에 대하여 $\langle A, B \rangle$를
$$\langle A,\ B \rangle = \dfrac{A-B}{AB}$$
라 할 때, 등식
$$\langle x+3,\ x+1 \rangle + \langle x+5,\ x+3 \rangle + \langle x+7,\ x+5 \rangle$$
$$= \langle x+a,\ x+1 \rangle$$
이 성립하도록 하는 상수 a의 값을 구하시오.

03 $abc = 1$일 때,
$$\dfrac{a}{ab+a+1} + \dfrac{b}{bc+b+1} + \dfrac{c}{ca+c+1}$$
의 값을 구하시오.

04 $f(x) = \dfrac{1}{x}$이라 하면
$$f(f(f(-p)+q)+r) = \dfrac{14}{31}$$
일 때, 서로 다른 세 자연수 p, q, r의 합 $p+q+r$의 값을 구하시오.

서술형

05 $f(x) = x^2 - 1$일 때,
$$\dfrac{1}{f(2)} + \dfrac{1}{f(3)} + \dfrac{1}{f(4)} + \cdots + \dfrac{1}{f(10)}$$
의 값을 구하시오.

06 세 자연수 a, b, c가 다음 조건을 만족시킨다.

> (가) $\dfrac{3a+b}{3} = \dfrac{2b+c}{4} = \dfrac{2c}{5}$
>
> (나) a, b, c의 최소공배수는 90이다.

$3a+2b+c$의 값을 구하시오.

07 유리함수 $y=-\dfrac{x-1}{3x+6}$에 대하여 〈보기〉에서 옳은 것만을 있는 대로 고른 것은?

• 보기 •

ㄱ. 그래프는 유리함수 $y=-\dfrac{1}{3x}$의 그래프를 평행이동한 것이다.

ㄴ. 그래프는 직선 $y=-x-\dfrac{7}{3}$에 대하여 대칭이다.

ㄷ. 정의역이 $\left\{x \middle| x \ge -\dfrac{7}{2}, \ x \ne -2\right\}$이면 치역은 $\{y|y \le -1\}$이다.

① ㄱ   ② ㄴ   ③ ㄴ, ㄷ

④ ㄱ, ㄷ   ⑤ ㄱ, ㄴ, ㄷ

08 유리함수 $f(x)=\dfrac{2x+k-6}{x-3}$의 그래프를 x축의 방향으로 2만큼, y축의 방향으로 -1만큼 평행이동하면 곡선 $y=g(x)$와 일치한다. 곡선 $y=g(x)$의 두 점근선의 교점이 유리함수 $y=f(x)$의 그래프 위의 점일 때, 상수 k의 값을 구하시오.

09 좌표평면에서 곡선 $y=\dfrac{1}{2x-8}+3$과 x축, y축으로 둘러싸인 영역의 내부에 포함되고 x좌표와 y좌표가 모두 자연수인 점의 개수는? [수능]

① 3   ② 4   ③ 5

④ 6   ⑤ 7

10 유리함수 $f(x)=\dfrac{ax-b}{x-c}$의 그래프가 다음 그림과 같다.

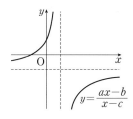

이차함수 $y=ax^2+bx+c$의 그래프의 꼭짓점은 제몇 사분면에 존재하는지 구하시오.

11 유리함수 $f(x)=\dfrac{ax+b}{x+c}$의 그래프는 $f(2+x)+f(2-x)=2$를 만족시키고 $f(3)=3$이다. $-1 \le x \le 1$에서 이 함수의 최댓값을 M, 최솟값을 m이라 할 때, $3M-m$의 값을 구하시오.

12 $0 \le x \le 2$에서 유리함수 $y=\dfrac{-x+2}{x+1}$의 그래프 위를 움직이는 점 $P(x, \ y)$에 대하여 $\dfrac{y-2}{x-3}$의 최댓값을 M, 최솟값을 m이라 할 때, $M+m$의 값을 구하시오.

13 $-5\leq x\leq -2$에서 부등식 $ax\leq \dfrac{2x-2}{x+1}\leq bx$ 가 항상 성립하도록 하는 상수 b의 최댓값을 M, 상수 a의 최솟값을 m이라 할 때, $M+m$의 값은?

① $-\dfrac{26}{5}$　　② $-\dfrac{24}{5}$　　③ $-\dfrac{22}{5}$

④ -4　　⑤ $-\dfrac{18}{5}$

1등급

14 유리함수 $y=\dfrac{3x+4+k}{x-2}\ (x>2)$의 그래프 위를 움직이는 점 P에서 두 점근선에 내린 수선의 발을 각각 A, B라 하자. $\overline{PA}+\overline{PB}$의 최솟값이 8이 되도록 하는 양수 k의 값을 구하시오.

15 두 함수 $f(x)$, $g(x)$가
$$f(x)=\dfrac{6x+12}{2x-1},$$
$$g(x)=\begin{cases} 1\ (x\text{가 정수인 경우}) \\ 0\ (x\text{가 정수가 아닌 경우}) \end{cases}$$
일 때, 방정식 $(g\circ f)(x)=1$을 만족시키는 모든 자연수 x의 개수는? [교육청]

① 4　　② 5　　③ 6
④ 7　　⑤ 8

16 집합 $X=\{x|x<-2\}$에서 정의된 두 함수 f, g를 각각
$$f(x)=x^2+2x,\ g(x)=\dfrac{x+4}{x+2}$$
라 할 때, $(g^{-1}\circ f^{-1})(3)$의 값을 구하시오.

17 유리함수 $f(x)=\dfrac{3x-9}{x+b}\ (b\neq -3)$에 대하여 함수 $y=f(x)$의 그래프와 그 역함수 $y=f^{-1}(x)$의 그래프가 $x=a$인 점에서 접할 때, 실수 a, b의 합 $a+b$의 값을 구하시오.

18 함수 $f(x)=\dfrac{x-1}{x+1}$에 대하여 $y=f^{375}(x)$의 역함수를 $y=g(x)$라 할 때, $g(-3)$의 값을 구하시오. (단, $f^1=f$, $f^{n+1}=f\circ f^n$이고 n은 자연수이다.)

19 15세 이상 인구 중에서 취업자와 실업자를 합쳐서 경제 활동 인구라 하고, 나머지를 비경제 활동 인구라 한다. 한 지역의 인력 활용 정도를 판단하는 지표로 고용률과 실업률이 주로 사용되며 그 산출식은 다음과 같다.

$$(\text{고용률}) = \frac{(\text{취업자 수})}{(15\text{세 이상 인구})} \times 100(\%)$$

$$(\text{실업률}) = \frac{(\text{실업자 수})}{(\text{경제 활동 인구})} \times 100(\%)$$

A 지역과 B 지역의 15세 이상 인구의 비는 3 : 4, 실업자 수의 비는 5 : 6이고, 두 지역의 실업률은 같다. A 지역과 B 지역의 고용률의 비가 $m : n$일 때, $3m+n$의 값을 구하시오. (단, m, n은 서로소인 자연수이다.) [교육청]

20 유리함수 $y=f(x)$의 그래프가 다음 그림과 같다.

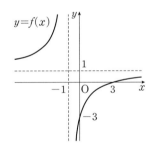

함수 $y=f(x)$와 자연수 n에 대하여
$$f_1(x)=f(x),\ f_{n+1}(x)=f(f_n(x))$$
라 할 때, $f_{1000}(0)+f_{1001}(0)$의 값을 구하시오.

21 함수 $f(x)=\dfrac{x-2a}{x+2}$와 그 역함수 $y=f^{-1}(x)$에 대하여 함수 $y=f(x)$의 그래프가 x축, y축과 만나는 점을 각각 A, B라 하고, 함수 $y=f^{-1}(x)$의 그래프가 x축, y축과 만나는 점을 각각 C, D라 하자. $\overline{BC}=4\sqrt{2}$일 때, 사각형 ABCD의 넓이를 구하시오. (단, $a>0$)

22 함수 $y=\left|\dfrac{3x-5}{-x+3}\right|$의 그래프와 직선 $y=k$ (k는 상수)의 교점의 개수를 $N(k)$라 할 때, $N(0)+N(1)+N(2)+N(3)+N(4)$의 값을 구하시오.

23 좌표평면에서 중심이 점 $(-3,\ 2)$인 원 C가 유리함수 $y=\dfrac{2x+2}{x+3}$의 그래프와 만날 때, 원 C의 넓이의 최솟값을 구하시오.

틀을
깨는
생각

The great end of life
is not knowledge,
but action.

삶의 위대한 끝은 지식이 아니라 행동이다.

... 토마스 헨리 헉슬리(Thomas Henry Huxley)

B L A C **K** **L** A B E L

II

함수와
그래프

개념 01 무리식의 뜻

1. 무리식의 뜻

근호 안에 문자가 포함되어 있는 식 중에서 유리식으로 나타낼 수 없는 것을 **무리식**이라 한다.

예 $\sqrt{3x}$, $\sqrt{2-x}+1$, $\dfrac{1}{\sqrt{1+x^2}}$

주의 $\sqrt{x^2}=|x|$이므로 $\sqrt{x^2}$은 무리식이 아니다.

2. 무리식의 값이 실수일 조건

(1) 근호 안의 식의 값이 0 또는 양수이다.

(2) 분모가 무리식인 경우 분모가 0이 아니다.

참고 특별한 언급이 없어도 무리식은 식의 값이 실수인 경우만 다룬다.

무리식에 대한 이해

실수에서 유리수로 나타낼 수 없는 수를 무리수로 정의하는 것과 마찬가지로 근호 안에 문자가 포함되어 있는 식 중에서 유리식으로 나타낼 수 없는 식을 **무리식**으로 정의한다.

무리식을 계산할 때는

　　(근호 안에 있는 식의 값)≥ 0,　(분모의 값)$\neq 0$ **B**

인 범위에서만 생각한다.

예 (1) 무리식 $\sqrt{x+1}$의 값이 실수가 되려면

　　　$x+1\geq 0$　　$\therefore\ x\geq -1$

(2) 무리식 $\dfrac{2}{\sqrt{x+3}}$의 값이 실수가 되려면

　　　$x+3\geq 0$이고, $x+3\neq 0$　　$\therefore\ x>-3$

확인 다음 무리식의 값이 실수가 되도록 하는 실수 x의 값의 범위를 구하시오.

(1) $\sqrt{2x+1}-\sqrt{3x-2}$　　　　(2) $\dfrac{\sqrt{2-x}}{\sqrt{x+1}}$

　풀이 (1) $\sqrt{2x+1}$에서 $2x+1\geq 0$이므로 $x\geq -\dfrac{1}{2}$

　　　　　$\sqrt{3x-2}$에서 $3x-2\geq 0$이므로 $x\geq \dfrac{2}{3}$

　　　　　$\therefore\ x\geq \dfrac{2}{3}$

　　　(2) $\dfrac{\sqrt{2-x}}{\sqrt{x+1}}$에서 $2-x\geq 0$이고, $x+1>0$

　　　　　즉, $x\leq 2$이고, $x>-1$이므로

　　　　　$-1<x\leq 2$

A 식 ┬ 유리식 ┬ 다항식
　　　│　　　└ 분수식
　　　└ 무리식

B (1) $\sqrt{f(x)}\ \Rightarrow f(x)\geq 0$

(2) $\dfrac{1}{\sqrt{f(x)}}\Rightarrow f(x)>0$

개념 **02** 무리식의 계산

1. 제곱근의 성질

(1) a가 실수일 때, $\sqrt{a^2}=|a|=\begin{cases} a & (a\geq 0) \\ -a & (a<0) \end{cases}$

(2) $a\geq 0$, $b\geq 0$일 때,

　① $\sqrt{a}\sqrt{b}=\sqrt{ab}$　　② $\sqrt{a^2 b}=a\sqrt{b}$　　③ $\dfrac{\sqrt{a}}{\sqrt{b}}=\sqrt{\dfrac{a}{b}}$ (단, $b\neq 0$)　　④ $\sqrt{\dfrac{a}{b^2}}=\dfrac{\sqrt{a}}{b}$ (단, $b\neq 0$)

주의 수학(상)에서 배운 음수의 제곱근의 성질과 혼동하지 않도록 한다. **A**

2. 분모의 유리화 **B**

$a>0$, $b>0$일 때

(1) $\dfrac{a}{\sqrt{b}}=\dfrac{a\sqrt{b}}{\sqrt{b}\sqrt{b}}=\dfrac{a\sqrt{b}}{b}$

(2) $\dfrac{c}{\sqrt{a}\pm\sqrt{b}}=\dfrac{c(\sqrt{a}\mp\sqrt{b})}{(\sqrt{a}\pm\sqrt{b})(\sqrt{a}\mp\sqrt{b})}=\dfrac{c(\sqrt{a}\mp\sqrt{b})}{a-b}$ (단, $a\neq b$, 복부호동순)

무리식의 계산에 대한 이해

무리식의 계산은 무리수의 계산과 마찬가지로 제곱근의 성질과 분모의 유리화를 이용한다.

이때, $(\sqrt{a})^2=a$ 또는 $(a+b)(a-b)=a^2-b^2$임을 이용한다.

예 (1) $(\sqrt{x}-\sqrt{x-1})(\sqrt{x}+\sqrt{x-1})=(\sqrt{x})^2-(\sqrt{x-1})^2$
$=x-(x-1)=1$

(2) $\dfrac{2}{\sqrt{x+1}-\sqrt{x-1}}=\dfrac{2(\sqrt{x+1}+\sqrt{x-1})}{(\sqrt{x+1}-\sqrt{x-1})(\sqrt{x+1}+\sqrt{x-1})}$
$=\dfrac{2(\sqrt{x+1}+\sqrt{x-1})}{(x+1)-(x-1)}=\sqrt{x+1}+\sqrt{x-1}$

A 음수의 제곱근의 성질

(1) $a<0$, $b<0$일 때,
$\sqrt{a}\sqrt{b}=-\sqrt{ab}$

(2) $a>0$, $b<0$일 때,
$\dfrac{\sqrt{a}}{\sqrt{b}}=-\sqrt{\dfrac{a}{b}}$

B 분모의 유리화

분모에 근호를 포함한 수 또는 식이 있을 때, 분모, 분자에 적당한 수 또는 식을 곱하여 분모에 근호가 없도록 변형하는 것을 분모의 유리화라 한다.

확인 다음 식을 간단히 하시오.

(1) $\sqrt{x^2+2x+1}-\sqrt{x^2-2x+1}$ (단, $0<x<1$)

(2) $\dfrac{\sqrt{x}-1}{\sqrt{x}+1}+\dfrac{\sqrt{x}+1}{\sqrt{x}-1}$

풀이 (1) $0<x<1$이므로 $x+1>0$, $x-1<0$
$\therefore \sqrt{x^2+2x+1}-\sqrt{x^2-2x+1}=\sqrt{(x+1)^2}-\sqrt{(x-1)^2}$
$=|x+1|-|x-1|$
$=(x+1)+(x-1)=2x$

(2) $\dfrac{\sqrt{x}-1}{\sqrt{x}+1}+\dfrac{\sqrt{x}+1}{\sqrt{x}-1}=\dfrac{(\sqrt{x}-1)^2+(\sqrt{x}+1)^2}{(\sqrt{x}+1)(\sqrt{x}-1)}$
$=\dfrac{x-2\sqrt{x}+1+x+2\sqrt{x}+1}{x-1}=\dfrac{2x+2}{x-1}$

08. 무리식과 무리함수　**173**

$x=\sqrt{5}$일 때, $\dfrac{\sqrt{x+1}-\sqrt{x-1}}{\sqrt{x+1}+\sqrt{x-1}}=a+b\sqrt{5}$를 만족시키는 유리수 a, b에 대하여 $b-a$의 값을 구하시오.

guide

(1) 실수 a에 대하여 $\sqrt{a^2}=|a|=\begin{cases} a & (a\geq 0) \\ -a & (a<0) \end{cases}$

(2) 분모에 근호를 포함한 식

    $\Rightarrow (\sqrt{a}-\sqrt{b})(\sqrt{a}+\sqrt{b})=a-b$임을 이용하여 분모를 유리화한다.

solution

(1) $x=\sqrt{5}$일 때, $x+1>0$, $x-1>0$이므로

$$\frac{\sqrt{x+1}-\sqrt{x-1}}{\sqrt{x+1}+\sqrt{x-1}}=\frac{(\sqrt{x+1}-\sqrt{x-1})^2}{(\sqrt{x+1}+\sqrt{x-1})(\sqrt{x+1}-\sqrt{x-1})}$$

$$=\frac{(x+1)-2\sqrt{x^2-1}+(x-1)}{(x+1)-(x-1)}$$

$$=\frac{2x-2\sqrt{x^2-1}}{2}=x-\sqrt{x^2-1}$$

위의 식에 $x=\sqrt{5}$를 대입하면

$\sqrt{5}-\sqrt{(\sqrt{5})^2-1}=\sqrt{5}-2$

따라서 $a=-2$, $b=1$이므로

$b-a=1-(-2)=\mathbf{3}$

정답 및 해설 p.100

유형연습

01-1 $x=\dfrac{\sqrt{3}-1}{\sqrt{3}+1}$ 일 때, $\dfrac{\sqrt{x+2}}{\sqrt{x-2}}+\dfrac{\sqrt{x-2}}{\sqrt{x+2}}=a+b\sqrt{3}$을 만족시키는 유리수 a, b에 대하여

$a+b$의 값을 구하시오.

01-2 $f(x)=\dfrac{1}{\sqrt{x+1}+\sqrt{x}}$ 이라 할 때, $f(1)+f(2)+f(3)+\cdots+f(99)$의 값을 구하시오.

01-3 $x=\sqrt{3}-1$일 때, $\dfrac{x^3+3x^2+4x-2}{x^2+2x}$ 의 값을 구하시오.

개념 03 무리함수

1. 무리함수의 뜻
함수 $y=f(x)$에서 $f(x)$가 x에 대한 무리식일 때, 이 함수를 **무리함수**라 한다.

2. 무리함수의 정의역
무리함수에서 정의역이 주어져 있지 않을 때는
    (근호 안의 식의 값)≥ 0
이 되도록 하는 실수 전체의 집합을 정의역으로 한다.

---

1. 무리함수에 대한 이해 Ⓐ
함수 $y=f(x)$에 대하여 $f(x)$가 근호 안에 x가 포함되어 있는 식일 때, 즉 $f(x)$가 x에 대한 무리식일 때, 이것을 **무리함수**라 한다.

예 $y=\sqrt{x}$, $y=\sqrt{-2x+4}$, $y=\dfrac{1}{\sqrt{3x^2+1}}$ 은 무리함수이다.

> Ⓐ 다음과 같은 경우는 무리함수가 아니다.
> (1) $y=x+\sqrt{2}$, $y=\dfrac{x-1}{\sqrt{3}}$
> (2) $y=\sqrt{(x-2)^2}$, $y=\sqrt{\dfrac{1}{x^2}}$

2. 무리함수의 정의역
무리함수의 정의역은 **(근호 안의 식의 값)≥ 0**이 되도록 하는 실수 전체의 집합이다.

예 (1) 함수 $y=\sqrt{x}$의 정의역은 $\{x|x\geq 0\}$
　 (2) 함수 $y=\sqrt{-2x+4}$의 정의역은 $-2x+4\geq 0$에서 $\{x|x\leq 2\}$

3. 좌표를 이용한 무리함수 $y=\sqrt{x}$의 그래프에 대한 이해
고등학교 과정에서의 무리함수는 다음과 같이 네 가지 기본형을 이용한 함수를 주로 다룬다.
$$y=\sqrt{x}, \ y=\sqrt{-x}, \ y=-\sqrt{x}, \ y=-\sqrt{-x}$$
좌표평면 위에 무리함수 $y=\sqrt{x}$의 그래프를 그려보자.
무리함수 $y=\sqrt{x}$의 정의역은 $\{x|x\geq 0\}$이므로 대응 관계를 표로 나타내면 다음과 같다.

x	0	…	1	…	2	…	3	…	4	…
y	0	…	1	…	$\sqrt{2}$	…	$\sqrt{3}$	…	2	…

이때, 순서쌍 $(x, \ y)$를 좌표로 하는 점을 좌표평면 위에 나타내면 무리함수 $y=\sqrt{x}$의 그래프는 오른쪽 그림과 같다.

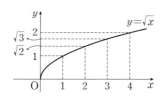

무리함수 $y=\sqrt{x}$의 그래프에서

(ⅰ) $k\geq0$인 실수 k에 대하여 직선 $y=k$와 한 점에서 만나므로 일대일함수이다.

(ⅱ) 치역과 공역이 $\{y\,|\,y\geq0\}$으로 같다.

(ⅰ), (ⅱ)에서 무리함수 $y=\sqrt{x}$는 **일대일대응**이다. **Ⓑ**

4. 역함수를 이용한 무리함수 $y=\sqrt{x}$의 그래프에 대한 이해 Ⓒ

무리함수 $y=\sqrt{x}$는 정의역이 $\{x\,|\,x\geq0\}$이고, 치역이 $\{y\,|\,y\geq0\}$인 일대일대응이므로 역함수가 존재한다.

$y=\sqrt{x}$를 x에 대하여 풀면

$$y=\sqrt{x}\ (x\geq0,\ y\geq0)\iff x=y^2\ (x\geq0,\ y\geq0)$$

이고, 이 식에서 x와 y를 서로 바꾸면 역함수

$$y=x^2\ (x\geq0)$$

을 얻는다.

따라서 무리함수 $y=\sqrt{x}$의 그래프는 오른쪽 그림과 같이 그 **역함수 $y=x^2\ (x\geq0)$의 그래프와 직선 $y=x$에 대하여 대칭인 곡선**이다. **Ⓓ**

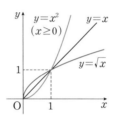

Ⓑ **일대일대응**

함수 $f\colon X\longrightarrow Y$가 일대일함수이고 치역과 공역이 같을 때, 즉

(ⅰ) 정의역 X의 원소 x_1, x_2에 대하여
   $x_1\neq x_2$이면 $f(x_1)\neq f(x_2)$

(ⅱ) $f(X)=Y$

일 때, 함수 f는 일대일대응이다.

Ⓒ **역함수 구하기**

일대일대응인 함수 $y=f(x)$에 대하여 함수식을

   $x=(y$에 대한 식$)$

으로 정리한 후, x와 y를 서로 바꾸어 역함수를 구한다.

$$y=f(x)\longrightarrow x=f^{-1}(y)$$
$$\longrightarrow y=f^{-1}(x)$$

Ⓓ 두 함수 $y=f(x)$, $y=f^{-1}(x)$의 그래프는 직선 $y=x$에 대하여 대칭이다.

개념 **04** 무리함수 $y=\pm\sqrt{ax}\ (a\neq0)$의 그래프

1. 함수 $y=\sqrt{ax}\ (a\neq0)$의 그래프

(1) 함수 $y=\sqrt{ax}\ (a\neq0)$의 정의역과 치역은 다음과 같다.
   $a>0\Rightarrow$ 정의역 : $\{x\,|\,x\geq0\}$, 치역 : $\{y\,|\,y\geq0\}$
   $a<0\Rightarrow$ 정의역 : $\{x\,|\,x\leq0\}$, 치역 : $\{y\,|\,y\geq0\}$

(2) 함수 $y=\dfrac{x^2}{a}\ (x\geq0)$의 그래프와 직선 $y=x$에 대하여 대칭이다.

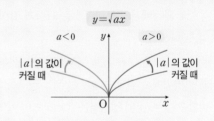

2. 함수 $y=-\sqrt{ax}\ (a\neq0)$의 그래프

함수 $y=\sqrt{ax}$의 그래프를 x축에 대하여 대칭이동시킨 것이다.

(1) 함수 $y=-\sqrt{ax}\ (a\neq0)$의 정의역과 치역은 다음과 같다.
   $a>0\Rightarrow$ 정의역 : $\{x\,|\,x\geq0\}$, 치역 : $\{y\,|\,y\leq0\}$
   $a<0\Rightarrow$ 정의역 : $\{x\,|\,x\leq0\}$, 치역 : $\{y\,|\,y\leq0\}$

(2) 함수 $y=\dfrac{x^2}{a}\ (x\leq0)$의 그래프와 직선 $y=x$에 대하여 대칭이다.

참고 두 함수 $y=\sqrt{ax}$, $y=-\sqrt{ax}\ (a\neq0)$의 그래프는 $|a|$의 값이 클수록 x축에서 멀어진다.

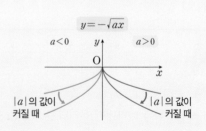

1. 무리함수 $y=\sqrt{ax}\ (a\neq0)$의 그래프에 대한 이해

(1) 무리함수 $y=\sqrt{ax}\ (a>0)$는 정의역이 $\{x\,|\,x\geq0\}$이고, 치역이 $\{y\,|\,y\geq0\}$인 일대일대응이므로 그 역함수가 존재한다.

따라서 무리함수 $y=\sqrt{ax}\ (a\geq0)$의 그래프는 그 역함수인 $y=\dfrac{x^2}{a}\ (x\geq0)$의 그래프와 직선 $y=x$에 대하여 대칭인 곡선이고 오른쪽 그림과 같다. 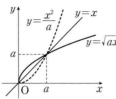 Ⓐ

(2) 함수 $y=\sqrt{x}$, $y=\sqrt{2x}$, $y=\sqrt{3x}$에 대하여 $x=1$일 때, y의 값은 각각 1, $\sqrt{2}$, $\sqrt{3}$이다. 따라서 오른쪽 그림과 같이 함수 $y=\sqrt{ax}\ (a\neq0)$의 그래프는 $|a|$의 값이 클수록 x축에서 멀어진다.

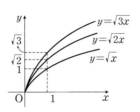

2. $y=\pm\sqrt{\pm ax}\ (a>0)$의 그래프에 대한 이해

$a>0$일 때, 무리함수

$$y=-\sqrt{ax},\ y=\sqrt{-ax},\ y=-\sqrt{-ax}$$

의 그래프는 무리함수 $y=\sqrt{ax}\ (a>0)$의 그래프를 각각 x축, y축, 원점에 대하여 대칭이동한 것과 같으므로 다음 그림과 같다. Ⓑ

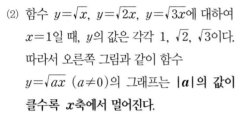

Ⓐ $y=\sqrt{ax}$의 역함수 구하기
   (i) $y=\sqrt{ax}$를 x에 대하여 풀면
   $$y^2=ax \quad\therefore\ x=\frac{y^2}{a}\ (y\geq0)$$
   (ii) x와 y를 서로 바꾸면 역함수는
   $$y=\frac{x^2}{a}\ (x\geq0)$$

Ⓑ 함수 $y=f(x)$의 그래프의 대칭이동
   (1) x축에 대하여 대칭이동하면
      $\Rightarrow y=-f(x)$
   (2) y축에 대하여 대칭이동하면
      $\Rightarrow y=f(-x)$
   (3) 원점에 대하여 대칭이동하면
      $\Rightarrow y=-f(-x)$

(확인) 다음 함수의 그래프를 그리고, 정의역과 치역을 구하시오.

   (1) $y=-\sqrt{2x}$　　(2) $y=\sqrt{-\dfrac{x}{2}}$　　(3) $y=-\sqrt{-3x}$

풀이　(1) 정의역 : $\{x\,|\,x\geq0\}$, 치역 : $\{y\,|\,y\leq0\}$
         함수 $y=\sqrt{2x}$의 그래프를 x축에 대하여 대칭이동한 것과 같다.
      (2) 정의역 : $\{x\,|\,x\leq0\}$, 치역 : $\{y\,|\,y\geq0\}$
         함수 $y=\sqrt{\dfrac{x}{2}}$의 그래프를 y축에 대하여 대칭이동한 것과 같다.
      (3) 정의역 : $\{x\,|\,x\leq0\}$, 치역 : $\{y\,|\,y\leq0\}$
         함수 $y=\sqrt{3x}$의 그래프를 원점에 대하여 대칭이동한 것과 같다.

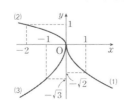

여러 가지 무리함수의 그래프

1. 무리함수 $y=\sqrt{a(x-p)}+q \ (a\neq0)$의 그래프

(1) 무리함수 $y=\sqrt{ax} \ (a\neq0)$의 그래프를 x축의 방향으로 p만큼, y축의 방향으로 q만큼 평행이동한 것이다.

(2) $a>0 \Rightarrow$ 정의역 : $\{x|x\geq p\}$, 치역 : $\{y|y\geq q\}$
$a<0 \Rightarrow$ 정의역 : $\{x|x\leq p\}$, 치역 : $\{y|y\geq q\}$

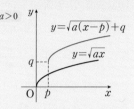

2. 무리함수 $y=\sqrt{ax+b}+c \ (a\neq0)$의 그래프

(1) 무리함수 $y=\sqrt{ax+b}+c \ (a\neq0)$의 그래프는 $y=\sqrt{a\left(x+\dfrac{b}{a}\right)}+c$로 변형하여 그린다.

즉, 함수 $y=\sqrt{ax}$의 그래프를 x축의 방향으로 $-\dfrac{b}{a}$만큼, y축의 방향으로 c만큼 평행이동한 것이다.

(2) $a>0 \Rightarrow$ 정의역 : $\left\{x\,\middle|\,x\geq-\dfrac{b}{a}\right\}$, 치역 : $\{y|y\geq c\}$
$a<0 \Rightarrow$ 정의역 : $\left\{x\,\middle|\,x\leq-\dfrac{b}{a}\right\}$, 치역 : $\{y|y\geq c\}$

---

1. 무리함수 $y=\sqrt{a(x-p)}+q \ (a\neq0)$의 그래프에 대한 이해

무리함수 $y=\sqrt{a(x-p)}+q \ (a\neq0)$의 그래프는 함수 $y=\sqrt{ax}$의 그래프를 x축의 방향으로 p만큼, y축의 방향으로 q만큼 평행이동한 것이므로 a의 부호에 따라 다음 그림과 같다. **A**

Ⓐ $y=\sqrt{ax}$에서
x 대신 $x-p$, y 대신 $y-q$
를 대입하면 $y=\sqrt{a(x-p)}+q$이다.

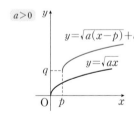
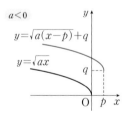

즉, 무리함수 $y=\sqrt{a(x-p)}+q$의 정의역과 치역은 다음과 같다.

$a>0 \to$ 정의역 : $\{x|x\geq p\}$, 치역 : $\{y|y\geq q\}$
$a<0 \to$ 정의역 : $\{x|x\leq p\}$, 치역 : $\{y|y\geq q\}$

2. 무리함수 $y=\sqrt{ax+b}+c \ (a\neq0)$의 그래프에 대한 이해

$$y=\sqrt{ax+b}+c=\sqrt{a\left(x+\dfrac{b}{a}\right)}+c$$

이므로 함수 $y=\sqrt{ax+b}+c$의 그래프는 함수 $y=\sqrt{ax}$의 그래프를 x축의 방향으로 $-\dfrac{b}{a}$만큼, y축의 방향으로 c만큼 평행이동하여 그린다.

이때, 무리함수 $y=\sqrt{ax+b}+c$의 정의역과 치역은 다음과 같다.

$$a>0 \;\rightarrow\; \text{정의역}: \left\{x \,\middle|\, x\geq -\frac{b}{a}\right\}, \;\text{치역}: \{y \,|\, y\geq c\}$$

$$a<0 \;\rightarrow\; \text{정의역}: \left\{x \,\middle|\, x\leq -\frac{b}{a}\right\}, \;\text{치역}: \{y \,|\, y\geq c\}$$

[확인] 다음 무리함수의 그래프를 그리고, 정의역과 치역을 구하시오.

(1) $y=\sqrt{x-1}-1$ (2) $y=\sqrt{-2(x+1)}+2$

(3) $y=-\sqrt{2x+4}+1$

풀이   (1) 함수 $y=\sqrt{x-1}-1$의 그래프는 함수 $y=\sqrt{x}$의 그래프를 x축의 방향으로 1 만큼, y축의 방향으로 -1만큼 평행이 동한 것이므로 오른쪽 그림과 같고 정의 역과 치역은 각각 $\{x \,|\, x\geq 1\}$, $\{y \,|\, y\geq -1\}$

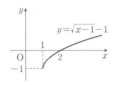

(2) 함수 $y=\sqrt{-2(x+1)}+2$의 그래프는 함수 $y=\sqrt{-2x}$의 그래프를 x축의 방 향으로 -1만큼, y축의 방향으로 2만 큼 평행이동한 것이므로 오른쪽 그림과 같고 정의역과 치역은 각각 $\{x \,|\, x\leq -1\}$, $\{y \,|\, y\geq 2\}$

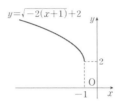

(3) $y=-\sqrt{2x+4}+1=-\sqrt{2(x+2)}+1$ 즉, 함수 $y=-\sqrt{2x+4}+1$의 그래프는 함수 $y=-\sqrt{2x}$의 그래프를 x축의 방 향으로 -2만큼, y축의 방향으로 1만 큼 평행이동한 것이므로 오른쪽 그림과 같고 정의역과 치역은 각각 $\{x \,|\, x\geq -2\}$, $\{y \,|\, y\leq 1\}$

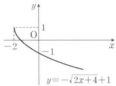

한걸음 더 $+$ ✏

3. 무리함수 $y=\sqrt{ax+b}+c \;(a\neq 0)$의 역함수에 대한 이해

(ⅰ) 주어진 함수의 치역, 즉 역함수의 정의역을 구한다. **B**

     무리함수 $y=\sqrt{ax+b}+c$의 치역이 $\{y \,|\, y\geq c\}$이므로 역함수의 정의역은 $\{x \,|\, x\geq c\}$

(ⅱ) $y=\sqrt{ax+b}+c$를 x에 대하여 풀면

     $y=\sqrt{ax+b}+c$에서 $y-c=\sqrt{ax+b}$ ← 근호가 없는 항은 모두 좌변으로 이항한다.

     양변을 제곱하면 $(y-c)^2=ax+b$ $\therefore\; x=\dfrac{1}{a}\{(y-c)^2-b\}$

(ⅲ) x와 y를 서로 바꾸어 역함수를 구한다.

     $y=\dfrac{1}{a}\{(x-c)^2-b\} \;(x\geq c)$ **C**

B 함수 f^{-1}의 정의역과 치역

  (1) f^{-1}의 정의역 : f의 치역
  (2) f^{-1}의 치역 : f의 정의역

C 무리함수 $y=\sqrt{ax+b}+c \;(a\neq 0)$의 그 래프와 그 역함수

$y=\dfrac{1}{a}\{(x-c)^2-b\} \;(x\geq c)$의 그래프 는 직선 $y=x$에 대하여 대칭이다.

무리함수 $y=\sqrt{2x+6}-1$에 대하여 〈보기〉에서 옳은 것만을 있는 대로 고르시오.

• 보기 •

ㄱ. 정의역은 $\{x \mid x \geq -3\}$이다.

ㄴ. x의 값이 증가하면 y의 값도 증가한다.

ㄷ. 그래프는 $y=\sqrt{2x}$의 그래프를 평행이동한 것이다.

ㄹ. 그래프는 제2사분면, 제4사분면을 지난다.

guide

$y=\sqrt{ax+b}+c=\sqrt{a\left(x+\dfrac{b}{a}\right)}+c$이므로

(1) 그래프는 함수 $y=\sqrt{ax}$의 그래프를 x축의 방향으로 $-\dfrac{b}{a}$만큼, y축의 방향으로 c만큼 평행이동한 것이다.

(2) $a>0 \Rightarrow$ 정의역 : $\left\{x \mid x \geq -\dfrac{b}{a}\right\}$, 치역 : $\{y \mid y \geq c\}$

    $a<0 \Rightarrow$ 정의역 : $\left\{x \mid x \leq -\dfrac{b}{a}\right\}$, 치역 : $\{y \mid y \geq c\}$

solution

$y=\sqrt{2x+6}-1=\sqrt{2(x+3)}-1$

즉, 함수 $y=\sqrt{2x+6}-1$의 그래프는 함수 $y=\sqrt{2x}$의 그래프를 x축의 방향으로

-3만큼, y축의 방향으로 -1만큼 평행이동한 것이므로 오른쪽 그림과 같다.

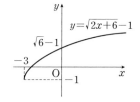

ㄱ. $2x+6 \geq 0$에서 $x \geq -3$이므로 정의역은 $\{x \mid x \geq -3\}$ (참)

ㄴ. 주어진 함수의 그래프에서 x의 값이 증가하면 y의 값도 증가한다. (참)

ㄷ. 함수 $y=\sqrt{2x}$의 그래프를 평행이동한 것이다. (참)

ㄹ. 주어진 함수의 그래프는 제1사분면, 제2 사분면, 제3 사분면을 지나고, 제4 사분면을 지나지 않는다. (거짓)

따라서 옳은 것은 ㄱ, ㄴ, ㄷ이다.

정답 및 해설 p.100

유형
연습

02-1   무리함수 $y=-\sqrt{9-3x}+2$에 대하여 〈보기〉에서 옳은 것만을 있는 대로 고르시오.

• 보기 •

ㄱ. 치역은 $\{y \mid y \leq 2\}$이다.

ㄴ. y축과의 교점의 y좌표는 -1이다.

ㄷ. 그래프는 함수 $y=\sqrt{-3x}$ 그래프를 평행이동한 것이다.

ㄹ. 그래프는 제2사분면을 지나지 않는다.

무리함수 $y=\sqrt{ax+b}+c$의 그래프가 오른쪽 그림과 같을 때, 상수 a, b, c의 값을 각각 구하시오.

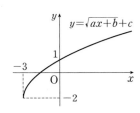

guide

그래프가 주어진 무리함수의 식은 다음 순서로 구한다.

(i) 그래프의 개형을 보고 평행이동하기 전의 함수의 식을 $y=\pm\sqrt{ax}\ (a\neq0)$로 놓는다.

(ii) 함수 $y=\pm\sqrt{ax}$의 그래프를 x축, y축의 방향으로 얼마만큼 평행이동하였는지 구한다.

(iii) 그래프가 지나는 점을 이용하여 a의 값을 구한다.

solution

주어진 함수의 그래프는 함수 $y=\sqrt{ax}\ (a>0)$의 그래프를 x축의 방향으로 -3만큼,
y축의 방향으로 -2만큼 평행이동한 것이므로 함수의 식은
$$y+2=\sqrt{a(x+3)}\qquad\therefore\ y=\sqrt{a(x+3)}-2$$
또한, 이 함수의 그래프가 점 $(0,\ 1)$을 지나므로
$$1=\sqrt{3a}-2,\ \sqrt{3a}=3,\ 3a=9\qquad\therefore\ a=3$$
따라서 함수의 식은 $y=\sqrt{3(x+3)}-2$, 즉 $y=\sqrt{3x+9}-2$이므로
$$a=3,\ b=9,\ c=-2$$

정답 및 해설 p.101

**유형
연습**

03-1 무리함수 $f(x)=\sqrt{ax+b}+c$의 그래프가 오른쪽 그림과 같이 원점을 지날 때, $f(-3)$의 값을 구하시오. (단, a, b, c는 상수이다.)

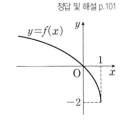

03-2 유리함수 $y=-\dfrac{4}{x+a}+b$의 그래프가 오른쪽 그림과 같을 때, 무리함수 $y=\sqrt{ax+b}-ab$의 그래프를 그리시오.

(단, a, b는 상수이다.)

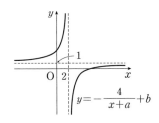

다음 물음에 답하시오.

(1) 무리함수 $y=-\sqrt{ax}$의 그래프를 x축의 방향으로 -2만큼, y축의 방향으로 1만큼 평행이동한 그래프가 점 $(0, -1)$을 지날 때, 상수 a의 값을 구하시오.

(2) 무리함수 $y=\sqrt{4x+a}-5$가 $x=2$에서 최솟값 m을 가질 때, a, m의 값을 각각 구하시오. (단, a는 상수이다.)

---

guide

1 무리함수 $y=\sqrt{ax+b}+c$의 그래프의 이동

(1) x축의 방향으로 p만큼, y축의 방향으로 q만큼 평행이동 $\Rightarrow$ $y-q=\sqrt{a(x-p)+b}+c$

(2) x축에 대하여 대칭이동 $\Rightarrow$ $y=-\sqrt{ax+b}-c$

(3) y축에 대하여 대칭이동 $\Rightarrow$ $y=\sqrt{-ax+b}+c$

(4) 원점에 대하여 대칭이동 $\Rightarrow$ $y=-\sqrt{-ax+b}-c$

2 정의역이 $\{x|p\leq x\leq q\}$인 무리함수 $f(x)=\sqrt{ax+b}+c$의 최대·최소

(1) $a>0$ $\Rightarrow$ 최댓값 : $f(q)$, 최솟값 : $f(p)$

(2) $a<0$ $\Rightarrow$ 최댓값 : $f(p)$, 최솟값 : $f(q)$

solution

(1) 무리함수 $y=-\sqrt{ax}$의 그래프를 x축의 방향으로 -2만큼, y축의 방향으로 1만큼 평행이동하면

$y-1=-\sqrt{a(x+2)}$ $\quad\therefore\ y=-\sqrt{a(x+2)}+1$

이때, 이 함수의 그래프가 점 $(0, -1)$을 지나므로

$-1=-\sqrt{2a}+1$, $\sqrt{2a}=2$, $2a=4$ $\quad\therefore\ a=\mathbf{2}$

(2) $y=\sqrt{4x+a}-5=\sqrt{4\left(x+\dfrac{a}{4}\right)}-5$

즉, 무리함수 $y=\sqrt{4x+a}-5$의 그래프는 함수 $y=\sqrt{4x}$의 그래프를 x축의 방향으로 $-\dfrac{a}{4}$만큼, y축의 방향으로 -5만큼 평행이동한 것이다.

따라서 주어진 함수는 $x=-\dfrac{a}{4}=2$에서 최솟값 -5를 가지므로

$a=\mathbf{-8}$, $m=\mathbf{-5}$

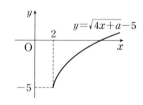

정답 및 해설 p.101

유형 연습

04-1 다음 물음에 답하시오.

(1) 무리함수 $y=\sqrt{2x+7}-4$의 그래프를 원점에 대하여 대칭이동한 후, x축의 방향으로 m만큼, y축의 방향으로 n만큼 평행이동하면 무리함수 $y=-\sqrt{-2x+3}+1$의 그래프와 일치한다. 이때, 상수 m, n에 대하여 $m+n$의 값을 구하시오.

(2) 무리함수 $y=-\sqrt{-2x+a}+7$이 $x=-1$에서 최댓값 M을 가질 때, $a+M$의 값을 구하시오. (단, a는 상수이다.)

무리함수 $y=\sqrt{2x+4}$의 그래프와 직선 $y=x+k$의 위치 관계가 다음과 같을 때, 실수 k의 값 또는 범위를 구하시오.

(1) 서로 다른 두 점에서 만난다.   (2) 한 점에서 만난다.   (3) 만나지 않는다.

guide

무리함수 $f(x)=\sqrt{ax+b}+c$의 그래프와 직선 $y=g(x)$의 위치 관계

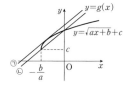

(1) 두 점에서 만난다. ⟺ 직선 $y=g(x)$가 ㉠과 ㉡ 사이에 있거나 ㉡과 일치한다.

(2) 한 점에서 만난다. ⟺ 직선 $y=g(x)$가 ㉠과 일치하거나 ㉡보다 아래쪽에 있다.

(3) 만나지 않는다. ⟺ 직선 $y=g(x)$가 ㉠보다 위쪽에 있다.

직선 $y=g(x)$가 ㉠과 일치 ⇨ 두 함수 $f(x)=\sqrt{ax+b}+c$, $y=g(x)$의 그래프가 접한다.

⇨ 이차방정식 $\{f(x)\}^2=\{g(x)\}^2$의 판별식 $D=0$이다.

직선 $y=g(x)$가 ㉡과 일치 ⇨ 직선 $y=g(x)$가 점 $\left(-\dfrac{b}{a},\ c\right)$를 지난다. 즉, $c=g\left(-\dfrac{b}{a}\right)$

solution

무리함수 $y=\sqrt{2x+4}=\sqrt{2(x+2)}$의 그래프는 함수 $y=\sqrt{2x}$의 그래프를 x축의 방향으로 -2만큼 평행이동한 것이고, 직선 $y=x+k$는 기울기가 1이고 y절편이 k이다. 이때, 함수 $y=\sqrt{2x+4}$의 그래프와 직선 $y=x+k$의 위치 관계는 오른쪽 그림의 두 직선 (i), (ii)를 기준으로 경우를 나누어 생각할 수 있다.

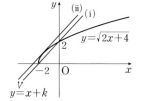

(i) 직선 $y=x+k$가 점 $(-2,\ 0)$을 지날 때,

$$0=-2+k \qquad \therefore\ k=2$$

(ii) 직선 $y=x+k$가 무리함수 $y=\sqrt{2x+4}$의 그래프에 접할 때,

$x+k=\sqrt{2x+4}$의 양변을 제곱하면 $(x+k)^2=2x+4$, $x^2+2kx+k^2=2x+4$

$$\therefore\ x^2+2(k-1)x+k^2-4=0$$

이 이차방정식의 판별식을 D라 하면

$$\dfrac{D}{4}=(k-1)^2-(k^2-4)=0,\ -2k+5=0 \qquad \therefore\ k=\dfrac{5}{2}$$

(1) 직선 $y=x+k$가 (i)과 일치하거나 (i)과 (ii) 사이에 있어야 하므로 $\boldsymbol{2\leq k<\dfrac{5}{2}}$

(2) 직선 $y=x+k$가 (i)보다 아래쪽에 있거나 (ii)와 일치해야 하므로 $\boldsymbol{k<2}$ 또는 $\boldsymbol{k=\dfrac{5}{2}}$

(3) 직선 $y=x+k$가 (ii)보다 위쪽에 있어야 하므로 $\boldsymbol{k>\dfrac{5}{2}}$

정답 및 해설 pp.101~102

05-1 무리함수 $y=-\sqrt{x+1}+2$의 그래프와 직선 $y=-2x+k$가 오직 한 점에서 만나도록 하는 상수 k의 값 또는 범위를 구하시오.

05-2 무리함수 $y=\sqrt{2x-3}$의 그래프와 직선 $y=mx+1$이 만나도록 하는 실수 m의 최댓값을 a, 최솟값을 b라 할 때, $a-b$의 값을 구하시오.

다음 함수의 역함수와 역함수의 정의역을 각각 구하시오.

(1) $y=\sqrt{x+1}-2$ (2) $y=\sqrt{1-x}+3$

---

guide   무리함수 $y=\sqrt{ax+b}+c$의 역함수는 다음과 같은 순서로 구한다.

(i) 역함수의 정의역(원래 함수의 치역)을 구한다. ⇨ $\{x\,|\,x\geq c\}$

(ii) $y=\sqrt{ax+b}+c$를 x에 대하여 푼다. ⇨ $x=\dfrac{1}{a}\{(y-c)^2-b\}$

(iii) x와 y를 서로 바꾸어 역함수를 구한다. ⇨ $y=\dfrac{1}{a}\{(x-c)^2-b\}\ (x\geq c)$

solution   (1) 함수 $y=\sqrt{x+1}-2$의 치역이 $\{y\,|\,y\geq -2\}$이므로 역함수의 **정의역**은 $\{x\,|\,x\geq -2\}$이다.

$y=\sqrt{x+1}-2$에서 $\sqrt{x+1}=y+2$

양변을 제곱하면 $x+1=(y+2)^2$ ∴ $x=(y+2)^2-1$

x와 y를 서로 바꾸면 구하는 역함수는

$$y=(x+2)^2-1\ (x\geq -2)$$

(2) 함수 $y=\sqrt{1-x}+3$의 치역이 $\{y\,|\,y\geq 3\}$이므로 역함수의 **정의역**은 $\{x\,|\,x\geq 3\}$이다.

$y=\sqrt{1-x}+3$에서 $\sqrt{1-x}=y-3$

양변을 제곱하면 $1-x=(y-3)^2$ ∴ $x=-(y-3)^2+1$

x와 y를 서로 바꾸면 구하는 역함수는

$$y=-(x-3)^2+1\ (x\geq 3)$$

정답 및 해설 pp.102~103

유형연습

06-1   다음 함수의 역함수를 구하시오.

(1) $y=-\sqrt{4-2x}+1$ (2) $y=\dfrac{1}{3}(x+1)^2+2\ (x\leq -1)$

06-2   무리함수 $f(x)=\sqrt{x-1}+1$의 그래프와 그 역함수의 그래프가 만나는 두 점을 각각 P, Q라 할 때, 선분 PQ의 길이를 구하시오.

06-3   무리함수 $f(x)=3\sqrt{2x+4}+k$의 그래프와 그 역함수의 그래프가 서로 다른 두 점에서 만나도록 하는 정수 k의 개수를 구하시오.

다음을 구하시오. (단, f^{-1}는 f의 역함수이다.)

(1) 정의역이 $\{x|x\geq1\}$인 두 무리함수 $f(x)=\sqrt{2x+1}$, $g(x)=\sqrt{x-1}+3$에 대하여 $(f\circ g^{-1})(5)$의 값

(2) 정의역이 $\{x|x<1\}$인 두 함수 $f(x)=\dfrac{x+3}{x-1}$, $g(x)=-\sqrt{2-2x}+1$에 대하여 $(f\circ(g\circ f)^{-1}\circ f)(0)$의 값

guide　두 함수 f, g와 그 역함수 f^{-1}, g^{-1}에 대하여

(1) $f(a)=b \iff f^{-1}(b)=a$

(2) $f\circ f^{-1}=I$, $f^{-1}\circ f=I$ (단, I는 항등함수)

(3) $(f\circ g)^{-1}=g^{-1}\circ f^{-1}$

solution　(1) $(f\circ g^{-1})(5)=f(g^{-1}(5))$

$g^{-1}(5)=a$라 하면 $g(a)=5$이므로 $\sqrt{a-1}+3=5$

$\sqrt{a-1}=2$, $a-1=4$ $\quad\therefore a=5$

$\therefore g^{-1}(5)=5$

$\therefore (f\circ g^{-1})(5)=f(g^{-1}(5))=f(5)=\boxed{\sqrt{11}}$

(2) $(f\circ(g\circ f)^{-1}\circ f)(0)=(f\circ f^{-1}\circ g^{-1}\circ f)(0)=(g^{-1}\circ f)(0)=g^{-1}(f(0))$

$f(0)=\dfrac{3}{-1}=-3$이므로 $g^{-1}(f(0))=g^{-1}(-3)$

$g^{-1}(-3)=a$라 하면 $g(a)=-3$

$-\sqrt{2-2a}+1=-3$, $\sqrt{2-2a}=4$

양변을 제곱하면 $2-2a=16$ $\quad\therefore a=-7$

$\therefore (f\circ(g\circ f)^{-1}\circ f)(0)=\boxed{-7}$

정답 및 해설 pp.103~104

07-1 다음을 구하시오. (단, f^{-1}는 f의 역함수이다.)

(1) 정의역이 $\{x|x>0\}$인 무리함수 $f(x)=\sqrt{3x+1}$에 대하여 함수 g가 $(f\circ g)(x)=x$를 만족시킬 때, $(g\circ g)(5)$의 값

(2) 정의역이 $\{x|x>2\}$인 두 함수 $f(x)=\dfrac{2x+1}{x-2}$, $g(x)=\sqrt{2x+3}$에 대하여

$(f^{-1}\circ g)^{-1}(3)$의 값

07-2 함수 $f(x)=\begin{cases}\sqrt{-2x} & \left(x<-\dfrac{1}{2}\right)\\ 1-\sqrt{2x+1} & \left(x\geq-\dfrac{1}{2}\right)\end{cases}$에 대하여 $(f^{-1}\circ f^{-1})(a)=40$을 만족시키는 실

수 a의 값을 구하시오.

01 모든 실수 x에 대하여 $\sqrt{ax^2+2ax+6}$의 값이 실수가 되도록 하는 정수 a의 개수를 구하시오.

02 $x=\dfrac{\sqrt{5}+1}{\sqrt{2}}$, $y=\dfrac{\sqrt{5}-1}{\sqrt{2}}$일 때, $\dfrac{\sqrt{x}-\sqrt{y}}{\sqrt{x}+\sqrt{y}}$의 값을 구하시오.

03 $x=\sqrt{5}+2$일 때, $\dfrac{x^4-3x^3-7x^2+8x-1}{x^2-3x-5}$의 값은?

① $\sqrt{5}+1$ ② $\sqrt{5}+2$ ③ $\sqrt{5}+3$

④ $\sqrt{5}+4$ ⑤ $\sqrt{5}+5$

04 실수 m에 대하여
$$m=N(m)+f(m)\ (N(m)\text{은 정수}, 0\leq f(m)<1)$$
이라 하자. 예를 들어, $N(\sqrt{2})=1$, $f(\sqrt{2})=\sqrt{2}-1$이다.
자연수 n에 대하여 $N\left(\dfrac{2n}{f(\sqrt{n^2+2n})}\right)$의 값은?

① n ② $n+1$ ③ $2n$

④ $2n+1$ ⑤ $3n$

05 함수 $f(x)=-\sqrt{3-3x}$에 대하여 〈보기〉에서 옳은 것만을 있는 대로 고른 것은?

> ● 보기 ●
>
> ㄱ. 정의역은 $\{x\,|\,x\leq1\}$이고, 치역은 $\{y\,|\,y\leq0\}$이다.
>
> ㄴ. 그래프는 함수 $y=-\sqrt{3x}$의 그래프를 x축의 방향으로 1만큼 평행이동한 것이다.
>
> ㄷ. 그래프는 함수 $y=-\dfrac{1}{3}x^2\ (x\leq0)$의 그래프를 직선 $y=x$에 대하여 대칭이동한 후, x축의 방향으로 1만큼 평행이동한 것이다.

① ㄱ   ② ㄴ   ③ ㄱ, ㄷ

④ ㄴ, ㄷ   ⑤ ㄱ, ㄴ, ㄷ

06 $0\leq x\leq3$일 때, 함수 $y=2\sqrt{x+1}+k$의 최댓값을 M, 최솟값을 m이라 하자. $M+m=40$일 때, 상수 k의 값을 구하시오. [교육청]

07 유리함수

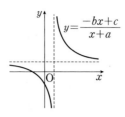

$y=\dfrac{-bx+c}{x+a}$ 의 그래프가 오른쪽 그림과 같을 때, 무리함수 $y=-\sqrt{ax+b}+c$의 그래프의 개형을 그리시오.

(단, a, b, c는 상수이다.)

08 함수 $y=\sqrt{ax+b}+c$의 그래프를 x축의 방향으로 3만큼, y축의 방향으로 -1만큼 평행이동한 후, x축에 대하여 대칭이동하였더니 함수 $y=-\sqrt{-3x+7}+5$의 그래프와 일치하였다. 상수 a, b, c에 대하여 abc의 값은?

① -24 ② -18 ③ -12
④ 24 ⑤ 36

09 다음 그림과 같이 무리함수 $y=\sqrt{ax}$의 그래프와 직선 $y=x$가 만나는 점 중 원점이 아닌 점의 x좌표가 2이다. 무리함수 $y=\sqrt{ax+b}$의 그래프가 직선 $y=x$에 접할 때, 상수 a, b에 대하여 $a-b$의 값을 구하시오.

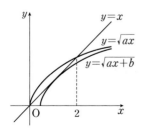

10 실수 전체의 집합 R에서 R로의 함수

$$f(x)=\begin{cases} -2(x-1)^2+b & (x<1) \\ \sqrt{a(1-x)}+3 & (x\ge 1) \end{cases}$$

이 역함수를 가질 때, 상수 a, b의 조건을 구하시오.

11 함수

$f(x)=-\sqrt{ax+b}+c$의 역함수 $y=f^{-1}(x)$의 그래프가 오른쪽 그림과 같을 때, 상수 a, b, c에 대하여 $a+b+c$의 값을 구하시오.

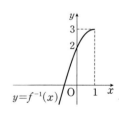

12 $3\le x\le 5$에서 정의된 두 함수 $y=\dfrac{-2x+4}{x-1}$와 $y=\sqrt{3x}+k$의 그래프가 한 점에서 만나도록 하는 실수 k의 최댓값을 M이라 할 때, M^2의 값을 구하시오. [교육청]

13 함수 $f(x)=\sqrt{4x-a}$의 역함수를 $y=g(x)$라 할 때, 방정식 $f(x)=g(x)$가 서로 다른 두 실근을 가지도록 하는 정수 a의 개수를 구하시오.

16 두 함수 $f(x)=\sqrt{3x+6}-5$, $g(x)=\sqrt{-3x+6}+5$의 그래프와 두 직선 $x=-2$, $x=2$로 둘러싸인 도형의 넓이를 구하시오.

서술형

14 무리함수 $y=\sqrt{4x-3}+k$의 그래프와 그 역함수의 그래프가 서로 다른 두 점에서 만날 때, 두 교점 사이의 거리가 $2\sqrt{3}$이 되도록 하는 상수 k의 값을 구하시오.

17 두 집합
$$A=\left\{(x,\ y)\ \middle|\ |x|+\left|\frac{y}{3}\right|=1,\ x,\ y\text{는 실수}\right\},$$
$$B=\{(x,\ y)\,|\,y=\sqrt{x+k},\ x,\ y\text{는 실수}\}$$
에 대하여 $A\cap B\neq\varnothing$을 만족시키는 정수 k의 개수는?

① 8   ② 9   ③ 10
④ 11   ⑤ 12

15 $x\leq-2$에서 부등식
$$ax+1\leq\sqrt{-\frac{1}{2}x-1}\leq bx+1$$
이 항상 성립하도록 하는 상수 a의 최솟값을 m, 상수 b의 최댓값을 M이라 할 때, $2m-4M$의 값을 구하시오.

1등급

18 함수 $y=\sqrt{|x-1|}+1$의 그래프와 직선 $y=kx+1$이 서로 다른 세 점에서 만날 때, 실수 k의 값의 범위를 $a<k<b$라 하자. 이때, 두 상수 a, b의 합 $a+b$의 값을 구하시오.

19 자연수 n에 대하여
$$x=\left\{\frac{(\sqrt{2}+1)^n+(\sqrt{2}-1)^n}{2}\right\}^2$$
일 때, $\sqrt{x}-\sqrt{x-1}$을 간단히 하시오.

20 꼭짓점의 좌표가 $\left(\frac{1}{2},\ \frac{9}{2}\right)$인 이차함수
$f(x)=ax^2+bx+c$의 그래프가 점 $(0,\ 4)$를 지날 때, 무리함수 $g(x)=a\sqrt{x+b}+c$에 대하여 〈보기〉에서 옳은 것만을 있는 대로 고른 것은? [교육청]

┌─ 보기 ●─────────────────────────┐
  ㄱ. 정의역은 $\{x|x\geq-2\}$이고 치역은 $\{y|y\leq4\}$이다.
  ㄴ. 함수 $y=g(x)$의 그래프는 제3사분면을 지난다.
  ㄷ. 방정식 $f(x)=0$의 두 근을 α, β라 할 때,
     $\alpha\leq x\leq\beta$에서 함수 $g(x)$의 최댓값은 2이다.
└──────────────────────────────┘

① ㄱ   ② ㄴ   ③ ㄱ, ㄷ
④ ㄴ, ㄷ   ⑤ ㄱ, ㄴ, ㄷ

21 정의역과 공역이 실수 전체의 집합인 함수
$$f(x)=\begin{cases}\sqrt{-3x+a}+2 & (x<1)\\ -\sqrt{3x-3}+2 & (x\geq1)\end{cases}$$
가 일대일대응일 때, $f^{-1}(-1)+f^{-1}(5)$의 값을 구하시오. (단, a는 상수이다.)

22 점 $(2,\ 3)$을 지나는 무리함수
$y=\sqrt{k(x+1)}\ (k>0)$의 그래프 위의 점을 A, 무리함수 $y=-\sqrt{k(x+1)}$의 그래프 위의 점을 B라 하자. 점 $P(-1,\ 0)$에 대하여 세 점 A, B, P를 꼭짓점으로 하는 $\triangle ABP$가 정삼각형일 때, 삼각형 ABP의 넓이를 구하시오.

23 함수 $f(x)=\begin{cases}\sqrt{4-x} & (x<4)\\ 2-\sqrt{x} & (x\geq4)\end{cases}$의 역함수
$y=f^{-1}(x)$의 그래프와 두 점에서 만나고 기울기가 -2인 직선을 l이라 하자. 직선 l의 모든 y절편의 합을 구하시오.

24 두 함수 $y=\sqrt{x+2}$, $f(x)=x+|x-c|$의 그래프가 서로 다른 두 점에서 만날 때, 상수 c의 값의 범위를 구하시오.

틀을
깨는
생각

Courage is

being scared to death,

and saddling up anyway.

용기란 죽을 만큼 두려워도

일단 한 번 해보는 것이다.

... 존 웨인(John Wayne)

III

경우의 수

개념 01 합의 법칙

1. 사건과 경우의 수 Ⓐ

어떤 실험이나 관찰에 의하여 나타날 수 있는 결과를 **사건**이라 하고, 어떤 사건이 일어날 수 있는 모든 경우의 가짓수를 **경우의 수**라 한다.

2. 합의 법칙

두 사건 A, B가 **동시에 일어나지 않을 때**, 사건 A, B가 일어나는 경우의 수가 각각 m, n이면

사건 A 또는 사건 B가 일어나는 경우의 수 ⇨ $m+n$

참고 합의 법칙은 어느 두 사건도 동시에 일어나지 않는 셋 이상의 사건에 대해서도 성립한다.

3. 합의 법칙의 응용

(1) 두 사건 A, B가 동시에 일어나는 경우의 수가 l이고, 두 사건 A, B가 일어나는 경우의 수가 각각 m, n이면

사건 A 또는 사건 B가 일어나는 경우의 수 ⇨ $m+n-l$

(2) 일어날 수 있는 모든 경우의 수가 s, 사건 A가 일어나는 경우의 수가 m이면

사건 A가 일어나지 않는 경우의 수 ⇨ $s-m$

---

1. 집합을 이용한 합의 법칙에 대한 이해

두 사건 A, B가 일어나는 경우의 수를 각각 m, n이라 하고,

두 사건 A, B가 일어나는 경우의 집합을 각각 A, B라 하면

$$n(A)=m, \ n(B)=n$$

사건 A 또는 사건 B가 일어나는 경우의 집합은 $A \cup B$,

사건 A와 사건 B가 동시에 일어나는 경우의 집합은 $A \cap B$이므로

사건 A 또는 사건 B가 일어나는 경우의 수 → $n(A \cup B)$

사건 A와 사건 B가 동시에 일어나는 경우의 수 → $n(A \cap B)$

이때, 두 사건 A, B가 동시에 일어나지 않으면

$$A \cap B = \varnothing, \ 즉 \ n(A \cap B)=0$$
$$\therefore \ n(A \cup B)=n(A)+n(B)-n(A \cap B)=m+n$$

예를 들어, 오른쪽 그림과 같이 두 지점 A, B 사이에 버스로 이동할 수 있는 경로가 a, b, c로 3가지, 지하철로 이동할 수 있는 경로가 d, e로 2가지라 하자.

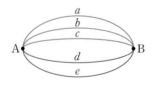

버스 또는 지하철을 이용하여 지점 A에서 지점 B로 이동하는 경우의 수는 합의 법칙에 의하여

$3+2=5$ ← 버스와 지하철을 이용하는 사건은 동시에 일어나지 않는다.

Ⓐ 경우의 수를 구할 때, 고려해야 할 원칙

(1) 빠지는 경우가 없고, 중복되는 경우가 없도록 한다.

(2) 직접 세는 경우에는 표, 순서쌍, 수형도 또는 사전식 배열법Ⓑ 등을 이용한다.

(3) 뽑거나 나열하는 규칙이 있을 때에는 뒤에서 배울 순열 또는 조합의 공식을 이용한다.

Ⓑ 사전식 배열법과 수형도

(1) 사전식 배열법 : 문자인 경우에는 알파벳 순서대로 배열하고, 수인 경우에는 작은 수 또는 큰 수부터 순서대로 배열하는 방법

(2) 수형도(tree graph) : 사건이 일어나는 모든 경우를 나뭇가지 모양의 그림으로 나타낸 것

한편, 두 사건이 동시에 일어나는 경우가 존재할 때 합의 법칙을 이용하되 **중복되는 경우의 수를 제외**해야 한다.

예를 들어, 한 개의 주사위를 던질 때, 나온 눈의 수가 2의 배수 또는 3의 배수인 경우의 수를 구하면

나온 눈의 수가 2의 배수인 경우는 2, 4, ⑥ 의 3가지

나온 눈의 수가 3의 배수인 경우는 3, ⑥ 의 2가지

이때, 2의 배수이면서 3의 배수인 경우는 ⑥ 의 1가지이므로 구하는 경우의 수는 합의 법칙에 의하여

└ 두 사건을 동시에 만족시키는 경우는 중복이므로 제외

$$3+2-①=4$$

[확인1] 다음을 구하시오.

(1) 서로 다른 두 개의 주사위를 동시에 던질 때, 나온 눈의 수의 합이 3 또는 4인 경우의 수

(2) 한 개의 주사위를 던질 때, 나온 눈의 수가 6의 약수이거나 소수인 경우의 수

풀이 (1) 눈의 수의 합이 3인 경우는 $(1, 2), (2, 1)$의 2가지
눈의 수의 합이 4인 경우는 $(1, 3), (2, 2), (3, 1)$의 3가지
이 두 경우는 동시에 일어나지 않으므로 구하는 경우의 수는
$2+3=5$

(2) 6의 약수는 1, 2, 3, 6의 4가지, 소수는 2, 3, 5의 3가지
6의 약수이면서 소수인 것은 2, 3의 2가지
따라서 구하는 경우의 수는
$4+3-2=5$

2. 집합을 이용한 '어떤 사건이 일어나지 않는 경우의 수'에 대한 이해 Ⓒ

일어날 수 있는 모든 사건의 경우의 집합을 U, 사건 A가 일어나는 경우의 집합을 A라 하면 각각의 경우의 수는 $n(U)$, $n(A)$이다.

이때, 사건 A가 일어나지 않는 경우의 집합은 A^C이고, 그 경우의 수는 $n(A^C)$이므로

$$n(A^C)=n(U)-n(A)$$

[확인2] 서로 다른 두 개의 주사위를 동시에 던질 때, 나온 눈의 수의 합이 4 이상인 경우의 수를 구하시오.

풀이 모든 경우의 수는 36이고, 나온 눈의 수의 합이 4 미만인 경우는
$(1, 1), (1, 2), (2, 1)$의 3가지이다.
따라서 눈의 수의 합이 4 이상인 경우의 수는
$36-3=33$

Ⓒ '어떤 사건이 일어나지 않는 경우의 수'는 언제 이용할까?
'적어도 ~한 사건', '~ 이상(이하)인 사건' 등과 같이 어떤 사건이 일어나는 경우의 수를 구하는 것보다 일어나지 않는 경우의 수를 구하는 것이 더 간단할 때에 이용하면 편리하다.

곱의 법칙

두 사건 A, B에 대하여 사건 A가 일어나는 경우의 수가 m이고, 그 각각에 대하여 사건 B가 일어나는 경우의 수가 n이면

두 사건 A, B가 잇달아(동시에, 연이어) 일어나는 경우의 수 $\Rightarrow$ $\boldsymbol{m \times n}$

〔참고〕 곱의 법칙은 잇달아 일어나는 셋 이상의 사건에 대해서도 성립한다.

곱의 법칙에 대한 이해 Ⓐ

사건 A가 일어나는 경우는 a_1, a_2, a_3, $\cdots$, a_m의 m 가지라 하고, 그 각각에 대하여 사건 B가 일어나는 경우는 b_1, b_2, b_3, $\cdots$, b_n의 n 가지라 하자.

두 사건 A, B가 잇달아 일어나는 모든 경우를 순서쌍으로 나타내면 다음과 같다.

$$\left.\begin{array}{l}(a_1,\ b_1),\ (a_1,\ b_2),\ \cdots,\ (a_1,\ b_n) \\ (a_2,\ b_1),\ (a_2,\ b_2),\ \cdots,\ (a_2,\ b_n) \\ \vdots \\ \underbrace{(a_m,\ b_1),\ (a_m,\ b_2),\ \cdots,\ (a_m,\ b_n)}_{n\ \text{가지}}\end{array}\right\} m\ \text{가지}$$

따라서 위의 그림에서 두 사건 A, B가 잇달아 일어나는 경우의 수는

$\boldsymbol{m \times n}$

예를 들어, 오른쪽 그림과 같이 지점 A에서 지점 B로 이동할 수 있는 경로가 a, b, c로 3가지, 지점 B에서 지점 C로 이동할 수 있는 경로가 d, e로 2가지라 하자.

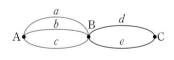

지점 A에서 지점 B를 거쳐 지점 C로 이동하는 경우의 수는 곱의 법칙에 의하여
지점 A에서 지점 B로, 지점 B에서 지점 C로 이동하는 사건은 항상 동시에 일어난다.

$3 \times 2 = 6$ Ⓑ

Ⓐ 곱의 법칙은 두 사건에 대하여 '잇달아', '연이어', '동시에' 등과 같은 표현으로 나타낼 때 사용한다. 즉, 두 가지 선택 방법을 한꺼번에 택하여 한 가지의 선택을 이룬다는 뜻이다.

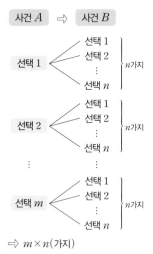

$\Rightarrow m \times n\,(\text{가지})$

Ⓑ 이것을 수형도로 나타내면 다음과 같다.

$$a <\begin{array}{l} d \Rightarrow (a,\ d) \\ e \Rightarrow (a,\ e) \end{array}$$
$$b <\begin{array}{l} d \Rightarrow (b,\ d) \\ e \Rightarrow (b,\ e) \end{array}$$
$$c <\begin{array}{l} d \Rightarrow (c,\ d) \\ e \Rightarrow (c,\ e) \end{array}$$

〔확인〕 다음을 구하시오.

(1) 동전 한 개와 주사위 한 개를 동시에 던질 때, 나오는 모든 경우의 수

(2) 다섯 가지 종류의 햄버거, 네 가지 종류의 소스 중에서 햄버거와 소스를 하나씩 고를 수 있을 때, 선택할 수 있는 모든 경우의 수

풀이 (1) $2 \times 6 = 12$　　　　(2) $5 \times 4 = 20$

1에서 100까지의 자연수가 각각 적힌 100장의 카드에서 1장을 뽑을 때, 다음을 구하시오.

(1) 7 또는 15로 나누어떨어지는 수가 적힌 카드가 나오는 경우의 수

(2) 3 또는 4로 나누어떨어지는 수가 적힌 카드가 나오는 경우의 수

---

guide   사건 A 또는 사건 B가 일어나는 경우의 수 ⇨ 합의 법칙을 이용한다.

             이때, 동시에 만족시키는 경우가 없는지 꼭 확인해야 한다.

solution   (1) 7로 나누어떨어지는 수는 7의 배수이고 100장의 카드 중에서 7의 배수가 적힌 카드는

             7, 14, 21, ⋯, 98의 14장이다.

             15로 나누어떨어지는 수는 15의 배수이고 100장의 카드 중에서 15의 배수가 적힌 카드는

             15, 30, 45, ⋯, 90의 6장이다.

             이때, 7과 15로 동시에 나누어떨어지는 100 이하의 자연수는 없으므로 구하는 경우의 수는

             $14+6=\mathbf{20}$

      (2) 3으로 나누어떨어지는 수는 3의 배수이고 100장의 카드 중에서 3의 배수가 적힌 카드는

             3, 6, 9, ⋯, 99의 33장이다.

             4로 나누어떨어지는 수는 4의 배수이고 100장의 카드 중에서 4의 배수가 적힌 카드는

             4, 8, 12, ⋯, 100의 25장이다.

             이때, 3과 4로 동시에 나누어떨어지는 수는 12의 배수이고 100장의 카드 중에서 12의 배수가 적힌 카드는

             12, 24, 36, ⋯, 96의 8장이다.

             따라서 구하는 경우의 수는

             $33+25-8=\mathbf{50}$

정답 및 해설 pp.113~114

유형
연습

01-1   서로 다른 두 개의 주사위를 동시에 던질 때, 다음을 구하시오.

         (1) 나오는 눈의 수의 합이 3의 배수 또는 5의 배수가 되는 경우의 수

         (2) 나오는 눈의 수의 합이 4의 배수 또는 6의 배수가 되는 경우의 수

01-2   주사위를 두 번 던져서 처음 나온 눈의 수와 두 번째 나온 눈의 수의 차가 3 이하가 되는 경우의 수를 구하시오.

⌐발전⌐

01-3   200 이하의 자연수 중에서 60과 서로소인 자연수의 개수를 구하시오.

자연수 x, y, z에 대하여 다음을 구하시오.

(1) 방정식 $x+2y+3z=10$을 만족시키는 순서쌍 (x, y, z)의 개수

(2) 부등식 $4x+y+2z<10$을 만족시키는 순서쌍 (x, y, z)의 개수

---

guide

1 방정식 $ax+by+cz=d$를 만족시키는 자연수 x, y, z의 순서쌍 (x, y, z)의 개수

⇨ 계수 a, b, c의 절댓값이 큰 항의 값을 기준으로 경우를 나누는 것이 계산이 편리하다.

2 부등식 $ax+by+cz<d$를 만족시키는 자연수 x, y, z의 순서쌍 (x, y, z)의 개수는 **1**의 방법을 이용하여 경우를 나눈 후, 부등식이 성립하도록 하는 $ax+by=e$ 꼴의 방정식을 찾아 구한다.

solution

(1) $x+2y+3z=10$에서 x, y, z는 자연수이므로 $x≥1$, $y≥1$, $z≥1$

즉, $1+2+3z≤x+2y+3z=10$에서 $3z≤7$ ∴ $z=1$, 2

(i) $z=1$일 때, $x+2y=7$이므로 순서쌍 (x, y)는 $(5, 1)$, $(3, 2)$, $(1, 3)$의 3개

(ii) $z=2$일 때, $x+2y=4$이므로 순서쌍 (x, y)는 $(2, 1)$의 1개

(i), (ii)에서 구하는 순서쌍 (x, y, z)의 개수는 $3+1=\mathbf{4}$

(2) $4x+y+2z<10$에서 x, y, z는 자연수이므로 $x≥1$, $y≥1$, $z≥1$

즉, $4x+1+2≤4x+y+2z<10$에서 $4x<7$ ∴ $x=1$

$x=1$일 때, $y+2z<6$이므로

(i) $y+2z=5$를 만족시키는 순서쌍 (y, z)는 $(3, 1)$, $(1, 2)$의 2개

(ii) $y+2z=4$를 만족시키는 순서쌍 (y, z)는 $(2, 1)$의 1개

(iii) $y+2z=3$을 만족시키는 순서쌍 (y, z)는 $(1, 1)$의 1개

(i), (ii), (iii)에서 구하는 순서쌍 (x, y, z)의 개수는 $2+1+1=\mathbf{4}$

정답 및 해설 pp.114~115

02-1 　집합 $A=\{(x, y, z)\,|\,3x+2y<6-z,\ x, y, z$는 음이 아닌 정수$\}$의 원소의 개수를 구하시오.

02-2 　서로 다른 두 개의 주사위를 동시에 던져서 나오는 눈의 수를 각각 a, b라 할 때, 이차함수 $y=ax^2+bx+2$의 그래프가 x축과 적어도 한 점에서 만나는 경우의 수를 구하시오.

다음을 구하시오.

(1) 한 개의 주사위를 두 번 연속으로 던질 때, 나오는 두 눈의 수의 곱이 홀수인 경우의 수

(2) 다항식 $(a+b+c)(x+y)+(p+q)^2$을 전개하였을 때, 서로 다른 항의 개수

guide

1 두 사건 A, B가 잇달아 일어나는 경우의 수 ⇨ 곱의 법칙을 이용한다.

2 곱해지는 다항식의 각 항이 모두 서로 다른 문자이면 동류항이 생기지 않는다.

이때, 전개식의 각 항은 곱하기 전 각 다항식의 항 중 하나씩 택하는 것과 같으므로 곱의 법칙을 이용할 수 있다.

solution

(1) 두 눈의 수의 곱이 홀수가 되려면 처음과 두 번째에 나오는 눈의 수가 모두 홀수이어야 한다.

처음 나오는 눈의 수가 홀수인 경우는 1, 3, 5의 3가지

두 번째 나오는 눈의 수가 홀수인 경우도 1, 3, 5의 3가지

따라서 구하는 경우의 수는 곱의 법칙에 의하여

$3 \times 3 = \mathbf{9}$

(2) 두 다항식 $a+b+c$, $x+y$는 모든 항이 서로 다른 문자로 되어 있으므로 두 다항식을 곱하면 동류항이 생기지 않는다.

$(a+b+c)(x+y)$를 전개하였을 때, 서로 다른 항의 개수는 $3 \times 2 = 6$

또한, $(p+q)^2 = p^2 + 2pq + q^2$이므로 $(p+q)^2$을 전개하였을 때, 서로 다른 항의 개수는 3

이때, $(p+q)^2$과 $(a+b+c)(x+y)$의 전개식의 모든 항이 서로 다른 문자로 되어 있으므로 두 다항식을 더하여도 동류항이 생기지 않는다.

따라서 주어진 식을 전개하였을 때, 서로 다른 항의 개수는

$6 + 3 = \mathbf{9}$

정답 및 해설 pp.115~116

03-1   다음을 구하시오.

(1) 한 개의 주사위를 두 번 연속으로 던질 때, 나오는 두 눈의 수의 곱이 짝수인 경우의 수

(2) 다항식 $(x-y)^2(p+q+r)-(a-b)^3$을 전개하였을 때, 서로 다른 항의 개수

03-2   한 개의 주사위를 세 번 연속으로 던져서 처음 나온 눈의 수를 백의 자리의 숫자, 두 번째 나온 눈의 수를 십의 자리의 숫자, 세 번째 나온 눈의 수를 일의 자리의 숫자로 하는 세 자리 자연수를 만들 때, 300보다 큰 짝수가 되는 경우의 수를 구하시오.

1000원짜리 지폐 4장과 500원짜리 동전 2개, 100원짜리 동전 3개의 일부 또는 전부를 사용하여 거스름돈 없이 지불할 때, 다음을 구하시오. (단, 0원을 지불하는 경우는 제외한다.)

(1) 지불할 수 있는 방법의 수　　　　　　　(2) 지불할 수 있는 금액의 수

guide

1 다른 금액의 화폐의 개수가 각각 a, b, c일 때, 지불할 수 있는 방법의 수 (단, 0원을 지불하는 경우는 제외)

⇒ $(a+1)(b+1)(c+1)-1$ ← 0원을 지불하는 것은 제외하므로 1가지 경우를 빼주어야 한다.

2 지불할 수 있는 금액의 수를 구할 때, 작은 단위의 화폐로 큰 단위의 화폐를 만들 수 있으면 금액이 중복된다.

큰 단위의 화폐를 작은 단위의 화폐로 바꾼 다음, **1**과 같은 방법으로 계산한다.

solution

(1) 1000원짜리 지폐 4장으로 지불하는 방법은 0장, 1장, 2장, 3장, 4장의 5가지

500원짜리 동전 2개로 지불하는 방법은 0개, 1개, 2개의 3가지

100원짜리 동전 3개로 지불하는 방법은 0개, 1개, 2개, 3개의 4가지

이때, 0원을 지불하는 경우는 제외해야 하므로 구하는 방법의 수는

$5 \times 3 \times 4 - 1 = \mathbf{59}$

(2) 500원짜리 동전 2개로 지불하는 금액은 1000원짜리 지폐 1장으로 지불하는 금액과 같다.

따라서 1000원짜리 지폐 4장을 500원짜리 동전 8개로 바꾸면 지불할 수 있는 금액의 수는

500원짜리 동전 $\underset{8+2}{10}$개, 100원짜리 동전 3개로 지불할 수 있는 방법의 수와 같다.

500원짜리 동전 10개로 지불할 수 있는 금액은 0원, 500원, 1000원, …, 5000원의 11가지

100원짜리 동전 3개로 지불할 수 있는 금액은 0원, 100원, 200원, 300원의 4가지

이때, 0원을 지불하는 경우는 제외해야 하므로 구하는 금액의 수는

$11 \times 4 - 1 = \mathbf{43}$

정답 및 해설 pp.116~117

유형 연습

04-1 오만 원짜리 지폐 3장과 만 원짜리 지폐 1장, 오천 원짜리 지폐 3장, 천 원짜리 지폐 6장의 일부 또는 전부를 사용하여 거스름돈 없이 지불할 때, 다음을 구하시오.

(단, 0원을 지불하는 경우는 제외한다.)

(1) 지불할 수 있는 방법의 수　　　　(2) 지불할 수 있는 금액의 수

04-2 100원짜리 동전 6개, 500원짜리 동전 a개, 1000원짜리 지폐 2장의 일부 또는 전부를 사용하여 거스름돈 없이 지불할 수 있는 방법의 수가 104일 때, 지불할 수 있는 금액의 수를 구하시오. (단, 0원을 지불하는 경우는 제외한다.)

다음을 구하시오.

(1) 504의 양의 약수의 개수

(2) 720의 양의 약수 중 5의 배수의 개수

(3) 168과 280의 양의 공약수의 개수

guide   자연수 N이 $N=a^p b^q c^r$ (a, b, c는 서로 다른 소수, p, q, r는 음이 아닌 정수)일 때,

             N의 양의 약수의 개수 $\Rightarrow (p+1)(q+1)(r+1)$

solution   (1) 504를 소인수분해하면 $504=2^3 \times 3^2 \times 7$

             따라서 504의 양의 약수의 개수는

             $(3+1) \times (2+1) \times (1+1) = 4 \times 3 \times 2 = \mathbf{24}$

      (2) 720을 소인수분해하면 $720=2^4 \times 3^2 \times 5$

             이때, 720의 양의 약수 중 5의 배수는 $2^4 \times 3^2$의 양의 약수에 5를 곱한 것과 같다.

             따라서 720의 양의 약수 중 5의 배수의 개수는 $2^4 \times 3^2$의 양의 약수의 개수와 같으므로

             $(4+1) \times (2+1) = 5 \times 3 = \mathbf{15}$

      (3) 168과 280의 양의 공약수의 개수는 168과 280의 최대공약수의 양의 약수의 개수와 같다.

             168과 280의 최대공약수는 56이고 $56=2^3 \times 7$이므로 구하는 양의 공약수의 개수는

             $(3+1) \times (1+1) = 4 \times 2 = \mathbf{8}$

정답 및 해설 p.117

 유형
연습

05-1   다음을 구하시오.

          (1) 336의 양의 약수 중 4의 배수의 개수

          (2) 360과 840의 양의 공약수의 개수

05-2   양의 약수의 개수가 10인 자연수 중 가장 작은 자연수를 구하시오.

발전

05-3   소수 p에 대하여 자연수 $18p$의 양의 약수의 개수가 될 수 있는 모든 값의 합을 구하시오.

오른쪽 그림은 네 도시 A, B, C, D를 연결하는 길을 나타낸 것이다. 다음을 구하시오.

(1) A 도시에서 출발하여 C 도시로 가는 모든 방법의 수

(단, 같은 도시는 두 번 이상 지나지 않는다.)

(2) A 도시에서 출발하여 C 도시를 거쳐 다시 A 도시로 돌아오는 모든 방법의 수

(단, 같은 도시는 두 번 이상 지나지 않는다.)

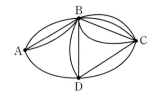

---

guide   (1) 동시에 지나갈 수 없는 길 ⇨ 합의 법칙 이용   (2) 잇달아 이어지는 길 ⇨ 곱의 법칙 이용

solution   (1) (i) A → B → C로 가는 방법의 수는 $3 \times 4 = 12$

(ii) A → D → C로 가는 방법의 수는 $1 \times 2 = 2$

(iii) A → B → D → C로 가는 방법의 수는 $3 \times 2 \times 2 = 12$

(iv) A → D → B → C로 가는 방법의 수는 $1 \times 2 \times 4 = 8$

(i)~(iv)에서 구하는 방법의 수는 $12 + 2 + 12 + 8 = \mathbf{34}$

(2) (i) A → B → C → D → A로 가는 방법의 수는 $3 \times 4 \times 2 \times 1 = 24$

(ii) A → D → C → B → A로 가는 방법의 수는 $1 \times 2 \times 4 \times 3 = 24$

(i), (ii)에서 구하는 방법의 수는 $24 + 24 = \mathbf{48}$

정답 및 해설 pp.117~118

06-1   오른쪽 그림은 네 도시 A, B, C, D를 연결하는 길을 나타낸 것이다. 다음을 구하시오.

(1) A 도시에서 출발하여 D 도시로 가는 모든 방법의 수

(단, 같은 도시는 두 번 이상 지나지 않는다.)

(2) A 도시에서 출발하여 D 도시를 거쳐 다시 A 도시로 돌아오는 모든 방법의 수 (단, 같은 도시는 두 번 이상 지나지 않는다.)

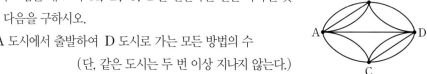

06-2   오른쪽 그림과 같이 네 지점 A, B, C, D를 연결하는 도로가 있다. B지점과 C지점을 직접 연결하는 도로를 추가하여 A지점에서 출발하여 D지점으로 가는 방법의 수가 80이 되도록 하려고 할 때, 추가해야 하는 도로의 개수를 구하시오. (단, 한 번 지나간 지점은 다시 지나지 않고, 도로끼리는 서로 만나지 않는다.)

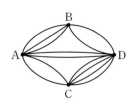

필수유형 07 색칠하는 방법의 수 개념 01+02

오른쪽 그림과 같은 5개의 영역 A, B, C, D, E를 서로 다른 5가지 색으로 구분하여 칠하려고 한다. 같은 색을 여러 번 사용해도 되지만 인접한 영역은 서로 다른 색을 칠할 때, 칠하는 방법의 수를 구하시오.

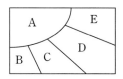

guide

1 영역이 나누어진 도형에서 인접한 영역에 서로 다른 색을 칠하는 방법의 수는 다음과 같이 구한다.
　(i) 인접한 영역이 가장 많은 영역 하나를 정하여 칠하는 방법의 수를 구한다.
　(ii) 인접한 영역에 칠한 색을 제외하고 나머지 영역에 각각 칠할 수 있는 방법의 수를 구한다.
2 인접하지 않은 두 영역이 존재할 때, 이 두 영역에 같은 색을 칠하는 경우와 다른 색을 칠하는 경우를 나누어 생각한다.

solution　A에 칠할 수 있는 색은 5가지, B에 칠할 수 있는 색은 A에 칠한 색을 제외한 4가지
C에 칠할 수 있는 색은 A, B에 칠한 색을 제외한 3가지
D에 칠할 수 있는 색은 A, C에 칠한 색을 제외한 3가지
E에 칠할 수 있는 색은 A, D에 칠한 색을 제외한 3가지
따라서 구하는 방법의 수는 $5 \times 4 \times 3 \times 3 \times 3 = \mathbf{540}$

다른풀이
(i) 모두 다른 색을 칠하는 방법의 수는 $5 \times 4 \times 3 \times 2 \times 1 = 120$
(ii) B와 D에만 같은 색을 칠하는 방법의 수는 $5 \times 4 \times 3 \times 2 = 120$
(iii) C와 E에만 같은 색을 칠하는 방법의 수는 $5 \times 4 \times 3 \times 2 = 120$
(iv) B와 E에만 같은 색을 칠하는 방법의 수는 $5 \times 4 \times 3 \times 2 = 120$
(v) B와 D, C와 E에 각각 같은 색을 칠하는 방법의 수는 $5 \times 4 \times 3 = 60$
(i)~(v)에서 $120+120+120+120+60=540$

정답 및 해설 pp.118~119

07-1 오른쪽 그림과 같은 5개의 영역 A, B, C, D, E를 서로 다른 5가지 색으로 구분하여 칠하려고 한다. 같은 색을 여러 번 사용해도 되지만 인접한 영역은 서로 다른 색을 칠할 때, 칠하는 방법의 수를 구하시오.

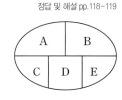

발전
07-2 오른쪽 그림과 같은 5개의 영역 A, B, C, D, E를 서로 다른 5가지 색으로 구분하여 칠하려고 한다. 같은 색을 여러 번 사용해도 되지만 변끼리 인접한 영역은 서로 다른 색을 칠할 때, 칠하는 방법의 수를 구하시오.

09. 순열과 조합　**201**

1, 2, 3, 4를 한 번씩 사용하여 만든 네 자리 자연수의 천, 백, 십, 일의 자리의 숫자를 순서대로 a_1, a_2, a_3, a_4라 할 때, $(1-a_1)(2-a_2)(3-a_3)(4-a_4) \neq 0$을 만족시키는 네 자리 자연수의 개수를 구하시오.

---

guide   규칙성을 찾기 어려운 경우의 수를 구할 때
               ⇨ 수형도를 이용하여 중복되지 않고 빠짐없이 모든 경우의 수를 구한다.

solution $(1-a_1)(2-a_2)(3-a_3)(4-a_4) \neq 0$에서
             $a_1 \neq 1$, $a_2 \neq 2$, $a_3 \neq 3$, $a_4 \neq 4$
             $a_1 \neq 1$이므로 $a_1=2$, $a_1=3$, $a_1=4$인 각 경우에 대하여 $a_2 \neq 2$, $a_3 \neq 3$, $a_4 \neq 4$를
             만족시키는 경우를 수형도로 나타내면 오른쪽 그림과 같다.
             따라서 구하는 자연수의 개수는 **9**이다.

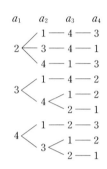

정답 및 해설 p.119

08-1   1, 2, 3, 4를 한 번씩 사용하여 만든 네 자리 자연수의 천, 백, 십, 일의 자리의 숫자를 순서대로 a_1, a_2, a_3, a_4라 할 때, $a_2 \neq 3$을 만족시키는 네 자리 자연수의 개수를 구하시오.

08-2   어느 독서 동아리에서 5명의 회원이 각자 다른 책을 한 권씩 가져와 서로 바꾸어 읽기로 했다. 5명이 자신이 가져오지 않은 책으로 각각 한 권씩 나누어 갖는 방법의 수를 구하시오.

08-3   1, 2, 3, 4, 5의 번호가 하나씩 붙어 있는 5개의 상자와 1, 2, 3, 4, 5의 번호가 하나씩 적혀 있는 5개의 공이 있다. 각 상자마다 공을 하나씩 무심코 넣을 때, 상자와 공의 번호가 일치하는 것이 1개인 경우의 수를 구하시오.

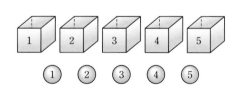

순열

1. 순열 Ⓐ

서로 다른 n개에서 $r\,(0<r\leq n)$개를 택하여 일렬로 나열하는 것을 n개에서 r개를 택하는 **순열**이라 하며, 이 순열의 수를 기호로

$$_n\mathrm{P}_r$$

와 같이 나타낸다.

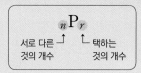

2. n의 계승 Ⓑ

1부터 n까지의 자연수를 차례대로 곱한 것을 n의 **계승**이라 하며, 이것을 기호로 $n!$과 같이 나타낸다.

$$n!=n(n-1)(n-2)\times\cdots\times3\times2\times1$$

3. 순열의 수

(1) $_n\mathrm{P}_r=n(n-1)(n-2)\cdots(n-r+1)$ (단, $0<r\leq n$)

(2) $_n\mathrm{P}_n=n!$, $0!=1$, $_n\mathrm{P}_0=1$

(3) $_n\mathrm{P}_r=\dfrac{n!}{(n-r)!}$ (단, $0\leq r\leq n$)

$$_6\mathrm{P}_3=\underbrace{6\times5\times4}_{3개}$$

4. 순열의 수의 성질

(1) $_n\mathrm{P}_r=n\times_{n-1}\mathrm{P}_{r-1}$ (단, $0<r\leq n$)

(2) $_n\mathrm{P}_r=_{n-1}\mathrm{P}_r+r\times_{n-1}\mathrm{P}_{r-1}$ (단, $0<r<n$)

---

1. 순열, 순열의 수에 대한 이해

세 문자 a, b, c 중에서 두 개를 택하여 일렬로 나열할 때, 첫 번째에 올 수 있는 문자는 a, b, c의 3가지이고, 두 번째에 올 수 있는 문자는 첫 번째 문자를 제외한 2가지이다.

이와 같이 서로 다른 세 개에서 두 개를 택하여 **일렬로 나열**하는 것을 3개에서 2개를 택<u>순서를 고려한다.</u>하는 **순열**이라 하고, 이 순열의 수를 기호로 $_3\mathrm{P}_2$와 같이 나타낸다.

	첫 번째	두 번째	순서쌍
a		b	$(a,\,b)$
		c	$(a,\,c)$
b		a	$(b,\,a)$
		c	$(b,\,c)$
c		a	$(c,\,a)$
		b	$(c,\,b)$

Ⓐ $_n\mathrm{P}_r$의 P는 순열을 뜻하는 permutation 의 첫 글자이다.

Ⓑ $n!$에서 !은 팩토리얼(factorial)이라 읽는다.

서로 다른 n개에서 $r\,(0<r\leq n)$개를 택하는 순열에서 각 자리에 올 수 있는 경우는 다음과 같다.

첫 번째	두 번째	세 번째	$\cdots$	r번째
n가지	$(n-1)$가지	$(n-2)$가지	$\cdots$	$(n-r+1)$가지

따라서 곱의 법칙에 의하여 $_n\mathrm{P}_r\,(0<r\leq n)$는 다음과 같이 계산한다.

$$_n\mathrm{P}_r=\underbrace{n(n-1)(n-2)\cdots(n-r+1)}_{r개}$$ ← n부터 1씩 작아지는 r개의 자연수의 곱

2. $n!$을 이용한 $_nP_r$의 계산

서로 다른 n개에서 n개를 모두 택하는 순열의 수는

$$_nP_n = n(n-1)(n-2) \times \cdots \times 3 \times 2 \times 1 = n!$$

한편, 순열의 수 $_nP_r\ (0 < r < n)$는 $n!$을 이용하면 다음과 같다.

$$_nP_r = n(n-1)(n-2)\cdots(n-r+1)$$

$$= \frac{n(n-1)(n-2)\cdots(n-r+1)(n-r)\times\cdots\times 3 \times 2 \times 1}{(n-r)\times\cdots\times 3 \times 2 \times 1}$$

$$= \frac{n!}{(n-r)!} \qquad \cdots\cdots \text{㉠}$$

이때,

(1) $0! = 1$로 정의하면 $_nP_n = \dfrac{n!}{0!} = n!$이므로 ㉠은 $r = n$일 때도 성립

(2) $_nP_0 = 1$로 정의하면, $_nP_0 = \dfrac{n!}{n!} = 1$이므로 ㉠은 $r = 0$일 때도 성립

확인 다음 값을 구하시오.

(1) $_5P_3$ (2) $0! \times 4!$ (3) $_6P_0$ (4) $3! \times _4P_3$

풀이 (1) $_5P_3 = 5 \times 4 \times 3 = 60$ (2) $0! \times 4! = 1 \times (4 \times 3 \times 2 \times 1) = 24$

    (3) $_6P_0 = 1$ (4) $3! \times _4P_3 = 3! \times \dfrac{4!}{1!} = 6 \times 24 = 144$

3. 순열의 수의 성질에 대한 이해 **C**

순열의 수의 성질 (1), (2)를 증명하면 다음과 같다.

(1) $n \times _{n-1}P_{r-1} = n \times \dfrac{(n-1)!}{\{(n-1)-(r-1)\}!}$

$$= \frac{n!}{(n-r)!} = _nP_r$$

$$\therefore _nP_r = n \times _{n-1}P_{r-1} \ (단, \ 0 < r \leq n) \ \textbf{D}$$

예 $_5P_3 = 60, \ 5 \times _4P_2 = 5 \times 12 = 60$

$$\therefore _5P_3 = 5 \times _4P_2$$

(2) $_{n-1}P_r + r \times _{n-1}P_{r-1} = \dfrac{(n-1)!}{\{(n-1)-r\}!} + \dfrac{r \times (n-1)!}{\{(n-1)-(r-1)\}!}$

$$= \frac{(n-r) \times (n-1)!}{(n-r)!} + \frac{r \times (n-1)!}{(n-r)!}$$

$$= \frac{(n-1)!\{(n-r)+r\}}{(n-r)!}$$

$$= \frac{n!}{(n-r)!} = _nP_r$$

$$\therefore _nP_r = _{n-1}P_r + r \times _{n-1}P_{r-1} \ (단, \ 0 < r \leq n) \ \textbf{E}$$

예 $_5P_3 = 60, \ _4P_3 = 24, \ 3 \times _4P_2 = 3 \times 12 = 36$

$$\therefore _5P_3 = _4P_3 + 3 \times _4P_2$$

C $0 < r \leq n$에서

$$_nP_r = n(n-1)\cdots(n-r+1)$$

$$= \frac{n!}{(n-r)!} \ (r = 0일 \ 때도 \ 성립)$$

$$= n \times _{n-1}P_{r-1}$$

$$= _{n-1}P_r + r \times _{n-1}P_{r-1} \ (단, \ r \neq n)$$

$$= (n-r+1) \times _nP_{r-1} \ (단, \ r \neq n)$$

D 서로 다른 n개에서 한 개를 우선 택하고, 그 각각에 대하여 남은 $(n-1)$개에서 $(r-1)$개를 택하여 일렬로 나열하는 경우의 수와 같으므로

$$_nP_r = n \times _{n-1}P_{r-1}$$

E 택하는 r개 중에서

(i) 특정한 A가 포함될 때,
A를 제외한 $(n-1)$개 중에서 $(r-1)$개를 택하여 일렬로 나열한 후, A를 $(r-1)$개의 양 끝과 사이사이 r곳에 배치하는 경우이므로 그 경우의 수는 $r \times _{n-1}P_{r-1}$

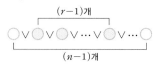

(ii) 특정한 A가 포함되지 않을 때,
A를 제외한 $(n-1)$개 중에서 r개를 택하여 일렬로 나열하는 경우이므로 그 경우의 수는 $_{n-1}P_r$

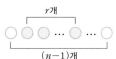

(i), (ii)는 동시에 일어나지 않으므로 합의 법칙에 의하여

$$_nP_r = _{n-1}P_r + r \times _{n-1}P_{r-1}$$

5개의 숫자 0, 1, 2, 3, 4에서 서로 다른 3개의 숫자를 택하여 세 자리 자연수를 만들 때, 다음을 구하시오.

(1) 세 자리의 자연수의 개수

(2) 짝수의 개수

----

guide   **1** 기준이 되는 자리부터 먼저 배열하고 나머지 자리에 남은 숫자들을 배열한다.

         2 맨 앞 자리에는 0이 올 수 없음에 주의한다.

solution   (1) 백의 자리에는 0이 올 수 없으므로 백의 자리에 올 수 있는 숫자는 1, 2, 3, 4의 4가지이다.

           십의 자리와 일의 자리에는 백의 자리에 온 숫자를 제외한 4개의 숫자 중에서 2개를 택하여 일렬로 나열하면 되므로 구하는 자연수의 개수는

$$4 \times {}_4\mathrm{P}_2 = \mathbf{48}$$

         (2) 짝수는 일의 자리의 숫자가 0, 2, 4이므로

           (ⅰ) ☐☐0 꼴일 때,

             백의 자리와 십의 자리에는 0을 제외한 4개의 숫자 중에서 2개를 택하여 일렬로 나열하면 되므로

$${}_4\mathrm{P}_2 = 12$$

           (ⅱ) ☐☐2, ☐☐4 꼴일 때,

             백의 자리에는 0이 올 수 없으므로 백의 자리에 올 수 있는 숫자는 0과 일의 자리에 온 숫자를 제외한 3가지이다.

             십의 자리에는 백의 자리에 온 숫자와 일의 자리에 온 숫자를 제외한 3개의 숫자가 올 수 있으므로

$$2 \times (3 \times 3) = 18$$

           (ⅰ), (ⅱ)에서 구하는 짝수의 개수는

$$12 + 18 = \mathbf{30}$$

정답 및 해설 pp.119~120

09-1   6개의 숫자 0, 1, 2, 3, 4, 5에서 서로 다른 4개의 숫자를 택하여 네 자리 자연수를 만들 때, 다음을 구하시오.

         (1) 네 자리 자연수의 개수   (2) 홀수의 개수

09-2   0, 1, 2, 3, 4, 5가 각각 하나씩 적힌 6장의 카드 중에서 서로 다른 3장의 카드를 뽑아 세 자리 자연수를 만들 때, 3의 배수의 개수를 구하시오.

남학생 4명과 여학생 3명을 일렬로 세울 때, 다음을 구하시오.

(1) 여학생이 서로 이웃하도록 세우는 방법의 수   (2) 여학생끼리는 이웃하지 않도록 세우는 방법의 수

(3) 남학생 2명이 양 끝에 오도록 세우는 방법의 수

---

guide

1 이웃하는 순열의 수를 구하는 과정은 다음과 같다.

  (i) 이웃하는 것을 한 묶음으로 생각하여 전체를 일렬로 나열하는 방법의 수를 구한다.

  (ii) 묶음 안에서 이웃하는 것끼리 자리를 바꾸는 방법의 수를 구하여 (i)에 곱한다.

2 이웃하지 않는 순열의 수를 구하는 과정은 다음과 같다.

  (i) 이웃해도 되는 것을 일렬로 나열하는 방법의 수를 구한다.

  (ii) 이웃해도 되는 것의 양 끝과 사이사이에 이웃하지 않은 것을 일렬로 나열하는 방법의 수를 구하여 (i)에 곱한다.

solution

(1) 여학생 3명을 한 사람으로 생각하여 5명을 일렬로 세우는 방법의 수는 $5! = 120$

여학생 3명이 서로 자리를 바꾸는 방법의 수는 $3! = 6$

따라서 구하는 방법의 수는 $120 \times 6 = \mathbf{720}$

(2) 남학생 4명을 한 줄로 세우는 방법의 수는 $4! = 24$

오른쪽 그림과 같이 남학생의 양 끝과 사이사이의 5곳 중 3곳에 여학생을 세우는 방법의 수는 $_5P_3 = 60$

따라서 구하는 방법의 수는 $24 \times 60 = \mathbf{1440}$

∨ 남 ∨ 남 ∨ 남 ∨ 남 ∨

(3) 남학생 4명 중 2명을 양 끝에 세우는 방법의 수는 $_4P_2 = 12$

총 7명 중 양 끝에 선 2명을 제외한 5명을 일렬로 세우는 방법의 수는 $5! = 120$

따라서 구하는 방법의 수는 $12 \times 120 = \mathbf{1440}$

정답 및 해설 pp.120~121

 유형 연습

10-1 빨간색 화분 4개와 파란색 화분 4개를 일렬로 나열할 때, 다음을 구하시오.

(단, 8개의 화분에는 서로 다른 꽃이 심어져 있다.)

(1) 빨간색 화분 4개를 서로 이웃하도록 나열하는 방법의 수

(2) 빨간색 화분과 파란색 화분을 교대로 나열하는 방법의 수

(3) 파란색 화분 2개가 양 끝에 오도록 나열하는 방법의 수

10-2 남학생 6명, 여학생 3명을 일렬로 세울 때, 맨 앞의 두 자리에는 남학생을 세우고 여학생끼리는 서로 이웃하지 않게 세우는 방법의 수를 구하시오.

10-3 6개의 문자 A, B, C, D, E, F를 일렬로 배열할 때, A와 B는 서로 이웃하고 E와 F는 서로 이웃하지 않게 배열하는 방법의 수를 구하시오.

5개의 문자 A, B, C, D, E를 모두 한 번씩만 사용하여 만든 문자열을 사전식으로 배열할 때, 다음 물음에 답하시오.

(1) BCAED는 몇 번째 문자열인지 구하시오.

(2) 60번째 오는 문자열을 구하시오.

guide   문자를 사전식으로 배열하거나 자연수를 크기 순으로 나열하는 방법의 수를 구할 때
⇨ 처음에 배열되는 문자 또는 수를 기준으로 개수를 파악한다.

solution   (1) A□□□□ 꼴인 문자열의 개수는 $4!=24$

BA□□□ 꼴인 문자열의 개수는 $3!=6$

BCA□□ 꼴인 문자열은 순서대로 BCADE, BCAED의 2개

따라서 BCAED는 $24+6+2=32$, 즉 **32번째** 문자열이다.

(2) A□□□□ 꼴인 문자열의 개수는 $4!=24$

B□□□□ 꼴인 문자열의 개수는 $4!=24$

CA□□□ 꼴인 문자열의 개수는 $3!=6$

CB□□□ 꼴인 문자열의 개수는 $3!=6$

즉, 60번째 오는 문자열은 CB□□□ 꼴인 문자열 중에서 제일 뒤에 오는 문자열이므로 **CBEDA**이다.

정답 및 해설 pp.121~122

11-1 5개의 숫자 1, 2, 3, 4, 5 중에서 서로 다른 4개를 사용하여 네 자리 자연수를 만들 때, 다음을 구하시오.

(1) 3200보다 큰 자연수의 개수

(2) 가장 작은 네 자리 자연수부터 크기 순으로 배열할 때, 41번째에 오는 자연수

11-2 6개의 문자 a, b, c, d, e, f 중에서 서로 다른 4개를 사용하여 만든 문자열을 사전식으로 배열할 때, beda보다 뒤에 나오는 문자열의 개수를 구하시오.

11-3 10개의 숫자 0, 1, 2, …, 9 중에서 서로 다른 4개를 뽑아 만든 네 자리 자연수를 각각 하나씩 적어 응모권을 만들었다. 이 응모권에 적힌 수를 가장 작은 수부터 나열하여 2000번째 수를 당첨번호로 정했을 때, 이 당첨번호를 구하시오.

6개의 문자 F, R, I, E, N, D를 일렬로 나열할 때, 다음을 구하시오.

(1) 적어도 한쪽 끝에 모음이 오는 경우의 수

(2) I, E, N 중에서 적어도 2개가 이웃하는 경우의 수

guide　　(사건 A가 적어도 한 번 일어나는 경우의 수)

　　　　＝(모든 경우의 수)－(사건 A가 일어나지 않는 경우의 수)

solution　(1) 적어도 한쪽 끝에 모음이 오는 경우의 수는 모든 경우의 수에서 양 끝에 모두 자음이 오는 경우의 수를 빼서
　　　　　구할 수 있다.

　　　　　6개의 문자를 일렬로 나열하는 모든 경우의 수는 $6!=720$

　　　　　자음은 F, R, N, D의 4개이므로 양 끝에 모두 자음이 오는 경우의 수는 $_4P_2=12$

　　　　　남은 4개의 문자를 가운데에 일렬로 나열하는 경우의 수는 $4!=24$

　　　　　따라서 구하는 경우의 수는 $720-(12\times24)=\mathbf{432}$

　　　　(2) I, E, N 중에서 적어도 2개가 이웃하는 경우의 수는 모든 경우의 수에서 I, E, N 중 어느 것도 이웃하지
　　　　　않는 경우의 수를 빼서 구할 수 있다.

　　　　　6개의 문자를 일렬로 나열하는 모든 경우의 수는 $6!=720$

　　　　　I, E, N 중 어느 것도 이웃하지 않는 경우의 수는 F, R, D 3개의 문자를 일렬로 나열한 다음 양 끝과 그
　　　　　사이사이의 4개의 자리에 I, E, N의 3개를 나열하는 경우의 수와 같으므로

　　　　　$3!\times_4P_3=6\times24=144$

　　　　　따라서 구하는 경우의 수는 $720-144=\mathbf{576}$

정답 및 해설 pp.122~123

유형
연습

12-1　7개의 문자 R, A, I, N, B, O, W를 일렬로 나열할 때, 다음을 구하시오.

　　　　(1) 적어도 한쪽 끝에 자음이 오는 경우의 수

　　　　(2) B, O, W 중에서 적어도 2개가 이웃하는 경우의 수

12-2　6개의 숫자 1, 2, 3, 4, 5, 6 중에서 서로 다른 4개의 숫자를 뽑아 네 자리 자연수를 만들
　　　　때, 적어도 한쪽 끝이 홀수인 네 자리 자연수의 개수를 구하시오.

12-3　7개의 서로 다른 한 자리 자연수가 있다. 이 자연수들을 모두 사용하여 7자리 자연수를 만들
　　　　때, 적어도 한쪽 끝에 짝수가 오는 7자리 자연수의 개수가 3600이다. 이때, 처음 7개의 한 자
　　　　리 자연수 중 홀수의 개수를 구하시오.

개념 04 조합

1. 조합 Ⓐ

서로 다른 n개에서 순서를 생각하지 않고 $r\,(0<r\leq n)$개를 택하는 것을 n개에서 r개를 택하는 **조합**이라 하며, 이 조합의 수를 기호로

$$_n\mathrm{C}_r$$

와 같이 나타낸다.

$$_n\mathrm{C}_r$$
서로 다른 ┘ └ 택하는
것의 개수   것의 개수

2. 조합의 수

(1) $_n\mathrm{C}_n=1$, $_n\mathrm{C}_0=1$, $_n\mathrm{C}_1=n$

(2) $_n\mathrm{C}_r=\dfrac{_n\mathrm{P}_r}{r!}=\dfrac{n!}{r!(n-r)!}$ (단, $0\leq r\leq n$)

$$_6\mathrm{C}_3=\dfrac{\overbrace{6\times5\times4}^{3개}}{3!}$$

3. 조합의 수의 성질

(1) $_n\mathrm{C}_r=_n\mathrm{C}_{n-r}$ (단, $0\leq r\leq n$)

(2) $_n\mathrm{C}_r=_{n-1}\mathrm{C}_{r-1}+_{n-1}\mathrm{C}_r$ (단, $0<r<n$)

---

1. 조합, 조합의 수에 대한 이해 Ⓑ

세 문자 a, b, c 중에서 순서를 생각하지 않고 서로 다른 두 개를 택하는 방법은

$$\{a,\,b\},\ \{b,\,c\},\ \{c,\,a\}$$

의 3가지이다.

이와 같이 서로 다른 세 개에서 **순서를 생각하지 않고** 두 개를 택하는 것을 3개에서 2개를 택하는 **조합**이라 하고, 이 조합의 수를 기호로 $_3\mathrm{C}_2$와 같이 나타낸다.

Ⓐ $_n\mathrm{C}_r$의 C는 조합을 뜻하는 combination 의 첫 글자이다.

Ⓑ 서로 다른 n개에서 순서를 생각하지 않고 r개를 택하는 조합의 수는 원소의 개수가 n개인 집합의 부분집합 중에서 원소의 개수가 r개인 집합의 개수와 같다.

따라서 세 문자 a, b, c에서 순서를 생각하지 않고 두 개를 택하는 조합의 수는 집합 $\{a,\,b,\,c\}$의 부분집합 중에서 원소의 개수가 두 개인 집합의 개수, 즉 $\{a,\,b\}$, $\{a,\,c\}$, $\{b,\,c\}$의 3이다.

2. 순열과 조합의 관계에 대한 이해

서로 다른 n개에서 $r\,(0<r\leq n)$개를 택하는 조합의 수는 $_n\mathrm{C}_r$이고, 그 각각에 대하여 선택한 r개를 일렬로 나열하는 방법의 수는 $r!$이다.

따라서 곱의 법칙에 의하여 서로 다른 n개에서 r개를 택하여 일렬로 나열하는 방법의 수는 $_n\mathrm{C}_r\times r!$이고, 이것은 $_n\mathrm{P}_r$와 같다. 즉,

$$_n\mathrm{C}_r\times r!=_n\mathrm{P}_r$$

$$\therefore\ _n\mathrm{C}_r=\dfrac{_n\mathrm{P}_r}{r!}=\dfrac{\dfrac{n!}{(n-r)!}}{r!}=\dfrac{n!}{r!(n-r)!}\quad\cdots\cdots\text{㉠}$$

이때, $0!=1$, $_n\mathrm{P}_0=1$이므로 $_n\mathrm{C}_0=1$로 정의하면 ㉠은 $r=0$일 때도 성립한다.

예를 들어, 10명의 회원 중 2명을 뽑을 때,

(1) 회장 1명, 부회장 1명을 뽑는 경우의 수 ➡ 순열

$$_{10}P_2 = \frac{10!}{(10-2)!} = 10 \times 9 = 90$$

(2) 대표 2명을 뽑는 경우의 수 ➡ 조합

$$_{10}C_2 = \frac{_{10}P_2}{2!} = \frac{10!}{2!(10-2)!} = \frac{10 \times 9}{2 \times 1} = 45$$

[확인1] 다음 값을 구하시오.

　　(1) $_8C_2$ 　　　　　(2) $_9C_9$ 　　　　　(3) $_5C_0$

풀이 (1) $_8C_2 = \dfrac{8 \times 7}{2 \times 1} = 28$ 　　(2) $_9C_9 = 1$ 　　(3) $_5C_0 = 1$

3. 조합의 수의 성질에 대한 이해 Ⓒ

조합의 수의 성질 (1), (2)를 증명하면 다음과 같다.

(1) $_nC_{n-r} = \dfrac{n!}{(n-r)!\{n-(n-r)\}!}$

　　　　$= \dfrac{n!}{(n-r)!r!} = _nC_r$

　　$\therefore _nC_r = _nC_{n-r}$ (단, $0 \le r \le n$) Ⓓ

　　예 $_5C_3 = 10$, $_5C_2 = 10$

　　　　$\therefore _5C_3 = _5C_2$

(2) $_{n-1}C_{r-1} + _{n-1}C_r = \dfrac{(n-1)!}{(r-1)!\{(n-1)-(r-1)\}!} + \dfrac{(n-1)!}{r!\{(n-1)-r\}!}$

　　　　　　$= \dfrac{(n-1)!}{(r-1)!(n-r)!} + \dfrac{(n-1)!}{r!(n-r-1)!}$

　　　　　　$= \dfrac{r(n-1)!}{r!(n-r)!} + \dfrac{(n-r)(n-1)!}{r!(n-r)!}$

　　　　　　$= \dfrac{\{r+(n-r)\}(n-1)!}{r!(n-r)!}$

　　　　　　$= \dfrac{n!}{r!(n-r)!} = _nC_r$

　　$\therefore _nC_r = _{n-1}C_{r-1} + _{n-1}C_r$ (단, $0 < r < n$) Ⓔ

　　예 $_6C_4 = 15$, $_5C_3 = 10$, $_5C_4 = 5$

　　　　$\therefore _6C_4 = _5C_3 + _5C_4$

Ⓒ $0 < r \le n$에서

$$_nC_r = \frac{n(n-1)\cdots(n-r+1)}{r(r-1) \times \cdots \times 2 \times 1}$$

　　$= \dfrac{n!}{r!(n-r)!}$ ($r=0$일 때도 성립)

　　$= _nC_{n-r}$ ($r=0$일 때도 성립)

　　$= _{n-1}C_{r-1} + _{n-1}C_r$ (단, $r \neq n$)

Ⓓ 서로 다른 n개에서 r개를 택하는 것은 선택하지 않고 남아 있는 $(n-r)$개를 선택하는 것과 같으므로

$$_nC_r = _nC_{n-r}$$

Ⓔ 택하는 r개 중에서

(ⅰ) 특정한 A가 포함될 때,

　　A를 제외한 $(n-1)$개 중에서 $(r-1)$개를 택하는 경우이므로 그 경우의 수는

　　$_{n-1}C_{r-1}$

(ⅱ) 특정한 A가 포함되지 않을 때,

　　A를 제외한 $(n-1)$개 중에서 r개를 택하는 경우이므로 그 경우의 수는

　　$_{n-1}C_r$

(ⅰ), (ⅱ)는 동시에 일어나지 않으므로 합의 법칙에 의하여

$$_nC_r = _{n-1}C_{r-1} + _{n-1}C_r$$

4. 특정한 k개를 포함하는 조합의 수

서로 다른 문자 a_1, a_2, a_3, a_4에서 a_1을 포함하는 2개를 택하는 방법의 수는 4개의 문자 중에서 a_1을 미리 뽑고, 나머지 3개 중에서 1개를 택하면 되므로 $\{a_1,\ a_2\}$, $\{a_1,\ a_3\}$, $\{a_1,\ a_4\}$의 3개이다.

이것을 식으로 나타내면 $_{4-1}C_{2-1}={}_3C_1=3$

일반적으로 서로 다른 n개에서 특정한 k개를 포함하는 r개를 택하는 방법의 수는 n개에서 특정한 k개를 미리 뽑고, 나머지 $(n-k)$개에서 $(r-k)$개를 택하는 방법의 수와 같으므로

$$_{n-k}C_{r-k}\ (0<k\le r\le n)$$

5. 특정한 k개를 포함하지 않는 조합의 수

서로 다른 문자 a_1, a_2, a_3, a_4에서 a_1을 포함하지 않고 2개를 택하는 방법의 수는 4개의 문자 중에서 a_1을 제외한 나머지 3개 중에서 2개를 택하면 되므로 $\{a_2,\ a_3\}$, $\{a_2,\ a_4\}$, $\{a_3,\ a_4\}$의 3개이다.

이것을 식으로 나타내면 $_{4-1}C_2={}_3C_2=3$

일반적으로 서로 다른 n개에서 특정한 k개를 포함하지 않는 r개를 택하는 방법의 수는 n개에서 특정한 k개를 제외한 나머지 $(n-k)$개에서 r개를 택하는 방법의 수와 같으므로

$$_{n-k}C_r\ (0<k\le r\le n)$$

6. 특정한 k개 중 적어도 한 개를 포함하는 조합의 수

서로 다른 문자 a_1, a_2, a_3, a_4, a_5, a_6에서 a_1, a_2 중 적어도 한 개를 포함하여 3개를 택하는 방법의 수는 6개의 문자 중에서 3개를 택하는 방법의 수에서 a_1, a_2를 제외한 나머지 4개 중에서 3개를 택하는 방법의 수를 뺀 것과 같으므로 **F**

$$_6C_3-{}_{6-2}C_3=\frac{6\times5\times4}{3\times2\times1}-4=16$$

└─ 특정한 2개를 하나도 포함하지 않는 경우의 수

일반적으로 서로 다른 n개에서 특정한 k개 중 적어도 한 개를 포함하는 r개를 택하는 방법의 수는

$$_nC_r-{}_{n-k}C_r\ (0<k\le r\le n)$$

F (적어도 ~인 경우)
= (전체 경우) − (하나도 ~가 아닌 경우)

확인2 남자 5명과 여자 2명 중에서 대표 4명을 뽑을 때, 여자 2명이 모두 대표로 뽑히는 경우의 수를 구하시오.

> 풀이 여자 2명을 이미 대표로 뽑았다고 생각하고 나머지 5명 중에서 2명을 뽑는 방법의 수와 같으므로
> $$_5C_2=\frac{5\times4}{2\times1}=10$$

7. 분할과 분배

서로 다른 여러 개의 물건을 몇 개의 묶음으로 나누는 것을 **분할**이라 하고, 분할된 묶음을 일렬로 나열하는 것을 **분배**라 한다.

---

(1) 분할의 수

서로 다른 n개를 p개, q개, r개 $(p+q+r=n,\ pqr\neq0)$의 세 묶음으로 분할하는 방법의 수는

① $p,\ q,\ r$가 모두 다른 수일 때 → $_n C_p \times _{n-p}C_q \times _r C_r$

② $p,\ q,\ r$ 중 어느 두 수가 같을 때 → $_n C_p \times _{n-p}C_q \times _r C_r \times \dfrac{1}{2!}$

③ $p,\ q,\ r$가 모두 같은 수일 때 → $_n C_p \times _{n-p}C_q \times _r C_r \times \dfrac{1}{3!}$

(2) 분배의 수

n묶음으로 분할하여 n명에게 분배하는 방법의 수는 각각의 분할의 수에 $n!$을 곱한 것이다. 즉,

(n묶음으로 분할하는 방법의 수) $\times n!$

서로 다른 네 물건 A, B, C, D를 2묶음으로 분할하여 2명에게 분배하는 방법의 수를 구해 보자.

(i) 1개, 3개로 묶을 때, **G**

4개 중에서 1개를 뽑고, 나머지 3개를 뽑으면 되므로

$_4 C_1 \times _3 C_3 = 4$ ←분할

이 2묶음을 2명에게 나누어 주는 방법의 수는 2!이므로

$_4 C_1 \times _3 C_3 \times 2! = 4 \times 2! = 8$ ←분배

(ii) 2개, 2개로 묶을 때, **H**

4개 중에서 2개를 뽑고, 나머지 2개를 뽑으면 되므로

$_4 C_2 \times _2 C_2 = 6$

이때, 중복되는 경우가 2!씩 있으므로 **I**

$_4 C_2 \times _2 C_2 \times \dfrac{1}{2!} = 3$ ←분할

이 2묶음을 2명에게 나누어 주는 방법의 수는 2!이므로

$_4 C_2 \times _2 C_2 \times \dfrac{1}{2!} \times 2! = 3 \times 2 = 6$ ←분배

(i), (ii)에서 구하는 방법의 수는 $8+6=14$이다.

확인3 8명의 학생을 2명, 3명, 3명의 3개 조로 나누어 A조, B조, C조라 할 때, 가능한 방법의 수를 구하시오.

풀이 8명의 학생을 2명, 3명, 3명의 3개 조로 나누는 방법의 수는

$_8 C_2 \times _6 C_3 \times _3 C_3 \times \dfrac{1}{2!} = \dfrac{8 \times 7}{2} \times \dfrac{6 \times 5 \times 4}{3 \times 2 \times 1} \times 1 \times \dfrac{1}{2} = 280$

이 각각에 대하여 서로 다른 A, B, C의 이름을 붙이는 방법의 수는 3!

따라서 구하는 방법의 수는 $280 \times 3! = 1680$

G　　A — BCD　　B — ACD

　　　　C — ABD　　D — ABC

H　　AB — CD　　CD — AB
　　　　└──── 같다. ────┘
　　　　AC — BD　　BD — AC
　　　　└──── 같다. ────┘
　　　　AD — BC　　BC — AD
　　　　└──── 같다. ────┘

I 중복되는 경우가 n가지 있다면 같은 분할이 $n!$씩 생긴다.

다음 물음에 답하시오.

(1) 등식 $_n\mathrm{P}_2+2\times{}_{n-1}\mathrm{P}_1=70$을 만족시키는 자연수 n의 값을 구하시오.

(2) 등식 $_{10}\mathrm{C}_{n-1}={}_{10}\mathrm{C}_{2n+2}$을 만족시키는 자연수 n의 값을 구하시오.

guide

순열의 수	조합의 수
(1) $_n\mathrm{P}_r=n(n-1)(n-2)\cdots(n-r+1)$ (단, $0<r\leq n$) (2) $_n\mathrm{P}_n=n!$, $0!=1$, $_n\mathrm{P}_0=1$ (3) $_n\mathrm{P}_r=\dfrac{n!}{(n-r)!}$ (단, $0\leq r\leq n$)	(1) $_n\mathrm{C}_r=\dfrac{_n\mathrm{P}_r}{r!}=\dfrac{n!}{r!(n-r)!}$ (단, $0\leq r\leq n$) (2) $_n\mathrm{C}_n=1$, $_n\mathrm{C}_0=1$, $_n\mathrm{C}_1=n$ (3) $_n\mathrm{C}_r={}_n\mathrm{C}_{n-r}$ (단, $0\leq r\leq n$)

solution

(1) $n(n-1)+2(n-1)=70$에서

$n^2+n-72=0$, $(n-8)(n+9)=0$

$\therefore n=8$ ($\because n\geq2$) $\leftarrow$ $n\geq2$이고 $n-1\geq1$이므로 $n\geq2$

(2) $_n\mathrm{C}_r={}_n\mathrm{C}_{n-r}$ (단, $0\leq r\leq n$)이므로 $_{10}\mathrm{C}_{n-1}={}_{10}\mathrm{C}_{2n+2}$에서

$n-1=2n+2$ 또는 $n-1=10-(2n+2)$

(i) $n-1=2n+2$일 때, $n=-3$

이때, $n\geq1$이어야 하므로 성립하지 않는다.

(ii) $n-1=10-(2n+2)$일 때,

$n-1=-2n+8$ $\therefore n=3$

(i), (ii)에서 $n=3$

정답 및 해설 p.123

13-1 다음 물음에 답하시오.

(1) 등식 $4\times{}_n\mathrm{P}_1+2\times{}_n\mathrm{P}_2={}_n\mathrm{P}_3$을 만족시키는 자연수 n의 값을 구하시오.

(2) 등식 $_{n+2}\mathrm{C}_n+{}_{n+1}\mathrm{C}_{n-1}=100$을 만족시키는 자연수 n의 값을 구하시오.

13-2 3 이상의 자연수 n에 대하여 $_n\mathrm{C}_3x^2-{}_{n+1}\mathrm{C}_3x-3\times{}_{n+1}\mathrm{C}_3=0$의 두 근을 α, β라 하면 $\alpha+\beta=4$일 때, $\alpha\beta$의 값을 구하시오.

최종 3명을 뽑는 어느 회사의 입사 면접에 남자 5명과 여자 5명이 응시했을 때, 다음을 구하시오.

(1) 남자 1명, 여자 2명을 뽑는 경우의 수

(2) 여자를 적어도 1명 이상 뽑는 경우의 수

---

guide

  1 n명 중에서 대표 r명을 뽑는 경우의 수

    $\Rightarrow {}_nC_r$ (단, $0 \le r \le n$)

  2 n명 중에서 대표 r명을 뽑을 때, 특정한 k명 중 적어도 1명이 포함되도록 뽑는 경우의 수

    $\Rightarrow {}_nC_r - {}_{n-k}C_r$ (단, $0 < k \le r \le n$)

solution

(1) 남자 5명 중에서 1명, 여자 5명 중에서 2명을 뽑는 경우의 수이므로 ${}_5C_1 \times {}_5C_2 = 5 \times 10 = \mathbf{50}$

(2) 전체 10명 중에서 3명을 뽑을 때, 여자를 적어도 1명 이상 뽑는 경우의 수는 모든 경우의 수에서 남자만 3명 뽑는 경우의 수를 뺀 것과 같다.

전체 10명 중에서 3명을 뽑는 경우의 수는 ${}_{10}C_3 = \dfrac{10 \times 9 \times 8}{3 \times 2 \times 1} = 120$

남자 5명 중에서 3명을 뽑는 경우의 수는 ${}_5C_3 = {}_5C_2 = 10$

따라서 구하는 경우의 수는 $120 - 10 = \mathbf{110}$ ← ${}_{10}C_3 - {}_{10-5}C_3$

다른풀이

(2) (i) 남자 5명 중 2명, 여자 5명 중 1명을 뽑는 경우의 수는 ${}_5C_2 \times {}_5C_1 = 10 \times 5 = 50$

(ii) 남자 5명 중 1명, 여자 5명 중 2명을 뽑는 경우의 수는 ${}_5C_1 \times {}_5C_2 = 5 \times 10 = 50$

(iii) 여자만 3명을 뽑는 경우의 수는 ${}_5C_3 = {}_5C_2 = 10$

(i), (ii), (iii)에서 구하는 경우의 수는 $50 + 50 + 10 = 110$

정답 및 해설 pp.123~124

14-1 1학년이 6명, 2학년이 4명, 3학년이 4명인 어느 동아리 회원에 대하여 다음을 구하시오.

  (1) 1학년에서 3명, 2학년에서 2명을 뽑는 경우의 수

  (2) 이 동아리 회원 중에서 3명을 뽑을 때, 1학년 또는 2학년이 적어도 1명 이상 포함되는 경우의 수

14-2 남학생 6명, 여학생 3명 중에서 4명의 학급위원을 뽑을 때, 남학생과 여학생을 각각 1명 이상씩 뽑는 경우의 수를 구하시오.

14-3 남자 회원, 여자 회원을 모두 합하여 9명인 어느 모임에서 3명의 대표를 뽑을 때, 남자 회원을 적어도 한 명 포함하여 뽑는 방법의 수가 80이라 한다. 이때, 여자 회원의 수를 구하시오.

어느 학급에서 체육대회 준비위원 4명을 뽑는데 학생 A와 학생 B를 포함하여 8명이 지원하였다. 다음을 구하시오.

(1) A와 B를 포함하여 뽑는 경우의 수

(2) A는 뽑고, B는 뽑지 않는 경우의 수

guide

  1 서로 다른 n개에서 특정한 k개를 포함하여 r개를 뽑는 경우의 수

     ⇨ 특정한 k개를 미리 뽑고 남은 $(n-k)$개 중에서 $(r-k)$개를 뽑으면 되므로 $_{n-k}C_{r-k}$

  2 서로 다른 n개에서 특정한 k개를 제외하고 r개를 뽑는 경우의 수

     ⇨ 특정한 k개를 제외한 $(n-k)$개 중에서 r개를 뽑으면 되므로 $_{n-k}C_r$

solution

(1) 8명 중에서 4명을 뽑을 때, A와 B를 포함하여 뽑는 경우의 수는 A, B를 먼저 뽑은 다음 A와 B를 제외한 6명 중에서 2명을 뽑는 경우의 수와 같으므로 구하는 경우의 수는

$$_6C_2 = \frac{6 \times 5}{2 \times 1} = \mathbf{15}$$

(2) 8명 중에서 4명을 뽑을 때, A는 뽑고 B는 뽑지 않는 경우의 수는 A를 먼저 뽑은 다음 A와 B를 제외한 6명 중에서 3명을 뽑는 경우의 수와 같으므로 구하는 경우의 수는

$$_6C_3 = \frac{6 \times 5 \times 4}{3 \times 2 \times 1} = \mathbf{20}$$

정답 및 해설 pp.124~125

15-1 주머니 속에 1부터 10까지의 자연수가 각각 하나씩 적힌 10개의 공이 있다. 이 주머니에서 5개의 공을 뽑을 때, 다음을 구하시오.

    (1) 2와 5가 적힌 공을 뽑는 경우의 수

    (2) 2가 적힌 공은 뽑고, 5가 적힌 공은 뽑지 않는 경우의 수

15-2 A, B, C를 포함한 서로 다른 9개의 과자 중에서 4개를 뽑을 때, A, B, C 중에서 한 개만 뽑는 방법의 수를 구하시오.

발전

15-3 집합 $A = \{x \,|\, x$는 10 이하의 자연수$\}$의 부분집합 B에 대하여 다음 조건을 만족시키는 집합 B의 개수를 구하시오.

> (가) $n(B) = 5$
>
> (나) 집합 B는 6의 약수 중에서 적어도 2개 이상을 원소로 갖는다.

다음을 구하시오.

(1) 남자 5명, 여자 4명 중에서 남자 3명, 여자 2명을 뽑아서 일렬로 세우는 경우의 수

(2) A와 B를 포함한 9명 중에서 3명을 뽑아 일렬로 세울 때, A는 반드시 포함되고 B는 포함되지 않는 경우의 수

guide 　서로 다른 m개 중에서 r개, 서로 다른 n개 중에서 s개를 뽑아 일렬로 나열하는 방법의 수
　　　　$\Rightarrow {}_m\mathrm{C}_r \times {}_n\mathrm{C}_s \times (r+s)!$

solution 　(1) 남자 5명 중 3명과 여자 4명 중 2명을 뽑는 경우의 수는

　　　　　　${}_5\mathrm{C}_3 \times {}_4\mathrm{C}_2 = 10 \times 6 = 60$

　　　　　뽑은 5명을 일렬로 나열하는 경우의 수는 $5! = 120$

　　　　　따라서 구하는 경우의 수는

　　　　　　$60 \times 120 = \mathbf{7200}$

　　　　(2) 9명 중에서 3명을 뽑을 때, A는 반드시 포함되고 B는 포함되지 않도록 뽑는 경우의 수는 A만 먼저 뽑은 다음 A, B를 모두 제외한 7명 중에서 2명을 뽑는 경우의 수와 같으므로

　　　　　　${}_7\mathrm{C}_2 = \dfrac{7 \times 6}{2} = 21$

　　　　　뽑은 2명과 A를 포함한 3명을 일렬로 세우는 경우의 수는 $3! = 6$

　　　　　따라서 구하는 경우의 수는

　　　　　　$21 \times 6 = \mathbf{126}$

정답 및 해설 pp.125~126

유형
연습

16-1　다음을 구하시오.

(1) 남자 4명, 여자 3명 중에서 남자 2명, 여자 2명을 뽑아서 일렬로 세우는 경우의 수

(2) 1부터 9까지의 자연수 중 서로 다른 4개의 수를 뽑아 네 자리 자연수를 만들 때, 2는 반드시 포함되고, 7은 포함되지 않는 자연수의 개수

16-2　1부터 9까지의 자연수 중에서 서로 다른 4개의 숫자를 사용해 네 자리 비밀번호를 만들 때, 홀수 2개와 짝수 2개로 만들어지는 비밀번호의 개수를 구하시오.

16-3　집합 $A = \{1, 2, 3, 4, 5\}$의 서로 다른 두 원소를 a, b라 하고, 집합 $B = \{6, 7, 8, 9\}$의 서로 다른 두 원소를 c, d라 하자. 순서쌍 (a, b, c, d) 중에서 네 수의 곱 $abcd$가 짝수인 것의 개수를 구하시오.

집합 $X=\{1, 2, 3\}$에서 집합 $Y=\{4, 5, 6, 7\}$로의 함수 f에 대하여 다음을 구하시오.

⑴ 함수 f의 개수

⑵ 일대일함수 f의 개수

⑶ $f(1)<f(2)<f(3)$을 만족시키는 함수 f의 개수

guide $f:X \longrightarrow Y$에서 두 집합 X, Y의 원소의 개수가 각각 m, n $(m \leq n)$일 때,

⑴ 함수 f의 개수 $\Rightarrow \underbrace{n \times n \times \cdots \times n}_{m개}=n^m$

⑵ 일대일함수 f의 개수 $\Rightarrow {}_n\mathrm{P}_m=\dfrac{n!}{(n-m)!}$

⑶ $a<b$이면 $f(a)<f(b)$를 만족시키는 함수 f의 개수 $\Rightarrow {}_n\mathrm{C}_m$ (단, $a \in X$, $b \in X$)

solution   ⑴ $f(1)$, $f(2)$, $f(3)$의 값은 4, 5, 6, 7 중 하나이므로 구하는 함수 f의 개수는

$4 \times 4 \times 4=4^3=\mathbf{64}$

⑵ 일대일함수 f의 개수는 공역의 원소 4개 중에서 서로 다른 3개를 택하여 일렬로 나열하는 순열의 수와 같으므로 ${}_4\mathrm{P}_3=4 \times 3 \times 2=\mathbf{24}$

⑶ 공역의 원소 4개 중에서 3개를 택하여 그 값이 가장 작은 것부터 정의역의 원소 1, 2, 3에 차례대로 대응시키면 되므로 구하는 함수 f의 개수는 ${}_4\mathrm{C}_3={}_4\mathrm{C}_1=\mathbf{4}$

정답 및 해설 p.126

유형연습 **17-1** 집합 $X=\{1, 2, 3, 4\}$에서 집합 $Y=\{5, 6, 7, 8, 9\}$로의 함수 f에 대하여 다음을 구하시오.

⑴ 함수 f의 개수

⑵ 일대일함수 f의 개수

⑶ $x_1 \in X$, $x_2 \in X$에 대하여 $x_1<x_2$일 때, $f(x_1)>f(x_2)$를 만족시키는 함수 f의 개수

17-2 집합 $X=\{1, 2, 3, 4, 5, 6\}$에서 X로의 함수 중 다음 조건을 모두 만족시키는 함수 f의 개수를 구하시오.

> ㈎ f의 역함수가 존재한다.   ㈏ $f(1) \neq 3$ ㈐ $f(2) \neq f(f(1))$

오른쪽 그림과 같은 정육각형의 대각선의 개수를 a, 정육각형의 꼭짓점 중에서 3개의 점을 꼭짓점으로 하는 삼각형의 개수를 b라 할 때, $a+b$의 값을 구하시오.

guide
1 서로 다른 n개의 점 중에서 어느 세 점도 한 직선 위에 있지 않을 때
　(1) 직선의 개수 : $_nC_2$　　　　　(2) 삼각형의 개수 : $_nC_3$
2 n각형의 대각선의 개수 $\Rightarrow$ (두 점을 지나는 직선의 개수)$-$(변의 개수)$=_nC_2-n$ $(n\geq3)$
3 m개의 평행선과 n개의 평행선이 만날 때 생기는 평행사변형의 개수 : $_mC_2\times_nC_2$

solution
대각선의 개수는 6개의 꼭짓점 중에서 2개를 택하는 방법의 수에서 정육각형의 변의 개수인 6을 뺀 값과 같으므로

$a=_6C_2-6=15-6=9$

정육각형의 6개의 꼭짓점 중에서 어느 세 점도 일직선 위에 있지 않으므로 구하는 삼각형의 개수는

$b=_6C_3=20$

$\therefore a+b=9+20=\textbf{29}$

정답 및 해설 pp.126~127

18-1 오른쪽 그림과 같이 원 위에 같은 간격으로 놓인 8개의 점이 있다. 이 8개의 점을 꼭짓점으로 하는 팔각형의 대각선의 개수를 a, 8개의 점 중에서 4개의 점을 꼭짓점으로 하는 사각형의 개수를 b라 할 때, $b-a$의 값을 구하시오.

18-2 오른쪽 그림과 같이 오각형 모양의 별 위에 10개의 점이 있을 때, 이 점 중에서 3개의 점을 꼭짓점으로 하는 삼각형의 개수를 구하시오.

발전
18-3 오른쪽 그림과 같이 한 변의 길이가 1인 정사각형 20개를 변끼리 이어 붙여 만든 도형이 있다. 이 도형의 선들로 만들 수 있는 사각형 중에서 정사각형이 아닌 직사각형의 개수를 구하시오.

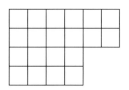

6팀이 다음 그림과 같은 대진표에 따라 토너먼트 시합을 가질 때, 대진표를 정하는 방법의 수를 구하시오.

(1) 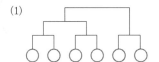   (2)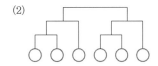

....

guide 분할에서 각 조의 원소의 개수가 같은 경우 중복되는 경우만큼 나누는 것에 유의하여 대진표를 정하는 방법의 수를 구한다.

(i) 대진표를 크게 두 개의 조로 분할한다.

(ii) 나누어진 각 조에 대하여 다시 나눌 수 있는 만큼 분할한다.

(iii) (i), (ii)의 결과를 곱한다.

solution (1) 6팀을 먼저 4팀, 2팀으로 나눈 후, 4팀을 다시 2팀, 2팀으로 나누면 된다.

6팀을 4팀, 2팀으로 나누는 방법의 수는

$_6C_4 \times _2C_2 = 15 \times 1 = 15$

4팀을 각각 2팀씩 2개의 팀으로 나누는 방법의 수는

$_4C_2 \times _2C_2 \times \dfrac{1}{2!} = 6 \times 1 \times \dfrac{1}{2} = 3$

따라서 구하는 방법의 수는 $15 \times 3 = \mathbf{45}$

(2) 6팀을 먼저 3팀, 3팀으로 나눈 후, 각 팀에서 부전승으로 올라가는 1팀을 택하면 된다.

따라서 구하는 방법의 수는

$\left(_6C_3 \times _3C_3 \times \dfrac{1}{2!} \right) \times _3C_1 \times _3C_1 = 10 \times 3 \times 3 = \mathbf{90}$

└─ 결승전을 기준으로 대칭이므로 중복되는 경우가 2!씩 있다.

정답 및 해설 p.127

유형 연습

19-1 8명의 선수가 오른쪽 그림과 같은 대진표에 따라 토너먼트 시합을 가질 때, 대진표를 정하는 방법의 수를 구하시오.

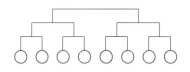

19-2 지난 시즌 우승자 A와 준우승자 B를 포함한 7명의 선수가 오른쪽 그림과 같은 대진표에 따라 토너먼트 시합을 하려고 한다. A와 B는 결승전 이전에 서로 대결하는 일이 없다고 할 때, 대진표를 정하는 방법의 수를 구하시오.

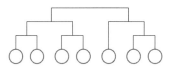

01 $\dfrac{N}{15}$이 기약분수일 때, 100 이하의 자연수 N의 개수는?

① 47   ② 49   ③ 51

④ 53   ⑤ 55

02 어느 사과 농장에서 사과를 상자에 담아 판매하는데, 판매하는 상품의 종류는 1 kg, 3 kg, 5 kg짜리 세 가지이다. 각 종류의 상품이 충분히 준비되어 있다고 할 때, 각 상품을 적어도 한 개씩 구매하여 20 kg을 구매하는 경우의 수를 구하시오. (단, 같은 무게의 상품은 서로 구분하지 않고, 상자의 무게는 생각하지 않는다.)

03 서로 다른 두 개의 주사위를 동시에 던져서 나오는 눈의 수를 각각 a, b라 할 때, 직선 $3ax+by+18=0$이 원 $x^2+y^2=5$와 만나지 않는 경우의 수를 구하시오.

04 500보다 큰 세 자리 자연수 중에서 678, 778과 같이 숫자 7이 적어도 하나 있는 세 자리의 자연수의 개수를 구하시오.

05 집합 $X=\{1,\ 2,\ 3,\ 4,\ 5\}$에서 X로의 함수 f 중에서 다음 조건을 만족시키는 함수 f의 개수는?

> 집합 X의 모든 원소 x에 대하여 $x+f(x)$의 값이 홀수이다.

① 60   ② 64   ③ 68

④ 72   ⑤ 76

06 오른쪽 그림과 같이 밑면이 정오각형인 오각기둥의 10개의 꼭짓점 중 3개를 꼭짓점으로 하는 삼각형을 만들 때, 어떤 변도 오각기둥의 모서리가 아닌 삼각형의 개수를 구하시오.

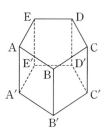

07 $2^3 \times x$의 양의 약수의 개수가 8이 되도록 하는 20 이하의 자연수 x의 개수를 구하시오.

08 오른쪽 그림과 같이 5개의 영역으로 나누어진 도형을 서로 다른 4가지 색을 사용하여 모든 영역을 칠하려고 한다. 다음 조건을 만족시키도록 한 영역에 한 가지 색 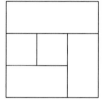 만을 칠할 때, 그 결과로 나타날 수 있는 모든 경우의 수를 구하시오. (단, 변이 일부라도 닿은 두 영역은 서로 이웃한 영역으로 본다.)

> (가) 4가지 색의 전부 또는 일부를 사용한다.
> (나) 서로 이웃한 영역은 서로 다른 색으로 칠한다.

09 각 자리의 숫자가 모두 다른 네 자리 자연수 중에서 25의 배수의 개수를 구하시오.

10 집합 $A=\{1, 2, 3, 4, 5, 6\}$에서 서로 다른 세 원소를 택하여 각각 a, b, c라 하자. 직선 $ax+by+c=0$을 좌표평면 위에 나타낼 때, 서로 다른 직선의 개수를 구하시오.

11 서로 다른 다섯 개의 자연수 a, b, c, d, e에 대하여 세 집합 A, B, C가
$A=\{1, 3, 5, 7\}$, $B=\{a, b, c, d, e\}$,
$C=\{1, 2, 3, 4, 5, 6, 7\}$
일 때, $A \subset B \subset C$가 성립한다. 자연수 N이
$$N=a\times10^4+b\times10^3+c\times10^2+d\times10+e$$
일 때, 자연수 N의 개수는?

① 320 ② 360 ③ 400
④ 440 ⑤ 480

12 여섯 개의 숫자 1, 2, 3, 4, 5, 6을 일렬로 세워 만든 여섯 자리 자연수 중 연속하는 두 자리 숫자의 곱이 짝수가 되는 자연수의 개수는?

① 120 ② 132 ③ 144
④ 156 ⑤ 168

13 서로 다른 한 자리 자연수 5개를 일렬로 나열할 때, 적어도 한쪽 끝에 짝수가 오는 경우의 수는 48이다. 이때, 처음 한 자리 자연수 5개 중 짝수의 개수를 구하시오.

14 $0 < r < n$일 때, 〈보기〉에서 옳은 것의 개수는?

• 보기 •

ㄱ. $_nP_r = {}_nC_r \times r!$

ㄴ. $_nP_r - r \times {}_{n-1}P_{r-1} = {}_nP_{r-1}$

ㄷ. $_{n+1}C_r = {}_{n+1}C_{n-r+1}$

ㄹ. $n \times {}_{n-1}C_{r-1} = r \times {}_nC_{r-1}$

ㅁ. $_{n-1}C_{r-1} + {}_{n-1}C_r = {}_nC_r$

① 1   ② 2   ③ 3
④ 4   ⑤ 5

15 $c < b < a < 10$인 자연수 a, b, c에 대하여 백의 자리의 수, 십의 자리의 수, 일의 자리의 수가 각각 a, b, c인 세 자리 자연수 중 500보다 크고 800보다 작은 모든 자연수의 개수를 구하시오.

16 x에 대한 이차방정식
$$_nC_2\, x^2 - (_{n-1}C_4 + {}_{n-1}C_3)x + {}_nC_3 = 0$$
의 두 근의 합이 $\dfrac{7}{2}$일 때, 두 근의 곱을 구하시오.

17 서로 다른 카드 10장 중에서 4장은 흰색, 6장은 주황색이다. 이 10장의 카드 중에서 4장을 택할 때, 흰색이 2장 이상 포함된 경우의 수는?

① 115   ② 120   ③ 125
④ 130   ⑤ 135

18 어느 학급 학생 6명에게 차례대로 1번, 2번, 3번, 4번, 5번, 6번의 번호를 정하고, 1, 2, 3, 4, 5, 6의 숫자가 하나씩 적힌 카드를 한 장씩 나누어 주었다. 이때, 2명은 자신의 번호가 적힌 카드를 받고, 나머지 4명은 자신의 번호와 다른 번호가 적힌 카드를 받을 경우의 수를 구하시오.

19 다음 조건을 만족시키도록 서로 다른 5개의 바구니에 빨간색 공 3개와 파란색 공 6개를 모두 넣는 경우의 수를 구하시오. (단, 같은 색의 공은 서로 구별하지 않는다.)

[교육청]

> (가) 각 바구니에 공은 1개 이상, 3개 이하로 넣는다.
> (나) 빨간색 공은 한 바구니에 2개 이상 넣을 수 없다.

20 집합 $X=\{a,\ b,\ c,\ d\}$에서 집합 $Y=\{-3,\ -2,\ -1,\ 0,\ 1,\ 2\}$로의 함수 f 중 다음 조건을 만족시키는 함수의 개수를 구하시오.

> (가) 함수 f의 최댓값은 2, 최솟값은 -3이다.
> (나) $x_1 \in X$, $x_2 \in X$일 때, $x_1 \neq x_2$이면 $f(x_1) \neq f(x_2)$이다.

21 오른쪽 그림과 같이 직사각형의 각 꼭짓점과 변에 10개의 점이 있다. 이들 점 중에서 3개의 점을 꼭짓점으로 하는 삼각형의 개수를 구하시오.

22 두 집합 A, B에 대하여
$$A \cup B = \{1,\ 2,\ 3,\ 4,\ 5,\ 6,\ 7,\ 8\},$$
$$n(A)=n(B)=5$$
일 때, 두 집합 A, B의 순서쌍 $(A,\ B)$의 개수를 구하시오.

23 12의 양의 약수가 하나씩 적혀 있는 카드가 6장 있다. 이 카드 중 4장을 일렬로 나열할 때, 위의 그림과 같이 양 끝에 놓인 두 수의 곱과 나머지 두 수의 곱이 서로 같은 경우의 수는?

① 24 　　　　② 28 　　　　③ 32
④ 36 　　　　⑤ 40

1등급

24 1반 학생 3명, 2반 학생 8명이 5인석 벤치 3개에 나누어 앉으려고 한다. 한 벤치에 1반 학생과 2반 학생이 각각 적어도 1명씩은 앉는다고 할 때, 이들 11명이 벤치에 앉는 방법의 수를 구하시오.

(단, 벤치끼리는 서로 구별하지 않는다.)

25 10 이하의 서로 다른 세 자연수 a, b, c에 대하여 $a(b+c)$의 값이 짝수인 경우의 수를 구하시오.

28 n개의 숫자 1, 2, 3, $\cdots$, n을 등번호로 하는 농구부 학생 n명, 축구부 학생 n명이 다음과 같은 규칙으로 팔씨름을 하였더니 그 횟수가 총 135이었다. 자연수 n의 값을 구하시오.

[규칙 1] 농구부 학생은 자신과 동일한 등번호를 제외한 모든 학생들과 팔씨름을 한다.
[규칙 2] 축구부 학생끼리는 팔씨름을 하지 않는다.

서술형

26 세 변의 둘레의 길이가 21인 삼각형이 있다. 이 삼각형의 세 변의 길이를 각각 a, b, c $(a \leq b \leq c)$라 할 때, 자연수 a, b, c의 순서쌍 (a, b, c)의 개수를 구하시오.

29 오른쪽 그림과 같이 정오각형의 내부의 한 점과 각 꼭짓점을 선분으로 연결하여 삼각형 5개로 나누었다. 이 5개의 삼각형에 서로 다른 4가지 색을 이용하여 칠하려고 한다. 같

은 색을 여러 번 사용해도 되지만 변끼리 인접한 부분은 서로 다른 색을 칠할 때, 칠하는 방법의 수를 구하시오.

27 집합 $X = \{1, 2, 3, 4, 5, 6\}$에서 X로의 함수 f가 다음 조건을 모두 만족시킬 때, 함수 f의 개수를 구하시오.

(가) 함수 f는 일대일대응이다.
(나) $1 \leq n \leq 2$일 때, $f(2n) < f(n) < f(3n)$이다.

더 THE 개념
블랙라벨

정답과 해설

BLACKLABEL

Ⅰ. 집합과 명제

01-1

두 집합 $A=\{1, 2\}$, $B=\{2, 3\}$에 대하여 $x\in A$, $y\in B$
일 때, $xy(x+y)$의 값은 다음 표와 같다.

x＼y	2	3
1	$1\times2\times(1+2)=6$	$1\times3\times(1+3)=12$
2	$2\times2\times(2+2)=16$	$2\times3\times(2+3)=30$

$S=\{z\,|\,z=xy(x+y),\ x\in A,\ y\in B\}$이므로
$S=\{6, 12, 16, 30\}$
따라서 집합 S의 모든 원소의 합은
$6+12+16+30=64$

답 64

01-2

집합 $A=\{-3, -1, 0, 2, 4\}$에 대하여 $x\in A$, $y\in A$
일 때, (x, y)는 다음 표와 같다.

x＼y	-3	-1	0	2	4
-3	$(-3, -3)$	$(-3, -1)$	$(-3, 0)$	$(-3, 2)$	$(-3, 4)$
-1	$(-1, -3)$	$(-1, -1)$	$(-1, 0)$	$(-1, 2)$	$(-1, 4)$
0	$(0, -3)$	$(0, -1)$	$(0, 0)$	$(0, 2)$	$(0, 4)$
2	$(2, -3)$	$(2, -1)$	$(2, 0)$	$(2, 2)$	$(2, 4)$
4	$(4, -3)$	$(4, -1)$	$(4, 0)$	$(4, 2)$	$(4, 4)$

위의 표에서 $x<y$를 만족시키는 순서쌍은 어두운 부분과 같
으므로 집합 B의 원소의 개수는 10이다.

답 10

01-3

집합 A는 서로 다른 세 정수를 원소로 갖고,
$a\in A$이므로
$a\neq-2$, $a\neq3$
$x\in A$, $y\in A$, $x\neq y$일 때, $x+y$의 값은 다음 표와 같다.

x＼y	a	-2	3
a		$a-2$	$a+3$
-2	$a-2$		1
3	$a+3$	1	

따라서 $B=\{1, a-2, a+3\}$이므로 집합 B의 모든 원소
의 합은
$1+(a-2)+(a+3)=12$
$2a+2=12$, $2a=10$
$\therefore\ a=5$

답 5

02-1

ㄱ. $n(\{0, 1, \{0, 1, 3\}, 5\})=4$, $n(\{0, 1, 3, 5, 7\})=5$
이므로
$n(\{0, 1, \{0, 1, 3\}, 5\})-n(\{0, 1, 3, 5, 7\})$
$=-1$ (거짓)

ㄴ. $n(\{a, b\})=2$, $n(\{a, \varnothing\})=2$이므로
$n(\{a, b\})=n(\{a, \varnothing\})$ (참)

ㄷ. 두 자리 자연수 중 3의 배수는
$3\times4, 3\times5, 3\times6, \cdots, 3\times33$이므로
$n(\{x\,|\,x$는 두 자리 자연수 중 3의 배수$\})=30$ (거짓)
따라서 옳은 것은 ㄴ이다.

답 ㄴ

02-2

$x+2y=8$을 만족시키는 자연수 x, y의 순서쌍 (x, y)는
$(2, 3), (4, 2), (6, 1)$이므로
$n(A)=3$
$B=\{1, 2, 3, \cdots, 2a\}$이므로
$n(B)=2a$
따라서 $2a-3=7$이므로 $a=5$

답 5

02-3

조건 ㉮에서 $2 \in A$이므로 조건 ㉯에서

$\dfrac{1}{1-2} = -1 \qquad \therefore \ -1 \in A$

$\dfrac{1}{1-(-1)} = \dfrac{1}{2} \qquad \therefore \ \dfrac{1}{2} \in A$

$\dfrac{1}{1-\dfrac{1}{2}} = 2 \qquad \therefore \ 2 \in A$

따라서 집합 A는 -1, $\dfrac{1}{2}$, 2를 반드시 원소로 가지므로 $n(A)$의 최솟값은 3이다.

답 3

03-1

$A = \{x \mid 1 \le x \le 20, \ x \text{는 3의 배수}\}$
  $= \{3, \ 6, \ 9, \ 12, \ 15, \ 18\}$

① 3은 집합 A의 원소이므로 $3 \in A$ 또는 $\{3\} \subset A$ (거짓)

② $\varnothing$은 모든 집합의 부분집합이므로 $\varnothing \subset A$ (거짓)

③ $10 \notin A$ (거짓)

④ $\varnothing$은 모든 집합의 부분집합이므로 $\varnothing \subset A$ (참)

⑤ $7 \notin A$, $11 \notin A$이므로 $\{3, \ 7, \ 11, \ 15\} \not\subset A$ (거짓)

따라서 옳은 것은 ④이다.

답 ④

03-2

집합 $A = \{\varnothing, \ -2, \ 0, \ 2, \ \{0\}, \ \{0, 2\}\}$에 대하여 집합 A의 원소는 $\varnothing$, -2, 0, 2, $\{0\}$, $\{0, 2\}$

① $n(A) = 6$ (거짓)

② $\varnothing$은 집합 A의 원소이므로 $\varnothing \in A$ 또는 $\{\varnothing\} \subset A$
(거짓)

③ $\{0, 2\} \in A$이므로 $\{\{0, 2\}\} \subset A$ (참)

④ $-2 \in A$, $0 \in A$, $2 \in A$이므로 $\{-2, \ 0, \ 2\} \subset A$
(거짓)

⑤ $\{-2, \ 0\} \notin A$이므로 $\{\varnothing, \ \{-2, \ 0\}\} \not\subset A$ (거짓)

따라서 옳은 것은 ③이다.

답 ③

03-3

집합 $A = \{\varnothing, \ 0, \ 1\}$에 대하여

$P(A) = \{\varnothing, \ \{\varnothing\}, \ \{0\}, \ \{1\}, \ \{\varnothing, 0\}, \ \{\varnothing, 1\}, \ \{0, 1\},$
      $\{\varnothing, \ 0, \ 1\}\}$

ㄱ. $\varnothing \in P(A)$ (참)

ㄴ. $\varnothing$은 모든 집합의 부분집합이므로 $\varnothing \subset P(A)$ (참)

ㄷ. $\{\varnothing, \ 0\}$은 집합 $P(A)$의 원소이므로 $\{\varnothing, \ 0\} \in P(A)$
   또는 $\{\{\varnothing, \ 0\}\} \subset P(A)$ (거짓)

ㄹ. $\{\varnothing\} \in P(A)$이므로 $\{\{\varnothing\}\} \subset P(A)$ (참)

따라서 옳은 것은 ㄱ, ㄴ, ㄹ이다.

답 ㄱ, ㄴ, ㄹ

보충설명 ——

멱집합(power set)

위의 문제에서 $P(A)$는 집합 A의 모든 부분집합을 원소로 갖고, 그 외에의 원소는 갖지 않는 집합이다.

이때, $P(A)$를 '집합 A의 멱집합'이라 한다.

원소의 개수가 n인 집합의 부분집합의 개수는 2^n이므로, 멱집합의 원소의 개수 또한 2^n이 된다. 멱집합은 대학수학의 set theory, topology 등의 개념에 사용된다.

04-1

두 집합 A, B에 대하여 $A \subset B$, $B \subset A$이므로
$A = B$

$0 \in B$에서 $0 \in A$이므로

$a = 0$ 또는 $\dfrac{b}{a} = 0$

$\therefore \ a = 0$ 또는 $b = 0$

그런데 $a \ne 0$이므로 $b = 0$ ……㉠

$\therefore \ A = \{a, \ 0, \ 4\}$, $B = \{a^2, \ 4a, \ 0\}$

$4 \in A$에서 $4 \in B$이므로

$a^2 = 4$ 또는 $4a = 4$

$\therefore \ a = -2$ 또는 $a = 2$ 또는 $a = 1$

(ⅰ) $a = -2$일 때,

   $A = \{-2, \ 0, \ 4\}$, $B = \{-8, \ 0, \ 4\}$이므로

   $A \ne B$

(ⅱ) $a = 2$일 때,

   $A = \{0, \ 2, \ 4\}$, $B = \{0, \ 4, \ 8\}$이므로

   $A \ne B$

(iii) $a=1$일 때,

$A=\{0,\ 1,\ 4\}$, $B=\{0,\ 1,\ 4\}$이므로

$A=B$

(i), (ii), (iii)에서 $a=1$ ……ⓛ

ⓐ, ⓛ에서

$a-b=1-0=1$

답 1

04-2

$A=\{x\,|\,x^2+x-6\leq0\}$에서

$x^2+x-6\leq0$, $(x+3)(x-2)\leq0$

$\therefore\ -3\leq x\leq2$

$\therefore\ A=\{x\,|\,-3\leq x\leq2\}$

$B=\{x\,|\,|x-2|\leq k\}$에서

$|x-2|\leq k$, $-k\leq x-2\leq k$

$\therefore\ -k+2\leq x\leq k+2$

$\therefore\ B=\{x\,|\,-k+2\leq x\leq k+2\}$

이때, $A\subset B$가 성립하도록 두 집합 A, B를 수직선 위에 나타내면 다음 그림과 같다.

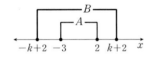

즉, $-k+2\leq-3$, $2\leq k+2$이므로

$-k+2\leq-3$에서 $k\geq5$

$2\leq k+2$에서 $k\geq0$

$\therefore\ k\geq5$

따라서 양수 k의 최솟값은 5이다.

답 5

04-3

$A=\{x\,|\,x^2-x-12\leq0\}$에서

$x^2-x-12\leq0$

$(x-4)(x+3)\leq0$ $\therefore\ -3\leq x\leq4$

$\therefore\ A=\{x\,|\,-3\leq x\leq4\}$

$B=\{x\,|\,|x-1|<k\}$에서

$|x-1|<k$, $-k<x-1<k$

$\therefore\ -k+1<x<k+1$

$\therefore\ B=\{x\,|\,-k+1<x<k+1\}$

$C=\{x\,|\,x^2\leq1\}$에서

$x^2\leq1$, $x^2-1\leq0$

$(x-1)(x+1)\leq0$ $\therefore\ -1\leq x\leq1$

$\therefore\ C=\{x\,|\,-1\leq x\leq1\}$

이때, $C\subset B\subset A$가 성립하도록 세 집합 A, B, C를 수직선 위에 나타내면 다음 그림과 같다.

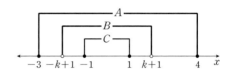

즉, $-3\leq-k+1<-1$, $1<k+1\leq4$이므로

$-3\leq-k+1<-1$에서 $-4\leq-k<-2$

$\therefore\ 2<k\leq4$ ……ⓐ

$1<k+1\leq4$에서 $0<k\leq3$ ……ⓛ

따라서 ⓐ, ⓛ을 모두 만족시키는 양수 k의 값의 범위는

$2<k\leq3$

답 $2<k\leq3$

05-1

집합 A의 원소 중에서 3의 배수는 3, 6, 9이고, 10의 양의 약수는 1, 2, 5, 10이다.

따라서 집합 A의 부분집합 중에서 3의 배수는 원소로 갖고, 10의 약수는 원소로 갖지 않는 집합은 집합 $\{4,\ 7,\ 8\}$의 부분집합에 원소 3, 6, 9를 추가한 것과 같다.

따라서 그 개수는 집합 $\{4,\ 7,\ 8\}$의 부분집합의 개수와 같으므로

$2^{10-3-4}=2^3=8$

답 8

05-2

집합 $A=\{x\,|\,x$는 $1\leq x\leq9$인 자연수$\}$에 대하여

$n(A)=9$

집합 A의 원소 중에서 소수는

2, 3, 5, 7

이 중에서 적어도 1개를 원소로 갖는 집합 A의 부분집합은 집합 A의 부분집합 중에서 2, 3, 5, 7을 모두 원소로 갖지 않는 집합, 즉 $\{1,\ 4,\ 6,\ 8,\ 9\}$의 부분집합을 제외한 것과 같다.

따라서 구하는 부분집합의 개수는

$2^9-2^5=512-32=480$

답 480

06-1

$A=\{x \mid x$는 20 이하의 6의 배수$\}$
$\quad =\{6,\ 12,\ 18\}$
$B=\{x \mid x$는 20 이하의 짝수$\}$
$\quad =\{2,\ 4,\ 6,\ \cdots,\ 20\}$
이때, $A \subset X \subset B$이므로 집합 X는 집합
$B=\{2,\ 4,\ 6,\ \cdots,\ 20\}$의 부분집합 중에서 집합 A의 세 원소 6, 12, 18을 반드시 원소로 갖는 집합이다.
따라서 집합 X의 개수는
$2^{10-3}=2^7=128$

답 128

06-2

$A=\{x \mid x^2-5x+4 \leq 0,\ x$는 정수$\}$에서
$x^2-5x+4 \leq 0,\ (x-1)(x-4) \leq 0$
$\therefore\ 1 \leq x \leq 4$
$\therefore\ A=\{1,\ 2,\ 3,\ 4\}$
$B=\{x \mid |x-2|<4,\ x$는 정수$\}$에서
$|x-2|<4,\ -4<x-2<4$
$\therefore\ -2<x<6$
$\therefore\ B=\{-1,\ 0,\ 1,\ 2,\ 3,\ 4,\ 5\}$
이때, $A \subset X \subset B$이므로 집합 X는 집합
$B=\{-1,\ 0,\ 1,\ 2,\ 3,\ 4,\ 5\}$의 부분집합 중에서 집합 A의 네 원소 1, 2, 3, 4를 반드시 원소로 갖는 집합이다.
따라서 집합 X의 개수는
$2^{7-4}=2^3=8$

답 8

06-3

$n(A)=m$이라 하면 $k=4m$ (단, $m \leq 7$, m은 자연수)
……㉠

이때, $A \subset X \subset B$이므로 집합 X는
집합 $B=\{2,\ 4,\ 6,\ \cdots,\ 30\}$의 부분집합 중에서 집합 A의
m개의 원소 4, 8, 12, $\cdots$, k를 반드시 원소로 갖는 집합이다.
따라서 집합 X의 개수는
$2^{15-m}=256=2^8$

즉, $15-m=8$이므로 $m=7$
$\therefore\ k=4 \times 7=28\ (\because\ ㉠)$

답 28

개 념 마 무 리

본문 pp.24~27

01 2	**02** ①	**03** 3	**04** 80
05 10	**06** 3	**07** ②	**08** ④
09 ⑤	**10** ④	**11** 2	**12** 8
13 8	**14** 5	**15** 24	**16** 256
17 32	**18** −1, 1	**19** 10	**20** ㄱ, ㄷ
21 28	**22** 85	**23** 628	

01

'잘하는', '가까운', '많이'와 같은 조건은 명확하지 않으므로
ㄴ, ㄹ, ㅁ은 집합이 아니다.
따라서 집합은 ㄱ, ㄷ의 2개이다.

답 2

02

주어진 벤다이어그램이 나타내는 집합 A를 원소나열법으로 나타내면
$A=\{7,\ 9,\ 11,\ 13\}$
ㄱ. $B=\{7,\ 9,\ 11,\ 13\}=A$
ㄴ. $C=\{x \mid x$는 5보다 크고 14보다 작은 소수$\}$
$\quad =\{7,\ 11,\ 13\}$
$\quad \therefore\ A \neq C$
ㄷ. $y=2x+1$이라 하면
$\quad 2x=y-1,\ x=\dfrac{y-1}{2}$
$\quad 3 \leq x \leq 6$에서 $3 \leq \dfrac{y-1}{2} \leq 6$
$\quad 6 \leq y-1 \leq 12,\ 7 \leq y \leq 13$
$\quad \therefore\ D=\{y \mid 7 \leq y \leq 13\}$
이때, $10 \in D$이지만 $10 \notin A$
$\quad \therefore\ A \neq D$

따라서 집합 A와 서로 같은 집합은 ㄱ이다.

답 ①

03

두 집합 $A=\{-2,\ 1,\ a\}$, $B=\{1,\ 2,\ 3\}$에 대하여
$x\in A$, $y\in B$일 때, xy의 값은 다음 표와 같다.

x＼y	1	2	3
-2	-2	-4	-6
1	1	2	3
a	a	$2a$	$3a$

이때, $C=\{-6,\ -4,\ -2,\ 1,\ 2,\ 3,\ 6,\ 9\}$이므로 a, $2a$,
$3a$ 중 두 수는 반드시 6, 9이어야 한다.
$a=6$ 또는 $2a=6$ 또는 $3a=6$이라 하자.
(i) $a=6$일 때,
 $2a=12$, $3a=18$
 그런데 $12\notin C$, $18\notin C$이므로 $a\neq6$
(ii) $2a=6$일 때,
 $a=3$, $3a=9$이므로
 $C=\{-6,\ -4,\ -2,\ 1,\ 2,\ 3,\ 6,\ 9\}$
(iii) $3a=6$일 때,
 $a=2$, $2a=4$
 그런데 $4\notin C$이므로 $3a\neq6$
(i), (ii), (iii)에서 $a=3$

답 3

보충설명

$a=9$ 또는 $2a=9$ 또는 $3a=9$를 조사하여도 동일한 결과를 얻
는다.
(i) $a=9$일 때,
 $2a=18$, $3a=27$
 그런데 $18\notin C$, $27\notin C$이므로 $a\neq9$
(ii) $2a=9$일 때,
 $a=\dfrac{9}{2}$, $3a=\dfrac{27}{2}$
 그런데 $\dfrac{9}{2}\notin C$, $\dfrac{27}{2}\notin C$이므로 $2a\neq9$
(iii) $3a=9$일 때,
 $a=3$, $2a=6$이므로
 $C=\{-6,\ -4,\ -2,\ 1,\ 2,\ 3,\ 6,\ 9\}$
(i), (ii), (iii)에서 $a=3$

04

집합 $A=\{l,\ m,\ n\}$에 대하여 l, m, n은 서로 다른 자연
수이므로 $l<m<n$이라 하자.
$B=\{x\,|\,x=a+b,\ a\in A,\ b\in A,\ a\neq b\}$에서
$B=\{l+m,\ l+n,\ m+n\}=\{6,\ 12,\ 14\}$
이때, $l+m<l+n<m+n$이므로
$$\begin{cases} l+m=6 & \cdots\cdots\text{㉠} \\ l+n=12 & \cdots\cdots\text{㉡} \\ m+n=14 & \cdots\cdots\text{㉢} \end{cases}$$
㉠＋㉡＋㉢을 하면
$2(l+m+n)=32$
$\therefore\ l+m+n=16$ $\quad\cdots\cdots$㉣
㉠, ㉡, ㉢을 ㉣에 각각 대입하여 풀면
$l=2$, $m=4$, $n=10$
$\therefore\ lmn=80$

답 80

05

집합 $A=\{-i,\ i,\ 1\}$에 대하여 $x\in A$, $y\in A$일 때, $x+y$
의 값은 다음 표와 같다.

x＼y	$-i$	i	1
$-i$	$-2i$	0	$1-i$
i	0	$2i$	$1+i$
1	$1-i$	$1+i$	2

$B=\{x+y\,|\,x\in A,\ y\in A\}$이므로
$B=\{1-i,\ 1+i,\ -2i,\ 2i,\ 0,\ 2\}$
또한, $x\in A$, $y\in A$일 때, xy의 값은 다음 표와 같다.

x＼y	$-i$	i	1
$-i$	-1	1	$-i$
i	1	-1	i
1	$-i$	i	1

$C=\{xy\,|\,x\in A,\ y\in A\}$이므로
$C=\{-i,\ i,\ -1,\ 1\}$
따라서 $n(B)=6$, $n(C)=4$이므로
$n(B)+n(C)=10$

답 10

06

$A=\{z\,|\,z=i^n,\ n$은 자연수$\}$

$\ \ =\{i,\ -1,\ -i,\ 1\}$

이므로 $z\in A$이면

$z^2=1$ 또는 $z^2=-1$

이때, $z_1\in A,\ z_2\in A$이면 $z_1{}^2=1$ 또는 $z_1{}^2=-1,\ z_2{}^2=1$ 또는 $z_2{}^2=-1$이므로 $z_1{}^2+z_2{}^2$의 값은 다음 표와 같다.

$z_1{}^2$ ＼ $z_2{}^2$	1	-1
1	2	0
-1	0	-2

$\therefore B=\{-2,\ 0,\ 2\}$

따라서 집합 B의 원소의 개수는 3이다.

답 3

보충설명

i의 거듭제곱의 성질

$i^{4n-3}=i,\ i^{4n-2}=-1,\ i^{4n-1}=-i,\ i^{4n}=1$ (단, n은 자연수)

07

집합 $A=\{-1,\ 0,\ 1,\ 2\}$에 대하여 $a\in A,\ b\in A$일 때, $a+b,\ ab$의 값은 각각 다음 표와 같다.

[$a+b$]

a ＼ b	-1	0	1	2
-1	-2	-1	0	1
0	-1	0	1	2
1	0	1	2	3
2	1	2	3	4

[ab]

a ＼ b	-1	0	1	2
-1	1	0	-1	-2
0	0	0	0	0
1	-1	0	1	2
2	-2	0	2	4

$\therefore B=\{-2,\ -1,\ 0,\ 1,\ 2,\ 3,\ 4\}$,

$\ \ \ C=\{-2,\ -1,\ 0,\ 1,\ 2,\ 4\}$

$\therefore A\subset C\subset B$

답 ②

08

집합 $f(A)=\{X\,|\,X\subset A\}$는 집합 A의 부분집합을 원소로 갖는 집합이므로 $X\subset A$이면 $X\in f(A)$이다.

집합 $A=\{\varnothing,\ a,\ b,\ \{a,\ b\}\}$에 대하여

① $\varnothing\subset A$이므로 $\varnothing\in f(A)$ (참)

② $\varnothing\in A$이므로 $\{\varnothing\}\subset A$

$\ \ \ \therefore\ \{\varnothing\}\in f(A)$ (참)

③ $\{a\}\subset A$이므로 $\{a\}\in f(A)$ (참)

④ $\{a,\ b\}\subset A$ 또는 $\{a,\ b\}\in f(A)$ (거짓)

⑤ $A\subset A$이므로 $A\in f(A)$

$\ \ \ \therefore\ \{A\}\subset f(A)$ (참)

따라서 옳지 않은 것은 ④이다.

답 ④

09

$A\subset B$이므로 $5\in A$에서 $5\in B$

즉, $3-a=5$ 또는 $b+5=5$이어야 한다.

(i) $3-a=5$, 즉 $a=-2$일 때,

$A=\{5,\ -1\},\ B=\{1,\ 5,\ b+5\}$

이때, $A\subset B$이므로 $-1\in B$에서 $b+5=-1$

즉, $b=-6$이므로

$a+b=-8$

(ii) $b+5=5$, 즉 $b=0$일 때,

$A=\{5,\ a+1\},\ B=\{1,\ 3-a,\ 5\}$

이때, $a\ne4$이고 $A\subset B$이므로 $(a+1)\in B$에서

$a+1=1$ 또는 $a+1=3-a$

즉, $a=0$ 또는 $a=1$이므로

$a+b=0$ 또는 $a+b=1$

(i), (ii)에서

$a+b$의 최댓값은 $M=1$, 최솟값은 $m=-8$이므로

$M-m=9$

답 ⑤

10

두 집합 $A,\ B$에 대하여 $A=B$이므로

$3\in A$에서 $3\in B$

즉, $3^2=b$이므로 $b=9$

$\therefore B=\{x\,|\,x^2=9,\ x$는 실수$\}$

$\ \ \ =\{3,\ -3\}$

또한, $-3 \in B$에서 $-3 \in A$이므로

$a = -3$

$\therefore a + b = -3 + 9 = 6$

답 ④

11

$A = \{x \mid |x-4| \leq 1\}$에서 $-1 \leq x-4 \leq 1$

$\therefore 3 \leq x \leq 5$

$B = \{x \mid x^2 - 4ax + 3a^2 < 0\}$에서

$(x-a)(x-3a) < 0 \qquad \therefore a < x < 3a \ (\because a > 0)$

$C = \{x \mid x^2 - 10x + 9 \leq 0\}$에서

$(x-1)(x-9) \leq 0 \qquad \therefore 1 \leq x \leq 9$

이때, $A \subset B \subset C$가 성립하도록 세 집합 A, B, C를 수직선 위에 나타내면 다음 그림과 같다.

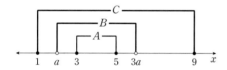

즉, $1 \leq a < 3$, $5 < 3a \leq 9$이므로

$1 \leq a < 3$에서 $a = 1, 2$

$5 < 3a \leq 9$, $\dfrac{5}{3} < a \leq 3$에서 $a = 2, 3$

$\therefore a = 2$

따라서 구하는 자연수 a의 값은 2이다.

답 2

12

$n(A) = n$

이때, 2 또는 4를 원소로 갖고 5는 원소로 갖지 않는 집합 A의 부분집합의 개수는 집합 A에서 5를 원소로 갖지 않는 부분집합의 개수에서 2, 4, 5를 모두 원소로 갖지 않는 부분집합의 개수를 뺀 것과 같다. 즉,

$2^{n-1} - 2^{n-3} = 96$

$2^2 \times 2^{n-3} - 2^{n-3} = 96$, $4 \times 2^{n-3} - 2^{n-3} = 96$

$3 \times 2^{n-3} = 96$, $2^{n-3} = 32 = 2^5$

즉, $n - 3 = 5$이므로 $n = 8$

답 8

13

조건 ㈎에서

$1 \in S$이면 $64 \in S$

$2 \in S$이면 $32 \in S$

$4 \in S$이면 $16 \in S$

$8 \in S$이면 $8 \in S$

즉, 1과 64, 2와 32, 4와 16은 반드시 함께 집합 S의 원소가 되어야 한다.

또한, 조건 ㈏에서 집합 S는 원소의 개수가 홀수인 집합이므로 주어진 조건을 모두 만족시키는 집합 S는 8을 반드시 원소로 갖는다.

따라서 집합 S는

$\{8\}$, $\{1, 8, 64\}$, $\{2, 8, 32\}$, $\{4, 8, 16\}$,

$\{1, 2, 8, 32, 64\}$, $\{1, 4, 8, 16, 64\}$,

$\{2, 4, 8, 16, 32\}$, $\{1, 2, 4, 8, 16, 32, 64\}$

의 8개이다.

답 8

14

집합 $A = \{1, 2, 3, 4, 5\}$의 부분집합 중에서 적어도 하나의 짝수를 원소로 갖고, 연속된 두 자연수는 원소로 갖지 않는 부분집합을 B라 하자.

(i) $2 \in B$, $4 \notin B$일 때,

$2 \in B$이고 연속된 두 자연수는 원소로 갖지 않아야 하므로 $1 \notin B$, $3 \notin B$

$4 \notin B$이므로 집합 B로 가능한 경우는 $\{2\}$, $\{2, 5\}$의 2가지이다.

(ii) $2 \notin B$, $4 \in B$일 때,

$4 \in B$이고 연속된 두 자연수는 원소로 갖지 않아야 하므로 $3 \notin B$, $5 \notin B$

$2 \notin B$이므로 집합 B로 가능한 경우는 $\{4\}$, $\{1, 4\}$의 2가지이다.

(iii) $2 \in B$, $4 \in B$일 때,

연속된 두 자연수는 원소로 갖지 않아야 하므로 $1 \notin B$, $3 \notin B$, $5 \notin B$

즉, 집합 B로 가능한 경우는 $\{2, 4\}$의 1가지이다.

(i), (ii), (iii)에서 구하는 부분집합의 개수는

$2 + 2 + 1 = 5$

답 5

15

집합 $A=\{1, 2, 3, \cdots, 7\}$의 원소 중에서 차가 4인 두 원소는 1, 5 또는 2, 6 또는 3, 7이다.

(i) 집합 X의 원소의 최솟값과 최댓값이 각각 1, 5일 때,
$\{1, 5\}\subset X\subset\{1, 2, 3, 4, 5\}$이므로
집합 X의 개수는 $2^{5-2}=8$

(ii) 집합 X의 원소의 최솟값과 최댓값이 각각 2, 6일 때,
$\{2, 6\}\subset X\subset\{2, 3, 4, 5, 6\}$이므로
집합 X의 개수는 $2^{5-2}=8$

(iii) 집합 X의 원소의 최솟값과 최댓값이 각각 3, 7일 때,
$\{3, 7\}\subset X\subset\{3, 4, 5, 6, 7\}$이므로
집합 X의 개수는 $2^{5-2}=8$

(i), (ii), (iii)에서 집합 X의 개수는
$8+8+8=24$

답 24

16

$A=\{x\,|\,x$는 60의 양의 약수$\}$,
$B=\left\{x\,\middle|\,x=\dfrac{240}{n},\ n$과 x는 자연수$\right\}$에서
$60=2^2\times3\times5,\ 240=2^4\times3\times5$이므로
$n(A)=(2+1)\times(1+1)\times(1+1)=12$
$n(B)=(4+1)\times(1+1)\times(1+1)=20$
따라서 $A\subset X\subset B$를 만족시키는 집합 X의 개수는
$2^{20-12}=2^8=256$

답 256

보충설명

소인수분해를 이용하여 약수의 개수 구하기

자연수 N이
$$N=a^m\times b^n\ (a,\ b$$는 서로 다른 소수, $m,\ n$은 자연수$)$
으로 소인수분해될 때,

N의 약수의 개수 $\Rightarrow (m+1)\times(n+1)$

$\underbrace{\qquad}_{a^m\text{의 약수의 개수}}\ \underbrace{\qquad}_{b^n\text{의 약수의 개수}}$

17

집합 $A=\{-3, -1, 0, 2, 4\}$의 부분집합 중에서

(i) -3을 원소로 갖는 부분집합의 개수는
$2^{5-1}=16$

(ii) -1을 원소로 갖는 부분집합의 개수는
$2^{5-1}=16$

(iii) 0을 원소로 갖는 부분집합의 개수는
$2^{5-1}=16$

(iv) 2를 원소로 갖는 부분집합의 개수는
$2^{5-1}=16$

(v) 4를 원소로 갖는 부분집합의 개수는
$2^{5-1}=16$

(i)~(v)에서
$S(A_1)+S(A_2)+S(A_3)+\cdots+S(A_n)$
$=16\times(-3)+16\times(-1)+16\times0+16\times2+16\times4$
$=16\times\{(-3)+(-1)+0+2+4\}$
$=32$

답 32

18

$\dfrac{1}{1+xi}$에서 분모의 유리화를 하면
$$\dfrac{1}{1+xi}=\dfrac{1-xi}{(1+xi)(1-xi)}$$
$$=\dfrac{1}{1+x^2}+\dfrac{-x}{1+x^2}i$$

그런데 $\dfrac{1}{1+xi}\in A$이므로
$$\left(\dfrac{1}{1+x^2}\right)^2+\left(\dfrac{-x}{1+x^2}\right)^2=\dfrac{1}{2}$$
$$\dfrac{1+x^2}{(1+x^2)^2}=\dfrac{1}{2},\ \dfrac{1}{1+x^2}=\dfrac{1}{2}$$
$2=1+x^2,\ x^2=1$
$\therefore\ x=\pm1$

답 -1, 1

19

집합 $A=\{1, 2, 3, 4, 5\}$의 부분집합 중에서 원소의 합이 10 이상이 되려면 그 집합은 적어도 3개 이상의 원소를 가져야 하므로 다음과 같이 나누어 부분집합을 구할 수 있다.

(i) 원소가 3개인 부분집합
원소의 합이 10 이상인 부분집합은 $\{1, 4, 5\}$,
$\{2, 3, 5\}$, $\{2, 4, 5\}$, $\{3, 4, 5\}$의 4개

(ii) 원소가 4개인 부분집합

원소가 4개인 부분집합은 모두 원소의 합이 10 이상이므로 $\{1, 2, 3, 4\}$, $\{1, 2, 3, 5\}$, $\{1, 2, 4, 5\}$, $\{1, 3, 4, 5\}$, $\{2, 3, 4, 5\}$의 5개

(iii) 원소가 5개인 부분집합

$\{1, 2, 3, 4, 5\}$의 1개

(i), (ii), (iii)에서 구하는 부분집합의 개수는

$4+5+1=10$

답 10

다른풀이

집합 $A=\{1, 2, 3, 4, 5\}$의 모든 원소의 합을 S라 하면

$S=1+2+3+4+5=15$

(i) 부분집합의 원소의 합이 10일 때,

$10=S-5$이므로 이 부분집합은 1, 2, 3, 4, 5 중에서 합이 5가 되는 수들을 제외한 원소들의 집합으로 생각할 수 있다. 즉, 이 부분집합의 개수는 집합 $\{1, 2, 3, 4, 5\}$의 부분집합 중에서 원소의 합이 5인 부분집합의 개수와 같다.

이때, 원소의 합이 5인 부분집합은 $\{1, 4\}$, $\{2, 3\}$, $\{5\}$이므로 원소의 합이 10인 부분집합은 3개이다.

(ii) 부분집합의 원소의 합이 11일 때,

$11=S-4$이므로 (i)과 같은 방법으로 생각하면 이 부분집합의 개수는 집합 $\{1, 2, 3, 4, 5\}$의 부분집합 중에서 원소의 합이 4인 부분집합의 개수와 같다.

이때, 원소의 합이 4인 부분집합은 $\{1, 3\}$, $\{4\}$이므로 원소의 합이 11인 부분집합은 2개이다.

(iii) 부분집합의 원소의 합이 12일 때,

(i)과 같은 방법으로 생각하면 원소의 합이 3인 부분집합은 $\{1, 2\}$, $\{3\}$이므로 원소의 합이 12인 부분집합은 2개이다.

(iv) 부분집합의 원소의 합이 13 또는 14일 때,

(i)과 같은 방법으로 생각하면 원소의 합이 2 또는 1인 부분집합은 $\{2\}$, $\{1\}$이므로 원소의 합이 13 또는 14인 부분집합은 2개이다.

(v) 부분집합의 원소의 합이 15일 때,

집합 $\{1, 2, 3, 4, 5\}$의 1개이다.

(i)~(v)에서 구하는 부분집합의 개수는

$3+2+2+2+1=10$

20

ㄱ. $3^1=3$, $3^2=9$, $3^3=27$, $3^4=81$, $\cdots$이므로

$A(3)=\{1, 3, 7, 9\}$

$\therefore 1 \in A(3)$ (참)

ㄴ. $6^1=6$, $6^2=36$, $6^3=216$, $\cdots$이므로

$A(6)=\{6\}$

이때, ㄱ에서 $A(3)=\{1, 3, 7, 9\}$이므로

$A(6) \not\subset A(3)$ (거짓)

ㄷ. $3^2=9$이므로 $9^1=9$, $9^2=81$, $9^3=729$, $\cdots$에서

$A(3^2)=\{1, 9\} \neq A(3)$ $(\because$ ㄱ$)$

$3^3=27$이므로 27의 거듭제곱의 일의 자리의 수는 7의 거듭제곱의 일의 자리의 수와 같다.

$7^1=7$, $7^2=49$, $7^3=343$, $7^4=2401$, $\cdots$이므로

$A(3^3)=\{1, 3, 7, 9\}=A(3)$

즉, $A(3^n)=A(3)$을 만족시키는 1보다 큰 자연수 $n=3$이 존재한다. (참)

따라서 옳은 것은 ㄱ, ㄷ이다.

답 ㄱ, ㄷ

21

집합 $A=\{1, 2, 3, 4, 5\}$의 부분집합 X에 대하여 $M(X) \geq 3$을 만족시키는 경우는 다음과 같이 나누어 생각할 수 있다.

(i) $M(X)=3$일 때,

$\{3\} \subset X \subset \{1, 2, 3\}$이어야 하므로 집합 X의 개수는

$2^{3-1}=4$

(ii) $M(X)=4$일 때,

$\{4\} \subset X \subset \{1, 2, 3, 4\}$이어야 하므로 집합 X의 개수는

$2^{4-1}=8$

(iii) $M(X)=5$일 때,

$\{5\} \subset X \subset \{1, 2, 3, 4, 5\}$이어야 하므로 집합 X의 개수는

$2^{5-1}=16$

(i), (ii), (iii)에서 구하는 집합 X의 개수는

$4+8+16=28$

답 28

$M(X) \geq 3$을 만족시키려면 집합 A의 부분집합 X는 3 이상의 원소를 적어도 하나 가져야 한다.

즉, 조건을 만족시키는 집합 X는 집합 A의 부분집합에서 3 이상의 원소를 하나도 갖지 않는 집합, 즉 $\{1, 2\}$의 부분집합을 제외한 것과 같다.

따라서 집합 X의 개수는

$2^5 - 2^2 = 32 - 4 = 28$

22

$S(X) = 7$을 만족시키는 집합 X의 두 원소는 0, 7 또는 1, 6 또는 2, 5 또는 3, 4이다.

(i) 집합 X의 원소의 최솟값과 최댓값이 각각 0, 7일 때,
집합 X는 집합 $\{1, 2, 3, 4, 5, 6\}$의 부분집합에 0, 7을 추가한 것과 같으므로 집합 X의 개수는 집합 $\{1, 2, 3, 4, 5, 6\}$의 부분집합의 개수와 같다.
∴ $2^6 = 64$

(ii) 집합 X의 원소의 최솟값과 최댓값이 각각 1, 6일 때,
집합 X는 집합 $\{2, 3, 4, 5\}$의 부분집합에 1, 6을 추가한 것과 같으므로 집합 X의 개수는 집합 $\{2, 3, 4, 5\}$의 부분집합의 개수와 같다.
∴ $2^4 = 16$

(iii) 집합 X의 원소의 최솟값과 최댓값이 각각 2, 5일 때,
집합 X는 집합 $\{3, 4\}$의 부분집합에 2, 5를 추가한 것과 같으므로 집합 X의 개수는 집합 $\{3, 4\}$의 부분집합의 개수와 같다.
∴ $2^2 = 4$

(iv) 집합 X의 원소의 최솟값과 최댓값이 각각 3, 4일 때,
집합 X는 집합 $\{3, 4\}$뿐이므로 집합 X의 개수는 1이다.

(i)~(iv)에서 집합 X의 개수는

$64 + 16 + 4 + 1 = 85$

답 85

23

집합 $A = \{1, 2, 3, 4, 5, 6\}$의 부분집합 중에서 1을 반드시 원소로 갖는 부분집합의 개수는

$2^{6-1} = 32$

같은 방법으로 2, 3, 4, 5, 6을 반드시 원소로 갖는 부분집합도 32개씩 있으므로

$S(A_1) + S(A_2) + S(A_3) + \cdots + S(A_n)$
$= 32(1 + 2 + 3 + 4 + 5 + 6) = 672$

⋯⋯⋯⋯ (가)

한편, 집합 $A_1, A_2, A_3, \cdots, A_n$ 중에서 소수인 원소가 하나도 없는 것은 $\{1, 4, 6\}$의 부분집합과 같고, 그 개수는

$2^3 = 8$

이 부분집합을 $Q_1, Q_2, Q_3, \cdots, Q_8$이라 할 때, 이들 중 1을 반드시 원소로 갖는 부분집합의 개수는

$2^{3-1} = 4$

같은 방법으로 4, 6을 반드시 원소로 갖는 부분집합도 4개씩 있으므로

$S(Q_1) + S(Q_2) + S(Q_3) + \cdots + S(Q_8)$
$= 4(1 + 4 + 6) = 44$

⋯⋯⋯⋯ (나)

∴ $S(P_1) + S(P_2) + S(P_3) + \cdots + S(P_n)$
   $= S(A_1) + S(A_2) + S(A_3) + \cdots + S(A_n)$
   $\qquad - \{S(Q_1) + S(Q_2) + S(Q_3) + \cdots + S(Q_8)\}$
   $= 672 - 44 = 628$

⋯⋯⋯⋯ (다)

답 628

단계	채점 기준	배점
(가)	$S(A_1) + S(A_2) + S(A_3) + \cdots + S(A_n)$의 값을 구한 경우	40%
(나)	소수를 원소로 갖지 않는 부분집합들의 모든 원소들의 합을 구한 경우	40%
(다)	(가) 단계에서 구한 값과 (나) 단계에서 구한 값의 차를 이용하여 $S(P_1) + S(P_2) + S(P_3) + \cdots + S(P_n)$의 값을 구한 경우	20%

01-1 1	**01-2** 6	**01-3** 369
02-1 28	**02-2** 12	**02-3** ㄴ, ㄷ
03-1 12	**03-2** 28	**03-3** 16
04-1 ㄱ, ㄷ, ㄹ	**04-2** $1<k\le6$	**04-3** 4
05-1 8	**05-2** 32	**06-1** 5
06-2 ㄴ, ㄷ	**07-1** (1) 5 (2) 16	**07-2** 14
08-1 13	**08-2** 21	**08-3** 5
09-1 57	**09-2** 4	**09-3** 130

01-1

$A\cap B=\{1,\ 2\}$이므로 $2\in A$

따라서 $a^2+a=2$이므로 $a^2+a-2=0$

$(a+2)(a-1)=0$　　$\therefore\ a=-2$ 또는 $a=1$

(i) $a=-2$일 때,

　　$A=\{1,\ 2\}$, $B=\{-2,\ 1,\ 2\}$에서 $A\cap B=\{1,\ 2\}$

(ii) $a=1$일 때,

　　$A=\{1,\ 2\}$, $B=\{1,\ 4,\ 5\}$에서 $A\cap B=\{1\}$

　　즉, 주어진 조건을 만족시키지 않는다.

(i), (ii)에서 $A=\{1,\ 2\}$, $B=\{-2,\ 1,\ 2\}$이므로

$A\cup B=\{-2,\ 1,\ 2\}$

따라서 집합 $A\cup B$의 모든 원소의 합은

$(-2)+1+2=1$

　　　　　　　　　　　　　　　　　　　답 1

01-2

$A=\{x\,|\,(x-2)(x-49)>0\}$

　$=\{x\,|\,x<2$ 또는 $x>49\}$

a가 자연수이므로 $a\le a^2$

즉, $B=\{x\,|\,(x-a)(x-a^2)\le0\}$에서

$B=\{x\,|\,a\le x\le a^2\}$

이때, 두 집합 A, B가 서로소, 즉 $A\cap B=\varnothing$이 되기 위해서는 다음 그림과 같아야 한다.

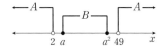

따라서 $a\ge2$, $a^2\le49$를 만족시켜야 하므로 구하는 자연수 a는 2, 3, 4, 5, 6, 7의 6개이다.

　　　　　　　　　　　　　　　　　　　답 6

01-3

집합 B의 원소는 모두 자연수의 제곱수이고,

$(A\cap B)\subset B$에서 $\{c,\ d\}\subset B$이므로 c, d는 자연수의 제곱수이다.

이때, $c+d=25$이므로

$c+d=9+16=3^2+4^2$의 경우만 가능하다.

$\therefore\ A\cap B=\{c,\ d\}=\{9,\ 16\}$

한편, $(A\cap B)\subset A$에서 $9\in A$, $16\in A$이고

$(A\cap B)\subset B$에서 $9\in B$, $16\in B$이므로

$\sqrt{9}\in A$, $\sqrt{16}\in A$　　$\therefore\ 3\in A$, $4\in A$

즉, $A=\{3,\ 4,\ 9,\ 16\}$, $B=\{9,\ 16,\ 81,\ 256\}$이므로

$A\cup B=\{3,\ 4,\ 9,\ 16,\ 81,\ 256\}$

따라서 집합 $A\cup B$의 모든 원소의 합은

$3+4+9+16+81+256=369$

　　　　　　　　　　　　　　　　　　　답 369

02-1

$A_{12}\cap A_8=A_{24}$이므로 $A_m\subset(A_{12}\cap A_8)$에서

　　　　　⎿12, 8의 최소공배수

$A_m\subset A_{24}$

즉, m은 24의 배수이므로 m의 최솟값은 24이다.

$(A_{16}\cup A_{12})\subset A_n$에서 $A_{16}\subset A_n$, $A_{12}\subset A_n$

즉, n은 16의 약수, n은 12의 약수이므로 n은 16과 12의 공약수이다. 이 중에서 n의 최댓값은 16과 12의 최대공약수인 4이다.

따라서 m의 최솟값과 n의 최댓값의 합은

$24+4=28$

　　　　　　　　　　　　　　　　　　　답 28

02-2

A_k는 자연수 k의 배수의 집합이므로

$A_4\cap(A_3\cup A_2)=(A_4\cap A_3)\cup(A_4\cap A_2)$

　　　　　　　　　　$=A_{12}\cup A_4$ ⎤⎿4, 2의 최소공배수

　　　　　　　　　　$=A_4$ ⎿4, 3의 최소공배수

따라서 전체집합 $U=\{1, 2, 3, \cdots, 50\}$의 원소 중에서 4의 배수는 12개이므로 구하는 원소의 개수는 12이다.

답 12

02-3

ㄱ. A_3은 3의 배수의 집합이고, A_4는 4의 배수의 집합이므로 $A_3 \cap A_4 = A_{12}$

$\therefore A_3 \cap A_4 \neq A_6$ (거짓)

ㄴ. B_2는 2와 서로소인 자연수의 집합이므로 홀수의 집합이다.

또한, A_2는 2의 배수의 집합이므로 짝수의 집합이다.

$\therefore A_2 \cup B_2 = \{x | x$는 자연수$\}$ (참)

ㄷ. B_2는 홀수의 집합이고 B_3은 3과 서로소인 자연수의 집합이므로

$B_2 \cap B_3 = \{1, 5, 7, 11, \cdots\}$

또한, B_6은 6과 서로소인 자연수의 집합이고 $6 = 2 \times 3$이므로 B_6은 2와도 3과도 서로소인 집합이다.

즉, $B_6 = \{1, 5, 7, 11, \cdots\}$이므로

$B_2 \cap B_3 = B_6$ (참)

따라서 옳은 것은 ㄴ, ㄷ이다.

답 ㄴ, ㄷ

03-1

$U=\{1, 2, 3, \cdots, 8\}$이고 $A=\{1, 2, 3, 4, 5\}$,
$B=\{4, 5, 6, 7\}$, $C=\{3, 5, 7\}$이므로
$B-A^C = B \cap (A^C)^C = B \cap A$

$\qquad = \{4, 5, 6, 7\} \cap \{1, 2, 3, 4, 5\}$

$\qquad = \{4, 5\}$

$A-C = \{1, 2, 3, 4, 5\} - \{3, 5, 7\}$

$\qquad = \{1, 2, 4\}$

$\therefore (B-A^C) \cup (A-C) = \{4, 5\} \cup \{1, 2, 4\}$

$\qquad\qquad\qquad = \{1, 2, 4, 5\}$

따라서 집합 $(B-A^C) \cup (A-C)$의 모든 원소의 합은
$1+2+4+5=12$

답 12

다른풀이

$(B-A^C) \cup (A-C) = \{B \cap (A^C)^C\} \cup (A \cap C^C)$

$\qquad\qquad\qquad = (A \cap B) \cup (A \cap C^C)$

$\qquad\qquad\qquad = A \cap (B \cup C^C)$

$\qquad\qquad\qquad = A \cap (B^C \cap C)^C$

$\qquad\qquad\qquad = A - (C-B)$

이때, $B=\{4, 5, 6, 7\}$, $C=\{3, 5, 7\}$이므로
$C-B=\{3\}$

$\therefore (B-A^C) \cup (A-C) = A - (C-B)$

$\qquad\qquad\qquad = \{1, 2, 3, 4, 5\} - \{3\}$

$\qquad\qquad\qquad = \{1, 2, 4, 5\}$

따라서 집합 $(B-A^C) \cup (A-C)$의 모든 원소의 합은
$1+2+4+5=12$

03-2

드모르간의 법칙에 의하여

$A^C \cap B^C = (A \cup B)^C$ ......㉠

$A = \{x | x^3 - 8x^2 + 19x - 12 = 0\}$에서

$x^3 - 8x^2 + 19x - 12 = 0$

$(x-1)(x-3)(x-4) = 0$

$\therefore x=1$ 또는 $x=3$ 또는 $x=4$

$\therefore A = \{1, 3, 4\}$

또한, $B = \{x | x^2 - 9x + 14 = 0\}$에서

$x^2 - 9x + 14 = 0$

$(x-2)(x-7) = 0 \qquad \therefore x=2$ 또는 $x=7$

$\therefore B = \{2, 7\}$

즉, $A \cup B = \{1, 2, 3, 4, 7\}$이고
$U = \{1, 2, 3, \cdots, 9\}$이므로

$A^C \cap B^C = (A \cup B)^C = \{5, 6, 8, 9\}$ ($\because$ ㉠)

따라서 집합 $A^C \cap B^C$의 모든 원소의 합은
$5+6+8+9=28$

답 28

03-3

$U = \{1, 2, 3, 4, 5, 6, 7\}$,
$A^C \cap B^C = (A \cup B)^C = \{1, 2\}$이므로
$A \cup B = \{3, 4, 5, 6, 7\}$

또한, $A \cap B = \{3, 6\}$이므로
$$(A-B) \cup (B-A) = (A \cup B) - (A \cap B)$$
$$= \{3, 4, 5, 6, 7\} - \{3, 6\}$$
$$= \{4, 5, 7\}$$
따라서 구하는 모든 원소의 합은
$$4+5+7=16$$

답 16

04-1

A^C, B가 서로소이므로 $A^C \cap B = \varnothing$
즉, $B-A=\varnothing$에서 $A \cap B = B$이므로
$B \subset A$
따라서 두 집합 A, B를 벤다이어그램
으로 나타내면 오른쪽 그림과 같다.

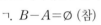

ㄱ. $B-A=\varnothing$ (참)
ㄴ. $A \cap B = B$ (거짓)
ㄷ. $B \subset A$ (참)
ㄹ. $B \subset A$이므로 $A \cup B = A$
    $\therefore (A \cup B)^C = A^C$ (참)
ㅁ. $A^C \cup B \neq U$ (거짓)
그러므로 옳은 것은 ㄱ, ㄷ, ㄹ이다.

답 ㄱ, ㄷ, ㄹ

04-2

$A \cup C = C$에서 $A \subset C$
$B \cap C = C$에서 $C \subset B$
$\therefore A \subset C \subset B$
이때, $A=\{x \mid 7-x<1\}=\{x \mid x>6\}$,
$B=\{x \mid 3x+1>4\}=\{x \mid x>1\}$, $C=\{x \mid x \geq k\}$이므로
$A \subset C \subset B$이려면 다음 그림과 같아야 한다.

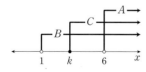

따라서 구하는 실수 k의 값의 범위는
$$1<k \leq 6$$

답 $1<k \leq 6$

04-3

$A_1=\{x \mid 3 \leq x \leq 18\}$, $A_2=\{x \mid 7 \leq x \leq 40\}$,
$A_3=\{x \mid 11 \leq x \leq 62\}$, $\cdots$, $A_n=\{x \mid 4n-1 \leq x \leq 22n-4\}$
이때, $A_1 \cap A_2 \cap A_3 \cap \cdots \cap A_n \neq \varnothing$이 성립하려면
$A_1 \cap A_n \neq \varnothing$이어야 한다.
즉, 오른쪽 그림에서
$4n-1 \leq 18$, $4n \leq 19$
$\therefore n \leq \dfrac{19}{4}$

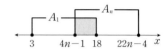

따라서 구하는 자연수 n의 최댓값은 4이다.

답 4

05-1

$A=\{x \mid x^2 \leq 4, x$는 정수$\}=\{-2, -1, 0, 1, 2\}$
$B=\{x \mid x^2-4x+3 \leq 0, x$는 정수$\}$
  $=\{x \mid (x-1)(x-3) \leq 0, x$는 정수$\}$
  $=\{1, 2, 3\}$
$\therefore A-B=\{-2, -1, 0\}$,
  $A \cup B = \{-2, -1, 0, 1, 2, 3\}$
이때, $(A-B) \subset X \subset (A \cup B)$이므로 집합 X는 집합
$A \cup B$의 부분집합 중에서 $-2, -1, 0$을 반드시 원소로 갖
는 집합이다.
따라서 집합 X의 개수는
$$2^{6-3}=2^3=8$$

답 8

05-2

세 집합 $U=\{1, 2, 3, 4, 5, 6\}$,
$A=\{1, 3\}$, $B=\{1, 3, 4\}$를 벤다
이어그램으로 나타내면 오른쪽 그림
과 같다.

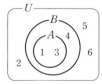

즉, $A \subset B$이므로 $A \cap X = B \cap X$를 만족시키려면
$(B-A) \not\subset X$
이때, $B-A=\{4\}$이므로 집합 X는 집합 U의 부분집합
중에서 4를 반드시 원소로 갖지 않는 집합이므로 그 개수는
$$2^{6-1}=2^5=32$$

답 32

06-1

$$A \star B = (A \cup B) \cap (A \cup B^C)$$
$$= A \cup (B \cap B^C)$$
$$= A \cup \varnothing = A$$
$$\therefore (A \star B) \star A = A \star A$$
$$= (A \cup A) \cap (A \cup A^C)$$
$$= A \cap U$$
$$= A = \{1, 2, 3, 4, 5\}$$

따라서 집합 $(A \star B) \star A$의 원소의 개수는 5이다.

답 5

06-2

ㄱ. $A * A^C = (A \cup A^C) - (A \cap A^C)$
$$= U - \varnothing$$
$$= U \text{ (거짓)}$$

ㄴ. $A^C * B^C = (A^C \cup B^C) - (A^C \cap B^C)$
$$= (A \cap B)^C - (A \cup B)$$
$$= (A \cap B)^C \cap (A \cup B)$$
$$= (A \cup B) - (A \cap B)$$
$$= A * B \text{ (참)}$$

ㄷ. 벤다이어그램을 이용하여 $(A * B) * C$를 구하면 다음 그림과 같다.

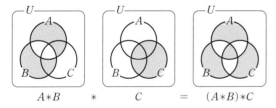

$$A * B \qquad * \qquad C \qquad = \qquad (A * B) * C$$

또한, 벤다이어그램을 이용하여 $A * (B * C)$를 구하면 다음 그림과 같다.

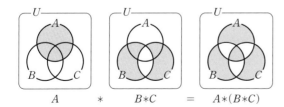

$$A \qquad * \qquad B * C \qquad = \qquad A * (B * C)$$

$$\therefore (A * B) * C = A * (B * C) \text{ (참)}$$

따라서 옳은 것은 ㄴ, ㄷ이다.

답 ㄴ, ㄷ

07-1

(1) $n(A - B^C) = n(A \cap (B^C)^C) = n(A \cap B) = 13$
이므로
$$n(A \cup B) = n(A) + n(B) - n(A \cap B)$$
$$= 32 + 21 - 13 = 40$$
$$\therefore n((A \cup B)^C) = n(U) - n(A \cup B)$$
$$= 45 - 40 = 5$$

(2) $(C - A) \cup (C - B) = (C \cap A^C) \cup (C \cap B^C)$
$$= C \cap (A^C \cup B^C)$$
$$= C \cap (A \cap B)^C$$
$$= C - (A \cap B)$$

이때, $n(A) = 15$, $n(C) = 18$, $n(A \cup C) = 28$이므로
$$n(A \cap C) = n(A) + n(C) - n(A \cup C)$$
$$= 15 + 18 - 28 = 5$$
$n(A) = 15$, $n(A - (B \cup C)) = 3$에서
$$n(A \cap (B \cup C)) = n(A) - n(A - (B \cup C)) = 12$$
$$\therefore n(A \cap B \cap C)$$
$$= n(A \cap B) + n(A \cap C) - n(A \cap (B \cup C))$$
$$= 9 + 5 - 12 = 2$$
$$\therefore n(C - (A \cap B)) = n(C) - n(A \cap B \cap C)$$
$$= 18 - 2 = 16$$

답 (1) 5 (2) 16

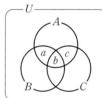

07-2

오른쪽 벤다이어그램과 같이 각 영역에 해당하는 집합의 원소의 개수를 각각 a, b, c, x, y, z라 하면
$n(A \cap B \cap C) = 4$,
$n(A \cup B \cup C) = n(U) = 40$
이므로

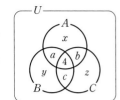

$$n(A \cup B \cup C) = a+b+c+x+y+z+4 = 40$$

$$\therefore a+b+c+x+y+z = 36 \qquad \cdots\cdots \text{㉠}$$

이때, $n(A) = 21$, $n(B) = 17$, $n(C) = 20$이므로

$$a+b+x+4 = 21 \quad \therefore a+b+x = 17 \qquad \cdots\cdots \text{㉡}$$

$$c+a+y+4 = 17 \quad \therefore c+a+y = 13 \qquad \cdots\cdots \text{㉢}$$

$$b+c+z+4 = 20 \quad \therefore b+c+z = 16 \qquad \cdots\cdots \text{㉣}$$

㉡+㉢+㉣을 하면

$$a+b+c+(a+b+c+x+y+z) = 46$$

$$a+b+c+36 = 46 \ (\because \text{㉠})$$

$$\therefore a+b+c = 10$$

$$\therefore n((A \cap B) \cup (B \cap C) \cup (C \cap A))$$
$$= a+b+c+4 = 14$$

답 14

다른풀이

$U = A \cup B \cup C$이므로 $n(A \cup B \cup C) = n(U) = 40$

집합 $(A \cap B) \cup (B \cap C) \cup (C \cap A)$를 벤다이어그램으로 나타내면 다음 그림과 같다.

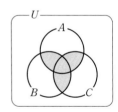

$$\therefore n((A \cap B) \cup (B \cap C) \cup (C \cap A))$$
$$= n(A \cap B) + n(B \cap C) + n(C \cap A)$$
$$- 2 \times n(A \cap B \cap C) \qquad *$$
$$= n(A \cap B) + n(B \cap C) + n(C \cap A) - 8 \qquad \cdots\cdots \text{㉠}$$

이때,

$$n(A \cup B \cup C)$$
$$= n(A) + n(B) + n(C) - n(A \cap B) - n(B \cap C)$$
$$- n(C \cap A) + n(A \cap B \cap C)$$

이므로

$$40 = 21 + 17 + 20 - n(A \cap B) - n(B \cap C)$$
$$- n(C \cap A) + 4$$

$$\therefore n(A \cap B) + n(B \cap C) + n(C \cap A) = 62 - 40 = 22$$

따라서 ㉠에서

$$n((A \cap B) \cup (B \cap C) \cup (C \cap A)) = 22 - 8 = 14$$

풀이첨삭

*에서 오른쪽 벤다이어그램과 같이 $(A \cap B) \cup (B \cap C) \cup (C \cap A)$의 각 영역에 해당하는 집합의 원소의 개수를 각각 a, b, c, d라 하면

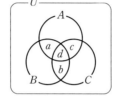

$$n((A \cap B) \cup (B \cap C) \cup (C \cap A))$$
$$= a+b+c+d$$
$$= (a+d)+(b+d)+(c+d)-2d$$
$$= n(A \cap B) + n(B \cap C) + n(C \cap A) - 2 \times n(A \cap B \cap C)$$

08-1

고등학교 학생 전체의 집합을 U, SF 영화를 좋아하는 학생의 집합을 A, 판타지 영화를 좋아하는 학생의 집합을 B, 공포 영화를 좋아하는 학생의 집합을 C라 하면

$$n(U) = 200, \ n(A) = 90, \ n(B) = 75,$$
$$n(A \cap B) = 38, \ n(C - (A \cup B)) = 60$$

이때, SF 영화, 판타지 영화, 공포 영화 중 어느 것도 좋아하지 않는 학생의 집합은 $(A \cup B \cup C)^C$이고

$$n(A \cup B \cup C)$$
$$= n(A \cup B) + n(C - (A \cup B))$$
$$= n(A) + n(B) - n(A \cap B) + n(C - (A \cup B))$$
$$= 90 + 75 - 38 + 60 = 187$$

$$\therefore n((A \cup B \cup C)^C) = n(U) - n(A \cup B \cup C)$$
$$= 200 - 187$$
$$= 13$$

따라서 구하는 학생 수는 13이다.

답 13

08-2

방문객 전체의 집합을 U, 안경을 착용한 경험이 있는 사람의 집합을 A, 렌즈를 착용한 경험이 있는 사람의 집합을 B라 하면

$n(U)=30$, $n(A)=17$, $n(B)=15$, $n(A^C \cap B^C)=7$

$\therefore n(A \cup B)=n(U)-n((A \cup B)^C)$

$\qquad\qquad =n(U)-n(A^C \cap B^C)$

$\qquad\qquad =30-7=23$

$\therefore n(A \cap B)=n(A)+n(B)-n(A \cup B)$

$\qquad\qquad\quad =17+15-23=9$

이때, 안경을 착용한 경험이 없거나 렌즈를 착용한 경험이 없는 사람의 집합은 $A^C \cup B^C$, 즉 $(A \cap B)^C$이므로

$n(A^C \cup B^C)=n((A \cap B)^C)$

$\qquad\qquad\quad =n(U)-n(A \cap B)$

$\qquad\qquad\quad =30-9=21$

따라서 구하는 학생 수는 21이다.

답 21

08-3

학생 전체의 집합을 U, 세 문제 A, B, C를 맞힌 학생의 집합을 각각 A, B, C라 하면

$n(U)=22$, $n(A)=11$, $n(B)=9$, $n(C)=15$,

$n(A \cap B \cap C)=4$

이때, 한 문제도 맞히지 못한 학생은 없으므로

$(A \cup B \cup C)^C=\varnothing$ $\quad \therefore A \cup B \cup C=U$

오른쪽 벤다이어그램과 같이 각 영역에 해당하는 집합의 원소의 개수를 각각 a, b, c, x, y, z라 하면

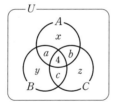

$n(A \cup B \cup C)$

$=n(U)$

$=a+b+c+x+y+z+4$

$=22$

$\therefore a+b+c+x+y+z=18$ $\qquad$ ……㉠

$n(A)=a+b+x+4=11$에서

$a+b+x=7$ $\qquad\qquad\qquad$ ……㉡

$n(B)=c+a+y+4=9$에서

$c+a+y=5$ $\qquad\qquad\qquad$ ……㉢

$n(C)=b+c+z+4=15$에서

$b+c+z=11$ $\qquad\qquad\qquad$ ……㉣

㉡+㉢+㉣을 하면

$a+b+c+(a+b+c+x+y+z)=23$

$a+b+c+18=23$ (∵ ㉠)

$\therefore a+b+c=5$

이때, 세 문제 중 두 문제를 맞힌 학생의 집합은

$[(A \cap B) \cup (B \cap C) \cup (C \cap A)]-(A \cap B \cap C)$이고,

이 집합의 원소의 개수는 $a+b+c$이다.

따라서 세 문제 중 두 문제만 맞힌 학생 수는 5이다.

답 5

다른풀이

학생 전체의 집합을 U, 세 문제 A, B, C를 맞힌 학생의 집합을 각각 A, B, C라 하면

$n(U)=22$, $n(A)=11$, $n(B)=9$, $n(C)=15$,

$n(A \cap B \cap C)=4$

이때, 한 문제도 맞히지 못한 학생은 없으므로

$(A \cup B \cup C)^C=\varnothing$ $\quad \therefore A \cup B \cup C=U$

또한, 세 문제 중 두 문제만 맞힌 학생의 집합은

$[(A \cap B) \cup (B \cap C) \cup (C \cap A)]$

$\qquad\qquad\qquad -(A \cap B \cap C)$

이므로 그 수는

$n([(A \cap B) \cup (B \cap C) \cup (C \cap A)]-(A \cap B \cap C))$

$=n(A \cap B)+n(B \cap C)+n(C \cap A)-3 \times n(A \cap B \cap C)$

$\qquad\qquad\qquad\qquad\qquad\qquad$ ……㉠

이때,

$n(A \cup B \cup C)$

$=n(A)+n(B)+n(C)-n(A \cap B)-n(B \cap C)$

$\qquad\qquad -n(C \cap A)+n(A \cap B \cap C)$

이므로

$22=11+9+15-n(A \cap B)-n(B \cap C)-n(C \cap A)+4$

$\therefore n(A \cap B)+n(B \cap C)+n(C \cap A)=17$

따라서 ㉠에서 구하는 학생 수는

$17-3 \times 4=5$

09-1

$n(A)=38$, $n(B)=41$에서 $n(A) \leq n(B)$이고

$A \subset B$일 때, $n(A \cap B)$가 최대이므로

$M=n(A)=38$

또한, $n(A)+n(B) \geq n(U)$이므로 $A \cup B=U$일 때

$n(A \cap B)$가 최소이고

$n(A\cup B)=n(U)=n(A)+n(B)-n(A\cap B)$에서
$60=38+41-m$ $\quad\therefore m=19$
$\therefore M+m=38+19=57$

답 57

09-2

$n(A\cap B)=10$, $n(A\cap B\cap C)=5$이므로
$n((A\cap B)-C)=5$
또한, $n((A\cap C)-B)=x$, $n((B\cap C)-A)=y$라 하면
$n(C)=19$이므로
$n(C-(A\cup B))=19-(5+x+y)$
$$=14-x-y \quad\cdots\cdots\text{㉠}$$

오른쪽 벤다이어그램과 같이 각 영역에 해당하는 집합의 원소의 개수를 나타내면 ㉠은 어두운 부분의 원소의 개수이다.

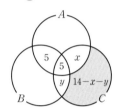

이때, ㉠이 최소가 되려면 x, y가 각각 최대가 되어야 한다.
그런데 $n(A)=14$이므로 x의 최댓값은
$14-5-5=4$
또한, $n(B)=16$이므로 y의 최댓값은
$16-5-5=6$
㉠에서 $n(C-(A\cup B))$의 최솟값은
$14-4-6=4$

답 4

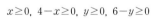
보충설명

모든 집합의 원소의 개수는 항상 0보다 크거나 같으므로 오른쪽 벤다이어그램에서

$x\geq 0$, $4-x\geq 0$, $y\geq 0$, $6-y\geq 0$
$\therefore 0\leq x\leq 4$, $0\leq y\leq 6$

09-3

학생 전체의 집합을 U, 수학 경시대회에 참가 신청을 한 학생의 집합을 A, 영어 경시대회에 참가 신청을 한 학생을 B라 하면
$n(U)=300$, $n(A)=124$, $n(B)=173$

이때, 어느 것에도 참가 신청을 하지 않은 학생의 집합은 $A^C\cap B^C$, 즉 $(A\cup B)^C$이므로 그 수는
$n(A^C\cap B^C)=n((A\cup B)^C)$
$$=n(U)-n(A\cup B)$$
$$=n(U)-\{n(A)+n(B)-n(A\cap B)\}$$
$$=300-124-173+n(A\cap B)$$
$$=3+n(A\cap B) \quad\cdots\cdots\text{㉠}$$
$(A\cap B)\subset A$이고 $(A\cap B)\subset B$이므로
$n(A\cap B)\leq n(A)$, $n(A\cap B)\leq n(B)$에서
$n(A\cap B)\leq 124 \quad\cdots\cdots\text{㉡}$
또한, $n(A\cup B)\leq n(U)$이므로
$n(A)+n(B)-n(A\cap B)\leq n(U)$에서
$124+173-n(A\cap B)\leq 300$
$\therefore n(A\cap B)\geq -3$
그런데 집합의 원소의 개수는 0보다 크거나 같으므로
$n(A\cap B)\geq 0 \quad\cdots\cdots\text{㉢}$
㉡, ㉢에서 $0\leq n(A\cap B)\leq 124$
㉠에서 $0\leq n(A^C\cap B^C)-3\leq 124$
$3\leq n(A^C\cap B^C)\leq 127$
$\therefore M=127$, $m=3$
$\therefore M+m=127+3=130$

답 130

보충설명

$n(A\cap B)=x$라 하고 오른쪽 벤다이어그램과 같이 각 영역에 해당하는 집합의 원소의 개수를 나타내면

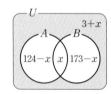

$x\geq 0$, $124-x\geq 0$, $173-x\geq 0$이므로
$0\leq x\leq 124$
$\therefore 3\leq 3+x\leq 127$

개념 마무리
본문 pp.46~49

01 7	**02** 5	**03** 2	**04** 128
05 ③	**06** 16	**07** ①	**08** 8
09 6	**10** ④	**11** ②	**12** ③
13 ①	**14** 729	**15** 112	**16** 22
17 13	**18** 54	**19** 30	**20** 72
21 ㄴ, ㄷ	**22** 16		

01

$A \cap B = B$이므로 $B \subset A$이다. —————— (가)

(ⅰ) $B = \varnothing$인 경우

방정식 $mx = x + 3$의 해가 존재하지 않아야 한다.

즉, $mx = x + 3$에서 $mx - x = 3$

$(m-1)x = 3$　∴ $m = 1$

(ⅱ) $B \neq \varnothing$인 경우

$B = \{1\}$일 때, $m = 4$

$B = \{3\}$일 때, $3m = 6$　∴ $m = 2$ —————— (나)

(ⅰ), (ⅱ)에서 모든 실수 m의 값의 합은

$1 + 4 + 2 = 7$ —————— (다)

답 7

단계	채점 기준	배점
(가)	$A \cap B = B$에서 $B \subset A$를 구한 경우	30%
(나)	$B = \varnothing$인 경우와 $B \neq \varnothing$인 경우로 나누어 각 경우를 만족시키는 실수 m의 값을 구한 경우	60%
(다)	모든 실수 m의 값의 합을 구한 경우	10%

02

두 집합 A, B가 서로소가 아니므로 $A \cap B \neq \varnothing$이다.

$x^2 - 1 \in A$에서 $x^2 - 1 \in B$

$x + 1 \in B$에서 $x + 1 \in A$

(ⅰ) $x^2 - 1 = 2$일 때, $x^2 = 3$에서

$x = \sqrt{3}$ 또는 $x = -\sqrt{3}$

x가 정수인 조건에 맞지 않다.

(ⅱ) $x^2 - 1 = x + 1$일 때, $x^2 - x - 2 = 0$에서

$(x+1)(x-2) = 0$　∴ $x = -1$ 또는 $x = 2$

$x = -1$일 때, $A = \{0, 1, 5\}$, $B = \{0, 2\}$에서

$A \cap B = \{0\}$이므로 집합 A, B는 서로소가 아니다.

$x = 2$일 때, $A = \{1, 3, 5\}$, $B = \{2, 3\}$에서

$A \cap B = \{3\}$이므로 집합 A, B는 서로소가 아니다.

(ⅲ) $x + 1 = 1$, 즉 $x = 0$일 때,

$A = \{-1, 1, 5\}$, $B = \{1, 2\}$에서

$A \cap B = \{1\}$이므로 집합 A, B는 서로소가 아니다.

(ⅳ) $x + 1 = 5$, 즉 $x = 4$일 때,

$A = \{1, 5, 15\}$, $B = \{2, 5\}$에서

$A \cap B = \{5\}$이므로 집합 A, B는 서로소가 아니다.

(ⅰ)~(ⅳ)에서 구하는 정수 x의 값의 합은

$(-1) + 2 + 0 + 4 = 5$

답 5

03

$x^2 - (a^2 + a + 1)x + a^3 + a$

$= x^2 - (a^2 + a + 1)x + a(a^2 + 1)$

$= (x - a)\{x - (a^2 + 1)\}$

이고 모든 자연수 a에 대하여 $a^2 + 1 > a$이므로

$A = \{x \mid x^2 - (a^2 + a + 1)x + a^3 + a \leq 0\}$

　$= \{x \mid (x-a)\{x - (a^2 + 1)\} \leq 0\}$

　$= \{x \mid a \leq x \leq a^2 + 1\}$

또한, 모든 자연수 a에 대하여 $a + 1 < a + 2$이므로

$B = \{x \mid x^2 - (2a+3)x + (a+1)(a+2) > 0\}$

　$= \{x \mid \{x - (a+1)\}\{x - (a+2)\} > 0\}$

　$= \{x \mid x < a + 1 \text{ 또는 } x > a + 2\}$

이때, 자연수 a에 대하여 $a < a + 1 < a + 2$이고

$A \cap B = \{x \mid 2 \leq x < 3 \text{ 또는 } 4 < x \leq 5\}$를 만족시키기 위해서는 $A \cap B$가 다음 그림의 어두운 부분과 같아야 한다.

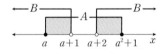

따라서 $a = 2$일 때

$A \cap B = \{x \mid 2 \leq x < 3 \text{ 또는 } 4 < x \leq 5\}$가 성립한다.

답 2

04

$A = \{x \mid x$는 10 미만의 소수$\}$,

$B = \{x \mid x^2 \leq 25, x$는 자연수$\}$에서

$A = \{2, 3, 5, 7\}$, $B = \{1, 2, 3, 4, 5\}$

한편, $A \cup C = B \cup C$에서 $A \subset (B \cup C)$이고 $B \subset (A \cup C)$이다.

(ⅰ) $A \subset (B \cup C)$가 될 조건

$7 \notin B$이고 $7 \in A$이므로 $7 \in C$이어야 한다.

(ⅱ) $B \subset (A \cup C)$가 될 조건

$1 \notin A$, $4 \notin A$이고 $1 \in B$, $4 \in B$이므로

$1 \in C$, $4 \in C$이어야 한다.

(i), (ii)에서 집합 C는 집합 U의 부분집합 중에서 1, 4, 7을 반드시 원소로 갖는 집합이다.

따라서 집합 C의 개수는

$2^{10-3}=2^7=128$

답 128

05

①~⑤에 주어진 집합을 벤다이어그램으로 나타내면 각각 다음과 같다.

① $\{A\cup(B-C)\}-(B\cap C)$

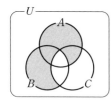

② $\{A\cup(B\cap C)\}-(B\cap C)$

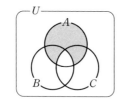

③ $\{A\cap(B\cup C)\}-(B\cap C)$

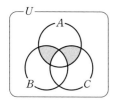

④ $\{A\cap(B\cup C)\}\cup(B\cap C)$

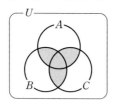

⑤ $\{B\cap(A\cup C)\}-(A\cap C)$

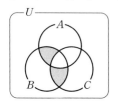

따라서 주어진 벤다이어그램의 색칠한 부분을 나타내는 집합은 ③이다.

답 ③

06

전체집합 U는 자연수를 6으로 나눈 나머지의 집합이므로

$U=\{0, 1, 2, 3, 4, 5\}$

이때, $A=\{1, 5\}$이고

$$\begin{aligned}(A^c\cup B)\cap A&=(A^c\cap A)\cup(B\cap A)\\&=\varnothing\cup(A\cap B)\\&=A\cap B=\{5\}\end{aligned}$$

이므로 집합 B는 집합 U의 부분집합 중에서 5를 반드시 원소로 갖고, 1을 원소로 갖지 않는 집합이다.

따라서 집합 B의 개수는

$2^{6-2}=2^4=16$

답 16

07

서로 다른 두 집합 A, B에 대하여 집합 $A-B$, $B-A$는 항상 서로소이므로 $(A-B)\subset(B-A)$를 만족시키기 위해서는 $A-B=\varnothing$이어야 한다.

즉, 벤다이어그램으로 나타내면 오른쪽 그림과 같으므로

① $A\subset B$

② $B\not\subset A$

③ $A\neq\varnothing$일 때, $A\cap B=A\neq\varnothing$

④ $B\neq U$일 때, $A\cup B=B\neq U$

⑤ $B=U$일 때, $A\cup B=U$

따라서 항상 성립하는 것은 ①이다.

답 ①

08

세 집합 A, B, C를 원소나열법으로 나타내면

$A=\{1, 2, 3, \cdots, 10\}$, $B=\{1, 2, 3, 4, 6, 12\}$,

$C=\{5, 10, 15, 20\}$

조건 ㈎에서 $X-A=\varnothing$이므로 $X\subset A$

조건 ㈏에서 X는 B와 서로소이므로 $X\cap B=\varnothing$

$\therefore X\subset(A-B)=\{5, 7, 8, 9, 10\}$

한편, 조건 ㈐에서 $n(X\cap C)=2$이므로

$X\cap C=\{5, 10\}$

즉, 집합 X는 집합 $\{5, 7, 8, 9, 10\}$의 부분집합 중에서 5, 10을 반드시 원소로 갖는 집합이다.

따라서 집합 X의 개수는

$2^{5-2}=2^3=8$

답 8

09

$A=\{1,\ 2,\ 3,\ 6,\ 9,\ 18\}$,
$B=\{1,\ 2,\ 3,\ 4,\ 6,\ 8,\ 12,\ 24\}$이므로
$A\cap B=\{1,\ 2,\ 3,\ 6\}$,
$A\cup B=\{1,\ 2,\ 3,\ 4,\ 6,\ 8,\ 9,\ 12,\ 18,\ 24\}$
이때, $(A\cap B)\cap X^C=\varnothing$, 즉 $(A\cap B)-X=\varnothing$에서
$(A\cap B)\subset X$
또한, $(A\cup B)\cap X=X$이므로 $X\subset(A\cup B)$
$\therefore (A\cap B)\subset X\subset(A\cup B)$
즉, 집합 X는 집합 $A\cup B$의 부분집합 중에서 1, 2, 3, 6
을 반드시 원소로 갖는 집합이다.
그런데 집합 X의 모든 원소의 합이 29이고,
$1+2+3+6=12$이므로 1, 2, 3, 6을 제외한 집합 X의 원
소의 합은 17이 되어야 한다.
이때, 4, 8, 9, 12, 18, 24 중에서 몇 개의 수를 선택하여
그 합이 17이 되는 경우는 8, 9를 선택하는 경우뿐이므로
$X=\{1,\ 2,\ 3,\ 6,\ 8,\ 9\}$
따라서 집합 X의 원소의 개수는 6이다.

답 6

10

$45=3^2\times5$이므로
$C=\{x\,|\,x$는 45와 서로소인 수$\}$
  $=\{x\,|\,x$는 3의 배수도 아니고 5의 배수도 아닌 수$\}$
이때, $A=\{x\,|\,x$는 3의 배수$\}$, $B=\{x\,|\,x$는 5의 배수$\}$이
므로
$A^C=\{x\,|\,x$는 3의 배수가 아닌 수$\}$
$B^C=\{x\,|\,x$는 5의 배수가 아닌 수$\}$
$\therefore C=A^C\cap B^C$

답 ④

11

ㄱ. $(A-B)^C\cap A=(A\cap B^C)^C\cap A$
$\qquad\qquad\quad =(A^C\cup B)\cap A$
$\qquad\qquad\quad =(A^C\cap A)\cup(B\cap A)$
$\qquad\qquad\quad =\varnothing\cup(A\cap B)$
$\qquad\qquad\quad =A\cap B$ (참)

ㄴ. $(A\cap B)-(A\cap C)=(A\cap B)\cap(A\cap C)^C$
$\qquad\qquad\qquad\qquad =(A\cap B)\cap(A^C\cup C^C)$
$\qquad\qquad\qquad\qquad =\{A\cap(A^C\cup C^C)\}\cap B$ ← 교환법칙
$\qquad\qquad\qquad\qquad\qquad\qquad\qquad\qquad$ 결합법칙
$\qquad\qquad\qquad\qquad =\{(A\cap A^C)\cup(A\cap C^C)\}\cap B$
$\qquad\qquad\qquad\qquad =\{\varnothing\cup(A\cap C^C)\}\cap B$
$\qquad\qquad\qquad\qquad =(A\cap C^C)\cap B$
$\qquad\qquad\qquad\qquad =A\cap(B\cap C^C)$
$\qquad\qquad\qquad\qquad =A\cap(B-C)$ (참)

ㄷ. $\{A\cup(A^C\cap B)\}\cap\{\underbrace{A\cap(A\cup B)}_{=A}\}$
$\quad =\{\underbrace{(A\cup A^C)}_{=U}\cap(A\cup B)\}\cap A$
$\quad =\{U\cap(A\cup B)\}\cap A$
$\quad =(A\cup B)\cap A=A$ (거짓)

따라서 옳은 것은 ㄱ, ㄴ이다.

답 ②

12

$A\triangle B=(A-B)\cup(B-A)$이므로
ㄱ. $A\triangle U=(A-U)\cup(U-A)$
$\qquad\quad =\varnothing\cup A^C=A^C$ (참)
ㄴ. $B\triangle(B-A)=\{B-(B-A)\}\cup\{(B-A)-B\}$
$\qquad\qquad\qquad =(A\cap B)\cup\varnothing$
$\qquad\qquad\qquad =A\cap B$
   즉, $A\cap B=\varnothing$이면 두 집합 A, B는 서로소이므로
   $A\neq B$이다. (거짓)
ㄷ. $A\triangle A=(A-A)\cup(A-A)=\varnothing\cup\varnothing=\varnothing$
$\quad A\triangle A\triangle A=(A\triangle A)\triangle A$
$\qquad\qquad\qquad =\varnothing\triangle A$
$\qquad\qquad\qquad =(\varnothing-A)\cup(A-\varnothing)$
$\qquad\qquad\qquad =\varnothing\cup A=A$
$\quad A\triangle A\triangle A\triangle A=(A\triangle A\triangle A)\triangle A$
$\qquad\qquad\qquad\quad =A\triangle A=\varnothing$
$\qquad\qquad\qquad\vdots$
   따라서 2 이상의 자연수 n에 대하여
$$\underbrace{A\triangle A\triangle A\triangle\cdots\triangle A}_{A\text{가 }n\text{개}}=\begin{cases}A\ (n\text{이 홀수})\\ \varnothing\ (n\text{이 짝수})\end{cases}$$
$$\therefore \underbrace{A\triangle A\triangle A\triangle\cdots\triangle A}_{A\text{가 }99\text{개}}=A\ (참)$$

따라서 옳은 것은 ㄱ, ㄷ이다.

답 ③

13

$X \odot Y = X^C - Y$
$\qquad = X^C \cap Y^C = (X \cup Y)^C$

ㄱ. $A \odot B = (A \cup B)^C$
$\qquad = (B \cup A)^C = B \odot A$ (참)

ㄴ. $(A \odot B)^C = \{(A \cup B)^C\}^C = A \cup B$

$A^C \odot B^C = (A^C \cup B^C)^C = A \cap B$

$\therefore (A \odot B)^C \neq A^C \odot B^C$ (거짓)

ㄷ. $(A \odot B) \odot C = (A \cup B)^C \odot C$
$\qquad\qquad = \{(A \cup B)^C \cup C\}^C$
$\qquad\qquad = (A \cup B) \cap C^C = (A \cup B) - C$

$A \odot (B \odot C) = A \odot (B \cup C)^C$
$\qquad\qquad = \{A \cup (B \cup C)^C\}^C$
$\qquad\qquad = A^C \cap (B \cup C) = (B \cup C) - A$

$\therefore (A \odot B) \odot C \neq A \odot (B \odot C)$ (거짓)

따라서 옳은 것은 ㄱ이다.

답 ①

보충설명 ──────

ㄷ을 벤다이어그램으로 나타내면 다음과 같다.

$(A \odot B) \odot C \qquad \neq \qquad A \odot (B \odot C)$

14

$A \cup B = U$이므로
$S(A \cup B) = S(U) = 1 + 2 + 3 + \cdots + 9 = 45$ ······㉠

또한, $A \cap B = \{1, 3, 5\}$이므로
$S(A \cap B) = 1 + 3 + 5 = 9$

집합 $A - B$의 원소의 합을 a라 하면
$S(A) = a + 9$

집합 $B - A$의 원소의 합을 b라 하면
$S(B) = b + 9$

㉠에서
$S(A \cup B) = a + b + 9 = 45$

$\therefore b = 36 - a$ ······㉡

$\therefore S(A)S(B) = (a+9)(b+9)$
$\qquad\qquad = (a+9)(45-a)$ (∵ ㉡)
$\qquad\qquad = -a^2 + 36a + 405$
$\qquad\qquad = -(a^2 - 36a + 18^2 - 18^2) + 405$
$\qquad\qquad = -(a-18)^2 + 729$

따라서 $S(A)S(B)$의 값은 $a = 18$일 때 최대이고 최댓값은 729이다.

답 729

보충설명 ──────

(1) $S(A)S(B)$의 값이 최대가 되도록 하는 집합 A, B를 구하자.
$S(A)S(B)$의 값은 $a = 18$, $b = 36 - a = 18$ (∵ ㉡)일 때 최대이고 $(A \cap B)^C = \{2, 4, 6, 7, 8, 9\}$이므로
$A = \{1, 3, 4, 5, 6, 8\}$, $B = \{1, 2, 3, 5, 7, 9\}$
일 때, $S(A)S(B)$의 값은 최대이다.

(2) **03** 명제의 산술평균과 기하평균의 관계를 이용하면 다음과 같이 풀 수도 있다.
두 집합 A, B의 원소는 모두 양수이므로
$S(A) > 0$, $S(B) > 0$
산술평균과 기하평균의 관계에 의하여
$S(A) + S(B) \geq 2\sqrt{S(A)S(B)}$
(단, 등호는 $S(A) = S(B) = 27$일 때 성립)
$S(A) + S(B) = S(A \cup B) + S(A \cap B)$
$\qquad\qquad = 45 + 9 = 54$
이므로
$2\sqrt{S(A)S(B)} \leq 54$, $\sqrt{S(A)S(B)} \leq 27$
$\therefore S(A)S(B) \leq 729$
따라서 $S(A)S(B)$의 최댓값은 729이다.

15

오른쪽 벤다이어그램과 같이 각 영역에 해당하는 집합의 원소의 개수를 각각 x, y, z, a, b, c라 하면
$n(A \cap B \cap C) = 21$,
$n(A \cup B \cup C) = 77$이므로
$n(A \cup B \cup C) = x + y + z + a + b + c + 21 = 77$
$\therefore x + y + z + a + b + c = 56$ ······㉠
$n(A \triangle B) + n(B \triangle C) + n(C \triangle A)$
$= n((A \cup B) - (A \cap B))$
$\qquad + n((B \cup C) - (B \cap C)) + n((C \cup A) - (C \cap A))$

$$=(x+b+y+a)+(y+c+z+b)+(x+c+z+a)$$
$$=2(x+y+z+a+b+c)$$
$$=2\times56\ (\because \text{㉠})$$
$$=112$$

답 112

16

직업 체험을 신청한 학생의 집합을 A, 대학 탐방을 신청한 학생의 집합을 B라 하자.

직업 체험과 대학 탐방을 모두 신청한 학생은 5명이므로

$n(A\cap B)=5$　　　……㉠

직업 체험과 대학 탐방 중 어느 것도 신청하지 않은 학생은 3명이므로

$n((A\cup B)^C)=3$

즉, 직업 체험 또는 대학 탐방을 신청한 학생 수는

$n(A\cup B)=n(U)-n((A\cup B)^C)$
$$\qquad\qquad =31-3=28 \quad ……ㄴ$$

이때, 직업 체험을 신청한 학생 수는 대학 탐방을 신청한 학생 수의 2배이므로

$n(A)=2\times n(B)$　　　……ㄷ

$n(A\cup B)=n(A)+n(B)-n(A\cap B)$이므로

㉠, ㄴ, ㄷ에서

$28=2\times n(B)+n(B)-5$　　∴ $n(B)=11$

∴ $n(A)=2\times11=22$

따라서 직업 체험을 신청한 학생은 22명이다.

답 22

17

전체 학생의 집합을 U, 검도를 신청한 학생의 집합을 A, 플로어볼을 신청한 학생의 집합을 B, 연식야구를 신청한 학생의 집합을 C라 하면

$n(A\cup B\cup C)=n(U)=40$, $n(A)=25$, $n(B)=22$, $n(C)=28$, $n(A\cap B\cap C)=8$

각 영역에 해당하는 집합의 원소의 개수를 각각 a, b, c라 하고 벤다이어그램으로 나타내면 다음과 같다.

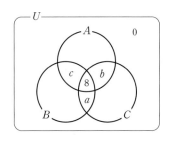

$n(A\cup B\cup C)=40$이므로

$n(A)+n(B)+n(C)-n(A\cap B)-n(B\cap C)$
$$\qquad\qquad -n(C\cap A)+n(A\cap B\cap C)=40$$
$$25+22+28-(8+c)-(8+a)-(8+b)+8=40$$
$$59-(a+b+c)=40 \quad\therefore\ a+b+c=19$$

오직 한 가지만 신청한 학생들의 집합은 오른쪽 벤다이어그램의 어두운 부분이므로 구하는 학생 수는

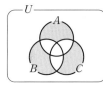

$n(A\cup B\cup C)-n((A\cap B)\cup(B\cap C)\cup(C\cap A))$
$$=40-(a+b+c+8)$$
$$=40-27=13$$

따라서 구하는 학생 수는 13이다.

답 13

18

지역 주민 전체의 집합을 U, 세 마트 A, B, C를 이용한 지역 주민의 집합을 각각 A, B, C라 하면

$n(U)=100$, $n(A)=42$, $n(B)=35$, $n(C)=50$, $n(A\cap B)=15$, $n(A\cap C)=10$, $n((A\cup B\cup C)^C)=5$ ―――(가)

마트 세 군데 중 두 군데 이상 이용한 경험이 있는 사람의 집합은

$(A\cap B)\cup(B\cap C)\cup(C\cap A)$

한편,

$n(A\cup B\cup C)=n(U)-n((A\cup B\cup C)^C)$
$$\qquad\qquad =100-5=95$$

이고

$n(A\cup B\cup C)$
$$=n(A)+n(B)+n(C)-n(A\cap B)-n(B\cap C)$$
$$\qquad\qquad -n(C\cap A)+n(A\cap B\cap C)$$

이므로

$$n(A\cap B)+n(B\cap C)+n(C\cap A)-n(A\cap B\cap C)$$
$$=n(A)+n(B)+n(C)-n(A\cup B\cup C)$$
$$=42+35+50-95=32$$
$$\therefore n((A\cap B)\cup(B\cap C)\cup(C\cap A))$$
$$=n(A\cap B)+n(B\cap C)+n(C\cap A)$$
$$-2\times n(A\cap B\cap C)$$
$$=32-n(A\cap B\cap C)\quad\cdots\cdots\text{㉠}$$

(나)

이때, $(A\cap B\cap C)\subset(A\cap B)$, $(A\cap B\cap C)\subset(A\cap C)$
이므로 $n(A\cap B\cap C)\leq n(A\cap B)=15$이고
$n(A\cap B\cap C)\leq n(A\cap C)=10$이다.
$$\therefore 0\leq n(A\cap B\cap C)\leq 10$$

(다)

따라서 ㉠에서 마트 세 군데 중 두 군데 이상 이용한 경험이
있는 사람의 수는
최댓값이 $32-0=32$, 최솟값이 $32-10=22$
따라서 그 합은
$$32+22=54$$

(라)
답 **54**

단계	채점 기준	배점
(가)	주어진 조건을 집합을 이용하여 표현한 경우	10%
(나)	두 군데 이상 이용한 경험이 있는 사람의 수를 세 군데 모두 이용한 경험이 있는 사람의 수로 나타낸 경우	40%
(다)	세 군데 모두 이용한 경험이 있는 사람의 수의 최댓값과 최솟값을 구한 경우	30%
(라)	두 군데 이상 이용한 경험이 있는 사람의 수의 최댓값과 최솟값의 합을 구한 경우	20%

풀이첨삭

$n(B\cap C)=a$, $n(A\cap B\cap C)=b$라 할 때,
$$n(A\cup B\cup C)=n(A)+n(B)+n(C)-n(A\cap B)$$
$$-n(B\cap C)-n(C\cap A)+n(A\cap B\cap C)$$
이므로
$$95=42+35+50-15-a-10+b$$
$$95=102-a+b\quad\therefore a=b+7$$
$(A\cap B\cap C)\subset(A\cap B)$, $(A\cap B\cap C)\subset(A\cap C)$에서
$b\leq 15$, $b\leq 10$ $\quad\cdots\cdots$㉠
또한, $(B\cap C)\subset B$, $(B\cap C)\subset C$이므로
$a\leq 35$, $a\leq 50$
즉, $b+7\leq 35$, $b+7\leq 50$에서
$b\leq 28$, $b\leq 43$ $\quad\cdots\cdots$㉡
㉠, ㉡에서 $b\leq 10$
$$\therefore n(A\cap B\cap C)\leq 10$$

024 정답 및 해설

보충설명

$n(A\cap B\cap C)$가 각각 최댓값과 최솟값을 가질 때, 각 영역에 해당하는 집합의 원소의 개수를 벤다이어그램으로 나타내면 다음과 같다.

(1) $n(A\cap B\cap C)=10$일 때   (2) $n(A\cap B\cap C)=0$일 때

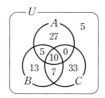 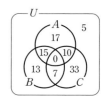

19

$(A-B)\cup(B-A)=B-A$이므로
$(A-B)\subset(B-A)$
$A-B$와 $B-A$는 서로소이므로
$A-B=\varnothing\quad\therefore A\subset B$
세 집합 U, A, B를 벤다이어그램
으로 나타내면 오른쪽 그림과 같다.
이때, $n(A)=n(A^C-B)$이므로
그림에서 어두운 두 부분의 원소의
개수는 서로 같다.

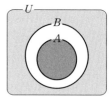

또한, $n(U)=10$이므로
$$n(A)+n(A^C-B)\leq 10$$
$$2\times n(A)\leq 10\quad\therefore n(A)\leq 5$$
한편, $\{1,2\}\subset A$이므로 집합 A의 원소의 합 $S(A)$가 최대가 되려면 집합 A는 집합 U의 부분집합 중에서 원소의 개수가 5이고, 1, 2를 반드시 원소로 갖는 집합이며, 1, 2를 제외한 나머지 세 원소는 최대한 큰 값이어야 한다.
따라서 $S(A)$는 $A=\{1,2,8,9,10\}$일 때 최대이고, 그 최댓값은
$$1+2+8+9+10=30$$

답 **30**

20

집합 $A_n\cap A_3$은 n과 3의 공배수의 집합이고 $A_n\cap A_3=A_{3n}$에서 n과 3의 최소공배수가 $3n$이므로 자연수 n은 3과 서로소이다.
$120\in A_n^C$에서 $120\notin A_n$이므로 120은 n의 배수가 아니다.
즉, n은 120의 약수가 아니다.

따라서 n은 3과 서로소이면서 120의 약수가 아니다.

(i) 120 이하의 자연수 중에서 3의 배수의 개수는 40이고, 3은 소수이므로 3과 서로소인 수의 개수는

$$120-40=80$$

(ii) $120=2^3\times3\times5$이므로 3과 서로소이면서 120의 약수인 수의 개수는 $2^3\times5$의 약수의 개수와 같으므로

$$(3+1)\times(1+1)=8$$

(i), (ii)에서 구하는 자연수 n의 개수는

$$80-8=72$$

답 72

21

$A*B=(A\cup B)^C\cup(A\cap B)$이므로

ㄱ. $A*A^C=(A\cup A^C)^C\cup(A\cap A^C)$
$\quad\quad=U^C\cup\varnothing=\varnothing\cup\varnothing=\varnothing$ (거짓)

ㄴ. $A^C*B^C=(A^C\cup B^C)^C\cup(A^C\cap B^C)$
$\quad\quad=(A\cap B)\cup(A\cup B)^C$
$\quad\quad=(A\cup B)^C\cup(A\cap B)$
$\quad\quad=A*B$ (참)

ㄷ. 연산 $*$는 교환법칙과 결합법칙이 성립하므로

$\quad A*B*A*B*A*B*A*B*A$
$\quad=A*A*A*A*A*B*B*B*B$

한편, $A*A=(A\cup A)^C\cup(A\cap A)=A^C\cup A=U$

$\quad A*A*A=(A*A)*A$
$\quad\quad\quad=U*A$
$\quad\quad\quad=(U\cup A)^C\cup(U\cap A)$
$\quad\quad\quad=U^C\cup A=\varnothing\cup A$
$\quad\quad\quad=A$ ······㉠

$\quad A*A*A*A=(A*A*A)*A=A*A=U$
$\quad\quad\quad\vdots$

따라서 2 이상의 자연수 n에 대하여

$$\underbrace{A*A*A*\cdots*A}_{A가\ n개}=\begin{cases}A\ (n이\ 홀수)\\U\ (n이\ 짝수)\end{cases}$$

$\therefore\ A*B*A*B*A*B*A*B*A$
$\quad=(A*A*A*A*A)*(B*B*B*B)$
$\quad=A*U=A\ (\because\ ㉠)$ (참)

따라서 옳은 것은 ㄴ, ㄷ이다.

답 ㄴ, ㄷ

22

$(C-A)\cap(C-B)=(C\cap A^C)\cap(C\cap B^C)$
$\quad\quad\quad\quad\quad\quad=C\cap(A^C\cap B^C)$
$\quad\quad\quad\quad\quad\quad=C\cap(A\cup B)^C$
$\quad\quad\quad\quad\quad\quad=C-(A\cup B)$

$n(A)=12$, $n(B)=9$, $n(A\cap B)=5$이므로

$n(A\cup B)=n(A)+n(B)-n(A\cap B)$
$\quad\quad\quad=12+9-5=16$

(i) $n((C-A)\cap(C-B))$, 즉 $n(C-(A\cup B))$가 최대일 때, $n(A\cup B)=16$으로 일정하고 $n(U)=30$, $n(C)=18$이므로 $n(A\cup B)+n(C)\geq n(U)$
따라서 $A\cup B\cup C=U$일 때 $n(C-(A\cup B))$가 최대이고 그 값은

$$M=n(U)-n(A\cup B)=30-16=14$$

(ii) $n((C-A)\cap(C-B))$, 즉 $n(C-(A\cup B))$가 최소일 때, $n(A\cup B)=16$으로 일정하므로 오른쪽 그림과 같다.
따라서 구하는 최솟값은

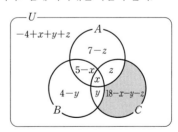

$m=n(C)-n(A\cup B)$
$\quad=18-16=2$

(i), (ii)에서 $M+m=14+2=16$

답 16

다른풀이

각 영역에 해당하는 집합의 원소의 개수를 각각 x, y, z라 하고 벤다이어그램에 나타내면 다음과 같다.

집합의 원소의 개수는 0보다 크거나 같으므로

$x\geq0$, $5-x\geq0$, $y\geq0$, $4-y\geq0$, $z\geq0$, $7-z\geq0$, $-4+x+y+z\geq0$, $18-x-y-z\geq0$

$\therefore\ 0\leq x\leq5$, $0\leq y\leq4$, $0\leq z\leq7$, $4\leq x+y+z\leq18$

$n\{(C-A)\cap(C-B)\}=18-x-y-z$의 값은

$x+y+z=4$일 때 최댓값 $M=14$를 갖고

$x=5$, $y=4$, $z=7$일 때 최솟값 $m=2$를 갖는다.

$\therefore\ M+m=16$

01-1 4	**01-2** 11	**01-3** 4
02-1 ②	**02-2** 64	**02-3** ②
03-1 (1) -2 (2) 6	**03-2** 4	**03-3** 13
04-1 (1) $0 < a < 1$ (2) $-3 < a < 4$		**04-2** 16
04-3 3	**05-1** 5	**05-2** -2
05-3 7	**06-1** (1), (2) 풀이참조	
07-1 풀이참조	**08-1** ㄴ, ㄷ	**08-2** ㄴ, ㄷ, ㄹ
09-1 3	**09-2** 6	**09-3** $-\dfrac{7}{2}$
10-1 ㄷ, ㄹ	**10-2** A, C	

01-1

p : $x^2 - 3x - 28 > 0$에서

$(x+4)(x-7) > 0$ ∴ $x < -4$ 또는 $x > 7$

q : $2x - 7 > 0$에서 $x > \dfrac{7}{2}$

두 조건 p, q의 진리집합을 각각 P, Q라 하면

$P = \{x \mid x < -4$ 또는 $x > 7\}$, $Q = \left\{ x \mid x > \dfrac{7}{2} \right\}$

이때, $P^C = \{x \mid -4 \le x \le 7\}$이므로 두 집합 P^C, Q를 수직선 위에 나타내면 다음 그림과 같다.

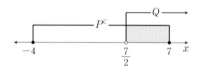

따라서 조건 '$\sim p$ 그리고 q'의 진리집합은

$P^C \cap Q = \left\{ x \mid \dfrac{7}{2} < x \le 7 \right\}$

이므로 '$\sim p$ 그리고 q'의 진리집합, 즉 집합 $P^C \cap Q$에 속하는 정수는 4, 5, 6, 7의 4개이다.

답 4

01-2

두 조건 p, q의 진리집합을 각각 P, Q라 하면

조건 'p 그리고 q'의 진리집합은

$P \cap Q = \{1, 3\}$

조건 '$\sim p$ 그리고 q'의 진리집합은

$P^C \cap Q = Q - P = \{8, 9, 10\}$

조건 '$\sim p$ 그리고 $\sim q$'의 진리집합은

$P^C \cap Q^C = (P \cup Q)^C = \{2, 5, 6\}$

이때, 전체집합 $U = \{x \mid x$는 10 이하의 자연수$\}$이므로 이를 벤다이어그램으로 나타내면 다음 그림과 같다.

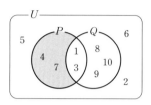

이때, 조건 'p 그리고 $\sim q$'의 진리집합은

$P \cap Q^C = P - Q = \{4, 7\}$

이므로 모든 원소의 합은 $4 + 7 = 11$

답 11

01-3

$P = \{x \mid x \ne 2\}$이므로 $P^C = \{2\}$

$Q = \{x \mid x^2 - 4x + a > 0\}$이므로

$Q^C = \{x \mid x^2 - 4x + a \le 0\}$

그런데 집합 P^C의 원소는 2 하나뿐이고 $Q^C \subset P^C$, $Q^C \ne \varnothing$ 이므로

$Q^C = \{2\}$

즉, 이차부등식 $x^2 - 4x + a \le 0$의 해는 $x = 2$ 하나뿐이다.

이때, 이차함수 $y = x^2 - 4x + a$의 그래프는 아래로 볼록하므로 이차방정식 $x^2 - 4x + a = 0$이 중근 $x = 2$를 가져야 한다.

즉, $2^2 - 4 \times 2 + a = 0$에서 $a = 4$

답 4

02-1

$(P \cup Q) \cap (P^C \cup Q^C) = P \cap Q^C$에서

(좌변) $= (P \cup Q) \cap (P^C \cup Q^C)$

$= \{(P \cup Q) \cap P^C\} \cup \{(P \cup Q) \cap Q^C\}$

$= \{\underset{\varnothing}{(P \cap P^C)} \cup (Q \cap P^C)\} \cup$

$\{(P \cap Q^C) \cup \underset{\varnothing}{(Q \cap Q^C)}\}$

$= \{\varnothing \cup (Q \cap P^C)\} \cup \{(P \cap Q^C) \cup \varnothing\}$

$= (Q \cap P^C) \cup (P \cap Q^C)$

$$= (Q-P) \cup (P-Q)$$

(우변)$= P-Q$

즉, $(P-Q) \cup (Q-P) = P-Q$이므로

$$(Q-P) \subset (P-Q)$$

그런데 $(Q-P) \cap (P-Q) = \varnothing$이므로

$$Q-P = \varnothing_*$$

$\therefore Q \subset P$, $P^C \subset Q^C$

따라서 명제 $q \longrightarrow p$와 명제 $\sim p \longrightarrow \sim q$는 항상 참이다.

그러므로 항상 참인 명제는 ②이다.

답 ②

풀이첨삭

$*$를 확인하자.

$(P-Q) \cup (Q-P)$, $P-Q$를 벤다이어그램으로 나타내면 각각 다음과 같다.

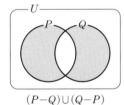 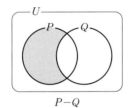

$(P-Q) \cup (Q-P)$ $P-Q$

이때, $(P-Q) \cup (Q-P) = P-Q$가 되려면 $Q-P = \varnothing$, 즉 $Q \subset P$이어야 한다.

02-2

명제 $p \longrightarrow \sim q$가 참이면 $P \subset Q^C$이므로 P와 Q는 서로소이다.

$P = \{x \mid x$는 소수$\}$에서 $P = \{2, 3, 5, 7\}$이므로 집합 Q는 $\varnothing$이거나 집합 Q의 원소가 될 수 있는 것은 1, 4, 6, 8, 9, 10이다.

즉, 집합 Q는 집합 $\{1, 4, 6, 8, 9, 10\}$의 부분집합이므로 집합 Q의 개수는

$$2^6 = 64$$

답 64

02-3

$(P \cup Q) \cap R = \varnothing$이므로

$$(P \cup Q) \subset R^C$$

따라서 $P \subset R^C$, $Q \subset R^C$이므로 항상 참인 명제는 $p \longrightarrow \sim r$, $q \longrightarrow \sim r$이다.

답 ②

03-1

두 조건 p, q의 진리집합을 각각 P, Q라 하면

$$P = \{x \mid x \le a\}, \quad Q = \{x \mid x < -1 \text{ 또는 } 3 < x < 6\}$$

(1) 명제 $p \longrightarrow q$가 참이려면 $P \subset Q$이어야 하므로 두 집합 P, Q를 수직선 위에 나타내면 오른쪽 그림과 같아야 한다.

따라서 명제 $p \longrightarrow q$가 참이려면 $a < -1$이어야 하므로 정수 a의 최댓값은 -2이다.

(2) 명제 $q \longrightarrow p$가 참이려면 $Q \subset P$이어야 하므로 두 집합 P, Q를 수직선 위에 나타내면 오른쪽 그림과 같아야 한다.

따라서 명제 $q \longrightarrow p$가 참이려면 $a \ge 6$이어야 하므로 정수 a의 최솟값은 6이다.

답 (1) -2 (2) 6

03-2

두 조건 p, q의 진리집합을 각각 P, Q라 하자.

$p : 3k-1 \le 2-x \le k+2$에서 $-k \le x \le 3-3k$이므로

$$P = \{x \mid -k \le x \le 3-3k\}$$

$q : x < 2$ 또는 $x > 18$에서 $\sim q : 2 \le x \le 18$이므로

$\sim q$의 진리집합은 $Q^C = \{x \mid 2 \le x \le 18\}$

명제 'p이면 $\sim q$이다.'가 참이 되려면 $P \subset Q^C$이어야 하므로 두 집합 P, Q^C를 수직선 위에 나타내면 다음 그림과 같아야 한다.

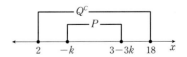

$2 \le -k$에서 $k \le -2$ ……㉠

$3-3k \le 18$에서 $k \ge -5$ ……㉡

⊙, ⓒ의 공통부분은 $-5 \le k \le -2$

따라서 명제 'p이면 $\sim q$이다.'가 참이 되도록 하는 정수 k는 $-5, -4, -3, -2$의 4개이다.

답 4

03-3

두 조건 p, q의 진리집합을 각각 P, Q라 하면

$P = \{2, 4, 6, 8, 10\}$, $P^C = \{1, 3, 5, 7, 9\}$,

$Q = \{3, 6, 9\}$

명제 $\sim p \longrightarrow q$가 거짓임을 보이는 반례는 P^C의 원소이지만 Q의 원소는 아닌 것, 즉 $P^C - Q$의 원소이어야 한다.

이때, $P^C - Q = \{1, 5, 7\}$이므로 명제 $\sim p \longrightarrow q$가 거짓임을 보이는 반례가 될 수 있는 모든 자연수의 합은

$1 + 5 + 7 = 13$

답 13

04-1

$x^2 + x - 2 \le 0$에서 $(x+2)(x-1) \le 0$

$\therefore -2 \le x \le 1$

$x^2 + 2ax + a^2 - 4 < 0$에서 $(x+a)^2 - 4 < 0$

$(x+a+2)(x+a-2) < 0$

$\therefore -a-2 < x < -a+2$

$P = \{x \mid -2 \le x \le 1\}$, $Q = \{x \mid -a-2 < x < -a+2\}$라 하자.

(1) $x^2 + x - 2 \le 0$을 만족시키는 모든 실수 x에 대하여 $x^2 + 2ax + a^2 - 4 < 0$이 성립하려면 $P \subset Q$이어야 한다.

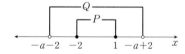

따라서 $-a-2 < -2$, $1 < -a+2$이어야 하므로

$0 < a < 1$

(2) $x^2 + x - 2 \le 0$을 만족시키는 어떤 실수 x에 대하여 $x^2 + 2ax + a^2 - 4 < 0$이 성립하려면 $P \cap Q \ne \varnothing$이어야 한다.

(i) $-a-2 \ge -2$, 즉 $a \le 0$일 때,

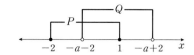

$-a-2 < 1$이어야 하므로 $a > -3$

$\therefore -3 < a \le 0$

(ii) $-a-2 < -2$, 즉 $a > 0$일 때,

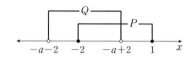

$-a+2 > -2$이어야 하므로 $a < 4$

$\therefore 0 < a < 4$

(i), (ii)에서 $-3 < a < 4$

답 (1) $0 < a < 1$ (2) $-3 < a < 4$

다른풀이

(1) $x^2 + x - 2 \le 0$, 즉 $-2 \le x \le 1$인 모든 실수 x에 대하여 $x^2 + 2ax + a^2 - 4 < 0$이 성립하려면 이차함수 $f(x) = x^2 + 2ax + a^2 - 4$의 그래프가 오른쪽 그림과 같아야 하므로

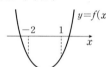

$f(-2) < 0$, $f(1) < 0$

(i) $f(-2) = (-2)^2 + 2a \times (-2) + a^2 - 4 < 0$에서 $a^2 - 4a < 0$, $a(a-4) < 0$

$\therefore 0 < a < 4$ ……⊙

(ii) $f(1) = 1^2 + 2a \times 1 + a^2 - 4 < 0$에서 $a^2 + 2a - 3 < 0$, $(a+3)(a-1) < 0$

$\therefore -3 < a < 1$ ……ⓒ

⊙, ⓒ의 공통부분은 $0 < a < 1$

(2) $x^2 + x - 2 \le 0$, 즉 $-2 \le x \le 1$인 어떤 실수 x에 대하여 $x^2 + 2ax + a^2 - 4 < 0$이 성립하려면 이차함수 $f(x) = x^2 + 2ax + a^2 - 4$의 그래프가 다음 세 개 중 하나이어야 한다.

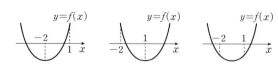

즉, $f(-2) < 0$ 또는 $f(1) < 0$이므로

$f(-2) < 0$에서 $0 < a < 4$

$f(1) < 0$에서 $-3 < a < 1$

$\therefore -3 < a < 4$

04-2

명제 '어떤 실수 x에 대하여 $x^2-8x+k<0$이다.'의 부정은 '모든 실수 x에 대하여 $x^2-8x+k\geq0$이다.'이고 이 명제가 참이어야 한다.

$f(x)=x^2-8x+k$라 하면 이차함수 $y=f(x)$의 그래프는 오른쪽 그림과 같아야 한다.

즉, 이차방정식 $x^2-8x+k=0$의 판별식을 D라 하면 $D\leq0$이어야 하므로

$$\frac{D}{4}=(-4)^2-k\leq0$$

$$\therefore k\geq16$$

따라서 조건을 만족시키는 상수 k의 최솟값은 16이다.

답 16

04-3

명제 '모든 실수 x에 대하여 $2x^2-4kx+5k>0$이다.'가 거짓이려면 이 명제의 부정 '어떤 실수 x에 대하여 $2x^2-4kx+5k\leq0$이다.'는 참이어야 한다.

$f(x)=2x^2-4kx+5k$라 하면 이차함수 $y=f(x)$의 그래프가 오른쪽 그림과 같아야 한다.

즉, 이차방정식 $2x^2-4kx+5k=0$의 판별식을 D라 하면 $D\geq0$이어야 하므로

$$\frac{D}{4}=(-2k)^2-2\times5k\geq0$$

$$4k^2-10k\geq0, \ 2k(2k-5)\geq0$$

$$\therefore k\leq0 \text{ 또는 } k\geq\frac{5}{2}$$

따라서 조건을 만족시키는 자연수 k의 최솟값은 3이다.

답 3

05-1

주어진 명제가 참이므로 그 대우
'$a\leq k$이고 $b\leq2$이면 $a+b\leq7$이다.'
도 역시 참이 되어야 한다.

즉, $a+b\leq k+2\leq7$에서 $k\leq5$

따라서 상수 k의 최댓값은 5이다.

답 5

보충설명 ─────────────

주어진 명제의 대우
'$a\leq k$이고 $b\leq2$이면 $a+b\leq7$이다.'
에서

(i) $k=4$일 때,
$a\leq4$이고 $b\leq2$이면 $a+b\leq6\leq7$
이므로 참이다.

(ii) $k=6$일 때,
$a\leq6$이고 $b\leq2$이면 $a+b\leq8$
즉, $a=6$, $b=2$이면 $a+b=8>7$이므로 거짓이다.

이와 같이 $k\leq5$일 때, 주어진 명제의 대우는 참이므로 상수 k의 최댓값은 5이다.

───────────────────────

05-2

$|x-a|\leq2$에서 $-2\leq x-a\leq2$

$$\therefore a-2\leq x\leq a+2$$

두 조건 p, q의 진리집합을 각각 P, Q라 하면
$P=\{x|-5<x\leq3\}$, $Q=\{x|a-2\leq x\leq a+2\}$

명제 $p\longrightarrow q$의 역은 $q\longrightarrow p$이고 이것이 참이 되려면 $Q\subset P$이어야 하므로 두 집합 P, Q를 수직선 위에 나타내면 오른쪽 그림과 같아야 한다.

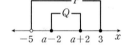

$-5<a-2$에서 $a>-3$, $a+2\leq3$에서 $a\leq1$

$$\therefore -3<a\leq1$$

따라서 명제 $p\longrightarrow q$의 역이 참이 되게 하는 모든 정수 a는 -2, -1, 0, 1이므로 그 합은

$$(-2)+(-1)+0+1=-2$$

답 -2

05-3

명제 $p\longrightarrow q$의 대우가 거짓이므로 명제 $p\longrightarrow q$도 거짓이다.

명제 $p\longrightarrow q$가 거짓임을 보이는 반례는 P의 원소이지만 Q의 원소는 아닌 것, 즉 $P-Q$의 원소가 되어야 한다.

$$\therefore X=P-Q=\{1, 2, 3\}$$

따라서 집합 X의 진부분집합의 개수는 $2^3-1=7$

답 7

06-1

(1) 주어진 명제의 대우

'두 실수 x, y에 대하여 x, y가 모두 2보다 작거나 같으면 $x+y \leq 4$이다.'

가 참임을 보이면 된다.

두 실수 x, y에 대하여 x, y가 모두 2보다 작거나 같으면 $x \leq 2$이고, $y \leq 2$이므로

$x+y \leq 4$

따라서 주어진 명제의 대우가 참이므로 주어진 명제도 참이다.

(2) 주어진 명제의 대우

'a, b, c가 양의 정수일 때, a, b, c가 모두 홀수이면 $a^2+b^2+c^2$은 홀수이다.'

가 참임을 보이면 된다.

a, b, c가 모두 홀수이므로

$a=2l-1$, $b=2m-1$,

$c=2n-1$ (l, m, n은 자연수)

로 놓을 수 있다. 즉,

$$a^2+b^2+c^2=(2l-1)^2+(2m-1)^2+(2n-1)^2$$
$$=4l^2-4l+1+4m^2-4m+1+4n^2-4n+1$$
$$=2(2l^2-2l+2m^2-2m+2n^2-2n+1)+1$$

이때, $2l^2-2l+2m^2-2m+2n^2-2n+1$은 자연수이므로 $a^2+b^2+c^2$은 홀수이다.

따라서 주어진 명제의 대우가 참이므로 주어진 명제도 참이다.

답 (1), (2) 풀이참조

07-1

m, n 중 적어도 하나가 홀수라 가정하자.

(i) m은 짝수, n은 홀수일 때

$m=2a$, $n=2b-1$ (a, b는 자연수)로 놓으면

$$m^2+n^2=(2a)^2+(2b-1)^2=4a^2+4b^2-4b+1$$
$$=4(a^2+b^2-b)+1$$

따라서 m^2+n^2은 4의 배수가 아니므로 m^2+n^2이 4의 배수라는 가정에 모순이다.

(ii) m은 홀수, n은 짝수일 때,

$m=2a-1$, $n=2b$ (a, b는 자연수)로 놓으면

$$m^2+n^2=(2a-1)^2+(2b)^2=4a^2-4a+1+4b^2$$
$$=4(a^2+b^2-a)+1$$

따라서 m^2+n^2은 4의 배수가 아니므로 m^2+n^2이 4의 배수라는 가정에 모순이다.

(iii) m, n 모두 홀수일 때,

$m=2a-1$, $n=2b-1$ (a, b는 자연수)로 놓으면

$$m^2+n^2=(2a-1)^2+(2b-1)^2$$
$$=4a^2-4a+4b^2-4b+2$$
$$=4(a^2+b^2-a-b)+2$$

따라서 m^2+n^2은 4의 배수가 아니므로 m^2+n^2이 4의 배수라는 가정에 모순이다.

(i), (ii), (iii)에서 두 자연수 m, n에 대하여 m^2+n^2이 4의 배수이면 m, n은 모두 짝수이다.

답 풀이참조

08-1

p는 q이기 위한 충분조건이므로 $p \Longrightarrow q$

$\therefore P \subset Q$ ······㉠

p는 r이기 위한 필요조건이므로 $r \Longrightarrow p$

$\therefore R \subset P$ ······㉡

㉠, ㉡에서 $R \subset P \subset Q$이므로 세 집합 P, Q, R를 벤다이어그램으로 나타내면 오른쪽 그림과 같다.

ㄱ. $Q \subset R$이지만 $R \subset Q$인지 알 수 없다. (거짓)

ㄴ. $P \cap Q=P$이고, $R \subset P$이므로

$P^C \subset R^C$

즉, $(P \cap Q)^C \subset R^C$ (참)

ㄷ. $P \cup Q=Q$이고, $R \subset Q$이므로 $Q^C \subset R^C$

즉, $(P \cup Q)^C \subset R^C$ (참)

ㄹ. $P^C \cap R^C=(P \cup R)^C=P^C$이고 $P \subset Q$이므로

$Q^C \subset P^C$, 즉 $P^C \not\subset Q^C$ (거짓)

따라서 옳은 것은 ㄴ, ㄷ이다.

답 ㄴ, ㄷ

08-2

p는 $\sim q$이기 위한 필요충분조건이므로 $p \Longleftrightarrow \sim q$

$\therefore P = Q^C$ ......㉠

$\sim r$는 q이기 위한 필요조건이므로 $q \Longrightarrow \sim r$, 즉

$r \Longrightarrow \sim q$

$\therefore R \subset Q^C$ ......㉡

㉠, ㉡에서 $R \subset Q^C = P$이므로 세 집합 P, Q, R를 벤다이어그램으로 나타내면 오른쪽 그림과 같다.

ㄱ. $R \subset Q^C$에서 $Q \subset R^C$ (거짓)

ㄴ. $R \subset P$에서 $P^C \subset R^C$ (참)

ㄷ. $R \subset P$에서 $P \cap R = R$ (참)

ㄹ. $P = Q^C$에서 $P \cup Q = Q^C \cup Q = U$ (참)

따라서 옳은 것은 ㄴ, ㄷ, ㄹ이다.

답 ㄴ, ㄷ, ㄹ

09-1

p가 q이기 위한 충분조건이므로 $P \subset Q$

두 집합 P, Q에 대하여 $P \subset Q$인 경우는 다음과 같이 두 가지 경우로 나누어 구할 수 있다.

(i)
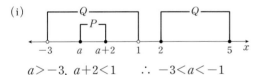

$a > -3$, $a+2 < 1$ $\therefore -3 < a < -1$

(ii)
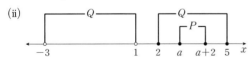

$a \geq 2$, $a+2 \leq 5$ $\therefore 2 \leq a \leq 3$

(i), (ii)에서 $-3 < a < -1$ 또는 $2 \leq a \leq 3$이므로 정수 a의 값은 -2, 2, 3이고 그 합은

$(-2) + 2 + 3 = 3$

답 3

09-2

$p : 3|x-2| < 9-2x$에서

(i) $x \leq 2$일 때,

$-3(x-2) < 9-2x$이므로

$-3x+6 < 9-2x$

$-x < 3$ $\therefore x > -3$

그런데 $x \leq 2$이므로 $-3 < x \leq 2$

(ii) $x > 2$일 때,

$3(x-2) < 9-2x$이므로

$3x-6 < 9-2x$

$5x < 15$ $\therefore x < 3$

그런데 $x > 2$이므로 $2 < x < 3$

(i), (ii)에서 $-3 < x < 3$

즉, 두 조건 p, q의 진리집합을 각각 P, Q라 하면

$P = \{x \mid -3 < x < 3\}$, $Q = \{x \mid a < x < b\}$

이때, p가 q이기 위한 필요충분조건이므로 $P = Q$이다.

따라서 $a = -3$, $b = 3$이므로

$b - a = 3 - (-3) = 6$

답 6

보충설명

절댓값의 성질을 이용하여 연립부등식으로 만들어 풀어도 된다.

$3|x-2| < 9-2x$에서 $|x-2| < 3 - \dfrac{2}{3}x$

$-3 + \dfrac{2}{3}x < x-2 < 3 - \dfrac{2}{3}x$

$-3 + \dfrac{2}{3}x < x-2$에서 $x > -3$ ......㉠

$x-2 < 3 - \dfrac{2}{3}x$에서 $x < 3$ ......㉡

㉠, ㉡에서 $-3 < x < 3$

09-3

p는 q이기 위한 충분조건이므로 $P \subset Q$ ......㉠

r는 p이기 위한 필요조건이므로 $P \subset R$ ......㉡

$3 \in P$이므로 $3 \in Q$ ($\because$ ㉠)

$\therefore a^2 - 1 = 3$ 또는 $b = 3$

(i) $a^2 - 1 = 3$일 때,

$a^2 = 4$ $\therefore a = -2$ 또는 $a = 2$

① $a = -2$이면 $R = \{-2, -2b\}$

$3 \in R$ ($\because$ ㉡)에서 $-2b = 3$이므로

$b = -\dfrac{3}{2}$ $\therefore a + b = -\dfrac{7}{2}$

② $a = 2$이면 $R = \{2, 2b\}$

$3{\in}R\ ({\because}\ {\textcircled{\tiny L}})$에서 $2b{=}3$이므로

$$b{=}\frac{3}{2}\qquad{\therefore}\ a{+}b{=}\frac{7}{2}$$

(ii) $b{=}3$일 때,

　$R{=}\{a,\ 3a\}$이므로 $3{\in}R\ ({\because}\ {\textcircled{\tiny L}})$에서

　$a{=}3$ 또는 $3a{=}3$

　① $a{=}3$이면 $a{+}b{=}6$

　② $3a{=}3$, 즉 $a{=}1$이면 $a{+}b{=}4$

(i), (ii)에서 $a{+}b$의 최솟값은 $-\dfrac{7}{2}$이다.

답 $-\dfrac{7}{2}$

10-1

명제 $p\longrightarrow{\sim}r$의 역이 참이므로 ${\sim}r\Longrightarrow p$이고,

명제 $r\longrightarrow{\sim}q$의 대우가 참이므로 $q\Longrightarrow{\sim}r$이다.

즉, $q\Longrightarrow{\sim}r\Longrightarrow p$이므로

$Q{\subset}R^{C}{\subset}P$

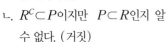

ㄱ. $Q{\subset}P$이지만 $P{\subset}Q$인지 알 수
　　없다. (거짓)

ㄴ. $R^{C}{\subset}P$이지만 $P{\subset}R$인지 알
　　수 없다. (거짓)

ㄷ. $Q{\subset}P$ (참)

ㄹ. $R^{C}{\subset}P$ (참)

따라서 옳은 것은 ㄷ, ㄹ이다.

답 ㄷ, ㄹ

10-2

네 조건 p, q, r, s를 각각

p : A가 범인이다., q : B가 범인이다.

r : C가 범인이다., s : D가 범인이다.

로 놓으면

㈏ $s\Longrightarrow p$

㈐ ${\sim}r\Longrightarrow{\sim}p$에서 $p\Longrightarrow r$

㈑ ${\sim}s\Longrightarrow{\sim}q$에서 $q\Longrightarrow s$

따라서 $q\Longrightarrow s\Longrightarrow p\Longrightarrow r$이다.

(i) A가 범인일 때,

　　C도 범인이므로 범인이 두 명이 되어 조건을 만족시킨다.

(ii) B가 범인일 때,

　　D, A, C도 범인이므로 네 명 모두가 범인이 되어 조건
　　㈎에 모순이다.

(iii) D가 범인일 때,

　　A, C도 범인이므로 범인이 세 명이 되어 조건 ㈎에 모순
　　이다.

(i), (ii), (iii)에서 범인은 A, C이다.

답 A, C

개 념 마 무 리　　본문 pp.74~77

01 8	**02** 3	**03** 11	**04** ③
05 24	**06** ③	**07** 5	**08** 37
09 28	**10** 2	**11** ①, ②	**12** ④
13 풀이참조	**14** ③	**15** 12	**16** ④
17 ⑤	**18** 풀이참조	**19** 11	**20** 256
21 16	**22** 15	**23** 18	

01

p : $x^{2}{-}5x{-}14{\geq}0$에서 ${\sim}p$: $x^{2}{-}5x{-}14{<}0$이므로

$(x{+}2)(x{-}7){<}0$

${\therefore}\ -2{<}x{<}7$

조건 ${\sim}p$의 진리집합은

$\{x{\mid}-2{<}x{<}7,\ x\text{는 정수}\}{=}\{-1,\ 0,\ 1,\ 2,\ 3,\ 4,\ 5,\ 6\}$

따라서 조건 ${\sim}p$의 진리집합의 원소의 개수는 8이다.

답 8

02

전체집합을 U라 하고 세 조건 p, q, r의 진리집합을 각각
P, Q, R라 하자.

p : $x^{2}{-}15x{+}36{=}0$에서

$(x{-}3)(x{-}12){=}0$　　${\therefore}\ x{=}3$ 또는 $x{=}12$

${\therefore}\ P{=}\{3,\ 12\}$

q : x는 4의 배수, r : x는 50 이하의 3의 배수이므로

$Q{=}\{4,\ 8,\ 12,\ {\cdots}\}$, $R{=}\{3,\ 6,\ 9,\ {\cdots},\ 48\}$

이때, 조건 '~p 그리고 q 그리고 r'의 진리집합은
$P^C \cap Q \cap R$
$Q \cap R = \{x \mid x$는 50 이하의 12의 배수$\}$이므로
$Q \cap R = \{12,\ 24,\ 36,\ 48\}$
$\therefore P^C \cap Q \cap R = (Q \cap R) \cap P^C$
$$= (Q \cap R) - P$$
$$= \{12,\ 24,\ 36,\ 48\} - \{3,\ 12\}$$
$$= \{24,\ 36,\ 48\}$$
따라서 구하는 자연수 x의 개수는 3이다.

답 3

03

전체집합을 U, 두 조건 p, q의 진리집합을 각각 P, Q라 하면
$U = \{(x,\ y) \mid x,\ y$는 $0 \le x < 4,\ 0 \le y < 4$인 정수$\}$
$\quad = \{(0,\ 0),\ (0,\ 1),\ (0,\ 2),\ \cdots,\ (3,\ 3)\}$
조건 p : $x^2 - 4x + y^2 - 4y + 7 = 0$에서
$(x-2)^2 + (y-2)^2 = 1$
$\therefore P = \{(x,\ y) \mid x^2 - 4x + y^2 - 4y + 7 = 0\}$
$\quad = \{(1,\ 2),\ (2,\ 1),\ (2,\ 3),\ (3,\ 2)\}$
또한, 조건 q : $x - y = 1$에서
$Q = \{(x,\ y) \mid x - y = 1\}$
$\quad = \{(1,\ 0),\ (2,\ 1),\ (3,\ 2)\}$
한편, 조건 '~p이고 ~q'의 진리집합은
$P^C \cap Q^C = (P \cup Q)^C$
이때,
$P \cup Q = \{(1,\ 0),\ (1,\ 2),\ (2,\ 1),\ (2,\ 3),\ (3,\ 2)\}$
이므로 조건 '~p이고 ~q'를 만족시키는 정수 x, y의 순서쌍 $(x,\ y)$의 개수는
$n(P^C \cap Q^C) = n(U) - n(P \cup Q)$
$$= 4 \times 4 - 5 = 11$$

답 11

다른풀이

조건 p : $x^2 - 4x + y^2 - 4y + 7 = 0$, 즉
$(x-2)^2 + (y-2)^2 = 1$을 만족시키는 x, y의 순서쌍 $(x,\ y)$는 원 $(x-2)^2 + (y-2)^2 = 1$ 위의 점이다.
또한, 조건 q : $x - y = 1$을 만족시키는 x, y의 순서쌍 $(x,\ y)$는 직선 $y = x - 1$ 위의 점이다.

이때, 조건 '~p이고 ~q'를 만족시키는 x, y의 순서쌍 $(x,\ y)$는 원 $(x-2)^2 + (y-2)^2 = 1$ 위의 점도 아니고 직선 $y = x - 1$ 위의 점도 아니다.
x, y는 $0 \le x < 4$, $0 \le y < 4$인 정수이므로 조건을 만족시키는 점은 다음 그림의 11개이다.

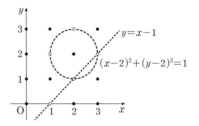

04

$P \cap Q = P$, $P \cap R^C = P$이므로
$P \subset Q$, $P \subset R^C$, 즉 $P \cap R = \varnothing$
따라서 세 집합 P, Q, R를 벤다이어그램으로 나타내면 오른쪽 그림과 같다.

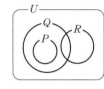

ㄱ. $P \subset R^C$이므로 명제 $p \longrightarrow {\sim}r$는 참이다.
ㄴ. $R \cap Q = \varnothing$인지 알 수 없으므로 명제 $r \longrightarrow {\sim}q$가 참인지 알 수 없다.
ㄷ. $P \subset Q$이므로 $Q^C \subset P^C$
  즉, 명제 ${\sim}q \longrightarrow {\sim}p$는 참이다.
따라서 항상 참인 명제는 ㄱ, ㄷ이다.

답 ③

05

$A = \{x \mid x$는 24의 양의 약수$\}$에서
$A = \{1,\ 2,\ 3,\ 4,\ 6,\ 8,\ 12,\ 24\}$
집합 A의 두 원소 a, b에 대하여 두 조건 p, q를 각각
p : ab는 짝수, q : $a+b$는 짝수
라 하고, 집합 A에서의 두 조건 p, q의 진리집합을 각각 P, Q라 하자.
명제 'ab가 짝수이면 $a+b$는 짝수이다.'가 거짓이려면 $P \not\subset Q$이어야 하므로 집합 P의 원소이면서 집합 Q의 원소가 아닌 것을 찾으면 된다.

즉, ab는 짝수, $a+b$는 홀수이어야 하므로 a가 홀수이면 b는 짝수이고, a가 짝수이면 b는 홀수이어야 한다.

이때, 집합 A의 원소 중 홀수는 1, 3의 2개, 짝수는 2, 4, 6, 8, 12, 24의 6개이다.

따라서 구하는 반례가 되는 순서쌍 $(a,\ b)$의 개수는

$2 \times 6 + 6 \times 2 = 24$

답 24

06

$p \longrightarrow q$가 참이므로 $p \Longrightarrow q$ $\therefore\ P \subset Q$ ······㉠

$\sim p \longrightarrow q$가 참이므로 $\sim p \Longrightarrow q$ $\therefore\ P^C \subset Q$ ······㉡

$\sim r \longrightarrow p$가 참이므로 $\sim r \Longrightarrow p$ $\therefore\ R^C \subset P$ ······㉢

㉠, ㉡에서 $(P \cup P^C) \subset Q$이므로 $U = Q$ ······㉣

㉠, ㉢에서 $R^C \subset P \subset Q$

ㄱ. ㉡에서 $P^C \subset Q$ (참)

ㄴ. (반례) $U = \{1,\ 2,\ 3\}$, $P = \{1,\ 2\}$, $Q = \{1,\ 2,\ 3\}$, $R = \{2,\ 3\}$일 때, $P \subset Q$, $P^C \subset Q$, $R^C \subset P$이지만 $R - P^C = R \cap P = \{2\} \neq \varnothing$ (거짓)

ㄷ. ㉣에서 $(R^C \cup P^C) \subset Q$ (참)

따라서 옳은 것은 ㄱ, ㄷ이다.

답 ③

07

$p : x^2 - 7x - 18 > 0$에서 $(x-9)(x+2) > 0$

$\therefore\ x < -2$ 또는 $x > 9$

$q : 2a - 7 \leq 2x - 1 < 3a$에서

$a - 3 \leq x < \dfrac{3a+1}{2}$

두 조건 $p,\ q$의 진리집합을 각각 $P,\ Q$라 하면

$P = \{x \,|\, x < -2$ 또는 $x > 9\}$, $P^C = \{x \,|\, -2 \leq x \leq 9\}$

$Q = \left\{ x \,\middle|\, a - 3 \leq x < \dfrac{3a+1}{2} \right\}$

이때, 명제 $q \longrightarrow \sim p$가 참이 되려면 $Q \subset P^C$이어야 하므로 두 집합 $P^C,\ Q$를 수직선 위에 나타내면 오른쪽 그림과 같아야 한다.

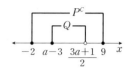

즉, $-2 \leq a - 3$이고, $\dfrac{3a+1}{2} \leq 9$이어야 하므로

$a \geq 1$이고, $a \leq \dfrac{17}{3}$ $\therefore\ 1 \leq a \leq \dfrac{17}{3}$

따라서 조건을 만족시키는 자연수 a는 1, 2, 3, 4, 5의 5개이다.

답 5

08

$p : x^2 + 1 < k$에서 $x^2 < k - 1$

$\therefore\ -\sqrt{k-1} < x < \sqrt{k-1}$

$q : |x - 4| \leq 2$에서 $-2 \leq x - 4 \leq 2$

$\therefore\ 2 \leq x \leq 6$

두 조건 $p,\ q$의 진리집합을 각각 $P,\ Q$라 하면

$P = \{x \,|\, -\sqrt{k-1} < x < \sqrt{k-1}\}$,

$Q = \{x \,|\, 2 \leq x \leq 6\}$ ────────(가)

명제 '어떤 실수 x에 대하여 $\sim p$ 그리고 q이다.'가 참이므로 $P^C \cap Q \neq \varnothing$이어야 한다. ────────(나)

이때, $P^C = \{x \,|\, x \leq -\sqrt{k-1}$ 또는 $x \geq \sqrt{k-1}\}$이고, $k \geq 2$이므로 $-\sqrt{k-1} < 0$

$P^C \cap Q \neq \varnothing$이므로 두 집합 $P^C,\ Q$를 수직선 위에 나타내면 다음 그림과 같아야 한다.

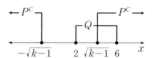

따라서 $\sqrt{k-1} \leq 6$이어야 하므로

$k - 1 \leq 36$ $\therefore\ k \leq 37$

이때, $k \geq 2$이므로 $2 \leq k \leq 37$

그러므로 구하는 자연수 k의 최댓값은 37이다.

────────(다)
답 37

단계	채점 기준	배점
(가)	두 조건의 진리집합을 각각 구한 경우	30%
(나)	주어진 명제가 참이 되도록 하는 진리집합 사이의 관계를 구한 경우	30%
(다)	자연수 k의 최댓값을 구한 경우	40%

09

조건 $x^2-3x<0$의 진리집합을 P라 하면

$x(x-3)<0$에서 $0<x<3$

$\therefore P=\{1, 2\}$

명제 '집합 A의 모든 원소 x에 대하여 $x^2-3x<0$이다.'가 참이려면 집합 A가 집합 P의 공집합이 아닌 부분집합이어야 하므로

$A=\{1\}$ 또는 $A=\{2\}$ 또는 $A=\{1, 2\}$

명제 '집합 B의 어떤 원소 x에 대하여 $x\in A$이다.'가 참이려면 $A\cap B\neq\varnothing$이어야 한다.

(ⅰ) $A=\{1\}$일 때,

집합 B는 1을 반드시 원소로 갖는 집합 U의 부분집합이므로 집합 B의 개수는

$2^{4-1}=2^3=8$

(ⅱ) $A=\{2\}$일 때,

집합 B는 2를 반드시 원소로 갖는 집합 U의 부분집합이므로 집합 B의 개수는

$2^{4-1}=2^3=8$

(ⅲ) $A=\{1, 2\}$일 때,

집합 B는 1 또는 2를 원소로 갖는 집합 U의 부분집합이다.

1을 원소로 갖고, 2를 원소로 갖지 않는 집합 U의 부분집합 B의 개수는

$2^{4-2}=2^2=4$

2를 원소로 갖고, 1을 원소로 갖지 않는 집합 U의 부분집합 B의 개수는

$2^{4-2}=2^2=4$

1, 2를 모두 원소로 갖는 집합 U의 부분집합 B의 개수는

$2^{4-2}=2^2=4$

(ⅰ), (ⅱ), (ⅲ)에서 구하는 순서쌍 (A, B)의 개수는

$8+8+(4+4+4)=28$

답 28

10

p : $x^2+7x+10=0$에서

$(x+2)(x+5)=0$ $\therefore x=-2$ 또는 $x=-5$

q : $x^2+5x+4<0$에서

$(x+1)(x+4)<0$ $\therefore -4<x<-1$

세 조건 p, q, r의 진리집합을 각각 P, Q, R라 하면

$P=\{-2, -5\}$, $Q=\{x|-4<x<-1\}$,

$R=\{x|x>a-5\}$

이때, 명제 $p \longrightarrow r$가 거짓이므로 $P\not\subset R$

명제 $q \longrightarrow r$의 대우가 참이므로 처음 명제 $q \longrightarrow r$가 참이다. $\therefore Q\subset R$

따라서 세 집합 P, Q, R를 수직선 위에 나타내면 오른쪽 그림과 같아야 하므로

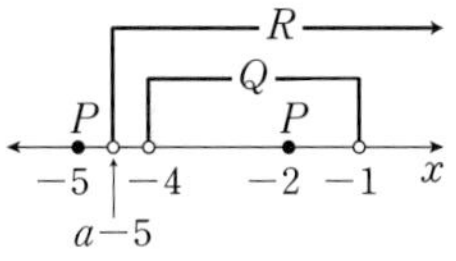

$-5\leq a-5\leq -4$ $\therefore 0\leq a\leq 1$

따라서 정수 a는 0, 1의 2개이다.

답 2

11

① ㉠ 명제의 참, 거짓

△ABC가 정삼각형이면 $\overline{AB}=\overline{AC}=\overline{BC}$이므로 $\overline{AB}=\overline{AC}$이다. (참)

㉡ 역의 참, 거짓

$\overline{AB}=\overline{AC}$이면 △ABC가 정삼각형이다. (거짓)

(반례) $\overline{AB}=\overline{AC}=4$, $\overline{BC}=3$이면 $\overline{AB}=\overline{AC}$이지만 △ABC는 정삼각형이 아닌 이등변삼각형이다.

② ㉠ 명제의 참, 거짓

△ABC≡△DEF이면 대응변의 길이가 같고, 대응각의 크기가 같으므로 △ABC∽△DEF이다. (참)

㉡ 역의 참, 거짓

△ABC∽△DEF이면 △ABC≡△DEF이다. (거짓)

(반례) △ABC가 한 변의 길이가 1인 정삼각형이고, △DEF가 한 변의 길이가 2인 정삼각형이면 △ABC∽△DEF이지만 △ABC와 △DEF는 합동이 아니다.

③ ㉠ 명제의 참, 거짓

두 직사각형의 넓이가 같으면 두 직사각형은 합동이다.

(거짓)

(반례) 한 변의 길이가 4인 정사각형과 가로, 세로의 길이가 각각 2, 8인 직사각형의 넓이는 모두 16으로 같지만 합동이 아니다.

㉡ 역의 참, 거짓

두 직사각형이 합동이면 가로, 세로의 길이가 각각 같으므로 두 직사각형의 넓이가 같다. (참)

④ ㉠ 명제의 참, 거짓

두 집합 A, B에 대하여 $A \subset B$이면 $A \cup B = B$이다. (참)

㉡ 역의 참, 거짓

두 집합 A, B에 대하여 $A \cup B = B$이면 $A \subset B$이다. (참)

⑤ ㉠ 명제의 참, 거짓

두 실수 x, y에 대하여 $xy > 0$이면 $x > 0$, $y > 0$이다.

(거짓)

(반례) $x = -1$, $y = -1$이면 $xy > 0$이지만 $x < 0$, $y < 0$이다.

㉡ 역의 참, 거짓

$x > 0$, $y > 0$이면 $xy > 0$이다. (참)

따라서 명제는 참이고 그 역은 거짓인 것은 ①, ②이다.

답 ①, ②

12

① ㉠ 대우의 참, 거짓

$x \neq y$이면 $|x| \neq |y|$이다. (거짓)

(반례) $x = 1$, $y = -1$이면 $x \neq y$이지만 $|x| = |y|$이다.

㉡ 역의 참, 거짓

'$x = y$이면 $|x| = |y|$이다.' (참)

② ㉠ 대우의 참, 거짓

'$x^2 = xy$이면 $x = y$이다.' (거짓)

(반례) $x = 0$, $y = 1$이면 $x^2 = xy$이지만 $x \neq y$이다.

㉡ 역의 참, 거짓

'$x^2 \neq xy$이면 $x \neq y$이다.'의 대우는

'$x = y$이면 $x^2 = xy$이다.'이고, 이는 참이다.

즉, 주어진 명제의 역은 참이다. (참)

③ ㉠ 대우의 참, 거짓

주어진 명제에서 $0 < x < y$이면 $xy > 0$, $x^2 - y^2 < 0$이므로

$x^3 y - xy^3 = xy(x^2 - y^2) < 0$

$\therefore x^3 y < xy^3$

즉, 주어진 명제가 참이므로 그 대우도 참이다. (참)

㉡ 역의 참, 거짓

'$x^3 y < xy^3$이면 $0 < x < y$이다.' (거짓)

(반례) $x = -1$, $y = -2$이면 $x^3 y < xy^3$이지만 $y < x < 0$이다.

④ ㉠ 대우의 참, 거짓

주어진 명제에서 $x^2 + y^2 = 0$이면 $x = 0$, $y = 0$이므로 $x^2 + 2xy + 2y^2 = 0$이다.

즉, 주어진 명제가 참이므로 그 대우도 참이다. (참)

㉡ 역의 참, 거짓

$x^2 + 2xy + 2y^2 = 0$이면 $(x+y)^2 + y^2 = 0$이므로 $x + y = 0$, $y = 0$이다.

따라서 $x = 0$이고 $y = 0$이므로 $x^2 + y^2 = 0$이다. (참)

⑤ ㉠ 대우의 참, 거짓

xy가 홀수이면 x, y 모두 홀수이므로 x^2, y^2 모두 홀수이다. 즉, $x^2 + y^2$은 짝수이다. (참)

㉡ 역의 참, 거짓

'xy가 짝수이면 $x^2 + y^2$은 홀수이다.' (거짓)

(반례) $x = 2$, $y = 2$이면 xy는 짝수이고 $x^2 + y^2$도 짝수이다.

따라서 그 대우와 역이 모두 참인 명제는 ④이다.

답 ④

13

주어진 명제의 대우

'세 자연수 a, b, c에 대하여 이차방정식 $ax^2 - bx + c = 0$에서 두 근이 모두 정수이면 a, b, c 중 적어도 하나는 짝수이다.'가 참임을 보이면 된다.

────────────────── (가)

이차방정식 $ax^2-bx+c=0$의 두 근을 α, β라 하면 근과 계수의 관계에 의하여

$$\alpha+\beta=\frac{b}{a},\ \alpha\beta=\frac{c}{a}$$

이때, α, β가 모두 정수이면 다음과 같이 나누어 생각할 수 있다.

(i) $\alpha=2k$, $\beta=2l$ $(k,\ l$은 정수)일 때,

$\alpha+\beta=2(k+l)$이므로 $\frac{b}{a}=2(k+l)$에서

$b=2a(k+l)$

$\alpha\beta=2(2kl)$이므로 $\frac{c}{a}=2(2kl)$에서

$c=2a(2kl)$

즉, 두 자연수 b, c는 모두 짝수이다.

(ii) $\alpha=2k+1$, $\beta=2l+1$ $(k,\ l$은 정수)일 때,

$\alpha+\beta=2(k+l+1)$이므로 $\frac{b}{a}=2(k+l+1)$에서

$b=2a(k+l+1)$

$\alpha\beta=(2k+1)(2l+1)=4kl+2k+2l+1$이므로

$\frac{c}{a}=4kl+2k+2l+1$에서

$c=2a(2kl+k+l)+a$

즉, 두 자연수 b, c 중 b는 반드시 짝수이다.

(iii) $\alpha=2k+1$, $\beta=2l$ $(k,\ l$은 정수)일 때,

$\alpha+\beta=2k+2l+1$이므로 $\frac{b}{a}=2k+2l+1$에서

$b=2a(k+l)+a$

$\alpha\beta=(2k+1)\times 2l=4kl+2l$이므로

$\frac{c}{a}=4kl+2l$에서

$c=2a(2kl+l)$

즉, 두 자연수 b, c 중 c는 반드시 짝수이다.

(i), (ii), (iii)에서 세 자연수 a, b, c 중 적어도 하나는 짝수이다.
_(나)
따라서 주어진 명제의 대우가 참이므로 주어진 명제도 참이다.
_(다)

답 풀이참조

단계	채점 기준	배점
(가)	주어진 명제의 대우를 구한 경우	30%
(나)	주어진 명제의 대우가 참임을 증명한 경우	50%
(다)	명제와 그 대우의 참, 거짓을 이용하여 주어진 명제가 참임을 밝힌 경우	20%

14

네 조건 p, q, r, s를 다음과 같이 정하자.

p : 선호도가 높은 프로그램이다.

q : 수강자가 많은 프로그램이다.

r : 외부 교사가 운영하는 프로그램이다.

s : 체육 영역의 프로그램이다.

각 조사 결과는 다음과 같이 나타낼 수 있다.

(가) : $p \Longrightarrow q$, (나) : $r \Longrightarrow q$, (다) : $s \Longrightarrow p$

이때, $s \Longrightarrow p$, $p \Longrightarrow q$에서 $s \Longrightarrow q$

각 명제의 대우도 참이므로

$\sim q \Longrightarrow \sim p$, $\sim q \Longrightarrow \sim r$, $\sim p \Longrightarrow \sim s$,

$\sim q \Longrightarrow \sim s$

또한, 추론한 내용을 p, q, r, s를 이용하여 명제로 나타내면 다음과 같다.

① $s \longrightarrow \sim r$ ② $\sim r \longrightarrow \sim q$

③ $\sim q \longrightarrow \sim s$ ④ $p \longrightarrow s$

⑤ $p \longrightarrow \sim r$

따라서 항상 옳은 것은 ③이다.

답 ③

15

두 조건 p, q의 진리집합을 각각 P, Q라 하면

$P=\{x\,|\,a<x\leq 3a+2\}$,

$Q=\left\{x\,\middle|\,x<2a-1\ \text{또는}\ x\geq \frac{2a^2+1}{3}\right\}$,

$Q^C=\left\{x\,\middle|\,2a-1\leq x<\frac{2a^2+1}{3}\right\}$

이때, 조건 q의 진리집합 Q가 전체집합이 아니므로 Q^C는 공집합이 아니다. 즉,

$2a-1<\frac{2a^2+1}{3}$에서 $6a-3<2a^2+1$

$a^2-3a+2>0$, $(a-1)(a-2)>0$

$\therefore a<1$ 또는 $a>2$ ……㉠

또한, $\sim p$가 q이기 위한 충분조건이므로

$P^C \subset Q$ $\therefore Q^C \subset P$

즉, 두 집합 P, Q^C를 수직선 위에 나타내면 오른쪽 그림과 같아야 하므로

$a<2a-1$, $\frac{2a^2+1}{3}\leq 3a+2$이어야 한다.

$a<2a-1$에서 $a>1$ ......ⓛ

$\dfrac{2a^2+1}{3}\le 3a+2$에서

$2a^2+1\le 9a+6,\ 2a^2-9a-5\le 0$

$(a-5)(2a+1)\le 0$ ∴ $-\dfrac{1}{2}\le a\le 5$ ......ⓒ

ⓖ, ⓛ, ⓒ의 공통부분은

$2<a\le 5$

따라서 조건을 만족시키는 자연수 a는 3, 5, 5이므로 구하는 합은

$3+4+5=12$

답 12

16

ㄱ. $p:n(A)=n(B),\ q:A=B$

$p \longrightarrow q$: (반례) $A=\{1,\ 2\},\ B=\{2,\ 3\}$이면

$n(A)=n(B)$이지만 $A\ne B$이다.

$q \longrightarrow p$: $A=B$이면 $n(A)=n(B)$이므로 참이다.

즉, p는 q이기 위한 필요조건이지만 충분조건은 아니다.

ㄴ. $p:n(A\cup B)=n(A)+n(B),\ q:A-B=A$

$n(A\cup B)=n(A)+n(B)-n(A\cap B)$이므로

$n(A\cup B)=n(A)+n(B)\Leftrightarrow n(A\cap B)=0$

$\Leftrightarrow A\cap B=\varnothing$

$\Leftrightarrow A-B=A$

즉, p는 q이기 위한 필요충분조건이다.

ㄷ. $p:n(A-B)=n(A)-n(B),\ q:A\cup B=A$

$n(A-B)=n(A)-n(A\cap B)$이므로

$n(A-B)=n(A)-n(B)\Leftrightarrow A\cap B=B$

$\Leftrightarrow B\subset A$

$\Leftrightarrow A\cup B=A$

즉, p는 q이기 위한 필요충분조건이다.

따라서 p가 q이기 위한 필요충분조건인 것은 ㄴ, ㄷ이다.

답 ④

17

① $p:\dfrac{1}{ab}<3,\ q:ab\ge \dfrac{1}{3}$ (단, $ab\ne 0$)

$p \longrightarrow q$: (반례) $a=1,\ b=-1$이면 $\dfrac{1}{ab}<3$이지만

$ab<\dfrac{1}{3}$이다.

$q \longrightarrow p$: (반례) $a=1,\ b=\dfrac{1}{3}$이면 $ab\ge \dfrac{1}{3}$이지만

$\dfrac{1}{ab}=3$이다.

즉, p는 q이기 위한 충분조건도, 필요조건도 아니다.

② $p:a+b=ab,\ q:\dfrac{1}{a}+\dfrac{1}{b}=1$ (단, $ab\ne 0$)

$p \longrightarrow q$: $ab\ne 0$이므로 $a+b=ab$의 양변을 ab로 나누면

$\dfrac{1}{a}+\dfrac{1}{b}=1$

$q \longrightarrow p$: $ab\ne 0$이므로 $\dfrac{1}{a}+\dfrac{1}{b}=1$의 양변에 ab를 곱하면 $a+b=ab$

즉, p는 q이기 위한 필요충분조건이다.

③ $p:ab>0,\ q:|a+b|=|a|+|b|$

$p \longrightarrow q$: $ab>0$이면 $a>0,\ b>0$ 또는 $a<0,\ b<0$

$a>0,\ b>0$이면 $|a|=a,\ |b|=b,\ |a+b|=a+b$이므로 $|a+b|=|a|+|b|$

$a<0,\ b<0$이면 $|a|=-a,\ |b|=-b,$

$|a+b|=-(a+b)$이므로 $|a+b|=|a|+|b|$

$q \longrightarrow p$: (반례) $a=b=0$이면 $|a+b|=|a|+|b|$이지만 $ab=0$

즉, p는 q이기 위한 충분조건이고 필요조건은 아니다.

④ $p:a+bi=0,\ q:ab=0$ (단, $\sqrt{-1}=i$)

$p \longrightarrow q$: $a+bi=0$에서 $a,\ b$가 실수이므로 복소수가 서로 같을 조건에 의하여

$a=0,\ b=0$ ∴ $ab=0$

$q \longrightarrow p$: (반례) $a=1,\ b=0$이면 $ab=0$이지만 $a+bi=1\ne 0$

즉, p는 q이기 위한 충분조건이고 필요조건은 아니다.

⑤ $p:a$ 또는 b가 무리수, $q:a+b$는 무리수

$p \longrightarrow q$: (반례) $a=\sqrt{2},\ b=-\sqrt{2}$이면 a 또는 b가 무리수이지만 $a+b=0$은 무리수가 아니다.

$q \longrightarrow p$: 명제 '$a+b$가 무리수이면 a 또는 b는 무리수이다.'의 대우 '$a,\ b$가 모두 유리수이면 $a+b$는 유리수이다.'가 참이므로 명제 $q \longrightarrow p$는 참이다.

즉, p는 q이기 위한 필요조건이지만 충분조건은 아니다.

따라서 p가 q이기 위한 필요조건이지만 충분조건이 아닌 것은 ⑤이다.

답 ⑤

18

$\sqrt{n^2+n}=k$ (k는 자연수)라 하고, 양변을 제곱하면

$n^2+n=k^2$, $k^2-n^2=n$

$\therefore (k+n)(k-n)=n$ ……㉠

k, n이 모두 자연수이고 $k+n>0$, $n>0$이므로

$k-n>0$

즉, $k-n$은 자연수이다.

$k-n\geq1$에서 $k\geq n+1$이므로 $k+n\geq2n+1$

$\therefore \underset{\geq1}{(k+n)}(k-n)\geq2n+1$ ……㉡

즉, ㉠, ㉡에서 $n\geq2n+1$

그런데 자연수 n에 대하여 $n<2n+1$이므로 모순이다.

따라서 $\sqrt{n^2+n}$은 자연수가 아니다.

답 풀이참조

19

함수 $f(x)$에 대하여 명제 '어떤 실수 x에 대하여 $f(x)<-1$이다.'가 거짓이므로 이 명제의 부정 '모든 실수 x에 대하여 $f(x)\geq-1$이다.'는 참이다.

(i) $a=-3$일 때, $f(x)=9$이므로 모든 실수 x에 대하여 $f(x)\geq-1$

(ii) $a\neq-3$일 때,

$g(x)=f(x)+1$이라 하면 모든 실수 x에 대하여 $g(x)\geq0$이어야 하므로 이차함수 $y=g(x)$의 그래프는 오른쪽 그림과 같아야 한다.

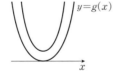

이때, $f(x)=(a+3)x^2+2ax+6x+9$이므로

$g(x)=(a+3)x^2+2(a+3)x+10$

① $a+3>0$에서 $a>-3$ ……㉠

② 이차방정식 $g(x)=0$, 즉

$(a+3)x^2+2(a+3)x+10=0$의 판별식을 D라 하면

$\dfrac{D}{4}=(a+3)^2-10(a+3)\leq0$

$a^2-4a-21\leq0$, $(a+3)(a-7)\leq0$

$\therefore -3\leq a\leq7$ ……㉡

㉠, ㉡의 공통부분은 $-3<a\leq7$

(i), (ii)에서 조건을 만족시키는 정수 a는 -3, -2, -1, $\cdots$, 7의 11개이다.

답 11

20

$p : x^2\leq2x+8$에서 $x^2-2x-8\leq0$

$(x+2)(x-4)\leq0$ $\therefore -2\leq x\leq4$

이때, $U=\{1,\ 2,\ 3,\ \cdots,\ 8\}$이므로

$P=\{1,\ 2,\ 3,\ 4\}$

이때, 명제 $p\longrightarrow q$가 참이므로

$P\subset Q$ $\therefore \{1,\ 2,\ 3,\ 4\}\subset Q$

즉, 집합 Q는 네 원소 1, 2, 3, 4를 반드시 포함하는 집합 U의 부분집합이므로 집합 Q로 가능한 것의 개수는

$2^{8-4}=2^4=16$

또한, 명제 $\sim p\longrightarrow r$가 참이므로

$P^C\subset R$ $\therefore \{5,\ 6,\ 7,\ 8\}\subset R$

즉, 집합 R는 네 원소 5, 6, 7, 8을 반드시 포함하는 집합 U의 부분집합이므로 집합 R로 가능한 것의 개수는

$2^{8-4}=2^4=16$

따라서 두 집합 Q, R의 순서쌍 $(Q,\ R)$의 개수는

$16\times16=256$

답 256

21

두 조건 p, q의 진리집합을 각각 P, Q라 하면 p가 q이기 위한 필요조건이므로 $Q\subset P$이어야 한다.

$p : \dfrac{\sqrt{x+5}}{\sqrt{x-10}}=-\sqrt{\dfrac{x+5}{x-10}}$에서

$x+5\geq0$, $x-10<0$ $\therefore -5\leq x<10$

$\therefore P=\{x|-5\leq x<10\}$

$q : x^2-5x-nx+5n<0$에서

$(x-5)(x-n)<0$ ……㉠

(i) ㉠에서 $n<5$일 때, $n<x<5$

$\therefore Q=\{x|n<x<5\}$

이때, $Q\subset P$가 되도록 두 집합 P, Q를 수직선 위에 나타내면 오른쪽 그림과 같아야 하므로

$-5\leq n<5$

(ii) ㉠에서 $n=5$일 때, $(x-5)^2<0$이므로 조건을 만족시키는 x는 없다.

$\therefore Q=\varnothing$

이때, 항상 $Q\subset P$이므로 $n=5$

(iii) ㉠에서 $n>5$일 때, $5<x<n$

$\therefore Q=\{x|5<x<n\}$

이때, $Q\subset P$가 되도록 두 집합 P, Q를 수직선 위에 나타내면 오른쪽 그림과 같아야

하므로

$5<n\le10$

(i), (ii), (iii)에서 $-5\le n\le10$이므로 정수 n은 -5, -4, -3, $\cdots$, 10의 16개이다.

답 16

보충설명 ─────

음수의 제곱근의 성질

a, b가 실수일 때,

(1) ① $a<0$, $b<0$이면 $\sqrt{a}\sqrt{b}=-\sqrt{ab}$

② $a<0$, $b<0$ 외에는 $\sqrt{a}\sqrt{b}=\sqrt{ab}$

(2) ① $a>0$, $b<0$이면 $\dfrac{\sqrt{a}}{\sqrt{b}}=-\sqrt{\dfrac{a}{b}}$

② $a>0$, $b<0$ 외에는 $\dfrac{\sqrt{a}}{\sqrt{b}}=\sqrt{\dfrac{a}{b}}$ (단, $b\ne0$)

(3) ① $\sqrt{a}\sqrt{b}=-\sqrt{ab}$이면 $a<0$, $b<0$ 또는 $a=0$ 또는 $b=0$

② $\dfrac{\sqrt{a}}{\sqrt{b}}=-\sqrt{\dfrac{a}{b}}$이면 $a>0$, $b<0$ 또는 $a=0$ (단, $b\ne0$)

22

$p:《x》^2-13《x》+22<0$에서

$(《x》-2)(《x》-11)<0$

$\therefore 2<《x》<11$

이때, $《x》$는 정수이므로

$《x》=3$, 4, 5, $\cdots$, 10

$\therefore \dfrac{5}{2}\le x<\dfrac{21}{2}$

$q:k<2x<2k+1$에서

$\dfrac{k}{2}<x<\dfrac{2k+1}{2}$

두 조건 p, q의 진리집합을 각각 P, Q라 하면

$P=\left\{x\left|\dfrac{5}{2}\le x<\dfrac{21}{2}\right.\right\}$, $Q=\left\{x\left|\dfrac{k}{2}<x<\dfrac{2k+1}{2}\right.\right\}$

명제 $q\longrightarrow p$가 참이므로 $Q\subset P$

즉, 두 집합 P, Q를 수직선 위에 나타내면 오른쪽 그림과 같아야

하므로

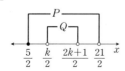

$\dfrac{5}{2}\le\dfrac{k}{2}$, $\dfrac{2k+1}{2}\le\dfrac{21}{2}$

$\therefore 5\le k\le10$

따라서 실수 k의 최댓값 $a=10$, 최솟값 $b=5$이므로

$a+b=15$

답 15

23

명제 '직선 l 위의 어떤 점 P에 대하여 $\angle APB>90°$이다.'가 거짓이므로 이 명제의 부정 '직선 l 위의 모든 점 P에 대하여 $\angle APB\le90°$이다.'는 참이다.

────── (가)

이때, 두 점 A, B와 직선 l 위의 점 P에 대하여 두 점 A, B를 지름의 양 끝 점으로 하는 원 C를 생각하자.

$\angle APB>90°$이면 점 P는 원 C의 내부에 있고

$\angle APB=90°$이면 점 P는 원 C 위에 있고

$\angle APB<90°$이면 점 P는 원 C의 외부에 있다.

즉, 명제 '직선 $l:y=-2x+k$ 위의 모든 점 P에 대하여 $\angle APB\le90°$이다.'가 참이려면 직선 l은 원 C와 접하거나 원 C와 만나지 않아야 한다.

────── (나)

두 점 $A(-3,3)$, $B(7,-7)$을 지름의 양 끝 점으로 하는 원 C의 중심의 좌표는

$\left(\dfrac{-3+7}{2}, \dfrac{3+(-7)}{2}\right)$, 즉 $(2,-2)$

원 C의 반지름의 길이는

$\dfrac{1}{2}\overline{AB}=\dfrac{1}{2}\sqrt{\{7-(-3)\}^2+(-7-3)^2}=5\sqrt{2}$

원의 중심 $(2,-2)$와 직선 $y=-2x+k$, 즉 $2x+y-k=0$ 사이의 거리는 원의 반지름의 길이보다 크거나 같아야 하므로

$\dfrac{|2\times2-2-k|}{\sqrt{2^2+1^2}}\ge5\sqrt{2}$, $|2-k|\ge5\sqrt{10}$

$\therefore k\le2-5\sqrt{10}$ 또는 $k\ge2+5\sqrt{10}$

이때, $2+5\sqrt{10}=17.×××$이므로 자연수 k의 최솟값은 18이다.

────── (다)

답 18

단계	채점 기준	배점
(가)	이용할 수 있는 참인 명제를 찾은 경우	20%
(나)	명제가 참이 될 조건을 밝힌 경우	40%
(다)	자연수 k의 최솟값을 구한 경우	40%

1. 점과 직선 사이의 거리

점 $P(x_1, y_1)$과 직선 $ax+by+c=0$
사이의 거리 d는

$$d=\frac{|ax_1+by_1+c|}{\sqrt{a^2+b^2}}$$

2. 원과 직선의 위치 관계

원의 반지름의 길이를 r, 원의 중심과
직선 사이의 거리를 d라 할 때, 원과
직선의 위치 관계는 다음과 같다.

(1) $d<r \iff$ 서로 다른 두 점에서
   만난다.

(2) $d=r \iff$ 한 점에서 만난다. (접한다.)

(3) $d>r \iff$ 만나지 않는다.

유형연습 **04** **절대부등식**   본문 pp.84~92

01-1 (1), (2) 풀이참조

01-2 풀이참조, $a=b=1$ **02**-1 (1) 121 (2) 23

02-2 4   **02**-3 $\frac{1}{5}$, $x=4$ **03**-1 2

03-2 $2\sqrt{2}$ **04**-1 18   **04**-2 6

05-1 (1) 72 (2) 6   **05**-2 4   **06**-1 27

06-2 144

01-1

(1) $a^2+b^2+c^2-(-ab-bc-ca)$

$=a^2+b^2+c^2+ab+bc+ca$

$=\frac{1}{2}(2a^2+2b^2+2c^2+2ab+2bc+2ca)$

$=\frac{1}{2}\{(a^2+2ab+b^2)+(b^2+2bc+c^2)$
$\qquad\qquad\qquad +(c^2+2ca+a^2)\}$

$=\frac{1}{2}\{(a+b)^2+(b+c)^2+(c+a)^2\}\geq 0$

$\therefore a^2+b^2+c^2\geq -ab-bc-ca$

단, 등호는 $a+b=0$, $b+c=0$, $c+a=0$, 즉
$a=b=c=0$일 때 성립한다.

(2) $|a|+|b|+|c|\geq 0$, $|a+b+c|\geq 0$이므로

$(|a|+|b|+|c|)^2-|a+b+c|^2$

$=|a|^2+|b|^2+|c|^2$
$\qquad +2(|a||b|+|b||c|+|c||a|)-(a+b+c)^2$

$=a^2+b^2+c^2+2(|ab|+|bc|+|ca|)$
$\qquad\qquad -\{a^2+b^2+c^2+2(ab+bc+ca)\}$

$=2(|ab|+|bc|+|ca|-ab-bc-ca)\geq 0$
$\qquad (\because |ab|\geq ab, |bc|\geq bc, |ca|\geq ca)$

따라서 $(|a|+|b|+|c|)^2\geq |a+b+c|^2$이므로

$|a|+|b|+|c|\geq a+b+c$

단, 등호는 $ab\geq 0$, $bc\geq 0$, $ca\geq 0$일 때 성립한다.

답 (1), (2) 풀이참조

01-2

$(a^2+b^2+1)-(ab+a+b)$

$=a^2+b^2+1-ab-a-b$

$=\frac{1}{2}(2a^2+2b^2+2\times 1^2-2ab-2a-2b)$

$=\frac{1}{2}\{(a^2-2ab+b^2)+(a^2-2a+1)+(b^2-2b+1)\}$

$=\frac{1}{2}\{(a-b)^2+(a-1)^2+(b-1)^2\}\geq 0$

$\therefore a^2+b^2+1\geq ab+a+b$

단, 등호는 $a-b=0$, $a-1=0$, $b-1=0$, 즉 $a=b=1$일
때 성립한다.

답 풀이참조, $a=b=1$

a에 대한 이차방정식 $a^2+b^2+1=ab+a+b$, 즉

$a^2-(b+1)a+b^2-b+1=0$의 판별식을 D라 하면

$$D=\{-(b+1)\}^2-4(b^2-b+1)$$
$$=-3b^2+6b-3=-3(b-1)^2 \quad \cdots\cdots \bigcirc$$

이때, b가 실수이므로 $(b-1)^2\geq 0$

따라서 모든 실수 b에 대하여 $D\leq 0$이다.

즉, 모든 실수 a, b에 대하여 이차부등식

$$a^2-(b+1)a+b^2-b+1\geq 0 \quad \cdots\cdots \bigcirc\!\!\bigcirc$$

즉, $a^2+b^2+1\geq ab+a+b$가 성립한다.

또한, $\bigcirc$의 등호가 성립하는 b의 값, 즉 $b=1$을 이차부등식 $\bigcirc\!\!\bigcirc$에 대입하면

$$a^2-2a+1=(a-1)^2\geq 0$$

이므로 등호는 $a=1$, $b=1$일 때 성립한다.

02-1

(1) $\left(4a+\dfrac{1}{a}\right)\left(9a+\dfrac{16}{a}\right)=36a^2+64+9+\dfrac{16}{a^2}$

$$\qquad\qquad\qquad\qquad =73+36a^2+\dfrac{16}{a^2} \quad \cdots\cdots \bigcirc$$

0이 아닌 실수 a에 대하여 $a^2>0$이므로 산술평균과 기하평균의 관계에 의하여

$$36a^2+\dfrac{16}{a^2}\geq 2\sqrt{36a^2\times\dfrac{16}{a^2}}$$
$$=2\sqrt{576}=48$$

$\left(\text{단, 등호는 } 36a^2=\dfrac{16}{a^2}, \text{ 즉 } a=\dfrac{\sqrt{6}}{3}\text{일 때 성립}\right)$

$\bigcirc$에서 $\left(4a+\dfrac{1}{a}\right)\left(9a+\dfrac{16}{a}\right)\geq 73+48=121$이므로 구하는 최솟값은 121이다.

(2) $x^2+\dfrac{49}{x^2-9}=x^2-9+\dfrac{49}{x^2-9}+9$

$x>3$에서 $x^2-9>0$이므로 산술평균과 기하평균의 관계에 의하여

$$(\text{주어진 식})\geq 2\sqrt{(x^2-9)\times\dfrac{49}{x^2-9}}+9$$
$$=14+9=23$$

$\left(\text{단, 등호는 } x^2-9=\dfrac{49}{x^2-9}, \text{ 즉 } x=4\text{일 때 성립}\right)$

따라서 구하는 최솟값은 23이다.

답 (1) 121 (2) 23

02-2

$(a+b-2)\left(\dfrac{1}{a-1}+\dfrac{1}{b-1}\right)$

$=\{(a-1)+(b-1)\}\left(\dfrac{1}{a-1}+\dfrac{1}{b-1}\right)$

$=2+\dfrac{a-1}{b-1}+\dfrac{b-1}{a-1}$

$a>1$, $b>1$에서 $a-1>0$, $b-1>0$이므로 산술평균과 기하평균의 관계에 의하여

$(\text{주어진 식})\geq 2+2\sqrt{\dfrac{a-1}{b-1}\times\dfrac{b-1}{a-1}}$

$\qquad\qquad =2+2=4$

$\left(\text{단, 등호는 } \dfrac{a-1}{b-1}=\dfrac{b-1}{a-1}, \text{ 즉 } a=b\text{일 때 성립}\right)$

따라서 구하는 최솟값은 4이다.

답 4

02-3

$x>3$에서 $x-3>0$, $x^2-3x+1>0$

즉, $\dfrac{x-3}{x^2-3x+1}>0$이므로 $\dfrac{x^2-3x+1}{x-3}$이 최소일 때, $\dfrac{x-3}{x^2-3x+1}$은 최대이다.

$\dfrac{x^2-3x+1}{x-3}=\dfrac{x(x-3)+1}{x-3}=x+\dfrac{1}{x-3}$

$\qquad\qquad =x-3+\dfrac{1}{x-3}+3 \quad \cdots\cdots \bigcirc$

산술평균과 기하평균의 관계에 의하여

$x-3+\dfrac{1}{x-3}\geq 2\sqrt{(x-3)\times\dfrac{1}{x-3}}=2$

$\left(\text{단, 등호는 } x-3=\dfrac{1}{x-3}, \text{ 즉 } x=4\text{일 때 성립}\right)$

$\bigcirc$에서 $x=4$일 때 $\dfrac{x^2-3x+1}{x-3}$은 최솟값 $2+3=5$를 가지므로 $\dfrac{x-3}{x^2-3x+1}$의 최댓값은 $\dfrac{1}{5}$이다.

답 $\dfrac{1}{5}$, $x=4$

03-1

$\dfrac{3}{a}>0$, $\dfrac{2}{b}>0$이므로 산술평균과 기하평균의 관계에 의하여

$\dfrac{3}{a}+\dfrac{2}{b}\geq 2\sqrt{\dfrac{6}{ab}}$ (단, 등호는 $\dfrac{3}{a}=\dfrac{2}{b}$일 때 성립)

이때, $\dfrac{3}{a}+\dfrac{2}{b}=12$이므로 $12\geq 2\sqrt{\dfrac{6}{ab}}$, $6\geq\sqrt{\dfrac{6}{ab}}$

양변을 제곱하면 $36\geq\dfrac{6}{ab}$ $\therefore ab\geq\dfrac{1}{6}$

$\therefore 2a+3b=ab\times\dfrac{2a+3b}{ab}=ab\left(\dfrac{3}{a}+\dfrac{2}{b}\right)=12ab$

$\qquad\qquad \geq 12\times\dfrac{1}{6}=2$

$\qquad\qquad\qquad$ (단, 등호는 $a=\dfrac{1}{2}$, $b=\dfrac{1}{3}$일 때 성립)

따라서 $2a+3b$의 최솟값은 2이다.

답 2

03-2

$a>0$, $b>0$이므로 산술평균과 기하평균의 관계에 의하여

$a+3b\geq 2\sqrt{3ab}$ (단, 등호는 $a=3b$일 때 성립)

이때, $a+3b=4$이므로 $4\geq 2\sqrt{3ab}$ ······㉠

$(\sqrt{a}+\sqrt{3b})^2=a+2\sqrt{3ab}+3b$

$\qquad\qquad\qquad =4+2\sqrt{3ab}$

$\qquad\qquad\qquad \leq 4+4=8$ ($\because$ ㉠)

$\therefore \sqrt{a}+\sqrt{3b}\leq\sqrt{8}=2\sqrt{2}$

따라서 구하는 최댓값은 $2\sqrt{2}$이다.

답 $2\sqrt{2}$

04-1

반원의 반지름의 길이가 $3\sqrt{2}$이므로 $\overline{OD}=3\sqrt{2}$

직사각형 ABCD의 가로의 길이를 $2x$, 세로의 길이를 y라 하면 직각삼각형 OCD에서 피타고라스 정리에 의하여

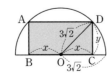

$x^2+y^2=18$ ······㉠

이때, $x^2>0$, $y^2>0$이므로 산술평균과 기하평균의 관계에 의하여

$x^2+y^2\geq 2\sqrt{x^2y^2}$ (단, 등호는 $x=y$일 때 성립)

$\qquad\qquad =2xy$ ($\because x>0$, $y>0$)

㉠에 의하여

$2xy\leq 18$ $\therefore xy\leq 9$

따라서 직사각형의 넓이 $2xy$는 $x=y=3$일 때 최댓값 18을 갖는다.

답 18

04-2

직선 AB의 기울기를 k $(k<0)$라 하면 점 P$(3, 1)$을 지나므로 직선의 방정식은

$y-1=k(x-3)$ $\therefore y=kx-3k+1$

따라서 두 점 A, B의 좌표는 각각

A$\left(3-\dfrac{1}{k}, 0\right)$, B$(0, -3k+1)$

$\therefore \triangle OAB=\dfrac{1}{2}\left(3-\dfrac{1}{k}\right)(-3k+1)$

$\qquad\qquad =\dfrac{1}{2}\left(-9k-\dfrac{1}{k}+6\right)$ ······㉠

$-9k>0$, $-\dfrac{1}{k}>0$이므로 산술평균과 기하평균의 관계에 의하여

$-9k+\left(-\dfrac{1}{k}\right)\geq 2\sqrt{-9k\times\left(-\dfrac{1}{k}\right)}$

$\qquad\qquad\qquad =2\times 3=6$

$\qquad$ (단, 등호는 $-9k=-\dfrac{1}{k}$, 즉 $k=-\dfrac{1}{3}$일 때 성립)

㉠에서

$\triangle OAB\geq\dfrac{1}{2}(6+6)=6$

따라서 삼각형 OAB의 넓이의 최솟값은 6이다.

답 6

다른풀이

두 점 A, B의 좌표를 각각 A$(a, 0)$, B$(0, b)$ $(a>0$, $b>0)$라 하면 직선 AB의 방정식은

$\dfrac{x}{a}+\dfrac{y}{b}=1$ ← x절편이 a, y절편이 b인 직선의 방정식

이 직선이 점 P$(3, 1)$을 지나므로

$$\frac{3}{a}+\frac{1}{b}=1 \qquad \cdots\cdots\text{㉠}$$

또한, $\triangle\text{OAB}=\dfrac{1}{2}ab \qquad \cdots\cdots\text{㉡}$

$a>0$, $b>0$에서 $\dfrac{3}{a}>0$, $\dfrac{1}{b}>0$이므로 산술평균과 기하평균의 관계에 의하여

$$\frac{3}{a}+\frac{1}{b}\geq 2\sqrt{\frac{3}{a}\times\frac{1}{b}}\ \left(\text{단, 등호는 }\frac{3}{a}=\frac{1}{b}\text{일 때 성립}\right)$$

㉠에 의하여 $2\sqrt{\dfrac{3}{ab}}\leq 1$이므로

$$\frac{12}{ab}\leq 1 \qquad \therefore\ ab\geq 12\ (\because\ ab>0)$$

㉡에서

$\triangle\text{OAB}=\dfrac{1}{2}ab\geq 6$ (단, 등호는 $a=6$, $b=2$일 때 성립)

따라서 삼각형 OAB의 넓이의 최솟값은 6이다.

05-1

⑴ a, b가 실수이므로 코시-슈바르츠의 부등식에 의하여

$$\left\{\left(\frac{1}{2\sqrt{2}}\right)^2+1^2\right\}\{(\sqrt{2}a)^2+b^2\}\geq\left(\frac{a}{2}+b\right)^2$$

$$\text{(단, 등호는 }4a=b\text{일 때 성립)}$$

그런데 $\dfrac{a}{2}+b=9$이므로

$$\frac{9}{8}(2a^2+b^2)\geq 81$$

$\therefore\ 2a^2+b^2\geq 72$ (단, 등호는 $a=2$, $b=8$일 때 성립)

따라서 $2a^2+b^2$의 최솟값은 72이다.

⑵ a, b, c가 실수이므로 코시-슈바르츠의 부등식에 의하여

$$(1^2+1^2+2^2)\{(\sqrt{a})^2+(\sqrt{b})^2+(\sqrt{c})^2\}$$
$$\geq(\sqrt{a}+\sqrt{b}+2\sqrt{c})^2$$

$$\left(\text{단, 등호는 }\sqrt{a}=\sqrt{b}=\frac{\sqrt{c}}{2}\text{일 때 성립}\right)$$

$\therefore\ 6(a+b+c)\geq(\sqrt{a}+\sqrt{b}+2\sqrt{c})^2$

그런데 $a+b+c=6$이므로

$(\sqrt{a}+\sqrt{b}+2\sqrt{c})^2\leq 36$

이때, $\sqrt{a}>0$, $\sqrt{b}>0$, $\sqrt{c}>0$이므로

$0<\sqrt{a}+\sqrt{b}+2\sqrt{c}\leq 6$

$\text{(단, 등호는 }a=1,\ b=1,\ c=4\text{일 때 성립)}$

따라서 $\sqrt{a}+\sqrt{b}+2\sqrt{c}$의 최댓값은 6이다.

답 ⑴ 72 ⑵ 6

05-2

a, b는 실수이므로 코시-슈바르츠의 부등식에 의하여

$(1^2+1^2)(a^2+b^2)\geq(a+b)^2$ (단, 등호는 $a=b$일 때 성립)

$\therefore\ 2(a^2+b^2)\geq(a+b)^2 \qquad \cdots\cdots\text{㉠}$

이때, $a+b+c=6$, $a^2+b^2+c^2=18$이므로

$a+b=6-c$, $a^2+b^2=18-c^2$

이것을 ㉠에 대입하면

$2(18-c^2)\geq(6-c)^2$, $3c^2-12c\leq 0$

$3c(c-4)\leq 0 \qquad \therefore\ 0\leq c\leq 4$

따라서 c의 최댓값은 4, 최솟값은 0이므로 최댓값과 최솟값의 합은

$4+0=4$

답 4

다른풀이

$a+b+c=6$, $a^2+b^2+c^2=18$이므로

$a+b=6-c$, $a^2+b^2=18-c^2$

이것을 $(a+b)^2=a^2+b^2+2ab$에 대입하면

$(6-c)^2=18-c^2+2ab$

$\therefore\ ab=c^2-6c+9$

따라서 $a+b=6-c$, $ab=c^2-6c+9$이므로 a, b는 t에 대한 이차방정식 $t^2-(a+b)t+ab=0$, 즉

$t^2-(6-c)t+(c^2-6c+9)=0$의 두 실근이다.

이 이차방정식의 판별식을 D라 하면

$D=\{-(6-c)\}^2-4(c^2-6c+9)\geq 0$

$-3c^2+12c\geq 0$, $c(c-4)\leq 0$

$\therefore\ 0\leq c\leq 4$

따라서 c의 최댓값은 4, 최솟값은 0이므로 최댓값과 최솟값의 합은

$4+0=4$

06-1

삼각형 ABC에서

$\overline{\text{BC}}=a$, $\overline{\text{CA}}=b$, $\overline{\text{AB}}=c$ $(a>0,\ b>0,\ c>0)$

라 하면 삼각형 ABC의 둘레의 길이가 9이므로

$a+b+c=9$

이때, 삼각형 ABC의 각 변을 한 변으로 하는 정사각형의 넓이는 $S_1=a^2$, $S_2=b^2$, $S_3=c^2$이므로 코시-슈바르츠의 부등식에 의하여

$$(1^2+1^2+1^2)(a^2+b^2+c^2)\geq(a+b+c)^2$$

$$\text{(단, 등호는 } a=b=c\text{일 때 성립)}$$

$$3(a^2+b^2+c^2)\geq9^2$$

$$\therefore\ a^2+b^2+c^2\geq27\ (\text{단, 등호는 } a=b=c=3\text{일 때 성립})$$

따라서 $S_1+S_2+S_3$의 최솟값은 27이다.

답 27

06-2

정삼각형 ABC의 내부의 점 P와 세
변 AB, BC, CA 사이의 거리를 각
각 a, b, c라 하자.

정삼각형 ABC의 넓이는

$$\frac{\sqrt{3}}{4}\times(4\sqrt{3})^2=12\sqrt{3}$$

이때, $S_1=\dfrac{1}{2}\times4\sqrt{3}\times a=2\sqrt{3}a$,

$S_2=\dfrac{1}{2}\times4\sqrt{3}\times b=2\sqrt{3}b$,

$S_3=\dfrac{1}{2}\times4\sqrt{3}\times c=2\sqrt{3}c$

이므로

$$\triangle ABC=S_1+S_2+S_3$$
$$=2\sqrt{3}(a+b+c)=12\sqrt{3}$$

$\therefore\ a+b+c=6$

a, b, c가 실수이므로 코시-슈바르츠의 부등식에 의하여

$$(1^2+1^2+1^2)(a^2+b^2+c^2)\geq(a+b+c)^2$$

$$\text{(단, 등호는 } a=b=c\text{일 때 성립)}$$

$3(a^2+b^2+c^2)\geq36\qquad\therefore\ a^2+b^2+c^2\geq12\quad\cdots\cdots\text{㉠}$

한편, $S_1{}^2=12a^2$, $S_2{}^2=12b^2$, $S_3{}^2=12c^2$이므로

$$S_1{}^2+S_2{}^2+S_3{}^2=12(a^2+b^2+c^2)$$
$$\geq144\ (\because\ \text{㉠})$$

따라서 $S_1{}^2+S_2{}^2+S_3{}^2$의 최솟값은 144이다.

답 144

정삼각형의 높이와 넓이

한 변의 길이가 a인 정삼각형의 높이를 h,

넓이를 S라 하면

$$h=\frac{\sqrt{3}}{2}a,\ S=\frac{\sqrt{3}}{4}a^2$$

본문 pp.93~96

개 념 마 무 리

01 ④	**02** $A\geq B$, 풀이참조	**03** ③
04 ⑤	**05** 풀이참조, $x=y$	**06** 9
07 ②	**08** $\dfrac{25}{4}$	**09** $2+2\sqrt{2}$	**10** 8
11 4	**12** 74	**13** 25	**14** 12
15 $\dfrac{17}{4}$	**16** 9	**17** ⑤	
18 $-\sqrt{6}<a<\sqrt{6}$	**19** -6	**20** 16
21 26 km/시	**22** 12	**23** 28

01

$$\left(\sqrt{a^2+b^2+c^2}\right)^2-\left(\frac{|a+b+c|}{\sqrt{3}}\right)^2$$

$$=a^2+b^2+c^2-\frac{(a+b+c)^2}{3}$$

$$=\frac{3(a^2+b^2+c^2)-(a^2+b^2+c^2+2ab+2bc+2ca)}{3}$$

$$=\frac{2(a^2+b^2+c^2-ab-bc-ca)}{3}$$

$$=\frac{(a^2-2ab+b^2)+(b^2-2bc+c^2)+(c^2-2ca+a^2)}{3}$$

$$=\frac{\boxed{(a-b)^2+(b-c)^2+(c-a)^2}}{3}$$

a, b, c는 실수이므로

$$(a-b)^2\geq0,\ (b-c)^2\geq0,\ (c-a)^2\geq0$$

$$\therefore\ \frac{\boxed{(a-b)^2+(b-c)^2+(c-a)^2}}{3}\geq0$$

그런데 $\sqrt{a^2+b^2+c^2}\ \boxed{\geq}\ 0,\ \dfrac{|a+b+c|}{\sqrt{3}}\ \boxed{\geq}\ 0$이므로

$$\sqrt{a^2+b^2+c^2}\geq\frac{|a+b+c|}{\sqrt{3}}$$가 성립한다.

이때, 등호는 $a-b=0$, $b-c=0$, $c-a=0$, 즉

$\boxed{a=b=c}$일 때 성립한다.

$\therefore$ ㈎: $(a-b)^2+(b-c)^2+(c-a)^2$

　㈏: $\geq$

　㈐: $a=b=c$

답 ④

02

$a+b>\dfrac{1}{2}$이고, $A=a+b$, $B=\sqrt{2a+2b-1}$에서

$A>0$, $B>0$

—————————————————— (가)

A^2-B^2

$=(a+b)^2-(\sqrt{2a+2b-1})^2$

$=a^2+b^2+2ab-2a-2b+1$

$=a^2+b^2+(-1)^2+2ab+2b\times(-1)+2a\times(-1)$

$=(a+b-1)^2$

—————————————————— (나)

그런데 a, b는 실수이므로

$(a+b-1)^2\geq0$, 즉 $A^2-B^2\geq0$

따라서 $A^2\geq B^2$이므로

$A\geq B$ ($\because A>0$, $B>0$)

단, 등호는 $a+b=1$일 때 성립한다.

—————————————————— (다)

답 $A\geq B$, 풀이참조

단계	채점 기준	배점
(가)	$A>0$, $B>0$임을 보인 경우	30%
(나)	$A^2-B^2=(a+b-1)^2$임을 보인 경우	40%
(다)	$A\geq B$임을 보인 경우	30%

03

① x는 실수이므로

$x^2+x+1=\left(x+\dfrac{1}{2}\right)^2+\dfrac{3}{4}>0$

② x, y는 실수이므로

$x^2+y^2-2xy=(x-y)^2\geq0$

$\therefore x^2+y^2\geq2xy$

③ (반례) $x=-1$, $y=-1$이면 x, y는 실수이지만

$\dfrac{x+y}{2}<\sqrt{xy}$

④ x, y, z는 실수이므로

$x^2+4y^2+9z^2-(4xy-12yz+6zx)$

$=x^2+4y^2+9z^2-2\times x\times2y+2\times2y\times3z-2\times3z\times x$

$=(x-2y-3z)^2\geq0$

$\therefore x^2+4y^2+9z^2\geq4xy-12yz+6zx$

⑤ x, y, z는 실수이므로

$x^2+2y^2+4z^2-(\sqrt2xy+2\sqrt2yz+2zx)$

$=x^2+2y^2+4z^2-x\times\sqrt2y-\sqrt2y\times2z-2z\times x$

$=\dfrac{1}{2}\{2x^2+4y^2+8z^2-2\times x\times\sqrt2y-2\times\sqrt2y\times2z$

$\qquad\qquad\qquad\qquad\qquad-2\times2z\times x\}$

$=\dfrac{1}{2}\{(x^2-2\sqrt2xy+2y^2)+(2y^2-4\sqrt2yz+4z^2)$

$\qquad\qquad\qquad\qquad\qquad+(4z^2-4zx+x^2)\}$

$=\dfrac{1}{2}\{(x-\sqrt2y)^2+(\sqrt2y-2z)^2+(2z-x)^2\}\geq0$

$\therefore x^2+2y^2+4z^2\geq\sqrt2xy+2\sqrt2yz+2zx$

따라서 항상 성립하는 것이 아닌 것은 ③이다.

답 ③

보충설명 ——————————————————

③에서 $x\geq0$, $y\geq0$일 때, $\dfrac{x+y}{2}\geq\sqrt{xy}$가 성립하고, 등호는 $x=y$

일 때 성립한다.

—————————————————————

04

ㄱ. $a\geq b\geq0$이므로 $\sqrt{a-b}\geq0$, $\sqrt a-\sqrt b\geq0$

$\therefore (\sqrt{a-b})^2-(\sqrt a-\sqrt b)^2$

$=(a-b)-(a-2\sqrt a\sqrt b+b)$

$=2\sqrt a\sqrt b-2b$

$=2\sqrt b(\sqrt a-\sqrt b)\geq0$

즉, $\sqrt{a-b}\geq\sqrt a-\sqrt b$

(단, 등호는 $a=b$ 또는 $b=0$일 때 성립) (참)

ㄴ. $|a|=|a+b+(-b)|$

$\leq|a+b|+|-b|=|a+b|+|b|$

$\therefore |a+b|\geq|a|-|b|$

(단, 등호는 $ab\leq0$이고 $|a|\geq|b|$일 때 성립) (참)

ㄷ. (i) $|a|\geq|b|$일 때,

$|a-b|\geq0$, $|a|-|b|\geq0$이므로

$|a-b|^2-(|a|-|b|)^2$

$=(a-b)^2-(|a|^2-2|a||b|+|b|^2)$

$=a^2-2ab+b^2-(a^2-2|ab|+b^2)$

$=2(|ab|-ab)\geq0$ ($\because |ab|\geq ab$)

즉, $|a-b|^2\geq(|a|-|b|)^2$이므로

$|a-b|\geq|a|-|b|$

(ii) $|a|<|b|$일 때,

$|a-b|>0$, $|a|-|b|<0$이므로

$|a-b|>|a|-|b|$

(ⅰ), (ⅱ)에서

$|a-b| \geq |a| - |b|$

(단, 등호는 $|ab| = ab$일 때 성립) (참)

따라서 옳은 것은 ㄱ, ㄴ, ㄷ이다.

답 ⑤

05

$ax^2 + by^2 - (ax+by)^2$

$= ax^2 + by^2 - (a^2x^2 + 2abxy + b^2y^2)$

$= a(1-a)x^2 + b(1-b)y^2 - 2abxy$

이때, $a+b=1$이므로

$ax^2 + by^2 - (ax+by)^2 = abx^2 + bay^2 - 2abxy$

$= ab(x^2 + y^2 - 2xy)$

$= ab(x-y)^2$

$a>0$, $b>0$, $(x-y)^2 \geq 0$이므로

$ab(x-y)^2 \geq 0$

$\therefore ax^2 + by^2 - (ax+by)^2 \geq 0$

즉, $ax^2 + by^2 \geq (ax+by)^2$이 성립한다.

단, 등호는 $x=y$일 때 성립한다.

답 풀이참조, $x=y$

06

$\dfrac{a+b+c}{a} + \dfrac{a+b+c}{b} + \dfrac{a+b+c}{c}$

$= \left(1 + \dfrac{b}{a} + \dfrac{c}{a}\right) + \left(\dfrac{a}{b} + 1 + \dfrac{c}{b}\right) + \left(\dfrac{a}{c} + \dfrac{b}{c} + 1\right)$

$= 3 + \dfrac{b}{a} + \dfrac{a}{b} + \dfrac{c}{a} + \dfrac{a}{c} + \dfrac{c}{b} + \dfrac{b}{c}$ ......㉠

———————————————————————————— (가)

$a>0$, $b>0$, $c>0$이므로 산술평균과 기하평균의 관계에 의하여

$\dfrac{b}{a} + \dfrac{a}{b} \geq 2\sqrt{\dfrac{b}{a} \times \dfrac{a}{b}}$ (단, 등호는 $a=b$일 때 성립)

$= 2$

$\dfrac{c}{a} + \dfrac{a}{c} \geq 2\sqrt{\dfrac{c}{a} \times \dfrac{a}{c}}$ (단, 등호는 $c=a$일 때 성립)

$= 2$

$\dfrac{c}{b} + \dfrac{b}{c} \geq 2\sqrt{\dfrac{c}{b} \times \dfrac{b}{c}}$ (단, 등호는 $b=c$일 때 성립)

$= 2$

———————————————————————————— (나)

$\therefore \dfrac{b}{a} + \dfrac{a}{b} + \dfrac{c}{a} + \dfrac{a}{c} + \dfrac{c}{b} + \dfrac{b}{c} \geq 2+2+2 = 6$

(단, 등호는 $a=b=c$일 때 성립)

따라서 ㉠에서 구하는 최솟값은

$3+6 = 9$

———————————————————————————— (다)

답 9

단계	채점 기준	배점
(가)	주어진 식을 $3 + \dfrac{b}{a} + \dfrac{a}{b} + \dfrac{c}{a} + \dfrac{a}{c} + \dfrac{c}{b} + \dfrac{b}{c}$로 정리한 경우	40%
(나)	산술평균과 기하평균의 관계를 이용하여 $\dfrac{b}{a} + \dfrac{a}{b}, \dfrac{c}{a} + \dfrac{a}{c}, \dfrac{c}{b} + \dfrac{b}{c}$의 최솟값을 구한 경우	40%
(다)	주어진 식의 최솟값을 구한 경우	20%

07

$x > -2$, $y > -4$이므로

$x+2 > 0$, $y+4 > 0$

$A = x+2$, $B = y+4$로 놓으면

$(x+y+6)\left(\dfrac{2}{x+2} + \dfrac{4}{y+4}\right) = (A+B)\left(\dfrac{2}{A} + \dfrac{4}{B}\right)$

$= 2 + \dfrac{4A}{B} + \dfrac{2B}{A} + 4$

$= 6 + \dfrac{4A}{B} + \dfrac{2B}{A}$ ......㉠

$A>0$, $B>0$이므로 산술평균과 기하평균의 관계에 의하여

$\dfrac{4A}{B} + \dfrac{2B}{A} \geq 2\sqrt{\dfrac{4A}{B} \times \dfrac{2B}{A}} = 4\sqrt{2}$

$\left(\text{단, 등호는 } \dfrac{4A}{B} = \dfrac{2B}{A}, \text{ 즉 } \sqrt{2}A = B \text{일 때 성립}\right)$

따라서 ㉠에서 구하는 최솟값은 $6 + 4\sqrt{2}$이다.

답 ②

08

$a+b=1$이므로

$\dfrac{4}{a} + \dfrac{1}{4b} = (a+b)\left(\dfrac{4}{a} + \dfrac{1}{4b}\right) = 4 + \dfrac{a}{4b} + \dfrac{4b}{a} + \dfrac{1}{4}$

$= \dfrac{17}{4} + \dfrac{a}{4b} + \dfrac{4b}{a}$ ......㉠

$\dfrac{a}{4b} > 0$, $\dfrac{4b}{a} > 0$이므로 산술평균과 기하평균의 관계에 의하여

$$\frac{a}{4b}+\frac{4b}{a}\geq 2\sqrt{\frac{a}{4b}\times\frac{4b}{a}}=2$$

$$\left(\text{단, 등호는 } \frac{a}{4b}=\frac{4b}{a}, \text{ 즉 } a=4b\text{일 때 성립}\right)$$

따라서 ㉠에서 구하는 최솟값은

$$\frac{17}{4}+2=\frac{25}{4}$$

답 $\dfrac{25}{4}$

오답피하기

다음과 같이 잘못 풀지 않도록 주의한다.

$a>0$, $b>0$에서 $\dfrac{4}{a}>0$, $\dfrac{1}{4b}>0$이므로 산술평균과 기하평균의

관계에 의하여

$$\frac{4}{a}+\frac{1}{4b}\geq 2\sqrt{\frac{4}{a}\times\frac{1}{4b}}=\frac{2}{\sqrt{ab}} \qquad \cdots\cdots ㉠$$

즉, $\dfrac{4}{a}+\dfrac{1}{4b}$의 값은 $\sqrt{ab}$가 최대일 때 최소가 된다.

한편, $a+b=1$에서 산술평균과 기하평균의 관계에 의하여

$a+b\geq 2\sqrt{ab}$이므로 $\sqrt{ab}\leq\dfrac{1}{2}$ $\qquad \cdots\cdots ㉡$

따라서 $\sqrt{ab}$의 최댓값이 $\dfrac{1}{2}$이므로 ㉠에 의하여 구하는 최솟값은

$\dfrac{2}{\frac{1}{2}}=4$인데 이것은 오답이다.

이와 같이 오답이 나오는 이유는 ㉠, ㉡에서 등호가 성립할 조건이 다르기 때문이다. 등호가 성립할 조건은 각각

㉠ : $\dfrac{4}{a}=\dfrac{1}{4b}$, 즉 $a=\dfrac{16}{17}$, $b=\dfrac{1}{17}$일 때

㉡ : $a=b=\dfrac{1}{2}$일 때

이므로 조건이 서로 다르다.

이와 같이 산술평균과 기하평균의 관계를 활용하여 최댓값 또는 최솟값 문제를 풀 때에는 등호가 성립할 조건이 일치하는 경우에만 함께 쓸 수 있음에 주의한다.

09

$x>1$, $y>1$, $x+y=3$이므로

$x-1=A$, $y-1=B$로 놓으면

$A>0$, $B>0$, $A+B=1$

$$\therefore \frac{1}{x-1}+\frac{x}{y-1}=\frac{1}{A}+\frac{A+1}{B}=\frac{1}{A}+\frac{2-B}{B}$$

$$=\frac{1}{A}+\frac{2}{B}-1$$

$A+B=1$이므로

$$\frac{1}{A}+\frac{2}{B}-1=(A+B)\left(\frac{1}{A}+\frac{2}{B}\right)-1$$

$$=\left(1+\frac{2A}{B}+\frac{B}{A}+2\right)-1$$

$$=\frac{2A}{B}+\frac{B}{A}+2 \qquad \cdots\cdots ㉠$$

$\dfrac{2A}{B}>0$, $\dfrac{B}{A}>0$이므로 산술평균과 기하평균의 관계에 의하여

$$\frac{2A}{B}+\frac{B}{A}\geq 2\sqrt{\frac{2A}{B}\times\frac{B}{A}}=2\sqrt{2}$$

$$\left(\text{단, 등호는 } \frac{2A}{B}=\frac{B}{A}, \text{ 즉 } \sqrt{2}A=B\text{일 때 성립}\right)$$

㉠에서 구하는 최솟값은 $2+2\sqrt{2}$이다.

답 $2+2\sqrt{2}$

10

$x=a+\dfrac{1}{b}$, $y=b+\dfrac{1}{a}$이므로

$$x^2+y^2=\left(a+\frac{1}{b}\right)^2+\left(b+\frac{1}{a}\right)^2$$

$$=\left(a^2+\frac{2a}{b}+\frac{1}{b^2}\right)+\left(b^2+\frac{2b}{a}+\frac{1}{a^2}\right)$$

$$=\left(a^2+\frac{1}{a^2}\right)+\left(\frac{2a}{b}+\frac{2b}{a}\right)+\left(b^2+\frac{1}{b^2}\right)$$

$a>0$, $b>0$이므로 산술평균과 기하평균의 관계에 의하여

$a^2+\dfrac{1}{a^2}\geq 2\sqrt{a^2\times\dfrac{1}{a^2}}$ (단, 등호는 $a=1$일 때 성립)

$\qquad =2$

$\dfrac{2a}{b}+\dfrac{2b}{a}\geq 2\sqrt{\dfrac{2a}{b}\times\dfrac{2b}{a}}$ (단, 등호는 $a=b$일 때 성립)

$\qquad =4$

$b^2+\dfrac{1}{b^2}\geq 2\sqrt{b^2\times\dfrac{1}{b^2}}$ (단, 등호는 $b=1$일 때 성립)

$\qquad =2$

$\therefore x^2+y^2\geq 2+4+2$ (단, 등호는 $a=b=1$일 때 성립)

$\qquad =8$

따라서 x^2+y^2의 최솟값은 8이다.

답 8

다른풀이

$x^2>0$, $y^2>0$이므로 산술평균과 기하평균의 관계에 의하여

$x^2+y^2 \geq 2\sqrt{x^2 \times y^2}$ (단, 등호는 $x=y$일 때 성립)

$$=2xy \ (\because \ x>0, \ y>0)$$
$$=2\left(a+\frac{1}{b}\right)\left(b+\frac{1}{a}\right)$$
$$=2\left(ab+\frac{1}{ab}+2\right)$$
$$=4+2\left(ab+\frac{1}{ab}\right) \quad \cdots\cdots \ \bigcirc$$

이때, $a>0$, $b>0$에서 $ab>0$, $\frac{1}{ab}>0$이므로 산술평균과 기하평균의 관계에 의하여

$ab+\frac{1}{ab} \geq 2\sqrt{ab \times \frac{1}{ab}}$ (단, 등호는 $ab=1$일 때 성립)
$$=2$$

한편, $x=y$이면 $a+\frac{1}{b}=b+\frac{1}{a}$이므로

$$\frac{ab+1}{b}=\frac{ab+1}{a} \qquad \therefore \ a=b$$

따라서 $\bigcirc$에서 $a=b=1$일 때 x^2+y^2의 최솟값은

$4+2\times 2=8$

11

오른쪽 그림과 같이 직사각형의 나머지 꼭짓점을 각각 D, E, F 라 하면

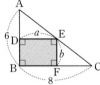

$\triangle ABC = \triangle ABE + \triangle BCE$

즉, $\frac{1}{2}\times 6 \times 8 = \frac{1}{2}\times 6 \times a + \frac{1}{2}\times 8 \times b$이므로

$3a+4b=24$

$$\therefore \ \frac{8}{a}+\frac{6}{b}=\frac{6a+8b}{ab}=\frac{48}{ab} \quad \cdots\cdots \ \bigcirc$$

즉, $\frac{8}{a}+\frac{6}{b}$의 값이 최소이려면 ab의 값이 최대이어야 한다.

이때, 산술평균과 기하평균의 관계에 의하여

$3a+4b \geq 2\sqrt{3a \times 4b}$ (단, 등호는 $3a=4b$일 때 성립)

$4\sqrt{3ab} \leq 24$, $\sqrt{3ab} \leq 6$

$3ab \leq 36 \qquad \therefore \ ab \leq 12$

(단, 등호는 $a=4$, $b=3$일 때 성립)

따라서 $\bigcirc$에서 $\frac{8}{a}+\frac{6}{b}$의 최솟값은

$$\frac{48}{12}=4$$

답 **4**

다른풀이

선분 BC를 포함하는 직선을 x축, 선분 AB를 포함하는 직선을 y축, 점 B를 원점으로 하는 좌표평면에서 선분 AC를 포함하는 직선의 방정식을 구하면 $\frac{x}{8}+\frac{y}{6}=1$이다.

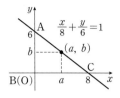

이때, 점 $(a, \ b)$는 위의 직선의 방정식 위의 점이므로

$\frac{a}{8}+\frac{b}{6}=1$ (단, $a>0$, $b>0$)

$$\therefore \ \frac{8}{a}+\frac{6}{b}=\left(\frac{a}{8}+\frac{b}{6}\right)\left(\frac{8}{a}+\frac{6}{b}\right)$$
$$=2+\frac{4b}{3a}+\frac{3a}{4b} \quad \cdots\cdots \ \bigcirc$$

$\frac{4b}{3a}>0$, $\frac{3a}{4b}>0$이므로 산술평균과 기하평균의 관계에 의하여

$$\frac{4b}{3a}+\frac{3a}{4b} \geq 2\sqrt{\frac{4b}{3a}\times\frac{3a}{4b}}=2$$

(단, 등호는 $3a=4b$일 때 성립)

따라서 $\bigcirc$에서 구하는 최솟값은

$2+2=4$

보충설명 —————

위의 풀이에서 a, b 사이의 관계식 $3a+4b=24$는 다음과 같이 삼각형의 닮음을 이용하여 구할 수 있다.

위의 풀이의 그림에서

$\triangle ABC \circ \triangle ADE$ (AA 닮음)

즉, $\overline{AB}:\overline{AD}=\overline{BC}:\overline{DE}$이므로

$6:(6-b)=8:a$, $6a=48-8b$

$\therefore \ 3a+4b=24$

12

직각삼각형 ABC에서

$\overline{BC}=\sqrt{8^2+6^2}=10$

오른쪽 그림과 같이 $\overline{DG}=x$, $\overline{DE}=y$라 하고 점 A에서 변 BC 에 내린 수선이 선분 DG와 만나는 점을 H, 선분 BC와 만나는 점을 I라 하면

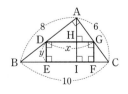

$\triangle ABC = \dfrac{1}{2} \times \overline{AB} \times \overline{AC} = \dfrac{1}{2} \times \overline{BC} \times \overline{AI}$ 이므로

$8 \times 6 = 10 \times \overline{AI}$ 에서 $\overline{AI} = \dfrac{24}{5}$

즉, $0 < x < 10$, $0 < y < \dfrac{24}{5}$ 이고 $\triangle ADG \backsim \triangle ABC$ 이므로

$\overline{DG} : \overline{BC} = \overline{AH} : \overline{AI}$ 에서

$x : 10 = \left(\dfrac{24}{5} - y \right) : \dfrac{24}{5}$

$\dfrac{24}{5} x = 48 - 10y$

$\therefore 12x + 25y = 120$

$x > 0$, $y > 0$ 이므로 산술평균과 기하평균의 관계에 의하여

$120 = 12x + 25y$

$\qquad \geq 2\sqrt{12x \times 25y}$

$\qquad \left(\text{단, 등호는 } 12x = 25y, \text{ 즉 } x = 5, y = \dfrac{12}{5} \text{일 때 성립} \right)$

즉, $20\sqrt{3xy} \leq 120$ 에서 $\sqrt{3xy} \leq 6$

$3xy \leq 36 \qquad \therefore xy \leq 12$

따라서 $x = 5$, $y = \dfrac{12}{5}$ 일 때 직사각형 DEFG의 넓이 xy는

12로 최대이고 이때의 둘레의 길이 l은

$l = 2(x+y) = 2\left(5 + \dfrac{12}{5} \right) = \dfrac{74}{5}$

$\therefore 5l = 5 \times \dfrac{74}{5} = 74$

답 74

13

a, b는 실수이므로 코시-슈바르츠의 부등식에 의하여

$\{3^2 + (-4)^2\}(a^2 + b^2) \geq (3a - 4b)^2$

$\qquad \left(\text{단, 등호는 } \dfrac{a}{3} = -\dfrac{b}{4} \text{일 때 성립} \right)$

$25(a^2 + b^2) \geq (3a - 4b)^2$

$\therefore \dfrac{(3a-4b)^2}{a^2 + b^2} \leq 25 \ (\because a^2 + b^2 > 0)$

따라서 구하는 식의 최댓값은 25이다.

답 25

14

x, y, z가 실수이므로 코시-슈바르츠의 부등식에 의하여

$\{1^2 + (\sqrt{2})^2 + (\sqrt{3})^2\}\{x^2 + (\sqrt{2}y)^2 + (\sqrt{3}z)^2\}$

$\geq (1 \times x + \sqrt{2} \times \sqrt{2}y + \sqrt{3} \times \sqrt{3}z)^2$

$\qquad\qquad\qquad (\text{단, 등호는 } x = y = z \text{일 때 성립})$

$\therefore 6(x^2 + 2y^2 + 3z^2) \geq (x + 2y + 3z)^2$

이때, $x^2 + 2y^2 + 3z^2 = 24$ 이므로

$6 \times 24 \geq (x + 2y + 3z)^2, \ (x + 2y + 3z)^2 \leq 12^2$

$\therefore -12 \leq x + 2y + 3z \leq 12$

따라서 $x + 2y + 3z$의 최댓값은 12이다.

답 12

15

a, b는 실수이고 $\dfrac{25}{4a^2} = \left(\dfrac{5}{2a} \right)^2$, $\dfrac{36}{b^2} = \left(\dfrac{6}{b} \right)^2$ 이므로

코시-슈바르츠의 부등식에 의하여

$(a^2 + b^2)\left\{ \left(\dfrac{5}{2a} \right)^2 + \left(\dfrac{6}{b} \right)^2 \right\} \geq \left(a \times \dfrac{5}{2a} + b \times \dfrac{6}{b} \right)^2$

$\qquad\qquad\qquad \left(\text{단, 등호는 } \dfrac{5}{2a^2} = \dfrac{6}{b^2} \text{일 때 성립} \right)$

이때, $a^2 + b^2 = 4$ 이므로

$4\left(\dfrac{25}{4a^2} + \dfrac{36}{b^2} \right) \geq \left(\dfrac{5}{2} + 6 \right)^2 = \left(\dfrac{17}{2} \right)^2$

$\dfrac{25}{4a^2} + \dfrac{36}{b^2} \geq \left(\dfrac{17}{4} \right)^2$

$\therefore \sqrt{ \dfrac{25}{4a^2} + \dfrac{36}{b^2} } \geq \dfrac{17}{4}$

따라서 구하는 최솟값은 $\dfrac{17}{4}$ 이다.

답 $\dfrac{17}{4}$

16

x, y, z는 실수이므로 코시-슈바르츠의 부등식에 의하여

$\{(\sqrt{x})^2 + (\sqrt{y})^2 + (\sqrt{z})^2\}\left\{ \left(\dfrac{1}{\sqrt{x}} \right)^2 + \left(\dfrac{3}{\sqrt{y}} \right)^2 + \left(\dfrac{5}{\sqrt{z}} \right)^2 \right\}$

$\geq \left(\sqrt{x} \times \dfrac{1}{\sqrt{x}} + \sqrt{y} \times \dfrac{3}{\sqrt{y}} + \sqrt{z} \times \dfrac{5}{\sqrt{z}} \right)^2$

$\qquad\qquad\qquad \left(\text{단, 등호는 } \dfrac{1}{x} = \dfrac{3}{y} = \dfrac{5}{z} \text{일 때 성립} \right)$

$(x + y + z)\left(\dfrac{1}{x} + \dfrac{9}{y} + \dfrac{25}{z} \right) \geq (1 + 3 + 5)^2$

이때, $x+y+z=9$이므로

$$9\left(\frac{1}{x}+\frac{9}{y}+\frac{25}{z}\right)\geq 81$$

$$\therefore \frac{1}{x}+\frac{9}{y}+\frac{25}{z}\geq 9$$

따라서 구하는 최솟값은 9이다.

답 9

17

오른쪽 그림과 같이 $\overline{BD}$를 그으면
직각삼각형 ABD에서
$\overline{BD}=\sqrt{4^2+2^2}=\sqrt{20}=2\sqrt{5}$
$\overline{BC}=x$, $\overline{CD}=y$라 하면
$x+y>2\sqrt{5}$ ……㉠

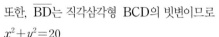

또한, $\overline{BD}$는 직각삼각형 BCD의 빗변이므로
$x^2+y^2=20$
x, y는 실수이므로 코시-슈바르츠의 부등식에 의하여
$(1^2+1^2)(x^2+y^2)\geq (x+y)^2$ (단, 등호는 $x=y$일 때 성립)
$(x+y)^2\leq 40$ $\therefore -2\sqrt{10}\leq x+y\leq 2\sqrt{10}$
㉠에서 $2\sqrt{5}<x+y\leq 2\sqrt{10}$
따라서 사각형 ABCD의 둘레의 길이의 범위는
$6+2\sqrt{5}<2+4+x+y\leq 6+2\sqrt{10}$
이므로 구하는 최댓값은 $6+2\sqrt{10}$이다.

답 ⑤

18

$x^2+y^2-xy+ay+2>0$에서

$$\left(x^2-xy+\frac{y^2}{4}\right)+\frac{3}{4}y^2+ay+2>0$$

$$\therefore \left(x-\frac{y}{2}\right)^2+\frac{3}{4}y^2+ay+2>0$$

위의 부등식이 모든 실수 x, y에 대하여 성립하고,
$\left(x-\frac{y}{2}\right)^2\geq 0$이므로 $\frac{3}{4}y^2+ay+2>0$이어야 한다.

이차방정식 $\frac{3}{4}y^2+ay+2=0$의 판별식을 D라 하면

$$D=a^2-4\times\frac{3}{4}\times 2=a^2-6<0$$

$$\therefore -\sqrt{6}<a<\sqrt{6}$$

답 $-\sqrt{6}<a<\sqrt{6}$

다른풀이

주어진 부등식을 x에 대하여 내림차순으로 정리하면
$x^2-yx+y^2+ay+2>0$ ……㉠
㉠이 모든 실수 x에 대하여 성립하므로 x에 대한 이차방정식
$x^2-yx+y^2+ay+2=0$의 판별식을 D_1이라 하면
$D_1=(-y)^2-4\times 1\times (y^2+ay+2)<0$
$3y^2+4ay+8>0$ ……㉡
㉡이 모든 실수 y에 대하여 성립하므로 y에 대한 이차방정식
$3y^2+4ay+8=0$의 판별식을 D_2라 하면

$$\frac{D_2}{4}=(2a)^2-3\times 8<0$$

$4a^2-24<0$, $a^2-6<0$

$$\therefore -\sqrt{6}<a<\sqrt{6}$$

19

$x^3-7x^2+9x+3=(x-2)(x^2-5x-1)+1$이므로

$$\begin{aligned}\frac{x^3-7x^2+9x+3}{x-2}&=x^2-5x-1+\frac{1}{x-2}\\&=x-2+\frac{1}{x-2}+(x^2-6x+1)\\&=x-2+\frac{1}{x-2}+\{(x-3)^2-8\}\end{aligned}$$

……㉠

$x>2$에서 $x-2>0$이므로 산술평균과 기하평균의 관계에
의하여

$$x-2+\frac{1}{x-2}\geq 2\sqrt{(x-2)\times\frac{1}{x-2}}=2$$

이때, 등호는 $x-2=\frac{1}{x-2}$, 즉 $x=3$일 때 성립한다.
또한, $f(x)=(x-3)^2-8$이라 하면 $x>2$에서 $f(x)$는
$x=3$에서 최솟값 -8을 갖는다.
따라서 $x=3$에서 $x-2+\frac{1}{x-2}$, $(x-3)^2-8$이 모두 최솟
값을 가지므로 ㉠에서

$$\frac{x^3-7x^2+9x+3}{x-2}\geq 2+(-8)=-6$$

따라서 구하는 최솟값은 -6이다.

답 -6

20

$(x-y)^2=A$라 하면

$$\frac{(x+y)^4}{(x-y)^2}=\frac{\{(x+y)^2\}^2}{A}=\frac{\{(x-y)^2+4xy\}^2}{A}$$

$$=\frac{(A+4)^2}{A}\quad(\because\ xy=1)$$

$$=\frac{A^2+8A+16}{A}=A+8+\frac{16}{A}\quad\cdots\cdots\ \bigcirc$$

이때, $x\neq y$이므로 $A>0$, $\dfrac{16}{A}>0$

산술평균과 기하평균의 관계에 의하여

$$A+\frac{16}{A}\geq2\sqrt{A\times\frac{16}{A}}$$

$$\left(\text{단, 등호는 }A=\frac{16}{A},\text{ 즉 }A=4\text{일 때 성립}\right)$$

$$=8$$

따라서 $\bigcirc$에서 구하는 최솟값은 $8+8=16$이다.

답 16

21

정지한 물에서 배의 속력을 $x\,\mathrm{km}$/시, 두 지점 A, B 사이의 거리를 $a\,\mathrm{km}$ (a는 상수)라 하자.

강물이 지점 B에서 지점 A로 $13\,\mathrm{km}$/시의 속력으로 흐르므로 지점 A에서 지점 B로 거슬러 올라가는 배의 속력은 $(x-13)\,\mathrm{km}$/시이다.

또한, 배가 지점 A에서 지점 B까지 운행한 시간은 $\dfrac{a}{x-13}$ 시간이다.

한편, 배의 한 시간당 연료비는 정지한 물에서 배의 속력의 제곱에 정비례하므로 배의 한 시간당 연료비를 kx^2 $(k>0)$이라 할 수 있다.

이때, 배가 지점 A에서 지점 B까지 운행하는 데 필요한 총 연료비를 K라 하면

$$K=kx^2\times\frac{a}{x-13}=ak\times\frac{x^2}{x-13}$$

$$=ak\times\frac{x^2-169+169}{x-13}$$

$$=ak\times\frac{(x+13)(x-13)+169}{x-13}$$

$$=ak\left(x+13+\frac{169}{x-13}\right)$$

$$=ak\left(x-13+\frac{169}{x-13}+26\right)\quad\cdots\cdots\ \bigcirc$$

그런데 배가 강물보다 빠르게 운행해야 거슬러 올라갈 수 있으므로 $x-13>0$

즉, 산술평균과 기하평균의 관계에 의하여

$$x-13+\frac{169}{x-13}\geq2\sqrt{(x-13)\times\frac{169}{x-13}}$$

$$=26\quad\cdots\cdots\ \bigcirc$$

즉, $\bigcirc$에서 $K\geq ak\times(26+26)=52ak$이므로 총 연료비의 최솟값은 $52ak$이다.

또한, $\bigcirc$에서 등호가 성립하는 경우는

$x-13=\dfrac{169}{x-13}$, 즉 $x=26$일 때이므로 K가 최소가 되려면 정지한 물에서 배의 속력은 $26\,\mathrm{km}$/시가 되어야 한다.

답 $26\,\mathrm{km}$/시

22

오른쪽 그림과 같이 $\overline{PD}=a$, $\overline{PE}=b$, $\overline{PF}=c$라 하자. 이때,
$\triangle ABC$
$=\triangle PAB+\triangle PBC+\triangle PCA$
이므로

$$\frac{1}{2}\times3\times4=\frac{3}{2}a+2b+\frac{5}{2}c$$

$$\therefore\ 3a+4b+5c=12$$

a, b, c는 실수이므로 코시-슈바르츠의 부등식에 의하여

$$\{(\sqrt{3a})^2+(\sqrt{4b})^2+(\sqrt{5c})^2\}$$

$$\times\left\{\left(\sqrt{\frac{3}{a}}\right)^2+\left(\sqrt{\frac{4}{b}}\right)^2+\left(\sqrt{\frac{5}{c}}\right)^2\right\}$$

$$\geq\left(\sqrt{3a}\times\sqrt{\frac{3}{a}}+\sqrt{4b}\times\sqrt{\frac{4}{b}}+\sqrt{5c}\times\sqrt{\frac{5}{c}}\right)^2$$

$$(\text{단, 등호는 }a=b=c\text{일 때 성립})$$

$$(3a+4b+5c)\left(\frac{3}{a}+\frac{4}{b}+\frac{5}{c}\right)\geq(3+4+5)^2$$

이때, $3a+4b+5c=12$이므로

$$12\left(\frac{3}{a}+\frac{4}{b}+\frac{5}{c}\right)\geq12^2\quad\therefore\ \frac{3}{a}+\frac{4}{b}+\frac{5}{c}\geq12$$

따라서 구하는 최솟값은 12이다.

답 12

다른풀이

오른쪽 그림과 같이 $\overline{PD}=a$, $\overline{PE}=b$,
$\overline{PF}=c$라 하자. 이때,

$\triangle ABC$
$=\triangle PAB+\triangle PBC+\triangle PCA$
이므로

$\dfrac{1}{2}\times 3\times 4=\dfrac{3}{2}a+2b+\dfrac{5}{2}c$

$\therefore\ 3a+4b+5c=12$

$(3a+4b+5c)\left(\dfrac{3}{a}+\dfrac{4}{b}+\dfrac{5}{c}\right)$

$=9+\dfrac{12a}{b}+\dfrac{15a}{c}+\dfrac{12b}{a}+16+\dfrac{20b}{c}+\dfrac{15c}{a}+\dfrac{20c}{b}+25$

$=50+12\left(\dfrac{a}{b}+\dfrac{b}{a}\right)+15\left(\dfrac{a}{c}+\dfrac{c}{a}\right)+20\left(\dfrac{b}{c}+\dfrac{c}{b}\right)$

$\qquad\qquad\qquad\qquad\qquad\qquad\qquad\cdots\cdots\ \boxdot$

$a>0$, $b>0$, $c>0$이므로 산술평균과 기하평균의 관계에 의하여

$\dfrac{a}{b}+\dfrac{b}{a}\geq 2\sqrt{\dfrac{a}{b}\times\dfrac{b}{a}}=2$ (단, 등호는 $a=b$일 때 성립)

$\dfrac{a}{c}+\dfrac{c}{a}\geq 2\sqrt{\dfrac{a}{c}\times\dfrac{c}{a}}=2$ (단, 등호는 $a=c$일 때 성립)

$\dfrac{b}{c}+\dfrac{c}{b}\geq 2\sqrt{\dfrac{b}{c}\times\dfrac{c}{b}}=2$ (단, 등호는 $b=c$일 때 성립)

즉, $\boxdot$에서

$(3a+4b+5c)\left(\dfrac{3}{a}+\dfrac{4}{b}+\dfrac{5}{c}\right)\geq 50+24+30+40$

$\qquad\qquad\qquad\qquad\qquad\qquad =144$

$\qquad\qquad$ (단, 등호는 $a=b=c$일 때 성립)

$12\left(\dfrac{3}{a}+\dfrac{4}{b}+\dfrac{5}{c}\right)\geq 144$

$\therefore\ \dfrac{3}{a}+\dfrac{4}{b}+\dfrac{5}{c}\geq 12$

따라서 구하는 최솟값은 12이다.

23

다음 그림과 같이 $\overline{PM}=x$, $\overline{PN}=y$라 하자.

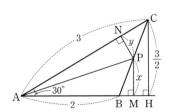

점 C에서 직선 AB에 내린 수선의 발을 H라 하면

$\overline{CH}=\overline{AC}\times\sin A=3\times\dfrac{1}{2}=\dfrac{3}{2}$

$\triangle ABC=\triangle ABP+\triangle APC$에서

$\dfrac{1}{2}\times\overline{AB}\times\overline{CH}=\dfrac{1}{2}\times\overline{AB}\times\overline{PM}+\dfrac{1}{2}\times\overline{AC}\times\overline{PN}$

$\dfrac{1}{2}\times 2\times\dfrac{3}{2}=\dfrac{1}{2}\times 2\times x+\dfrac{1}{2}\times 3\times y$

$\therefore\ 2x+3y=3$ $\qquad\cdots\cdots\ \bigcirc$

$\dfrac{\overline{AB}}{\overline{PM}}+\dfrac{\overline{AC}}{\overline{PN}}=\dfrac{2}{x}+\dfrac{3}{y}$이므로 산술평균과 기하평균의 관계
에 의하여

$\left(\dfrac{2}{x}+\dfrac{3}{y}\right)\times 3=\left(\dfrac{2}{x}+\dfrac{3}{y}\right)(2x+3y)\ (\because\ \bigcirc)$

$\qquad\qquad =4+\dfrac{6y}{x}+\dfrac{6x}{y}+9=\dfrac{6y}{x}+\dfrac{6x}{y}+13$

$\qquad\qquad \geq 2\sqrt{\dfrac{6y}{x}\times\dfrac{6x}{y}}+13$

$\qquad\qquad =2\times 6+13$

$\qquad\qquad\qquad$ (단, 등호는 $\dfrac{6y}{x}=\dfrac{6x}{y}$일 때 성립)

$\qquad\qquad =25$

$\therefore\ \dfrac{2}{x}+\dfrac{3}{y}\geq\dfrac{25}{3}$

따라서 $\dfrac{\overline{AB}}{\overline{PM}}+\dfrac{\overline{AC}}{\overline{PN}}=\dfrac{2}{x}+\dfrac{3}{y}$의 최솟값은 $\dfrac{25}{3}$이므로

$p=3$, $q=25$

$\therefore\ p+q=3+25=28$

답 28

보충설명 ────────────

특수각의 삼각비의 값

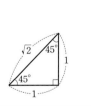 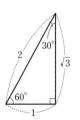

삼각비 $\quad^{A}$	30°	45°	60°
$\sin A$	$\dfrac{1}{2}$	$\dfrac{\sqrt{2}}{2}$	$\dfrac{\sqrt{3}}{2}$
$\cos A$	$\dfrac{\sqrt{3}}{2}$	$\dfrac{\sqrt{2}}{2}$	$\dfrac{1}{2}$
$\tan A$	$\dfrac{\sqrt{3}}{3}$	1	$\sqrt{3}$

Ⅱ. 함수와 그래프

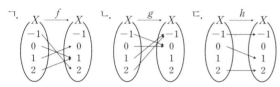

유형 연습 **05** 함수

본문 pp.102~114

01-1 ㄱ, ㄴ	01-2 4	01-3 ㄴ
02-1 3	02-2 6	02-3 $\dfrac{15}{8}$
03-1 ㄱ, ㄴ	04-1 -2	04-2 36
04-3 3	05-1 5	05-2 5
05-3 $-1<m<1$	06-1 7	06-2 1
06-3 5	07-1 40	07-2 9
07-3 48	08-1 $-3<k<3$	08-2 5

01-1

각 대응을 그림으로 나타내면 다음과 같다.

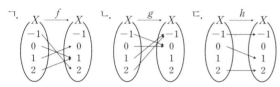

이때, ㄷ은 X의 원소 1에 대응하는 X의 원소가 없으므로 함수가 아니다.

따라서 함수인 것은 ㄱ, ㄴ이다.

답 ㄱ, ㄴ

01-2

두 집합 $X=\{0,\ 2,\ 4\}$, $Y=\{1,\ 5\}$에 대하여 $f(0)=5\in Y$ 이므로 f가 X에서 Y로의 함수가 되기 위해서는 $f(2)\in Y$, $f(4)\in Y$이어야 한다.

(ⅰ) $f(2)=1$일 때,

$f(2)=2^2-2a+5=1$에서

$9-2a=1$ ∴ $a=4$

즉, $f(x)=x^2-4x+5$이면

$f(4)=4^2-4\times4+5=5\in Y$이므로 f는 X에서 Y로의 함수이다.

(ⅱ) $f(2)=5$일 때,

$f(2)=2^2-2a+5=5$에서

$9-2a=5$ ∴ $a=2$

즉, $f(x)=x^2-2x+5$이면

$f(4)=4^2-2\times4+5=13\notin Y$이므로 f는 X에서 Y로의 함수가 아니다.

(ⅰ), (ⅱ)에서 구하는 상수 a의 값은 4이다.

답 4

다른풀이

f가 X에서 Y로의 함수가 되기 위해서는

$f(2)\in Y$, $f(4)\in Y$이어야 한다.

(ⅰ) $f(4)=1$일 때,

$f(4)=4^2-4a+5=1$에서

$21-4a=1$ ∴ $a=5$

즉, $f(x)=x^2-5x+5$이면

$f(2)=2^2-5\times2+5=-1\notin Y$이므로 f는 X에서 Y로의 함수가 아니다.

(ⅱ) $f(4)=5$일 때,

$f(4)=4^2-4a+5=5$에서

$21-4a=5$ ∴ $a=4$

즉, $f(x)=x^2-4x+5$이면

$f(2)=2^2-4\times2+5=1\in Y$이므로 f는 X에서 Y로의 함수이다.

(ⅰ), (ⅱ)에서 구하는 상수 a의 값은 4이다.

01-3

실수 전체의 집합에서 정의된 함수의 그래프이려면 정의역에 속한 임의의 원소 a에 대하여 y축에 평행한 직선 $x=a$를 그었을 때, 직선 $x=a$와 오직 한 점에서 만나야 한다.

ㄱ. 오른쪽 그림과 같이 $a>0$인 임의의 실수 a에 대하여 직선 $x=a$와 두 점에서 만나므로 함수의 그래프가 아니다.

ㄴ. 오른쪽 그림과 같이 임의의 실수 a에 대하여 직선 $x=a$와 항상 한 점에서 만나므로 함수의 그래프이다.

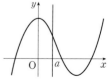

ㄷ. 다음 그림과 같이 y축에 평행한 직선 $x=-1$ 또는 $x=1$ 과 무수히 많은 점에서 만나므로 함수의 그래프가 아니다.

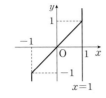

따라서 함수의 그래프인 것은 ㄴ이다.

답 ㄴ

02-1

$f(x)=ax^2-2ax+b$
$\qquad =a(x-1)^2+b-a$

이때, $a\neq0$이므로 함수 $y=f(x)$의 그래프는 축의 방정식이 $x=1$인 이차함수의 그래프이다. 즉, a의 부호에 따라 다음과 같이 경우를 나누어 생각할 수 있다.

(i) $a>0$일 때,

함수 $y=f(x)$의 그래프는 아래로 볼록하므로 $-2\leq x\leq2$에서 함수 $y=f(x)$의 그래프는 오른쪽 그림과 같다.

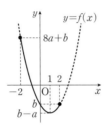

함수 f의 치역이 $\{y\,|\,-3\leq y\leq6\}$이므로
$f(-2)=8a+b=6,\ f(1)=b-a=-3$
두 식을 연립하여 풀면
$a=1,\ b=-2 \qquad \therefore a+b=-1$

(ii) $a<0$일 때,

함수 $y=f(x)$의 그래프는 위로 볼록하므로 $-2\leq x\leq2$에서 함수 $y=f(x)$의 그래프는 오른쪽 그림과 같다.

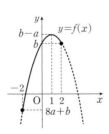

함수 f의 치역이 $\{y\,|\,-3\leq y\leq6\}$이므로
$f(-2)=8a+b=-3,\ f(1)=b-a=6$
두 식을 연립하여 풀면
$a=-1,\ b=5 \qquad \therefore a+b=4$

(i), (ii)에서 $a+b$의 값으로 가능한 것은 -1 또는 4이므로 구하는 합은
$-1+4=3$

답 3

02-2

정의역이 $X=\{1,\ 3\}$인 두 함수 f, g의 치역이 서로 같으므로
$f(1)=g(1),\ f(3)=g(3)$ 또는 $f(1)=g(3),\ f(3)=g(1)$
이다.

(i) $f(1)=g(1),\ f(3)=g(3)$일 때,
$\quad 1+2a+b=b+3a,\ 9+6a+b=3b+3a$이므로
$\quad a=1,\ 9+3a=2b$
$\quad \therefore a=1,\ b=6$

(ii) $f(1)=g(3),\ f(3)=g(1)$일 때,
$\quad 1+2a+b=3b+3a,\ 9+6a+b=b+3a$이므로
$\quad a+2b=1,\ 3a+9=0$
$\quad \therefore a=-3,\ b=2$
$\quad$ 그런데 이것은 a, b가 자연수라는 조건에 모순이다.

(i), (ii)에서 $a=1,\ b=6$이므로
$ab=6$

답 6

02-3

$a<0$에서 함수 $y=ax^2+bx+2$의 그래프는 위로 볼록하고 y절편이 2이다.

정의역이 $\{x\,|\,0\leq x\leq4\}$일 때, 치역이 $\{y\,|\,-4\leq y\leq4\}$이려면 함수 $y=f(x)$의 그래프는 오른쪽 그림과 같아야 한다.

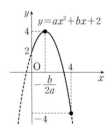

이차함수 $y=ax^2+bx+2$는 $0\leq x\leq4$에서 최댓값 4를 가져야 하므로
$$y=ax^2+bx+2=a\left(x+\frac{b}{2a}\right)^2-\frac{b^2}{4a}+2$$
에서
$$-\frac{b^2}{4a}+2=4,\ -\frac{b^2}{4a}=2,\ -b^2=8a \qquad \cdots\cdots\text{㉠}$$
한편, $f(x)=ax^2+bx+2$에서 $f(4)=-4$이어야 하므로
$$16a+4b+2=-4,\ 8a+2b+3=0 \qquad \cdots\cdots\text{㉡}$$
㉠을 ㉡에 대입하면
$$-b^2+2b+3=0,\ b^2-2b-3=0$$
$$(b+1)(b-3)=0 \qquad \therefore b=-1 \text{ 또는 } b=3$$

(ⅰ) $b=-1$일 때,

이것을 ㉠에 대입하여 풀면

$$a=-\frac{1}{8}$$

$$\therefore f(x)=-\frac{1}{8}x^2-x+2$$

$$=-\frac{1}{8}(x+4)^2+4$$

그런데 이 함수의 그래프는
오른쪽 그림과 같이
$0\le x\le 4$에서 최댓값 4를
갖지 않으므로 조건을 만족
시키지 않는다.

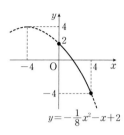

$y=-\frac{1}{8}x^2-x+2$

(ⅱ) $b=3$일 때,

이것을 ㉠에 대입하여 풀면

$$a=-\frac{9}{8}$$

$$\therefore f(x)=-\frac{9}{8}x^2+3x+2=-\frac{9}{8}\left(x-\frac{4}{3}\right)^2+4$$

이 함수의 그래프는 오른쪽
그림과 같이 $0\le x\le 4$에서
최댓값 4를 가지므로 조건
을 만족시킨다.

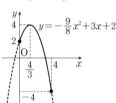

$y=-\frac{9}{8}x^2+3x+2$

(ⅰ), (ⅱ)에서

$a=-\frac{9}{8}$, $b=3$이므로

$$\therefore a+b=-\frac{9}{8}+3=\frac{15}{8}$$

답 $\dfrac{15}{8}$

03-1

$f(xy)=f(x)f(y)$　……㉠

ㄱ. ㉠에 $x=1$, $y=1$을 대입하면 $f(1)=f(1)\times f(1)$

그런데 $f(1)\ne 0$이므로 $f(1)=1$ (참)

ㄴ. ㉠에 $y=\dfrac{1}{x}$을 대입하면

$$f(1)=f(x)\times f\left(\frac{1}{x}\right)$$

㉠에서 $f(1)=1$이므로

$$f\left(\frac{1}{x}\right)=\frac{1}{f(x)} \text{ (참)}$$

ㄷ. $f(x^n)=f(x^{n-1})\times f(x)$

$$=f(x^{n-2})\times\{f(x)\}^2$$

$$=f(x^{n-3})\times\{f(x)\}^3$$

$$\vdots$$

$$=\{f(x)\}^n \text{ (거짓)}$$

따라서 옳은 것은 ㄱ, ㄴ이다.

답 ㄱ, ㄴ

04-1

$x^2-2x-3=0$에서 $(x-3)(x+1)=0$

$$\therefore x=-1 \text{ 또는 } x=3$$

$$\therefore X=\{x\,|\,x^2-2x-3=0\}=\{-1,\ 3\}$$

즉, 두 함수 f, g의 정의역은 $X=\{-1,\ 3\}$이므로 두 함수
f, g가 서로 같은 함수이려면 $f(-1)=g(-1)$, $f(3)=g(3)$
이어야 한다.

$f(-1)=g(-1)$에서 $1-a+b=-1$

$$\therefore a-b=2 \qquad \cdots\cdots ㉠$$

$f(3)=g(3)$에서 $9+3a+b=7$

$$\therefore 3a+b=-2 \qquad \cdots\cdots ㉡$$

㉠, ㉡을 연립하여 풀면 $a=0$, $b=-2$

$$\therefore a+b=-2$$

답 -2

04-2

두 함수 $f(x)=x^3-5x$, $g(x)=-x^2+3x+b$에 대하여
$f=g$이므로 $f(-2)=g(-2)$, $f(a)=g(a)$가 성립해야 한다.

$f(-2)=g(-2)$에서 $2=-10+b$

$$\therefore b=12$$

$f(a)=g(a)$에서

$a^3-5a=-a^2+3a+12$

$a^3+a^2-8a-12=0$

$(a+2)^2(a-3)=0$

$$\therefore a=3 \ (\because a\ne -2)$$

$$\therefore ab=36$$

$$\begin{array}{r|rrrr}
-2 & 1 & 1 & -8 & -12 \\
   &   & -2 & 2 & 12 \\
\hline
-2 & 1 & -1 & -6 & 0 \\
   &   & -2 & 6 & \\
\hline
   & 1 & -3 & 0 & \\
\end{array}$$

답 36

04-3

두 함수 $f(x)=2x^2+3x+1$, $g(x)=x+5$에 대하여
$f(x)=g(x)$, 즉 $2x^2+3x+1=x+5$에서
$2x^2+2x-4=0$, $2(x+2)(x-1)=0$
$\therefore$ $x=-2$ 또는 $x=1$
즉, 두 함수 f, g의 정의역 X는 집합 $\{-2,\ 1\}$의 부분집합
중에서 $\varnothing$이 아닌 집합이므로 구하는 집합 X의 개수는
$2^2-1=3$

답 3

보충설명 ─────────────

부분집합의 개수

집합 $A=\{a_1,\ a_2,\ a_3,\ \cdots,\ a_n\}$에 대하여

(1) 집합 A의 부분집합의 개수 : 2^n

(2) 집합 A의 진부분집합의 개수 : 2^n-1

(3) 집합 A의 원소 중에서 특정한 k개를 원소로 갖는(갖지 않는)
부분집합의 개수 : 2^{n-k}

(4) 집합 A의 원소 중에서 특정한 k개의 원소 중 적어도 하나를
원소로 갖는 부분집합의 개수 : 2^n-2^{n-k}

─────────────────

05-1

$f(x)=x^2-4x+k$
$\quad\ =(x-2)^2+k-4$

즉, $y=f(x)$의 그래프는 오른쪽
그림과 같으므로 $x\geq3$에서 x의
값이 증가하면 y의 값도 증가한다.
따라서 함수 f가 일대일대응이려
면 치역이 $\{y|y\geq2\}$와 일치해야
하므로
$f(3)=2$
즉, $1+k-4=2$이므로 $k=5$

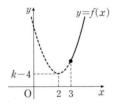

답 5

05-2

함수 f가 일대일대응이려면 x의 값이 증가할 때 $f(x)$의 값
은 증가 또는 감소해야 한다.

$x<0$일 때, $f(x)=x^2$이므로 함수
$y=f(x)$의 그래프는 오른쪽 그림
과 같이 x의 값이 증가함에 따라
$f(x)$의 값은 감소한다.
따라서 $x\geq0$에서 직선
$y=(k^2-6k)x$의 기울기는 음수가 되어야 하므로
$k^2-6k<0$, $k(k-6)<0$
$\therefore$ $0<k<6$
따라서 함수 f가 일대일대응이 되도록 하는 정수 k는 1, 2,
3, 4, 5의 5개이다.

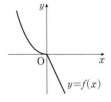

답 5

보충설명 ─────────────

이 문제의 함수 f와 같이 구간에 따라 함수식이 다른 함수가 일대
일대응이 되기 위해서는

(1) 구간의 경계에서의 함숫값이 일치해야 하고,

(2) x의 값이 증가할 때, 함숫값은 항상 증가 또는 감소해야 한다.

─────────────────

05-3

$f(x)=m|x-2|+x-2$에서

(i) $x<2$일 때,
$\quad f(x)=m(-x+2)+x-2$
$\quad\quad\ =(1-m)x+2m-2$ $\quad$ ……㉠

(ii) $x\geq2$일 때,
$\quad f(x)=m(x-2)+x-2$
$\quad\quad\ =(m+1)x-2m-2$ $\quad$ ……㉡

이때, 함수 f가 일대일대응이 되려면 두 직선 ㉠, ㉡의 기울기
가 모두 양수이거나 모두 음수이어야 하므로
$(1-m)(1+m)>0$, $(m-1)(m+1)<0$
$\therefore$ $-1<m<1$

답 $-1<m<1$

보충설명 ─────────────

이 문제의 함수
$f(x)=m|x-2|+x-2$
$\quad =\begin{cases}(1-m)x+2m-2 & (x<2)\\(m+1)x-2m-2 & (x\geq2)\end{cases}$

와 같이 함수가 구간에 따라 서로 다른 두 일차함수로 정의된 경
우, 각 일차함수의 그래프의 기울기의 부호가 다르면 그래프와 직

선 $y=k$의 교점의 개수가 2개 또는 0개일 수도 있으므로 함수 $y=f(x)$는 일대일대응이 될 수 없다.

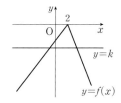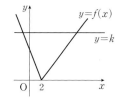

06-1

함수 $f(x)=x^3-5x^2+7x$가 항등함수가 되려면
$f(x)=x$이어야 하므로 $x^3-5x^2+7x=x$에서
$x^3-5x^2+6x=0$, $x(x-2)(x-3)=0$
$\therefore x=0$ 또는 $x=2$ 또는 $x=3$
따라서 함수 f의 정의역 X는 집합 $\{0,\ 2,\ 3\}$의 부분집합 중에서 $\varnothing$이 아닌 집합이므로 구하는 집합 X의 개수는
$2^3-1=7$

답 7

06-2

함수 $y=f(x)$가 항등함수가 되려면 $f(x)=x$가 성립해야 한다.

(ⅰ) $x<2$일 때,
$-x^2+2=x$에서
$x^2+x-2=0$, $(x+2)(x-1)=0$
$\therefore x=-2$ 또는 $x=1$

(ⅱ) $x\geq2$일 때,
$(x+1)^2-7=x$에서
$x^2+x-6=0$, $(x+3)(x-2)=0$
$\therefore x=2\ (\because x\geq2)$

(ⅰ), (ⅱ)에서 정의역 X의 원소는 $-2,\ 1,\ 2$이므로 그 합은
$(-2)+1+2=1$

답 1

06-3

$f(0)=\left[\dfrac{1}{2}\right]=0$, $f(1)=1$, $f(2)=\left[\dfrac{5}{2}\right]=2$이므로
f는 일대일대응이고 항등함수이다.

$g(0)=\dfrac{0+|-2|}{2}=1$, $g(1)=\dfrac{|1|+|1-2|}{2}=\dfrac{2}{2}=1$,
$g(2)=\dfrac{|2|+0}{2}=1$이므로 g는 상수함수이다.
$h(0)=0$, $h(1)=1$, $h(2)=2$이므로 h는 일대일대응이고 항등함수이다.
따라서 $a=2$, $b=2$, $c=1$이므로
$a+b+c=2+2+1=5$

답 5

07-1

(ⅰ) X에서 Y로의 함수의 개수
집합 X의 원소 0, 1, 2, 3에 각각 대응될 수 있는 집합 Y의 원소가 4, 5의 2가지씩이므로
$a=2\times2\times2\times2=16$

(ⅱ) X에서 Z로의 일대일대응의 개수
$f(0)$의 값이 될 수 있는 것은 6, 7, 8, 9 중 하나이므로 4가지
$f(1)$의 값이 될 수 있는 것은 $f(0)$의 값을 제외한 3가지
$f(2)$의 값이 될 수 있는 것은 $f(0)$, $f(1)$의 값을 제외한 2가지
$f(3)$의 값이 될 수 있는 것은 $f(0)$, $f(1)$, $f(2)$의 값을 제외한 1가지
$\therefore b=4\times3\times2\times1=24$

(ⅰ), (ⅱ)에서 $a+b=40$

답 40

07-2

집합 $X=\{-2,\ 0,\ 2\}$에서 X로의 함수 f에 대하여
$f(-2)$의 값이 될 수 있는 것은 $-2,\ 0,\ 2$ 중 하나이므로 3가지

또한, $f(-x)=f(x)$를 만족시키므로 $f(-2)=f(2)$에서 $f(2)$의 값은 $f(-2)$의 값에 따라 자동으로 정해진다.

한편, $f(-0)=f(0)$이므로 $f(0)$의 값이 될 수 있는 것은 -2, 0, 2로 3가지이다.

따라서 구하는 함수 f의 개수는

$3 \times 1 \times 3 = 9$

답 9

보충설명

-2, 2에 대응될 수 있는 공역의 원소는 다음 그림과 같이 3가지이다.

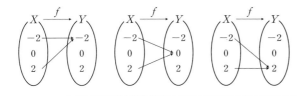

07-3

집합 $X=\{1, 2, 3, 4, 5\}$에서 집합 $Y=\{-3, -1, 0, 1, 3\}$으로의 일대일대응 f에 대하여

$f(1)f(5)<0$을 만족시키려면

$f(1)>0$, $f(5)<0$ 또는 $f(1)<0$, $f(5)>0$

(i) $f(1)>0$, $f(5)<0$일 때,

$f(1)>0$이어야 하므로 $f(1)$의 값은

1, 3의 2가지

$f(5)<0$이어야 하므로 $f(5)$의 값은

-3, -1의 2가지

집합 X의 나머지 세 원소 2, 3, 4는 각각 $f(1)$, $f(5)$의 값을 제외한 집합 Y의 나머지 세 원소에 하나씩 대응되어야 하므로 일대일대응 f의 개수는

$2 \times 2 \times 3 \times 2 \times 1 = 24$

(ii) $f(1)<0$, $f(5)>0$일 때,

$f(1)<0$이어야 하므로 $f(1)$의 값은

-3, -1의 2가지

$f(5)>0$이어야 하므로 $f(5)$의 값은

1, 3의 2가지

집합 X의 나머지 세 원소 2, 3, 4는 각각 $f(1)$, $f(5)$의 값을 제외한 집합 Y의 나머지 세 원소에 하나씩 대응되어야 하므로 일대일대응 f의 개수는

$2 \times 2 \times 3 \times 2 \times 1 = 24$

(i), (ii)에서 구하는 일대일대응의 개수는

$24 + 24 = 48$

답 48

08-1

$|y|=4x^2-8|x|+3=4|x|^2-8|x|+3$
$\qquad =4(|x|-1)^2-1$

즉, $|y|=4x^2-8|x|+3$의 그래프는 함수 $y=4(x-1)^2-1$의 그래프에서 $x \geq 0$, $y \geq 0$인 부분만 그린 후 이 그래프를 x축, y축, 원점에 대하여 각각 대칭이동한 것과 같으므로 다음 그림과 같다.

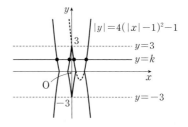

따라서 $|y|=4x^2-8|x|+3$의 그래프가 직선 $y=k$와 서로 다른 네 점에서 만나도록 하는 상수 k의 값의 범위는

$-3<k<3$

답 $-3<k<3$

08-2

함수 $y=||x-3|-|x+2||$에서

(i) $x<-2$일 때, $x-3<0$, $x+2<0$이므로
$y=||x-3|-|x+2||$
$\qquad =|-(x-3)+(x+2)|=5$

(ii) $-2 \leq x<3$일 때, $x-3<0$, $x+2 \geq 0$이므로
$y=||x-3|-|x+2||$
$\qquad =|-(x-3)-(x+2)|=|-2x+1|$

즉, $-2 \leq x<\dfrac{1}{2}$일 때 $y=-2x+1$이고

$\dfrac{1}{2} \leq x<3$일 때 $y=2x-1$이다.

(iii) $x \geq 3$일 때, $x-3 \geq 0$, $x+2 \geq 0$이므로
$y=||x-3|-|x+2||$
$\qquad =|x-3-(x+2)|=5$

(i), (ii), (iii)에서

$$y=||x-3|-|x+2||=\begin{cases} 5 & (x<-2) \\ -2x+1 & \left(-2\leq x<\dfrac{1}{2}\right) \\ 2x-1 & \left(\dfrac{1}{2}\leq x<3\right) \\ 5 & (x\geq 3) \end{cases}$$

이므로 주어진 함수의 그래프는 다음 그림과 같다.

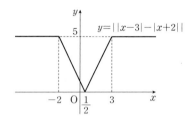

따라서 주어진 함수의 최댓값은 5, 최솟값은 0이므로

$M=5,\ m=0$ $\therefore M+m=5$

답 5

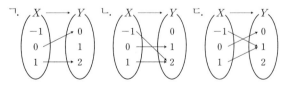

개 념 마 무 리

본문 pp.116–119

01 ㄴ, ㄷ	**02** ④	**03** ②	**04** ③
05 -21	**06** 126	**07** $-\dfrac{1}{2}$	**08** 6
09 4	**10** ㄴ	**11** ②	**12** 5
13 18	**14** 18	**15** 6	**16** 10
17 4	**18** ①	**19** 200	**20** 27
21 10	**22** 21	**23** ④	

24 $-2\leq m<-\dfrac{2}{3}$ 또는 $\dfrac{2}{7}<m\leq\dfrac{2}{5}$

01

주어진 대응은 각각 다음 그림과 같다.

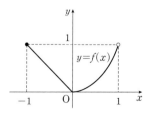

이때, ㄱ은 X의 원소 -1에 대응하는 Y의 원소가 없으므로 함수가 아니다.

따라서 함수인 것은 ㄴ, ㄷ이다.

답 ㄴ, ㄷ

02

정의역이 실수 전체의 집합인 이차함수 $y=x^2-4x+a$에 대하여

$y=x^2-4x+a$

$\quad=(x-2)^2+a-4$

이므로 그래프는 오른쪽 그림과 같다.

즉, $1\leq x\leq 4$이면 $a-4\leq y\leq a$이다.

이때, 집합 $X=\{x\,|\,1\leq x\leq 4\}$에서 집합

$Y=\{y\,|\,1\leq y\leq 8\}$로의 대응 $y=x^2-4x+a$가 함수이려면

$1\leq a-4\leq y\leq a\leq 8$이 성립해야 하므로

$a-4\geq 1$에서 $a\geq 5$, $a\leq 8$

$\therefore 5\leq a\leq 8$

따라서 조건을 만족시키는 정수 a는 5, 6, 7, 8이므로 그 개수는 4이다.

답 ④

03

$0\leq x<1$에서 $f(x)=x^2$이므로

$$f\left(\frac{1}{2}\right)=\frac{1}{4}$$

함수 f는 모든 실수 x에 대하여 $f(x+2)=f(x)$를 만족시키고 $-1\leq x<0$에서 $f(x)=-x$이므로

$$f\left(\frac{7}{4}\right)=f\left(2-\frac{1}{4}\right)=f\left(-\frac{1}{4}\right)=-\left(-\frac{1}{4}\right)=\frac{1}{4}$$

같은 방법으로

$$f(3000)=f(2998)=f(2996)=\cdots=f(0)=0$$

$$\therefore f\left(\frac{1}{2}\right)+f\left(\frac{7}{4}\right)+f(3000)=\frac{1}{4}+\frac{1}{4}+0=\frac{1}{2}$$

답 ②

보충설명

함수 $f(x)=\begin{cases} -x & (-1\leq x<0) \\ x^2 & (0\leq x<1) \end{cases}$의 그래프는 다음과 같다.

060 정답 및 해설

04

함수 f의 정의역이 $X=\{1,\ 2,\ 3,\ 4,\ 5\}$이고,
$f(x)=(2x^2$의 일의 자리의 숫자)이므로
$f(1)=2,\ f(2)=8,\ f(3)=8,\ f(4)=2,\ f(5)=0$
함수 f의 대응 관계를 그림으로 나타내면 다음과 같다.

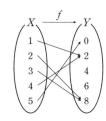

$f(a)=2$인 X의 원소 a는
$a=1$ 또는 $a=4$
$f(b)=8$인 X의 원소 b는
$b=2$ 또는 $b=3$
$a,\ b$의 순서쌍 $(a,\ b)$로 가능한 것은
$(1,\ 2),\ (1,\ 3),\ (4,\ 2),\ (4,\ 3)$
이므로 $a+b$의 값은 3, 4, 6, 7이다.
따라서 $a+b$의 최댓값은 7이다.

답 ③

05

$y=x^2+2ax+b=(x+a)^2+b-a^2$
이때, $a\le-2$에서 $-a\ge2$이므로 정의역이 집합
$A=\{x\,|\,-1\le x\le2\}$이고
치역이 집합
$B=\{y\,|\,-1\le y\le14\}$인 함
수 $y=x^2+2ax+b$의 그래
프는 오른쪽 그림과 같다.
$x=-1$일 때, y의 값이 14
이므로

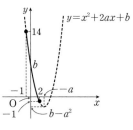

$14=1-2a+b$ ∴ $2a-b=-13$ ……㉠
$x=2$일 때, y의 값이 -1이므로
$-1=4+4a+b$ ∴ $4a+b=-5$ ……㉡
㉠, ㉡을 연립하여 풀면 $a=-3,\ b=7$
∴ $ab=-21$

답 -21

06

$f(x-y)=f(x)-f(y)$ ……㉠
㉠에 $x=0,\ y=0$을 대입하면 $f(0)=0$
㉠에 $x=0,\ y$ 대신 $-y$를 대입하면
$f(y)=f(0)-f(-y)$에서
$f(y)=-f(-y)$ ($∵\ f(0)=0$)   ……㉡
㉠에 y 대신 $-y$를 대입하면
$f(x+y)=f(x)-f(-y)=f(x)+f(y)$ ($∵$ ㉡)
$f(2)=f(1+1)=f(1)+f(1)=2f(1)$
$f(3)=f(2+1)=f(2)+f(1)=3f(1)$
$f(4)=f(3+1)=f(3)+f(1)=4f(1)$
      $\vdots$
$f(n)=nf(1)$ (단, n은 자연수)
∴ $f(42)=42f(1)=42\times3=126$

답 126

07

$\dfrac{2}{x}f(x)+xf\left(\dfrac{1}{x}\right)=3x$ ……㉠
㉠에 $x=2$를 대입하면
$f(2)+2f\left(\dfrac{1}{2}\right)=6$ ……㉡
㉠에 $x=\dfrac{1}{2}$을 대입하면
$4f\left(\dfrac{1}{2}\right)+\dfrac{1}{2}f(2)=\dfrac{3}{2}$ ……㉢
㉡$-2\times$㉢을 하면 $-6f\left(\dfrac{1}{2}\right)=3$
∴ $f\left(\dfrac{1}{2}\right)=-\dfrac{1}{2}$

답 $-\dfrac{1}{2}$

다른풀이

㉠에 x 대신 $\dfrac{1}{x}$을 대입하면
$2xf\left(\dfrac{1}{x}\right)+\dfrac{1}{x}f(x)=\dfrac{3}{x}$ ……㉣
$2\times$㉠$-$㉣을 하면 $\dfrac{3}{x}f(x)=6x-\dfrac{3}{x}$
이 식의 양변에 $\dfrac{x}{3}$를 각각 곱하면
$f(x)=\dfrac{x}{3}\left(6x-\dfrac{3}{x}\right)=2x^2-1$
∴ $f\left(\dfrac{1}{2}\right)=2\times\dfrac{1}{2^2}-1=-\dfrac{1}{2}$

08

정의역이 $X = \{1, 3\}$인 두 함수 $f(x) = -x^2 + ax + b$, $g(x) = |x - 2|$가 서로 같으므로

$f(1) = g(1)$, $f(3) = g(3)$

이어야 한다.

$f(1) = -1 + a + b$이고 $g(1) = 1$이므로

$-1 + a + b = 1$ ∴ $a + b = 2$ ⋯⋯㉠

$f(3) = -9 + 3a + b$이고 $g(3) = 1$이므로

$-9 + 3a + b = 1$ ∴ $3a + b = 10$ ⋯⋯㉡

㉠, ㉡을 연립하여 풀면 $a = 4$, $b = -2$

∴ $a - b = 6$

답 6

09

두 함수 $f(x) = x^2 - 3x - 4$, $g(x) = -2x + 2$가 서로 같은 함수이려면 정의역 X의 모든 원소 x에 대하여 $f(x) = g(x)$이어야 한다.

$x^2 - 3x - 4 = -2x + 2$에서

$x^2 - x - 6 = 0$ ⋯⋯㉠

$(x + 2)(x - 3) = 0$ ∴ $x = -2$ 또는 $x = 3$

이때, $n(X) = 2$이므로 이차방정식 $ax^2 + bx + 12 = 0$의 해가 $x = -2$ 또는 $x = 3$이다.

이때, 해가 $x = -2$ 또는 $x = 3$이고 x^2의 계수가 a인 이차방정식은 ㉠에 의하여

$a(x^2 - x - 6) = 0$ ∴ $ax^2 - ax - 6a = 0$

이 이차방정식이 $ax^2 + bx + 12 = 0$과 일치하므로

$b = -a$, $12 = -6a$

따라서 $a = -2$, $b = 2$이므로

$b - a = 4$

답 4

10

주어진 그래프가 집합 $X = \{x \mid 0 \le x \le 1\}$에서 집합 $Y = \{y \mid 0 \le y \le 1\}$로의 함수의 그래프이려면 $0 \le a \le 1$인 임의의 실수 a에 대하여 y축에 평행한 직선 $x = a$를 그었을 때 직선 $x = a$와 그래프가 오직 한 점에서 만나야 한다.

ㄱ. 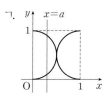   ㄴ.

ㄷ. 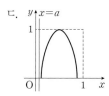   ㄹ.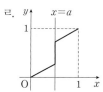

즉, ㄱ의 교점은 1개 또는 2개, ㄴ의 교점은 1개, ㄷ의 교점은 0개 또는 1개, ㄹ의 교점은 1개 또는 무수히 많다.

따라서 함수의 그래프인 것은 ㄴ이다.

답 ㄴ

11

함수의 그래프를 그려서 x축과 평행한 임의의 직선과 만나는 점의 개수가 오직 1개인 그래프를 찾으면 된다.

① 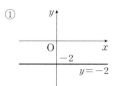   ②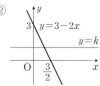

③ 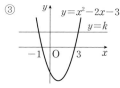   ④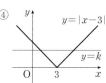

⑤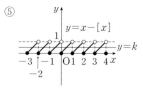

따라서 일대일함수인 것은 ②이다.

답 ②

다른풀이

실수 전체의 집합에서 함수 f가 일대일함수이려면 임의의 실수 x_1, x_2에 대하여 $x_1 \ne x_2$이면 $f(x_1) \ne f(x_2)$, 즉 $f(x_1) = f(x_2)$이면 $x_1 = x_2$를 만족시켜야 한다.

① $f(x)=-2$에서 $1\neq2$이지만 $f(1)=f(2)=-2$이므로 일대일함수가 아니다.

② $f(x)=3-2x$에서 $f(x_1)=f(x_2)$이면
$$f(x_1)-f(x_2)=(3-2x_1)-(3-2x_2)$$
$$=2(x_2-x_1)=0$$
즉, $x_1=x_2$이므로 일대일함수이다.

③ $f(x)=x^2-2x-3$에서 $-1\neq3$이지만 $f(-1)=f(3)=0$이므로 일대일함수가 아니다.

④ $f(x)=|x-3|$에서 $2\neq4$이지만 $f(2)=f(4)=1$이므로 일대일함수가 아니다.

⑤ $f(x)=x-[x]$에서 $0\neq1$이지만 $f(0)=f(1)=0$이므로 일대일함수가 아니다.

12

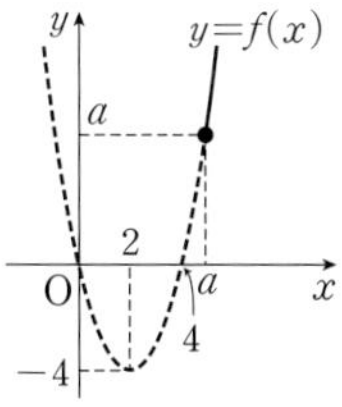

$$f(x)=x^2-4x$$
$$=(x-2)^2-4$$

즉, $x\geq a$에서 함수 $y=f(x)$가 일대일대응이려면 함수 $y=f(x)$의 그래프는 오른쪽 그림과 같아야 하므로
$$a\geq2 \qquad \cdots\cdots\text{㉠}$$

또한, 치역은 $\{y\,|\,y\geq a\}$이어야 하므로
$$f(a)=a$$
즉, $a^2-4a=a$에서
$$a^2-5a=0,\ a(a-5)=0$$
$$\therefore\ a=0\ \text{또는}\ a=5 \qquad \cdots\cdots\text{㉡}$$
㉠, ㉡에서 $a=5$

답 5

13

조건 ㈎에 의하여 집합 $X=\{1,\ 2,\ 3,\ 4\}$에서 집합 $Y=\{a,\ b,\ c,\ d,\ e\}$로의 함수 f가 일대일함수이므로 함숫값은 모두 다른 값이 되어야 한다.

또한, 조건 ㈏에서 $f(1)=b$이므로 $f(2),\ f(3),\ f(4)$의 값이 될 수 있는 것은 $a,\ c,\ d,\ e$ 중 하나이다.

그런데 조건 ㈐에서 $f(2)\neq c$이므로

$f(2)$의 값으로 가능한 것은 $a,\ d,\ e$의 3가지

$f(3)$의 값으로 가능한 것은 $a,\ c,\ d,\ e$ 중에서 $f(2)$의 값을 제외한 3가지

$f(4)$의 값으로 가능한 것은 $a,\ c,\ d,\ e$ 중에서 $f(2),\ f(3)$의 값을 제외한 2가지

따라서 조건을 만족시키는 함수 $f:X \longrightarrow Y$의 개수는
$$3\times3\times2=18$$

답 18

14

조건 ㈏에서 정의역 A의 어떤 원소 n에 대하여
$$f(n+2)-f(n)=4$$
이고 함수 f의 공역이 $A=\{1,\ 2,\ 3,\ 4,\ 5\}$이므로
$$f(n+2)=5,\ f(n)=1$$

(i) $n=1$일 때,

$f(1)=1,\ f(3)=5$

조건 ㈎에서 f가 일대일대응이므로 집합 A의 나머지 원소 $2,\ 4,\ 5$에 대하여

$f(2)$의 값으로 가능한 것은 $2,\ 3,\ 4$의 3가지

$f(3)$의 값으로 가능한 것은 $2,\ 3,\ 4$ 중에서 $f(2)$의 값을 제외한 2가지

$f(4)$의 값으로 가능한 것은 $2,\ 3,\ 4$ 중에서 $f(2),\ f(3)$의 값을 제외한 1가지

따라서 일대일대응 f의 개수는
$$3\times2\times1=6$$

(ii) $n=2$일 때,

$f(2)=1,\ f(4)=5$

(i)과 같은 방법으로 일대일대응 f의 개수는
$$3\times2\times1=6$$

(iii) $n=3$일 때,

$f(3)=1,\ f(5)=5$

(i)과 같은 방법으로 일대일대응 f의 개수는
$$3\times2\times1=6$$

(i), (ii), (iii)에서 일대일대응 f의 개수는
$$6+6+6=18$$

답 18

15

함수 g가 항등함수이므로

$g(1)=1$, $g(2)=2$, $g(3)=3$

$\therefore f(2)=g(2)=h(2)=2$

$h(2)=2$이고 함수 h가 상수함수이므로

$h(1)=2$, $h(2)=2$, $h(3)=2$

또한, $g(1)+h(1)=f(1)$이므로

$f(1)=1+2=3$

이때, 함수 f는 일대일대응이고 $f(2)=2$, $f(1)=3$이므로

$f(3)=1$

$\therefore f(3)+g(3)+h(3)=1+3+2=6$

답 6

16

함수 $f(x)=x^2+ax+b$가 정의역 $X=\{1, 4\}$에서 항등함수이므로 $f(1)=1$, $f(4)=4$가 성립한다.

$f(1)=1+a+b=1$에서

$a+b=0$ ······㉠

$f(4)=16+4a+b=4$에서

$4a+b=-12$ ······㉡

㉠, ㉡을 연립하여 풀면

$a=-4$, $b=4$ ─────── (가)

또한, 함수 $g(x)=-x^3+4x^2+cx$가 정의역 $X=\{1, 4\}$에서 상수함수이므로 $g(1)=g(4)$가 성립한다.

$g(1)=g(4)$에서

$-1+4+c=-64+64+4c$

즉, $3+c=4c$에서 $c=1$ ─────── (나)

$\therefore \mathrm{P}(-4, 0)$, $\mathrm{Q}(0, 4)$, $\mathrm{R}(1, 0)$

따라서 삼각형 PQR는 오른쪽 그림과 같으므로 그 넓이는

$\dfrac{1}{2}\times 5\times 4=10$

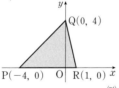

─────── (다)

답 10

단계	채점 기준	배점
(가)	항등함수의 성질을 이용하여 a와 b의 값을 구한 경우	40%
(나)	상수함수의 성질을 이용하여 c의 값을 구한 경우	40%
(다)	삼각형 PQR의 넓이를 구한 경우	20%

17

$2|y|=-|x|+a$에서 $|y|=-\dfrac{1}{2}|x|+\dfrac{a}{2}$

$x\geq 0$, $y\geq 0$일 때, $y=-\dfrac{1}{2}x+\dfrac{a}{2}$

$x\geq 0$, $y<0$일 때,

$-y=-\dfrac{1}{2}x+\dfrac{a}{2}$ $\therefore y=\dfrac{1}{2}x-\dfrac{a}{2}$

$x<0$, $y\geq 0$일 때, $y=\dfrac{1}{2}x+\dfrac{a}{2}$

$x<0$, $y<0$일 때,

$-y=\dfrac{1}{2}x+\dfrac{a}{2}$ $\therefore y=-\dfrac{1}{2}x-\dfrac{a}{2}$

즉, $|y|=-\dfrac{1}{2}|x|+\dfrac{a}{2}$의 그래프는 오른쪽 그림과 같다.

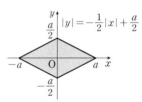

이때, 그래프로 둘러싸인 부분의 넓이가 16이므로

$\dfrac{1}{2}\times 2a\times a=16$

$a^2=16$ $\therefore a=4\ (\because a>0)$

답 4

보충설명 ────────────────

$2|y|=-|x|+a$, 즉 $|y|=-\dfrac{1}{2}|x|+\dfrac{a}{2}$의 그래프는 함수

$y=-\dfrac{1}{2}x+\dfrac{a}{2}$의 그래프에서 $x\geq 0$, $y\geq 0$인 부분만 그린 후 이 그래프를 x축, y축, 원점에 대하여 각각 대칭이동시킨 것과 같다.

────────────────

18

ㄱ. $[x]=2$에서 $2\leq x<3$, 즉 $1\leq\dfrac{x}{2}<\dfrac{3}{2}$이므로 $\left[\dfrac{x}{2}\right]=1$

$\therefore f(x)=\left[2x-\left[\dfrac{x}{2}\right]\right]=[2x-1]$

$2\leq x<3$에서 $4\leq 2x<6$, 즉 $3\leq 2x-1<5$이므로 가능한 $f(x)$의 값은 3, 4

$\therefore 3+4=7$ (참)

ㄴ. 함수 $f(x)=\left[2x-\left[\dfrac{x}{2}\right]\right]$에서

(i) $\left[\dfrac{x}{2}\right]=0$, 즉 $0\leq\dfrac{x}{2}<1$일 때, $f(x)=[2x]$

① $0 \leq x < \dfrac{1}{2}$일 때, $0 \leq 2x < 1$에서 $f(x) = 0$

② $\dfrac{1}{2} \leq x < 1$일 때, $1 \leq 2x < 2$에서 $f(x) = 1$

③ $1 \leq x < \dfrac{3}{2}$일 때, $2 \leq 2x < 3$에서 $f(x) = 2$

④ $\dfrac{3}{2} \leq x < 2$일 때, $3 \leq 2x < 4$에서 $f(x) = 3$

(ii) $\left[\dfrac{x}{2} \right] = 1$, 즉 $1 \leq \dfrac{x}{2} < 2$일 때, $f(x) = [2x - 1]$

① $2 \leq x < \dfrac{5}{2}$일 때, $3 \leq 2x - 1 < 4$에서 $f(x) = 3$

② $\dfrac{5}{2} \leq x < 3$일 때, $4 \leq 2x - 1 < 5$에서 $f(x) = 4$

③ $3 \leq x < \dfrac{7}{2}$일 때, $5 \leq 2x - 1 < 6$에서 $f(x) = 5$

④ $\dfrac{7}{2} \leq x < 4$일 때, $6 \leq 2x - 1 < 7$에서 $f(x) = 6$

$\vdots$

따라서 함수 $y = f(x)$의 그래프는 오른쪽 그림과 같다.

이때, $x \geq 0$에서 함수 $y = f(x)$의 그래프와 직선 $y = 2x$는

$x = 0$, $x = \dfrac{1}{2}$, $x = 1$, $x = \dfrac{3}{2}$

에서 만나므로 구하는 교점의 개수는 4이다. (거짓)

ㄷ. $n \leq x < n + 1$일 때, $\dfrac{n}{2} \leq \dfrac{x}{2} < \dfrac{n+1}{2}$

(i) n이 짝수일 때, $\left[\dfrac{x}{2} \right] = \dfrac{n}{2}$이므로 $f(x) = \left[2x - \dfrac{n}{2} \right]$

$n \leq x < n + 1$에서 $2n \leq 2x < 2n + 2$, 즉

$\dfrac{3}{2} n \leq 2x - \dfrac{n}{2} < \dfrac{3}{2} n + 2$

따라서 집합 $\{ f(x) \mid n \leq x < n + 1 \}$의 원소의 개수는

$\dfrac{3}{2} n + 2 - \dfrac{3}{2} n = 2$

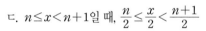 두 자연수 a, b $(a < b)$에 대하여 $a \leq x < b$를 만족시키는 자연수 x의 개수 : $b - a$(개)

(ii) n이 홀수일 때, $\left[\dfrac{x}{2} \right] = \dfrac{n-1}{2}$이므로

$f(x) = \left[2x - \dfrac{n-1}{2} \right]$

$n \leq x < n + 1$에서 $2n \leq 2x < 2n + 2$, 즉

$\dfrac{3}{2} n + \dfrac{1}{2} \leq 2x - \dfrac{n-1}{2} < \dfrac{3}{2} n + \dfrac{5}{2}$

따라서 집합 $\{ f(x) \mid n \leq x < n + 1 \}$의 원소의 개수는

$\dfrac{3}{2} n + \dfrac{5}{2} - \left(\dfrac{3}{2} n + \dfrac{1}{2} \right) = 2$

(i), (ii)에서 자연수 n에 대하여 집합

$\{ f(x) \mid n \leq x < n + 1 \}$의 원소의 개수는 2이다. (거짓)

따라서 옳은 것은 ㄱ이다.

답 ①

보충설명 ─────────────────

가우스 기호의 성질

(1) $[x] \leq x < [x] + 1$

(2) $[x + n] = [x] + n$ (n은 정수)

(3) $\left[\dfrac{n}{k} \right] = $ (n을 k로 나눈 몫) (n, k는 자연수)

───────────────────────

19

실수 전체의 집합에서 함수 $f(x) = \begin{cases} -x^2 - 4x & (x < 0) \\ x^2 - 4x & (x \geq 0) \end{cases}$ 의 그래프는 다음 그림과 같다.

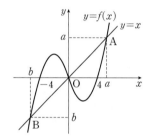

정의역이 $X = \{ a, b, 0 \}$인 함수 $y = f(x)$가 항등함수이므로 $f(a) = a$, $f(b) = b$가 성립해야 한다.

(i) $f(a) = a$일 때,

$a > 0$이므로 $f(a) = a^2 - 4a$이고

$a^2 - 4a = a$, $a^2 - 5a = 0$

$a(a - 5) = 0$ $\therefore a = 5$ $(\because a > 0)$

(ii) $f(b) = b$일 때,

$b < 0$이므로 $f(b) = -b^2 - 4b$이고

$-b^2 - 4b = b$, $b^2 + 5b = 0$

$b(b + 5) = 0$ $\therefore b = -5$ $(\because b < 0)$

(i), (ii)에서 $a = 5$, $b = -5$

따라서 A$(5, 5)$, B$(-5, -5)$이므로

$l = \sqrt{(-5-5)^2 + (-5-5)^2} = \sqrt{200}$

$\therefore l^2 = 200$

답 200

20

두 함수 $y=f(x)$, $y=g(x)$의 그래프는 오른쪽 그림과 같다. 이 두 함수의 그래프의 교점을 각각 P, Q라 하면 교점의 x좌표는

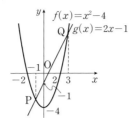

$x^2-4=2x-1$에서

$x^2-2x-3=0$, $(x-3)(x+1)=0$

$\therefore x=-1$ 또는 $x=3$

두 점 P, Q의 x좌표가 각각 -1, 3이므로 함수 h는 다음과 같다.

$$h(x)=\begin{cases} x^2-4 & (x\le -1 \text{ 또는 } x\ge 3) \\ 2x-1 & (-1<x<3) \end{cases}$$

$\therefore h(-4)+h(2)+h(4)$

$=\{(-4)^2-4\}+(2\times 2-1)+(4^2-4)$

$=12+3+12=27$

답 27

21

정의역이 $\{a, b\}$이고 계수가 실수인 두 이차함수 f, g에 대하여 $f=g$가 성립하므로

$f(a)=g(a)$, $f(b)=g(b)$

따라서 정의역의 두 원소 a, b는 이차방정식 $f(x)=g(x)$, 즉 $f(x)-g(x)=0$의 두 근이다.

이때, $f(x)=2x^2+x+p$, $g(x)=x^2-px+1$이므로 방정식 $f(x)-g(x)=0$은

$x^2+(p+1)x+p-1=0$

이차방정식의 근과 계수의 관계에 의하여

$a+b=-p-1$, $ab=p-1$

그런데 $a^2+b^2=7$이므로 $(a+b)^2-2ab=7$에서

$(-p-1)^2-2(p-1)=7$

$p^2=4$ $\therefore p=-2$ 또는 $p=2$

(i) $p=-2$일 때,

　$a+b=1$, $ab=-3$, $a^2+b^2=7$이므로

　$a^3+b^3=(a+b)(a^2-ab+b^2)$

　　　　$=1\times\{7-(-3)\}=10$

(ii) $p=2$일 때,

　$a+b=-3$, $ab=1$, $a^2+b^2=7$이므로

　$a^3+b^3=(a+b)(a^2-ab+b^2)$

　　　　$=(-3)\times(7-1)=-18$

(i), (ii)에서 a^3+b^3의 최댓값은 10이다.

답 10

22

$A=\{x\,|\,x$는 30 이하의 소수$\}$

　$=\{2, 3, 5, 7, 11, 13, 17, 19, 23, 29\}$

함수 $f(x)=(x$를 5로 나누었을 때의 나머지$)$의 정의역을 집합 A라 하면

$f(5)=0$, $f(2)=f(7)=f(17)=2$,

$f(3)=f(13)=f(23)=3$, $f(11)=1$,

$f(19)=f(29)=4$

따라서 함숫값이 2인 정의역의 원소는 2, 7, 17, 함숫값이 4인 정의역의 원소는 19, 29이다.

이때, 집합 A의 부분집합 X를 정의역으로 하는 함수 f의 치역이 $\{2, 4\}$가 되려면 집합 X는 2, 7, 17 중 적어도 하나, 19, 29 중 적어도 하나를 반드시 원소로 가져야 한다.

집합 $\{2, 7, 17, 19, 29\}$의 공집합이 아닌 부분집합의 개수는

$2^5-1=31$

집합 $\{2, 7, 17\}$의 공집합이 아닌 부분집합의 개수는

$2^3-1=7$

집합 $\{19, 29\}$의 공집합이 아닌 부분집합의 개수는

$2^2-1=3$

따라서 구하는 집합 X의 개수는

$31-7-3=21$

답 21

보충설명

주어진 조건을 만족시키는 집합 X는 다음과 같은 21개이다.

$\{2, 19\}$, $\{2, 29\}$, $\{2, 19, 29\}$, $\{7, 19\}$, $\{7, 29\}$, $\{7, 19, 29\}$, $\{17, 19\}$, $\{17, 29\}$, $\{17, 19, 29\}$, $\{2, 7, 19\}$, $\{2, 7, 29\}$, $\{2, 7, 19, 29\}$, $\{2, 17, 19\}$, $\{2, 17, 29\}$, $\{2, 17, 19, 29\}$, $\{7, 17, 19\}$, $\{7, 17, 29\}$, $\{7, 17, 19, 29\}$, $\{2, 7, 17, 19\}$, $\{2, 7, 17, 29\}$, $\{2, 7, 17, 19, 29\}$

23

함수 f가 X에서 X로의 일대일대응이므로

$\{f(1), f(2), f(3), f(4), f(5)\}=\{1, 2, 3, 4, 5\}$

조건 ㈎에서

$f(2)-f(3)=f(5)$ $\therefore f(2)=f(3)+f(5)$ ……㉠

$f(4)-f(1)=f(5)$ $\therefore f(4)=f(1)+f(5)$ ……㉡

$\therefore f(2)>f(3), f(2)>f(5),$

    $f(4)>f(1), f(4)>f(5)$

이때, 조건 ㈏에서 $f(1)<f(2)<f(4)$이므로

$f(3)<f(2)<f(4), f(5)<f(2)<f(4)$

즉, $f(2)=4, f(4)=5$이므로

$\{f(1), f(3), f(5)\}=\{1, 2, 3\}$

그런데 ㉡에서 $f(4)=f(1)+f(5)$이므로 $f(3)=1$이고

$f(1)=2, f(5)=3$ 또는 $f(1)=3, f(5)=2$

(i) $f(1)=2, f(5)=3$일 때,

    $f(2)=4, f(3)=1, f(4)=5$이므로

    $f(3)+f(5)=f(2)$

    따라서 ㉠을 만족시킨다.

(ii) $f(1)=3, f(5)=2$일 때,

    $f(2)=4, f(3)=1, f(4)=5$이므로

    $f(3)+f(5)=3\neq f(2)$

    즉, ㉠을 만족시키지 않는다.

(i), (ii)에서

$f(1)=2, f(2)=4, f(3)=1, f(4)=5, f(5)=3$

$\therefore f(2)+f(5)=4+3=7$

답 ④

24

방정식 $x-[x]=mx+2$의 서로 다른 실근의 개수는 두 함수 $y=x-[x], y=mx+2$의 그래프의 교점의 개수와 같다.

이때, 직선 $y=mx+2$는 항상 점 $(0, 2)$를 지난다.

(i) $m<0$일 때,

    두 함수 $y=x-[x], y=mx+2$의 그래프가 서로 다른 두 점에서 만나려면 직선 $y=mx+2$가 다음 그림의 ㈎와 일치하거나 ㈎와 ㈏ 사이에 존재해야 한다.

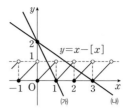

㈎는 점 $(1, 0)$을 지나므로 $m=\dfrac{0-2}{1-0}=-2$

㈏는 점 $(3, 0)$을 지나므로 $m=\dfrac{0-2}{3-0}=-\dfrac{2}{3}$

$\therefore -2\leq m<-\dfrac{2}{3}$

(ii) $m=0$일 때,

    두 함수 $y=x-[x], y=2$의 그래프는 다음 그림과 같다.

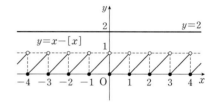

    따라서 $m=0$일 때, 함수 $y=x-[x]$의 그래프와 직선 $y=2$는 만나지 않는다.

(iii) $m>0$일 때,

    두 함수 $y=x-[x], y=mx+2$의 그래프가 서로 다른 두 점에서 만나려면 직선 $y=mx+2$가 다음 그림의 ㈐와 일치하거나 ㈐와 ㈑ 사이에 존재해야 한다.

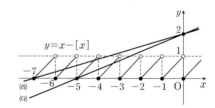

㈐는 점 $(-5, 0)$을 지나므로 $m=\dfrac{0-2}{-5-0}=\dfrac{2}{5}$

㈑는 점 $(-7, 0)$을 지나므로 $m=\dfrac{0-2}{-7-0}=\dfrac{2}{7}$

$\therefore \dfrac{2}{7}<m\leq\dfrac{2}{5}$

(i), (ii), (iii)에서 구하는 m의 값의 범위는

$-2\leq m<-\dfrac{2}{3}$ 또는 $\dfrac{2}{7}<m\leq\dfrac{2}{5}$

답 $-2\leq m<-\dfrac{2}{3}$ 또는 $\dfrac{2}{7}<m\leq\dfrac{2}{5}$

01-1 3	**01**-2 4	**01**-3 12
02-1 -3	**02**-2 -1	
03-1 $h(x)=-4x^2+8x+1$		**03**-2 11
04-1 (1) $\dfrac{8}{9}$ (2) $\dfrac{5}{9}$	**04**-2 8	**05**-1 (1) e (2) a
05-2 4	**06**-1 (1) 풀이참조 (2) $\dfrac{17}{6}$	
07-1 (1) -1 (2) $f^{-1}(x)=\dfrac{1}{2}x-\dfrac{5}{2}$		
07-2 6	**08**-1 $-2<a<2$	**08**-2 3
09-1 10	**09**-2 0	**09**-3 -5
10-1 $\sqrt{2}$	**10**-2 0	**10**-3 21

01-1

$f(x)=\begin{cases} -2x+4 & (0\le x<2) \\ x-2 & (2\le x\le4) \end{cases}$ 에서

$f\left(\dfrac{3}{2}\right)=-2\times\dfrac{3}{2}+4=1$이므로

$(f\circ f)\left(\dfrac{3}{2}\right)=f\left(f\left(\dfrac{3}{2}\right)\right)=f(1)=-2\times1+4=2$

또한, $f\left(\dfrac{5}{2}\right)=\dfrac{5}{2}-2=\dfrac{1}{2}$이고

$(f\circ f)\left(\dfrac{5}{2}\right)=f\left(f\left(\dfrac{5}{2}\right)\right)=f\left(\dfrac{1}{2}\right)=-2\times\dfrac{1}{2}+4=3$

이므로

$(f\circ f\circ f)\left(\dfrac{5}{2}\right)=(f\circ(f\circ f))\left(\dfrac{5}{2}\right)=f(3)=3-2=1$

$\therefore (f\circ f)\left(\dfrac{3}{2}\right)+(f\circ f\circ f)\left(\dfrac{5}{2}\right)=2+1=3$

답 3

01-2

$(g\circ f)(2)=g(f(2))=g(a-4)$
$\qquad\qquad=(a-4)^2-b$

$\therefore (a-4)^2-b=0 \quad\cdots\cdots\text{㉠}$

$(f\circ g)(\sqrt{2})=f(g(\sqrt{2}))=f(2-b)$
$\qquad\qquad=a-2(2-b)=a-4+2b$

$\therefore a-4+2b=1 \quad\cdots\cdots\text{㉡}$

㉡에서 $a-4=1-2b$이므로 이것을 ㉠에 대입하면

$(1-2b)^2-b=0,\ 4b^2-5b+1=0$

$(b-1)(4b-1)=0$

$\therefore b=1$ 또는 $b=\dfrac{1}{4}$

이때, b는 정수이므로 $b=1$이다.

이것을 ㉡에 대입하면 $a-4+2\times1=1$

$a-2=1 \quad \therefore a=3$

$\therefore a+b=3+1=4$

답 4

01-3

치역이 $\{1,\ 3,\ 4\}$이고 $f(1)=1$, $f(2)=4$이므로

$f(a)=3$을 만족시키는 a가 존재해야 한다. 즉,

$f(3)=3$ 또는 $f(4)=3$

또한, $2\notin\{1,\ 3,\ 4\}$이므로 $f(b)=2$를 만족시키는 b가 존재하지 않는다. 즉, $f(3)\ne2$, $f(4)\ne2$

(i) $f(3)=3$, $f(4)=1$이면 함수 $f\circ f\circ f$는 다음 그림과 같다.

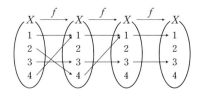

따라서 함수 $f\circ f\circ f$의 치역이 $\{1,\ 3\}$이 되어 모순이다.

(ii) $f(3)=3$, $f(4)=3$이면 함수 $f\circ f\circ f$는 다음 그림과 같다.

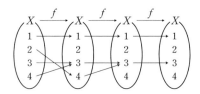

따라서 함수 $f\circ f\circ f$의 치역이 $\{1,\ 3\}$이 되어 모순이다.

(iii) $f(3)=3$, $f(4)=4$이면 함수 $f\circ f\circ f$는 다음 그림과 같다.

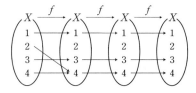

따라서 함수 $f\circ f\circ f$의 치역이 $\{1,\ 3,\ 4\}$가 된다.

(ⅳ) $f(3)=1$, $f(4)=3$이면 함수 $f \circ f \circ f$는 다음 그림과 같다.

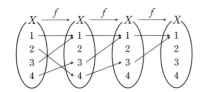

따라서 함수 $f \circ f \circ f$의 치역이 $\{1\}$이 되어 모순이다.

(ⅴ) $f(3)=4$, $f(4)=3$이면 함수 $f \circ f \circ f$는 다음 그림과 같다.

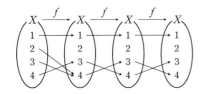

따라서 함수 $f \circ f \circ f$의 치역이 $\{1,\ 3,\ 4\}$가 된다.

(ⅰ)~(ⅴ)에서 $f(3)=3$, $f(4)=4$ 또는 $f(3)=4$, $f(4)=3$이므로

$f(3) \times f(4)=12$

답 12

02-1

$f(x)=4x+a$, $g(x)=ax+4$에서

$(f \circ g)(x)=f(g(x))=f(ax+4)$
$\qquad =4(ax+4)+a=4ax+16+a$

$(g \circ f)(x)=g(f(x))=g(4x+a)$
$\qquad =a(4x+a)+4=4ax+a^2+4$

모든 실수 x에 대하여 $(f \circ g)(x)=(g \circ f)(x)$이므로

$4ax+16+a=4ax+a^2+4$

즉, $16+a=a^2+4$에서

$a^2-a-12=0$, $(a+3)(a-4)=0$

$\therefore\ a=-3$ 또는 $a=4$

이때, $a<0$이므로 $a=-3$

답 -3

02-2

$f(x)=2x-1$, $(h \circ g)(x)=x^2-3x-10$이고

$h \circ (g \circ f)=(h \circ g) \circ f$이므로

$(h \circ (g \circ f))(a)=((h \circ g) \circ f)(a)$
$\qquad =(h \circ g)(f(a))=(h \circ g)(2a-1)$
$\qquad =(2a-1)^2-3(2a-1)-10$
$\qquad =4a^2-10a-6$

즉, $4a^2-10a-6<18$에서 $4a^2-10a-24<0$

$2a^2-5a-12<0$, $(a-4)(2a+3)<0$

$\therefore\ -\dfrac{3}{2}<a<4$

따라서 조건을 만족시키는 정수 a의 최솟값은 -1이다.

답 -1

03-1

$f(x)=\dfrac{1}{2}x+1$, $g(x)=-x^2+5$이므로

$(h \circ f)(x)=h(f(x))=h\left(\dfrac{1}{2}x+1\right)$

이때, $(h \circ f)(x)=g(x)$이므로

$h\left(\dfrac{1}{2}x+1\right)=-x^2+5$ ……㉠

$\dfrac{1}{2}x+1=t$로 놓으면 $x=2t-2$

이것을 ㉠에 대입하면

$h(t)=-(2t-2)^2+5=-4t^2+8t+1$

$\therefore\ h(x)=-4x^2+8x+1$

답 $h(x)=-4x^2+8x+1$

03-2

조건 ㈎에서 $(f \circ g)(x)=2\{g(x)\}^2-1$이므로

$f(g(x))=2\{g(x)\}^2-1$

이때, $g(x)=t$로 놓으면

$f(t)=2t^2-1$ $\qquad \therefore\ f(x)=2x^2-1$

g는 일차함수이므로 $g(x)=ax+b$ $(a \neq 0,\ b$는 실수$)$라 하면

$(g \circ f)(x)=g(f(x))=g(2x^2-1)$
$\qquad =a(2x^2-1)+b$
$\qquad =2ax^2-a+b$ ……㉠

$$2-\{g(x)\}^2=2-(ax+b)^2$$
$$=-a^2x^2-2abx-b^2+2 \quad \cdots\cdots \text{ⓛ}$$

이때, 조건 ㈏에서 ㉠=ⓛ이므로

$$2ax^2-a+b=-a^2x^2-2abx-b^2+2$$

이 등식은 x에 대한 항등식이므로

$$2a=-a^2, \quad -2ab=0, \quad -a+b=-b^2+2$$

$2a=-a^2$에서 $a^2+2a=0$

$a(a+2)=0 \quad \therefore a=-2 \; (\because a\neq0)$

$a=-2$이면 $-2ab=0$에서 $4b=0$

$\therefore b=0$

또한, $a=-2$, $b=0$은 $-a+b=-b^2+2$를 만족시킨다.

$\therefore g(x)=-2x$

따라서 $f(x)=2x^2-1$, $g(x)=-2x$이므로

$$f(3)+g(3)=17+(-6)=11$$

답 11

04-1

(1) $f(x)=\begin{cases} -2x+1 & \left(0\leq x\leq \dfrac{1}{2}\right) \\ 2x-1 & \left(\dfrac{1}{2}<x\leq 1\right) \end{cases}$ 이므로

$f^1\left(\dfrac{1}{9}\right)=f\left(\dfrac{1}{9}\right)=-2\times\dfrac{1}{9}+1=\dfrac{7}{9}$

$f^2\left(\dfrac{1}{9}\right)=f\left(f\left(\dfrac{1}{9}\right)\right)=f\left(\dfrac{7}{9}\right)=2\times\dfrac{7}{9}-1=\dfrac{5}{9}$

$f^3\left(\dfrac{1}{9}\right)=f\left(f^2\left(\dfrac{1}{9}\right)\right)=f\left(\dfrac{5}{9}\right)=2\times\dfrac{5}{9}-1=\dfrac{1}{9}$

$f^4\left(\dfrac{1}{9}\right)=f\left(f^3\left(\dfrac{1}{9}\right)\right)=f\left(\dfrac{1}{9}\right)=\dfrac{7}{9}$

$\therefore f^3\left(\dfrac{1}{9}\right)+f^4\left(\dfrac{1}{9}\right)=\dfrac{1}{9}+\dfrac{7}{9}=\dfrac{8}{9}$

(2) (1)에서 $f^1\left(\dfrac{1}{9}\right)=\dfrac{7}{9}$, $f^2\left(\dfrac{1}{9}\right)=\dfrac{5}{9}$, $f^3\left(\dfrac{1}{9}\right)=\dfrac{1}{9}$,

$f^4\left(\dfrac{1}{9}\right)=\dfrac{7}{9}$, $\cdots$이므로 $n=1, 2, 3, \cdots$일 때 $f^n\left(\dfrac{1}{9}\right)$

의 값은 $\dfrac{7}{9}$, $\dfrac{5}{9}$, $\dfrac{1}{9}$이 순서대로 반복된다.

이때, $56=3\times18+2$이므로

$f^{56}\left(\dfrac{1}{9}\right)=f^2\left(\dfrac{1}{9}\right)=\dfrac{5}{9}$

답 (1) $\dfrac{8}{9}$ (2) $\dfrac{5}{9}$

04-2

$f(x)=\begin{cases} 4-x & (x<0) \\ x-3 & (x\geq0) \end{cases}$ 이므로

$f^1(7)=f(7)=7-3=4$

$f^2(7)=f(f(7))=f(4)=4-3=1$

$f^3(7)=f(f^2(7))=f(1)=1-3=-2$

$f^4(7)=f(f^3(7))=f(-2)=4-(-2)=6$

$f^5(7)=f(f^4(7))=f(6)=6-3=3$

$f^6(7)=f(f^5(7))=f(3)=3-3=0$

$f^7(7)=f(f^6(7))=f(0)=0-3=-3$

$f^8(7)=f(f^7(7))=f(-3)=4-(-3)=7$

따라서 자연수 n의 최솟값은 8이다.

답 8

05-1

직선 $y=x$를 이용하여 점선과 y축이 만나는 점의 좌표를 구하면 오른쪽 그림과 같다.

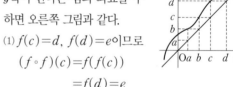

(1) $f(c)=d$, $f(d)=e$이므로

$(f\circ f)(c)=f(f(c))$
$=f(d)=e$

(2) $f(x)=t$로 놓으면

$(f\circ f\circ f)(x)=f(f(f(x)))=f(f(t))=d$

이때, 주어진 그래프에서 $f(c)=d$이므로 $f(t)=c$

또한, $f(b)=c$이므로 $t=b$

이때, $f(x)=b$를 만족시키는 x의 값은 a이므로 구하는 x의 값은 a

답 (1) e (2) a

05-2

주어진 그래프에서 $f(0)=3$, $f(1)=2$, $f(2)=4$, $f(3)=1$, $f(4)=0$이므로

$f^1(1)=f(1)=2$, $f^2(1)=f(f(1))=f(2)=4$

$f^3(1)=f(f^2(1))=f(4)=0$

$f^4(1)=f(f^3(1))=f(0)=3$

$f^5(1)=f(f^4(1))=f(3)=1$

$f^6(1)=f(f^5(1))=f(1)=2$

$\vdots$

따라서 $n=1,\ 2,\ 3,\ \cdots$일 때, $f^n(1)$의 값은 $2,\ 4,\ 0,\ 3,$
1이 순서대로 반복된다.

이때, $567=5\times113+2$이므로

$$f^{567}(1)=f^2(1)=4$$

답 4

06-1

(1) $f(x)=\begin{cases} x & (0\le x<1) \\ 1 & (1\le x<2) \\ 2x-3 & (2\le x\le 3) \end{cases}$

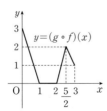

$g(x)=\begin{cases} -3x+3 & (0\le x<1) \\ 2x-2 & (1\le x<2) \\ -x+4 & (2\le x\le 3) \end{cases}$

$\therefore (g\circ f)(x)=g(f(x))$

$$=\begin{cases} -3f(x)+3 & (0\le f(x)<1) \quad {}_{0\le x<1} \\ 2f(x)-2 & (1\le f(x)<2) \quad {}_{1\le x<\frac{5}{2}} \\ -f(x)+4 & (2\le f(x)\le 3) \quad {}_{\frac{5}{2}\le x\le 3} \end{cases}$$

$$=\begin{cases} -3x+3 & (0\le x<1) \\ 2\times 1-2 & (1\le x<2) \\ 2(2x-3)-2 & \left(2\le x<\dfrac{5}{2}\right) \\ -(2x-3)+4 & \left(\dfrac{5}{2}\le x\le 3\right) \end{cases}$$

$$=\begin{cases} -3x+3 & (0\le x<1) \\ 0 & (1\le x<2) \\ 4x-8 & \left(2\le x<\dfrac{5}{2}\right) \\ -2x+7 & \left(\dfrac{5}{2}\le x\le 3\right) \end{cases}$$

따라서 함수 $y=(g\circ f)(x)$의 그래프는 다음 그림과 같다.

(2) 방정식 $(g\circ f)(x)=2$의 실근은 함수 $y=(g\circ f)(x)$의
그래프와 직선 $y=2$의 교점의 x좌표와 같다.

함수 $y=(g\circ f)(x)$의 그래프와
직선 $y=2$는 오른쪽 그림과 같이 두
점에서 만난다. 이때, 교점의 x좌표는
$0\le x<1$일 때,

$-3x+3=2$에서 $x=\dfrac{1}{3}$

$2\le x\le 3$일 때, $x=\dfrac{5}{2}$

따라서 방정식 $(g\circ f)(x)=2$의 모든 실근의 합은

$$\dfrac{1}{3}+\dfrac{5}{2}=\dfrac{17}{6}$$

답 (1) 풀이참조   (2) $\dfrac{17}{6}$

07-1

$f(2x+1)=4x+7$에서

$2x+1=t$라 하면 $x=\dfrac{t-1}{2}$이므로

$f(t)=4\times\dfrac{t-1}{2}+7=2t+5$

$\therefore f(x)=2x+5$

(1) $f^{-1}(3)=k$라 하면 $f(k)=3$이므로

   $2k+5=3$ $\therefore k=-1$

   $\therefore f^{-1}(3)=-1$

(2) $f(x)=2x+5$에서 $y=2x+5$라 하면 $x=\dfrac{1}{2}y-\dfrac{5}{2}$

   x와 y를 서로 바꾸면 $y=\dfrac{1}{2}x-\dfrac{5}{2}$

   $\therefore f^{-1}(x)=\dfrac{1}{2}x-\dfrac{5}{2}$

답 (1) -1 (2) $f^{-1}(x)=\dfrac{1}{2}x-\dfrac{5}{2}$

다른풀이

(1) $f(2x+1)=4x+7$에서 $f^{-1}(4x+7)=2x+1$

   이 식에 $x=-1$을 대입하면

   $f^{-1}(3)=-1$

(2) $f^{-1}(4x+7)=2x+1$에서 $4x+7=t$라 하면

   $x=\dfrac{t-7}{4}$이므로

   $f^{-1}(t)=2\times\dfrac{t-7}{4}+1=\dfrac{t-5}{2}$

   $\therefore f^{-1}(x)=\dfrac{1}{2}x-\dfrac{5}{2}$

07-2

함수 $f(x) = \begin{cases} 2x-4 & (x<3) \\ x-1 & (x \geq 3) \end{cases}$ 의

그래프는 오른쪽 그림과 같으므로
일대일대응이다.

즉, f의 역함수가 존재하고
$(f \circ g)(x) = x$이므로
$g(x) = f^{-1}(x)$

또한, $x < 3$일 때 $f(x) = 2x-4 < 2$이고
$x \geq 3$일 때 $f(x) = x-1 \geq 2$이다.

(i) $g(0) = a$라 하면 $f(a) = 0$

　이때, $0 < 3$이므로 $a < 3$이고 $f(a) = 0$에서
　$2a - 4 = 0$ 　 $\therefore a = 2$
　$\therefore g(0) = 2$

(ii) $g(3) = b$라 하면 $f(b) = 3$

　이때, $3 \geq 3$이므로 $b \geq 3$이고 $f(b) = 3$에서
　$b - 1 = 3$ 　 $\therefore b = 4$
　$\therefore g(3) = 4$

(i), (ii)에서
$g(0) + g(3) = 2 + 4 = 6$

답 6

다른풀이

함수 f는 일대일대응이므로 역함수가 존재하고
$(f \circ g)(x) = x$이므로
$g(x) = f^{-1}(x)$

(i) $x < 3$일 때,

　$y = 2x - 4$라 하면 $y < 2$이고 $x = \dfrac{y}{2} + 2$

　x와 y를 서로 바꾸면 $y = \dfrac{x}{2} + 2$

　$\therefore f^{-1}(x) = \dfrac{x}{2} + 2 \ (x < 2)$

(ii) $x \geq 3$일 때,

　$y = x - 1$이라 하면 $y \geq 2$이고 $x = y + 1$

　x와 y를 서로 바꾸면 $y = x + 1$

　$\therefore f^{-1}(x) = x + 1 \ (x \geq 2)$

(i), (ii)에서 $g(x) = f^{-1}(x) = \begin{cases} \dfrac{x}{2} + 2 & (x < 2) \\ x + 1 & (x \geq 2) \end{cases}$

$\therefore g(0) + g(3) = 2 + 4 = 6$

08-1

$f(x) = a|x+4| + 2x + 1$에서

(i) $x < -4$일 때,

　$f(x) = -a(x+4) + 2x + 1$
　　　$= (2-a)x - 4a + 1$

(ii) $x \geq -4$일 때,

　$f(x) = a(x+4) + 2x + 1$
　　　$= (2+a)x + 4a + 1$

(i), (ii)에서 함수 f의 역함수가 존재하려면 일대일대응이어
야 하므로 $x < -4$일 때와 $x \geq -4$일 때의 그래프의 기울기
의 부호가 서로 같아야 한다.

따라서 $(2-a)(2+a) > 0$ 이므로
$-2 < a < 2$

답 $-2 < a < 2$

08-2

$g(x) = ax + 2$, $h(x) = bx - 2$라 하면 집합
$X = \{x \,|\, 0 \leq x \leq 5\}$에서 집합 $Y = \{y \,|\, 2 \leq y \leq 13\}$로의 함

수 $f(x) = \begin{cases} g(x) & (0 \leq x < 2) \\ h(x) & (2 \leq x \leq 5) \end{cases}$ 의 역함수가 존재하므로 f는

일대일대응이고 그 그래프는 오른쪽 그
림과 같아야 한다.

즉, $h(5) = 13$, $g(2) = h(2)$가 성립
해야 한다.

$h(5) = 13$에서
$5b - 2 = 13$ 　 $\therefore b = 3$
$g(2) = h(2)$에서 $2a + 2 = 2b - 2$
이때, $b = 3$이므로 $2a + 2 = 4$ 　 $\therefore a = 1$
$\therefore ab = 3$

답 3

09-1

$(f \circ (f^{-1} \circ g)^{-1} \circ f^{-1})(0) = (f \circ g^{-1} \circ f \circ f^{-1})(0)$
　　　　　　　　　　　　　　$= (f \circ g^{-1})(0)$
　　　　　　　　　　　　　　$= f(g^{-1}(0))$

이때, $g^{-1}(0) = t$로 놓으면 $g(t) = 0$이므로
$-t + 3 = 0$ 　 $\therefore t = 3$

$$\therefore (f \circ (f^{-1} \circ g)^{-1} \circ f^{-1})(0) = f(g^{-1}(0)) = f(3)$$
$$= 3^2 + 1 = 10$$

답 10

09-2

$g(-1) = 2 \times (-1) + 3 = 1$이므로
$(g^{-1} \circ f)^{-1}(-1) = (f^{-1} \circ g)(-1)$
$$= f^{-1}(g(-1)) = f^{-1}(1)$$
이때, $f^{-1}(1) = k$라 하면 $f(k) = 1$이므로
$2k^2 - 1 = 1,\ k^2 = 1$ $\quad \therefore k = 1 \ (\because k \geq 0)$
$\therefore (g^{-1} \circ f)^{-1}(-1) = f^{-1}(1) = 1$
한편, $(g \circ f^{-1})^{-1}(3) = (f \circ g^{-1})(3) = f(g^{-1}(3))$
이때, $g^{-1}(3) = l$이라 하면 $g(l) = 3$이므로
$2l + 3 = 3$ $\quad \therefore l = 0$
$\therefore (g \circ f^{-1})^{-1}(3) = f(g^{-1}(3)) = f(0) = 2 \times 0^2 - 1 = -1$
$\therefore (g^{-1} \circ f)^{-1}(-1) + (g \circ f^{-1})^{-1}(3)$
$\quad = 1 + (-1) = 0$

답 0

다른풀이
$(g^{-1} \circ f)^{-1}(-1) = (f^{-1} \circ g)(-1) = m$으로 놓으면
$(f \circ (f^{-1} \circ g))(-1) = f(m)$
$\therefore g(-1) = f(m)$
즉, $1 = 2m^2 - 1$에서 $m = 1 \ (\because m \geq 0)$
$\therefore (g^{-1} \circ f)^{-1}(-1) = m = 1$

09-3

$(f^{-1} \circ g)^{-1} \circ h = f$에서
$g^{-1} \circ f \circ h = f$
즉, $g \circ (g^{-1} \circ f \circ h) = g \circ f$에서
$f \circ h = g \circ f$
또한, $f^{-1} \circ (f \circ h) = f^{-1} \circ g \circ f$에서
$h = f^{-1} \circ g \circ f$
$\therefore h(-2) = (f^{-1} \circ g \circ f)(-2)$
$\quad = f^{-1}(g(f(-2)))$
$\quad = f^{-1}(g(5)) \ (\because f(x) = -2x + 1)$
$\quad = f^{-1}(11) \ (\because g(x) = 3x - 4)$

이때, $f^{-1}(11) = t$라 하면 $f(t) = 11$이므로
$-2t + 1 = 11$ $\quad \therefore t = -5$
$\therefore h(-2) = f^{-1}(11) = -5$

답 −5

다른풀이
$(f^{-1} \circ g)^{-1} \circ h = f$에서
$((f^{-1} \circ g)^{-1} \circ h)(-2) = f(-2) = 5$
즉, $(f^{-1} \circ g)^{-1}(h(-2)) = 5$에서
$h(-2) = (f^{-1} \circ g)(5) = f^{-1}(g(5)) = f^{-1}(11)$
이때, $f^{-1}(11) = t$라 하면 $f(t) = 11$에서
$-2t + 1 = 11$ $\quad \therefore t = -5$
$\therefore h(-2) = f^{-1}(11) = -5$

10-1

$f(x) = x^2 - 6x + 12 = (x-3)^2 + 3 \ (x \geq 3)$
즉, $x \geq 3$에서 함수 $y = f(x)$는 이차함수의 일부분이고 증가하는 함수이다.
이때, $y = f(x)$의 그래프는 역함수 $y = f^{-1}(x)$의 그래프와 직선 $y = x$에 대하여 대칭이므로 다음 그림과 같이 두 함수 $y = f(x)$의 그래프와 그 역함수 $y = f^{-1}(x)$의 그래프의 교점은 함수 $y = f(x)$의 그래프와 직선 $y = x$의 교점과 같다.

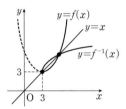

즉, 교점의 x좌표는 이차방정식 $x^2 - 6x + 12 = x$, 즉
$x^2 - 7x + 12 = 0$의 두 실근이므로
$(x-3)(x-4) = 0$
$\therefore x = 3$ 또는 $x = 4$
따라서 P(3, 3), Q(4, 4) 또는 P(4, 4), Q(3, 3)이므로
$\overline{PQ} = \sqrt{(4-3)^2 + (4-3)^2} = \sqrt{2}$

답 $\sqrt{2}$

10-2

$f(x) = x^2 + 2x + k$
$\quad = (x+1)^2 + k - 1 \ (x \geq -1)$

$x \geq -1$에서 함수 $y=f(x)$의 그래프는 꼭짓점이 $(-1, k-1)$이고 아래로 볼록한 이차함수의 그래프의 일부분이므로 다음 그림과 같다.

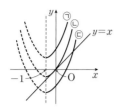

즉, 함수 $y=f(x)$의 그래프가 그 역함수 $y=f^{-1}(x)$의 그래프와 만나려면 함수 $y=f(x)$의 그래프와 직선 $y=x$가 ⓒ과 같이 접하거나 ⓒ과 같이 한 점에서 만나야 하므로 이차방정식 $f(x)=x$가 $x \geq -1$에서 실근을 가져야 한다.

이차방정식 $f(x)=x$에서

$x^2+2x+k=x$ $\therefore$ $x^2+x+k=0$

이 이차방정식이 $x \geq -1$에서 실근을 가지려면 $g(x)=x^2+x+k$라 할 때, 이차함수 $y=g(x)$의 그래프가 $x \geq -1$에서 x축과 만나야 한다.

이때, $g(x)=x^2+x+k=\left(x+\dfrac{1}{2}\right)^2+k-\dfrac{1}{4}$이므로 꼭짓점의 y좌표가 $k-\dfrac{1}{4} \leq 0$이어야 한다.

$\therefore$ $k \leq \dfrac{1}{4}$

따라서 정수 k의 최댓값은 0이다.

답 0

보충설명

함수 $g(x)=x^2+x+k$ $(x \geq -1)$의 꼭짓점의 좌표는 $\left(-\dfrac{1}{2}, k-\dfrac{1}{4}\right)$이므로 $k-\dfrac{1}{4} \leq 0$ 즉, $k \leq \dfrac{1}{4}$이면 함수 $y=g(x)$의 그래프는 오른쪽 그림과 같이 $x \geq -1$에서 반드시 x축과 만난다.

또한, 함수 $y=g(x)$의 그래프의 축의 방정식이 $x=-\dfrac{1}{2}$이므로 k의 값의 범위에 따라 교점의 개수는 다음과 같이 달라진다.

(i) $0 \leq k < \dfrac{1}{4}$이면 함수 $y=g(x)$의 그래프는 오른쪽 그림과 같으므로 함수 $y=g(x)$의 그래프와 x축은 $-1 \leq x \leq 0$인 두 점에서 만난다.

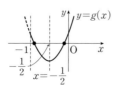

(ii) $k<0$이면 함수 $y=g(x)$의 그래프는 오른쪽 그림과 같으므로 함수 $y=g(x)$의 그래프와 x축은 $x \geq 0$인 한 점에서 만난다.

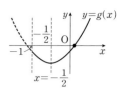

10-3

$f(x)=\begin{cases} 4x+3 & (x<0) \\ \dfrac{1}{2}x+3 & (x \geq 0) \end{cases}$ 에서

함수 $y=f(x)$의 그래프와 그 역함수 $y=f^{-1}(x)$의 그래프는 오른쪽 그림과 같다.

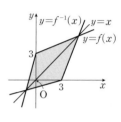

이때, 두 함수 $y=f(x)$, $y=f^{-1}(x)$의 그래프의 교점은 함수 $y=f(x)$의 그래프와 직선 $y=x$의 교점과 같으므로 교점의 x좌표는

$x<0$일 때,

$4x+3=x$에서 $x=-1$

$x \geq 0$일 때,

$\dfrac{1}{2}x+3=x$에서 $x=6$

따라서 두 교점은 $(-1, -1)$, $(6, 6)$이다.

한편, 두 교점 사이의 거리는

$\sqrt{\{6-(-1)\}^2+\{6-(-1)\}^2}=7\sqrt{2}$

점 $(0, 3)$과 직선 $y=x$, 즉 $x-y=0$ 사이의 거리는

$\dfrac{|0-3|}{\sqrt{1^2+(-1)^2}}=\dfrac{3\sqrt{2}}{2}$

즉, 함수 $y=f(x)$의 그래프와 직선 $y=x$로 둘러싸인 도형의 넓이는

$\dfrac{1}{2} \times 7\sqrt{2} \times \dfrac{3\sqrt{2}}{2}=\dfrac{21}{2}$

따라서 두 함수 $y=f(x)$, $y=f^{-1}(x)$의 그래프로 둘러싸인 도형의 넓이는

$2 \times \dfrac{21}{2}=21$

답 21

01 (1) -3 (2) 15 (3) -7 **02** 4 **03** 6

04 ④   **05** 2 **06** ③   **07** -3

08 5 **09** $k=0$ 또는 $k>4$ **10** 4

11 ②   **12** ⑤   **13** -1 **14** ②

15 ⑤   **16** 7 **17** -1 **18** 4

19 5 **20** 4 **21** 12

22 $(3-\sqrt{5}, 3-\sqrt{5})$, $(0, 2)$, $(2, 0)$ **23** ⑤

01

$f(x)=\begin{cases} -x^2+1 & (x<0) \\ 2x+1 & (x\geq 0) \end{cases}$, $g(x)=x^2-4$,

$h(x)=|x-3|$에서

(1) $f(1)=3$이고 $g(3)=5$이므로

$(g\circ f)(1)=g(f(1))=g(3)=5$

또한, $g(1)=-3$, $f(-3)=-8$이므로

$(f\circ g)(1)=f(g(1))=f(-3)=-8$

$\therefore (g\circ f)(1)+(f\circ g)(1)$

$=5+(-8)=-3$

(2) $g(2)=0$, $h(0)=3$이므로

$(h\circ g)(2)=h(g(2))=h(0)=3$

또한, $h(-1)=4$, $g(4)=12$이므로

$(g\circ h)(-1)=g(h(-1))=g(4)=12$

$\therefore (h\circ g)(2)+(g\circ h)(-1)$

$=3+12=15$

(3) $h(2)=1$, $g(1)=-3$, $f(-3)=-8$이므로

$((f\circ g)\circ h)(2)=(f\circ g)(h(2))$

$=f(g(h(2)))$

$=f(g(1))=f(-3)=-8$

또한, $h(5)=2$, $g(2)=0$, $f(0)=1$이므로

$(f\circ (g\circ h))(5)=f((g\circ h)(5))$

$=f(g(h(5)))$

$=f(g(2))=f(0)=1$

$\therefore ((f\circ g)\circ h)(2)+(f\circ (g\circ h))(5)$

$=(-8)+1$

$=-7$

답 (1) -3 (2) 15 (3) -7

02

함수 $f : X \longrightarrow X$가 일대일대응이려면 집합 X의 모든 원소가 집합 X의 모든 원소에 하나씩 대응되어야 한다.

$f(2)=3$이므로 $f\circ f$를 오른쪽 그림과 같이 나타내고 일대일대응인 함수 f가

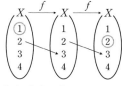

$(f\circ f)(1)=f(f(1))=2$를 만족시키는 경우를 $f(1)$의 값에 따라 살펴보자.

(i) $f(1)=1$이면

$(f\circ f)(1)=f(f(1))=f(1)=1\neq 2$

(ii) $f(1)=2$이면

$(f\circ f)(1)=f(f(1))=f(2)=3\neq 2$

(iii) $f(1)=3$이면

$f(2)=3$에서 함수 f가 일대일대응이라는 조건을 만족시키지 않는다.

(iv) $f(1)=4$이면

$(f\circ f)(1)=f(f(1))=f(4)=2$

(i)~(iv)에서 $f(2)=3$, $f(1)=4$, $f(4)=2$이고 f는 일대일대응이므로 $f(3)=1$

즉, 함수 f의 대응 관계를 그림으로 나타내면 다음과 같다.

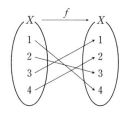

$\therefore (f\circ f)(3)=f(f(3))=f(1)=4$

답 4

03

$f(x)=2x-3$, $g(x)=x^2+2x$에서

$(g\circ f)(x)=g(f(x))=g(2x-3)$

$=(2x-3)^2+2(2x-3)$

$=4x^2-8x+3$

$(f\circ g)(x)=f(g(x))=f(x^2+2x)$

$=2(x^2+2x)-3$

$=2x^2+4x-3$

즉, 방정식 $(g \circ f)(x) = (f \circ g)(x)$에서

$4x^2 - 8x + 3 = 2x^2 + 4x - 3$

$2x^2 - 12x + 6 = 0$

$\therefore x^2 - 6x + 3 = 0$

따라서 이차방정식 $x^2 - 6x + 3 = 0$의 모든 실근의 합은 근과 계수의 관계에 의하여 6이다.

답 6

04

조건 ㈎에서 $(f \circ g)(x) = f(g(x)) = \{g(x) - 1\}^2 + 4$이므로 $g(x) = t$로 놓으면

$f(t) = (t-1)^2 + 4$
$\quad = t^2 - 2t + 5$

$\therefore f(x) = x^2 - 2x + 5$

또한, $g(x) = ax + b$ $(a \neq 0, b$는 실수)이므로

$(g \circ f)(x) = g(f(x))$
$\qquad = g(x^2 - 2x + 5)$
$\qquad = a(x^2 - 2x + 5) + b$
$\qquad = ax^2 - 2ax + 5a + b \qquad \cdots\cdots \text{㉠}$

$2\{g(x)\}^2 + \dfrac{3}{2} = 2(ax+b)^2 + \dfrac{3}{2}$

$\qquad\qquad\qquad = 2a^2x^2 + 4abx + 2b^2 + \dfrac{3}{2} \qquad \cdots\cdots \text{㉡}$

조건 ㈏에서 ㉠＝㉡이므로

$ax^2 - 2ax + 5a + b = 2a^2x^2 + 4abx + 2b^2 + \dfrac{3}{2}$

이 식이 x에 대한 항등식이므로

$a = 2a^2, \ -2a = 4ab$

$5a + b = 2b^2 + \dfrac{3}{2}$

$a = 2a^2$에서 $a \neq 0$이므로 $a = \dfrac{1}{2}$

$a = \dfrac{1}{2}$을 $-2a = 4ab$에 대입하면

$-1 = 2b \qquad \therefore b = -\dfrac{1}{2}$

또한, $a = \dfrac{1}{2}, b = -\dfrac{1}{2}$은 $5a + b = 2b^2 + \dfrac{3}{2}$을 만족시킨다.

$\therefore ab = \dfrac{1}{2} \times \left(-\dfrac{1}{2}\right) = -\dfrac{1}{4}$

답 ④

05

$f(x) = -x + 4, \ g(x) = \begin{cases} 3-x & (x \leq 2) \\ x-1 & (x > 2) \end{cases}$에서

$(h \circ f)(x) = g(x)$이므로 $h(f(x)) = g(x)$

$\therefore h(-x+4) = \begin{cases} 3-x & (x \leq 2) \\ x-1 & (x > 2) \end{cases} \qquad \cdots\cdots \text{㉠}$

$-x + 4 = t$로 놓으면 $x = 4 - t$

이것을 ㉠에 대입하면

$h(t) = \begin{cases} 3-(4-t) & (4-t \leq 2) \\ (4-t)-1 & (4-t > 2) \end{cases}$

$\qquad = \begin{cases} t-1 & (t \geq 2) \\ -t+3 & (t < 2) \end{cases}$

$\therefore h(3) = 3 - 1 = 2$

답 2

다른풀이

$h(-x+4) = g(x)$에서

$-x + 4 = 3, \ x = 1$

$\therefore h(3) = g(1) = 2$

06

$f(x) = \begin{cases} -x+5 & (x < 0) \\ x-3 & (x \geq 0) \end{cases}$이므로

$f^1(8) = f(8) = 5$

$f^2(8) = f(f(8)) = f(5) = 2$

$f^3(8) = f(f^2(8)) = f(2) = -1$

$f^4(8) = f(f^3(8)) = f(-1) = 6$

$f^5(8) = f(f^4(8)) = f(6) = 3$

$f^6(8) = f(f^5(8)) = f(3) = 0$

$f^7(8) = f(f^6(8)) = f(0) = -3$

$f^8(8) = f(f^7(8)) = f(-3) = 8$

$f^9(8) = f(f^8(8)) = f(8) = 5$

$\qquad\qquad \vdots$

즉, $n = 1, 2, 3, \cdots$일 때, $f^n(8)$의 값은

$5, 2, -1, 6, 3, 0, -3, 8$

이 순서대로 반복된다.

이때, $100 = 8 \times 12 + 4$이므로

$f^{100}(8) = f^4(8) = 6$

답 ③

07

$f(x)=\begin{cases} x^2-2ax+8 & (x<0) \\ x+8 & (x\geq 0) \end{cases}$, $g(x)=x+6$에서

$(g\circ f)(x)=g(f(x))=f(x)+6$

$\qquad =\begin{cases} (x^2-2ax+8)+6 & (x<0) \\ (x+8)+6 & (x\geq 0) \end{cases}$

$\qquad =\begin{cases} (x-a)^2-a^2+14 & (x<0) \\ x+14 & (x\geq 0) \end{cases}$

이때, $a\geq 0$이면 합성함수 $y=(g\circ f)(x)$의 그래프는 다음 그림과 같으므로 치역은 $\{y|y\geq 14\}$이다.

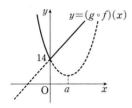

즉, 조건을 만족시키지 않으므로 $a<0$이어야 한다.

$a<0$일 때, 합성함수 $g\circ f$의 치역이 $\{y|y\geq 5\}$이려면 합성함수 $y=(g\circ f)(x)$의 그래프가 다음 그림과 같아야 하므로 이차함수 $y=(x-a)^2-a^2+14$의 그래프의 꼭짓점의 y좌표가 5이어야 한다.

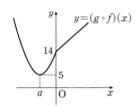

따라서 $-a^2+14=5$이므로

$a^2=9$ $\quad \therefore a=-3$ $(\because a<0)$

답 -3

08

$(f\circ f)(a)=f(f(a))=3$에서 $f(a)=t$로 놓으면

$f(t)=3$

주어진 그래프에서

$0\leq t\leq 1$

즉, $0\leq f(a)\leq 1$이므로

$\dfrac{5}{3}\leq a\leq 3$

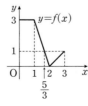

따라서 실수 a의 최댓값은 $M=3$, 최솟값은 $m=\dfrac{5}{3}$이므로

$Mm=3\times\dfrac{5}{3}=5$

답 5

보충설명 ─────────────

함수 $y=f(x)$의 그래프에서

두 점 $(1, 3)$, $(2, 0)$을 지나는 직선의 방정식은

$y-3=\dfrac{0-3}{2-1}(x-1)$ $\quad \therefore y=-3x+6$

두 점 $(2, 0)$, $(3, 1)$을 지나는 직선의 방정식은

$y-0=\dfrac{1-0}{3-2}(x-2)$ $\quad \therefore y=x-2$

$\therefore f(x)=\begin{cases} 3 & (0\leq x<1) \\ -3x+6 & (1\leq x<2) \\ x-2 & (2\leq x\leq 3) \end{cases}$

이때, $f(k)=1$이라 하면

$1\leq k<2$일 때, $-3k+6=1$ $\quad \therefore k=\dfrac{5}{3}$

$2\leq k\leq 3$일 때, $k-2=1$ $\quad \therefore k=3$

따라서 $0\leq f(a)\leq 1$을 만족시키는 실수 a의 값의 범위는

$\dfrac{5}{3}\leq a\leq 3$이다.

─────────────────────

09

$(f\circ g)(x)=|x^2-4|$, $h(x)=-x+3$

이고 함수의 합성에서는 결합법칙이 성립하므로

$(f\circ(g\circ h))(x)=((f\circ g)\circ h)(x)$

$\qquad =(f\circ g)(h(x))$

$\qquad =(f\circ g)(-x+3)$

$\qquad =|(-x+3)^2-4|$

$\qquad =|x^2-6x+5|$

즉, 방정식 $|x^2-6x+5|=k$가 서로 다른 두 실근을 가지려면 함수 $y=|x^2-6x+5|$의 그래프와 직선 $y=k$가 서로 다른 두 점에서 만나야 한다.

이때, $x^2-6x+5\leq 0$을 만족시키는 x의 값의 범위는

$(x-1)(x-5)\leq 0$ $\quad \therefore 1\leq x\leq 5$

$\therefore y=|x^2-6x+5|$

$\qquad =\begin{cases} x^2-6x+5 & (x<1 \text{ 또는 } x>5) \\ -x^2+6x-5 & (1\leq x\leq 5) \end{cases}$

즉, 함수 $y=|x^2-6x+5|$의 그래프
는 오른쪽 그림과 같다.
따라서 구하는 k의 값 또는 범위는
$k=0$ 또는 $k>4$

답 $k=0$ 또는 $k>4$

보충설명

함수 $y=|x^2-6x+5|$의 그래프는 함수 $y=x^2-6x+5$의 그래프에서 $y\geq0$인 부분은 그대로 두고 $y<0$인 부분은 x축에 대하여 대칭이동한 것과 같다.

10

함수 $y=f(x)$의 그래프에서

$$f(x)=\begin{cases} -2x+2 & (0\leq x<1) \\ 2x-2 & (1\leq x\leq2) \end{cases}$$

이때, $f(x)=t\ (0\leq x\leq2)$라 하면
$f(f(x))=f(x)$에서 $f(t)=t$

(i) $0\leq t<1$일 때,

$\quad -2t+2=t$, $3t=2$ $\quad\therefore\ t=\dfrac{2}{3}$

(ii) $1\leq t\leq2$일 때,

$\quad 2t-2=t$ $\quad\therefore\ t=2$

(i), (ii)에서 $f(x)=\dfrac{2}{3}$ 또는 $f(x)=2$

방정식 $f(f(x))=f(x)$, 즉 $f(x)=\dfrac{2}{3}$ 또는 $f(x)=2$의 실

근은 함수 $y=f(x)$의 그래프와 직선 $y=\dfrac{2}{3}$, $y=2$가 만나

는 점의 x좌표와 같으므로 다음 그림에서

$x=0$ 또는 $x=\dfrac{2}{3}$ 또는 $x=\dfrac{4}{3}$ 또는 $x=2$

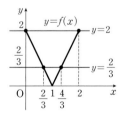

따라서 구하는 방정식의 모든 실근의 합은

$0+\dfrac{2}{3}+\dfrac{4}{3}+2=4$

답 4

다른풀이

$f(x)=\begin{cases} -2x+2 & (0\leq x<1) \\ 2x-2 & (1\leq x\leq2) \end{cases}$에서

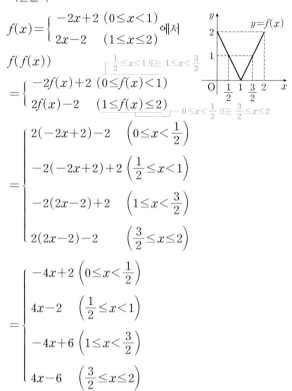

$f(f(x))$ $\overbrace{}^{\frac{1}{2}\leq x<1 \text{ 또는 } 1\leq x<\frac{3}{2}}$

$=\begin{cases} -2f(x)+2 & (0\leq f(x)<1) \\ 2f(x)-2 & (1\leq f(x)\leq2) \end{cases}$ $\underbrace{}_{0\leq x<\frac{1}{2} \text{ 또는 } \frac{3}{2}\leq x\leq2}$

$=\begin{cases} 2(-2x+2)-2 & \left(0\leq x<\dfrac{1}{2}\right) \\ -2(-2x+2)+2 & \left(\dfrac{1}{2}\leq x<1\right) \\ -2(2x-2)+2 & \left(1\leq x<\dfrac{3}{2}\right) \\ 2(2x-2)-2 & \left(\dfrac{3}{2}\leq x\leq2\right) \end{cases}$

$=\begin{cases} -4x+2 & \left(0\leq x<\dfrac{1}{2}\right) \\ 4x-2 & \left(\dfrac{1}{2}\leq x<1\right) \\ -4x+6 & \left(1\leq x<\dfrac{3}{2}\right) \\ 4x-6 & \left(\dfrac{3}{2}\leq x\leq2\right) \end{cases}$

두 함수 $y=(f\circ f)(x)$, $y=f(x)$의 그래프는 각각 다음 그림과 같다.

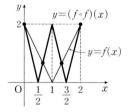

(i) $0\leq x<\dfrac{1}{2}$일 때, $f(f(x))=f(x)$에서

$\quad -4x+2=-2x+2$ $\quad\therefore\ x=0$

(ii) $\dfrac{1}{2}\leq x<1$일 때, $f(f(x))=f(x)$에서

$\quad 4x-2=-2x+2$ $\quad\therefore\ x=\dfrac{2}{3}$

(iii) $1\leq x<\dfrac{3}{2}$일 때, $f(f(x))=f(x)$에서

$\quad -4x+6=2x-2$ $\quad\therefore\ x=\dfrac{4}{3}$

(iv) $\dfrac{3}{2}\leq x\leq2$일 때, $f(f(x))=f(x)$에서

$\quad 4x-6=2x-2$ $\quad\therefore\ x=2$

(i)~(iv)에서 구하는 모든 실근은

$x=0$ 또는 $x=\dfrac{2}{3}$ 또는 $x=\dfrac{4}{3}$ 또는 $x=2$

이므로 그 합은

$$0+\dfrac{2}{3}+\dfrac{4}{3}+2=4$$

보충설명

$(f \circ f)(x)=f(x)$와 $f(x)=x$는 같은 것일까?

$(f \circ f)(x)=f(f(x))=f(x)$에서 $f(x)=t$로 놓으면 $f(t)=t$이
므로 $f(x)=x$와 같다고 생각할 수 있다.

그러나 $f(k)=t$ $(k \neq t)$를 만족시키는 k가 존재하면
$f(f(k))=f(t)=t$이므로 방정식 $(f \circ f)(x)=f(x)$는 $x=t$ 이
외에 $x=k$를 근으로 갖는다.

즉, $f(x)$는 x와 같지 않을 수 있다.

11

$f(1)=2$에서 $f^{-1}(2)=1$이고

$f(3)=1$에서 $f^{-1}(1)=3$이므로

$$
\begin{aligned}
(f \circ f)^{-1}(2)&=(f^{-1} \circ f^{-1})(2)\\
&=f^{-1}(f^{-1}(2))\\
&=f^{-1}(1)=3
\end{aligned}
$$

또한, $(f \circ g)^{-1} \circ g=g^{-1} \circ f^{-1} \circ g$이므로

$$
\begin{aligned}
((f \circ g)^{-1} \circ g)(3)&=(g^{-1} \circ f^{-1} \circ g)(3)\\
&=g^{-1}(f^{-1}(g(3)))\\
&=g^{-1}(f^{-1}(1)) \ (\because g(3)=1)\\
&=g^{-1}(3)=1 \ (\because g(1)=3)
\end{aligned}
$$

$\therefore (f \circ f)^{-1}(2)+((f \circ g)^{-1} \circ g)(3)$

$\quad=3+1=4$

답 ②

12

$f(x)=\begin{cases} -x^2+2x & (x<1) \\ 2x^2-1 & (x \geq 1) \end{cases}$에서

$x<1$일 때, $f(x)=-x^2+2x<1$

$x \geq 1$일 때, $f(x)=2x^2-1 \geq 1$

$f^{-1}(7)=k$라 하면 $f(k)=7$

즉, $f(k) \geq 1$이므로 $k \geq 1$이고

$2k^2-1=7$ $\quad \therefore k=2 \ (\because k \geq 1)$

따라서 $f^{-1}(7)=2$이므로 $f^{-1}(7)+f(t)=-1$에서

$f(t)=-3$

즉, $f(t)<1$이므로 $t<1$이고

$-t^2+2t=-3$, $t^2-2t-3=0$

$(t-3)(t+1)=0$ $\quad \therefore t=-1 \ (\because t<1)$

답 ⑤

13

$f(x)=\begin{cases} x^2 & (x<0) \\ (a-1)x+a^2-1 & (x \geq 0) \end{cases}$에서 함수 f의 역함수가

존재하려면 일대일대응이어야 하므로
함수 $y=f(x)$의 그래프는 오른쪽 그
림과 같아야 한다. 즉, $f(0)=0$이고
직선 $y=(a-1)x+a^2-1$의 기울기
는 음수이어야 하므로

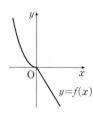

$a-1<0$, $a^2-1=0$

$a^2-1=0$에서 $(a-1)(a+1)=0$

$\therefore a=-1 \ (\because a<1)$

답 -1

14

$f^{-1}(3)=5$에서 $f(5)=3$

$g^{-1}(3)=k$라 하면 $g(k)=3$

$\therefore g(k)=f(5)$

그런데 $g(x)=f(4x-1)$이므로

$g(k)=f(4k-1)=f(5)$

이때, 함수 f는 역함수가 존재하므로 일대일대응이다.

즉, $4k-1=5$에서 $k=\dfrac{3}{2}$이므로

$g^{-1}(3)=k=\dfrac{3}{2}$

답 ②

다른풀이

$g(x)=f(4x-1)$에서 $y=g(x)$로 놓으면 $y=f(4x-1)$

x와 y를 서로 바꾸면

$x=f(4y-1)$

즉, $f^{-1}(x)=4y-1$에서

$y=\dfrac{1}{4}\{f^{-1}(x)+1\}$

$$\therefore g^{-1}(x)=\frac{1}{4}\{f^{-1}(x)+1\}$$

$$\therefore g^{-1}(3)=\frac{1}{4}\{f^{-1}(3)+1\}=\frac{1}{4}(5+1)=\frac{3}{2}$$

15

주어진 그래프에서 직선 $y=x$를 이용하여 점선과 y축이 만나는 점의 y좌표를 구하면 다음 그림과 같다.

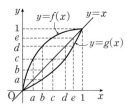

$g(b)=a$에서 $g^{-1}(a)=b$이므로
$$(g\circ f^{-1})^{-1}(a)=(f\circ g^{-1})(a)=f(g^{-1}(a))$$
$$=f(b)=d$$
또한, $g(d)=c$에서 $g^{-1}(c)=d$, $g(e)=d$에서 $g^{-1}(d)=e$
이므로
$$(f^{-1}\circ g\circ g)^{-1}(a)=(g^{-1}\circ g^{-1}\circ f)(a)$$
$$=g^{-1}(g^{-1}(f(a)))$$
$$=g^{-1}(g^{-1}(c))$$
$$=g^{-1}(d)=e$$
$$\therefore (g\circ f^{-1})^{-1}(a)+(f^{-1}\circ g\circ g)^{-1}(a)=d+e$$

답 ⑤

16

$y=f(x-3)+2$에서 x와 y를 서로 바꾸면
$x=f(y-3)+2$
즉, $f(y-3)=x-2$에서
$g(f(y-3))=g(x-2)$
이때, 두 함수 f, g는 서로 역함수이므로
$y-3=g(x-2)$
$\therefore y=g(x-2)+3$
따라서 함수 $y=f(x-3)+2$의 역함수의 그래프는 함수
$y=g(x)$의 그래프를 x축의 방향으로 2만큼, y축의 방향으로 3만큼 평행이동시킨 것과 같으므로
$m=2$, $n=3$
$\therefore 2m+n=2\times 2+3=7$

답 7

17

일차함수 $y=f(x)$의 그래프가 점 $(3,\ -5)$를 지나므로
$f(x)=a(x-3)-5$, 즉 $f(x)=ax-3a-5\ (a\neq 0)$라 하자.
$y=ax-3a-5$로 놓고 x에 대하여 풀면
$$x=\frac{1}{a}(y+5)+3$$
x와 y를 서로 바꾸면 $y=\frac{1}{a}(x+5)+3$
$$\therefore f^{-1}(x)=\frac{1}{a}(x+5)+3=\frac{1}{a}x+\frac{5}{a}+3$$
$f(x)=f^{-1}(x)$에서
$$ax-3a-5=\frac{1}{a}x+\frac{5}{a}+3$$
이 식이 x에 대한 항등식이므로
$$a=\frac{1}{a},\ -3a-5=\frac{5}{a}+3$$
위의 두 식을 연립하면
$-3a-5=5a+3$
$\therefore a=-1$
따라서 $f(x)=-x-2$이므로
$f(-4)+f(1)=2+(-3)=-1$

답 -1

다른풀이 1

함수 $y=f(x)$의 그래프가 점 $(3,\ -5)$를 지나므로
$f(3)=-5$ ⋯⋯㉠
또한, $f(x)=f^{-1}(x)$이므로 $f^{-1}(3)=-5$에서
$f(-5)=3$ ⋯⋯㉡
이때, $y=f(x)$는 일차함수이므로
$f(x)=ax+b\ (a,\ b$는 상수, $a\neq 0)$라 하면
㉠에서 $3a+b=-5$
㉡에서 $-5a+b=3$
두 식을 연립하여 풀면 $a=-1$, $b=-2$
따라서 $f(x)=-x-2$이므로
$f(-4)+f(1)=2+(-3)=-1$

다른풀이 2

일차함수 $y=f(x)$의 그래프가 점 $(3,\ -5)$를 지나므로
$f(x)=ax-3a-5\ (a\neq 0)$라 하면
$$f(f(x))=a(ax-3a-5)-3a-5$$
$$=a^2x-3a^2-8a-5$$
$f=f^{-1}$에서 $(f\circ f)(x)=f(f(x))=x$이므로

$a^2x-3a^2-8a-5=x$

이 식이 x에 대한 항등식이므로

$a^2=1,\ -3a^2-8a-5=0$ $\therefore\ a=-1$

따라서 $f(x)=-x-2$이므로

$f(-4)+f(1)=2+(-3)=-1$

단계	채점 기준	배점
(가)	x의 값의 범위에 따라 함수 f를 구한 경우	20%
(나)	두 함수 $y=f(x)$, $y=f^{-1}(x)$의 그래프의 두 교점의 좌표를 구한 경우	40%
(다)	구하는 도형의 넓이를 구한 경우	40%

18

$f(x)=x+1-\left|1-\dfrac{x}{2}\right|$에서

(i) $x<2$일 때, $f(x)=x+1-\left(1-\dfrac{x}{2}\right)=\dfrac{3}{2}x$

(ii) $x\geq2$일 때, $f(x)=x+1+1-\dfrac{x}{2}=\dfrac{1}{2}x+2$

$\therefore\ f(x)=\begin{cases}\dfrac{3}{2}x & (x<2)\\[2mm]\dfrac{1}{2}x+2 & (x\geq2)\end{cases}$

_(가)

따라서 함수 $y=f(x)$의 그래프
와 그 역함수 $y=f^{-1}(x)$의 그
래프는 오른쪽 그림과 같다.

이때, 두 함수 $y=f(x)$,
$y=f^{-1}(x)$의 그래프의 교점은
함수 $y=f(x)$의 그래프와 직
선 $y=x$의 교점과 같으므로

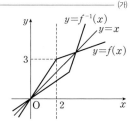

$\dfrac{3}{2}x=x$에서 $x=0$

$\dfrac{1}{2}x+2=x$에서 $x=4$

따라서 두 교점은 $(0,\ 0),\ (4,\ 4)$이다.

_(나)

두 교점 사이의 거리는 $\sqrt{4^2+4^2}=4\sqrt{2}$이고 점 $(2,\ 3)$과 직선
$y=x$ 즉, $y-x=0$ 사이의 거리는

$\dfrac{|2-3|}{\sqrt{1^2+(-1)^2}}=\dfrac{\sqrt{2}}{2}$

이므로 함수 $y=f(x)$의 그래프와 직선 $y=x$로 둘러싸인 도
형의 넓이는

$\dfrac{1}{2}\times4\sqrt{2}\times\dfrac{\sqrt{2}}{2}=2$

따라서 두 함수 $y=f(x)$, $y=f^{-1}(x)$의 그래프로 둘러싸인
도형의 넓이는

$2\times2=4$

_(다)

답 4

19

$(f\circ g)(x)=f(g(x))=f(x^2-x+1)$
$\qquad\qquad=a(x^2-x+1)-3$
$\qquad\qquad=ax^2-ax+a-3$

즉, 모든 실수 x에 대하여 $ax^2-ax+a-3>0$이 성립해야
한다.

이때, $a=0$이면 $ax^2-ax+a-3>0$에서 $-3>0$이므로
$a\neq0$이어야 한다.

$a\neq0$일 때, $ax^2-ax+a-3>0$이 항상 성립하려면

(i) $a>0$

(ii) 이차방정식 $ax^2-ax+a-3=0$의 판별식을 D라 하면
$\quad D<0$이어야 하므로
$\quad D=(-a)^2-4a(a-3)<0$
$\quad -3a^2+12a<0,\ a^2-4a>0,\ a(a-4)>0$
$\quad \therefore\ a<0\ 또는\ a>4$

(i), (ii)에서 $a>4$

따라서 정수 a의 최솟값은 5이다.

답 5

20

함수 $f:X\longrightarrow X$가 일대일대응이므로 집합 X의 모든 원
소가 집합 X의 모든 원소에 하나씩 대응되어야 한다.

$(f\circ f)(1)=f(f(1))=1$에서

(i) $f(1)=1$이면 일대일대응이 되는 함수 f는 다음과 같이
    2가지이다.

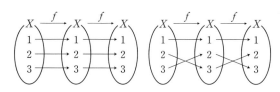

(ⅱ) $f(1)=2$이면 $f(2)=1$이어야 하므로 일대일대응이 되는
함수 f는 다음과 같이 1가지이다.

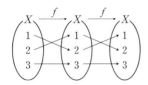

(ⅲ) $f(1)=3$이면 $f(3)=1$이어야 하므로 일대일대응이 되는
함수 f는 다음과 같이 1가지이다.

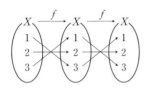

(ⅰ), (ⅱ), (ⅲ)에서 조건을 만족시키는 함수 f의 개수는
$2+1+1=4$

답 4

21

$$f(x)=|x-3|=\begin{cases} -x+3 & (x\le 3) \\ x-3 & (x>3) \end{cases}$$

즉, 함수 $y=f(x)$의 그래프는 다음 그림과 같다.

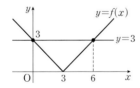

$(f\circ f\circ f)(x)=3$에서
$f((f\circ f)(x))=3$
$(f\circ f)(x)=m$이라 하면
$f(m)=3$
이때, 위의 그림에서 $m=0$ 또는 $m=6$
$\therefore (f\circ f)(x)=0$ 또는 $(f\circ f)(x)=6$
(ⅰ) $(f\circ f)(x)=0$일 때, $f(f(x))=0$
$f(x)=n$이라 하면 $f(n)=0$
위의 그림에서 $n=3$
즉, $f(x)=3$에서 $x=0$ 또는 $x=6$

(ⅱ) $(f\circ f)(x)=6$일 때, $f(f(x))=6$
$f(x)=l$이라 하면 $f(l)=6$

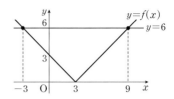

위의 그림에서 $l=-3$ 또는 $l=9$
$\therefore f(x)=-3$ 또는 $f(x)=9$

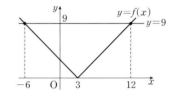

위의 그림에서 $f(x)=-3$을 만족시키는 x는 없고,
$f(x)=9$를 만족시키는 x는
$x=-6$ 또는 $x=12$
(ⅰ), (ⅱ)에서 방정식 $(f\circ f\circ f)(x)=3$의 해는
$x=0$ 또는 $x=6$ 또는 $x=-6$ 또는 $x=12$
따라서 구하는 모든 x의 값의 합은
$0+6+(-6)+12=12$

답 12

다른풀이

방정식 $(f\circ f\circ f)(x)=3$의 해는 함수 $y=(f\circ f\circ f)(x)$
의 그래프와 직선 $y=3$의 교점의 x좌표와 같으므로 함수
$y=(f\circ f\circ f)(x)$의 그래프를 그려서 풀 수 있다.
함수 $f(x)=|x-3|$의 그래프는 [그림 1]과 같다.
또한, $(f\circ f)(x)=f(f(x))=|f(x)-3|$이므로 함수
$y=(f\circ f)(x)$의 그래프는 함수 $y=f(x)-3$의 그래프에
서 $y\ge 0$인 부분은 그대로 두고 $y\le 0$인 부분은 x축에 대하
여 대칭이동한 것과 같으므로 [그림 2]와 같다.
같은 방법으로 함수 $y=(f\circ f\circ f)(x)$의 그래프는 함수
$y=(f\circ f)(x)-3$의 그래프에서 $y\ge 0$인 부분은 그대로 두
고 $y\le 0$인 부분은 x축에 대하여 대칭이동한 것과 같으므로
[그림 3]과 같다.

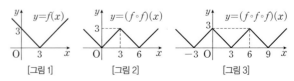

[그림 1]　　　[그림 2]　　　[그림 3]

이때, 함수 $y=(f\circ f\circ f)(x)$의 그래프와 직선 $y=3$은 네 점 $(-6,\ 3),\ (0,\ 3),\ (6,\ 3),\ (12,\ 3)$에서 만난다.

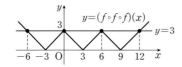

따라서 방정식 $(f\circ f\circ f)(x)=3$의 해는
$x=-6$ 또는 $x=0$ 또는 $x=6$ 또는 $x=12$
이므로 그 합은
$-6+0+6+12=12$

22

함수 $y=f(x)$와 그 역함수 $y=f^{-1}(x)$의 그래프는 직선 $y=x$에 대하여 대칭이므로 $x\le 2$에서 함수
$f(x)=\dfrac{1}{2}x^2-2x+2$의 그래프 및 그 역함수의 그래프는 다음 그림과 같다.

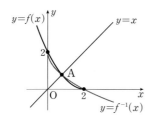

즉, 함수 $y=f(x)$의 그래프와 직선 $y=x$의 교점을 A라 하면 두 함수 $y=f(x)$, $y=f^{-1}(x)$의 그래프의 교점은 A, $(0,\ 2),\ (2,\ 0)$의 세 개이다.

이때, 점 A의 x좌표는 이차방정식 $\dfrac{1}{2}x^2-2x+2=x$, 즉
$x^2-6x+4=0$의 실근 중 $x\le 2$인 값이다.
이차방정식 $x^2-6x+4=0$에서 근의 공식에 의하여
$x=-(-3)\pm\sqrt{(-3)^2-4}=3\pm\sqrt{5}$
$\therefore x=3-\sqrt{5}\ (\because x\le 2)$
$\therefore \text{A}(3-\sqrt{5},\ 3-\sqrt{5})$
따라서 구하는 교점의 좌표는
$(3-\sqrt{5},\ 3-\sqrt{5}),\ (0,\ 2),\ (2,\ 0)$이다.

답 $(3-\sqrt{5},\ 3-\sqrt{5}),\ (0,\ 2),\ (2,\ 0)$

23

ㄱ. 함수 f가 일대일대응이므로 역함수가 존재한다.
　조건 ㉮에서 집합 X의 모든 원소 x에 대하여
　$(f\circ f)(x)=x$이므로 집합 X의 모든 원소 x에 대하여
　$f(x)=f^{-1}(x)$이다.　　$\therefore f(3)=f^{-1}(3)$ (참)

ㄴ. 조건 ㉯에서 집합 X의 어떤 원소 x에 대하여 $f(x)=2x$
　이므로 집합 X의 원소 중 $f(x)=2x$를 만족하는 원소
　x가 적어도 하나 존재한다.
　즉, $f(1)=2$와 $f(2)=4$ 중 적어도 하나는 성립해야 하
　므로 $f(1)=3$이면 반드시 $f(2)=4$이어야 한다. (참)

ㄷ. 조건 ㉯에서 $f(1)=2$와 $f(2)=4$ 중 적어도 하나는 성
　립하므로 다음과 같이 경우를 나누어 생각할 수 있다.
　(ⅰ) $f(1)=2$이고 $f(2)\ne 4$일 때,
　　조건 ㉮에 의하여 $(f\circ f)(1)=1$이므로
　　$f(f(1))=f(2)=1$
　　또한, 조건 ㉮에 의하여
　　$f(3)=3,\ f(4)=4$ 또는 $f(3)=4,\ f(4)=3$
　　이므로 함수 f는 다음과 같이 2가지이다.

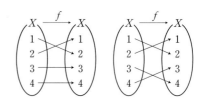

　(ⅱ) $f(2)=4$이고 $f(1)\ne 2$일 때,
　　조건 ㉮에 의하여 $(f\circ f)(2)=2$이므로
　　$f(f(2))=f(4)=2$
　　또한, 조건 ㉮에 의하여
　　$f(1)=1,\ f(3)=3$ 또는 $f(1)=3,\ f(3)=1$
　　이므로 함수 f는 다음과 같이 2가지이다.

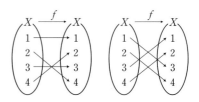

　(ⅲ) $f(1)=2$이고 $f(2)=4$일 때,
　　조건 ㉮를 만족시키지 않는다.

　(ⅰ), (ⅱ), (ⅲ)에서 가능한 함수 f의 개수는 4이다. (참)
따라서 옳은 것은 ㄱ, ㄴ, ㄷ이다.

답 ⑤

01-1 4	**01-**2 2	**01-**3 48

02-1 (1) $\dfrac{6x+6}{x(x-1)(x+2)(x+3)}$

　　(2) $\dfrac{2}{x^2-1}$　(3) $\dfrac{y^2}{2x^2-y^2}$

03-1 (1) $\sqrt{7}$ (2) $4\sqrt{7}$ (3) 110	**03-**2 $-112\sqrt{3}$
04-1 (1) $\dfrac{16}{15}$ (2) $\dfrac{23}{3}$	**04-**2 1
04-3 $\dfrac{14}{31}$	**05-**1 ㄱ, ㄴ
05-2 $k<0$ 또는 $0<k\leq2$	**06-**1 (1) 3 (2) 3

07-1 (1) $m>\dfrac{3}{4}$ (2) $m<-6$ 또는 $m>-\dfrac{4}{3}$

07-2 2	**08-**1 5	**08-**2 $\dfrac{1}{21}$
09-1 4	**09-**2 $2\sqrt{10}$	**09-**3 1

01-1

$\dfrac{7x-1}{x^3-1}=\dfrac{a}{x-1}-\dfrac{bx-3}{x^2+x+1}$의 우변을 통분하여 정리하면

$\dfrac{a}{x-1}-\dfrac{bx-3}{x^2+x+1}=\dfrac{a(x^2+x+1)-(bx-3)(x-1)}{(x-1)(x^2+x+1)}$

$\qquad\qquad\qquad\quad=\dfrac{(a-b)x^2+(a+b+3)x+a-3}{x^3-1}$

즉, $\dfrac{7x-1}{x^3-1}=\dfrac{(a-b)x^2+(a+b+3)x+a-3}{x^3-1}$이 x에 대

한 항등식이므로 양변의 분자의 동류항의 계수를 비교하면

$a-b=0,\ a+b+3=7,\ a-3=-1$

따라서 $a=2,\ b=2$이므로

$ab=4$

답 4

01-2

$\dfrac{1}{x^3-x}=\dfrac{a}{x-1}+\dfrac{b}{x}+\dfrac{c}{x+1}$의 우변을 통분하여 정리하면

$\dfrac{a}{x-1}+\dfrac{b}{x}+\dfrac{c}{x+1}$

$=\dfrac{ax(x+1)+b(x-1)(x+1)+cx(x-1)}{x(x-1)(x+1)}$

$=\dfrac{(a+b+c)x^2+(a-c)x-b}{x^3-x}$

즉, $\dfrac{1}{x^3-x}=\dfrac{(a+b+c)x^2+(a-c)x-b}{x^3-x}$가 x에 대한 항

등식이므로

$a+b+c=0,\ a-c=0,\ -b=1$

$b=-1$이므로 $a+c-1=0,\ a-c=0$을 연립하여 풀면

$a=\dfrac{1}{2},\ b=-1,\ c=\dfrac{1}{2}$

$\therefore\ a-b+c=\dfrac{1}{2}-(-1)+\dfrac{1}{2}=2$

답 2

01-3

$\dfrac{a}{(x^2+x+1)^2}+\dfrac{b}{(x^2-x+1)^2}=\dfrac{4x^4+cx^2+4}{(x^4+x^2+1)^2}$의 좌변을

통분하여 정리하면

$\dfrac{a}{(x^2+x+1)^2}+\dfrac{b}{(x^2-x+1)^2}$

$=\dfrac{a(x^2-x+1)^2+b(x^2+x+1)^2}{(x^2+x+1)^2(x^2-x+1)^2}$

$=\dfrac{a(x^4-2x^3+3x^2-2x+1)+b(x^4+2x^3+3x^2+2x+1)}{(x^4+x^2+1)^2}$

$=\dfrac{(a+b)x^4-2(a-b)x^3+3(a+b)x^2-2(a-b)x+a+b}{(x^4+x^2+1)^2}$

주어진 식이 x에 대한 항등식이므로

$a+b=4,\ a-b=0,\ 3(a+b)=c$

$a+b=4,\ a-b=0$을 연립하여 풀면 $a=2,\ b=2$

$c=3(a+b)=3\times4=12$

$\therefore\ abc=2\times2\times12=48$

답 48

다른풀이

$\dfrac{a}{(x^2+x+1)^2}+\dfrac{b}{(x^2-x+1)^2}=\dfrac{4x^4+cx^2+4}{(x^4+x^2+1)^2}$의 좌변을

통분하여 정리하면

$\dfrac{a(x^2-x+1)^2+b(x^2+x+1)^2}{(x^4+x^2+1)^2}=\dfrac{4x^4+cx^2+4}{(x^4+x^2+1)^2}$

분모가 같으므로 분자끼리 비교하면

$a(x^2-x+1)^2+b(x^2+x+1)^2=4x^4+cx^2+4$

이 식이 x에 대한 항등식이므로

$x=0$을 대입하면 $a+b=4$　　　　……㉠

$x=1$을 대입하면 $a+9b=8+c$　　……㉡

$x=-1$을 대입하면 $9a+b=8+c$　　……㉢

ⓒ−ⓛ에서 $8a-8b=0$ $\therefore$ $a=b=2$ $(\because$ ⓐ$)$

이것을 ⓛ에 대입하여 풀면 $c=12$

$\therefore$ $abc=2\times2\times12=48$

02-1

(1) $\dfrac{2x-1}{x-1}-\dfrac{x+1}{x}-\dfrac{2x+5}{x+2}+\dfrac{x+4}{x+3}$

$=\left(2+\dfrac{1}{x-1}\right)-\left(1+\dfrac{1}{x}\right)-\left(2+\dfrac{1}{x+2}\right)$

$\qquad\qquad\qquad\qquad\qquad +\left(1+\dfrac{1}{x+3}\right)$

$=\left(\dfrac{1}{x-1}-\dfrac{1}{x}\right)-\left(\dfrac{1}{x+2}-\dfrac{1}{x+3}\right)$

$=\dfrac{1}{x(x-1)}-\dfrac{1}{(x+2)(x+3)}$

$=\dfrac{(x+2)(x+3)-x(x-1)}{x(x-1)(x+2)(x+3)}$

$=\dfrac{6x+6}{x(x-1)(x+2)(x+3)}$

(2) $\dfrac{x}{2x^2-3x+1}-\dfrac{x}{2x^2+3x+1}+\dfrac{2}{4x^2-1}$

$=\dfrac{x}{(x-1)(2x-1)}-\dfrac{x}{(x+1)(2x+1)}$

$\qquad\qquad\qquad\qquad\qquad +\dfrac{2}{(2x-1)(2x+1)}$

$=\left(\dfrac{1}{x-1}-\dfrac{1}{2x-1}\right)-\left(\dfrac{1}{x+1}-\dfrac{1}{2x+1}\right)$

$\qquad\qquad\qquad\qquad\qquad +\left(\dfrac{1}{2x-1}-\dfrac{1}{2x+1}\right)$

$=\dfrac{1}{x-1}-\dfrac{1}{x+1}=\dfrac{2}{x^2-1}$

(3) $\dfrac{\dfrac{x}{x+y}-\dfrac{x-y}{x}}{\dfrac{x}{x+y}+\dfrac{x-y}{x}}=\dfrac{\dfrac{x^2-(x^2-y^2)}{x(x+y)}}{\dfrac{x^2+(x^2-y^2)}{x(x+y)}}=\dfrac{y^2}{2x^2-y^2}$

답 (1) $\dfrac{6x+6}{x(x-1)(x+2)(x+3)}$

(2) $\dfrac{2}{x^2-1}$ (3) $\dfrac{y^2}{2x^2-y^2}$

03-1

(1) $x^2+\dfrac{1}{x^2}=5$이므로

$\left(x+\dfrac{1}{x}\right)^2-2=5,\ \left(x+\dfrac{1}{x}\right)^2=7$

$\therefore$ $x+\dfrac{1}{x}=\sqrt{7}$ $(\because$ $x>0)$

(2) $x^3+\dfrac{1}{x^3}=\left(x+\dfrac{1}{x}\right)^3-3\left(x+\dfrac{1}{x}\right)$

$\qquad\quad =(\sqrt{7})^3-3\times\sqrt{7}=4\sqrt{7}$

(3) $x^6+\dfrac{1}{x^6}=\left(x^3+\dfrac{1}{x^3}\right)^2-2=(4\sqrt{7})^2-2=110$

답 (1) $\sqrt{7}$ (2) $4\sqrt{7}$ (3) 110

03-2

$x^2+4x+1=0$에서 $x\neq0$이므로 양변을 x로 나누면

$x+4+\dfrac{1}{x}=0$ $\therefore$ $x+\dfrac{1}{x}=-4$

$\left(x-\dfrac{1}{x}\right)^2=\left(x+\dfrac{1}{x}\right)^2-4=(-4)^2-4=12$

$\therefore$ $x-\dfrac{1}{x}=2\sqrt{3}$ 또는 $x-\dfrac{1}{x}=-2\sqrt{3}$

그런데 $-1<x<0$에서 $\dfrac{1}{x}<-1$이므로

$x-\dfrac{1}{x}>0$ $\therefore$ $x-\dfrac{1}{x}=2\sqrt{3}$

$\therefore$ $x^4-\dfrac{1}{x^4}=\left(x^2+\dfrac{1}{x^2}\right)\left(x^2-\dfrac{1}{x^2}\right)$

$\qquad\quad =\left\{\left(x+\dfrac{1}{x}\right)^2-2\right\}\left(x+\dfrac{1}{x}\right)\left(x-\dfrac{1}{x}\right)$

$\qquad\quad =\{(-4)^2-2\}\times(-4)\times2\sqrt{3}$

$\qquad\quad =-112\sqrt{3}$

답 $-112\sqrt{3}$

04-1

$(x+y):(y+z):(z+x)=4:7:5$이므로

$\dfrac{x+y}{4}=\dfrac{y+z}{7}=\dfrac{z+x}{5}=k$ $(k\neq0)$로 놓으면

$x+y=4k$ ……ⓐ

$y+z=7k$ ……ⓛ

$z+x=5k$ ……ⓒ

ⓐ$+$ⓛ$+$ⓒ을 하면 $2(x+y+z)=16k$

$\therefore$ $x+y+z=8k$

위의 식에 ㉠, ㉡, ㉢을 각각 대입하면

$z=4k$, $x=k$, $y=3k$

(1) $\dfrac{yz+zx}{xy+yz}=\dfrac{12k^2+4k^2}{3k^2+12k^2}=\dfrac{16k^2}{15k^2}=\dfrac{16}{15}$

(2) $\dfrac{x^3+y^3+z^3}{xyz}=\dfrac{k^3+27k^3+64k^3}{12k^3}=\dfrac{92k^3}{12k^3}=\dfrac{23}{3}$

답 (1) $\dfrac{16}{15}$ (2) $\dfrac{23}{3}$

04-2

$\dfrac{b+c}{a}=\dfrac{c+a}{b}=\dfrac{a+b}{c}=k$에서

$b+c=ak$ ⋯⋯㉠

$c+a=bk$ ⋯⋯㉡

$a+b=ck$ ⋯⋯㉢

㉠+㉡+㉢을 하면 $2(a+b+c)=(a+b+c)k$

(ⅰ) $a+b+c\neq0$일 때, $k=2$

(ⅱ) $a+b+c=0$일 때,

　　$b+c=-a$이므로 ㉠에서

　　$-a=ak$ ∴ $k=-1$ ($∵ a\neq0$)

(ⅰ), (ⅱ)에서 구하는 모든 실수 k의 값의 합은

$2+(-1)=1$

답 1

다른풀이

$\dfrac{b+c}{a}=\dfrac{c+a}{b}=\dfrac{a+b}{c}=k$에서

(ⅰ) $a+b+c=0$이면

　　$\dfrac{-a}{a}=\dfrac{-b}{b}=\dfrac{-c}{c}=-1$

　　∴ $k=-1$

(ⅱ) $a+b+c\neq0$이면

　　$\dfrac{b+c}{a}=\dfrac{c+a}{b}=\dfrac{a+b}{c}=\dfrac{2a+2b+2c}{a+b+c}=2$

　　∴ $k=2$

(ⅰ), (ⅱ)에서 구하는 모든 실수 k의 값의 합은

$-1+2=1$

보충설명 ——————

가비의 리

$a:b:c=d:e:f$, 즉 $\dfrac{a}{d}=\dfrac{b}{e}=\dfrac{c}{f}$일 때,

$\dfrac{a}{d}=\dfrac{b}{e}=\dfrac{c}{f}=\dfrac{a+b+c}{d+e+f}=\dfrac{pa+qb+rc}{pd+qe+rf}$

가 성립한다. (단, $d+e+f\neq0$, $pd+qe+rf\neq0$)

* $d+e+f=0$이면 $d+e+f=0$을 적당히 변형하여 식에 대입한다.

04-3

1학년의 남녀 학생 수를 각각 $5a$, $4a$ (a는 자연수), 2학년의 남녀 학생 수를 각각 $4b$, $3b$ (b는 자연수), 3학년의 남녀 학생 수를 각각 $8c$, $7c$ (c는 자연수)라 하면 전체 남녀 학생 수는 다음 표와 같다.

	남자	여자	합계
1학년	$5a$	$4a$	$9a$
2학년	$4b$	$3b$	$7b$
3학년	$8c$	$7c$	$15c$
전체 학생	$5a+4b+8c$	$4a+3b+7c$	$9a+7b+15c$

이때, 전체 학생의 남녀 구성비가 $11:9$이므로

$(5a+4b+8c):(4a+3b+7c)=11:9$

$9(5a+4b+8c)=11(4a+3b+7c)$

$45a+36b+72c=44a+33b+77c$

∴ $a+3b=5c$ ⋯⋯㉠

한편, 1학년 전체 학생과 3학년 전체 학생의 비가 $7:10$이므로

$9a:15c=7:10$

$10\times9a=7\times15c$, $90a=105c$

$6a=7c$ ∴ $\dfrac{a}{7}=\dfrac{c}{6}$

$\dfrac{a}{7}=\dfrac{c}{6}=k$ ($k\neq0$)로 놓으면

$a=7k$, $c=6k$ ⋯⋯㉡

㉡을 ㉠에 대입하면

$7k+3b=5\times6k$

$3b=23k$

∴ $b=\dfrac{23}{3}k$

따라서 전체 여학생 수에 대한 3학년 여학생 수의 비율은

$\dfrac{7c}{4a+3b+7c}=\dfrac{7\times6k}{4\times7k+3\times\dfrac{23}{3}k+7\times6k}$

$$= \frac{42k}{28k+23k+42k}$$

$$= \frac{42k}{93k} = \frac{14}{31}$$

답 $\dfrac{14}{31}$

05-1

$$y = -\frac{3x-3}{2x-4} = -\frac{\frac{3}{2}(2x-4)+3}{2x-4} = -\frac{3}{2(x-2)} - \frac{3}{2}$$

즉, 주어진 함수의 그래프는 유리함수 $y = -\dfrac{3}{2x}$의 그래프를

x축의 방향으로 2만큼, y축의 방향으로 $-\dfrac{3}{2}$만큼 평행이동

한 것이고, 점근선의 방정식은 $x=2$, $y=-\dfrac{3}{2}$이므로 다음

그림과 같다.

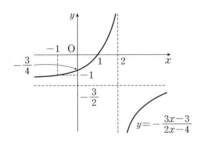

ㄱ. 주어진 유리함수의 그래프는 함수 $y = -\dfrac{3}{2x}$의 그래프

를 x축의 방향으로 2만큼, y축의 방향으로 $-\dfrac{3}{2}$만큼

평행이동한 것이다. (참)

ㄴ. 주어진 유리함수의 그래프는 제2사분면을 지나지 않는

다. (참)

ㄷ. $x=-1$일 때,

$$y = -\frac{3 \times (-1) - 3}{2 \times (-1) - 4} = -1$$

따라서 정의역이 $\{x | x \geq -1, \ x \neq 2\}$이면 치역은

$\left\{ y \left| y \geq -1 \text{ 또는 } y < -\dfrac{3}{2} \right. \right\}$이다. (거짓)

그러므로 옳은 것은 ㄱ, ㄴ이다.

답 ㄱ, ㄴ

05-2

유리함수 $y = \dfrac{k}{x}$의 그래프를 x축의 방향으로 2만큼, y축의

방향으로 1만큼 평행이동한 그래프의 식은

$$y = \frac{k}{x-2} + 1 \qquad \cdots\cdots \ \text{㉠}$$

(i) $k < 0$일 때,

㉠의 그래프는 오른쪽 그

림과 같으므로 k의 값에

관계없이 제3사분면을 지

나지 않는다.

$\therefore \ k < 0$

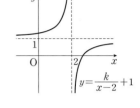

(ii) $k > 0$일 때,

㉠의 그래프가 제3사분면

을 지나지 않으려면 $x=0$

일 때, $y \geq 0$이어야 하므로

$$\frac{k}{-2} + 1 \geq 0, \ k \leq 2$$

$\therefore \ 0 < k \leq 2$

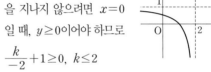

(i), (ii)에서 구하는 상수 k의 값의 범위는

$k < 0$ 또는 $0 < k \leq 2$

답 $k < 0$ 또는 $0 < k \leq 2$

06-1

(1) $y = \dfrac{bx-1}{3-ax} = \dfrac{-bx+1}{ax-3}$

$$= \frac{-\dfrac{b}{a}(ax-3)+1-\dfrac{3b}{a}}{ax-3} = \frac{1-\dfrac{3b}{a}}{ax-3} - \frac{b}{a}$$

즉, 주어진 함수의 그래프의 점근선은 두 직선

$$x = \frac{3}{a}, \ y = -\frac{b}{a}$$

이므로 함수의 그래프는 두 점근선의 교점 $\left(\dfrac{3}{a}, \ -\dfrac{b}{a} \right)$에

대하여 대칭이다.

즉, $\dfrac{3}{a} = 3$, $-\dfrac{b}{a} = -2$이므로

$a=1$, $b=2$

$\therefore \ a+b=3$

(2) $y=\dfrac{-6x+5}{3x-3}=\dfrac{-2(3x-3)-1}{3x-3}=-\dfrac{1}{3(x-1)}-2$

즉, 주어진 함수의 그래프의 점근선의 방정식은

$x=1,\ y=-2$

따라서 두 점근선의 교점 $(1,\ -2)$는 두 직선 $y=x+a$,

$y=-x+b$의 교점이므로

$-2=1+a,\ -2=-1+b$

$\therefore\ a=-3,\ b=-1$

$\therefore\ ab=3$

답 (1) 3 (2) 3

07-1

$y=\dfrac{2x-3}{-x+3}=\dfrac{-2(-x+3)+3}{-x+3}=\dfrac{3}{-x+3}-2$

또한, 직선

$y=mx-3m+1=m(x-3)+1$ ······㉠

은 기울기 m의 값에 관계없이 항상 점 $(3,\ 1)$을 지난다.

즉, 유리함수 $y=\dfrac{2x-3}{-x+3}$의 그래프와 직선

$y=mx-3m+1$은 다음 그림과 같다.

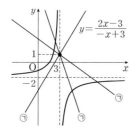

(1) 정의역이 $x\neq3$인 실수 전체의 집합이므로 유리함수

$y=\dfrac{2x-3}{-x+3}$의 치역은 $y\neq-2$인 실수 전체의 집합이다.

유리함수 $y=\dfrac{2x-3}{-x+3}$의 그래프와 직선 ㉠이 만나지

않아야 하므로

$\dfrac{2x-3}{-x+3}=mx-3m+1$에서

$mx^2-(6m-3)x+9m-6=0$

이 이차방정식의 판별식을 D라 하면

$D=\{-(6m-3)\}^2-4m(9m-6)<0$

$-12m+9<0$ $\therefore\ m>\dfrac{3}{4}$

(2) 정의역이 $\{x\,|\,4\leq x\leq6\}$이므로 유리함수 $y=\dfrac{2x-3}{-x+3}$의

치역은 $\{y\,|-5\leq y\leq-3\}$이다.

이때, 이 유리함수의 그래프와 직선 ㉠이 만나지 않아야 하

므로 두 함수의 그래프는 다음 그림과 같다.

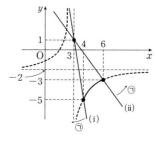

(i) 직선 ㉠이 점 $(4,\ -5)$를 지날 때,

$m=\dfrac{-5-1}{4-3}=-6$

(ii) 직선 ㉠이 점 $(6,\ -3)$을 지날 때,

$m=\dfrac{-3-1}{6-3}=-\dfrac{4}{3}$

(i), (ii)에서 구하는 실수 m의 값의 범위는

$m<-6$ 또는 $m>-\dfrac{4}{3}$

답 (1) $m>\dfrac{3}{4}$

(2) $m<-6$ 또는 $m>-\dfrac{4}{3}$

07-2

$y=\dfrac{3x+2}{x+1}=\dfrac{3(x+1)-1}{x+1}=-\dfrac{1}{x+1}+3$

즉, 주어진 유리함수의 그래프의 점근선의 방정식은 $x=-1$,

$y=3$이고, 유리함수 $y=-\dfrac{1}{x}$의 그래프를 x축의 방향으로

-1만큼, y축의 방향으로 3만큼 평행이동한 것이다.

한편, 직선

$y=kx+4k+2=k(x+4)+2$ ······㉠

는 기울기 k의 값에 관계없이 항상 점 $(-4,\ 2)$를 지난다.

이때, $n(A\cap B)=2$이므로 유리함수 $y=\dfrac{3x+2}{x+1}$의 그래프

와 직선 $y=kx+4k+2$는 서로 다른 두 점에서 만나야 한다.

즉, $\dfrac{3x+2}{x+1}=kx+4k+2$에서

$kx^2+(5k-1)x+4k=0$

이 이차방정식의 판별식을 D라 하면

$D=(5k-1)^2-4\times k\times 4k>0$

$9k^2-10k+1>0$, $(k-1)(9k-1)>0$

$\therefore k<\dfrac{1}{9}$ 또는 $k>1$

따라서 자연수 k의 최솟값은 2이다.

답 2

08-1

$f(x)=\dfrac{x-1}{x+1}$ 에서

$f\left(-\dfrac{1}{5}\right)=-\dfrac{3}{2}$

$f^2\left(-\dfrac{1}{5}\right)=f\left(f\left(-\dfrac{1}{5}\right)\right)=f\left(-\dfrac{3}{2}\right)=5$

$f^3\left(-\dfrac{1}{5}\right)=f\left(f^2\left(-\dfrac{1}{5}\right)\right)=f(5)=\dfrac{2}{3}$

$f^4\left(-\dfrac{1}{5}\right)=f\left(f^3\left(-\dfrac{1}{5}\right)\right)=f\left(\dfrac{2}{3}\right)=-\dfrac{1}{5}$

따라서 $f^n\left(-\dfrac{1}{5}\right)$의 값은 $-\dfrac{3}{2}$, 5, $\dfrac{2}{3}$, $-\dfrac{1}{5}$이 순서대로 반복되므로

$f^{50}\left(-\dfrac{1}{5}\right)=f^{4\times 12+2}\left(-\dfrac{1}{5}\right)=f^2\left(-\dfrac{1}{5}\right)=5$

답 5

다른풀이

$f(x)=\dfrac{x-1}{x+1}$ 이므로

$f^2(x)=f(f(x))=f\left(\dfrac{x-1}{x+1}\right)$

$\qquad =\dfrac{\dfrac{x-1}{x+1}-1}{\dfrac{x-1}{x+1}+1}=\dfrac{\dfrac{-2}{x+1}}{\dfrac{2x}{x+1}}=-\dfrac{1}{x}$

$f^3(x)=f(f^2(x))=f\left(-\dfrac{1}{x}\right)$

$\qquad =\dfrac{-\dfrac{1}{x}-1}{-\dfrac{1}{x}+1}=\dfrac{\dfrac{-x-1}{x}}{\dfrac{x-1}{x}}=\dfrac{-x-1}{x-1}$

$f^4(x)=f(f^3(x))=f\left(\dfrac{-x-1}{x-1}\right)$

$\qquad =\dfrac{\dfrac{-x-1}{x-1}-1}{\dfrac{-x-1}{x-1}+1}=\dfrac{\dfrac{-2x}{x-1}}{\dfrac{-2}{x-1}}=x$

따라서 $f^{4k-3}(x)=f(x)$, $f^{4k-2}(x)=f^2(x)$,

$f^{4k-1}(x)=f^3(x)$, $f^{4k}(x)=x$ $(k=1,\ 2,\ 3,\ \cdots)$이므로

$f^{50}(x)=f^{4\times 13-2}(x)=f^2(x)=-\dfrac{1}{x}$

$\therefore f^{50}\left(-\dfrac{1}{5}\right)=-\dfrac{1}{-\dfrac{1}{5}}=5$

08-2

$f(x)=\dfrac{x}{1-2x}$ 이므로

$f^2(x)=f(f(x))=f\left(\dfrac{x}{1-2x}\right)$

$\qquad =\dfrac{\dfrac{x}{1-2x}}{1-\dfrac{2x}{1-2x}}=\dfrac{\dfrac{x}{1-2x}}{\dfrac{1-4x}{1-2x}}$

$\qquad =\dfrac{x}{1-4x}$

$f^3(x)=f(f^2(x))=f\left(\dfrac{x}{1-4x}\right)$

$\qquad =\dfrac{\dfrac{x}{1-4x}}{1-\dfrac{2x}{1-4x}}=\dfrac{\dfrac{x}{1-4x}}{\dfrac{1-6x}{1-4x}}$

$\qquad =\dfrac{x}{1-6x}$

$f^4(x)=f(f^3(x))=f\left(\dfrac{x}{1-6x}\right)$

$\qquad =\dfrac{\dfrac{x}{1-6x}}{1-\dfrac{2x}{1-6x}}=\dfrac{\dfrac{x}{1-6x}}{\dfrac{1-8x}{1-6x}}$

$\qquad =\dfrac{x}{1-8x}$

$\qquad\vdots$

$f^n(x)=\dfrac{x}{1-2nx}$ $\quad\therefore f^{10}(x)=\dfrac{x}{1-20x}$

이때, $f^{10}(a)=1$에서

$\dfrac{a}{1-20a}=1$, $a=1-20a$

$21a=1$ $\quad\therefore a=\dfrac{1}{21}$

답 $\dfrac{1}{21}$

09-1

$(f^{-1})^{-1}=f$이므로 함수 $y=-\dfrac{3x-1}{2x+1}$의 역함수가

$y=-\dfrac{ax-1}{2x+b}$이다.

$y=-\dfrac{3x-1}{2x+1}$에서 $y(2x+1)=-3x+1$

$(2y+3)x=-y+1$ $\therefore x=\dfrac{-y+1}{2y+3}$

x와 y를 서로 바꾸면 $y=\dfrac{-x+1}{2x+3}$

즉, 유리함수 $y=-\dfrac{3x-1}{2x+1}$의 역함수는

$y=\dfrac{-x+1}{2x+3}=-\dfrac{x-1}{2x+3}=-\dfrac{ax-1}{2x+b}$이므로

$a=1,\ b=3$ $\therefore\ a+b=4$

답 4

09-2

$f(x)=\dfrac{5-2x}{x-2}=\dfrac{1}{x-2}-2$

에서 함수 $y=f(x)$의 그래프
는 오른쪽 그림과 같다.

이때, 두 함수 $y=f(x)$,
$y=f^{-1}(x)$의 그래프는 직선

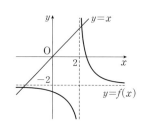

$y=x$에 대하여 대칭이므로 두 그래프의 두 교점 P, Q는 직
선 $y=x$ 위에 있다.

즉, 두 점 P, Q는 함수 $y=f(x)$의 그래프와 직선 $y=x$의
교점이다.

함수 $y=\dfrac{5-2x}{x-2}$의 그래프와 직선 $y=x$의 교점의 좌표를

$(a,\ a)$라 하면 $\dfrac{5-2a}{a-2}=a$

$5-2a=a^2-2a,\ a^2=5$

$\therefore\ a=-\sqrt{5}$ 또는 $a=\sqrt{5}$

즉, 두 함수 $y=f(x),\ y=f^{-1}(x)$의 그래프의 두 교점은
$(-\sqrt{5},\ -\sqrt{5}),\ (\sqrt{5},\ \sqrt{5})$이므로

$\overline{\mathrm{PQ}}=\sqrt{\{\sqrt{5}-(-\sqrt{5})\}^2+\{\sqrt{5}-(-\sqrt{5})\}^2}=2\sqrt{10}$

답 $2\sqrt{10}$

09-3

$f(x)=\dfrac{4}{x-a}+b$에서 조건 ㈏에 의하여

$(f\circ f)(x)=x$이므로 $f=f^{-1}$

$y=\dfrac{4}{x-a}+b$로 놓으면

$(y-b)(x-a)=4,\ xy-ay-bx+ab=4$

$(y-b)x=ay+4-ab$ $\therefore\ x=\dfrac{ay+4-ab}{y-b}$

x와 y를 서로 바꾸면

$y=\dfrac{ax+4-ab}{x-b}$

$\therefore\ f^{-1}(x)=\dfrac{ax+4-ab}{x-b}=\dfrac{a(x-b)+4}{x-b}=\dfrac{4}{x-b}+a$

$f(x)=f^{-1}(x)$에서 $\dfrac{4}{x-a}+b=\dfrac{4}{x-b}+a$

$\therefore\ a=b$

한편, 조건 ㈎에 의하여 $f(0)=1$이므로 $\dfrac{4}{-a}+b=1$

이 식에 $a=b$를 대입하면 $\dfrac{4}{-a}+a=1$

$4-a^2=-a$ $\therefore\ a^2-a-4=0$

따라서 이차방정식의 근과 계수의 관계에 의하여 모든 실수 a
의 값의 합은 1이다.

답 1

개 념 마 무 리			본문 pp.166~169
01 24	02 7	03 1	04 10
05 $\dfrac{36}{55}$	06 75	07 ②	08 -2
09 ④	10 제1사분면	11 2	12 2
13 ⑤	14 6	15 ①	16 $-\dfrac{5}{2}$
17 6	18 2	19 39	20 0
21 72	22 8	23 8π	

01

$m \neq -4$, $m \neq 4$이므로

$$\frac{4m+16}{m^2-16} = \frac{4(m+4)}{(m+4)(m-4)} = \frac{4}{m-4}$$

위의 식의 값이 정수가 되어야 하므로

$m-4 = -4, -2, -1, 1, 2, 4$

$\therefore m = 0, 2, 3, 5, 6, 8$

따라서 모든 정수 m의 값의 합은

$0+2+3+5+6+8 = 24$

답 24

02

$\langle A, B \rangle = \dfrac{A-B}{AB} = \dfrac{1}{B} - \dfrac{1}{A}$이므로

$\langle x+3, x+1 \rangle + \langle x+5, x+3 \rangle + \langle x+7, x+5 \rangle$

$= \left(\dfrac{1}{x+1} - \dfrac{1}{x+3} \right) + \left(\dfrac{1}{x+3} - \dfrac{1}{x+5} \right)$

$\qquad\qquad\qquad\qquad + \left(\dfrac{1}{x+5} - \dfrac{1}{x+7} \right)$

$= \dfrac{1}{x+1} - \dfrac{1}{x+7}$ ......㉠

$\langle x+a, x+1 \rangle = \dfrac{1}{x+1} - \dfrac{1}{x+a}$ ......㉡

그런데 ㉠=㉡이므로

$\dfrac{1}{x+1} - \dfrac{1}{x+7} = \dfrac{1}{x+1} - \dfrac{1}{x+a}$

$\therefore a=7$

답 7

03

$abc=1$이므로

$\dfrac{a}{ab+a+1} + \dfrac{b}{bc+b+1} + \dfrac{c}{ca+c+1}$

$= \dfrac{c \times a}{c \times (ab+a+1)} + \dfrac{ac \times b}{ac \times (bc+b+1)} + \dfrac{c}{ca+c+1}$

$= \dfrac{ca}{abc+ca+c} + \dfrac{abc}{abc \times c + abc + ca} + \dfrac{c}{ca+c+1}$

$= \dfrac{ca}{1+ca+c} + \dfrac{1}{c+1+ca} + \dfrac{c}{ca+c+1}$

$= \dfrac{ca+c+1}{ca+c+1} = 1$

답 1

04

$f(x) = \dfrac{1}{x}$이고, $f(f(f(-p)+q)+r) = \dfrac{14}{31}$이므로

$$f(f(-p)+q)+r = f\left(-\frac{1}{p}+q\right)+r = r + \frac{1}{q-\dfrac{1}{p}} = \frac{31}{14}$$

이때, $\dfrac{31}{14} = 2 + \dfrac{3}{14} = 2 + \dfrac{1}{\dfrac{14}{3}} = 2 + \dfrac{1}{5-\dfrac{1}{3}}$이므로

$p=3$, $q=5$, $r=2$

$\therefore p+q+r = 10$

답 10

05

$f(x) = x^2-1 = (x-1)(x+1)$이므로

$$\frac{1}{f(x)} = \frac{1}{(x-1)(x+1)} = \frac{1}{2}\left(\frac{1}{x-1} - \frac{1}{x+1}\right)$$ ——(가)

$\therefore \dfrac{1}{f(2)} + \dfrac{1}{f(3)} + \dfrac{1}{f(4)} + \cdots + \dfrac{1}{f(10)}$

$= \dfrac{1}{2}\left\{\left(1-\dfrac{1}{3}\right) + \left(\dfrac{1}{2}-\dfrac{1}{4}\right) + \left(\dfrac{1}{3}-\dfrac{1}{5}\right) + \left(\dfrac{1}{4}-\dfrac{1}{6}\right)\right.$

$\left.\qquad\qquad + \cdots + \left(\dfrac{1}{8}-\dfrac{1}{10}\right) + \left(\dfrac{1}{9}-\dfrac{1}{11}\right)\right\}$

$= \dfrac{1}{2}\left(1 + \dfrac{1}{2} - \dfrac{1}{10} - \dfrac{1}{11}\right)$ ——(나)

$= \dfrac{36}{55}$ ——(다)

답 $\dfrac{36}{55}$

단계	채점 기준	배점
(가)	$\dfrac{1}{f(x)} = \dfrac{1}{2}\left(\dfrac{1}{x-1} - \dfrac{1}{x+1}\right)$로 변형한 경우	40%
(나)	(가)에서 얻은 식을 이용하여 $\dfrac{1}{f(2)} + \dfrac{1}{f(3)} + \dfrac{1}{f(4)} + \cdots + \dfrac{1}{f(10)}$의 계산 과정을 나타낸 경우	40%
(다)	주어진 식의 값을 구한 경우	20%

06

$\dfrac{3a+b}{3} = \dfrac{2b+c}{4} = \dfrac{2c}{5} = k \ (k>0)$라 하면

$3a+b = 3k$ ......㉠, $2b+c = 4k$ ......㉡

$2c = 5k$ ......㉢

㉢에서 $c = \dfrac{5}{2}k$이므로 이것을 ㉡에 대입하면

$$2b + \frac{5}{2}k = 4k, \quad 2b = \frac{3}{2}k$$

$$\therefore b = \frac{3}{4}k$$

이것을 ㉠에 대입하면

$$3a + \frac{3}{4}k = 3k, \quad 3a = \frac{9}{4}k$$

$$\therefore a = \frac{3}{4}k$$

$a = 3n$, $b = 3n$, $c = 10n$ (n은 자연수)이라 하면 a, b, c의 최소공배수, 즉 90은 $30n$의 약수이다.

따라서 n은 3의 배수이고, 최소공배수가 90이 되려면 $n = 3$

$$\therefore a = 9, \quad b = 9, \quad c = 30$$

$$\therefore 3a + 2b + c = 27 + 18 + 30 = 75$$

답 75

다른풀이

$3 + 4 + 5 \neq 0$이므로 가비의 리를 이용하면

$$\frac{3a + b}{3} = \frac{2b + c}{4} = \frac{2c}{5} = \frac{3a + 3b + 3c}{12}$$
$$= \frac{a + b + c}{4}$$

즉, $2b + c = a + b + c$에서 $a = b$이므로

$$\frac{4a}{3} = \frac{2c}{5} = k \ (k > 0)$$라 하면

$$a = b = \frac{3}{4}k, \quad c = \frac{5}{2}k$$

07

$$y = -\frac{x-1}{3x+6} = \frac{-\frac{1}{3}(3x+6)+3}{3x+6} = \frac{1}{x+2} - \frac{1}{3}$$

즉, 유리함수 $y = -\dfrac{x-1}{3x+6}$의 그래프는 유리함수 $y = \dfrac{1}{x}$의 그래프를 x축의 방향으로 -2만큼, y축의 방향으로 $-\dfrac{1}{3}$만큼 평행이동한 것이므로 다음 그림과 같다.

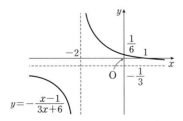

ㄱ. 주어진 유리함수의 그래프는 $y = \dfrac{1}{x}$의 그래프를 x축의 방향으로 -2만큼, y축의 방향으로 $-\dfrac{1}{3}$만큼 평행이동 한 것이다. (거짓)

ㄴ. 주어진 유리함수의 그래프는 두 점근선의 교점 $\left(-2, -\dfrac{1}{3}\right)$을 지나고 기울기가 1 또는 -1인 직선에 대하여 대칭이다.

따라서 두 직선 $y = (x+2) - \dfrac{1}{3}$, $y = -(x+2) - \dfrac{1}{3}$,

즉 $y = x + \dfrac{5}{3}$, $y = -x - \dfrac{7}{3}$에 대하여 대칭이다. (참)

ㄷ. $f(x) = -\dfrac{x-1}{3x+6}$이라 하면

$$f\left(-\frac{7}{2}\right) = -\frac{-\frac{7}{2}-1}{3 \times \left(-\frac{7}{2}\right)+6} = -\frac{-\frac{9}{2}}{-\frac{9}{2}} = -1$$

따라서 위의 그래프에서 정의역이 $\left\{x \,\middle|\, -\dfrac{7}{2} \leq x < -2\right\}$ 일 때, 치역은 $\{y \,|\, y \leq -1\}$이고, 정의역이 $\{x \,|\, x > -2\}$ 일 때, 치역은 $\left\{y \,\middle|\, y > -\dfrac{1}{3}\right\}$이다. (거짓)

그러므로 옳은 것은 ㄴ이다.

답 ②

08

$$f(x) = \frac{2x+k-6}{x-3} = \frac{2(x-3)+k}{x-3} = \frac{k}{x-3} + 2$$

즉, 유리함수 $y = f(x)$의 그래프의 두 점근선의 방정식은 $x = 3$, $y = 2$이다.

함수 $y = g(x)$의 그래프는 유리함수 $y = f(x)$의 그래프를 x축의 방향으로 2만큼, y축의 방향으로 -1만큼 평행이동 한 것이므로 함수 $y = g(x)$의 그래프의 두 점근선의 방정식은 $x = 3+2 = 5$, $y = 2-1 = 1$이고, 이 두 직선의 교점은 $(5, 1)$이다.

이 점이 유리함수 $y = f(x)$의 그래프 위에 있으므로

$$1 = \frac{k}{5-3} + 2, \quad \frac{k}{2} = -1$$

$$\therefore k = -2$$

답 -2

09

$$y=\frac{1}{2x-8}+3=\frac{1}{2(x-4)}+3$$

즉, 유리함수 $y=\frac{1}{2x-8}+3$의 그래프는 유리함수 $y=\frac{1}{2x}$

의 그래프를 x축의 방향으로 4만큼, y축의 방향으로 3만큼 평행이동한 것이다.

이때, 곡선 $y=\frac{1}{2x-8}+3$과 x축, y축으로 둘러싸인 영역은 다음 그림의 어두운 부분과 같다.

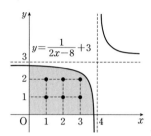

따라서 위의 그림에서 조건을 만족시키는 점은

$(1, 1)$, $(1, 2)$, $(2, 1)$, $(2, 2)$, $(3, 1)$, $(3, 2)$

의 6개이다.

답 ④

보충설명

$f(x)=\frac{1}{2x-8}+3$이라 하면

$f(1)=\frac{1}{2\times1-8}+3=3-\frac{1}{6}$, $f(2)=\frac{1}{2\times2-8}+3=3-\frac{1}{4}$,

$f(3)=\frac{1}{2\times3-8}+3=3-\frac{1}{2}$이므로 자연수 x, y의 순서쌍

(x, y)는 $(1, 1)$, $(1, 2)$, $(2, 1)$, $(2, 2)$, $(3, 1)$, $(3, 2)$

10

$$f(x)=\frac{ax-b}{x-c}=\frac{a(x-c)-b+ac}{x-c}=\frac{ac-b}{x-c}+a$$

즉, 유리함수 $y=f(x)$의 그래프의 점근선의 방정식은

$x=c$, $y=a$

이때, 주어진 그래프에서 $a<0$, $c>0$

또한, 함수 $y=f(x)$의 그래프와 y축은 x축보다 위쪽에서 만나므로

$f(0)=\frac{b}{c}>0$ $\therefore$ $b>0$

이차함수 $y=ax^2+bx+c$에서

(ⅰ) $a<0$이므로 그래프는 위로 볼록하다.

(ⅱ) 대칭축의 방정식은 $x=-\frac{b}{2a}$

이때, $a<0$, $b>0$이므로 $-\frac{b}{2a}>0$

즉, 대칭축은 y축의 오른쪽에 존재한다.

(ⅲ) $c>0$이므로 y축과 양의 부분에서 만난다.

(ⅰ), (ⅱ), (ⅲ)에서 이차함수 $y=ax^2+bx+c$의 그래프는 오른쪽 그림과 같으므로 꼭짓점은 제1사분면에 존재한다.

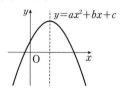

답 제1사분면

11

함수 f가 $f(2+x)+f(2-x)=2$를 만족시키므로 함수 $y=f(x)$의 그래프는 점 $(2, 1)$에 대하여 대칭이다.

즉, 유리함수 $y=\frac{ax+b}{x+c}$의 그래프가 점 $(2, 1)$에 대하여 대칭이므로 두 점근선의 방정식은 $x=2$, $y=1$이다. 한편,

$$y=\frac{ax+b}{x+c}=\frac{a(x+c)+b-ac}{x+c}$$

$$=\frac{b-ac}{x+c}+a$$

이므로 $-c=2$, $a=1$

$\therefore$ $a=1$, $c=-2$

또한, $f(3)=3$에서 유리함수 $f(x)=\frac{ax+b}{x+c}$, 즉

$y=\frac{x+b}{x-2}$의 그래프가 점 $(3, 3)$을 지나므로

$3=\frac{3+b}{3-2}$, $3=3+b$ $\therefore$ $b=0$

즉, 주어진 유리함수는

$$y=\frac{x}{x-2}=\frac{2}{x-2}+1$$

따라서 $-1\leq x\leq1$에서 유리함수 $y=\frac{x}{x-2}$의 그래프는 오른쪽 그림과 같으므로 $x=-1$일 때 최댓값

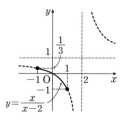

$M=\frac{-1}{-1-2}=\frac{1}{3}$, $x=1$일 때

최솟값 $m=\dfrac{1}{1-2}=-1$을 갖는다.

$\therefore\ 3M-m=3\times\dfrac{1}{3}-(-1)=2$

답 2

다른풀이

유리함수 $y=\dfrac{ax+b}{x+c}$의 그래프가 점 $(2,\ 1)$에 대하여 대칭

이므로 점근선의 방정식이 $x=2,\ y=1$이다.

따라서 유리함수의 식을

$y=\dfrac{k}{x-2}+1\ (k\neq0)$

로 놓을 수 있고, 이 함수의 그래프가 점 $(3,\ 3)$을 지나므로

$3=\dfrac{k}{3-2}+1\qquad\therefore\ k=2$

즉, $y=\dfrac{2}{x-2}+1=\dfrac{x}{x-2}$가 $y=\dfrac{ax+b}{x+c}$와 일치하므로

$a=1,\ b=0,\ c=-2$

12

$y=\dfrac{-x+2}{x+1}=\dfrac{-(x+1)+3}{x+1}=\dfrac{3}{x+1}-1$

즉, 유리함수 $y=\dfrac{-x+2}{x+1}$의 그래프는 유리함수 $y=\dfrac{3}{x}$의

그래프를 x축의 방향으로 -1만큼, y축의 방향으로 -1만

큼 평행이동한 것이다.

한편, $\dfrac{y-2}{x-3}=k$라 하면

$y-2=k(x-3)\qquad\therefore\ y=k(x-3)+2\quad\cdots\cdots\ \text{㉠}$

즉, k는 점 $(3,\ 2)$를 지나는 직선 ㉠의 기울기이다.

이때, $0\leq x\leq2$에서 $y=\dfrac{-x+2}{x+1}$의 그래프는 다음 그림과

같다.

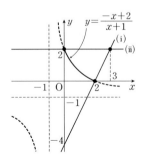

(i) 직선 ㉠이 점 $(2,\ 0)$을 지날 때,

　기울기 k는 최대이고

$0=-k+2,\ k=2$

$\therefore\ M=2$

(ii) 직선 ㉠이 점 $(0,\ 2)$를 지날 때,

　기울기 k는 최소이고

$2=-3k+2,\ 3k=0,\ k=0$

$\therefore\ m=0$

(i), (ii)에서 $M+m=2+0=2$

답 2

13

$f(x)=\dfrac{2x-2}{x+1}$라 하면

$f(x)=\dfrac{2x-2}{x+1}=\dfrac{2(x+1)-4}{x+1}=-\dfrac{4}{x+1}+2$

즉, 유리함수 $y=f(x)$의 그래프는 유리함수 $y=-\dfrac{4}{x}$의 그

래프를 x축의 방향으로 -1만큼, y축의 방향으로 2만큼 평

행이동한 것이다.

또한, $g(x)=ax$, $h(x)=bx$라 하면 두 함수 $y=g(x)$,

$y=h(x)$의 그래프는 모두 원점을 지나는 직선이다.

따라서 $-5\leq x\leq-2$에서 부등식 $ax\leq\dfrac{2x-2}{x+1}\leq bx$가 항

상 성립하려면 이 범위에서 유리함수 $y=f(x)$의 그래프가

두 직선 $y=g(x)$, $y=h(x)$ 사이에 존재해야 한다.

이때, $f(-5)=3$, $f(-2)=6$이므로 세 함수 $y=f(x)$,

$y=g(x)$, $y=h(x)$의 그래프는 다음 그림과 같다.

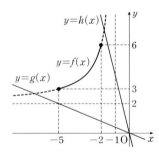

(i) 직선 $y=h(x)$, 즉 $y=bx$가 점 $(-2,\ 6)$을 지날 때,

　b의 값은 최대이므로

$-2b=6,\ b=-3\qquad\therefore\ M=-3$

(ii) 직선 $y=g(x)$, 즉 $y=ax$가 점 $(-5,\ 3)$을 지날 때,

　a의 값은 최소이므로

$-5a=3,\ a=-\dfrac{3}{5}\qquad\therefore\ m=-\dfrac{3}{5}$

(i), (ii)에서

$$M+m=(-3)+\left(-\frac{3}{5}\right)=-\frac{18}{5}$$

답 ⑤

14

$$y=\frac{3x+4+k}{x-2}=\frac{3(x-2)+10+k}{x-2}=\frac{k+10}{x-2}+3$$

즉, 유리함수 $y=\dfrac{3x+4+k}{x-2}$ 의 그래프는 유리함수

$y=\dfrac{k+10}{x}$ 의 그래프를 x축의 방향으로 2만큼, y축의 방향

으로 3만큼 평행이동한 것이므로 점근선의 방정식은 $x=2$,
$y=3$이다.

유리함수의 그래프 위의 점 P에서 점근선 $y=3$에 내린 수선
의 발을 A, 점근선 $x=2$에 내린 수선의 발을 B라 하자.

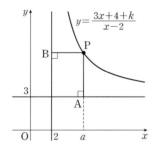

점 P의 x좌표를 a $(a>2)$라 하면

$$P\left(a, \frac{k+10}{a-2}+3\right), A(a, 3), B\left(2, \frac{k+10}{a-2}+3\right)$$

즉, $\overline{PA}=\left(\dfrac{k+10}{a-2}+3\right)-3=\dfrac{k+10}{a-2}$, $\overline{PB}=a-2$이므로

$$\overline{PA}+\overline{PB}=\frac{k+10}{a-2}+a-2 \qquad \cdots\cdots \text{㉠}$$

이때, $a>2$, $k>0$이므로 $\dfrac{k+10}{a-2}>0$, $a-2>0$

즉, ㉠에서 산술평균과 기하평균의 관계에 의하여

$$\overline{PA}+\overline{PB}=\frac{k+10}{a-2}+a-2\geq 2\sqrt{\frac{k+10}{a-2}\times(a-2)}$$

$$=2\sqrt{k+10}$$

$$\left(\text{단, 등호는 } \frac{k+10}{a-2}=a-2\text{일 때 성립}\right)$$

그런데 $\overline{PA}+\overline{PB}$의 최솟값이 8이므로

$2\sqrt{k+10}=8$, $\sqrt{k+10}=4$

$k+10=16$ ∴ $k=6$

답 6

보충설명 ─────────

$\overline{PA}$, $\overline{PB}$는 각각 그래프 위의 점과 점근선 사이의 거리이므로 주
어진 유리함수의 그래프의 점근선이 모두 x축, y축이 되도록 평
행이동하여 생각하면 계산이 보다 간단하다.

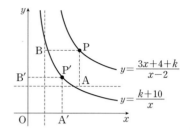

점 P를 x축의 방향으로 -2만큼, y축의 방향으로 -3만큼 평
행이동한 점을 P′이라 하면 점 P′은 유리함수 $y=\dfrac{k+10}{x}$ 의 그
래프 위의 점이다.

점 P′에서 x축, y축에 내린 수선의 발을 각각 A′, B′이라 하면

$$\overline{PA}+\overline{PB}=\overline{P'A'}+\overline{P'B'}$$

15

$$g(x)=\begin{cases} 1 \ (x\text{가 정수인 경우}) \\ 0 \ (x\text{가 정수가 아닌 경우}) \end{cases} \text{이므로}$$

$(g\circ f)(x)=g(f(x))=1$을 만족시키는 x는 $f(x)$의 값
이 정수가 되는 x이다. 이때,

$$f(x)=\frac{6x+12}{2x-1}=\frac{3(2x-1)+15}{2x-1}=\frac{15}{2x-1}+3$$

이고, x가 자연수이므로 $2x-1$은 자연수이다.

또한, $f(x)$의 값이 정수이려면 $2x-1$이 15의 양의 약수이
어야 한다.

즉, $2x-1=1, 3, 5, 15$

∴ $x=1, 2, 3, 8$

따라서 모든 자연수 x의 개수는 4이다.

답 ①

16

$f(x)=x^2+2x$, $g(x)=\dfrac{x+4}{x+2}$ 에서

$(g^{-1}\circ f^{-1})(x)=(f\circ g)^{-1}(x)$이고

정의역이 $\{x|x<-2\}$이므로

$(g^{-1}\circ f^{-1})(3)=a\ (a<-2)$라 하면

$(f\circ g)^{-1}(3)=a,\ (f\circ g)(a)=3$

$\therefore\ f(g(a))=3$

이때, $g(a)=b\ (b<-2)$라 하면 $f(b)=3$이므로

$b^2+2b=3,\ b^2+2b-3=0$

$(b+3)(b-1)=0$

$\therefore\ b=-3$ 또는 $b=1$

그런데 $b<-2$이므로 $b=-3$

즉, $g(a)=-3$이므로

$\dfrac{a+4}{a+2}=-3,\ a+4=-3a-6$

$4a=-10,\ a=-\dfrac{5}{2}$

$\therefore\ (g^{-1}\circ f^{-1})(3)=a=-\dfrac{5}{2}$

답 $-\dfrac{5}{2}$

17

함수 $y=f(x)$와 그 역함수 $y=f^{-1}(x)$의 그래프는 직선 $y=x$에 대하여 대칭이므로 두 함수 $y=f(x)$, $y=f^{-1}(x)$의 그래프가 접하면 그 접점은 직선 $y=x$ 위에 존재한다. 즉,

$f(a)=a$에서 $\dfrac{3a-9}{a+b}=a$

$3a-9=a^2+ab$

$a^2+(b-3)a+9=0$ ······㉠

이때, 조건을 만족시키는 실수 a가 단 한 개 존재하므로 이차방정식 ㉠의 판별식을 D라 하면

$D=(b-3)^2-4\times1\times9=0$에서

$(b-3)^2=36,\ b-3=\pm6$

$\therefore\ b=9\ (\because\ b\neq-3)$

이것을 ㉠에 대입하면

$a^2+6a+9=0,\ (a+3)^2=0$

$\therefore\ a=-3$

$\therefore\ a+b=-3+9=6$

답 6

다른풀이

유리함수 $f(x)=\dfrac{3x-9}{x+b}$의 역함수는

$f^{-1}(x)=\dfrac{-bx-9}{x-3}$

이때, 두 그래프가 $x=a$인 점에서 접하므로

$f(a)=f^{-1}(a)$에서 $\dfrac{3a-9}{a+b}=\dfrac{-ab-9}{a-3}$

$(3a-9)(a-3)=(a+b)(-ab-9)$

$3a^2-18a+27+a^2b+9a+ab^2+9b=0$

이것을 a에 대하여 정리하면

$(b+3)a^2+(b^2-9)a+9b+27=0$

$(b+3)a^2+(b-3)(b+3)a+9(b+3)=0$

이때, $b\neq-3$이므로

$\therefore\ a^2+(b-3)a+9=0$

18

$f^2(x)=f(f(x))=f\left(\dfrac{x-1}{x+1}\right)=\dfrac{\dfrac{x-1}{x+1}-1}{\dfrac{x-1}{x+1}+1}$

$=\dfrac{\dfrac{x-1-x-1}{x+1}}{\dfrac{x-1+x+1}{x+1}}=\dfrac{-2}{2x}=-\dfrac{1}{x}$

$f^3(x)=f(f^2(x))=f\left(-\dfrac{1}{x}\right)=\dfrac{-\dfrac{1}{x}-1}{-\dfrac{1}{x}+1}$

$=\dfrac{\dfrac{-1-x}{x}}{\dfrac{-1+x}{x}}=\dfrac{-x-1}{x-1}$

$f^4(x)=f(f^3(x))=f\left(\dfrac{-x-1}{x-1}\right)=\dfrac{\dfrac{-x-1}{x-1}-1}{\dfrac{-x-1}{x-1}+1}$

$=\dfrac{\dfrac{-x-1-x+1}{x-1}}{\dfrac{-x-1+x-1}{x-1}}=\dfrac{-2x}{-2}=x$

따라서 $f^{4k-3}(x)=f(x),\ f^{4k-2}(x)=f^2(x),$
$f^{4k-1}(x)=f^3(x),\ f^{4k}(x)=x$
$(k=1,\ 2,\ 3,\ \cdots)$이므로

$f^{375}(x)=f^{4\times94-1}(x)=f^3(x)=\dfrac{-x-1}{x-1}$

이때, $g(-3)=a$라 하면 $f^{375}(a)=-3$

$\dfrac{-a-1}{a-1}=-3$, $-a-1=-3a+3$

$2a=4$ $\quad \therefore a=2$

$\therefore g(-3)=2$

답 2

다른풀이

$g=(f^{375})^{-1}=(f^{-1})^{375}$이므로

$g(-3)=(f^{-1})^{375}(-3)$이다.

$f(x)=\dfrac{x-1}{x+1}=-3$에서 $x=-\dfrac{1}{2}$이므로

$f\left(-\dfrac{1}{2}\right)=-3$, 즉 $f^{-1}(-3)=-\dfrac{1}{2}$

$f(x)=\dfrac{x-1}{x+1}=-\dfrac{1}{2}$에서 $x=\dfrac{1}{3}$이므로

$f\left(\dfrac{1}{3}\right)=-\dfrac{1}{2}$, 즉 $f^{-1}\left(-\dfrac{1}{2}\right)=\dfrac{1}{3}$

$\therefore (f^{-1})^2(-3)=f^{-1}\left(-\dfrac{1}{2}\right)=\dfrac{1}{3}$

$f(x)=\dfrac{x-1}{x+1}=\dfrac{1}{3}$에서 $x=2$이므로

$f(2)=\dfrac{1}{3}$, 즉 $f^{-1}\left(\dfrac{1}{3}\right)=2$

$\therefore (f^{-1})^3(-3)=f^{-1}\left(\dfrac{1}{3}\right)=2$

$f(x)=\dfrac{x-1}{x+1}=2$에서 $x=-3$이므로

$f(-3)=2$, 즉 $f^{-1}(2)=-3$

$\therefore (f^{-1})^4(-3)=f^{-1}(2)=-3$

따라서 $(f^{-1})^n(-3)$의 값은 $-\dfrac{1}{2}$, $\dfrac{1}{3}$, 2, -3이 순서대로

반복되고,

$375=4\times93+3$이므로

$g(-3)=(f^{-1})^{375}(-3)$

$\qquad =(f^{-1})^3(-3)=2$

보충설명 ─────────────

$(f^{375})^{-1}=(\underbrace{f\circ f\circ\cdots\circ f}_{375개})^{-1}$

$\qquad =\underbrace{f^{-1}\circ f^{-1}\circ\cdots\circ f^{-1}}_{375개}$

$\qquad =(f^{-1})^{375}$

─────────────────────

19

A 지역과 B 지역의 15세 이상 인구를 각각 $3p$, $4p$, 실업자

수를 각각 $5q$, $6q$, 취업자 수를 각각 x, y라 하자. (단, p,

q, x, y는 자연수)

(경제 활동 인구)=(취업자 수)+(실업자 수)이므로

(실업률)=$\dfrac{(\text{실업자 수})}{(\text{경제 활동 인구})}\times100(\%)$

$\qquad\quad =\dfrac{(\text{실업자 수})}{(\text{취업자 수})+(\text{실업자 수})}\times100(\%)$

두 지역 A, B의 실업률은 각각

$\dfrac{5q}{x+5q}\times100(\%)$, $\dfrac{6q}{y+6q}\times100(\%)$

이고, 두 지역의 실업률이 같으므로

$\dfrac{5q}{x+5q}\times100=\dfrac{6q}{y+6q}\times100$

$5q(y+6q)=6q(x+5q)$, $5qy+30q^2=6qx+30q^2$

$\therefore 5y=6x$

즉, A 지역과 B 지역의 취업자 수의 비는 $5:6$이다.

이때, $x=5r$, $y=6r$ (r는 자연수)라 하면 두 지역 A, B의

고용률은 각각

$\dfrac{5r}{3p}\times100(\%)$, $\dfrac{6r}{4p}\times100(\%)$

이므로 두 지역의 고용률의 비는

$m:n=\left(\dfrac{5r}{3p}\times100\right):\left(\dfrac{6r}{4p}\times100\right)$

$\qquad\quad =\dfrac{5}{3}:\dfrac{3}{2}=10:9$

즉, $m=10$, $n=9$이므로

$3m+n=39$

답 39

20

주어진 유리함수의 그래프의 두 점근선의 방정식이 $x=-1$,

$y=1$이므로

$f(x)=\dfrac{k}{x+1}+1$ $(k<0)$

로 놓을 수 있다.

이 유리함수의 그래프가 점 $(3, 0)$을 지나므로

$0=\dfrac{k}{4}+1$ $\quad \therefore k=-4$

즉, $f(x)=-\dfrac{4}{x+1}+1=\dfrac{x-3}{x+1}=f_1(x)$이므로

$f_2(x)=f(f_1(x))=f\left(\dfrac{x-3}{x+1}\right)$

$\quad=\dfrac{\dfrac{x-3}{x+1}-3}{\dfrac{x-3}{x+1}+1}=\dfrac{\dfrac{-2x-6}{x+1}}{\dfrac{2x-2}{x+1}}=\dfrac{-x-3}{x-1}$

$f_3(x)=f(f_2(x))=f\left(\dfrac{-x-3}{x-1}\right)$

$\quad=\dfrac{\dfrac{-x-3}{x-1}-3}{\dfrac{-x-3}{x-1}+1}=\dfrac{\dfrac{-4x}{x-1}}{\dfrac{-4}{x-1}}=x$

따라서 $f_{3k-2}(x)=f(x)$, $f_{3k-1}(x)=f_2(x)$, $f_{3k}(x)=x$

$(k=1, 2, 3, \cdots)$이므로

$f_{1000}(x)=f_{3\times334-2}(x)=f(x)=\dfrac{x-3}{x+1}$

$f_{1001}(x)=f_{3\times334-1}(x)=f_2(x)=\dfrac{-x-3}{x-1}$

$\therefore f_{1000}(0)+f_{1001}(0)=(-3)+3=0$

답 0

다른풀이

$f(x)=-\dfrac{4}{x+1}+1=\dfrac{x-3}{x+1}$에서

$f_1(0)=-3$

$f_2(0)=f(f(0))=f(-3)=3$

$f_3(0)=f(f_2(0))=f(3)=0$

$f_4(0)=f(f_3(0))=f(0)=-3$

$\qquad\vdots$

따라서 $f_n(0)$의 값은 -3, 3, 0이 순서대로 반복되므로

$f_{1000}(0)=f_{3\times333+1}(0)=f_1(0)=-3$

$f_{1001}(0)=f_{3\times333+2}(0)=f_2(0)=3$

$\therefore f_{1000}(0)+f_{1001}(0)=-3+3=0$

21

$y=\dfrac{x-2a}{x+2}$에서 x절편은 $2a$, y절편은 $-a$이므로

$A(2a, 0)$, $B(0, -a)$

한편, 함수 $y=f^{-1}(x)$의 그래프는 함수 $y=f(x)$의 그래프를 $y=x$에 대하여 대칭이동한 그래프이므로 x절편은 $-a$, y절편은 $2a$이다.

$\therefore$ C$(-a, 0)$, D$(0, 2a)$

$a>0$이고 $\overline{BC}=4\sqrt{2}$이므로

$\overline{BC}=\sqrt{(-a)^2+a^2}=a\sqrt{2}=4\sqrt{2}$

$\therefore a=4$

따라서 A$(8, 0)$, B$(0, -4)$,

C$(-4, 0)$, D$(0, 8)$이므로

사각형 ABCD의 넓이는

$\triangle$ACD$+\triangle$ABC

$=\dfrac{1}{2}\times12\times8+\dfrac{1}{2}\times12\times4$

$=48+24=72$

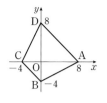

답 72

22

$y=\dfrac{3x-5}{-x+3}=\dfrac{-3(-x+3)+4}{-x+3}=\dfrac{4}{-x+3}-3$

이므로 이 유리함수의 그래프는 $y=-\dfrac{4}{x}$의 그래프를 x축의 방향으로 3만큼, y축의 방향으로 -3만큼 평행이동한 것이다.

이때, 함수 $y=\left|\dfrac{3x-5}{-x+3}\right|$의 그래프는 유리함수

$y=\dfrac{3x-5}{-x+3}$의 그래프에서 $y\geq0$인 부분은 그대로 두고,

$y<0$인 부분을 x축에 대하여 대칭이동한 것이므로 다음 그림과 같다.

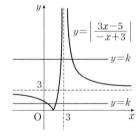

(i) 함수 $y=\left|\dfrac{3x-5}{-x+3}\right|$의 그래프와 직선 $y=0$의 교점의 개수는 1이므로

$N(0)=1$

(ii) 함수 $y=\left|\dfrac{3x-5}{-x+3}\right|$의 그래프와 직선 $y=1$의 교점의 개수는 2이므로

$N(1)=2$

(iii) 함수 $y=\left|\dfrac{3x-5}{-x+3}\right|$ 의 그래프와 직선 $y=2$의 교점의

개수는 2이므로

$N(2)=2$

(iv) 함수 $y=\left|\dfrac{3x-5}{-x+3}\right|$ 의 그래프와 직선 $y=3$의 교점의

개수는 1이므로

$N(3)=1$

(v) 함수 $y=\left|\dfrac{3x-5}{-x+3}\right|$ 의 그래프와 직선 $y=4$의 교점의

개수는 2이므로

$N(4)=2$

(i)~(v)에서

$N(0)+N(1)+N(2)+N(3)+N(4)$

$=1+2+2+1+2=8$

답 8

23

$y=\dfrac{2x+2}{x+3}=\dfrac{2(x+3)-4}{x+3}=-\dfrac{4}{x+3}+2$

즉, 유리함수 $y=\dfrac{2x+2}{x+3}$ 의 그래프는 유리함수 $y=-\dfrac{4}{x}$ 의

그래프를 x축의 방향으로 -3만큼, y축의 방향으로 2만큼

평행이동한 것이다.

이때, 원 C의 중심을 A라 하면 점 $A(-3, 2)$는 유리함수

의 그래프의 점근선의 교점이므로 원 C의 넓이가 최소이려면

원 C는 다음 그림과 같이 유리함수의 그래프와 접해야 한다.

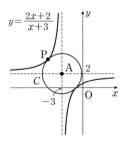

원 C와 유리함수 $y=-\dfrac{4}{x+3}+2$ 의 그래프의 한 교점을

P라 하고, 점 P의 x좌표를 $a\ (a\neq-3)$라 하면

$P\left(a,\ -\dfrac{4}{a+3}+2\right)$

원 C의 넓이는

$\pi\times\overline{AP}^2=\pi\left\{(a+3)^2+\left(-\dfrac{4}{a+3}\right)^2\right\}$ ......㉠

이때, $(a+3)^2>0$, $\left(-\dfrac{4}{a+3}\right)^2>0$이므로 ㉠에서 산술평균

과 기하평균의 관계에 의하여

$\pi\times\overline{AP}^2\geq\pi\times2\sqrt{(a+3)^2\times\left(-\dfrac{4}{a+3}\right)^2}$

$=\pi\times2\times4=8\pi$

$\left(\text{단, 등호는 }(a+3)^2=\left(-\dfrac{4}{a+3}\right)^2\text{, 즉}\right.$

$\left.a=-1\text{ 또는 }a=-5\text{일 때 성립}\right)$

따라서 원 C의 넓이의 최솟값은 8π이다.

답 8π

다른풀이

유리함수 $y=-\dfrac{4}{x+3}+2$ 의 그래프는 점 $(-3,\ 2)$를 지나

고 기울기가 -1인 직선, 즉 $y=-x-1$에 대하여 대칭이다.

따라서 다음 그림과 같이 유리함수 $y=-\dfrac{4}{x+3}+2$ 의 그래

프와 직선 $y=-x-1$의 두 교점을 이은 선분이 원의 지름이

될 때, 원 C의 넓이는 최솟값을 갖는다.

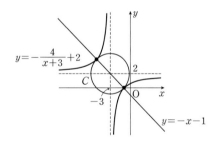

$-\dfrac{4}{x+3}+2=-x-1$에서 $\dfrac{4}{x+3}=x+3$

$(x+3)^2=4$ $\therefore x=-1$ 또는 $x=-5$

즉, 두 교점은 $(-1,\ 0)$, $(-5,\ 4)$이므로 이 두 점을 양 끝점

으로 하는 원의 반지름의 길이는

$\dfrac{\sqrt{\{-5-(-1)\}^2+(4-0)^2}}{x+3}=\dfrac{4\sqrt{2}}{2}=2\sqrt{2}$

따라서 구하는 원의 넓이는

$(2\sqrt{2})^2\pi=8\pi$

01-1 -14	**01**-2 9	**01**-3 $2\sqrt{3}-2$
02-1 ㄱ, ㄴ, ㄹ	**03**-1 2	**03**-2 풀이참조
04-1 (1) -5 (2) 5	**05**-1 $k=-\dfrac{1}{8}$ 또는 $k>0$	
05-2 1	**06**-1 (1) $y=-\dfrac{1}{2}(x-1)^2+2 \ (x\le 1)$	
(2) $y=-\sqrt{3(x-2)}-1 \ (x\ge 2)$		
06-2 $\sqrt{2}$	**06**-3 5	**07**-1 (1) 21 (2) 23
07-2 4		

01-1

$$x=\frac{\sqrt{3}-1}{\sqrt{3}+1}=\frac{(\sqrt{3}-1)^2}{(\sqrt{3}+1)(\sqrt{3}-1)}$$
$$=\frac{4-2\sqrt{3}}{3-1}=2-\sqrt{3}$$

$$\frac{\sqrt{x}+2}{\sqrt{x}-2}+\frac{\sqrt{x}-2}{\sqrt{x}+2}=\frac{(\sqrt{x}+2)^2+(\sqrt{x}-2)^2}{(\sqrt{x}-2)(\sqrt{x}+2)}$$
$$=\frac{x+4\sqrt{x}+4+x-4\sqrt{x}+4}{x-4}$$
$$=\frac{2x+8}{x-4}$$

위의 식에 $x=2-\sqrt{3}$을 대입하면

$$\frac{2(2-\sqrt{3})+8}{2-\sqrt{3}-4}=\frac{12-2\sqrt{3}}{-2-\sqrt{3}}$$
$$=\frac{(12-2\sqrt{3})(2-\sqrt{3})}{-(2+\sqrt{3})(2-\sqrt{3})}$$
$$=-30+16\sqrt{3}$$

따라서 $a=-30$, $b=16$이므로

$$a+b=(-30)+16=-14$$

답 -14

01-2

$$f(x)=\frac{1}{\sqrt{x+1}+\sqrt{x}}$$
$$=\frac{\sqrt{x+1}-\sqrt{x}}{(\sqrt{x+1}+\sqrt{x})(\sqrt{x+1}-\sqrt{x})}$$
$$=\sqrt{x+1}-\sqrt{x}$$

이므로

$$f(1)+f(2)+f(3)+\cdots+f(99)$$
$$=(\sqrt{2}-1)+(\sqrt{3}-\sqrt{2})+(\sqrt{4}-\sqrt{3})+\cdots+(\sqrt{100}-\sqrt{99})$$
$$=\sqrt{100}-1=10-1=9$$

답 9

01-3

$x=\sqrt{3}-1$에서 $x+1=\sqrt{3}$

위의 식의 양변을 제곱하면 $x^2+2x+1=3$

따라서 $x^2+2x-2=0$이므로

$$x^3+3x^2+4x-2=(x^2+2x-2)(x+1)+4x$$
$$=4x \quad {\scriptstyle x^3+3x^2+4x-2 \text{를 } x^2+2x-2 \text{로 나누면}\atop\scriptstyle \text{몫이 } x+1, \text{ 나머지가 } 4x \text{이다.}}$$

$$x^2+2x=(x^2+2x-2)+2$$
$$=2$$

$$\therefore \frac{x^3+3x^2+4x-2}{x^2+2x}=\frac{4x}{2}=2x$$
$$=2(\sqrt{3}-1)=2\sqrt{3}-2$$

답 $2\sqrt{3}-2$

02-1

$$y=-\sqrt{9-3x}+2=-\sqrt{-3(x-3)}+2$$

즉, 함수 $y=-\sqrt{9-3x}+2$의 그래프는 함수 $y=-\sqrt{-3x}$의 그래프를 x축의 방향으로 3만큼, y축의 방향으로 2만큼 평행이동한 것이므로 다음 그림과 같다.

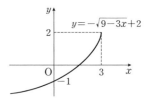

ㄱ. $\sqrt{9-3x}\ge 0$에서 $-\sqrt{9-3x}+2\le 2$이므로 치역은 $\{y|y\le 2\}$이다. (참)

ㄴ. $x=0$을 $y=-\sqrt{9-3x}+2$에 대입하면

$$y=-\sqrt{9}+2=-3+2=-1$$

즉, y축과의 교점의 y좌표는 -1이다. (참)

ㄷ. 함수 $y=-\sqrt{-3x}$의 그래프를 평행이동한 것이다.

(거짓)

ㄹ. 그래프는 제2사분면을 지나지 않는다. (참)

따라서 옳은 것은 ㄱ, ㄴ, ㄹ이다.

답 ㄱ, ㄴ, ㄹ

03-1

주어진 함수의 그래프는 $y=\sqrt{ax}\,(a<0)$의 그래프를 x축의 방향으로 1만큼, y축의 방향으로 -2만큼 평행이동한 것이므로 함수의 식은

$y+2=\sqrt{a(x-1)}$ $\therefore$ $y=\sqrt{a(x-1)}-2$

이 함수의 그래프가 원점을 지나므로

$0=\sqrt{-a}-2,\ \sqrt{-a}=2$

$-a=4$ $\therefore$ $a=-4$

따라서 $f(x)=\sqrt{-4(x-1)}-2$이므로

$f(-3)=\sqrt{16}-2=2$

답 2

03-2

유리함수 $y=-\dfrac{4}{x+a}+b$의 그래프의 점근선의 방정식이

$x=2,\ y=1$이므로

$a=-2,\ b=1$

$\therefore\ y=\sqrt{ax+b}-ab$

$=\sqrt{-2x+1}+2$

$=\sqrt{-2\left(x-\dfrac{1}{2}\right)}+2$

따라서 함수 $y=\sqrt{ax+b}-ab$의 그래프는 무리함수 $y=\sqrt{-2x}$의 그래프를 x축의 방향으로 $\dfrac{1}{2}$만큼, y축의 방향으로 2만큼 평행이동한 것이므로 오른쪽 그림과 같다.

답 풀이참조

04-1

(1) 무리함수 $y=\sqrt{2x+7}-4$의 그래프를 원점에 대하여 대칭이동하면

$-y=\sqrt{-2x+7}-4$ $\therefore$ $y=-\sqrt{-2x+7}+4$

이 함수의 그래프를 x축의 방향으로 m만큼, y축의 방향으로 n만큼 평행이동하면

$y-n=-\sqrt{-2(x-m)+7}+4$

$\therefore\ y=-\sqrt{-2x+2m+7}+4+n$

이 함수가 $y=-\sqrt{-2x+3}+1$과 일치하므로

$2m+7=3,\ 4+n=1$

$\therefore\ m=-2,\ n=-3$

$\therefore\ m+n=-5$

(2) $y=-\sqrt{-2x+a}+7=-\sqrt{-2\left(x-\dfrac{a}{2}\right)}+7$

즉, 무리함수 $y=-\sqrt{-2x+a}+7$의 그래프는

$y=-\sqrt{-2x}$의 그래프를 x축의 방향으로 $\dfrac{a}{2}$만큼, y축의 방향으로 7만큼 평행이동한 것이다.

따라서 주어진 함수는 $x=\dfrac{a}{2}=-1$에서 최댓값 7을 가지므로

$a=-2,\ M=7$

$\therefore\ a+M=5$

답 (1) -5 (2) 5

05-1

무리함수 $y=-\sqrt{x+1}+2$의 그래프는 함수 $y=-\sqrt{x}$의 그래프를 x축의 방향으로 -1만큼, y축의 방향으로 2만큼 평행이동한 것이고, 직선 $y=-2x+k$는 기울기가 -2이고 y절편이 k이다.

이때, 함수 $y=-\sqrt{x+1}+2$의 그래프와 직선 $y=-2x+k$가 오직 한 점에서 만나려면 다음 그림과 같이 직선 $y=-2x+k$가 (i)보다 위쪽에 있거나 (ii)와 일치해야 한다.

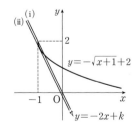

(i) 직선 $y=-2x+k$가 점 $(-1,\ 2)$를 지날 때,

$2=2+k$ $\therefore$ $k=0$

(ii) 직선 $y=-2x+k$가 무리함수 $y=-\sqrt{x+1}+2$의 그래프에 접할 때,

$-2x+k=-\sqrt{x+1}+2$, $2x-k+2=\sqrt{x+1}$

위의 식의 양변을 제곱하면 $(2x-k+2)^2=x+1$

$4x^2+(8-4k)x+k^2-4k+4=x+1$

$\therefore 4x^2+(7-4k)x+k^2-4k+3=0$

x에 대한 이차방정식의 판별식을 D라 하면

$D=(7-4k)^2-4\times4\times(k^2-4k+3)=0$

$8k+1=0$ $\therefore k=-\dfrac{1}{8}$

(i), (ii)에서 구하는 k의 값 또는 범위는

$k=-\dfrac{1}{8}$ 또는 $k>0$

답 $k=-\dfrac{1}{8}$ 또는 $k>0$

05-2

무리함수 $y=\sqrt{2x-3}=\sqrt{2\left(x-\dfrac{3}{2}\right)}$의 그래프는 $y=\sqrt{2x}$의

그래프를 x축의 방향으로 $\dfrac{3}{2}$만큼 평행이동한 것이고, 직선

$y=mx+1$은 점 $(0,\ 1)$을 지나고 기울기가 m이다.

이때, 함수 $y=\sqrt{2x-3}$의 그래프와 직선 $y=mx+1$의 위치 관계는 다음 그림의 두 직선 (i), (ii)를 기준으로 경우를 나누어 생각할 수 있다.

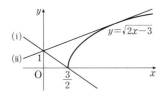

(i) 직선 $y=mx+1$이 점 $\left(\dfrac{3}{2},\ 0\right)$을 지날 때,

$0=\dfrac{3}{2}m+1$ $\therefore m=-\dfrac{2}{3}$

(ii) 직선 $y=mx+1$이 무리함수 $y=\sqrt{2x-3}$의 그래프에 접할 때,

그림에서 $m>0$

$mx+1=\sqrt{2x-3}$의 양변을 제곱하면

$(mx+1)^2=2x-3$

$m^2x^2+2mx+1=2x-3$

$\therefore m^2x^2+2(m-1)x+4=0$

x에 대한 이차방정식의 판별식을 D라 하면

$\dfrac{D}{4}=(m-1)^2-4m^2=0$

$3m^2+2m-1=0$, $(3m-1)(m+1)=0$

$\therefore m=\dfrac{1}{3}$ $(\because m>0)$

두 함수의 그래프가 만나려면 직선 $y=mx+1$은 (i) 또는 (ii)와 일치하거나 (i)과 (ii) 사이에 있어야 하므로

$-\dfrac{2}{3}\le m\le\dfrac{1}{3}$

따라서 실수 m의 최댓값은 $a=\dfrac{1}{3}$, 최솟값은 $b=-\dfrac{2}{3}$이므로

$a-b=1$

답 1

06-1

(1) 함수 $y=-\sqrt{4-2x}+1$의 치역이 $\{y\,|\,y\le1\}$이므로 역함수의 정의역은 $\{x\,|\,x\le1\}$이다.

$y=-\sqrt{4-2x}+1$에서 $-\sqrt{4-2x}=y-1$

양변을 제곱하면 $4-2x=(y-1)^2$

$\therefore x=-\dfrac{1}{2}(y-1)^2+2$

x와 y를 서로 바꾸면 구하는 역함수는

$y=-\dfrac{1}{2}(x-1)^2+2\ (x\le1)$

(2) $y=\dfrac{1}{3}(x+1)^2+2\ (x\le-1)$에서 치역이 $\{y\,|\,y\ge2\}$이므로 역함수의 정의역은 $\{x\,|\,x\ge2\}$이다.

$y=\dfrac{1}{3}(x+1)^2+2$에서 $3(y-2)=(x+1)^2$

$x+1=\pm\sqrt{3(y-2)}$

그런데 $x\le-1$, 즉 $x+1\le0$이므로

$x+1=-\sqrt{3(y-2)}$

$\therefore x=-\sqrt{3(y-2)}-1$

x와 y를 서로 바꾸면 구하는 역함수는

$y=-\sqrt{3(x-2)}-1\ (x\ge2)$

답 (1) $y=-\dfrac{1}{2}(x-1)^2+2\ (x\le1)$

(2) $y=-\sqrt{3(x-2)}-1\ (x\ge2)$

06-2

무리함수 $f(x)=\sqrt{x-1}+1$의 그래프와 그 역함수
$y=f^{-1}(x)$의 그래프는 직선 $y=x$에 대하여 대칭이다.
이때, 두 그래프의 교점은 오른쪽 그
림과 같이 직선 $y=x$ 위에 존재하
므로 함수 $y=f(x)$의 그래프와 직
선 $y=x$의 교점과 같다.

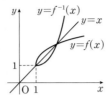

$\sqrt{x-1}+1=x$에서
$x-1=\sqrt{x-1}$
위의 식의 양변을 제곱하면
$(x-1)^2=x-1,\ x^2-3x+2=0$
$(x-1)(x-2)=0$ $\quad\therefore\ x=1$ 또는 $x=2$
따라서 두 교점 P, Q의 좌표는 $(1,\ 1),\ (2,\ 2)$이므로
$\overline{PQ}=\sqrt{(2-1)^2+(2-1)^2}=\sqrt{2}$

답 $\sqrt{2}$

06-3

함수 $f(x)=3\sqrt{2x+4}+k$의 그래프와 그 역함수 $y=f^{-1}(x)$
의 그래프는 직선 $y=x$에 대하여 대칭이다. 이때, 두 그래프
가 서로 다른 두 점에서 만나려면 다음 그림과 같이 무리함수
$y=f(x)$의 그래프가 직선 $y=x$와 서로 다른 두 점에서 만
나야 한다. 즉, 함수 $y=3\sqrt{2x+4}+k$의 그래프가 (i)과 일치
하거나 (i)과 (ii) 사이에 존재해야 한다.

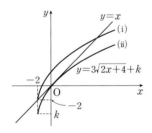

(i) 함수 $y=3\sqrt{2x+4}+k$의 그래프가 점 $(-2,\ -2)$를 지
　날 때,
　$-2=3\sqrt{2\times(-2)+4}+k$ $\quad\therefore\ k=-2$
(ii) 함수 $y=3\sqrt{2x+4}+k$의 그래프가 직선 $y=x$와 접할 때,
　$3\sqrt{2x+4}+k=x$에서 $3\sqrt{2x+4}=x-k$
　양변을 제곱하면 $9(2x+4)=(x-k)^2$
　$\therefore\ x^2-2(k+9)x+k^2-36=0$

이 이차방정식의 판별식을 D라 하면
$$\frac{D}{4}=\{-(k+9)\}^2-(k^2-36)=0$$
$$18k+117=0 \qquad \therefore\ k=-\frac{13}{2}$$
(i), (ii)에서 구하는 k의 값의 범위는
$$-\frac{13}{2}<k\le-2$$
따라서 정수 k는 $-6,\ -5,\ -4,\ -3,\ -2$의 5개이다.

답 5

07-1

(1) 정의역이 $\{x|x>0\}$인 무리함수 $f(x)=\sqrt{3x+1}$은 일대
　일대응이므로 역함수가 존재한다. 이때, $(f\circ g)(x)=x$
　이므로 함수 g는 함수 f의 역함수이다.
　$(g\circ g)(5)=g(g(5))$에서 $g(5)=a$라 하면
　$f(a)=5$
　즉, $\sqrt{3a+1}=5$에서 $3a+1=25,\ a=8$
　$\therefore\ g(5)=8$
　$g(8)=b$라 하면 $f(b)=8$
　즉, $\sqrt{3b+1}=8$에서 $3b+1=64,\ b=21$
　$\therefore\ g(8)=21$
　$\therefore\ (g\circ g)(5)=g(g(5))=g(8)=21$

(2) $(f^{-1}\circ g)^{-1}(3)=(g^{-1}\circ f)(3)=g^{-1}(f(3))$
　$f(3)=\dfrac{2\times3+1}{3-2}=7$이므로
　$g^{-1}(f(3))=g^{-1}(7)$
　이때, $g^{-1}(7)=a$라 하면 $g(a)=7$
　즉, $\sqrt{2a+3}=7$에서 $2a+3=49$ $\quad\therefore\ a=23$
　$\therefore\ g^{-1}(7)=23$
　$\therefore\ (f^{-1}\circ g)^{-1}(3)=(g^{-1}\circ f)(3)=g^{-1}(7)=23$

답 (1) 21 (2) 23

07-2

$$f(x)=\begin{cases}\sqrt{-2x} & \left(x<-\dfrac{1}{2}\right)\\ 1-\sqrt{2x+1} & \left(x\ge-\dfrac{1}{2}\right)\end{cases}$$ 에 대하여

$(f^{-1}\circ f^{-1})(a)=40$에서 $(f\circ f)^{-1}(a)=40$

$\therefore (f \circ f)(40) = a$

$f(40) = 1 - \sqrt{2 \times 40 + 1} = 1 - 9 = -8$

$f(-8) = \sqrt{-2 \times (-8)} = 4$

즉, $(f \circ f)(40) = f(-8) = 4$이므로

$a = 4$

답 4

개 념 마 무 리

본문 pp.186~189

01 7	**02** $\sqrt{5}-2$	**03** ③	**04** ③
05 ③	**06** 17	**07** 풀이참조	**08** ①
09 3	**10** $a<0, b=3$		**11** 3
12 16	**13** 4	**14** $\dfrac{1}{8}$	**15** $\sqrt{2}$
16 40	**17** ④	**18** $\dfrac{1}{2}$	
19 $(\sqrt{2}-1)^n$	**20** ③	**21** 2	**22** $27\sqrt{3}$
23 9	**24** $-\dfrac{33}{8} < c \le -4$ 또는 $0 \le c < 2$		

01

모든 실수 x에 대하여 $\sqrt{ax^2+2ax+6}$의 값이 실수가 되려면 $ax^2+2ax+6 \ge 0$이어야 한다.

(i) $a=0$일 때,

  $6 \ge 0$이므로 성립한다.

(ii) $a \ne 0$일 때,

  $a>0$이고, 이차방정식 $ax^2+2ax+6=0$의 판별식을 D라 하면 $D \le 0$이어야 하므로

  $\dfrac{D}{4} = a^2 - 6a \le 0$, $a(a-6) \le 0$

  $\therefore 0 < a \le 6$ $(\because a \ne 0)$

(i), (ii)에서 $0 \le a \le 6$

따라서 정수 a는 0, 1, 2, $\cdots$, 6의 7개이다.

답 7

02

$x = \dfrac{\sqrt{5}+1}{\sqrt{2}}$, $y = \dfrac{\sqrt{5}-1}{\sqrt{2}}$이므로

$x+y = \dfrac{2\sqrt{5}}{\sqrt{2}} = \sqrt{10}$, $x-y = \dfrac{2}{\sqrt{2}} = \sqrt{2}$, $xy = \dfrac{5-1}{2} = 2$

$\therefore \dfrac{\sqrt{x}-\sqrt{y}}{\sqrt{x}+\sqrt{y}} = \dfrac{(\sqrt{x}-\sqrt{y})^2}{(\sqrt{x}+\sqrt{y})(\sqrt{x}-\sqrt{y})}$

$= \dfrac{x+y-2\sqrt{xy}}{x-y}$ $(\because x>0, y>0)$

$= \dfrac{\sqrt{10}-2\sqrt{2}}{\sqrt{2}} = \sqrt{5}-2$

답 $\sqrt{5}-2$

03

$x = \sqrt{5}+2$에서 $x-2 = \sqrt{5}$

위의 식의 양변을 제곱하면 $x^2-4x+4=5$

따라서 $x^2-4x-1=0$이므로

$x^4-3x^3-7x^2+8x-1 = (x^2-4x-1)(x^2+x-2)+x-3$

  $x^4-3x^3-7x^2+8x-1$을 x^2-4x-1로 나누면
  몫이 x^2+x-2, 나머지가 $x-3$이다.

  $= x-3$

$x^2-3x-5 = (x^2-4x-1)+x-4$

  $= x-4$

$\therefore \dfrac{x^4-3x^3-7x^2+8x-1}{x^2-3x-5} = \dfrac{x-3}{x-4} = \dfrac{\sqrt{5}-1}{\sqrt{5}-2}$

$= \dfrac{(\sqrt{5}-1)(\sqrt{5}+2)}{(\sqrt{5}-2)(\sqrt{5}+2)}$

$= \sqrt{5}+3$

답 ③

04

자연수 n에 대하여 $\sqrt{n^2} < \sqrt{n^2+2n} < \sqrt{n^2+2n+1}$이므로

$n < \sqrt{n^2+2n} < n+1$ $\quad$ ······㉠

즉, $N(\sqrt{n^2+2n}) = n$이므로

$f(\sqrt{n^2+2n}) = \sqrt{n^2+2n}-n$

$\therefore \dfrac{2n}{f(\sqrt{n^2+2n})} = \dfrac{2n}{\sqrt{n^2+2n}-n} = \dfrac{2n(\sqrt{n^2+2n}+n)}{(n^2+2n)-n^2}$

$= \sqrt{n^2+2n}+n$

이때, ㉠에서 $2n < \sqrt{n^2+2n}+n < 2n+1$

$\therefore N\left(\dfrac{2n}{f(\sqrt{n^2+2n})}\right) = N(\sqrt{n^2+2n}+n) = 2n$

답 ③

05

$f(x)=-\sqrt{3-3x}=-\sqrt{-3(x-1)}$

즉, 함수 $y=f(x)$의 그래프는 $y=-\sqrt{-3x}$의 그래프를 x축의 방향으로 1만큼 평행이동한 것이므로 다음 그림과 같다.

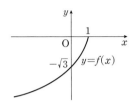

ㄱ. $3-3x\geq0$에서 $x\leq1$이므로 정의역은 $\{x\,|\,x\leq1\}$이고,
$\sqrt{3-3x}\geq0$에서 $-\sqrt{3-3x}\leq0$이므로 치역은
$\{y\,|\,y\leq0\}$이다. (참)

ㄴ. 함수 $y=-\sqrt{-3x}$의 그래프를 x축의 방향으로 1만큼 평행이동한 것이다. (거짓)

ㄷ. $y=-\dfrac{1}{3}x^2\ (x\leq0)$에서 $y\leq0$

이 함수의 그래프를 직선 $y=x$에 대하여 대칭이동하면

$x=-\dfrac{1}{3}y^2\ (x\leq0,\ y\leq0)$

$\therefore\ y^2=-3x$

이때, $y=\pm\sqrt{-3x}$이고 $y\leq0$이므로

$y=-\sqrt{-3x}$

이 함수의 그래프를 x축의 방향으로 1만큼 평행이동하면

$y=-\sqrt{-3(x-1)}=-\sqrt{3-3x}$ (참)

따라서 옳은 것은 ㄱ, ㄷ이다.

답 ③

06

$f(x)=2\sqrt{x+1}+k$라 하면 $0\leq x\leq3$에서 함수 $y=f(x)$의 그래프의 개형은 다음 그림과 같다.

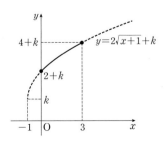

즉, 함수 $y=f(x)$는
$x=3$에서 최댓값 $M=f(3)=4+k$를 갖고,
$x=0$에서 최솟값 $m=f(0)=2+k$를 갖는다.
$M+m=40$에서
$(4+k)+(2+k)=40,\ 2k=34$
$\therefore\ k=17$

답 17

07

$y=\dfrac{-bx+c}{x+a}=\dfrac{-b(x+a)+c+ab}{x+a}=\dfrac{c+ab}{x+a}-b$

즉, 유리함수 $y=\dfrac{-bx+c}{x+a}$의

그래프의 점근선의 방정식은
$x=-a,\ y=-b$이므로
$-a>0,\ -b>0$
$\therefore\ a<0,\ b<0$

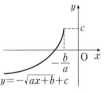

또한, 유리함수 $y=\dfrac{-bx+c}{x+a}$의 그래프의 $(y$절편$)<0$이므로

$\dfrac{c}{a}<0$

$\therefore\ c>0\ (\because\ a<0)$

$y=-\sqrt{ax+b}+c=-\sqrt{a\left(x+\dfrac{b}{a}\right)}+c$

즉, 무리함수 $y=-\sqrt{ax+b}+c$의 그래프는 무리함수

$y=-\sqrt{ax}$의 그래프를 x축의 방향으로 $-\dfrac{b}{a}$만큼, y축의

방향으로 c만큼 평행이동한 것이다.

이때, $a<0,\ -\dfrac{b}{a}<0,\ c>0$이므로 무리함수 $y=-\sqrt{ax+b}+c$의
그래프는 오른쪽 그림과 같다.

답 풀이참조

08

함수 $y=\sqrt{ax+b}+c$의 그래프를 x축의 방향으로 3만큼, y축의 방향으로 -1만큼 평행이동하면
$y+1=\sqrt{a(x-3)+b}+c$
$\therefore\ y=\sqrt{a(x-3)+b}+c-1$

이 함수의 그래프를 x축에 대하여 대칭이동하면

$-y=\sqrt{a(x-3)+b}+c-1$

$\therefore y=-\sqrt{ax-3a+b}-c+1$

이 함수가 $y=-\sqrt{-3x+7}+5$와 일치하므로

$a=-3$

$-3a+b=7$에서 $b=-2$

$-c+1=5$에서 $c=-4$

$\therefore abc=-24$

답 ①

09

무리함수 $y=\sqrt{ax}$의 그래프와 직선 $y=x$의 교점의 x좌표
가 2이므로 방정식 $\sqrt{ax}=x$의 한 근이 $x=2$이다.

즉, $\sqrt{2a}=2$에서 $2a=4$

$\therefore a=2$

무리함수 $y=\sqrt{ax+b}$, 즉 $y=\sqrt{2x+b}$의 그래프가 직선
$y=x$에 접하므로 교점의 x좌표는 방정식 $\sqrt{2x+b}=x$의 실
근이다.

$\sqrt{2x+b}=x$의 양변을 제곱하면

$2x+b=x^2$, $x^2-2x-b=0$

이 이차방정식의 판별식을 D라 하면

$\dfrac{D}{4}=(-1)^2-1\times(-b)=0$, $1+b=0$

$\therefore b=-1$

$\therefore a-b=3$

답 3

10

$f(x)=\begin{cases} -2(x-1)^2+b & (x<1) \\ \sqrt{a(1-x)}+3 & (x\geq 1) \end{cases}$

이 역함수를 가지므로 함수 f는 실
수 전체의 집합에서 일대일대응이
어야 한다. 즉, 함수 $y=f(x)$의 그
래프는 오른쪽 그림과 같아야 한다.
이때, $x\geq 1$에서

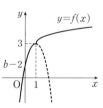

$y=\sqrt{a(1-x)}+3$

$=\sqrt{-a(x-1)}+3$

이므로 $-a>0$이어야 한다.

$\therefore a<0$

또한, $f(1)=3$이므로 곡선 $y=-2(x-1)^2+b$가
점 $(1,\ 3)$을 지나야 한다.

$\therefore b=3$

답 $a<0$, $b=3$

풀이첨삭

실수 전체의 집합 R에서 R로의 함수 $y=f(x)$가 일대일대응이
되려면 x의 값이 증가할 때, y의 값은 항상 증가하거나 항상 감소
해야 한다. 이 문제에서 함수 $y=f(x)$가
$x<1$일 때, x의 값이 증가하면 y의 값이 증가하므로
$x\geq 1$일 때, x의 값이 증가하면 y의 값도 증가해야 한다.
따라서 $-a>0$, 즉 $a<0$이어야 한다.

11

무리함수 $f(x)=-\sqrt{ax+b}+c$의 그래프와 그 역함수
$y=f^{-1}(x)$의 그래프는 직선 $y=x$에 대하여 대칭이므로 함
수 $y=f(x)$의 그래프를 좌표평면 위에 나타내면 다음 그림
과 같다.

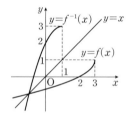

$\therefore f(x)=-\sqrt{a(x-3)}+1\ (a<0)$ $\qquad \cdots\cdots \ \bigcirc$

이때, 함수 $y=f(x)$의 그래프가 점 $(2,\ 0)$을 지나므로

$0=-\sqrt{-a}+1$

$\sqrt{-a}=1$ $\quad \therefore a=-1$

이것을 $\bigcirc$에 대입하면

$f(x)=-\sqrt{-(x-3)}+1=-\sqrt{-x+3}+1$

따라서 $b=3$, $c=1$이므로

$a+b+c=(-1)+3+1=3$

답 3

다른풀이

주어진 그래프로부터

$f^{-1}(x)=k(x-1)^2+3\ (k<0,\ x\leq 1)$

이라 할 수 있다.

함수 $y=f^{-1}(x)$의 그래프가 점 $(0,\ 2)$를 지나므로

$2=k+3$ $\quad \therefore k=-1$

$\therefore f^{-1}(x)=-(x-1)^2+3$

이때, $(f^{-1})^{-1}=f$이므로 함수 $y=f(x)$는 함수 $y=f^{-1}(x)$의 역함수이다.

$y=-(x-1)^2+3$으로 놓으면

$(x-1)^2=-y+3$

$x-1=-\sqrt{-y+3}$ ($\because x \le 1$)

$\therefore x=-\sqrt{-y+3}+1$

x와 y를 서로 바꾸면 구하는 역함수는

$y=-\sqrt{-x+3}+1$ ($x \le 3$)

$\therefore f(x)=-\sqrt{-x+3}+1$ ($x \le 3$)

즉, $a=-1$, $b=3$, $c=1$이므로

$a+b+c=3$

12

$y=\dfrac{-2x+4}{x-1}=\dfrac{-2(x-1)+2}{x-1}=\dfrac{2}{x-1}-2$

즉, 유리함수 $y=\dfrac{-2x+4}{x-1}$의 그래프의 점근선의 방정식은

$x=1$, $y=-2$이고, $3 \le x \le 5$에서 함수 $y=\dfrac{-2x+4}{x-1}$의 그래프는 다음 그림과 같다.

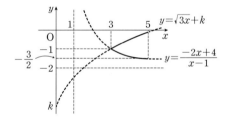

이때, 두 함수 $y=\dfrac{-2x+4}{x-1}$와 $y=\sqrt{3x}+k$의 그래프가 한 점에서 만나면서 k의 값이 최대이려면 함수 $y=\sqrt{3x}+k$의 그래프가 점 $(3, -1)$을 지나야 한다.

즉, $-1=\sqrt{3 \times 3}+k$에서 $-1=3+k$

$\therefore k=-4$

따라서 $M=-4$이므로 $M^2=16$이다.

답 16

13

방정식 $f(x)=g(x)$가 서로 다른 두 실근을 가지므로 두 함수 $y=f(x)$, $y=g(x)$의 그래프가 서로 다른 두 점에서 만난다.

무리함수 $f(x)=\sqrt{4x-a}$의 그래프와 그 역함수 $y=g(x)$의 그래프는 직선 $y=x$에 대하여 대칭이고, 두 그래프의 교점은 오른쪽 그림과 같이 직선 $y=x$ 위에 존재하

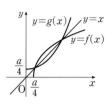

므로 함수 $y=f(x)$의 그래프와 직선 $y=x$의 교점과 같다.

즉, $x=\sqrt{4x-a}$에서 $x^2=4x-a$

$\therefore x^2-4x+a=0$ ······㉠

이차방정식 ㉠이 서로 다른 두 실근을 가지므로 이차방정식 ㉠의 판별식을 D라 하면

$\dfrac{D}{4}=(-2)^2-a>0$ $\therefore a<4$ ······㉡

이때, 오른쪽 그림과 같이

$\dfrac{a}{4}<0$이면 $y=\sqrt{4x-a}$의 그

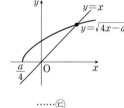

래프와 직선 $y=x$는 서로 다른 두 점에서 만나지 않으므로

$a \ge 0$ ······㉢

㉡, ㉢에서 $0 \le a<4$

따라서 조건을 만족시키는 정수 a는 0, 1, 2, 3의 4개이다.

답 4

보충설명

방정식 $\sqrt{4x-a}=x$의 양변을 제곱하여 방정식 $4x-a=x^2$의 해를 구할 때 방정식 $-\sqrt{4x-a}=x$의 해도 함께 구해지므로 구하는 점이 조건에 맞는지 직접 그림을 그려서 확인해 보아야 한다.

14

무리함수 $f(x)=\sqrt{4x-3}+k$의 그래프와 그 역함수 $y=f^{-1}(x)$의 그래프는 직선 $y=x$에 대하여 대칭이다.

이때, 두 함수 $y=f(x)$, $y=f^{-1}(x)$의 그래프가 서로 다른 두 점에서 만나므로 오른쪽 그

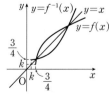

림과 같이 함수 $y=f(x)$의 그래프와 직선 $y=x$가 서로 다른 두 점에서 만난다. 즉, 구하는 두 교점의 좌표를 (α, α), (β, β)라 할 수 있다.

(가)

$\sqrt{4x-3}+k=x$에서 $\sqrt{4x-3}=x-k$

위의 식의 양변을 제곱하면 $4x-3=x^2-2kx+k^2$

$\therefore x^2-2(k+2)x+k^2+3=0$

이 이차방정식의 두 근이 α, β이므로 근과 계수의 관계에 의하여 $\alpha+\beta=2(k+2)$, $\alpha\beta=k^2+3$ ······㉠

—————————————————————— (나)

또한, 두 교점 (α, α), (β, β) 사이의 거리가 $2\sqrt{3}$이므로

$\sqrt{(\alpha-\beta)^2+(\alpha-\beta)^2}=\sqrt{2(\alpha-\beta)^2}=2\sqrt{3}$

$\therefore (\alpha-\beta)^2=6$

이때, $(\alpha-\beta)^2=(\alpha+\beta)^2-4\alpha\beta$이므로

$6=\{2(k+2)\}^2-4(k^2+3)$ $(\because ㉠)$

—————————————————————— (다)

$4(k^2+4k+4)-4k^2-12-6=0$

$16k-2=0$, $16k=2$ $\therefore k=\dfrac{1}{8}$

—————————————————————— (라)

답 $\dfrac{1}{8}$

단계	채점 기준	배점
(가)	두 교점의 좌표를 (α, α), (β, β)로 나타낸 경우	20%
(나)	$\alpha+\beta$, $\alpha\beta$를 k로 나타낸 경우	30%
(다)	$(\alpha-\beta)^2=(\alpha+\beta)^2-4\alpha\beta$를 이용한 경우	30%
(라)	k의 값을 구한 경우	20%

다른풀이

두 교점 사이의 거리가 $2\sqrt{3}$이고 이 두 점은 모두 직선 $y=x$ 위에 있으므로 오른쪽 그림과 같이 두 점은 빗변의 길이가 $2\sqrt{3}$인 직각이등변삼각형의 빗변의 양 끝 점과 같다. 나머지 한 변의 길이를 x라 하면

$2x^2=12$, $x^2=6$ $\therefore x=\sqrt{6}$ $(\because x>0)$

즉, 위의 풀이에서 $\beta=\alpha+\sqrt{6}$이라 할 수 있다.

$\alpha+\beta=2\alpha+\sqrt{6}=2(k+2)$ ······㉠

$\alpha\beta=\alpha^2+\sqrt{6}\alpha=k^2+3$ ······㉡

㉠, ㉡을 연립하여 풀면 $k=\dfrac{1}{8}$

15

무리함수 $y=\sqrt{-\dfrac{1}{2}x-1}=\sqrt{-\dfrac{1}{2}(x+2)}$의 그래프는 함수 $y=\sqrt{-\dfrac{1}{2}x}$의 그래프를 x축의 방향으로 -2만큼 평행이동한 것이다.

한편, 두 직선 $y=ax+1$, $y=bx+1$은 항상 점 $(0, 1)$을 지나므로 $x\leq-2$에서 부등식

$ax+1\leq\sqrt{-\dfrac{1}{2}x-1}\leq bx+1$이 항상 성립하려면 다음 그림과 같아야 한다.

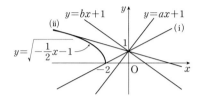

(i) 직선 $y=ax+1$이 점 $(-2, 0)$을 지날 때, a는 최솟값 m을 갖는다.

$0=-2a+1$, $a=\dfrac{1}{2}$ $\therefore m=\dfrac{1}{2}$

(ii) 직선 $y=bx+1$이 무리함수 $y=\sqrt{-\dfrac{1}{2}x-1}$의 그래프와 접할 때, b는 최댓값 M을 갖는다.

$bx+1=\sqrt{-\dfrac{1}{2}x-1}$의 양변을 제곱하면

$b^2x^2+2bx+1=-\dfrac{1}{2}x-1$

$b^2x^2+\left(2b+\dfrac{1}{2}\right)x+2=0$

$\therefore 2b^2x^2+(4b+1)x+4=0$

x에 대한 이차방정식의 판별식을 D라 하면

$D=(4b+1)^2-4\times2b^2\times4=0$

$16b^2+8b+1-32b^2=0$, $16b^2-8b-1=0$

$(4b-1)^2=2$ $\therefore b=\dfrac{1-\sqrt{2}}{4}$ $(\because b<0)$

$\therefore M=\dfrac{1-\sqrt{2}}{4}$

(i), (ii)에서 $2m-4M=1-(1-\sqrt{2})=\sqrt{2}$

답 $\sqrt{2}$

16

함수 $f(x)=\sqrt{3x+6}-5=\sqrt{3(x+2)}-5$의 그래프는 함수 $y=\sqrt{3x}$의 그래프를 x축의 방향으로 -2만큼, y축의 방향으로 -5만큼 평행이동한 것이다.

또한, 함수 $g(x)=\sqrt{-3x+6}+5=\sqrt{-3(x-2)}+5$의 그래프는 함수 $y=\sqrt{-3x}$의 그래프를 x축의 방향으로 2만큼, y축의 방향으로 5만큼 평행이동한 것이다.

두 함수 $y=f(x)$, $y=g(x)$의 그래프와 두 직선 $x=-2$, $x=2$를 좌표평면 위에 나타내면 오른쪽 그림과 같다.

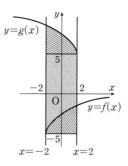

이때, 빗금친 두 부분의 넓이가 같으므로 구하는 도형의 넓이는 가로, 세로의 길이가 각각 4, 10인 직사각형의 넓이와 같다.

따라서 구하는 넓이는

$4 \times 10 = 40$

답 40

17

$|x| + \left|\dfrac{y}{3}\right| = 1$에서

(i) $x \geq 0$, $y \geq 0$일 때,

$x + \dfrac{y}{3} = 1$ $\therefore y = -3x+3$

(ii) $x \geq 0$, $y < 0$일 때,

$x - \dfrac{y}{3} = 1$ $\therefore y = 3x-3$

(iii) $x < 0$, $y \geq 0$일 때,

$-x + \dfrac{y}{3} = 1$ $\therefore y = 3x+3$

(iv) $x < 0$, $y < 0$일 때,

$-x - \dfrac{y}{3} = 1$ $\therefore y = -3x-3$

(i)~(iv)에서 $|x| + \left|\dfrac{y}{3}\right| = 1$의 그래프는 다음 그림과 같다.

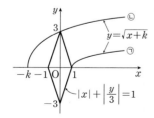

집합 $B = \{(x, y) | y = \sqrt{x+k},\ x,\ y$는 실수$\}$에 대하여 $A \cap B \neq \varnothing$이려면 무리함수 $y = \sqrt{x+k}$의 그래프가 도형 $|x| + \left|\dfrac{y}{3}\right| = 1$ 위의 점을 반드시 지나야 한다.

㉠ 무리함수 $y = \sqrt{x+k}$의 그래프가 점 $(1, 0)$을 지날 때,

$0 = \sqrt{1+k}$ $\therefore k = -1$

㉡ 무리함수 $y = \sqrt{x+k}$의 그래프가 점 $(0, 3)$을 지날 때,

$3 = \sqrt{0+k}$ $\therefore k = 9$

즉, $A \cap B \neq \varnothing$이려면 무리함수 $y = \sqrt{x+k}$의 그래프가 ㉠ 또는 ㉡과 일치하거나 ㉠과 ㉡ 사이에 있어야 하므로

$-1 \leq k \leq 9$

따라서 조건을 만족시키는 정수 k는 -1, 0, 1, $\cdots$, 9의 11개이다.

답 ④

보충설명

$|x| + \left|\dfrac{y}{3}\right| = 1$의 그래프는 직선 $x + \dfrac{y}{3} = 1$의 $x \geq 0$, $y \geq 0$인 부분을 x축, y축, 원점에 대하여 각각 대칭이동하여 그린다.

18

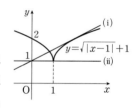

$y = \sqrt{|x-1|} + 1$에서

$x \geq 1$일 때 $y = \sqrt{x-1} + 1$,

$x < 1$일 때 $y = \sqrt{-(x-1)} + 1$

이므로 함수 $y = \sqrt{|x-1|} + 1$의 그래프는 오른쪽 그림과 같다.

직선 $y = kx + 1$은 항상 점 $(0, 1)$을 지나므로 함수 $y = \sqrt{|x-1|} + 1$의 그래프와 서로 다른 세 점에서 만나려면 직선 $y = kx+1$이 (i)과 (ii) 사이에 있어야 한다.

(i) 직선 $y = kx+1$이 무리함수 $y = \sqrt{x-1} + 1$의 그래프와 접할 때,

$\sqrt{x-1} + 1 = kx+1$에서 $\sqrt{x-1} = kx$

위의 식의 양변을 제곱하면

$x - 1 = k^2 x^2$ $\therefore k^2 x^2 - x + 1 = 0$

x에 대한 이차방정식의 판별식을 D라 하면

$D = (-1)^2 - 4k^2 = 0$, $(1+2k)(1-2k) = 0$

$\therefore k = \dfrac{1}{2}$ ($\because k > 0$)

(ii) 직선 $y = kx+1$이 점 $(1, 1)$을 지날 때,

$k = 0$

따라서 (i), (ii)에서 구하는 실수 k의 값의 범위는 $0 < k < \dfrac{1}{2}$

이므로 $a=0$, $b=\dfrac{1}{2}$

$\therefore a+b=\dfrac{1}{2}$

답 $\dfrac{1}{2}$

19

$x=\left\{\dfrac{(\sqrt{2}+1)^n+(\sqrt{2}-1)^n}{2}\right\}^2$에서

$a=\sqrt{2}+1$, $b=\sqrt{2}-1$이라 하면

$ab=2-1=1$이므로

$x-1=\left(\dfrac{a^n+b^n}{2}\right)^2-1=\dfrac{a^{2n}+b^{2n}+2(ab)^n}{4}-1$

$\qquad=\dfrac{a^{2n}+b^{2n}+2}{4}-1=\dfrac{a^{2n}+b^{2n}-2}{4}$

$\qquad=\dfrac{a^{2n}+b^{2n}-2(ab)^n}{4}=\left(\dfrac{a^n-b^n}{2}\right)^2$

$\therefore \sqrt{x}-\sqrt{x-1}=\sqrt{\left(\dfrac{a^n+b^n}{2}\right)^2}-\sqrt{\left(\dfrac{a^n-b^n}{2}\right)^2}$

$\qquad=\left|\dfrac{a^n+b^n}{2}\right|-\left|\dfrac{a^n-b^n}{2}\right|$

$\qquad=\dfrac{a^n+b^n}{2}-\left(\dfrac{a^n-b^n}{2}\right)$

$\qquad\qquad(\because a>b>0$이므로 $a^n-b^n>0)$

$\qquad=\dfrac{a^n+b^n-a^n+b^n}{2}$

$\qquad=b^n=(\sqrt{2}-1)^n$

답 $(\sqrt{2}-1)^n$

20

이차함수 $f(x)=ax^2+bx+c$의 그래프의 꼭짓점의 좌표가 $\left(\dfrac{1}{2},\ \dfrac{9}{2}\right)$이므로

$f(x)=a\left(x-\dfrac{1}{2}\right)^2+\dfrac{9}{2}$ ······㉠

이차함수 ㉠의 그래프가 점 $(0,\ 4)$를 지나므로

$4=\dfrac{1}{4}a+\dfrac{9}{2}$, $\dfrac{1}{4}a=-\dfrac{1}{2}$ $\therefore a=-2$

즉, $f(x)=-2\left(x-\dfrac{1}{2}\right)^2+\dfrac{9}{2}=-2x^2+2x+4$이므로

$b=2$, $c=4$

$\therefore g(x)=-2\sqrt{x+2}+4$

ㄱ. 함수 $y=g(x)$의 정의역은 $\{x\,|\,x\ge-2\}$이고, 치역은 $\{y\,|\,y\le4\}$이다. (참)

ㄴ. $g(0)=-2\sqrt{2}+4>0$이므로 함수 $y=g(x)$의 그래프는 오른쪽 그림과 같고, 제3사분면을 지나지 않는다. (거짓)

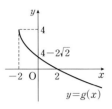

ㄷ. 방정식 $f(x)=0$에서

$-2x^2+2x+4=0$

$x^2-x-2=0$, $(x+1)(x-2)=0$

$\therefore x=-1$ 또는 $x=2$

$\therefore \alpha=-1$, $\beta=2$ $(\because \alpha<\beta)$

즉, $-1\le x\le2$에서 함수 $y=g(x)$의 최댓값은

$g(-1)=-2+4=2$ (참)

따라서 옳은 것은 ㄱ, ㄷ이다.

답 ③

21

함수 $y=\sqrt{-3x+a}+2=\sqrt{-3\left(x-\dfrac{a}{3}\right)}+2$의 그래프는

함수 $y=\sqrt{-3x}$의 그래프를 x축의 방향으로 $\dfrac{a}{3}$만큼, y축의 방향으로 2만큼 평행이동한 것이다.

또한, 함수 $y=-\sqrt{3x-3}+2=-\sqrt{3(x-1)}+2$의 그래프는 함수 $y=-\sqrt{3x}$의 그래프를 x축의 방향으로 1만큼, y축의 방향으로 2만큼 평행이동한 것이다.

이때, 함수 $y=f(x)$가 실수 전체의 집합에서 일대일대응이 되려면 함수 $y=f(x)$의 그래프는 오른쪽 그림과 같아야 한다.

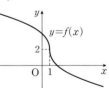

즉, 함수 $y=\sqrt{-3x}$의 그래프를 x축의 방향으로 $\dfrac{a}{3}$만큼, y축의 방향으로 2만큼 평행이동한 그래프는 함수 $y=\sqrt{-3x}$의 그래프를 x축의 방향으로 1만큼, y축의 방향으로 2만큼 평행이동한 그래프와 일치해야 한다.

따라서 $\dfrac{a}{3}=1$에서 $a=3$이다.

$\therefore f(x)=\begin{cases}\sqrt{-3x+3}+2 & (x<1)\\-\sqrt{3x-3}+2 & (x\ge1)\end{cases}$

따라서 $x<1$에서 $f(x)>2$, $x\ge1$에서 $f(x)\le2$이다.

$f^{-1}(-1)=p$라 하면 $f(p)=-1$

$f(p)<2$이므로 $p\geq 1$, 즉 $-\sqrt{3p-3}+2=-1$에서

$\sqrt{3p-3}=3$, $3p-3=9$

$3p=12$ $\therefore$ $p=4$

$f^{-1}(5)=q$라 하면 $f(q)=5$

$f(q)>2$이므로 $q<1$, 즉 $\sqrt{-3q+3}+2=5$에서

$\sqrt{-3q+3}=3$, $-3q+3=9$

$-3q=6$ $\therefore$ $q=-2$

$\therefore$ $f^{-1}(-1)+f^{-1}(5)=4+(-2)=2$

답 2

22

무리함수 $y=\sqrt{k(x+1)}$ $(k>0)$의 그래프가 점 $(2,\ 3)$을 지나므로

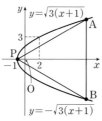

$3=\sqrt{3k}$ $\therefore$ $k=3$

즉, 두 무리함수 $y=\sqrt{3(x+1)}$,

$y=-\sqrt{3(x+1)}$의 그래프는 오른쪽 그림과 같고, x축에 대하여 대칭이다.

또한, x축 위의 점 $P(-1,\ 0)$에 대하여 $\triangle APB$가 정삼각형이므로 $\overline{PA}=\overline{PB}=\overline{AB}$이다.

이때, 점 A의 좌표를 $(a,\ b)$ $(a>-1)$라 하면 점 B의 좌표는 $(a,\ -b)$이므로 $\overline{PA}=\overline{AB}$에서 $\overline{PA}^2=\overline{AB}^2$, 즉

$(a+1)^2+b^2=4b^2$

$\therefore$ $(a+1)^2=3b^2$ ······㉠

한편, 점 $A(a,\ b)$가 무리함수 $y=\sqrt{3(x+1)}$의 그래프 위의 점이므로

$b=\sqrt{3(a+1)}$ $\therefore$ $b^2=3(a+1)$ ······㉡

㉡을 ㉠에 대입하면 $(a+1)^2=9(a+1)$

$a^2-7a-8=0$, $(a+1)(a-8)=0$

$\therefore$ $a=8$ $(\because a>-1)$

이것을 ㉡에 대입하면

$b^2=3(8+1)=27$ $\therefore$ $b=3\sqrt{3}$ $(\because b>0)$

$\therefore$ $\overline{AB}=2b=2\times 3\sqrt{3}=6\sqrt{3}$

따라서 정삼각형 APB의 한 변의 길이가 $6\sqrt{3}$이므로 구하는 넓이는

$\dfrac{\sqrt{3}}{4}\times(6\sqrt{3})^2=27\sqrt{3}$

답 $27\sqrt{3}$

다른풀이

점 A에서 x축에 내린 수선의 발을 H라 하면 $\triangle APB$는 정삼각형이므로 $\dfrac{\sqrt{3}}{2}\overline{AB}=\overline{PH}$ ······㉠

이때, 두 점 A, B의 좌표를 각각 $(a,\ \sqrt{3(a+1)})$, $(a,\ -\sqrt{3(a+1)})$ $(a>-1)$이라 하면

$\overline{AB}=2\sqrt{3(a+1)}$, $\overline{PH}=a+1$이므로 ㉠에서

$\dfrac{\sqrt{3}}{2}\times 2\sqrt{3(a+1)}=a+1$

$3\sqrt{a+1}=a+1$

$a^2-7a-8=0$, $(a+1)(a-8)=0$

$\therefore$ $a=8$ $(\because a>-1)$

23

$f(x)=\begin{cases} \sqrt{4-x} & (x<4) & \cdots\cdots㉠ \\ 2-\sqrt{x} & (x\geq 4) & \cdots\cdots㉡ \end{cases}$ 의 역함수 $y=f^{-1}(x)$

를 구하자.

㉠의 $y=\sqrt{4-x}$ $(x<4)$에서 $\sqrt{4-x}>0$이므로 $y>0$

$y=\sqrt{4-x}$의 양변을 제곱하면

$y^2=4-x$ $\therefore$ $x=4-y^2$

x와 y를 서로 바꾸면 ㉠의 역함수는

$y=-x^2+4$ $(x>0)$

㉡의 $y=2-\sqrt{x}$ $(x\geq 4)$에서 $\sqrt{x}\geq 2$이므로 $y\leq 0$

$y=2-\sqrt{x}$에서 $\sqrt{x}=2-y$

위의 식의 양변을 제곱하면

$x=(2-y)^2$

x와 y를 서로 바꾸면 ㉡의 역함수는

$y=(x-2)^2$ $(x\leq 0)$

$\therefore$ $f^{-1}(x)=\begin{cases} (x-2)^2 & (x\leq 0) \\ -x^2+4 & (x>0) \end{cases}$

기울기가 -2인 직선 l의 y절편을 a라 하면

$l: y=-2x+a$

따라서 함수 $y=f^{-1}(x)$의 그래프는 오른쪽 그림과 같고, 함수 $y=f^{-1}(x)$의 그래프가 직선 l과 두 점에서 만나는 경우는 그림에서 직선 l이 (i) 또는 (ii)와 일치할 때이다.

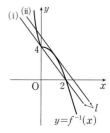

(i) 직선 l이 두 점 $(2,\ 0)$, $(0,\ 4)$를 지날 때,

   $a=4$

(ii) 직선 l이 함수 $y=-x^2+4$ $(x>0)$의 그래프와 접할 때,

$-2x+a=-x^2+4$

$\therefore x^2-2x+a-4=0$

이 이차방정식의 판별식을 D라 하면

$\dfrac{D}{4}=(-1)^2-(a-4)=0$

$5-a=0$ $\therefore a=5$

(i), (ii)에서 직선 l의 모든 y절편의 합은

$4+5=9$

답 9

다른풀이

직선 l을 직선 $y=x$에 대하여 대칭이동한 직선을 l'이라 하면 직선 l이 함수 $y=f^{-1}(x)$의 그래프와 두 점에서 만나므로 직선 l'은 함수 $y=f(x)$의 그래프와 두 점에서 만난다.

기울기가 -2인 직선 l의 y절편을 a라 하면

$l : y=-2x+a$

따라서 직선 l'의 방정식은

$x=-2y+a$ $\therefore l' : y=-\dfrac{x}{2}+\dfrac{a}{2}$

함수 $y=f(x)$의 그래프는 다음 그림과 같고, 함수 $y=f(x)$의 그래프가 직선 l'과 두 점에서 만나는 경우는 그림에서 직선 l'이 (i) 또는 (ii)와 일치할 때이다.

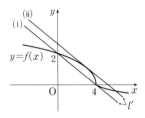

(i) 직선 l'이 두 점 $(4, 0)$, $(0, 2)$를 지날 때,

$\dfrac{a}{2}=2$ $\therefore a=4$

(ii) 직선 l'이 함수 $y=\sqrt{4-x}$ $(x<4)$의 그래프와 접할 때,

$-\dfrac{x}{2}+\dfrac{a}{2}=\sqrt{4-x}$, $-x+a=2\sqrt{4-x}$

$x^2-2ax+a^2=16-4x$

$\therefore x^2-2(a-2)x+a^2-16=0$

이 이차방정식의 판별식을 D라 하면

$\dfrac{D}{4}=\{-(a-2)\}^2-(a^2-16)=0$

$-4a+20=0$ $\therefore a=5$

(i), (ii)에서 직선 l의 모든 y절편의 합은 $4+5=9$

24

무리함수 $y=\sqrt{x+2}$의 그래프는 함수 $y=\sqrt{x}$의 그래프를 x축의 방향으로 -2만큼 평행이동한 것이다.

또한, 함수 $f(x)=x+|x-c|$에서

$f(x)=\begin{cases} c & (x<c) & \cdots\cdots\,\ominus \\ 2x-c & (x\geq c) & \cdots\cdots\,\bigcirc \end{cases}$

즉, 두 함수 $y=\sqrt{x+2}$, $y=f(x)$의 그래프가 서로 다른 두 점에서 만나는 경우는 다음과 같이 경우를 나누어 생각할 수 있다.

(i) 두 직선 $\ominus$, $\bigcirc$이 함수 $y=\sqrt{x+2}$의 그래프와 각각 한 점에서 만나는 경우

주어진 무리함수의 그래프와 함수 $y=f(x)$의 그래프가 서로 다른 두 점에서 만나려면 함수 $y=f(x)$의 그래프가 다음 그림의 ①과 일치하거나 ①과 ② 사이에 존재해야 한다.

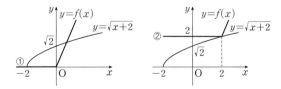

① 점 (c, c)가 원점일 때, 즉 $c=0$일 때, 두 직선 $\ominus$, $\bigcirc$이 함수 $y=\sqrt{x+2}$의 그래프와 각각 한 점에서 만난다.

② 점 (c, c)가 점 $(2, 2)$일 때, 즉 $c=2$일 때,
두 함수 $y=\sqrt{x+2}$, $y=f(x)$의 그래프가 한 점
$(2, 2)$에서 만난다.

$\therefore 0 \leq c < 2$

(ii) 직선 ㉡이 함수 $y=\sqrt{x+2}$의 그래프와 두 점에서 만나는
경우

주어진 무리함수의 그래프와 함수 $y=f(x)$의 그래프가
서로 다른 두 점에서 만나려면 함수 $y=f(x)$의 그래프가
다음 그림의 ③과 일치하거나 ③과 ④ 사이에 존재해야
한다.

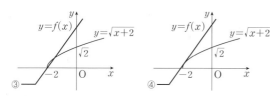

③ 직선 ㉡이 점 $(-2, 0)$을 지날 때,
$$0 = -4 - c$$
$$\therefore c = -4$$

④ 직선 ㉡이 무리함수 $y=\sqrt{x+2}$의 그래프에 접할 때,
$\sqrt{x+2}=2x-c$에서 양변을 제곱하면
$$x+2=4x^2-4cx+c^2$$
$$\therefore 4x^2-(4c+1)x+c^2-2=0$$
x에 대한 이차방정식의 판별식을 D라 하면
$$D=\{-(4c+1)\}^2-4 \times 4 \times (c^2-2)=0$$
$$8c+33=0 \qquad \therefore c=-\frac{33}{8}$$
$$\therefore -\frac{33}{8}<c \leq -4$$

(i), (ii)에서 구하는 상수 c의 값의 범위는
$$-\frac{33}{8}<c \leq -4 \text{ 또는 } 0 \leq c < 2$$

$$\text{답} \quad -\frac{33}{8}<c \leq -4 \text{ 또는 } 0 \leq c < 2$$

Ⅲ. 경우의 수

01-1

(1) (i) 나오는 눈의 수의 합이 3의 배수인 경우는 합이 3, 6,
9, 12인 경우이다.

눈의 수의 합이 3인 경우는 $(1, 2)$, $(2, 1)$의 2가지
눈의 수의 합이 6인 경우는 $(1, 5)$, $(2, 4)$, $(3, 3)$,
$(4, 2)$, $(5, 1)$의 5가지
눈의 수의 합이 9인 경우는 $(3, 6)$, $(4, 5)$, $(5, 4)$,
$(6, 3)$의 4가지
눈의 수의 합이 12인 경우는 $(6, 6)$의 1가지
따라서 눈의 수의 합이 3의 배수인 경우의 수는
$2+5+4+1=12$

(ii) 나오는 눈의 수의 합이 5의 배수인 경우는 합이 5, 10
인 경우이다.

눈의 수의 합이 5인 경우는 $(1, 4)$, $(2, 3)$, $(3, 2)$,
$(4, 1)$의 4가지
눈의 수의 합이 10인 경우는 $(4, 6)$, $(5, 5)$, $(6, 4)$
의 3가지

따라서 눈의 수의 합이 5의 배수인 경우의 수는
  $4+3=7$
(i), (ii)는 동시에 일어날 수 없으므로 구하는 경우의 수는
  $12+7=19$
(2) (i) 나오는 눈의 수의 합이 4의 배수인 경우는 합이 4, 8, 12인 경우이다.
  눈의 수의 합이 4인 경우는 $(1,\ 3),\ (2,\ 2),\ (3,\ 1)$의 3가지
  눈의 수의 합이 8인 경우는 $(2,\ 6),\ (3,\ 5),\ (4,\ 4),$ $(5,\ 3),\ (6,\ 2)$의 5가지
  눈의 수의 합이 12인 경우는 $(6,\ 6)$의 1가지
  따라서 눈의 수의 합이 4의 배수인 경우의 수는
  $3+5+1=9$
  (ii) 나오는 눈의 수의 합이 6의 배수인 경우는 합이 6, 12인 경우이다.
  눈의 수의 합이 6인 경우는 $(1,\ 5),\ (2,\ 4),\ (3,\ 3),$ $(4,\ 2),\ (5,\ 1)$의 5가지
  눈의 수의 합이 12인 경우는 $(6,\ 6)$의 1가지
  따라서 눈의 수의 합이 6의 배수인 경우의 수는
  $5+1=6$
  (iii) 4와 6의 최소공배수는 12이므로 나오는 눈의 수의 합이 4의 배수이면서 6의 배수, 즉 12의 배수인 경우는 $(6,\ 6)$의 1가지
(i), (ii), (iii)에서 구하는 경우의 수는
  $9+6-1=14$

  답 (1) 19 (2) 14

01-2

주사위를 두 번 던져 나온 눈의 수의 차가 3 이하가 되는 경우의 수는
(전체 경우의 수)$-$(눈의 수의 차가 4 또는 5인 경우의 수)
이때, 나올 수 있는 모든 경우의 수는 $6\times6=36$
처음 나온 눈의 수와 두 번째 나온 눈의 수를 각각 $a,\ b$라 하고 순서쌍 $(a,\ b)$로 나타내면
(i) $|a-b|=4$인 경우
  $(1,\ 5),\ (5,\ 1),\ (2,\ 6),\ (6,\ 2)$의 4가지

(ii) $|a-b|=5$인 경우
  $(1,\ 6),\ (6,\ 1)$의 2가지
(i), (ii)는 동시에 일어날 수 없으므로 눈의 수의 차가 4 또는 5인 경우의 수는 $4+2=6$
따라서 구하는 경우의 수는 $36-6=30$

  답 30

01-3

$60=2^2\times3\times5$이므로 60과 서로소인 수는 2의 배수도 아니고 3의 배수도 아니면서 5의 배수도 아닌 수이다.
200 이하의 자연수 중에서 2의 배수의 집합을 A, 3의 배수의 집합을 B, 5의 배수의 집합을 C라 하면
$n(A)=100,\ n(B)=66,\ n(C)=40$
$A\cap B$는 2와 3의 최소공배수인 6의 배수의 집합이므로
$n(A\cap B)=33$
$B\cap C$는 3과 5의 최소공배수인 15의 배수의 집합이므로
$n(B\cap C)=13$
$C\cap A$는 2와 5의 최소공배수인 10의 배수의 집합이므로
$n(C\cap A)=20$
$A\cap B\cap C$는 2, 3, 5의 최소공배수인 30의 배수의 집합이므로 $n(A\cap B\cap C)=6$
$\therefore\ n(A\cup B\cup C)$
$\quad=n(A)+n(B)+n(C)-n(A\cap B)-n(B\cap C)$
$\qquad\qquad\qquad\qquad-n(C\cap A)+n(A\cap B\cap C)$
$\quad=100+66+40-33-13-20+6$
$\quad=146$
따라서 구하는 자연수의 개수는
$200-146=54$

  답 54

02-1

$3x+2y<6-z$, 즉 $3x+2y+z<6$에서 $x,\ y,\ z$는 음이 아닌 정수이므로 $x\geq0,\ y\geq0,\ z\geq0$
즉, $3x\leq3x+2y+z<6$에서 $3x<6$ $\therefore\ x=0,\ 1$
(i) $x=0$일 때, $2y+z<6$
  $2y+z=5$를 만족시키는 순서쌍 $(y,\ z)$는

$(0, 5)$, $(1, 3)$, $(2, 1)$의 3개

$2y+z=4$를 만족시키는 순서쌍 (y, z)는

$(0, 4)$, $(1, 2)$, $(2, 0)$의 3개

$2y+z=3$을 만족시키는 순서쌍 (y, z)는

$(0, 3)$, $(1, 1)$의 2개

$2y+z=2$를 만족시키는 순서쌍 (y, z)는

$(0, 2)$, $(1, 0)$의 2개

$2y+z=1$을 만족시키는 순서쌍 (y, z)는

$(0, 1)$의 1개

$2y+z=0$을 만족시키는 순서쌍 (y, z)는

$(0, 0)$의 1개

(ii) $x=1$일 때, $2y+z<3$

$2y+z=2$ 또는 $2y+z=1$ 또는 $2y+z=0$을 만족시키는 순서쌍 (y, z)의 개수는 (i)에서

$2+1+1=4$

(i), (ii)에서 구하는 순서쌍 (x, y, z)의 개수는

$3+3+2+2+1+1+4=16$

따라서 집합 A의 원소의 개수는 16이다.

답 16

02-2

이차함수 $y=ax^2+bx+2$의 그래프가 x축과 만나는 점의 개수는 이차방정식 $ax^2+bx+2=0$의 해의 개수와 같으므로 이차방정식 $ax^2+bx+2=0$의 판별식을 D라 하면

$D=b^2-8a\geq0$ $\quad\therefore b^2\geq8a$

(i) $a=1$일 때, $b^2\geq8$이므로 이것을 만족시키는 b의 값은

3, 4, 5, 6의 4개

(ii) $a=2$일 때, $b^2\geq16$이므로 이것을 만족시키는 b의 값은

4, 5, 6의 3개

(iii) $a=3$일 때, $b^2\geq24$이므로 이것을 만족시키는 b의 값은

5, 6의 2개

(iv) $a=4$일 때, $b^2\geq32$이므로 이것을 만족시키는 b의 값은

6의 1개

(i)~(iv)에서 구하는 경우의 수는

$4+3+2+1=10$

답 10

03-1

(1) 두 눈의 수의 곱이 짝수가 되려면 두 수 중 적어도 하나만 짝수이면 되므로 두 눈의 수의 곱이 짝수인 경우의 수는

(전체 경우의 수)$-$(두 눈의 수의 곱이 홀수인 경우의 수)

로 구할 수 있다.

이때, 나올 수 있는 모든 경우의 수는 $6\times6=36$

처음 나오는 눈의 수가 홀수인 경우는 1, 3, 5의 3가지

두 번째 나오는 눈의 수가 홀수인 경우도 1, 3, 5의 3가지

즉, 두 눈의 수의 곱이 홀수인 경우의 수는 곱의 법칙에 의하여 $3\times3=9$

따라서 구하는 경우의 수는

$36-9=27$

(2) 주어진 다항식에서 $(x-y)^2=x^2-2xy+y^2$이고,

$p+q+r$과 $x^2-2xy+y^2$은 모든 항이 서로 다른 문자로 되어 있으므로 두 다항식을 곱하면 동류항이 생기지 않는다.

따라서 $(x-y)^2(p+q+r)$를 전개하였을 때, 서로 다른 항의 개수는 $3\times3=9$

또한, $(a-b)^3=a^3-3a^2b+3ab^2-b^3$이므로 $(a-b)^3$을 전개하였을 때, 서로 다른 항의 개수는 4

이때, $(x-y)^2(p+q+r)$와 $(a-b)^3$의 전개식의 모든 항이 서로 다른 문자로 되어 있으므로 두 다항식을 빼도 동류항이 생기지 않는다.

따라서 주어진 식을 전개하였을 때, 서로 다른 항의 개수는

$9+4=13$

답 (1) 27 (2) 13

다른풀이

(1) 두 눈의 수의 곱이 짝수가 되려면 두 수 중 적어도 하나가 짝수이어야 하므로 다음과 같이 경우를 나누어 구할 수 있다.

(i) (짝수)$\times$(홀수)인 경우

처음 나오는 눈의 수가 짝수인 경우는

2, 4, 6의 3가지

두 번째 나오는 눈의 수가 홀수인 경우는

1, 3, 5의 3가지

따라서 구하는 경우의 수는 곱의 법칙에 의하여

$3\times3=9$

(ii) (홀수)$\times$(짝수)인 경우

처음 나오는 눈의 수가 홀수인 경우는

1, 3, 5의 3가지

두 번째 나오는 눈의 수가 짝수인 경우는

2, 4, 6의 3가지

따라서 구하는 경우의 수는 곱의 법칙에 의하여

$3 \times 3 = 9$

(iii) (짝수) × (짝수)인 경우

처음 나오는 눈의 수가 짝수인 경우는

2, 4, 6의 3가지

두 번째 나오는 눈의 수가 짝수인 경우도

2, 4, 6의 3가지

따라서 구하는 경우의 수는 곱의 법칙에 의하여

$3 \times 3 = 9$

(i), (ii), (iii)은 동시에 일어날 수 없으므로 두 눈의 수의 곱이 짝수가 되는 경우의 수는 $9 + 9 + 9 = 27$

03-2

300보다 큰 세 자리 자연수는 백의 자리의 숫자가 3 이상이어야 하고, 이 세 자리 자연수가 짝수이려면 일의 자리 숫자가 짝수이어야 한다.

즉, 백의 자리에 올 수 있는 수는 3, 4, 5, 6의 4가지,

십의 자리에 올 수 있는 수는 1, 2, 3, 4, 5, 6의 6가지,

일의 자리에 올 수 있는 수는 2, 4, 6의 3가지

따라서 구하는 경우의 수는 곱의 법칙에 의하여

$4 \times 6 \times 3 = 72$

답 72

04-1

(1) 오만 원짜리 지폐 3장으로 지불하는 방법은

0장, 1장, 2장, 3장의 4가지

만 원짜리 지폐 1장으로 지불하는 방법은

0장, 1장의 2가지

오천 원짜리 지폐 3장으로 지불하는 방법은

0장, 1장, 2장, 3장의 4가지

천 원짜리 지폐 6장으로 지불하는 방법은

0장, 1장, 2장, …, 6장의 7가지

이때, 0원을 지불하는 경우는 제외해야 하므로 구하는 방법의 수는

$4 \times 2 \times 4 \times 7 - 1 = 223$

(2) 오천 원짜리 지폐 2장으로 지불하는 금액은 만 원짜리 지폐 1장으로 지불하는 금액과 같고, 천 원짜리 지폐 5장으로 지불하는 금액은 오천 원짜리 지폐 1장으로 지불하는 금액과 같다.

즉, 만 원짜리 지폐 1장을 오천 원짜리 지폐 2장으로 바꾼 후, 오천 원짜리 지폐 5장을 천 원짜리 지폐 25장으로 바꾸면 지불할 수 있는 금액의 수는 오만 원짜리 지폐 3장과 천 원짜리 지폐 31장으로 지불할 수 있는 방법의 수와 같다.

└ 25+6

오만 원짜리 지폐 3장으로 지불할 수 있는 금액은

0원, 5만 원, 10만 원, 15만 원의 4가지

천 원짜리 지폐 31장으로 지불할 수 있는 금액은

0원, 1000원, 2000원, …, 31000원의 32가지

이때, 0원을 지불하는 경우는 제외해야 하므로 구하는 금액의 수는

$4 \times 32 - 1 = 127$

답 (1) 223 (2) 127

04-2

100원짜리 동전 6개로 지불하는 방법은

0개, 1개, 2개, …, 6개의 7가지

500원짜리 동전 a개로 지불하는 방법은 $(a+1)$가지

1000원짜리 지폐 2장으로 지불하는 방법은

0장, 1장, 2장의 3가지

0원을 지불하는 경우는 제외해야 하므로 지불할 수 있는 방법의 수는

$7 \times (a+1) \times 3 - 1 = 104$

$21(a+1) = 105$, $a+1 = 5$

$\therefore a = 4$

따라서 500원짜리 동전은 4개 있다.

이때, 500원짜리 동전 2개로 지불하는 금액은 1000원짜리 지폐 1장으로 지불하는 금액과 같고, 100원짜리 동전 5개로 지불하는 금액은 500원짜리 동전 1개로 지불하는 금액과 같다.

그러므로 1000원짜리 지폐 2장을 500원짜리 동전 4개로 바꾼 후, 500원짜리 동전 8개를 100원짜리 동전 40개로 바꾸면 지불할 수 있는 금액의 수는 100원짜리 동전 46개로 지불할 수 있는 방법의 수와 같다.

100원짜리 동전 46개로 지불할 수 있는 금액은

0원, 100원, 200원, …, 4600원의 47가지

이때, 0원을 지불하는 경우는 제외해야 하므로 구하는 금액의 수는

$47-1=46$

답 46

05-1

(1) 336을 소인수분해하면 $336=2^4\times3\times7$

336의 양의 약수 중 4의 배수의 개수는 $2^2\times3\times7$의 양의 약수의 개수와 같으므로

$(2+1)\times(1+1)\times(1+1)=3\times2\times2=12$

(2) 360과 840의 양의 공약수의 개수는 360과 840의 최대공약수의 양의 약수의 개수와 같다.

360과 840의 최대공약수는 120이고

$120=2^3\times3\times5$이므로 구하는 양의 공약수의 개수는

$(3+1)\times(1+1)\times(1+1)=4\times2\times2=16$

답 (1) 12 (2) 16

05-2

양의 약수의 개수가 10인 자연수를 N이라 하면

$10=9+1$ 또는 $10=2\times5=(1+1)(4+1)$

즉, 자연수 N은

$N=a^9$ 또는 $N=bc^4$ (a, b, c는 소수, $b\neq c$) 꼴이다.

이것을 만족시키는 자연수 중 가장 작은 자연수는 각각

$2^9=512$, $2^4\times3=48$

따라서 구하는 가장 작은 자연수는 48이다.

답 48

05-3

$18=2\times3^2$이므로 다음과 같이 경우를 나누어 생각할 수 있다.

(i) $p=2$일 때,

$18p=2^2\times3^2$이므로 $18p$의 양의 약수의 개수는

$(2+1)\times(2+1)=9$

(ii) $p=3$일 때,

$18p=2\times3^3$이므로 $18p$의 양의 약수의 개수는

$(1+1)\times(3+1)=8$

(iii) $p\neq2$, $p\neq3$일 때,

$18p=2\times3^2\times p$이므로 $18p$의 양의 약수의 개수는

$(1+1)\times(2+1)\times(1+1)=12$

(i), (ii), (iii)에서 구하는 합은

$9+8+12=29$

답 29

06-1

(1) A 도시에서 D 도시로 가는 경우는 다음 세 가지가 있다.

(i) A → D로 가는 방법의 수는 1

(ii) A → B → D로 가는 방법의 수는 $3\times2=6$

(iii) A → C → D로 가는 방법의 수는 $2\times3=6$

(i), (ii), (iii)에서 구하는 방법의 수는

$1+6+6=13$

(2) 같은 도시는 두 번 이상 지나지 않고 A 도시에서 D 도시를 거쳐 다시 A 도시로 돌아오는 경우는 다음 일곱 가지가 있다.

(i) A → B → D → A로 가는 방법의 수는

$3\times2\times1=6$

(ii) A → B → D → C → A로 가는 방법의 수는

$3\times2\times3\times2=36$

(iii) A → C → D → A로 가는 방법의 수는

$2\times3\times1=6$

(iv) A → C → D → B → A로 가는 방법의 수는

$2\times3\times2\times3=36$

(v) A → D → B → A로 가는 방법의 수는

$1\times2\times3=6$

(vi) A → D → C → A로 가는 방법의 수는

$1\times3\times2=6$

(vii) A → D → A로 가는 방법의 수는 1

(i)~(vii)에서 구하는 방법의 수는

$6+36+6+36+6+6+1=97$

답 (1) 13 (2) 97

06-2

B지점과 C지점을 직접 연결하는 x개의 도로를 추가한다고 하면 A지점에서 출발하여 D지점으로 가는 방법은 다음 다섯 가지가 있다.

(i) A → D로 가는 방법의 수는 2

(ii) A → B → D로 가는 방법의 수는 $3 \times 2 = 6$

(iii) A → C → D로 가는 방법의 수는 $2 \times 4 = 8$

(iv) A → B → C → D로 가는 방법의 수는

　　$3 \times x \times 4 = 12x$

(v) A → C → B → D로 가는 방법의 수는

　　$2 \times x \times 2 = 4x$

(i)~(v)에서 A지점에서 D지점으로 가는 방법의 수는

$2 + 6 + 8 + 12x + 4x = 16 + 16x$

즉, $16 + 16x = 80$에서 $16x = 64$

$\therefore x = 4$

따라서 추가해야 하는 도로의 개수는 4이다.

　　　　　　　　　　　　　　　　　　　답 4

07-1

가장 많은 영역과 인접하고 있는 영역이 D이므로 D영역부터 칠한다.

D에 칠할 수 있는 색은 5가지

A에 칠할 수 있는 색은 D에 칠한 색을 제외한 4가지

B에 칠할 수 있는 색은 A, D에 칠한 색을 제외한 3가지

C에 칠할 수 있는 색은 A, D에 칠한 색을 제외한 3가지

E에 칠할 수 있는 색은 B, D에 칠한 색을 제외한 3가지

따라서 구하는 방법의 수는

$5 \times 4 \times 3 \times 3 \times 3 = 540$

　　　　　　　　　　　　　　　　　　　답 540

다른풀이

(i) 모두 다른 색을 칠하는 방법의 수는

　　$5 \times 4 \times 3 \times 2 \times 1 = 120$

(ii) A와 E에만 같은 색을 칠하는 방법의 수는

　　$5 \times 4 \times 3 \times 2 = 120$

(iii) B와 C에만 같은 색을 칠하는 방법의 수는

　　$5 \times 4 \times 3 \times 2 = 120$

(iv) C와 E에만 같은 색을 칠하는 방법의 수는

　　$5 \times 4 \times 3 \times 2 = 120$

(v) A와 E, B와 C에 같은 색을 칠하는 방법의 수는

　　$5 \times 4 \times 3 = 60$

(i)~(v)에서 구하는 방법의 수는

$120 + 120 + 120 + 120 + 60 = 540$

07-2

변끼리 인접하지 않는 두 영역 A, C에 같은 색을 칠하는 경우와 다른 색을 칠하는 경우로 나누어 생각해야 한다.

(i) A와 C에 같은 색을 칠하는 경우

　　A(C)에 칠할 수 있는 색은 5가지

　　B에 칠할 수 있는 색은 A(C)에 칠한 색을 제외한 4가지

　　D에 칠할 수 있는 색은 A(C)에 칠한 색을 제외한 4가지

　　E에 칠할 수 있는 색은 A, D에 칠한 색을 제외한 3가지

　　$\therefore 5 \times 4 \times 4 \times 3 = 240$

(ii) A와 C에 다른 색을 칠하는 경우

　　A에 칠할 수 있는 색은 5가지

　　B에 칠할 수 있는 색은 A에 칠한 색을 제외한 4가지

　　C에 칠할 수 있는 색은 A, B에 칠한 색을 제외한 3가지

　　D에 칠할 수 있는 색은 A, C에 칠한 색을 제외한 3가지

　　E에 칠할 수 있는 색은 A, D에 칠한 색을 제외한 3가지

　　$\therefore 5 \times 4 \times 3 \times 3 \times 3 = 540$

(i), (ii)에서 구하는 방법의 수는

$240 + 540 = 780$

　　　　　　　　　　　　　　　　　　　답 780

다른풀이

사용하는 색의 개수에 따라 경우를 나누어 구할 수 있다.

(i) 5가지 색을 모두 사용하는 경우

　　$5 \times 4 \times 3 \times 2 \times 1 = 120$

(ii) 4가지 색을 이용하는 경우

　　① A와 C에만 같은 색을 칠하는 방법의 수는

　　　$5 \times 4 \times 3 \times 2 = 120$

　　② B와 D에만 같은 색을 칠하는 방법의 수는

　　　$5 \times 4 \times 3 \times 2 = 120$

　　③ B와 E에만 같은 색을 칠하는 방법의 수는

　　　$5 \times 4 \times 3 \times 2 = 120$

④ C와 E에만 같은 색을 칠하는 방법의 수는
　　$5 \times 4 \times 3 \times 2 = 120$
　따라서 4가지 색을 이용하여 칠하는 방법의 수는
　$120 + 120 + 120 + 120 = 480$
(ⅲ) 3가지 색을 이용하는 경우
　① A와 C, B와 D에 각각 같은 색을 칠하는 방법의 수는 $5 \times 4 \times 3 = 60$
　② A와 C, B와 E에 각각 같은 색을 칠하는 방법의 수는 $5 \times 4 \times 3 = 60$
　③ B와 D, C와 E에 각각 같은 색을 칠하는 방법의 수는 $5 \times 4 \times 3 = 60$
　따라서 3가지 색을 이용하여 칠하는 방법의 수는
　$60 + 60 + 60 = 180$
(ⅰ), (ⅱ), (ⅲ)에서 $120 + 480 + 180 = 780$

08-1

$a_1 = 1$, $a_1 = 2$, $a_1 = 3$, $a_1 = 4$인 각 경우에 대하여 $a_2 \neq 3$을 만족시키는 경우를 수형도로 나타내면 다음 그림과 같다.

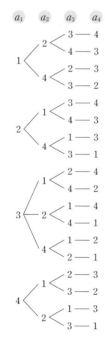

따라서 구하는 자연수의 개수는 18이다.

답 18

08-2

5명의 회원을 A, B, C, D, E라 하고 각자 가져온 책을 순서대로 a, b, c, d, e라 하자.
A가 책 b를 가져가는 경우, 나머지 네 명도 자신이 가져오지 않은 책으로 나누어 갖는 경우를 수형도로 나타내면 오른쪽 그림과 같다. 즉, A가 책 b를 가져가는 경우는 11가지이다.
이때, A가 책 c, d, e를 가져가는 경우에 대하여도 같은 경우의 수가 나오므로 구하는 방법의 수는
$11 \times 4 = 44$

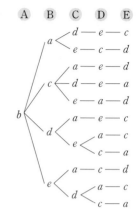

답 44

08-3

1이 적혀 있는 공을 1이 붙어 있는 상자에 넣은 경우, 2, 3, 4, 5가 적혀 있는 공을 각각 다른 번호가 붙어 있는 상자에 넣은 경우를 수형도로 나타내면 오른쪽 그림과 같다.
즉, 1이 적혀 있는 공을 1이 붙어 있는 상자에 넣은 경우 나올 수 있는 경우는 9가지이다.
이것은 2, 3, 4, 5가 적혀 있는 공을 각각 동일한 번호가 붙어 있는 상자에 넣은 경우에 대하여도 같은 경우의 수가 나오므로 구하는 경우의 수는
$9 \times 5 = 45$

답 45

09-1

(1) 천의 자리에는 0이 올 수 없으므로 천의 자리에 올 수 있는 숫자는 1, 2, 3, 4, 5의 5가지이다.
　백의 자리와 십의 자리, 일의 자리에는 천의 자리에 온 숫자를 제외한 5개의 숫자 중에서 3개를 택하여 일렬로 나열하면 되므로 구하는 자연수의 개수는
　$5 \times {}_5P_3 = 5 \times 60 = 300$

(2) 홀수는 일의 자리의 숫자가 1, 3, 5이므로
□□□1, □□□3, □□□5 꼴일 때이다.
천의 자리에는 0이 올 수 없으므로 천의 자리에 올 수 있는 숫자는 0과 일의 자리에 온 숫자를 제외한 4가지이다.
또한, 백의 자리, 십의 자리에는 천의 자리에 온 숫자와 일의 자리에 온 숫자를 제외한 4개의 숫자 중에서 2개를 택하여 일렬로 나열하면 되므로 구하는 자연수의 개수는
$3 \times (4 \times {}_4\mathrm{P}_2) = 144$

답 (1) 300 (2) 144

다른풀이

(1) 6개의 숫자 중에서 4개를 택하여 일렬로 나열하는 방법의 수는
${}_6\mathrm{P}_4 = 6 \times 5 \times 4 \times 3 = 360$
이때, 천의 자리에 0, 즉 0□□□ 꼴인 경우의 수는 0을 제외한 5개의 숫자 중에서 3개를 택하여 일렬로 나열하는 방법의 수와 같으므로
${}_5\mathrm{P}_3 = 5 \times 4 \times 3 = 60$
따라서 구하는 자연수의 개수는
$360 - 60 = 300$

09-2

세 자리의 자연수가 3의 배수가 되려면 각 자리의 숫자의 합이 3의 배수이어야 한다. 이때, 각 자리의 숫자의 합이 3의 배수가 되는 경우는 숫자의 합이
3일 때, (0, 1, 2)
6일 때, (0, 1, 5), (0, 2, 4), (1, 2, 3)
9일 때, (0, 4, 5), (1, 3, 5), (2, 3, 4)
12일 때, (3, 4, 5)
(i) 뽑은 3장의 카드 중에 0이 적힌 카드가 있을 때, 즉
(0, 1, 2), (0, 1, 5), (0, 2, 4), (0, 4, 5)일 때, 백의 자리에는 0이 올 수 없으므로 만들 수 있는 세 자리의 자연수의 개수는
$4 \times (2 \times {}_2\mathrm{P}_2) = 4 \times 4 = 16$
(ii) 뽑은 3장의 카드 중에 0이 적힌 카드가 없을 때, 즉
(1, 2, 3), (1, 3, 5), (2, 3, 4), (3, 4, 5)일 때, 만들 수 있는 세 자리의 자연수의 개수는
$4 \times {}_3\mathrm{P}_3 = 4 \times 6 = 24$

(i), (ii)에서 구하는 3의 배수의 개수는
$16 + 24 = 40$

답 40

보충설명

자연수의 판별법

(1) 홀수 : 일의 자리의 숫자가 홀수인 수
(2) 짝수 : 일의 자리의 숫자가 0 또는 짝수인 수
(3) 3의 배수 : 각 자리의 숫자의 합이 3의 배수인 수
(4) 4의 배수 : 끝의 두 자리의 숫자가 00 또는 4의 배수인 수

10-1

(1) 빨간색 화분 4개를 화분 하나로 생각하여 화분 5개를 일렬로 세우는 방법의 수는
$5! = 120$
빨간색 화분 4개의 자리를 바꾸는 방법의 수는
$4! = 24$
따라서 구하는 방법의 수는
$120 \times 24 = 2880$

(2) 빨간색 화분과 파란색 화분을 각각 일렬로 나열하는 방법의 수는 $4! = 24$
빨간색 화분과 파란색 화분을 교대로 나열하는 방법은 다음 그림과 같이 2가지 경우가 있다.

따라서 구하는 방법의 수는
$2 \times 24 \times 24 = 1152$

(3) 파란색 화분 4개 중 2개를 양 끝에 나열하는 방법의 수는
${}_4\mathrm{P}_2 = 12$
총 8개의 화분 중 양 끝에 나열한 화분 2개를 제외한 6개의 화분을 일렬로 나열하는 방법의 수는
$6! = 720$
따라서 구하는 방법의 수는
$12 \times 720 = 8640$

답 (1) 2880 (2) 1152 (3) 8640

10-2

남학생 6명을 일렬로 세우는 방법의 수는

$6!=6\times5\times4\times3\times2\times1=720$

맨 앞의 두 자리에는 남학생을 세우고 여학생끼리는 이웃하지 않으려면 다음 그림의 다섯 군데의 ∨자리 중 세 군데에 여학생 3명을 세우면 된다.

$(\boxed{남}\ \boxed{남})\lor\boxed{남}\lor\boxed{남}\lor\boxed{남}\lor$

즉, 여학생을 세우는 방법의 수는

$_5P_3=5\times4\times3=60$

따라서 구하는 방법의 수는

$720\times60=43200$

답 43200

10-3

6개의 문자 A, B, C, D, E, F를 일렬로 배열할 때, A와 B는 서로 이웃하므로 A와 B를 한 묶음으로 생각한다.

또한, E와 F는 이웃하지 않으므로 AB, C, D 또는 BA, C, D를 일렬로 나열한 후, 양 끝과 사이사이(아래 그림에서 ●표시)에 E, F를 세우면 된다.

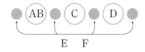 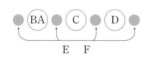

따라서 구하는 방법의 수는

$3!\times2\times_4P_2=144$

답 144

11-1

(1) $32\square\square$, $34\square\square$, $35\square\square$ 꼴인 자연수의 개수는

$3\times_3P_2=18$

$4\square\square\square$, $5\square\square\square$ 꼴인 자연수의 개수는

$2\times_4P_3=2\times24=48$

따라서 3200보다 큰 자연수의 개수는

$18+48=66$

(2) $1\square\square\square$ 꼴인 자연수의 개수는 $_4P_3=24$

$21\square\square$, $23\square\square$ 꼴인 자연수의 개수는

$2\times_3P_2=2\times6=12$

즉, 1234부터 2354까지의 자연수의 개수는

$24+12=36$

즉, 41번째에 오는 수는 $24\square\square$ 꼴인 자연수 중 5번째 수이다.

$24\square\square$ 꼴인 자연수는 순서대로

2413, 2415, 2431, 2435, 2451, 2453

따라서 41번째에 오는 자연수는 2451이다.

답 (1) 66 (2) 2451

11-2

6개의 문자 중에서 4개의 문자를 뽑아 일렬로 배열하는 모든 경우의 수는

$_6P_4=360$

(i) $a\square\square\square$ 꼴인 문자열의 개수는

$_5P_3=60$

(ii) $ba\square\square$, $bc\square\square$, $bd\square\square$ 꼴인 문자열의 개수는

$3\times_4P_2=3\times12=36$

(iii) $bea\square$, $bec\square$ 꼴인 문자열의 개수는

$2\times3=6$

(iv) $beda$의 1개

(i)~(iv)에서 beda까지의 문자열의 개수는

$60+36+6+1=103$

따라서 구하는 문자열의 개수는

$360-103=257$

답 257

다른풀이

(i) $bed\square$ 꼴인 문자열 중 beda보다 뒤에 나오는 문자열은 bedc, bedf의 2개

(ii) $bef\square$ 꼴인 문자열의 개수는 befa, befc, befd의 3개

(iii) $bf\square\square$ 꼴인 문자열의 개수는 $_4P_2=12$

(iv) $c\square\square\square$, $d\square\square\square$, $e\square\square\square$, $f\square\square\square$ 꼴인 문자열의 개수는 $4\times_5P_3=240$

(i)~(iv)에서 구하는 문자열의 개수는

$2+3+12+240=257$

11-3

(i) $1\square\square\square$, $2\square\square\square$, $3\square\square\square$ 꼴인 자연수의 개수는

$3\times_9P_3=3\times504=1512$

(ii) 40□□, 41□□, 42□□, 43□□, 45□□,

46□□, 47□□, 48□□ 꼴인 자연수의 개수는

$8 \times {}_8P_2 = 8 \times 56 = 448$

(iii) 490□, 491□, 492□, 493□, 495□ 꼴인 자연

수의 개수는

$5 \times 7 = 35$

(i), (ii), (iii)에서 1023부터 4958까지의 자연수의 개수는

$1512 + 448 + 35 = 1995$

즉, 2000번째 수인 당첨번호는 496□ 꼴인 자연수 중에서 5

번째 수이다.

496□ 꼴인 자연수는 순서대로

4960, 4961, 4962, 4963, 4965, …

따라서 당첨번호는 4965이다.

답 4965

다른풀이

1□□□, 2□□□, 3□□□, 4□□□ 꼴인 자연

수의 개수는

$4 \times {}_9P_3 = 4 \times 504 = 2016$

즉, 2000번째 수는 1023부터 4987까지의 자연수 중 17번

째로 큰 수이다.

498□, 497□ 꼴인 자연수의 개수는

$2 \times 7 = 14$

따라서 당첨번호는 496□ 꼴인 자연수 중 큰 쪽에서 3번째 수

이다. 즉, 4968, 4967, 4965, …에서 당첨번호는 4965이다.

12-1

(1) 적어도 한쪽 끝에 자음이 오는 경우의 수는 모든 경우의

수에서 양 끝에 모두 모음이 오는 경우의 수를 빼서 구할

수 있다.

7개의 문자를 일렬로 나열하는 모든 경우의 수는

$7! = 5040$

모음은 A, I, O의 3개이므로 양 끝에 모두 모음이 오는

경우의 수는

${}_3P_2 = 6$

남은 5개의 문자를 가운데에 일렬로 나열하는 경우의 수는

$5! = 120$

따라서 구하는 경우의 수는

$5040 - 6 \times 120 = 4320$

(2) B, O, W 중에서 적어도 2개가 이웃하는 경우의 수는 모

든 경우의 수에서 B, O, W 중 어느 것도 이웃하지 않는

경우의 수를 빼서 구할 수 있다.

7개의 문자를 일렬로 나열하는 모든 경우의 수는

$7! = 5040$

B, O, W 중에서 어느 것도 이웃하지 않는 경우의 수는

R, A, I, N 4개의 문자를 일렬로 나열한 다음 양 끝과

그 사이사이의 5개의 자리에 B, O, W의 3개를 나열하

는 경우의 수와 같으므로

$4! \times {}_5P_3 = 24 \times 60 = 1440$

따라서 구하는 경우의 수는

$5040 - 1440 = 3600$

답 (1) 4320 (2) 3600

12-2

적어도 한쪽 끝이 홀수인 네 자리 자연수의 개수는 모든 경우

의 수에서 양 끝이 모두 짝수인 네 자리 자연수의 개수를 빼

서 구할 수 있다.

6개의 숫자 중에서 서로 다른 4개의 숫자를 뽑아 만들 수 있

는 네 자리 자연수의 개수는

${}_6P_4 = 360$

짝수는 2, 4, 6의 3개이므로 양 끝에 모두 짝수가 오는 경

우의 수는

${}_3P_2 = 6$

남은 4개의 숫자 중 2개의 숫자를 가운데 두 자리에 일렬로

나열하는 경우의 수는

${}_4P_2 = 12$

따라서 구하는 네 자리 자연수의 개수는

$360 - 6 \times 12 = 288$

답 288

12-3

적어도 한쪽 끝이 짝수인 7자리 자연수의 개수는 모든 경우

의 수에서 양 끝에 홀수가 오는 7자리 자연수의 개수를 빼서

구할 수 있다.

7개의 한 자리 자연수를 일렬로 나열하는 모든 경우의 수는

$7! = 5040$

7개의 한 자리 자연수 중 홀수의 개수를 n이라 하면 양 끝에 모두 홀수가 오는 경우의 수는

$5! \times {_n}P_2 = 120n(n-1)$

이때, 적어도 한쪽 끝에 짝수가 오는 7자리 자연수의 개수가 3600이므로

$5040 - 120n(n-1) = 3600$

$120n(n-1) = 1440$

$n^2 - n - 12 = 0, \ (n-4)(n+3) = 0$

$\therefore \ n = 4 \ (\because \ n \geq 2)$

따라서 처음 7개의 한 자리 자연수 중 홀수의 개수는 4이다.

답 4

13-1

(1) $4 \times {_n}P_1 + 2 \times {_n}P_2 = {_n}P_3$에서

$4n + 2n(n-1) = n(n-1)(n-2)$

$n \geq 3$이므로 양변을 n으로 나누면

$4 + 2(n-1) = (n-1)(n-2)$

$2n + 2 = n^2 - 3n + 2$

$n^2 - 5n = 0, \ n(n-5) = 0$

$\therefore \ n = 5 \ (\because \ n \geq 3)$

(2) $_{n+2}C_n + {_{n+1}}C_{n-1} = 100$에서

$\dfrac{(n+2)!}{n!2!} + \dfrac{(n+1)!}{(n-1)!2!} = 100$

$\dfrac{(n+2)(n+1)}{2} + \dfrac{(n+1)n}{2} = 100$

$2n^2 + 4n + 2 = 200$

$n^2 + 2n - 99 = 0, \ (n-9)(n+11) = 0$

$\therefore \ n = 9 \ (\because \ n \geq 1)$

답 (1) 5 (2) 9

다른풀이

(2) $_nC_r = {_n}C_{n-r}$이므로

$_{n+2}C_n = {_{n+2}}C_2, \ {_{n+1}}C_{n-1} = {_{n+1}}C_2$

즉, $_{n+2}C_n + {_{n+1}}C_{n-1} = 100$에서

$_{n+2}C_2 + {_{n+1}}C_2 = 100$

$\dfrac{(n+2)(n+1)}{2} + \dfrac{(n+1)n}{2} = 100$

$\therefore \ n = 9$

13-2

이차방정식 $_nC_3 x^2 - {_{n+1}}C_3 x - 3 \times {_{n+1}}C_3 = 0$의 두 근이 α, β이므로 이차방정식의 근과 계수의 관계에 의하여

$\alpha + \beta = \dfrac{_{n+1}C_3}{_nC_3} = 4 \qquad \cdots\cdots \ \bigcirc$

$\alpha\beta = \dfrac{-3 \times {_{n+1}}C_3}{_nC_3} \qquad \cdots\cdots \ \bigcirc\!\!\!\!\bigcirc$

$\bigcirc$에서 $4 \times {_n}C_3 = {_{n+1}}C_3$

$\dfrac{4n(n-1)(n-2)}{3!} = \dfrac{(n+1)n(n-1)}{3!}$

이때, $n+1 \geq 3$에서 $n \geq 2$이므로

$4(n-2) = n+1 \qquad \therefore \ n = 3$

이것을 $\bigcirc\!\!\!\!\bigcirc$에 대입하면

$\alpha\beta = \dfrac{-3 \times {_4}C_3}{_3C_3} = -3 \times {_4}C_1 = -12$

답 -12

14-1

(1) 1학년 6명 중에서 3명을 뽑는 경우의 수는

$_6C_3 = \dfrac{6 \times 5 \times 4}{3 \times 2 \times 1} = 20$

2학년 4명 중에서 2명을 뽑는 경우의 수는

$_4C_2 = \dfrac{4 \times 3}{2 \times 1} = 6$

따라서 구하는 경우의 수는

$20 \times 6 = 120$

(2) 동아리 회원 중에서 3명을 뽑을 때, 1학년 또는 2학년이 적어도 1명 이상 포함되는 경우의 수는 모든 경우의 수에서 3학년 중에서만 3명을 뽑는 경우의 수를 뺀 것과 같다.

학교 동아리 회원은 총 $6+4+4 = 14$(명)이고, 이 중에서 3명을 뽑는 경우의 수는

$_{14}C_3 = \dfrac{14 \times 13 \times 12}{3 \times 2 \times 1} = 364$

3학년 4명 중에서 3명을 뽑는 경우의 수는

$_4C_3 = {_4}C_1 = 4$

따라서 구하는 경우의 수는

$364 - 4 = 360$

답 (1) 120 (2) 360

14-2

학생 총 9명 중 학급위원 4명을 뽑는 경우의 수는

$$_9C_4=\frac{9\times8\times7\times6}{4\times3\times2\times1}=126$$

남학생만으로 학급위원 4명을 뽑는 경우의 수는

$$_6C_4=_6C_2=\frac{6\times5}{2\times1}=15$$

여학생은 3명이므로 여학생만으로 학급위원 4명을 뽑는 경우는 없다.

따라서 구하는 경우의 수는

$$_9C_4-_6C_4=126-15=111$$

답 111

다른풀이

(i) 남학생 1명, 여학생 3명을 뽑는 경우의 수는

$$_6C_1\times_3C_3=6\times1=6$$

(ii) 남학생 2명, 여학생 2명을 뽑는 경우의 수는

$$_6C_2\times_3C_2=15\times3=45$$

(iii) 남학생 3명, 여학생 1명을 뽑는 경우의 수는

$$_6C_3\times_3C_1=20\times3=60$$

(i), (ii), (iii)에서 구하는 경우의 수는

$$6+45+60=111$$

14-3

이 모임의 여자 회원이 x명이라 하면 남자 회원은 $(9-x)$명이다.

9명 중에서 3명의 대표를 뽑는 방법의 수는

$$_9C_3=\frac{9\times8\times7}{3\times2\times1}=84$$

여자 회원만으로 3명의 대표를 뽑는 방법의 수는

$$_xC_3=\frac{x(x-1)(x-2)}{3\times2\times1}=\frac{1}{6}x(x-1)(x-2)$$

남자 회원을 적어도 한 명 포함하여 대표를 뽑는 방법의 수가 80이므로

$$84-\frac{1}{6}x(x-1)(x-2)=80$$

$$\therefore\ x(x-1)(x-2)=24$$

이때, $24=4\times3\times2$이므로

$$x=4$$

따라서 여자 회원의 수는 4이다.

답 4

15-1

(1) 10개의 공 중에서 5개의 공을 뽑을 때, 2와 5가 적힌 공을 뽑는 경우의 수는 2와 5가 적힌 공을 제외한 8개의 공 중에서 3개의 공을 뽑는 경우의 수와 같으므로 구하는 경우의 수는

$$_8C_3=\frac{8\times7\times6}{3\times2\times1}=56$$

(2) 10개의 공 중에서 5개의 공을 뽑을 때, 2가 적힌 공은 뽑히고 5가 적힌 공은 뽑지 않는 경우의 수는 2와 5가 적힌 공을 제외한 8개의 공 중에서 4개의 공을 뽑는 경우의 수와 같으므로 구하는 경우의 수는

$$_8C_4=\frac{8\times7\times6\times5}{4\times3\times2\times1}=70$$

답 (1) 56 (2) 70

15-2

A, B, C 중 한 개만 뽑는 방법의 수는 A만 뽑고 B, C는 뽑지 않는 경우와 B만 뽑고 A, C는 뽑지 않는 경우, C만 뽑고 A, B는 뽑지 않는 경우로 나누어 구한다.

(i) A만 뽑고 B, C는 뽑지 않는 방법의 수

A, B, C를 제외한 6개의 과자 중에서 3개를 뽑는 방법의 수와 같으므로

$$_6C_3=\frac{6\times5\times4}{3\times2\times1}=20$$

(ii) B만 뽑고 A, C는 뽑지 않는 방법의 수

A, B, C를 제외한 6개의 과자 중에서 3개를 뽑는 방법의 수와 같으므로 $_6C_3=20$

(iii) C만 뽑고 A, B는 뽑지 않는 방법의 수

A, B, C를 제외한 6개의 과자 중에서 3개를 뽑는 방법의 수와 같으므로 $_6C_3=20$

(i), (ii), (iii)에서 구하는 방법의 수는

$$20+20+20=60$$

답 60

다른풀이

A, B, C를 제외한 6개의 과자 중에서 3개를 뽑은 뒤, A, B, C 중에서 한 개를 뽑는 방법의 수와 같으므로 구하는 방법의 수는

$$_6C_3\times_3C_1=20\times3=60$$

15-3

조건 ㈎에서 집합 B는 집합 A의 원소 10개 중에서 5개를 원소로 가지므로 10개 중에서 5개의 원소를 정하는 방법의 수는

$$_{10}C_5 = \frac{10 \times 9 \times 8 \times 7 \times 6}{5 \times 4 \times 3 \times 2 \times 1} = 252$$

또한, 조건 ㈏에서 집합 B는 6의 약수 중에서 적어도 2개 이상 원소로 가지므로 조건 ㈎를 만족시키는 모든 부분집합의 개수에서 6의 약수 중에서 0개 또는 1개를 원소로 갖는 집합의 개수를 빼면 된다. 이때, 6의 약수의 집합을 집합 C라 하면

$C = \{1,\ 2,\ 3,\ 6\}$,

$A - C = \{4,\ 5,\ 7,\ 8,\ 9,\ 10\}$

(i) 6의 약수 중에서 1개를 원소로 갖는 집합의 개수는 집합 C의 원소에서 1개, 집합 $A-C$의 원소에서 4개를 택하는 방법의 수와 같으므로

$$_4C_1 \times {}_6C_4 = {}_4C_1 \times {}_6C_2 = 4 \times 15 = 60$$

(ii) 6의 약수 중에서 한 개도 원소로 갖지 않는 집합의 개수는 집합 $A-C$의 원소에서 5개를 택하는 방법의 수와 같으므로

$$_6C_5 = {}_6C_1 = 6$$

(i), (ii)에서 조건을 만족시키는 집합 B의 개수는

$$_{10}C_5 - ({}_4C_1 \times {}_6C_4 + {}_6C_5) = 252 - (60 + 6) = 186$$

답 186

다른풀이

(i) 5개의 원소 중에서 6의 약수를 2개 포함하는 집합 B의 개수는 집합 C의 원소에서 2개, 집합 $A-C$의 원소에서 3개를 뽑는 방법의 수와 같으므로

$$_4C_2 \times {}_6C_3 = 6 \times 20 = 120$$

(ii) 5개의 원소 중에서 6의 약수를 3개 포함하는 집합 B의 개수는 집합 C의 원소에서 3개, 집합 $A-C$의 원소에서 2개를 뽑는 방법의 수와 같으므로

$$_4C_3 \times {}_6C_2 = 4 \times 15 = 60$$

(iii) 5개의 원소 중에서 6의 약수를 4개 포함하는 집합 B의 개수는 집합 C의 원소에서 4개, 집합 $A-C$의 원소에서 1개를 뽑는 방법의 수와 같으므로

$$_4C_4 \times {}_6C_1 = 1 \times 6 = 6$$

(i), (ii), (iii)에서 조건을 만족시키는 집합 B의 개수는

$$120 + 60 + 6 = 186$$

16-1

(1) 남자 4명 중 2명과 여자 3명 중 2명을 뽑는 경우의 수는

$$_4C_2 \times {}_3C_2 = 6 \times 3 = 18$$

뽑은 4명을 일렬로 나열하는 경우의 수는

$$4! = 24$$

따라서 구하는 경우의 수는

$$18 \times 24 = 432$$

(2) 9개의 자연수 중 4개의 수를 뽑을 때, 2는 반드시 포함되고 7은 포함되지 않도록 뽑는 방법의 수는 2를 먼저 뽑은 다음 2, 7을 제외한 7개의 자연수 중 3개를 뽑는 방법의 수와 같으므로

$$_7C_3 = \frac{7 \times 6 \times 5}{3 \times 2 \times 1} = 35$$

뽑은 3개의 수와 2를 이용하여 만들 수 있는 네 자리 자연수의 개수는

$$4! = 24$$

따라서 구하는 자연수의 개수는

$$35 \times 24 = 840$$

답 (1) 432 (2) 840

16-2

1부터 9까지의 자연수 중에서 홀수는 1, 3, 5, 7, 9의 5개이고, 짝수는 2, 4, 6, 8의 4개이다.

5개의 홀수 중에서 2개를 택하는 방법의 수는

$$_5C_2 = 10$$

4개의 짝수 중에서 2개를 택하는 방법의 수는

$$_4C_2 = 6$$

이때, 홀수 2개와 짝수 2개의 숫자 4개를 일렬로 나열하는 방법의 수는

$$4! = 24$$

따라서 구하는 비밀번호의 개수는

$$10 \times 6 \times 24 = 1440$$

답 1440

16-3

네 수 a, b, c, d 중 한 개 이상이 짝수이면 네 수의 곱 $abcd$가 짝수가 된다. 즉, 모든 순서쌍의 개수에서 네 수 a, b, c, d가 모두 홀수인 순서쌍의 개수를 빼서 구할 수 있다.

만들 수 있는 순서쌍 (a, b, c, d)의 총 개수는
$$({}_5C_2 \times 2!) \times ({}_4C_2 \times 2!) = (10 \times 2) \times (6 \times 2) = 240$$
네 수 a, b, c, d가 모두 홀수인 순서쌍의 개수는
$$({}_3C_2 \times 2!) \times ({}_2C_2 \times 2!) = (3 \times 2) \times (1 \times 2) = 12$$
따라서 구하는 순서쌍의 개수는
$$240 - 12 = 228$$

답 228

17-1

(1) $f(1)$, $f(2)$, $f(3)$, $f(4)$의 값은 5, 6, 7, 8, 9 중 하나 이므로 구하는 함수 f의 개수는
$$5 \times 5 \times 5 \times 5 = 5^4 = 625$$

(2) 일대일함수 f의 개수는 공역의 원소 5개 중에서 서로 다른 4개를 택하여 일렬로 나열하는 순열의 수와 같으므로
$$_5P_4 = 5 \times 4 \times 3 \times 2 = 120$$

(3) 집합 Y의 원소 5개에서 4개를 택하여 큰 것부터 차례대로 X의 원소 1, 2, 3, 4에 대응시키면 되므로 구하는 함수 f의 개수는
$$_5C_4 = {}_5C_1 = 5$$

답 (1) 625 (2) 120 (3) 5

17-2

조건 ㈎에서 함수 f의 역함수가 존재하기 위해서는 함수 f는 일대일대응이어야 한다.
조건 ㈐에서 $f(1) = 2$일 경우, $f(2) \neq f(2)$가 되므로 모순이다.
$$\therefore f(1) \neq 2$$
즉, 조건 ㈏에서 $f(1) \neq 3$, 조건 ㈐에서 $f(1) \neq 2$이므로 정의역의 1은 공역의 1, 4, 5, 6 중 하나로 대응될 수 있다.
또한, 정의역의 2, 3, 4, 5, 6은 1에 대응된 공역의 원소를 뺀 나머지 5개의 원소에 일대일대응되는 순열과 같으므로 그 방법의 수는 5!이다.
따라서 구하는 방법의 수는
$$4 \times 5! = 4 \times 120 = 480$$

답 480

18-1

대각선의 개수는 8개의 점 중에서 2개를 택하는 방법의 수에서 팔각형의 변의 개수인 8을 뺀 값과 같으므로
$$a = {}_8C_2 - 8 = 28 - 8 = 20$$
8개의 점 중에서 어느 세 점도 일직선 위에 있지 않으므로 구하는 사각형의 개수는
$$b = {}_8C_4 = 70$$
$$\therefore b - a = 70 - 20 = 50$$

답 50

18-2

10개의 점 중에서 3개를 택하는 방법의 수는
$$_{10}C_3 = \frac{10 \times 9 \times 8}{3 \times 2 \times 1} = 120$$
그런데 일직선 위에 있는 3개의 점으로는 삼각형을 만들 수 없다.
주어진 그림에서 한 직선 위에 4개의 점이 있는 직선은 5개이고, 4개의 점 중에서 3개를 택하는 방법의 수는
$$_4C_3 = {}_4C_1 = 4$$
따라서 구하는 삼각형의 개수는
$$120 - 5 \times 4 = 120 - 20 = 100$$

답 100

18-3

오른쪽 그림과 같이 가로 방향의 선을 위에서부터 ㉠, ㉡, …, ㉤, 세로 방향의 선을 왼쪽에서부터 ①, ②, …, ⑦이라 하자.

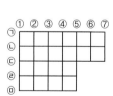

(i) ㉠, ㉡, ㉢에서 2개, ①~⑦에서 2개를 선택하는 경우의 수는
$$_3C_2 \times {}_7C_2 = 3 \times 21 = 63$$

(ii) ㉣, ㉤에서 2개, ①~⑤에서 2개를 선택하는 경우의 수는
$$_2C_2 \times {}_5C_2 = 10$$

(iii) ㉠, ㉡, ㉢에서 1개, ㉣, ㉤에서 1개를 선택하고, ①~⑤에서 2개를 선택하는 경우의 수는
$$({}_3C_1 \times {}_2C_1) \times {}_5C_2 = 60$$

(i), (ii), (iii)에서 직사각형의 총 개수는

$63+10+60=133$

한편, 한 변의 길이가 1, 2, 3, 4인 정사각형의 개수는 각각 20, 11, 4, 1이므로 정사각형의 총 개수는

$20+11+4+1=36$

따라서 정사각형이 아닌 직사각형의 개수는

$133-36=97$

답 97

19-1

8명을 4명씩 2개의 조로 나누는 방법의 수는

$_8\mathrm{C}_4 \times _4\mathrm{C}_4 \times \dfrac{1}{2!}=35$

이때, 각 조에서 다시 2명씩 2개의 조로 나누는 방법의 수는

$\left(_4\mathrm{C}_2 \times _2\mathrm{C}_2 \times \dfrac{1}{2!}\right) \times \left(_4\mathrm{C}_2 \times _2\mathrm{C}_2 \times \dfrac{1}{2!}\right)=3\times3=9$

따라서 대진표를 정하는 방법의 수는

$35\times9=315$

답 315

19-2

다음과 같이 주어진 대진표에서 배정받을 수 있는 7개의 자리를 왼쪽에서부터 각각 a, b, c, d, e, f, g라 하자.

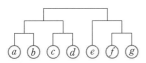

이때, 선수 A, B가 결승전 이전에 서로 대결하지 않도록 하려면 a, b, c, d와 e, f, g의 두 개 조에 한 선수씩 배정되어야 하므로 2가지

선수 A, B를 제외한 나머지 5명의 선수를 3명과 2명의 두 개 조로 나누는 방법의 수는

$_5\mathrm{C}_3 \times _2\mathrm{C}_2=10$

이때, a, b, c, d에 4명의 선수를 2명씩 2개의 조로 나누는 방법의 수는

$_4\mathrm{C}_2 \times _2\mathrm{C}_2 \times \dfrac{1}{2!}=3$

또한, e, f, g에 3명의 선수를 2명과 1명의 2개의 조로 나누는 방법의 수는

$_3\mathrm{C}_2 \times _1\mathrm{C}_1=3$

따라서 대진표를 정하는 방법의 수는

$2\times10\times3\times3=180$

답 180

01 ④	**02** 8	**03** 11	**04** 176
05 ④	**06** 30	**07** 8	**08** 72
09 154	**10** 114	**11** ②	**12** ③
13 1	**14** ③	**15** 31	**16** $\dfrac{7}{3}$
17 ①	**18** 135	**19** 450	**20** 144
21 105	**22** 560	**23** ⑤	**24** 4620
25 520	**26** 12	**27** 18	**28** 10
29 240			

01

$\dfrac{N}{15}=\dfrac{N}{3\times5}$ 이므로 $\dfrac{N}{15}$ 이 기약분수가 되려면 N은 3의 배수도 아니고 5의 배수도 아닌 자연수이다.

100 이하의 자연수 중에서 3의 배수의 집합을 A, 5의 배수의 집합을 B라 하면

$n(A)=33$, $n(B)=20$

3의 배수 또는 5의 배수의 집합은 $A\cup B$이고, 3과 5의 최소공배수인 15의 배수의 집합은 $A\cap B$이므로

$n(A\cap B)=6$

$\therefore \ n(A\cup B)=n(A)+n(B)-n(A\cap B)$
$\qquad\qquad\quad =33+20-6=47$

따라서 구하는 자연수 N의 개수는

$100-47=53$

답 ④

02

$1\,\mathrm{kg}$, $3\,\mathrm{kg}$, $5\,\mathrm{kg}$짜리 상품의 개수를 각각
x, y, z (x, y, z는 자연수)라 하면
$x+3y+5z=20$ ······㉠
$x\geq1$, $y\geq1$, $z\geq1$에서
$1+3+5z\leq x+3y+5z=20$이므로
$5z\leq16$ $\therefore$ $z=1,\ 2,\ 3$

(ⅰ) $z=1$일 때,

㉠에서 $x+3y+5=20$ $\therefore$ $x+3y=15$

이 방정식을 만족시키는 x, y의 순서쌍 $(x,\ y)$는
$(3,\ 4)$, $(6,\ 3)$, $(9,\ 2)$, $(12,\ 1)$의 4개이다.

(ⅱ) $z=2$일 때,

㉠에서 $x+3y+10=20$ $\therefore$ $x+3y=10$

이 방정식을 만족시키는 x, y의 순서쌍 $(x,\ y)$는
$(1,\ 3)$, $(4,\ 2)$, $(7,\ 1)$의 3개이다.

(ⅲ) $z=3$일 때,

㉠에서 $x+3y+15=20$ $\therefore$ $x+3y=5$

이 방정식을 만족시키는 x, y의 순서쌍 $(x,\ y)$는
$(2,\ 1)$의 1개이다.

(ⅰ), (ⅱ), (ⅲ)에서 구하는 경우의 수는
$4+3+1=8$

답 8

03

직선 $3ax+by+18=0$과 원 $x^2+y^2=5$가 만나지 않으려면
원의 중심 $(0,\ 0)$과 직선 $3ax+by+18=0$ 사이의 거리가
원의 반지름의 길이인 $\sqrt{5}$보다 커야 한다.

즉, $\dfrac{|18|}{\sqrt{9a^2+b^2}}>\sqrt{5}$에서 $\dfrac{|18|}{\sqrt{5}}>\sqrt{9a^2+b^2}$

$\therefore$ $9a^2+b^2<\dfrac{324}{5}=64.8$

(ⅰ) $a=1$일 때, $b^2<55.8$이므로 순서쌍 $(a,\ b)$는

$(1,\ 1)$, $(1,\ 2)$, $(1,\ 3)$, $\cdots$, $(1,\ 6)$의 6개
($\because$ $b\leq6$)

(ⅱ) $a=2$일 때, $b^2<28.8$이므로 순서쌍 $(a,\ b)$는

$(2,\ 1)$, $(2,\ 2)$, $(2,\ 3)$, $(2,\ 4)$, $(2,\ 5)$의 5개

(ⅰ), (ⅱ)에서 구하는 순서쌍 $(a,\ b)$의 개수는
$6+5=11$

답 11

보충설명

1. 점과 직선 사이의 거리

점 $\mathrm{P}(x_1,\ y_1)$과 직선
$ax+by+c=0$ 사이의 거리 d는
$$d=\frac{|ax_1+by_1+c|}{\sqrt{a^2+b^2}}$$

2. 원과 직선의 위치 관계

원의 반지름의 길이를 r, 원의 중심
과 직선 사이의 거리를 d라 할 때,
원과 직선의 위치 관계는 다음과
같다.

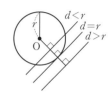

(1) $d<r$ $\Longleftrightarrow$ 서로 다른 두 점에서
만난다.

(2) $d=r$ $\Longleftrightarrow$ 한 점에서 만난다. (접한다.)

(3) $d>r$ $\Longleftrightarrow$ 만나지 않는다.

04

500보다 큰 세 자리의 자연수의 개수는
$999-500=499$

500보다 큰 세 자리 자연수 중에서 숫자 7이 하나도 없는 세
자리 자연수의 백의 자리의 숫자로 가능한 것은 5, 6, 8, 9
의 4가지이고 십의 자리, 일의 자리의 숫자로 가능한 것은 각
각 0, 1, 2, $\cdots$, 9 중 7을 제외한 9가지이다.

이때, 백의 자리가 5, 십의 자리와 일의 자리가 각각 0인 경
우를 제외하여야 하므로 숫자 7을 하나도 포함하지 않는 500
보다 큰 세 자리 자연수의 개수는
$4\times9\times9-1=323$

따라서 숫자 7이 적어도 하나 있는 세 자리 자연수의 개수는
$499-323=176$

답 176

05

집합 X의 모든 원소 x에 대하여 $x+f(x)$의 값이 홀수이
므로 x의 값이 홀수이면 $f(x)$의 값은 짝수이고, x의 값이
짝수이면 $f(x)$의 값은 홀수이어야 한다.

(ⅰ) $x=1$일 때,

$f(1)$의 값은 짝수이어야 하므로 2, 4의 2가지

(ⅱ) $x=2$일 때,

$f(2)$의 값은 홀수이어야 하므로 1, 3, 5의 3가지

(iii) $x=3$일 때,

　　$f(3)$의 값은 짝수이어야 하므로 2, 4의 2가지

(iv) $x=4$일 때,

　　$f(4)$의 값은 홀수이어야 하므로 1, 3, 5의 3가지

(v) $x=5$일 때,

　　$f(5)$의 값은 짝수이어야 하므로 2, 4의 2가지

(i)~(v)에서 조건을 만족시키는 함수 f의 개수는

$2\times3\times2\times3\times2=72$

답 ④

06

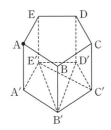

(i) 면 ABCDE에서 1개, 면 A′B′C′D′E′에서 2개의 꼭짓점을 택하는 경우

　　면 ABCDE에서 점 A를 택하고, 면 A′B′C′D′E′에서 나머지 두 점을 택한다고 하자.

　　이때, 만드는 삼각형의 어떤 변도 오각기둥의 모서리가 아니어야 하므로 △AB′E′, △AB′D′, △AC′E′의 3가지만 가능하다.

　　이것은 면 ABCDE의 각 꼭짓점에 대하여 동일하게 성립하므로 총 개수는

　　$5\times3=15$

(ii) 면 ABCDE에서 2개, 면 A′B′C′D′E′에서 1개의 꼭짓점을 택하는 경우

　　(i)과 같은 방법으로 그 개수는 15

(i), (ii)에서 구하는 삼각형의 개수는

$15+15=30$

답 30

07

$2^3\times x$의 양의 약수의 개수가 8인 경우는 다음과 같이 나누어 생각할 수 있다.

(i) $2^3\times x=2^7$ 꼴일 때,

　　$x=2^4=16$

(ii) $2^3\times x=2^3\times(\text{소수})$, 즉 x가 2가 아닌 소수일 때,

　　x는 20 이하의 자연수이므로

　　$x=3,\ 5,\ 7,\ 11,\ 13,\ 17,\ 19$

(i), (ii)에서 조건을 만족시키는 자연수 x는 3, 5, 7, 11, 13, 16, 17, 19의 8개이다.

답 8

08

오른쪽 그림과 같이 각 영역을 A, B, C, D, E라 하자.

(i) C, E를 동일한 색으로 칠할 때,

　　A에 칠할 수 있는 색은 4가지

　　B에 칠할 수 있는 색은 A에 칠한 색을 제외한 3가지

　　C에 칠할 수 있는 색은 A, B에 칠한 색을 제외한 2가지

　　D에 칠할 수 있는 색은 A, C에 칠한 색을 제외한 2가지

　　E에 칠할 수 있는 색은 C에 칠한 색과 같은 색이므로 1가지

　　∴ $4\times3\times2\times2\times1=48$

(ii) C, E를 다른 색으로 칠할 때,

　　A에 칠할 수 있는 색은 4가지

　　B에 칠할 수 있는 색은 A에 칠한 색을 제외한 3가지

　　C에 칠할 수 있는 색은 A, B에 칠한 색을 제외한 2가지

　　E에 칠할 수 있는 색은 A, B, C에 칠한 색을 제외한 1가지

　　D에 칠할 수 있는 색은 A, C, E에 칠한 색을 제외한 1가지 ← B에 칠한 색과 같은 색

　　∴ $4\times3\times2\times1\times1=24$

(i), (ii)에서 구하는 경우의 수는

$48+24=72$

답 72

다른풀이

칠해야 하는 영역은 5개, 사용할 수 있는 색은 4개이므로 같은 색으로 칠해진 영역이 적어도 한 쌍 존재한다.

(i) 같은 색으로 칠하는 영역이 두 쌍 있을 때,

　　B, D를 같은 색으로 칠하고, C, E를 같은 색으로 칠하면 (B, D)에 칠할 수 있는 색은 4가지, (C, E)에 칠할 수 있는 색은 (B, D)에 칠한 색을 제외한 3가지, A에 칠할 수 있는 색은 (B, D), (C, E)에 칠한 색을 제외한

2가지이므로 그 경우의 수는

$4 \times 3 \times 2 = 24$

(ii) 같은 색으로 칠하는 영역이 한 쌍만 있을 때,

① B, D만 같은 색을 칠할 때,

(B, D)에 칠할 수 있는 색은 4가지, A에 칠할 수 있는 색은 (B, D)에 칠한 색을 제외한 3가지, C에 칠할 수 있는 색은 (B, D), A에 칠한 색을 제외한 2가지, E에 칠할 수 있는 색은 (B, D), A, C에 칠한 색을 제외한 1가지이므로 그 경우의 수는

$4 \times 3 \times 2 \times 1 = 24$

② C, E만 같은 색을 칠할 때,

C, E만 같은 색을 칠하는 경우의 수는 B, D만 같은 색을 칠하는 경우의 수와 같으므로 24이다.

(i), (ii)에서 구하는 경우의 수는

$24 + 24 + 24 = 72$

09

25의 배수는 십의 자리 이하가 00 또는 25 또는 50 또는 75인 수이다.

이때 각 자리의 숫자가 모두 다른 자연수만 생각하므로 25, 50, 75인 경우만 구하면 된다.

(i) □□25 꼴인 자연수의 개수

천의 자리에는 0, 2, 5를 제외한 7가지, 백의 자리에는 천의 자리에서 사용한 수와 2, 5를 제외한 7가지의 숫자가 올 수 있으므로

$7 \times 7 = 49$

(ii) □□50 꼴인 자연수의 개수

천의 자리에는 0, 5를 제외한 8가지, 백의 자리에는 천의 자리에서 사용한 수와 0, 5를 제외한 7가지의 숫자가 올 수 있으므로

$8 \times 7 = 56$

(iii) □□75 꼴인 자연수의 개수

천의 자리에는 0, 5, 7을 제외한 7가지, 백의 자리에는 천의 자리에서 사용한 수와 5, 7을 제외한 7가지의 숫자가 올 수 있으므로

$7 \times 7 = 49$

(i), (ii), (iii)에서 구하는 수의 개수는

$49 + 56 + 49 = 154$

답 154

10

집합 $A = \{1, 2, 3, 4, 5, 6\}$에서 서로 다른 세 원소를 택하여 각각 a, b, c를 정하는 경우의 수는 서로 다른 6개에서 3개를 택하는 순열의 수와 같으므로

$_6P_3 = 6 \times 5 \times 4 = 120$

이때, 직선의 방정식 $ax + by + c = 0$에서 x의 계수, y의 계수, 상수항을 순서쌍 (a, b, c)로 나타내면 $(1, 2, 3)$과 $(2, 4, 6)$은 각각 직선 $x + 2y + 3 = 0$, $2x + 4y + 6 = 0$을 나타내고, 이 두 직선은 일치한다. 마찬가지로

$(1, 3, 2)$와 $(2, 6, 4)$, $(2, 1, 3)$과 $(4, 2, 6)$,

$(2, 3, 1)$과 $(4, 6, 2)$, $(3, 1, 2)$와 $(6, 2, 4)$,

$(3, 2, 1)$과 $(6, 4, 2)$

는 각각 동일한 직선이 되므로 2번씩 중복하여 세어진 직선의 개수는 6이다.

따라서 구하는 서로 다른 직선의 개수는

$120 - 6 = 114$

답 114

보충설명 ————

두 직선의 위치 관계

$abc \neq 0$, $a'b'c' \neq 0$일 때, 두 직선 $ax + by + c = 0$, $a'x + b'y + c' = 0$의 위치 관계는 다음과 같다.

두 직선의 위치 관계	조건
평행하다.	$\dfrac{a}{a'} = \dfrac{b}{b'} \neq \dfrac{c}{c'}$
일치한다.	$\dfrac{a}{a'} = \dfrac{b}{b'} = \dfrac{c}{c'}$
한 점에서 만난다.	$\dfrac{a}{a'} \neq \dfrac{b}{b'}$
수직이다.	$aa' + bb' = 0$

11

$\{1, 3, 5, 7\} \subset \{a, b, c, d, e\} \subset \{1, 2, 3, 4, 5, 6, 7\}$을 만족시키는 집합 $\{a, b, c, d, e\}$는 1, 3, 5, 7을 반드시 원소로 가지면서 2, 4, 6 중에서 한 개를 원소로 갖는다.

2, 4, 6 중에서 고른 하나와 1, 3, 5, 7의 총 5개의 수를 일렬로 배열하여 a, b, c, d, e로 정하면 되므로 자연수 N의 개수는

$3 \times _5P_5 = 3 \times 120 = 360$

답 ②

12

연속하는 두 수의 곱이 짝수가 되기 위해서는 홀수끼리 이웃

하지 않아야 한다.

짝수를 일렬로 세우는 경우의 수는 $3!=6$

짝수들 사이사이 및 양 끝의

4개의 자리($\bigcirc$)에 홀수 3개

$\bigcirc$ 짝 $\bigcirc$ 짝 $\bigcirc$ 짝 $\bigcirc$

를 세우는 경우의 수는

$_4\mathrm{P}_3=24$

따라서 구하는 경우의 수는

$6\times24=144$

답 ③

13

적어도 한쪽 끝에 짝수가 오는 경우의 수는 모든 경우의 수에

서 양 끝에 모두 홀수가 오는 경우의 수를 빼서 구할 수 있다.

5개의 자연수를 일렬로 나열하는 모든 경우의 수는

$5!=120$

처음 한 자리 자연수 5개 중 홀수의 개수를 n이라 하면 양 끝

에 모두 홀수가 오는 경우의 수는

$_n\mathrm{P}_2=n(n-1)$

가운데 자리에 나머지 3개의 자연수를 나열하는 경우의 수는

$3!=6$

적어도 한쪽 끝에 짝수가 오는 경우의 수가 48이므로

$120-n(n-1)\times6=48$

$n^2-n-12=0,\ (n-4)(n+3)=0$

$\therefore\ n=4\ (\because\ n\geq2)$

따라서 처음 한 자리 자연수 5개 중 홀수는 4개이므로 짝수

의 개수는

$5-4=1$

답 1

14

$_n\mathrm{P}_r=\dfrac{n!}{(n-r)!},\ _n\mathrm{C}_r=\dfrac{n!}{r!(n-r)!}$ 이므로

ㄱ. $_n\mathrm{P}_r=_n\mathrm{C}_r\times r!$ (참)

ㄴ. $_n\mathrm{P}_r-r\times_{n-1}\mathrm{P}_{r-1}$

$=\dfrac{n!}{(n-r)!}-\dfrac{r\times(n-1)!}{\{(n-1)-(r-1)\}!}$

$=\dfrac{n!}{(n-r)!}-\dfrac{r\times(n-1)!}{(n-r)!}$

$=\dfrac{(n-1)!}{(n-r)!}(n-r)$

$=\dfrac{(n-1)!}{(n-r-1)!}=_{n-1}\mathrm{P}_r$ (거짓)

ㄷ. $_{n+1}\mathrm{C}_r=\dfrac{(n+1)!}{r!(n+1-r)!}$ 이고

$_{n+1}\mathrm{C}_{n-r+1}=\dfrac{(n+1)!}{(n-r+1)!r!}$ 이므로

$_{n+1}\mathrm{C}_r=_{n+1}\mathrm{C}_{n-r+1}$ (참)

ㄹ. $n\times_{n-1}\mathrm{C}_{r-1}=\dfrac{n\times(n-1)!}{(r-1)!\{(n-1)-(r-1)\}!}$

$=\dfrac{n!}{(r-1)!(n-r)!}$

$=\dfrac{r\times n!}{r!(n-r)!}=r\times_n\mathrm{C}_r$ (거짓)

ㅁ. $_{n-1}\mathrm{C}_{r-1}+_{n-1}\mathrm{C}_r$

$=\dfrac{(n-1)!}{(r-1)!\{(n-1)-(r-1)\}!}+\dfrac{(n-1)!}{r!\{(n-1)-r\}!}$

$=\dfrac{(n-1)!}{(r-1)!(n-r)!}+\dfrac{(n-1)!}{r!(n-r-1)!}$

$=\dfrac{r(n-1)!}{r!(n-r)!}+\dfrac{(n-r)(n-1)!}{r!(n-r)!}$

$=\dfrac{\{(n-r)+r\}(n-1)!}{r!(n-r)!}$

$=\dfrac{n!}{r!(n-r)!}=_n\mathrm{C}_r$ (참)

따라서 옳은 것은 ㄱ, ㄷ, ㅁ의 3개이다.

답 ③

15

500보다 크고 800보다 작은 세 자리 자연수의 백의 자리의 수

는 5, 6, 7이므로 다음과 같이 나누어 경우의 수를 구한다.

(i) $a=5$일 때, $c<b<5$

1, 2, 3, 4 중 2개를 뽑아 큰 수를 b, 작은 수를 c라 하

면 되므로 이 경우의 수는

$_4\mathrm{C}_2=\dfrac{4\times3}{2}=6$

(ii) $a=6$일 때, $c<b<6$

1, 2, 3, 4, 5 중 2개를 뽑아 큰 수를 b, 작은 수를 c라

하면 되므로 이 경우의 수는

$_5\mathrm{C}_2=\dfrac{5\times4}{2}=10$

(iii) $a=7$일 때, $c<b<7$

1, 2, 3, 4, 5, 6 중 2개를 뽑아 큰 수를 b, 작은 수를

c라 하면 되므로 이 경우의 수는

$$_6C_2 = \frac{6 \times 5}{2} = 15$$

(i), (ii), (iii)에서 조건을 만족시키는 모든 자연수의 개수는

$$_4C_2 + {_5}C_2 + {_6}C_2 = 6 + 10 + 15 = 31$$

답 31

16

이차방정식 $_nC_2 x^2 - (_{n-1}C_4 + {_{n-1}}C_3)x + {_n}C_3 = 0$의 근과 계수의 관계에 의하여

(두 근의 합) $= \dfrac{_{n-1}C_4 + {_{n-1}}C_3}{_nC_2} = \dfrac{7}{2}$ ......㉠

(두 근의 곱) $= \dfrac{_nC_3}{_nC_2}$ ......㉡

㉠에서 $2(_{n-1}C_4 + {_{n-1}}C_3) = 7 \times {_n}C_2$

$2 \times {_n}C_4 = 7 \times {_n}C_2$

$2 \times \dfrac{n(n-1)(n-2)(n-3)}{4 \times 3 \times 2 \times 1} = 7 \times \dfrac{n(n-1)}{2 \times 1}$

이때, $n-1 \geq 4$에서 $n \geq 5$이므로

$\dfrac{(n-2)(n-3)}{6} = 7$

$n^2 - 5n - 36 = 0, \ (n+4)(n-9) = 0$

$\therefore n = 9 \ (\because n \geq 5)$

이것을 ㉡에 대입하면

(두 근의 곱) $= \dfrac{_9C_3}{_9C_2} = \dfrac{84}{36} = \dfrac{7}{3}$

답 $\dfrac{7}{3}$

다른풀이

$\dfrac{_{n-1}C_4 + {_{n-1}}C_3}{_nC_2} = \dfrac{7}{2}$에서 $_{n-1}C_4 + {_{n-1}}C_3 = \dfrac{7}{2} \times {_n}C_2$

$\dfrac{(n-1)(n-2)(n-3)(n-4)}{4!} + \dfrac{(n-1)(n-2)(n-3)}{3!}$

$= \dfrac{7}{2} \times \dfrac{n(n-1)}{2!}$

$n-1 \geq 4$에서 $n \geq 5$이므로 양변에 $\dfrac{4!}{n-1}$을 곱하면

$(n-2)(n-3)(n-4) + 4(n-2)(n-3) = 42n$

$(n-2)(n-3)n = 42n$

$(n-2)(n-3) = 42, \ n^2 - 5n - 36 = 0$

$(n+4)(n-9) = 0 \qquad \therefore n = 9 \ (\because n \geq 5)$

17

서로 다른 10장의 카드 중에서 4장을 택할 때, 흰색이 2장 이상 포함된 경우의 수는 10장의 카드 중 4장을 택하는 모든 경우의 수에서 흰색이 0장 또는 1장 포함된 경우의 수를 빼서 구할 수 있다.

10장의 카드 중 4장을 택하는 모든 경우의 수는

$$_{10}C_4 = \frac{10 \times 9 \times 8 \times 7}{4 \times 3 \times 2 \times 1} = 210$$

(i) 택한 4장의 카드가 모두 주황색인 경우의 수는

$$_6C_4 = {_6}C_2 = \frac{6 \times 5}{2 \times 1} = 15$$

(ii) 택한 4장의 카드 중 3장은 주황색, 1장은 흰색인 경우의 수는

$$_6C_3 \times {_4}C_1 = \frac{6 \times 5 \times 4}{3 \times 2 \times 1} \times 4 = 80$$

(i), (ii)에서 구하는 경우의 수는

$$210 - (15 + 80) = 115$$

답 ①

18

6명의 학생 중에서 자신의 번호가 적힌 카드를 받을 2명을 택하는 경우의 수는

$$_6C_2 = \frac{6 \times 5}{2 \times 1} = 15$$

이때, 자신의 번호와 다른 번호가 적힌 카드를 받는 나머지 4명의 학생을 각각 a, b, c, d라 하면 각 문자에 다른 문자가 대응되어야 하므로 오른쪽 수형도와 같이 9가지이다.

따라서 구하는 경우의 수는

$$15 \times 9 = 135$$

답 135

교란순열

일렬로 나열되어 있는 서로 다른 n개의 원소를 다시 배열하여 어떠한 원소도 이전의 자리가 아닌 자리로 나열하는 순열의 수는

$$n!\left\{1-\frac{1}{1!}+\frac{1}{2!}-\frac{1}{3!}+\cdots+(-1)^n\frac{1}{n!}\right\}$$

n	1	2	3	4	5
교란수	0	1	2	9	44

이 문제에서 위의 방법을 이용하면 4명이 자신의 번호와 다른 번호가 적힌 카드를 받을 경우의 수는

$$4!\left(1-\frac{1}{1!}+\frac{1}{2!}-\frac{1}{3!}+\frac{1}{4!}\right)=4!\left(\frac{1}{2!}-\frac{1}{3!}+\frac{1}{4!}\right)$$
$$=4\times3-4+1=9$$

19

조건 (내)에 의하여 빨간색 공은 한 바구니에 1개 이하로 넣을 수 있으므로 서로 다른 5개의 바구니 중 빨간색 공 3개를 넣을 바구니를 고르는 경우의 수는

$$_5C_3={}_5C_2=\frac{5\times4}{2\times1}=10 \quad\cdots\cdots\text{㉠}$$

모든 바구니에 공이 적어도 하나씩 들어가야 하므로 빨간색 공을 넣지 않은 빈 바구니에 파란색 공을 각각 1개씩 넣는다. 남은 4개의 파란색 공을 서로 다른 5개의 바구니에 각각 2개 이하로 넣는 경우의 수는 다음과 같이 나누어 구한다.

(i) 5개의 바구니 중 2개의 바구니를 택하여 파란색 공을 2개씩 넣으면 되므로 이 경우의 수는

$$_5C_2=10$$

(ii) 5개의 바구니 중 3개의 바구니를 택하여 파란색 공을 2개, 1개, 1개 넣으면 되므로 이 경우의 수는

$$_5C_3\times{}_3C_1=10\times3=30$$

$\underbrace{\qquad}$ 파란색 공 2개를 넣을 바구니를 고르는 경우의 수

(iii) 5개의 바구니 중 4개의 바구니를 택하여 파란색 공을 1개씩 넣으면 되므로 이 경우의 수는

$$_5C_4={}_5C_1=5$$

(i), (ii), (iii)에서 파란색 공을 바구니에 넣는 경우의 수

$$10+30+5=45 \quad\cdots\cdots\text{㉡}$$

㉠, ㉡에서 구하는 경우의 수

$$10\times45=450$$

답 450

20

조건 (나)에서 함수 f는 일대일함수이므로 조건 (가)에서 함수 f의 치역은 $\{-3,\ m,\ n,\ 2\}$ $(-3<m<n<2)$이다.

$-2,\ -1,\ 0,\ 1$ 중에서 $m,\ n$이 될 수 있는 수를 고르는 방법의 수는 $_4C_2=6$

치역의 원소 4개를 정의역의 원소 4개에 대응시키는 방법의 수는 $4!=24$

따라서 구하는 함수 f의 개수는

$$6\times24=144$$

답 144

21

10개의 점 중에서 3개를 택하는 모든 경우의 수는

$$_{10}C_3=\frac{10\times9\times8}{3\times2\times1}=120$$

한 직선 위에 있는 3개의 점 중에서 3개를 택하는 경우의 수는 $_3C_3=1$

한 직선 위에 있는 4개의 점 중에서 3개를 택하는 경우의 수는 $_4C_3={}_4C_1=4$

한 직선 위에 있는 5개의 점 중에서 3개를 택하는 경우의 수는 $_5C_3={}_5C_2=\frac{5\times4}{2}=10$

그런데 한 직선 위에 있는 3개의 점으로는 삼각형을 만들 수 없으므로 구하는 삼각형의 개수는

$$120-(1+4+10)=105$$

답 105

22

$A\cup B=\{1,\ 2,\ 3,\ 4,\ 5,\ 6,\ 7,\ 8\}$이므로
$$n(A\cup B)=8$$
이때, $n(A)=n(B)=5$이므로
$$n(A\cup B)=n(A)+n(B)-n(A\cap B)$$에서
$$8=5+5-n(A\cap B)$$
$$\therefore\ n(A\cap B)=2$$
$$n(A-B)=n(A)-n(A\cap B)=5-2=3$$
$$n(B-A)=n(B)-n(A\cap B)=5-2=3$$

두 집합 A, B의 순서쌍 (A, B)의 개수는 오른쪽 그림과 같이 집합 $A \cup B$의 8개의 원소를 3개, 2개, 3개로 나누어 집합 $A-B$, $A \cap B$, $B-A$에 각각 분배하는 방법의 수와 같다.

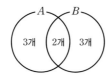

8개를 3개, 2개, 3개로 나누는 방법의 수는

$$_8C_3 \times _5C_2 \times _3C_3 \times \frac{1}{2!} = 280$$

이 세 묶음 중 원소가 2개인 묶음은 집합 $A \cap B$에 넣고, 원소가 3개인 두 묶음은 $A-B$와 $B-A$에 각각 넣는 방법의 수는 $2!$이므로

$$280 \times 2! = 560$$

답 560

23

$\{1, 2, 3, 4, 6, 12\}$ 중 서로 다른 두 수 a, b에 대하여 a, b의 곱에 따라 경우를 나누면 다음과 같다.

(i) $ab = 6$일 때,

a, b의 순서쌍 (a, b)는 $(1, 6)$, $(2, 3)$의 2개이다.

이 중에서 1개를 양 끝에 넣고, 나머지 1개를 가운데에 넣으면 되므로 이 경우의 수는

$$_2C_1 \times 2! \times 2! = 8$$

*a, b*끼리 자리를 바꾸므로

(ii) $ab = 12$일 때,

a, b의 순서쌍 (a, b)는 $(1, 12)$, $(2, 6)$, $(3, 4)$의 3개이다.

이 중에서 1개를 양 끝에 넣고, 나머지 2개 중에서 1개를 가운데에 넣으면 되므로 이 경우의 수는

$$_3C_1 \times _2C_1 \times 2! \times 2! = 24$$

*a, b*끼리 자리를 바꾸므로

(iii) $ab = 24$일 때,

a, b의 순서쌍 (a, b)는 $(2, 12)$, $(4, 6)$의 2개이다.

이 중에서 1개를 양 끝에 넣고, 나머지 1개를 가운데에 넣으면 되므로 이 경우의 수는

$$_2C_1 \times 2! \times 2! = 8$$

*a, b*끼리 자리를 바꾸므로

(i), (ii), (iii)에서 구하는 경우의 수는

$$8 + 24 + 8 = 40$$

답 ⑤

24

1반 학생 3명이 서로 구별되지 않는 3개의 벤치에 적어도 1명씩 앉는 방법의 수는 1 ······㉠

2반 학생 8명을 3개의 조로 나눌 때, 각 벤치에 앉을 수 있는 인원수는

1명, 3명, 4명 또는 2명, 2명, 4명 또는 2명, 3명, 3명

이므로 다음과 같이 경우를 나누어 구한다.

(i) 1명, 3명, 4명으로 나누는 방법의 수는

$$_8C_1 \times _7C_3 \times _4C_4 = 280$$

(ii) 2명, 2명, 4명으로 나누는 방법의 수는

$$_8C_2 \times _6C_2 \times _4C_4 \times \frac{1}{2!} = 210$$

(iii) 2명, 3명, 3명으로 나누는 방법의 수는

$$_8C_2 \times _6C_3 \times _3C_3 \times \frac{1}{2!} = 280$$

(i), (ii), (iii)에서 2반 학생 8명을 3개의 조로 나누는 방법의 수는

$$280 + 210 + 280 = 770 \quad ······ㄴ$$

이때, 3개의 조를 1반 학생이 한 명씩 앉아 있는 3개의 벤치에 배정하는 방법의 수는

$$3! = 6 \quad ······ㄷ$$

㉠, ㄴ, ㄷ에서 구하는 방법의 수는

$$1 \times 770 \times 6 = 4620$$

답 4620

보충설명

벤치끼리는 서로 구별되지 않지만 1반 학생이 1명씩 앉음으로써 세 벤치는 모두 다른 벤치가 된다. 따라서 ㄷ과 같이 순열을 이용하여 2반의 세 조를 배열해야 한다.

25

두 수의 곱이 짝수인 경우는 두 수 중 적어도 하나가 짝수이어야 하므로 모든 경우의 수에서 두 수의 곱이 홀수인 경우의 수를 빼서 구할 수 있다.

10 이하의 자연수 중 서로 다른 세 자연수 a, b, c를 뽑는 경우의 수는 $_{10}P_3 = 720$

이때, $a(b+c)$의 값이 홀수이려면 a는 홀수이어야 하고 $b+c$는 홀수, 즉 b, c 중 하나는 홀수, 다른 하나는 짝수이어야 한다.

(i) a는 홀수, b는 홀수, c는 짝수인 경우의 수는

$5 \times 4 \times 5 = 100$ $(\because a \neq b)$

(ii) a는 홀수, b는 짝수, c는 홀수인 경우의 수는

$5 \times 5 \times 4 = 100$ $(\because a \neq c)$

(i), (ii)에서 $a(b+c)$의 값이 홀수인 경우의 수는

$100 + 100 = 200$

따라서 구하는 경우의 수는

$720 - 200 = 520$

답 520

다른풀이

$a(b+c)$의 값이 짝수인 경우는 a의 값에 따라 다음과 같이
나누어 구할 수 있다.

(i) a가 짝수일 때,

a는 2, 4, 6, 8, 10 중 하나이고, b, c는 어느 수가 와도
상관없다. 즉, a로 가능한 값은 2, 4, 6, 8, 10의 5가지,
b로 가능한 값은 a를 제외한 9가지, c로 가능한 값은 a,
b를 제외한 8가지이므로 이 경우의 수는

$5 \times 9 \times 8 = 360$

(ii) a가 홀수일 때,

a는 1, 3, 5, 7, 9 중 하나이고, $b+c$가 짝수이어야 한다.

① b, c가 모두 홀수일 때,

a로 가능한 값은 5가지, b로 가능한 값은 a를 제외한
4가지, c로 가능한 값은 a, b를 제외한 3가지이므로
이 경우의 수는

$5 \times 4 \times 3 = 60$

② b, c가 모두 짝수일 때,

a로 가능한 값은 5가지, b로 가능한 값은 2, 4, 6,
8, 10의 5가지, c로 가능한 값은 b를 제외한 4가지
이므로 이 경우의 수는

$5 \times 5 \times 4 = 100$

(i), (ii)에서 구하는 경우의 수는

$360 + 60 + 100 = 520$

26

$a \leq b \leq c$에서 $a+b+c \leq c+c+c$

이때, $a+b+c = 21$이므로

$21 \leq 3c$ $\quad \therefore c \geq 7$ $\quad$ ……㉠

삼각형의 두 변의 길이의 합은 가장 긴 변의 길이보다 크므로

$a+b>c$

즉, $a+b+c>2c$에서 $21>2c$

$\therefore c < \dfrac{21}{2}$ $\quad$ ……㉡

㉠, ㉡에서 $7 \leq c < \dfrac{21}{2}$이고, c는 자연수이므로

$c = 7, 8, 9, 10$ ────────────── (가)

(i) $c=7$일 때,

$a+b+7=21$, 즉 $a+b=14$이므로 순서쌍 (a, b)는

$(7, 7)$의 1개이다.

(ii) $c=8$일 때,

$a+b+8=21$, 즉 $a+b=13$이므로 순서쌍 (a, b)는

$(5, 8)$, $(6, 7)$의 2개이다.

(iii) $c=9$일 때,

$a+b+9=21$, 즉 $a+b=12$이므로 순서쌍 (a, b)는

$(3, 9)$, $(4, 8)$, $(5, 7)$, $(6, 6)$의 4개이다.

(iv) $c=10$일 때,

$a+b+10=21$, 즉 $a+b=11$이므로 순서쌍 (a, b)는

$(1, 10)$, $(2, 9)$, $(3, 8)$, $(4, 7)$, $(5, 6)$의 5개이다.
────────────── (나)

(i)~(iv)에서 구하는 순서쌍 (a, b, c)의 개수는

$1+2+4+5=12$
────────────── (다)

답 12

단계	채점 기준	배점
(가)	조건을 만족시키는 c의 값의 범위를 구한 경우	40%
(나)	c의 값에 따라 순서쌍 (a, b)를 구한 경우	40%
(다)	순서쌍 (a, b, c)의 개수를 구한 경우	20%

27

조건 ㈏에서 $1 \leq n \leq 2$일 때 $f(2n)<f(n)<f(3n)$이므로

$n=1$이면 $f(2)<f(1)<f(3)$

$n=2$이면 $f(4)<f(2)<f(6)$

즉, $f(4)<f(2)<f(1)<f(3)$이고 $f(2)<f(6)$

(i) $f(6)$의 값을 결정할 때,

$$f(4)<f(2)<\square<f(1)<\square<f(3)<\square$$

$f(6)$은 $\square$ 자리 중 하나에 위치하면 되므로 $f(6)$의 값
이 될 수 있는 수의 개수는

$_3C_1 = 3$

(ii) $f(5)$의 값을 결정할 때,

(i)의 각 경우에 대하여 다섯 개의 값의 양 끝과 사이사이의 6곳 중 하나에 배치하는 방법의 수와 같다.

예를 들어, $f(3)<f(6)$인 경우, $f(4)$, $f(2)$, $f(1)$, $f(3)$, $f(6)$의 값을 다음과 같이 작은 것부터 순서대로 배열하면

□ $f(4)$ □ $f(2)$ □ $f(1)$ □ $f(3)$ □ $f(6)$ □

이때, $f(5)$는 □ 자리 중 하나에 위치하면 되므로 $f(5)$의 값이 될 수 있는 수의 개수는

$_6C_1=6$

(i), (ii)에서 구하는 경우의 수는

$3\times6=18$

답 18

28

총 $2n$명의 학생이 다른 학생과 모두 한번씩 팔씨름을 할 때, 그 횟수는

$_{2n}C_2=\dfrac{2n(2n-1)}{2}=n(2n-1)$

축구부 학생끼리 팔씨름을 할 때, 그 횟수는

$_nC_2=\dfrac{n(n-1)}{2}$

또한, 동일한 등번호의 학생끼리 팔씨름을 하면 그 횟수는

n

이때, 주어진 규칙에 따라 팔씨름을 한 횟수가 총 135이므로

$n(2n-1)-\dfrac{n(n-1)}{2}-n=135$

$3n^2-3n-270=0$, $n^2-n-90=0$

$(n+9)(n-10)=0$

$\therefore n=10$ ($\because n$은 자연수)

답 10

29

5개의 삼각형을 각각 A, B, C, D, E라 하고 각 도형을 점으로 나타내어 서로 인접한 도형을 선으로 연결하면 다음 그림과 같다.

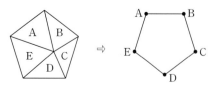

칠해야 하는 삼각형은 5개, 사용할 수 있는 색은 4개이므로 같은 색으로 칠해진 삼각형이 적어도 한 쌍 존재한다.

(i) 같은 색으로 칠해진 삼각형이 두 쌍 있을 때,

A, C를 같은 색으로 칠하고, B, E를 같은 색으로 칠한다고 하자.

(A, C)에 칠할 수 있는 색은 4가지, (B, E)에 칠할 수 있는 색은 (A, C)에 칠한 색을 제외한 3가지, D에 칠할 수 있는 색은 (A, C), (B, E)에 칠한 색을 제외한 2가지이므로 그 방법의 수는

$4\times3\times2=24$

같은 색으로 칠할 두 쌍의 삼각형을 고르는 방법의 수는 한 가지 색으로 칠한 삼각형이 하나만 존재하는 경우의 수와 같으므로 5가지이다. 즉, 이 방법의 수는

$24\times5=120$

(ii) 같은 색으로 칠해진 삼각형이 한 쌍만 있을 때,

A, C만 같은 색으로 칠하고, 나머지는 모두 다른 색으로 칠한다고 하자.

(A, C)에 칠할 수 있는 색은 4가지, B에 칠할 수 있는 색은 (A, C)에 칠한 색을 제외한 3가지, E에 칠할 수 있는 색은 (A, C), B에 칠한 색을 제외한 2가지, D에 칠할 수 있는 색은 (A, C), B, E에 칠한 색을 제외한 1가지이므로 그 방법의 수는

$4\times3\times2\times1=24$

같은 색으로 칠할 한 쌍의 삼각형을 고르는 방법의 수는 오각형의 대각선의 개수와 같으므로 $\dfrac{5\times(5-3)}{2}=5$

즉, 이 방법의 수는

$24\times5=120$

(i), (ii)에서 구하는 방법의 수는

$120+120=240$

답 240